血色苍穹

评话本

民国时期的中国空军

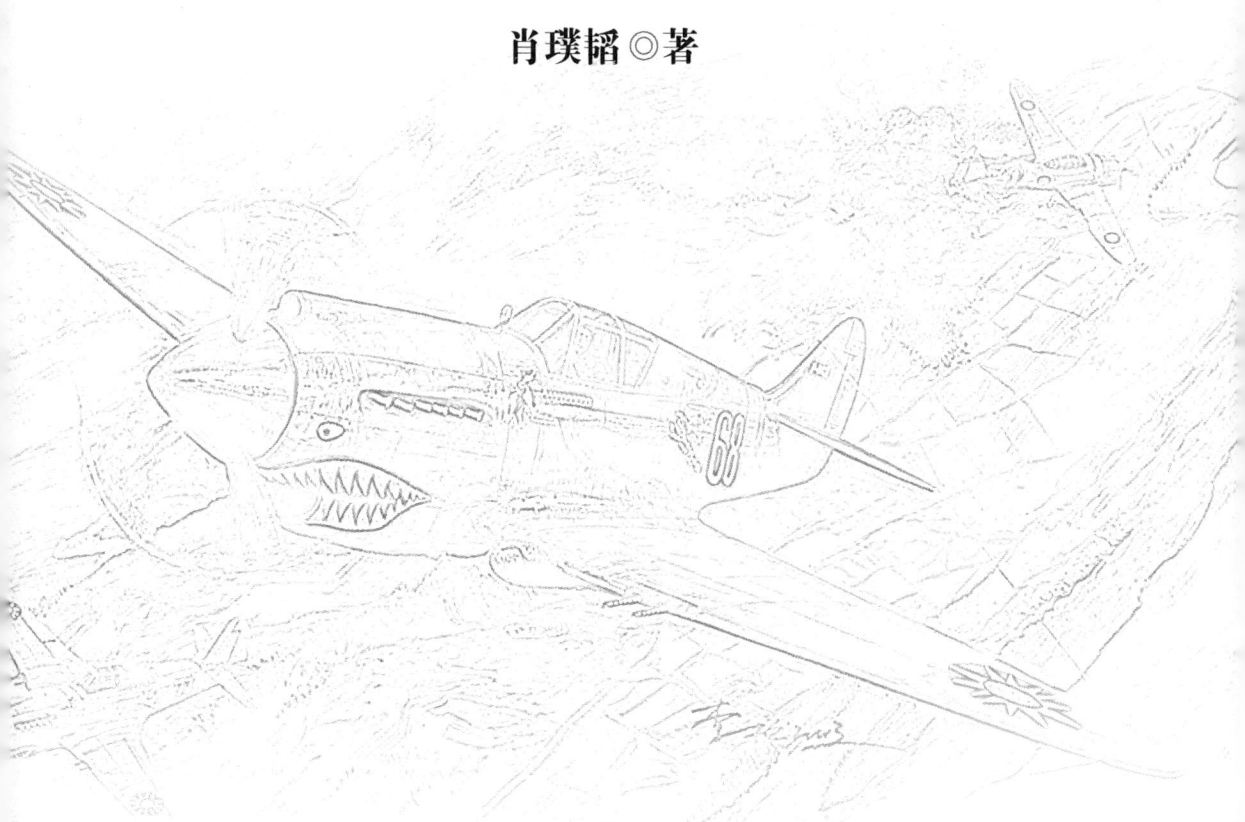

肖璞韬 ◎ 著

中国社会科学出版社

图书在版编目（CIP）数据

血色苍穹：民国时期的中国空军 / 肖璞韬著． —北京：中国社会科学出版社，2015.2
　ISBN 978-7-5161-5199-0

　Ⅰ．①血… Ⅱ．①肖… Ⅲ．①空军－军事史－中国－民国－通俗读物 Ⅳ．①E296.54-49

中国版本图书馆CIP数据核字(2014)第289657号

出 版 人	赵剑英
责任编辑	王　斌
责任校对	姚　颖
责任印制	李寡寡

出　　版	中国社会科学出版社
社　　址	北京鼓楼西大街甲158号（邮编 100720）
网　　址	http://www.csspw.cn
	中文域名：中国社科网　010-64070619
发 行 部	010-84083685
门 市 部	010-84029450
经　　销	新华书店及其他书店
印刷装订	三河市君旺印务有限公司
版　　次	2015年2月第1版
印　　次	2015年2月第1次印刷
开　　本	787×1092　1/16
印　　张	27
字　　数	369千字
定　　价	56.00元

凡购买中国社会科学出版社图书，如有质量问题请与本社联系调换
电话：010-84083683

版权所有　侵权必究

谨以此书

纪念中国抗日战争胜利70周年
及世界反法西斯战争胜利70周年

向在抗日战争中痛歼敌寇、血染苍穹的民国空军将士致敬！
向闻义赴难、共抗外侮的美国飞虎队、第十四航空队，苏联志愿援华航空队致敬！

鸣　谢

写作顾问：
单田芳　著名评书表演艺术家
贾英华　清史研究学者，中国传记协会副会长
傅公钺　北京市文物局顾问
刘建伟　原北京晚报文化部资深编辑

历史顾问：
萨　苏　旅日作家，抗战史研究学者
陈应明　资深空军史研究学者，曾著有《浴血长空——中国空军抗日战史》
哈　骏　北京航空博物馆特约研究员，北京文物局博物馆处处长
温广成　北京航空联谊会副会长兼秘书长
程昭武　中国航空博物馆飞行技术顾问兼航空史研究员
梁政均　美国中华艺术学会顾问、台湾中华画院美国顾问、广东省国际文化交流中心理事。民国空军战史画画家梁又铭后人，现居美国。
董国仁　两岸和平文化艺术联盟顾问，中华蓝天艺文协会会长，民国空军战将董明德后人，现居美国。

序一

穿越两岸的纪念

我出生在抗战结束之际，在幼年之时，便随国民政府去了台湾。因为家父梁公又铭是空军的著名战史画家和《中国的空军》杂志的主编，所以，很多身经百战的抗战空军将士都跟父亲是莫逆之交。记得父亲逝世之时，时任中华民国空军总司令的郭汝霖将军（原中美联合航空队成员），特别前往参加了我父亲的追悼会，他自言抗战时是因为受我父亲所编杂志的影响，才毅然参加了空军。

作为晚辈的我，也因为父亲的关系，跟这些当年叱咤风云的飞行员保持了很好的关系，我小时候便听过他们不少的传说。即便后来到了美国，也跟原来的空军将士有所联系。所以我自年轻之时便听过很多他们当年在抗战之时的传奇故事。

及长，可能由于家庭环境的缘故，我亦选择了艺术这条路，对当年父亲选择执笔卫国做战地画家一事，感触颇深，所以随着大陆的开放，我也愿意更多地到大陆来办我父亲的画展，既是为了父亲的艺术重返大陆，也是为了让大众了解抗战时期全国同心协力以及抗战空军的英勇事迹多份怀念。

2013年5月，我与内人在北京抗日战争纪念馆为父亲办画展之际，结识了一位年轻人，其名肖璞韬，虽然很年轻，但他对我说，他要写一部有关民国空军的"演义小说"，当时我还颇为不信，因为以我的理解，大陆虽然改革开放了一段时间，对之前的国民政府，观点也从偏激转变为较为中立，但多比较简略。而空军本身就是整个抗战的一个支系，一个大陆的年轻人，能知道我们空军多少故事？未料一聊起民国空军，璞韬如数家珍一般。言谈之中，甚至透露出一些我也不清楚的资料，可见他是下了大功夫。但肖璞韬还说，研究国民政府抗战史的人，大陆还有很多，听了此话让我甚为欣慰！

的确，在那个国破家亡的动荡年代，各行各业的民族精英，无论他们的信仰、地位，都投入到了抗战这股滚滚洪流之中，无数的人为此抛头颅洒热血。即便之后，国共分道扬镳，等到再聚首，同宗同族让大家相逢一笑泯恩仇，而这个基础，就是大家共是中华民族又共经历过的抗战。如此看来，抗战的确成了穿越两岸的共同纪念。

肖璞韬在作品完成之后，曾经电邮与我，并邀请我为本书做序。虽然他的书评（大陆称评书）体，用字生动活泼渲染效果有些夸张，但作为"历史演义"，却将民国空军前仆后继的精神跃然于纸上，人若读之，荡气回肠。所以我欣然应允，并将先父所留的抗战史画相赠，希望能够协助他完成这部民国空军的大作。

我和内人多次回大陆，每次都能看到大陆对抗战的新研究，大陆人民即便对以前曾经兵刃相向的对手，一旦说到抗战，仍然慷慨激昂不吝赞美之词，也许这就是海峡两岸人民对中华文化的自信与认同吧。

梁政均

2014年9月于美国加利福尼亚

序二

重温飞将传奇 致敬血火英魂
—— 写在前面的话

看着他为了写《民国时期的中国空军》堆的一屋子参考书，我劝一脑门子官司状的璞韬——别太较劲了，七十年前的事儿了。

璞韬摘下眼镜，摇摇头，估计是恢复一下焦距，扔下手里那本照片集，说道：不至于，我跟书较什么劲儿啊……

我说，这就对了。

他说，我不跟书较劲儿，我跟日本鬼子较劲儿！

合着白劝了。

自从开始写这本书，璞韬就陷入了这种魔怔的状态。我很怀疑要是北京机场有架霍克三，小肖很可能化身高志航大座，上天跟日军拼命去。

璞韬是单田芳先生的关门弟子，又毕业于名校历史专业，单先生平时也多倚仗这个精明干练的小徒整理文字，但璞韬同时又擅长搏击，器械散打都有一套手段，故此被师兄弟们称作文武双全，这份血性，他是有的。或许，这也是他会写作这部作品最深刻的根源。

《民国时期的中国空军》是一本写法颇为新颖的著作。首先，它是一本评书，充满了中国传统文学的魅力，甚至隐约还能感受到单田芳先生所传大开大阖、信手风雷的鲜明风格。但按照璞韬的想法，他是要把这段真实的历史以评书的方式表达出来，而不是把历史变成传说故事。所以，他在写作这部书时既使用了大量真实的历史照片，也对很多历史细节进行了精心的考订。于是，这就不仅仅是一部评书，而且有了作为一部历史文献的深刻价值。

这部作品从1932年中国空军在上海与日军的首战开始，内容贯穿整个抗日战争，揭示了那批被誉为"飞将军"的中国空中勇士，怎样在祖国的蓝天上与敌殊死奋战的传奇经历。

中国空军，是抗日战争中被民众赋予厚望的一支部队。九一八事变之后，中国民众在愤懑之余也深深地意识到国防力量的贫弱。当时的中国陆军虽然人数众多，但装备落后，训练很差，特别是很多军阀部队彼此之间钩心斗角，对于抵抗外侮并不热心，令人失望。而海军在1895年北洋水师覆灭后一直没有恢复元气，抗战前仅有日军吨位的百分之五，且大部分为前清时期购买的老旧舰只。而此时代表先进技术的空军却令国人耳目一新，年轻的空军军人大多接受过高等教育，富有爱国精神，而且中日两国在空军的发展上几乎同时起步，日方优势并不明显。故此，抗日战争全面爆发前，民众捐款献机等活动层出不穷，对空军赋予了极大的希望。

空军官兵也可说不负众望，在抗日战争中与日军展开过殊死的搏杀，笕桥空战一举成名，让来犯日军损失惨重。由于日本作为工业国的优势逐渐发挥，中国空军不得不面对以寡敌众、飞机越打越少却无法补充的艰难战况，但他们依然以悲壮的身姿捍卫着中国的天空。仅仅六个月，中国空军著名的四大天王高志航、李桂丹、刘粹刚、乐以琴全部战死沙场。而新一代空军战士，又前仆后继地飞上蓝天，继续浴血奋战。

《血色苍穹——民国时期的空军》，讲述的便是这样一段令人热血贲张的历史，让世人看到了一个不屈的民族。

借璞韬这本书，向血洒长天、痛歼敌寇的中国空军致敬！

向闻义赴难，援助我国共同抗击外侮的飞虎队、美国第十四航空队、苏联志愿援华航空队致敬！

向所有在那场反法西斯战争中做出贡献的老战士致敬！

2014年9月于济南

目 录 Contents

序一　梁政均　1
序二　萨　苏　3

第 一 回　丁纪徐北进南京　赛飞鹏大战上海 001
第 二 回　罗伯特大战虹口　日战机撒饵钓鱼 006
第 三 回　护难民英雄阵亡　袭笕桥日机吃亏 011
第 四 回　拼死战石邦藩断臂　救战友丁纪徐夺机 016
第 五 回　惊天空战遭误读　笕桥航校初招生 021
第 六 回　王叔铭糊涂遭冤　毛邦初力保干将 026
第 七 回　毛邦初苦心立规　列宁号震惊老蒋 031
第 八 回　高志航振翅蓝天　周至柔入主航校 036
第 九 回　周至柔找寻盟友　秦宗藩含冤入狱 041
第 十 回　梁又铭作航空教材　周至柔定意国飞机 046
第十一回　毛邦初被迫出国　徐培根四面树敌 051
第十二回　南昌大火酿谜案　洛阳分校起风云 056
第十三回　意顾问死不认账　航委会重组引援 061
第十四回　周至柔故作姿态　意顾问自取其辱 066
第十五回　毛邦初归来主政　黄光锐投奔中央 071
第十六回　陈纳德艺服毛邦初　宋美龄购置新飞机 076

第十七回	宋子文外行气信诚	二大队冒雨袭日军	081
第十八回	雷天眷误炸大世界	刘粹刚两次轰日军	086
第十九回	梁鸿云英勇殉国	周庭芳首开纪录	091
第二十回	日战机奇袭笕桥	高志航力挫顽敌	096
第二十一回	八一四空战大捷	周庭芳报信广德	101
第二十二回	周庭芳空手入白刃	八一五笕桥再空战	106
第二十三回	八一五再度大捷	乐以琴一战成名	111
第二十四回	乐以琴感恩得绰号	三大队南京显神威	116
第二十五回	沈崇诲勇撞敌舰	刘粹刚大战上海	121
第二十六回	阎海文自尽报国	九一八英雄出击	126
第二十七回	中秋月夜炸日阵	山下七郎袭南京	131
第二十八回	马尔科恶贯满盈	高志航伤愈复出	136
第二十九回	高志航巧施改装	八精锐大战南京	141
第三十回	志航力克敌队长	苏联援华入兰州	146
第三十一回	大队长试飞伊16	飞行员兰州练本领	150
第三十二回	高志航歇脚洛阳城	陈其光击毙三轮宽	155
第三十三回	刘粹刚殒命魁星楼	高志航重返周家口	160
第三十四回	高志航壮烈成仁	乐以琴一诺千金	165
第三十五回	两勇士再战南京	乐以琴强行出击	170
第三十六回	乐以琴尽忠报国	董明德宣城阻敌	175
第三十七回	战武汉李桂丹遇险	击敌寇董明德发威	180
第三十八回	获惨胜判官陨落	三大队请战徐州	185
第三十九回	苏联空袭台湾岛	飞将回扔应战书	190
第四十回	三大队奋战徐州	陆光球恶斗敌寇	195
第四十一回	广西健儿挫敌寇	加藤建夫再出击	200
第四十二回	梁志航拼死对撞	四大队增援归德	204
第四十三回	猛得猪偷袭失败	二巨头争论战术	209
第四十四回	刘毅夫持正挂旗	毛瀛初大战武汉	214
第四十五回	天长节武汉再空战	陈怀民撞机报国家	219
第四十六回	日本人虚报战功	徐焕升横空出世	224

第四十七回	徐焕升巧夺飞机　毛邦初派将远征	229
第四十八回	八勇士人道远征　日本人再放厥词	234
第四十九回	南乡茂章遭覆灭　意式重爆袭兰州	239
第 五 十 回	五大队捍卫兰州　飞将军齐聚重庆	244
第五十一回	毛瀛初排兵布阵　飞将军以寡敌众	249
第五十二回	意式重爆起纠纷　天皇座机坠湖北	254
第五十三回	指挥部再定目标　刘福洪奇袭运城	259
第五十四回	意重爆误炸靖远　日战机二袭兰州	264
第五十五回	三袭兰州惨收场　日军动用燃烧弹	269
第五十六回	日战机轰炸使馆　梁添成为国捐躯	274
第五十七回	苏联派兵再度援华　库里申科奇袭武汉	279
第五十八回	日军基地折损大将　库里申科再袭武汉	284
第五十九回	库里申科饮恨长江　爆击之王空袭成都	289
第 六 十 回	邓从凯击落轰炸王　日本军进攻昆仑关	294
第六十一回	董明德试飞负重伤　日战机反复袭后方	299
第六十二回	新零式横扫苍穹　飞将军血洒璧山	304
第六十三回	毛邦初再遭暗算　三一四空军浴血	309
第六十四回	黄新瑞壮烈成仁　毛邦初归来主政	314
第六十五回	忆往事张有谷倒霉　赴美国陈纳德显威	320
第六十六回	陈纳德敲定P40　宋子文重金招人马	325
第六十七回	飞虎队缅甸集结　陈纳德调理刺头	330
第六十八回	飞虎队测试显威　太平洋烽火骤起	335
第六十九回	P40扬威昆明　飞虎队初战告捷	340
第 七 十 回	纽柯克奇袭达府　日本人反手报复	345
第七十一回	飞虎队大战缅甸　陈纳德调整雷达	350
第七十二回	中美联合越驼峰　少愚率部赴印度	355
第七十三回	郑少愚魂归蓝天　斯科特再度归队	360
第七十四回	罗斯福着眼飞虎队　比塞尔远赴昆明城	365
第七十五回	飞行员力撅比塞尔　志愿队重入美军籍	369
第七十六回	飞虎队打破再重组　参谋长探戈出奇计	374

第七十七回　陈纳德错肩袭香港　志愿队再遇新敌手 379

第七十八回　史迪威允诺援助　陈纳德二次错肩 384

第七十九回　飞虎大队试飞奥斯卡　中国空军浴火再重生 389

第 八 十 回　斯科特玩死一式隼　日战机奇袭梁山县 394

第八十一回　周志开梁山成名　日陆军挥师常德 399

第八十二回　周志开陨落华容　王汉勋勇闯常德 403

第八十三回　陆航之花西安凋零　抗战胜利芷江洽降 408

参考书目 413

主要人物索引 414

后记——当高富帅遭遇国难 417

第一回 丁纪徐北进南京 赛飞鹏大战上海

风云笕桥出飞将，航空报国誓自强，血洒碧空抗倭寇，浴火重生蔽日光！

话说1932年2月16日上午，7架飞机出现在南京上空，这7架飞机型号不一，为首的一架是当时比较先进的容克式，但仍然是双翼的老飞机，座舱开敞，里面坐着一个飞行员，只见这个飞行员中等身材，一身皮夹克，头上戴着护目镜，足蹬皮靴，往脸上看，长得黄白镜子尖下颏，剑眉虎目，鼻直口方，满脸的怒气。此人是谁呢？此人乃是广东空军中台柱子级别的人物，丁纪徐，外号插翅虎！

在他手边，还压着一张日文的报纸，上面头版的标题：2月5日，20∶0，支那空军之末日！

这到底是怎么回事呢？原来，1932年1月28日，日本人悍然入侵上海，一·二八淞沪抗战至此拉开序幕。当时作为国民政府首脑的蒋介石，他深知，中国虽然在表面上统一了，但各派军阀仍然存在，经过多年的混战，元气尚未恢复，怎么打得过当时的军事强国——日本呢？但蒋介石也不甘心让日本人为所欲为，所以一方面默许驻上海的十九路军抗日，另一方面组建了精锐的第五军，由张治中任军长，兵进上海，支援十九路军抗战。此外，蒋介石还下了血本，动用了空军！

原来，蒋介石在1928年年底成立了中央军校航空队，号称招揽八方英才，花重金招聘民国前期各杂牌航校的老人，并且在1931年年底，在杭州笕桥，把航空队扩建成了中央航空学校，现在校舍、机场刚刚完成，第一批学员还没毕业，飞机欠缺，人员不全。就即使这样，蒋介石仍然下了血本，调集飞机和飞行教官，凑出了第二、第六、第七航空队，兼程赶往上海虹桥机场增援。好不容易，这三支航空队在1932年2月5日赶到了上海虹桥机场，刚一到，就跟日本空军打了交手仗！随后，日本单方面宣布：击落支那飞机20架。消息一出，日本的报纸满天飞，消息就传扬开来！

那丁纪徐是怎么来的呢？原来由于当时政治复杂，今天你斗我，明天我斗你，蒋介石的南京国民政府和原来的老根据地广东弄得很不愉快,几次发生对立。可在蒋介石下令之后,时任中央航空署署长的黄秉衡深知,自己这点家底根本不够,所以他致电广东空军司令张惠长,希望两家捐弃前嫌。要说黄秉衡和张惠长,其实这俩人是广东航校的老同学,背景相似,原来留洋学过飞行,后来又都是跟着孙中山革命的老人物了,两个人都是深明大义的主儿,所以广东空军司令张惠长就把他手下的两大台柱——"金雕"黄光锐、"插翅虎"丁纪徐叫来了,三个人一商议,最后决定,由丁纪徐带队,率7架飞机前往南京,听从中央调遣!

可没想到临出发,丁纪徐就看到这样一份日本的报纸。丁纪徐一看,气得是七窍生烟!为什么?原来,蒋介石自建立他的南京政府之后,对广东老革命根据地不闻不问,动不动还闹别扭,资金上自然也不会有什么照顾。蒋介石花大钱建立笕桥航校,而由孙中山先生建立的广东老航校,由于财政问题,资金是捉襟见肘。丁纪徐心说:你自己办航校,说什么揽八方英才,简直就是一帮乌合之众!20架飞机,这下全赔了!这钱要是给我们,得多培养多少空中健将啊!算了!既然事已至此,多说无益,关键时刻还得靠我们老革命,我非让这帮乌合之众看看我们老革命的风范!

可丁纪徐生气归生气,当时动用飞机可不像现在这么简单,折腾了好几天,总算在2月10日启程,一连飞了六天,在沿途机场不知加了多少次油,总算在16日赶到了南京明故宫机场。

等按照指示平安降落,飞机跑道边上马上涌来二十多号人,为首的两个人,一个细眉朗目,鼻直口方,英俊潇洒,此乃第六航空队队长黄毓沛,绰号"赛飞鹏";另一个面色黝黑,方面大耳,浓眉大眼,乃是第二航空队队长石邦藩,绰号"恶狼"。

丁纪徐和黄毓沛是广东航校的老相识了,原来处得不分彼此,丁纪徐战机刚一停稳,左手解开安全带,右手抄起报纸,跳下飞机,一把将报纸甩到黄毓沛身上:"我说老黄,你们可真阔啊!20架飞机就这么没了,你们还有脸活着吗?死了完了!"

黄毓沛一听,一点没上火,把报纸拿起来瞄了一眼,递给石邦藩:"石兄,你看看!"

石邦藩是民国前期保定航校的学员,资格比较老,之前也在国民革命军的航空队里供职,所以也和丁纪徐挺熟。石邦藩也就瞄了一眼:"丁老弟,日本人的报纸,死人都能给说活了!你看看,这是这回咱全部的家底,不加上你带来的,一共18架,加上5号损失一架,一共才19架,哪儿来的20架?"

广东空军台柱子丁纪徐

黄毓沛点点头："是啊！真损失20架，今天咱们爷们儿也见不着了，估计我和石兄早都军法从事了！"

话音刚落，旁边走过来一个人，此人个头不太高，脸挺长，高鼻深目，通关鼻梁一字嘴，一脑袋卷发参参着，这人操着一口歪歪扭扭的中国话，说道："没错没错，我可以证明，2月5日咱们损失一架飞机，日本人也同样损失一架飞机，什么20比0，最多也就是1比1！"

丁纪徐看着这人眼生，问黄毓沛："黄队，这位是？"

黄毓沛赶紧把那个外国人叫过来："丁老弟，这是美国飞行员罗伯特·肖特，特别报名参加咱们中国空军，帮着咱们一起打日本的！"

罗伯特也点点头："没错！日本人无视国际法，滥杀平民！看在上帝的分儿上，我也应该惩罚他们！"

丁纪徐一听，赶紧跟罗伯特握手："好！欢迎欢迎啊！"

握着手，丁纪徐想起来了："黄队，听罗伯特说，咱们怎么着？打了个1比1？"

黄毓沛听罢，口打咳声："别提了！那一仗下来，咱们损失着实不小，朱达先重伤，我弟弟阵亡！"

这是怎么回事呢？原来，1月28日淞沪抗战开始，天气一直不好，所以中日双方的空军都没敢轻举妄动。2月5日天气刚好点，黄毓沛带着4架战斗机、5架轰炸机从南京明故宫机场起飞，在上海虹桥机场补充一下，准备袭击吴淞口的日军。日军也不是吃素的，早得着情报了，于是从凤翔号航空母舰上起飞了6架飞机迎战，双方就在上海虹桥机场上空打了个交手仗！

咱们的5架轰炸机一看不妙，赶紧撤退，这也没办法，当时的轰炸机没什么自卫能力，碰上战斗机就是活靶子！不能硬拼，所以撤了，留下4架战斗机跟日军周旋。再看"赛飞鹏"黄毓沛这边，飞机虽然少，但飞行员看见日本人，眼睛都红了！说实话，这些日子，地面上战况不顺，飞行员都憋着一口气，尤其是印度籍飞行员朱达先，一马当先，往回一拉操纵杆，飞机往上一跃，紧接着以上示下，左手往下一推操纵杆，右手搂着机枪的扳机，对着一架敌机扑过去了！

"呜！嗒嗒嗒！"

一阵扫射，这下又猛又突然，敌机一看，躲不开了，飞行员吓得一闭眼，完了！朱达先正高兴，再一搂扳机，"咔咔"，坏了！卡壳了！朱达先一愣，往左一掰操纵杆，两架飞机翅膀一错，过去了。咱们说，朱达先是单座飞机，只有前机枪，人家日本飞机是双座，前后都有机枪，前头的飞行员傻了，后面的机枪手没傻，回手就给朱达先来了一梭子！

"嗒嗒嗒！"

这下坏了，虽说当时飞机上的机枪精度不高，但这回两架飞机相距太近，朱达先身中两弹，飞机上也多了两个透明窟窿。

您看见没？空军的战斗，胜负就在一瞬间！

朱达先感觉到飞机震了几下,知道不好,左肩和背部一阵剧痛,只能先脱离战场,进行迫降,剩下3架飞机继续开战。

朱达先下去了,3对6,"赛飞鹏"黄毓沛一看,先收拾一个再说吧!也一拉高飞机,对着打伤朱达先的那架敌机冲过去了!日军飞行员和机枪手正美呢,嘿嘿,支那空军这回死啦死啦地,我们回去,赏钱大大的有!

还没美够呢,黄毓沛到了,前机枪一阵扫射,"嗒嗒嗒",日本飞机的翅膀上直接开了三个洞,吓得日本飞行员魂不附体,赶紧一偏头,屁股对着黄毓沛,想照方吃炒肉,用后机枪干掉黄毓沛。现在是屁股对屁股,黄毓沛的飞机也有后机枪,机枪手黄国聪手疾眼快,直接一梭子,正打到敌机的后机枪上,打得直崩零件!机枪手也受伤了。日本飞行员一看不好,拖着黑烟就跑了!

黄毓沛本想加加劲,彻底把它揍下来,可对手一看,黄毓沛这架飞机风头挺冲,看来是个高手,反正我们飞机多,就来个三英战吕布吧!于是剩下2架,继续与中国飞机一对一缠斗,集中3架飞机,六挺机枪,群殴黄毓沛!六挺机枪,这可是一道火网啊!黄毓沛左冲右突,顿时险象环生!

正在黄毓沛遇险的时候,机场旁边来了一辆汽车,从车上下来一个人,此人和黄毓沛跟一个模子里扒出来的相似,有几个机场地勤一看就傻了,哎!黄队长不是在天上打呢吗?怎么又跑地上来了?

只见此人一看天上打得热闹,心如火烧,一把拽过地勤人员:"我哥哥呢?"

"你哥哥?"

"我哥哥,第六航空队队长黄毓沛!"

原来,来人正是黄毓沛的亲弟弟黄毓铨!有人问了,哥哥在天上打仗,弟弟怎么来了呢?原来,这哥俩都是飞行员,飞行技巧不相上下,黄毓沛外号"赛飞鹏",黄毓铨外号"小飞鹏"。在淞沪抗战之前,黄毓铨正好回广东老家结婚,结果结婚不到二十天,淞沪抗战开始,哥哥黄毓沛打电话,要兄弟赶紧来南京集合,准备战斗,黄毓铨连夜坐火车往回返。当时火车技术落后,速度非常慢,1月28日开战,直到2月5日,火车才到了上海。到了上海,仗打得非常激烈,火车走不动了。黄毓沛一琢磨,先奔虹桥机场吧!反正那儿也有空军的弟兄。到了虹桥机场,正好看见空中正在激战!

广东空军支援中央的合影

旁边有人认识他,赶紧过来:"您是黄毓铨副队长吧?黄队长在天上打呢,您看……呀!"

众人在空中一找,正好看见黄毓沛在空中被3架日机围攻,形势岌岌可危,尤其是黄毓铨,他跟黄毓沛是亲哥俩,打仗亲兄弟,上阵父子兵,哥哥在天上拼命，弟弟能不担心吗？黄毓铨心急如焚，在机场上左右一看，正好看见朱达先那架飞机了。原来，朱达先中弹之后，身负重伤，按说跳伞就行了，可当时中国，飞机别看落后，特别金贵，损失一架都不得了！所以朱达先豁着命将飞机迫降在跑道上，刚刚停稳，朱达先就因为失血过多，被抬走抢救了，飞机就暂时停在跑道上，由机械人员检修。

德制容克K47，丁纪徐的座机

到了现在，黄毓铨顾不了别的了，从背包里拽出飞行服，三下五除二套在身上，飞身赶奔朱达先那架飞机，一翻身就上去了。旁边机械人员正在修理，一看来这么一位，赶紧拉住他："快下来！还没检修完呢！快下来！"

黄毓铨一听，胳膊一甩："去你的吧！飞机归我了！"

说罢就发动飞机，一踩油门，飞机"嗖"就窜出去了，速度越来越快！紧接着，黄毓铨往怀里一拉操纵杆，飞机腾空而起！黄毓铨想得挺好，赶紧把飞机拉高，准备去救哥哥，可再一拉，飞机没反应，黄毓铨就是一愣，赶紧又拉了三下，飞机还是没反应，反而失去了控制，朝着机场外面栽出去了！黄毓铨一看：坏了！我要倒霉！

第二回 罗伯特大战虹口 日战机撒饵钓鱼

黄毓沛率四架飞机大战上海，结果让日军给包围了，敌人看黄毓沛技术高超，干脆以多为胜，以三架飞机夹击黄毓沛。咱们袍带书中常讲，大将无马，如折双腿，这飞机可比马重要得多，既是马，也是兵器。很难想象，如果赵云拿把木杆的大枪，骑着匹笨马，还能够在长坂坡杀得七进七出？黄毓沛现在更是这样，面对敌方三架飞机，有心无力，险象环生！

就在这时候，黄毓沛的弟弟"小飞鹏"黄毓铨赶到了虹桥机场，一看哥哥在空中遇险，他什么也不管了，蹿上朱达先迫降的飞机，轰开机械人员强行起飞。

黄毓铨想得挺好，赶紧把飞机拉高，准备去救哥哥，可再一拉，飞机没反应，黄毓铨就一愣，赶紧又拉了三下，飞机还是没反应，反而失去了控制，朝着机场外面栽出去了！黄毓铨再想跳伞，来不及了！飞机调着个栽到了树林里，黄毓铨当场阵亡！

原来，朱达先那架飞机在天上中弹，其中一颗子弹正好把操纵杆的操纵钢丝划伤，朱达先拼死降落，双手铆足了劲掰操纵杆，所以控制钢丝已经是伤上加伤了。黄毓铨没等修理，强行起飞，最后一掰，操纵钢丝"咔嘣"，断了！所以飞机失去了控制，可叹"小飞鹏"出师未捷，率先阵亡！

弟弟阵亡，哥哥黄毓沛在天上自顾不暇，日军飞机的子弹像泼水一样！亏得当时的机枪的精度不高。即使不高，黄毓沛的飞机已经中了六弹，还好没打中人和要害。如果这样下去，黄毓沛非输不可，剩下的两架僚机虽然几次过来支援，但都被日本飞机合力赶开，这就是双拳难敌四手，好虎架不住狼多啊！

就在这千钧一发的关头，远处飞来了十几架飞机，为首的一架飞机与众不同，别的飞机，机身都是绿色的，翅膀上有青天白日徽；唯独这架，蓝机身、黄翅膀，也没有青天白日徽，飞机上坐着个外国人，日本飞行员一看就傻了，怎么还有外国人参战呢？

再说增援的这边，为首的不是别人，正是美国飞行员罗伯特·肖特，他的飞机是最新式的波音218式，速度快，火力强，这时候，日本飞机已经跟黄毓沛等人鏖战多时，虽然占了上风，但已经是强弩之末，每架飞机也多少带伤。罗伯特他们是生力军，外加上石邦藩、赵甫明、秦宗藩、王天祥、葛白冰等一众好手，飞机也多，形势马上就逆转了！日本人一看，还打个什么啊？这要是继续打，我们一个都别跑了，走吧！于是剩余的五架飞机全都"嗡"，逃之夭夭。

等到黄毓沛降落之后，才得知弟弟的死讯，但说什么也晚了，只能痛哭一场，收敛了弟弟的遗体，而之前受伤的朱达先，在几天后也因为受伤过重，不治身亡。不过战场上也传来了好消息，打伤朱达先那架日本飞机，被黄毓沛赶得急了，虽然成功逃脱，但误入我军防空阵地，飞机被击落，两名飞行员无一生还，所以打了半天，战绩也就是1∶1。可日本报纸不管这套，按照军部的命令嗷嗷直叫，说什么20∶0，这条消息弄得全国风声鹤唳，不过明白事的人全知道，根本没这么八宗事！

说到这儿有人问了，罗伯特·肖特是美国人，怎么参加了中国空军呢？原来，罗伯特·肖特曾是美国陆军航空队的队员，后来受波音公司委托，担任试飞员和教练员，来中国推销他们的新式飞机，也就是他的座机——蓝机身、黄翅膀的波音218。可是肖特到了中国以后，正赶上淞沪抗战开始，日军滥杀无辜，有不少难民从上海涌入肖特所在的南京明故宫机场，肖特看了是义愤填膺，所以要与中国空军并肩作战，按时间来说，罗伯特·肖特是帮助中国抗日的第一个外国飞行员，比后来的苏联援华航空队和美国飞虎队都早得多，同时他也是第一个打下日本飞机的空战英雄。当时肖特一琢磨：我这次来，目的是向中国推销战斗机，我干脆直接让你们看看，我这飞机有多厉害，这可比光说不练强多了！反正日本人说人话不干人事，吃人饭不拉人屎，干脆拿他们练练手吧！所以2月5号一战，肖特主动请缨，一马当先冲入敌阵，驱散了日本飞机。

接下来的十几天，上海上空的天气很糟糕，当时的飞机落后，糟糕的天气极易造成飞机坠毁，所以中日双方的空军也没敢轻举妄动，最多就是趁着放晴的几个小时，做做侦察工作。2月16日，"插翅虎"丁纪徐的7架飞机到了，这下空军的实力大增，全军上下都憋着一股气，要跟日本人接着干一架！可咱们实话实说，这时候咱们空军调动了25架飞机，而日军呢，两艘航空母舰上，共有40余架飞机，双方差距仍然很大！

3天之后，命令传来，所有的25架飞机，分三批调至杭州笕桥和乔司机场。为什么这么干？蒋介石考虑，此次冲突虽然激烈，但还是限于地方冲突，一般来讲，敌人不可能长驱直入。上海离南京很近，南京是国民政府的首都，不能遭受战火，正好杭州笕桥航校已经修成，设备较好，补给弹药也充足，所以干脆把飞机调到那里和备用的乔司机场，以利再战。而南京方面，又调来7架飞机，以备万一。

飞行员们没办法，上眼皮下命令了，怎么敢不执行？不过飞行员们即使走，也天天

第二回　罗伯特大战虹口　日战机撒饵钓鱼

罗伯特·肖特

排班，对上海的日军阵地进行侦察。19日，丁纪徐他们先去了，20日，正好轮到肖特侦察，肖特在上海的日军阵地上空，神不知鬼不觉地飞了一圈，然后降落到虹桥机场，向十九路军报告情况，等再起飞，坏了！三架日本战机呼啸而至！

原来当时日军收买了不少汉奸，有的汉奸就在机场待命，看见有飞机来，就向日军报告，正好肖特一来，正被他们看见。日军一听，什么？就一架飞机，还是那个外国人？好！这回干脆趁他落单，来个痛打落水狗，把他揍下来，杀杀支那人的威风！最好能把那个外国人活捉，问问到底怎么回事？

肖特刚刚起飞，一看来了三架日本战机，不但没慌，反而乐了，哈哈，前两天打得不痛快，今天你们可算来了！正好拿你们检测检测我这飞机好也不好！所以肖特不但没跑，还一头扎进了日本的飞机群中！

要说日本当时的主力战斗机，叫三式一型舰载战斗机，武器和肖特的波音218没什么区别，都是两挺口径7.7毫米的轻机枪。但速度上，肖特占了大便宜了！日军当面的第一架飞机猝不及防，当时被肖特的机枪在翅膀上钻了几个眼，飞行员见势不妙，落荒而逃！肖特一看，哎哟这个可惜啊！再准点就好了！一拉操纵杆想追，剩下两架飞机一看，咱一起上吧！一个在左，一个在右，两路夹击，机枪交叉扫射。肖特一看，算了，别打一架就赔了，于是往上一拉操纵杆，轻松闪过。

咱们说，人家两架飞机虽然慢点，但一个跟你周旋，另一个找你的弱点，然后互相轮换。再说，肖特这边，仗着飞机快，左冲右突，以一敌二，丝毫不落下风！打了二十多分钟，肖特有点发急了，为什么？他本来是侦察任务，子弹带得不太多，这么打下去，万一打完了，自己只能是挨打的份！想来想去，干脆他玩了个漂儿！

正好，一架飞机对着他俯冲下来，肖特在反光镜里瞄着，等机会，要是近了，准被人家的机枪招呼上，远了，就被人家看出来了，等双方离得挺近了，肖特的耳朵边，子弹挂着风声"呼呼"直响，就在这时候，肖特往怀里猛一拉操纵杆，"呼！"，飞机往上翻了个筋斗！一下到了日本战机的上边，肖特以上示下，一搂扳机，"嗒嗒嗒！"，虽说当时的飞机，速度远比不了后来的第二次世界大战时期，但在这个时候，论速度，波音218绝对是佼佼者！日军飞行员一看就蒙了，等再醒过来，"当当当"，飞机就冒了黑烟，剩下的一架日机不敢恋战，掩护着战友逃走了。这一仗下来，罗伯特·肖特以一敌三，毫发无损，马上是声名鹊起！人还没回到杭州呢，虹桥机场的电话先到了，等肖特回到杭州，安全降落，石邦藩、黄毓沛、丁纪徐他们直接把肖特抱起来，往天上就扔！兴奋啊！一个个大喊："美国佬万岁！"

三式战斗机和波音218，正是因为日本的三式战斗机完全敌不过罗伯特·肖特的波音218，所以才导致了"战斗机无用论"的出台

"中国空军万岁!"

这也没法不兴奋,多少日子了,净打憋屈仗,今天总算扬眉吐气一回!

日军那边呢?这回是暴跳如雷啊!为什么?今天第二架重伤的飞机,不是一般的飞行员,是日军的分队长,所茂八郎大尉。

咱们说,日军没有独立的空军,只有陆军航空队、海军航空队,两家分属陆军、海军,虽不说势同水火,反正的确不和。从军衔讲,日本一般的飞行员也就是军曹或者曹长,也就是中士、上士这类的,这回日军来了四十多架飞机,最大的是个少佐,其次就是六个大尉。本来对付中国空军没占到便宜,已经让海军航空队很丢人了,这回所茂八郎大尉想偷袭罗伯特·肖特,反而让人家给揍了一顿,虽说没受伤,但丢人啊!陆军航空队那边几乎笑掉大牙!所茂八郎垂头丧气。

这时候,另一个大尉小谷进来了:"所茂君,别灰心,据情报系统传来的消息,这个西洋鬼不简单啊!他原先是美国陆军航空队的飞行员,飞机也比咱们先进。按中国古代的话讲,胜败乃兵家常事,这有什么不得了的?"

"小谷君,咱们堂堂大日本皇军,怎么能让西洋鬼骑在咱们头上呢?"

小谷进一笑:"你放心,这回我有个计划。我打个比方,咱们这回碰上的,是条很厉害的食人鱼,如果你硬捉它,它就会跟咱们拼个鱼死网破。咱们想要钓上这条鱼,必须得下饵,等它咬上了饵,再后悔就来不及了!到时候就得听咱们的了!你放心,我来布置,我亲自当饵,你来捉鱼!"

咱们再说中国空军这边,2月20日一仗,肖特一战成名,成了万众瞩目的英雄,凡是出任务,肖特至少要跟着飞一圈。肖特的飞机颜色与众不同,一眼就能看出来,所到之处,军民都是士气大振。两天之后,也就是1932年2月22日,肖特率领9架飞机,从杭州到上海,再到苏州,沿途飞一圈,一方面是侦察敌情,另一方面就是鼓舞军民士气。

连续出了几次任务,肖特感觉挺累,这两天日军没怎么出动,所以肖特也就放松了警惕。而航空署署长黄秉衡也心疼肖特,所以特别给肖特开了口子:"反正就这条路线,你就负责飞一圈,鼓舞民众士气,不用跟别的飞机编队。如果出现意外情况,及时报告,不用跟日本人拼命。"

所以肖特今天没跟别的飞机一起,他率先起飞,按照固定的航向,先从杭州飞上海,飞了一圈之后,奔苏州。这一到苏州,可不得了了!肖特看见三架日本飞机,细一看,这是主要负责对地攻击的舰载攻击机,简称舰攻。它们正在苏州火车站的上空盘旋,似乎马上要投弹了!

肖特再往下一看,吓得魂不附体啊!只见火车站里,无数的难民或坐或卧,都在站台前后拥着,列车是一趟接一趟。原来上海一发生战事,不少难民就跑到了比较近的大城市苏州。可是战争开始不久,战火已经蔓延到了苏州,所以人们又开始外逃,所以一连几天,苏州火车站拥挤不堪,人流水泄不通!这要是扔几颗炸弹下去,后果简直不堪设想!

自美国南北战争时期,美国就有个传统,打仗是军人的事,不能把民众直接掺和进来，也就因此，南北战争末期，即使南方军队已经支撑不住，总司令罗伯特·李也拒绝游击战，理由是不希望把民众，特别是妇女、老人、儿童掺和进来。

肖特久受美国教育，这点他是再清楚不过了，所以当时怒火中烧！小日本啊小日本，你们真不是东西！政府与政府开战可以理解，你不能这么祸害民众啊！今天我要让你知道知道厉害！想到这儿，一踩油门，一拉操纵杆，飞机自下往上，"呜！"，冲向日本舰攻机！

这三架舰攻机，为首的就是小谷进大尉的座机，可他们只是诱饵，在云层附近还有三架战斗机，由上次被肖特一顿爆揍的所茂八郎带队，所茂八郎一看，一架飞机冲着己方的舰攻机来了，蓝身子，黄翅膀，这肯定是西洋鬼啊！这回我要报一箭之仇！

想到这儿，一摇晃翅膀，招呼其余的两架飞机，然后三架飞机冲出云层，直接就把肖特团团围住！

第三回　护难民英雄阵亡
　　　袭笕桥日机吃亏

　　罗伯特·肖特单机飞临苏州火车站上空，见有三架日军舰载攻击机正在瞄准，一旦投弹，下面全是难民，后果不堪设想！肖特义愤填膺，一踩油门冲上去，想要击落这三架舰攻机，哪知道这三架飞机只是诱饵，云层里还藏着三架飞机，带队的正是上次被肖特一顿爆揍的所茂八郎大尉，这回所茂八郎要报前次之仇，所以他一看肖特对着舰攻机冲过去，知道鱼已经咬了诱饵，所以马上一晃翅膀，率三架战斗机冲出云层，就把肖特团团围住！

　　肖特一看，知道上当了！但到了现在，肖特一合计：上次一对三，一举成功，就是趁对方反应不及，先揍下一架，改变了劣势。现在敌人准备充分，要是真和这三架飞机缠斗，必死无疑，不如先收拾舰攻机，扎到他们的飞机中间，战斗机投鼠忌器，才有可能成功！所以肖特干脆往左使劲一掰操纵杆，"唰！"，飞机一个螺旋翻滚，瞬间摆脱所茂八郎他们三架战斗机，从下往上，直扑小谷进大尉的座机。有人问了，他知道这是小谷进大尉吗？不知道，但作为编队来讲，小谷进是长机，负责指挥，剩下的是僚机，负责配合，所以擒贼先擒王，肖特先奔着小谷进来了！

　　"嗒嗒嗒！"

　　一串机枪打过来，小谷进一看，来得好！往右一掰操纵杆，"唰！"，肖特的机枪射空！肖特的飞机就蹿到上面去了。

　　肖特一看，赶紧把飞机往回一趸，以上示下，"呜！"，俯冲下来，又是一串子弹！小谷进一看，嘿！真够难缠的！赶紧再一闪，这回闪得慢点，肖特来得快点，正好让子弹扫到尾翼上，"啪啪"就是俩窟窿。小谷进一看，心里着急啊！怎么所茂君他们还不动手啊！西洋鬼的飞机还真厉害！再不动手我就悬了！

　　其实不怪所茂八郎他们不动手，他们是动不了手。肖特的飞机真快！再加上他是主动变动作，日本战机很被动，所以一上一下的工夫，几乎将所茂八郎他们三架日机甩开！

就在小谷进着急的时候，肖特又来了！一个螺旋扫射，"嗒嗒嗒"，子弹如泼水一般！小谷进身中三弹，当场阵亡，后座的机枪手也负了重伤！这一下可不得了，肖特马上身价百倍！但可惜，小谷进的飞机上还有一个驾驶员没事，驾着飞机冒着黑烟，跑了。不过这架飞机在机场降落的时候，因为伤得太厉害，所以坠毁了，后来有人争论，到底这架算不算肖特的战绩？不过这已经不重要了。

击毙小谷进，肖特一看，上面还有一架日本战斗机。这架飞机的驾驶员叫生田乃木次，刚才他动作慢了，肖特往下俯冲的时候，他没跟上，肖特再往上冲，击毙小谷进大尉，正好就跟生田乃木次打了个对头！生田乃木次当时吓得一闭眼，完了！这回惨了！

没想到肖特没理他，一搬操纵杆，一扭头，冲着旁边的舰攻机扑过去了！肖特想什么呢？原来这时候，肖特害怕敌人的舰攻机失去了长机，剩下两架僚机仓皇投弹，底下的难民不就惨了吗？所以肖特冒险没理生田乃木次，扑奔舰攻机去了！

"嗒嗒嗒"，一串子弹打得日军舰攻左躲右闪，十分狼狈，又一架舰攻躲闪不及，被肖特的子弹钻了几个透明窟窿。

再说生田乃木次，再睁开眼一看，没事，再摸摸身上，也没挨子弹，再一看，西洋鬼跑了，生田乃木次怒火中烧啊！好你个西洋鬼，吓我一跳！我这回让你知道我的厉害！他一看，肖特在下面，背对着自己，正是偷袭的好时候，生田乃木次一扭飞机，一个俯冲，"嗒嗒嗒！"

俗话说，明枪易躲，暗箭难防。这一偷袭，果然起效，肖特猝不及防，身中三弹，当场阵亡！飞机拖着黑烟栽下去了。

日军轰炸机一看，这个催命鬼总算死了！于是开始从容地往苏州火车站扔炸弹，底下难民死伤无数啊！这回立大功的生田乃木次有点后悔了，嘿！西洋鬼没打我，原来就是为了保护难民啊！唉！为了大日本帝国，我这么做没错，可我真的没错吗？

由此可见，生田乃木次良心未泯啊！但大错已经铸成，悔之不及，所以在之后的每年2月22日，也就是肖特殉难的日子，生田乃木次都会在佛前焚三炷香，悼念当年的西洋鬼，这个习惯一直持续到2002年，他97岁辞世。

肖特阵亡，这个噩耗当时就传遍了整个淞沪前线，蒋介石派专人收敛了肖特的遗体，并且召开了追悼会，而且把罗伯特·肖特的母亲和弟弟邀请到中国参加葬礼，在肖特阵亡的地方还竖起一座纪念碑和纪念柱，以作纪念。后来抗日战争开始，日军专门派飞机到苏州，把肖特的墓地和纪念柱炸为平地！不过，肖特的纪念碑还是保存了下来，现存于苏州博物馆中。

不过肖特虽然阵亡，但也就因为他的战绩，日本人在总结一·二八事变的时候，得出了一个离奇的结论——战斗机

日军十三式攻击机，小谷进大尉就被罗伯特·肖特击毙在此种飞机的机舱内

无用论。日本人是这么琢磨的：西洋鬼就一架飞机，我们三架轰炸机当诱饵，三架战斗机截杀他，结果轰炸机愣是两架重伤，一架轻伤，战斗机几乎没用啊！看来，以后轰炸任务，只派轰炸机就行了，要出动战斗机护航，消耗又大又没用，与其这样，不如增强轰炸机的自卫能力。殊不知，就是因为这样离奇的结论，抗战初期，弱小的中国空军屡次击落日军战机，战绩颇为不俗，而这种不俗，也正是拜这位美国义士罗伯特·肖特所赐。

日军飞行员合影，左为生田乃木次

不过当时日本人并没有总结到战斗机无用论，他们查清楚肖特的情况后，向美国领事馆提出了"严正"的抗议，并且出动飞机，进行下一步的行动。日军怎么想的呢？原来，当时的飞机性能不佳，续航能力和速度都不行，日军计算，自己这边好办，因为有航空母舰，所以飞机起飞的地点可以随机应变，选择较短的航程出击。支那空军的主力在杭州，如果他们想来交战，就必须利用离我们较近的上海虹桥机场或者苏州的机场做补给，如果炸毁这两处，支那空军即使飞到上海，因为还要考虑往返，没法打太久，这我们就占便宜了！所以日军在2月23日，也就是肖特阵亡后的第二天，大规模轰炸上海和苏州的机场，地面上的中国军队防空能力薄弱，所以这两个机场没有保住，全都被日军炸成了废墟！

蒋介石一看，当时就明白了，炸毁了这两处中转机场，下一步肯定就要空袭杭州笕桥，打垮我好不容易弄起来的空军啊！空军可是我的宝贝，怎么能一次赔个干净呢？所以干脆下令，所有飞机，全都转移到蚌埠，以防偷袭。可是航空署署长黄秉衡一听，什么？蚌埠？那离着太远了！是，敌人的航空母舰开不过来，即使飞机过来，也是强弩之末，可咱们离着更远，怎么过去跟日本人干啊？现在在杭州，还能搞个奇袭，平常也能侦察，到了蚌埠可就什么也别想了！所以黄秉衡坚决拒绝。蒋介石也不干啊！现在我们第一批航空队学员还没全毕业，能飞的大多是参战的这些教官，飞机也就这么点儿，这要是损失了，得多可惜啊！所以双方就扯起了皮。

这一扯皮就是一天多，等到2月25日，前线传来了一份情报，对方的航空母舰加贺号、凤翔号，带着三十多架飞机失踪了！这下弄得飞行员们心里没底了，对方的航空母舰和飞机去哪儿了？反正不是好事！石邦藩一琢磨：很明显，前两天日军摧毁了苏州、上海的机场，现在，我们就剩了杭州的两个机场，估计日军这回想要打我们一个措手不及，一举把我们全干掉。哪有那么便宜的事？所以石邦藩把黄毓沛、丁纪徐叫过来，三个人开了个碰头会，石邦藩就说："这次日本飞机十之八九就是冲咱们来的，要是等到他们出现，咱们再发动飞机就晚了，所以我提议，咱们三个轮番值班，飞机也分成三批，分批暖机待命，你们看怎么样？"

黄毓沛一听："没问题！不过我觉得咱们还是在乔司机场和笕桥机场分别待命，以免被日本人一锅端了！"

丁纪徐一听也点点头："好主意啊！那我就带一部分飞机去乔司机场，咱们随时保持电话联系！"

于是，按照计划，机场的地勤轮番开动飞机的发动机，暖机待命，飞行员也分了三批，轮番值班，如果敌人一旦出现，马上就可以迎击！

当天无事，等到了第二天，也就是2月26日拂晓，正是石邦藩当班，他拿着望远镜在指挥塔上，正满处看呢，正好看见东方的鱼肚白上有几个黑点，正在高速往机场方向飞。石邦藩一看，这东西翅膀不动，不像是飞鸟。啊！坏了！这肯定是敌袭啊！

所以石邦藩大吼一声："起来！敌袭！上飞机！"

随手就拉响了空袭警报！

"呜！呜！"

然后石邦藩二话不说，带着值班的飞行员奔下指挥塔，登上飞机，开始起飞爬高。

石邦藩看得对吗？一点没错啊！就是日本飞机！这是四架主要负责对地攻击的舰载攻击机，简称"舰攻"。这日本人还算呢，按科学理论计算，六点半，一般人刚起床，是最犯困、最没精神的时候，这时候出现，肯定打他们一个措手不及！正美着呢，石邦藩、沈延世两个人合乘一架双座的德国造容克式战斗机，迅速爬升到高处，绕到舰攻机后边，以上示下，直扑四架舰攻机！日军当时吓了一跳！不过他们反应还算快，后座都有机枪，所以四架舰攻机都扬起机枪开始还击。

"嗒嗒嗒嗒！"

当时就成了一道火网啊！石邦藩一看，不敢直撄其锋，一个侧旋，躲开了，翻滚到了舰攻机的下面。石邦藩不服输啊！一抹头回来，以下对上，冲上去接着射击，这回日本舰攻机可倒了霉了，飞机后下面是死角，只能挨打。所以四架舰攻机一看，干脆把队形散开。石邦藩可打过瘾了，飞机往前冲的时候，他在前面开枪，飞过了之后，由后座机枪手沈延世抱着机枪，接着冲后面的目标射击，然后兜回头接着来一个回合，跟他的外号"饿狼"一样，打得日本舰攻四散奔逃！

这时候，"蝙蝠"赵甫明和射击手龙荣萱驾驶一架老式英国造"可赛"式飞机也上来了。赵甫明一看，石邦藩打得威风凛凛，手也开始痒了，不过敌机四散奔逃，打谁呢？正好眼前一架敌机跑过去了，赵甫明定睛一看，1号机，这是长机，其余都是僚机，揍下这一架，顶上其余五架了！就是他！于是赵甫明撵着屁股就追上去了！

赵甫明猜得对吗？一点没错啊！这支舰攻机小队，队长是安延大尉。这家伙是个老狐狸，不过他也倒霉点，刚要命令后座机枪手还击，赵甫明手疾眼快，"嗒嗒嗒"，就是一阵扫射，其中一颗子弹正好打到了飞机的张线上。原来，当时的飞机还挺落后，马力不大，所以是上下两层翅膀，中间有张线连接，这样可以多增加一部分飞机的升力，以便飞机爬高。飞机为了稳定，张线绷得特紧，这一打中，飞机当时就一晃悠，"嗒嗒嗒",敌机的后机枪就打偏了。赵甫明得势不饶人,追着敌机猛揍,打得对方机枪手根本抬不起头,安延大尉左躲右闪,十分狼狈。

　　这时候石邦藩一看,赵甫明也加入了战团,下面还有一架己方的飞机正在爬高,似乎是第六分队长蒋孝棠的英国造林克式战机,这回放心了!石邦藩一琢磨:伤其十指,不如断其一指,想要让日本人知道厉害,得真打实凿地揍下几架来!正好,敌人的舰攻2号机在眼前一闪,石邦藩一看,就是他了!撵上去就打!打得对方东躲西藏,狼狈不堪!

　　石邦藩正打得起劲呢,突然发现头顶上恶风不善啊!抬头一看,六架日本战斗机呼啸而至!原来,日本人订好了计划,飞机分两队,四架舰攻机负责轰炸笕桥机场,打支那空军一个措手不及!空中由六架舰载战斗机,简称"舰战",负责掩护。可由于当时航空母舰的设计问题,飞机得一架一架起飞,所以等六架舰战全部起飞,再编队过来,就比舰攻慢了几分钟,可就是这几分钟,舰攻就让中国空军打了一个七零八落!咱们再说日本的舰载战斗机小队,带队的不是别人,正是前两次都没占到便宜的所茂八郎!所茂八郎一看,嘿!支那空军反应挺快。不过我一来,你们就算完了!这回我让你们知道知道我的厉害!

第四回　拼死战石邦藩断臂
　　　　　救战友丁纪徐夺机

　　日本的舰载攻击机想要偷袭杭州笕桥机场，结果被值班的石邦藩发现了，"饿狼"石邦藩和"蝙蝠"赵甫明和他们的机枪手各驾一架战机，升空拦截，反而把日军打了个措手不及，石邦藩和赵甫明各自撵着一架飞机开火，想要将其击落。

　　这时候，前两次都没占到便宜的所茂八郎大尉，带着战斗机到了！所茂八郎一直憋着一口气，自己怎么也没能在支那空军面前占便宜，人家回去一问，我这大尉怎么当的？还不如比自己官小的呢，不是让陆军笑掉大牙吗？所以一看石邦藩落单，一马当先就扑上去了！顿时，六架飞机就把石邦藩围在当中！石邦藩一看没辙了，也就只能硬着头皮接架相还，一对六，石邦藩顿时是险象环生！可老话讲得好，屋漏偏逢连夜雨，黄鼠狼专咬病鸭子，石邦藩被围攻，本身已经很危险了，后机枪打了几梭子以后，又哑火了！把石邦藩和机枪手沈延世都急坏了！石邦藩刚一走神，"啪！"，一颗子弹正打到他的左臂上，左手当时就使不上劲了！石邦藩不服啊！左手不是废了吗？没关系，他用右手和双腿一起掰操纵杆，就跟敌人拼上了！

　　旁边的赵甫明和刚上来的蒋孝棠一看，石邦藩的情况岌岌可危，飞机外壳都染红了！赶紧过来帮忙，可是这俩人的飞机都是老式的，不占优势，更何况敌人是六对三啊！这下，已经起飞的三架飞机都被缠住了，这时候，日军的第二拨，六架舰攻机到了，这六架舰攻机刚起飞，算是生力军，他们一看在天上的支那战机被缠住了，地上还有不少飞机停着呢，这时候不打，更待何时？所以他们一个俯冲下来，就冲地上的飞机投开炸弹了！

　　"轰！轰！轰轰！"

　　跑道头前的塔台、哨所，当时就被炸碎了！有人问了，当时中方就这三架飞机起飞迎战吗？其余的飞机干什么呢？原来，石邦藩他们值班，所以飞机一直在开着发动机暖机待命，所以日机一来，马上就能升空作战！其余的飞机没有啊，要是都开着发动机暖机，消耗太大了！你知道日军什么时候来？所以日本战机一来，只能现发动，然后热一热发动机，才能起飞，不然的话，飞机很有可能出问题！别看咱们说得那么热闹，实际上就只有几分钟，第二批暖机的飞机，发动机还没暖好，日本的舰攻机俯冲下来了！黄毓沛他们在地面上呢，怎么能让日本人得逞呢？虽然这时候飞机还飞不起来，但是开着发动机，往前跑还是可以的。所以众飞机一起左躲右闪，顿时，七八架飞机在跑道上一起扭来扭去，场面颇为壮观啊！日本驾驶员哪儿看过这个？一下就看花眼了。这时候，飞行员秦宗藩先反应过来了，赶紧扑到战机的后座，把机枪抬起来了，对着空中的日本战机就开了火了！其余的人一看，也把机枪扬起来，对空射击，七八挺机枪一齐开火，这回可把日本舰攻机打乱了！仓促扔下炸弹就跑了。亏得当时日本飞机也不是很先进，炸弹也比较少，所以并没炸中中国战机。但把跑道炸得大窟窿套二窟窿，二窟窿套小窟窿，小窟窿套窟窿崽儿，总之是坑坑洼洼，飞机算是起飞不了了，这把黄毓沛他们气得在跑道上奔儿奔儿直蹦！

石邦藩

这下，空中的战局更不利了！赵甫明、蒋孝棠的飞机都是老式的英国造，和日军的三式舰载战斗机有一定差距。石邦藩的飞机是德国造的容克式，虽说性能比日军的好点，但石邦藩左臂重伤，这点优势也就没了！纵使石邦藩、赵甫明他们驾驶技术再高超，还是那句话，双拳难敌四手，好虎架不住狼多。时间不大，石邦藩的飞机中了好几弹，引擎被打灭了，这一熄火不要紧，飞机朝着地面就栽下去了！石邦藩一看，这样下去可就是机毁人亡啊！趁着飞机能滑行，石邦藩赶紧找能够迫降的地方，机场被炸了，偏巧机场南边有块平地，虽然也有点坑坑洼洼，但也没时间选了，石邦藩使劲一扭操纵杆，飞机冲着这块平地就扎下去了！这样下去是下去了，非坠毁不可！所以石邦藩下死了劲，左臂伤了不要紧，手脚并用，往回掰操纵杆，总算把飞机放平了，飞机颠了两下，算是比较平安地停住了，迫降成功。按照空军的算法，飞机迫降成功，只能算击伤，不算击落。

当时的空军飞行员被称为空中骑士，有一套相应的礼节，颇为类似西方骑士的理解，其中之一就是只要对手认输逃走，一般就不追了，放他一条生路，这是当时各国一个约定俗成的礼节。就是要追，也要在空中解决战斗，如果对方已经迫降落地，就不继续打了。

可日本人，尤其是日本政府和军队的某些人，比如就这位所茂八郎，根本不管这套啊！国际法在他们眼里就是狗屁！比狗屁还狗屁！你落地了我也打！所以所茂八郎一个俯冲，对着石邦藩的飞机就扫开了！

石邦藩一看，这情况不妙啊！我们都迫降了，日本人还干什么？后座的机枪手沈延世也看出来了："石队，快撤！"

他一使劲，把石邦藩从驾驶舱拖出来，两个人一看，躲别处躲不及了，干脆就飞机翅膀下面吧！所以一出溜，直接躲到了机翼底下，所茂八郎一看，人不见了，只能是不管鼻子不管眼睛，拿机枪瞎扫了几通，走了。

咱们再说空中，石邦藩迫降，赵甫明一看，坏了！他稍微一走神，一架日本飞机从上方开火，一串子弹正好扫到他的飞机上，赵甫明咽喉和胸口中了三弹，后座的机枪手龙荣萱的下巴颏也被子弹擦伤！这时的赵甫明还想拼命，但身不由己啊！眼前一阵一阵发黑，没办法，为了保全飞机和后座的龙荣萱，只能飞下去迫降了，这回还好，其余的日本战机没跟上去继续扫射。

现在，天上的三架中国战机只剩了蒋孝棠一架，蒋孝棠现在是泥菩萨过江，自身难保，只身面对五架敌机，被打得东躲西藏！这时候，所茂八郎扫射完，回来了，见此情况，心中大喜啊！希望再有一拨攻击机来，这样，支那空军今天就真完了！2月5号没能让你们全军覆没，今天我们要照单全收！

就在这千钧一发的关头，救星来了！谁啊？驻乔司机场的丁纪徐等人！丁纪徐怎么这时候才到呢？原来，敌机从远处一来，丁纪徐在望远镜里也看见了，丁纪徐再一看，自己的飞机引擎开着呢，所以丁纪徐拉完了警报，马上跑出去蹿上飞机，准备起飞迎战，正要扣安全带，这时候有人一拉他："队长！这飞机飞不了！"

丁纪徐一看，是机场的检修员，赶紧问："为什么？"

"经检查，引擎有机械故障，我现在还没排除完呢。"

旁边又有仨人冲出来，准备上飞机，这三个都是广东人，陈信源、余彬伟、吴汝鎏。这三个人之中，吴汝鎏眼睛最尖，一看队长的飞机出问题了，赶紧过来："队长，没事！开我的！我的也在暖机待命！"

丁纪徐一听，没多想，赶紧蹿上吴汝鎏的飞机，结果没等系安全带，就是一咧嘴。怎么了？原来，丁纪徐的战机是比较先进的德国造容克式，可吴汝鎏的飞机是老式的美国造瓦可式，这种战机丁纪徐虽然也能飞，但前一阵一直飞先进的容克式，要是突然一改，得适应会儿，可现在火烧眉毛了，谁给你时间去适应？

咱们在这里得插一句，中国的空军起步其实不算晚，在民国二年，也就是1913年，就创办了第一所航空学校，也买入了12架小型飞机作为学习之用。可在此之后，时局动荡，从袁世凯开始，段祺瑞、吴佩孚、张作霖，各个军阀是你方唱罢我登场，在第一次世界大战之后，各家军阀虽然都注意到空军这种新型兵种的威力，但是他们普遍犯了一种错误——急功近利。缺飞机怎么办？花钱买！飞机好找，第一次世界大战之后，各国的老式军用飞机成了财政的负担，面临失业。这时候，突然中国的一帮军阀杀入了这个市场，而且个个是人傻钱多，这可把当时的军火商高兴坏了，他们是什么好听说什么，这位说，我的飞机怎么怎么好；那位说，我的飞机怎么怎么好，军阀们都挑花眼了！今天英国的这型号买三架，明天法国的那型号买两架，飞机倒是多了，数量、型号参差不齐，简直就是一个杂八凑，经常把雇来的飞行员和修理技师都弄傻了，可是中国的飞行员呢，大都练出了一身飞万国牌飞机的本事，不过突然一换飞机，总得适应适应啊！

相对来讲，日本对空军，则是成系统地学习，从飞机的设计制造，到飞行员的培养，都是下了极大的力气，所以日本的航空队，飞机制式化程度高，设计也很先进，所以到了后来的第二次世界大战前期，不光是中国的空军，就连美国航空队，碰上日本飞机都脑仁疼！不过在1932年，日军的制式飞机还和中国杂八凑水平差不太多。

咱们再说丁纪徐，丁纪徐脾气多暴啊！他往旁边一看，偏巧还一架德国造容克式正在发动，丁纪徐二话不说，"奔儿"，从吴汝鎏的飞机上蹦下来，跑到那架容克式跟前，掏出左轮枪顶住了飞行员的太阳穴。吴汝鎏他们三个全都傻了：队长这是怎么了？还没跟日本人交手，先要打自己人，这不是猪八戒啃猪爪，自残骨肉吗？

再说这个倒霉的飞行员，他叫黄现奏，是笕桥航校的教官。前文咱说过，石邦藩提议，飞机分批暖机，以防万一，早上值班的也有黄现奏，他的飞机也在暖机之列，所以他一听警报，也冲上飞机，准备起飞。这还没等起飞呢，一把手枪顶住了自己的太阳穴，黄现奏偏头一看，丁纪徐！黄现奏也傻了："老丁，你要干什么？"

丁纪徐眼睛冒火啊："少废话！你给我下来！"

说着话，三下五除二，把黄现奏的安全带给解了。黄现奏也火了："你要干什么？"

"把飞机给我！"

"凭什么？这是我的飞机！"

"就凭这个！"

丁纪徐抬手朝天"当！当！"就是两枪："你要是不下来，我告诉你小子，我认识你，我的枪不认识你！"

黄现奏一看，得！丁纪徐这个人我听说过，说得出做得出，今天我要真较上劲，他非把我崩了不可！得，我先服个软，咱有账不怕算的！所以黄现奏也不较劲了，赶紧从飞机上跳下来，丁纪徐登上这架容克式，跟着陈信源、余彬伟、吴汝鎏一起起飞。由于他们在乔司机场，离笕桥还有点距离，所以才到晚了一会儿。丁纪徐一看，天上的情况极其不妙，敌人六架战机，己方只剩了一架在苦苦支撑！丁纪徐气满胸膛，一马当先杀入敌阵！这下可把蒋孝棠救了，双方又是一场混战！几个回合一过，一架日机被击伤，吴汝鎏也遭到敌军围攻，飞机受伤，不过还好，迫降成功。这时候日军的战机已经是强弩之末了，燃料、子弹都所剩不多，勉强招架了几下，返回航空母舰。丁纪徐想追，一看，对方的后机枪全都准备好了，再追无益，何况自己这边，除了吴汝鎏的飞机重伤迫降之外，其余的飞机也都或多或少的带了轻伤，所以也都返航落地。

等降落到机场上，点计损失，石邦藩、赵甫明、龙荣萱都负了重伤，飞机也有不少都挂了彩，不过还好，前方也传来消息，被石邦藩和赵甫明击伤的两架飞机没能飞回航空母舰，直接坠到海里沉了。

航空署署长黄秉衡一看,看来如今是难以再战了,所以赶紧做出决定,第一,赶紧把伤员送医院抢救。第二,所有飞机转移到南京和蚌埠机场,避开和日军的直接冲突。

虽然这一仗,中国空军没有取胜,但就此计算,中日空军的击坠战绩应该是3：1,日本在中国空军面前仍然没有占到便宜。可惜,相对于日本海军航空队在上海所犯下的罪行,尚在幼年的中国空军还是表现得很无力,甚至当时有个非常著名的人,写出了一篇著名的文章,来质问中国空军。到底是谁,写的什么文章呢?咱们下回再说。

第五回　惊天空战遭误读　笕桥航校初招生

日本战机先后击伤石邦藩和赵甫明的两架飞机，围攻仍然在空中坚持的蒋孝棠，这时候，丁纪徐赶到了。双方大打一阵，吴汝鎏的飞机也被击伤，不过此时的日军已经是强弩之末，弹药、燃料都所剩不多，只能撤退。

咱们再说航空署署长黄秉衡，人家在天上打，他在机场也没闲着，一方面组织人员防空，一方面赶紧组织人抢救伤员，不多时，受伤的三个人都被送到了医院。其中赵甫明，下来的时候，还能报告作战的情况，可最终由于伤势过重，不幸身亡。为了纪念他，杭州的乔司机场，也就是笕桥航校的备用机场，改名为甫明机场，以为纪念。剩下的两位，龙容萱情况稍好，下颏虽然被打穿，但无大碍。就是石邦藩伤得太重了，左臂的骨头都被打折了，而且打伤他的所茂八郎太狠了！用的子弹叫"达姆弹"。

什么叫作"达姆弹"？俗称"开花弹"或者"炸子儿"，用的是铅弹头，这一打进石邦藩的胳膊不要紧，弹头马上就变形，把石邦藩的骨头连带肌肉都给打断了，所以石邦藩从飞机上下来时，胳膊都当啷了。这种子弹早在1899年，国际法就禁止使用了，可日本人不顾这套，仍然用。这还不说，这下石邦藩还中毒了，这种铅中毒，虽然不是什么走五官通七窍，见血封喉的剧毒，但时间长了，仍然危险，外加上感染，几乎可以致命！所以军医当机立断，给石邦藩截肢，截下来的左臂，泡在药水罐里，放在航校展览室，成了教材了！所以石邦藩由此，他的外号改了，成了"独臂饿狼"。

这三个战将受伤不说，飞机损失也挺严重，黄秉衡头疼得要死啊！

要说这场仗，从绝对战绩来看，日本人根本没占到便

石邦藩的断臂

宜，日本海军航空队损失了3架，其中两架，被石邦藩和赵甫明击伤之后，落到海里沉了，还一架在2月5日，被防空炮火击落，小谷进大尉等三人死亡，两人受伤，此外还被击伤了两架。

而中国空军方面，罗伯特·肖特的飞机被击落，剩下的有4架重伤。其余的飞机或多或少，都有点伤，飞行员阵亡了黄毓铨、朱达先、罗伯特·肖特，还有赵甫明等人，石邦藩重伤。

虽然战绩看似不错，但日本人在上海总共有四十余架飞机，本土还有不少，损失这些问题不大。可中国方面就不行了，总共就二十五架飞机，再打一仗就全没了！所以黄秉衡思虑再三，只能按照蒋介石的命令，把飞机转移到蚌埠和南京，远离战场。

这下，中国军队在战场上彻底没了空军的掩护，士气更成问题了。过了不多久，总算是停战了，中日两国都回到以前的防区。可当时中国的信息很不流通，这几场惊心动魄的空战，竟然没几个人知道，当时著名的文学家鲁迅，还特别写文章，在纪念罗伯特·肖特的同时，讽刺中国空军，弄得舆论大哗啊！

鲁迅的文章叫《伪自由书》，这段怎么写的呢？大致就是说：

看过去年此时的上海报的人们恐怕还记得，苏州不是有一队飞机来打仗的吗？后来别的都在中途"迷失"了，只剩下领队的洋烈士的那一架，双拳不敌四手，终于给日本飞机打落，累得他母亲从美洲路远迢迢地跑来，痛哭一场，带几个花圈而去。听说广州也有一队出发的，闺秀们还将诗词绣在小衫上，赠战士以壮行色。然而，可惜得很，好像至今还没有到。

所以我们应该在防空队成立之前，陈明两种愿望——

一、路要认清；

二、飞得快些。

还有更要紧的一层，是我们正由"不抵抗"以至"长期抵抗"而入于"心理抵抗"的时候，实际上恐怕一时未必和外国打仗，那时战士技痒了，而又苦于英雄无用武之地，不知道会不会炸弹倒落到手无寸铁的人民头上来的？所以还得战战兢兢地陈明一种愿望，是——

三、莫杀人民！

这些话一经登载，民众听完了，不少人都群情激奋啊！说什么的都有。不过，这篇文章骂得挺狠，但还多少给民国的空军造成了有利的影响，这影响是什么呢？咱们后文交代。

打完了淞沪的空战，蒋介石更明白了，这空军不仅仅是几架飞机在天上打一打就完事，这完全影响到全军的士气，所以一定要发展，而且全力发展！

正好，杭州笕桥的机场和航空学校校舍等硬件设

鲁迅曾写文章，造成了国人对中国空军的误读

施全都修完了，航校马上就可以启用了！不过蒋介石一琢磨：这可是我的空军，我自己不懂技术，找谁来替我发展好呢？对了！非那个人不行！

蒋介石说的谁啊？此人姓毛，叫毛邦初。这个毛邦初可是中国航空史上鼎鼎大名的人物，要说毛邦初跟蒋介石什么关系？那关系可不是一般的近，毛邦初正是蒋介石第一任夫人毛福梅的娘家侄子，跟蒋家的太子蒋经国是表兄弟！这个关系还不近吗？

当然，空军是个技术兵种，想要发展空军，光靠嘴头喊喊不成，首要的先得熟悉业务，不过这个毛邦初，除了关系近之外，资历也不错。当初凭着和蒋介石的关系，从黄埔三期，到广东航校二期，再到苏联空军留学，成绩都相当不错，所以蒋介石钦定毛邦初为笕桥航校的副校长。校长呢，自然是蒋介石兼任了。

毛邦初，笕桥航校第一任负责人，空军四巨头之一，蒋介石的第一任夫人毛福梅是其姑姑

后来有人分析，毛邦初从黄埔、到广东航校，资历虽然不错，但算不上拔尖，他之所以能够平步青云，执掌蒋介石的嫡系航校，是蒋介石对原配夫人毛福梅的负罪感，因为蒋介石为了权力，追求宋美龄，以至于和毛福梅离婚。为此，蒋介石心中有愧，妥善安排了毛福梅的后半生，对于毛福梅的亲属，蒋介石也特别加以安排，所以作为侄子的毛邦初，以及小一点的毛瀛初，提拔都是火箭似的！这话真假，无从考证，但从事实来讲，的确没错。

毛邦初当了副校长，实际等于管航校内外的一切事物，但一个好汉三个帮，一个篱笆三个桩，自己不能是个光杆司令啊！现在能用的都有谁呢？毛邦初屈指一算，当时全国还真能聚集不少航空人才！原来，自从第一次世界大战，空军是初露锋芒，所以各地军阀为了加强自己的实力，都在办航空事业，这里面根儿最正的就是位于北平的南苑老航校和保定的老航校，剩下的山西、山东甚至云南，也都办过航空班，不过地方军阀所办的航空，都是凭一股子热乎气，培训完了，飞机没几架，办个几期就难以为继，人员也就都遣散到原单位，所以这些人，一提就是："我们是中国航空的元老！"

心气挺高，但水平参差不齐，里面虽然也有一众好手，比如前文咱说过的保定航校的石邦藩；再有后来轰炸第八大队大队长晏玉琮，曾任轰炸第三大队的大队长张有谷，这都是云南航校的；杨贺霄、田曦，这是南苑航校的老人。如此等等，都到了笕桥航校担任教官和航空队队长。

毛邦初一琢磨，这些人可用归可用，但跟我没多大关系，而且动不动就摆资历，要想控制，还有点难度，剩下的航校中，东北航校规模不小，但是九一八事变，这帮人全散了，前一阵，高志航倒是到我这里来了，但他还得处理点杂事，想发挥他的影响力，还得等等。广东航校那边，虽然是老根据地，但我跟人家并不是特别熟，可用的不多。海外的华侨，跟广东的关系更近，我够不着。看来啊！还得用我们在苏联留学的那帮同

第五回 惊天空战遭误读 笕桥航校初招生

学，这里面跟我最好的有三个，分别叫张廷孟、王勋、龙文光，要是他们肯辅佐我，何愁大事不成啊！

可这都回国几年了，大家天各一方，毛邦初撒下人马，多方打听，终于找到了张廷孟，张廷孟一听："嘿！我现在正不得志呢，兄弟请我，那是给我面子！我一定帮你！"

收服了张廷孟，再一打听，王勋和龙文光都不知所终，据说龙文光在侦察赤匪的行动中失踪，有人说他死了，有人说他投降了赤匪，总之这人是找不着了。王勋呢，则是回国不久就失踪了，毛邦初没办法，一方面打发人寻找二人下落，一方面开始筛选老航校的一批人。

这一筛，惨不忍睹啊！现在能飞的很少，开飞机可比现在开汽车难多了。就拿汽车来说，就算现在一个人考完了驾驶证，三五年不开，再摸车都害怕。那飞机就更是了！老航校这批人多数都干别的了，久疏战阵，而且年龄都偏大，不过毛邦初别出心裁，把他们都招进来，能飞的就当飞行教官，不能飞的，有的教理论，有的负责管理。可就是这样，不少人抱着挺大的信心来了，一体检，一考试，不合格！就开始骂毛邦初。可毛邦初呢，问心无愧，也搭上跟蒋介石的关系，算是暂时稳定住了航校内部的情况。

学生方面呢？鲁迅不是写了《伪自由书》吗？就拿这个下手，再因势利导，让人一听，哦！我们的空军不行！得靠我们来拯救空军，航空报国啊！这下来报名的人蜂拥而至，毛邦初还特别下令，因为学空军得要外语和一般的知识基础，所以专门筛选高中生、大学生。

而且在筧桥航校之前，蒋介石还办过一期航空班，里面也不乏好手，飞驱逐机的王天翔，飞轰炸机的徐康良，后来远征日本的徐焕升等，他们当时虽然不一定开着飞机参加淞沪空战，但也多干地勤，或者负责联络，总之是知道实情。等来应招的人体检完毕，由他们现身说法，正本清源，所以航校的活动马上就开展了起来。

等学生们拿到录取表一看，全傻了，一看，筧桥航校二期录取。嗯？不是刚建校吗？我们是二期，谁是一期？学长们在哪儿呢？

这一吵吵不要紧，毛邦初听见了，毛邦初有主意啊！当面说："既然大家问了，我也告诉各位，我们在之前办了一期航空班，规模没咱们大，所以委员长考虑到你们这些前辈，才把你们定位二期！各位，咱们来到航校，都是为了航空报国，一期二期有什么分别？"

大家一听，也对，都是航空报国，管他一期还是二期！不过咱们书中代言，蒋介石为什么非得来这手一期变二期？因为以前的航空班招生方向较窄，大多是蒋介石的浙江同乡，蒋介石用人偏好同乡，而这回航校招生，则是面向全国的，所以就来了这么一手。

这些工作咱们说着简单，三言两语过去了，可实际工作量之大，难以想象，毛邦初一天到晚，几乎睡不了几个钟头。

就在毛邦初忙得手脚朝天的时候，张廷孟来了："副校长！"

毛邦初一看："哎！老弟，公共场合也就罢了，咱们自己，怎么还来这套？"

张廷孟脸色挺难看："信诚，可出大事了！"

咱们这里带一句，毛邦初别号信诚，只有非常亲的关系，才会这么称呼。毛邦初一瞅，张廷孟挺紧张，赶紧问："老张，说吧！什么大事？"

"王勋的下落找着了！"

"哎！那挺好啊！这家伙！当初咱们回来，一猛子就没影了，哪儿去了？是不是他又犯上小性了，等着我这个老哥去请他啊？"

"不是不是，王勋被抓了！"

毛邦初一乐："嘿！我当什么事呢！这家伙，几年不见，还长本事了！怎么回事？是打架斗殴？还是玩女人犯的事？嘿嘿，反正甭管犯什么事，就咱跟委员长的关系，多大罪过，到咱这就完了！用得着你那么紧张吗？"

"别提了！王勋犯大事了！这事还真得麻烦你，让委员长亲自下道手令，不然这事还真不好办啊！"

毛邦初一拍桌子："嘿！我说是谁那么大派头啊！还敢让我惊动委员长？"

"这事还真不是派头的事！抓王勋的人是复兴社的！据听说，这还是戴笠亲自下令逮捕的！"

"啊？"

毛邦初一听，吓得是愣在当场！

第六回 王叔铭糊涂遭冤　毛邦初力保干将

毛邦初为了笕桥航校开学的事，忙得不可开交，就这时候，好朋友，也是好搭档张廷孟来了："信诚，可出大事了！王勋被复兴社抓了！"

毛邦初一听，吓了一跳，为什么？复兴社就是军统的前身吗，头子是戴笠，这可是蒋介石手下红得发紫的人物！有蒋介石撑腰，他们要是抓谁，没人敢说个不字！就这么厉害！虽然说毛邦初和蒋介石的关系不一般，但一听这个消息，还是吓了一跳："老张，你这消息可确实？"

"确实！据听说还是戴笠亲自下令逮捕的！"

"哎呀！确实不太好办啊！可这到底是为什么呢？王勋怎么惹着复兴社了？"

"这我就不清楚了，我大概打听到一点，他似乎是共产党！"

"胡说！就他那样，还共产党？我怎么不知道？他也没说过啊！"

"这咱就不清楚了，信诚，你不行就通过委员长的关系去问问，但咱也得小心，现在这共党，沾上可就是一溜皮啊！"

毛邦初一听，的确也是这样。而且复兴社这帮人，心黑手狠，要是被粘上，真够呛！不过一物降一物，我还是去找委员长吧，走走后门，顶不济挨顿臭骂。不过再怎么着，就算他和我姑姑离婚了，他也得认我这个内侄！

所以等把航校的事情稍微处理处理，毛邦初亲自到了南京，去拜会蒋介石。等进了蒋介石办公室，蒋介石一看，这不是外人，挺高兴，把卫士全都打发出去了就问："信诚，最近航校的事情还顺利吧？"

"托委员长的福，一切顺利！"

"那就好，那就好。"

两个人谈了几句，毛邦初一看，今天是有任务的，不能闲聊了，所以毛邦初话锋一转："委员长，现在航校方面别的都好，老航校那批人也慢慢平静下来了，就是缺乏信得过的人。"

蒋介石一听，乐了："嗯，的确，我早有耳闻，老航校那批人桀骜不驯，对你也是颇多怨言啊！我看这批人就算服了，也得盯紧点。我也知道你力不从心，所以精心给你物色了一个人，这个人你也认识，挺能干的，也非常信得过，过两天就去你那儿报到。"

毛邦初一听，自己认识，也能干，也信得过，以为蒋介石说的就是王勋呢，挺高兴："哎哟！谢委员长关心！"

"别谢了，你们同心同德，把航校办好，这就是最好的。"

"那委员长，王勋什么时候来报到？"

蒋介石一听，一皱眉："嗯？什么王勋？我说的是我的族侄蒋坚忍，以前你们小时候见过，现在坚忍可不得了，年少有为啊！他到了航校，给你当政训处处长，肯定能助你一臂之力！"

毛邦初一听，嘿！猴吃麻花，弄了个满拧！到现在，哪敢说个不？赶紧往回找："委员长，坚忍能帮我，自然是很好。但坚忍毕竟不是学航空出身的，我这里还缺点专业的干部。"

"哦，那你看上谁了？尽管说！"

"就是刚才说的王勋啊！委员长，他是我留学苏联的同学，跟我最为要好，这个人我挺清楚，为人直爽而且信得过，业务能力也强，他要是能帮我，我就能省很大的心！"

"哦！你说的王勋在哪儿？"

"我听说不知为什么，被复兴社抓了，我以人格担保，这肯定有什么误会，请委员长彻查此事，早日解决清楚，调到我这里。"

蒋介石一听，面色铁青啊！他赶紧翻开一个抽屉，拿出一叠档案，开始翻。翻来翻去，翻去翻来，抽出一份，摔到毛邦初面前："娘希匹！你看看！这是我这边的留档，这就是你说的王勋，可杀不可留啊！"

毛邦初不知道怎么回事，接过档案一看，上面填着：王勋，字叔铭，没错。再往下看看，毛邦初当时就惊出了一身冷汗！怎么了？就见下面写着：据查，此人于1926年参加苏联共产党，在苏联期间行动极其诡秘，似为苏联谍报高层，极其危险。

毛邦初看了，吓了一跳："委员长，这不可能吧？王勋这个人我还是知道的，就算他加入共产党，可就以他的性格，风风火火，棱棱角角，怎么会搞谍报？是不是咱们的情报有问题？"

王勋，早年赴苏联留学航空，还曾参加过共产党，后来改名为王叔铭，民国空军的核心层之一

蒋介石一瞪眼："不可能！这是戴雨农亲自交给我的，他的情报怎么会有问题呢？而且，现在共党那么猖狂，纵使错杀一千，也不能放过一个！这是原则！"

毛邦初一看，没办法了，再看看左右无人，干脆摆个肉头阵，耍赖吧："姑父！"

蒋介石一听就是一愣，因为就蒋介石而言，他是十分注重身份的，除了宋美龄之外，几乎没人敢在公共场合有什么亲密的称呼，都得一口一个"委员长"。但是毛邦初又和别人不同啊！蒋介石怎么想，怎么对不起原配夫人毛福梅，所以对于毛邦初，是格外地重视，而且比较宠。所以毛邦初抓住这个机会了："姑父，咱们关上门说自家话，王勋这个人我太清楚了，绝不可能跟共产党有什么关系的。就算有，就我知道的，这家伙业务能力虽然不错，但是酒色财气，他是样样喜欢，就这，共产党能要他吗？所以我看，肯定是有什么误会。而且，就我知道的，您虽然喊着，对共党宁可错杀一千，绝不放过一个，可您也说了，写了悔过书，也就放了。对不相干的人，您都能容忍，为什么就不能放过一个王勋呢？您要是信得过我，您给我道手令，我亲自查查此事，如果王勋真的是共产党，我亲手宰了他！如果不是，您想想，咱们建设空军，人才奇缺，这人才咱也不能扔掉啊！姑父，我求您了！就王勋的业务能力，肯定能当我的左膀右臂啊！"

蒋介石想了半天，一琢磨：毛邦初说得也有道理，也罢！我这个内侄啊，呕心沥血，帮我建设空军，多不容易！所以给他个面子吧！

"好吧！仅此一次，下不为例！"

毛邦初赶紧一敬礼："多谢委员长！"

等从蒋介石办公室里一出来，毛邦初也出了一身大汗，他心说：王勋啊王勋！你到底怎么回事？跟共产党打什么连连？我今天肯定要问个清楚！

所以毛邦初没耽搁，直接奔了复兴社在南京的秘密监狱。因为他有蒋介石的手令，复兴社的小特务一报告戴笠，戴笠也没敢阻拦，还给俩人安排了一个秘密的单间。等把王勋带过来一看，毛邦初好悬没掉了眼泪！为什么？王勋这和之前，真是判若两人啊！之前，王勋和毛邦初身高差不多，都不到1米65，但俩人长相和身材，差距挺大。毛邦初长得挺白净，圆乎脸，大弯眉毛，高鼻梁，一字嘴，一对鹰眼炯炯有神，身材虽然稍微有点瘦，但也挺结实。

王勋则不然，脸色稍黑，扫帚眉，大环眼，鼓鼻梁大嘴岔，别看身高不高，骨头架子挺显大，长得是虎背熊腰，体壮如牛！

可今天再一看，王勋瘦得只剩皮包骨头，都嘬了腮了！就剩俩大眼睛还算有神，这一看见毛邦初，王勋眼泪掉下来了："信诚兄，你快救我出去啊！"

国民党空军飞行员形象

毛邦初虽然伤心，但他还挺理智，知道今天来是带着任务的，所以强忍悲痛："叔铭，你怎么回事？怎么成了共产党了？你今天跟我实话实说便罢，你要有一句假话，别怪兄弟我不管你！"

王勋一听，看来我说了实话，就能得救啊！所以赶紧掉着眼泪，把事情一五一十地跟毛邦初说了。

原来，这王勋，字叔铭，比毛邦初小一岁，但人家可是黄埔一期生，毛邦初和张廷孟不过是黄埔三期。等黄埔军校的生涯结束后，1925年7月，王勋被第一批选送苏联，学习航空。这第一批被选送苏联学习航空的人，按照苏联的选拔标准，大多是中国共产党党员以及激进分子，比较著名的有早期的共产党员刘云、1955年授予新中国少将军衔的唐铎等，王勋呢，当时业务也精，思想也比较激进，所以几个共产党员加上苏联教官一商量，干脆把他拉进来吧！当时王勋也没多想，听着挺光荣，入党就入党吧！所以入了苏联共产党。可还在预备期呢，王勋的劣根性就暴露出来了，酒色财气，吃喝嫖赌，他是样样不落！这几个共产党一看，怎么回事？这人还能当共产党？歇了吧！所以就没转了正。

王勋本人呢，仍然不管不顾，正好这时候，毛邦初也随着一批人，到了苏联学航空，但毛邦初这批人可不得了，除了张廷孟、龙文光之外，还有参加一·二八淞沪空战的黄毓铨、黄毓沛兄弟，以及广东的黄光锐、丁纪徐等后来著名的战将。在这些人中，毛邦初和张廷孟、龙文光关系非常好，后来又认识了王勋，四个人一聊，这都是殷实家庭出来的，一聊吃喝嫖赌，还挺投缘，就摽在一起了，成了无话不谈的好兄弟。王勋一看入党没消息，原来几个共产党的同学也刻意疏远他，这事也就没跟兄弟几个提，所以毛邦初他们都不知道。

等学成回国，王勋琢磨着，先回家里看看，可没想到，正好赶上蒋介石的反共高潮，王勋一回家，就被戴笠的人摁住了，然后小麻绳一勒，送进了秘密监狱。咱们说，戴笠的情报多准啊！就连王勋当初的入党表格都找到了！可一提审王勋，他也发蒙，王勋照实一说："是，这表是我填的，当初跟我一起去苏联的那批同学，是有不少共产党，他们想拉我入党，后来就没信了，我也不知道怎么回事！"

这回答既不同于软骨头，又不是坚定的共产党员，戴笠一听，简直莫名其妙啊！可是凭着多年做特工的经验，戴笠觉得这个王勋不那么简单，太可疑了！所以给定的级是极其危险。这回王勋可受了罪了！一关就是好几年，好不容易熬到今天，总算是有缓了，所以王勋原原本本，把情况都跟毛邦初说了。

毛邦初一听，鼻子都气歪了！就这么点破事，说清楚不就得了吗？至于这一关就好几年啊？不过为了谨慎起见，毛邦初接着问："叔铭，你今天说的话，都是真的吗？"

"信诚兄，我绝对没有半句假话，如果有一点不对，你把我脑袋拧下来！"

"行，有你这句话就行了。我相信这事肯定是个误会，而且现在我也遇上难处了，兄弟你要是能出马帮我，也肯定是一个顶十个！"

"信诚，你要是能把我弄出去，兄弟我愿意替你上刀山，下火海，万死不辞！"

第六回　王叔铭糊涂遭冤　毛邦初力保干将

029

毛邦初一摆手："行行行，别说这个了，现在咱得想个办法。这样，你既然不是共产党，你先给我写一份悔过书，声明你不参加共产党了。"

"这没问题，可是我已经不知写过多少份了，都没用。"

"你放心，这个包在我身上，你只管写就行了。"

王勋刷刷点点，写了一份悔过书，毛邦初叠吧叠吧放在包里："行了，剩下的交给我吧！你再等两天，我肯定弄你出去！"

"多谢信诚兄了！"

别看毛邦初他们这批人吃喝嫖赌样样全，但对朋友、兄弟，干事不含糊，拿到王勋的悔过书，毛邦初再找蒋介石。一进办公室，毛邦初把卫士打发出去："委员长，我已经问清楚了，王勋他是这么这么回事。"

毛邦初把王勋的事情一讲，最后说："委员长，这肯定是个误会啊！就他这种人，共产党怎么能要他呢？"

蒋介石还是心存疑虑啊："看戴笠给我的档案，可说他是极其危险，这你怎么解释？"

"戴雨农为党国殚精竭虑，这点十分让人钦佩，只不过这件事上，有点多疑了。要是别人也就罢了，唯独这王勋，他熟悉航空业务，对航校工作开展，能有很大帮助。何况他也写了悔过书啊！"

毛邦初把悔过书拿出来，接着说："委员长，您要是担心他危险，这也不要紧，这不是过两天坚忍兄来我这报到吗？坚忍兄是政训方面的高手，有他看着，万无一失。如果王勋有什么不轨的行为，我们可以将他就地正法！"

毛邦初感觉自己已经把话说到极致了，蒋介石应该没什么可说的了。可没想到蒋介石来了这么一句："嗯，按你那么说，可能这次雨农是多疑了，就不追究这事了，放也就放了。不过，我们航校无论如何不能要他！这要是让别人知道，以前他还是共产党，不是让人笑掉大牙吗？"

毛邦初一听，这可如何是好？

第七回 毛邦初苦心立规 列宁号震惊老蒋

毛邦初想要把自己原来的老同学王勋招进航校帮忙，没想到王勋被复兴社的特务给抓了，毛邦初为了兄弟，利用自己和蒋介石的关系，会了会王勋，得知了事情的真相。

等知道了怎么回事，毛邦初再去找蒋介石求情，蒋介石扔出这么一句话："嗯，按你那么说，可能这次雨农是多疑了，就不追究这事了，这个王勋，放也就放了。不过，我们航校无论如何不能要他！这要是让别人知道，以前他还是共产党，不是让人笑掉大牙吗？"

毛邦初一听，当时就有主意了："好！多谢委员长！"

有人问了，毛邦初有什么主意了？原来，这毛邦初一听，委员长发话发到这里，肯定也是顾及我们的关系了，也算是给我个台阶了。哼哼，虽然你说不能有王勋，可名字只不过是代号而已，改个名不就行了？反正你也没实际见过本人。

还别说，毛邦初这招还真行了！拿着蒋介石的手令，把王勋救出来，把档案变了变，把字改成名，以后就叫王叔铭，然后就入了航校，成了教官之一，还别说，这个王叔铭在之后还真为蒋介石卖命，在解放战争中，甚至被列入四十三个战犯名单之中，当然这是后话，暂且不提。

再说毛邦初，等王叔铭入了校，自己又多了个左膀右臂。过了几天，蒋介石的堂侄蒋坚忍来报到，蒋坚忍比毛邦初大几岁，但也挺客气，跟毛邦初直表示："我是学政训的，不懂业务，所以以后我专门负责学员的政治教育，剩下的我全不管。所有的业务，都要劳毛副校长费心了！"

毛邦初一听，挺高兴，也客气几句："别别别，党国的政训乃是学生教育的首位，所以要想培养出党国的栋梁，还非得劳处长费心！"

这两边都挺客气，所以毛邦初这回是如鱼得水。您别说，毛邦初精明强干，再加上有王叔铭、张廷孟的协助，航校的第二期开办得有声有色。毛邦初非常欣赏美国和德国的空军训练，所以特意聘请了不少美国和德国的顾问来华执教，教学方式也基本仿照的美式航空教学，以德式作补充。而且毛邦初是学航空出身的，眼力很好，不是业务精熟的，不严格要求下属的，他一律不要，但只要是合格的，他不惜高薪，这样招聘了一批过硬的教官。

等到这批教官一来，学员们当时是怨声载道啊！为什么？因为这些教官太严格了！大家信心满满，发誓要航空报国，所以大多数都报了驱逐机组，少数报了轰炸机组。可这帮教官，几个回合下来，给筛下一半多！筛下的人干什么去了？也不是回家，按照教官们的评定标准，有的改飞了运输机，有的改成了地勤，有的改了机械，总之还都在圈内。

但学员们接受不了啊！有俩直接找毛邦初："副校长！我们发誓航空报国，不让飞驱逐机也就罢了，飞轰炸机也行，为什么让我去学机械？"

"是啊！我也是，我堂堂清华大学的学生，干什么去不行，非得给你们当地勤？凭什么？"

毛邦初心中有数啊，他就说："各位别急，空军这行，不是摸摸脑袋就行的。你们俩的评语我看过，一个晕机，一个方向感差，都不适合飞行。当飞行员，必须要有胆有识，身体极好，不然以后怎么打仗？而且咱们飞机本身就少，质量不好，这一切的一切，都要由飞行员的技术补充！所以咱们的标准要比国际标准还高！如果你们不满意，请自便！"

毛邦初这么一压，所有人都不说话了。咱们平心而论，毛邦初这手太高了！这样虽然淘汰率高，但只要是能毕业的，那都是高手中的高手。尤其这第二期里面，相当一部分后来的空战英雄，比如刘粹刚、李桂丹、董明德等。另外，毛邦初还特别把自己的亲弟弟毛瀛初，也安排进了航校二期。您别看毛瀛初是副校长的亲弟弟，可毛邦初一点也没放松要求，所以毛瀛初后来也是有名的空中战将，实力和战绩一点也不次于刘粹刚、乐以琴他们。

这一大堆事，毛邦初是从早忙到晚，这天，正忙着呢，张廷孟又来了："信诚！龙文光的下落找到了！"

毛邦初一听，没注意，端起茶来边喝边问："嗯？他现在在哪儿？"

"复兴社！"

"噗！"

毛邦初吓了一跳，茶当时喷了一桌子，他也顾不得擦了："怎么回事？龙文光也被复兴社抓了？"

"可不是！前两天，我跟复兴社里的一个哥们儿喝酒，他喝蒙了告诉我的，据说龙文光投了共，这回是给抓回来的，过两天就枪毙！"

"这到底是怎么回事？你还问出什么来了？"

"那家伙喝多了，其余的没说就晕了。你赶紧找委员长吧，如果慢了，文光可就性命不保了！"

毛邦初一听，真够棘手的！前不久刚刚因为王叔铭的事，豁着面子求了委员长一回，这回还得去！没辙，毛邦初又坐车从杭州跑到南京的蒋介石办公室，进办公室一看，戴笠也在。蒋介石一看毛邦初到了，虎着脸："信诚，你们空军里出了败类，你知不知道？"

毛邦初一愣，这会不会是说龙文光啊？不过他还故作不知："这个……委员长，属下不知。"

"娘希匹！雨农，你给他讲讲！"

旁边的戴笠不敢怠慢，一点点把事情的经过讲了一下。到底是谁让蒋介石发这么大火？毛邦初想得不错，就是他的同学龙文光。

龙文光，黄埔军校学员，早年赴苏联留学航空，是毛邦初、张廷孟的同学，可惜由于列宁号事件而身死

龙文光到底怎么回事呢？原来，龙文光自当初从苏联回国之后，机遇还不错，当时蒋介石正忙于剿共，可是共产党有办法啊！农村包围城市，钻到深山里保存实力，蒋介石没办法，只得花重金组建航空队，用飞机对深山和农村里的共产党进行侦察和轰炸。

这时候组建航空队，谁能来呢？都是杂牌航校的，学完了没飞机没汽油，姥姥不疼舅舅不爱的，其中就有云南航校的张有谷、保定航校的石邦藩等，再加上一部分北伐时候组建的老航空队，这就是蒋介石的航空队班底，也是咱们前文书说的淞沪空战时，蒋介石的空军。

咱们且说这张有谷，人家是云南航校毕业的，平常爱兵如子，可是爱兵如子也不能老累自己一人啊！所以他也凭借自己的声望，招募飞行员，扩大自己航空队的实力。龙文光呢，正好留学归来，他也崇拜张有谷，所以三说两说，就加入了张有谷的第七航空队，驻守南昌。结果没过多长时间，1930年2月，龙文光驾驶"可赛"式侦察机，从汉口飞往开封，执行通信任务。结果回来的时候，碰上大雾，当时的飞机也落后啊，全得靠人辨认方向，这一下大雾就惨了！结果迷失了方向！龙文光一看没油了，紧急迫降，勉强把飞机降落在了野地里。结果这野地，正在红军的鄂豫皖根据地里，这一降落不要紧，地下的红军看了个正好，过来就把龙文光俘虏了，于是连人带飞机，就带到了鄂豫皖根据地首府——新集。

咱们说，共产党之中也不乏学过飞行的人才。咱们前文说过，当初国共第一次合作，选送苏联留学航空的第一批，也就是王叔铭那批人里面，有不少共产党员。有些人和龙文光就在一个学校，虽然在留学的时候不太熟，但还认识。这回在新集正好就碰上老同学了，老同学还带龙文光去见了红四方面军的总指挥徐向前，徐向前是黄埔一期，龙文光是三期，也互相认识。几方面劝，最后龙文光决定服从红军指挥，还当上了红军的第一任航空局局长。

等把飞机修好了，改了个名，叫"列宁号"。老同学又弄来了点航空汽油，龙文光驾机上天，帮助红军侦察了汉口和河南一带，还投放了传单。1931年12月下旬的黄安之战，龙文光坐在前座驾驶飞机，红四方面军政委陈昌浩坐在后座，一方面拿枪顶着龙文光，以防生变；一方面操控着炸弹，俩人一起轰炸了黄安县的国民党守军，一时间列宁号声名鹊起！

蒋介石呢，也听说了，几次派飞机要干掉列宁号，可怎么找也没找到，最后只得作罢，对于龙文光的生死呢，也就传言颇多了。其实列宁号哪儿去了？给解体掩埋了！原来，没航空汽油飞机就没法飞，就当时根据地的状况，能弄来多少汽油？等到炸完了黄安，列宁号基本上就属于半报废了。1932年7月，国民党发动第四次围剿，红四方面军被迫转移，列宁号就给解体掩埋了。龙文光呢，在突围中和大部队失散。这龙文光一琢磨：干脆啊，我先回汉口的家，然后想办法出国避一避吧！

龙文光想得挺好，没想到戴笠这一边早做了准备，随时监视龙文光在汉口的家，等龙文光一进门，特务们当场就把龙文光摁住，然后秘密押送南京，听候处置。

等完成了任务，小特务总算放松了，偏巧张廷孟请复兴社里的朋友吃饭，他也跟着去了，席前酒后吐真言，把这事给说了。

再说毛邦初，他一看戴笠列举的证据，知道所言不虚，这时候估计再求情也没用了，毛邦初赶紧说："委员长，龙文光驾机投共，罪无可赦。但我敢保证，他在航空技术上是绝对过硬的，当年我们留学的时候，论飞行技术，没有能出龙文光之右者，留他一条性命在，对党国有益无害。希望委员长看在他航空技术精熟的分儿上，把他交给我发落，我把他软禁在航校。我保证，龙文光有感于此，一定会报答委员长的不杀之恩，全力效忠党国！他全力教咱们的学生，对大家有益无害。另外，有坚忍兄和我看着，谅他也做不出什么过分的事来。希望委员长大发慈悲！"

没想到蒋介石听完了一瞪眼："怎么？你们航校是不是非要有个共产党不可？你把王勋改成了王叔铭，那你打算把龙文光改成什么名字？你说说看！"

蒋介石这话一说，吓得毛邦初一身冷汗。毛邦初还琢磨呢？这是谁给我捅出去的？戴笠？估计是他们复兴社，但谁是他们在航校的代理人呢？

书中代言，这人是谁啊？就是蒋介石的堂侄蒋坚忍。您看他报到的时候低声下气，其实那只是表象，蒋坚忍是复兴社的成员，为人很阴险，但他有自知之明，自己不是专业人员，说什么都不管用，所以他就梳毛邦初的小辫子，一点一点全都汇报给了戴笠和蒋介

列宁号遗骸

石。所以毛邦初干什么，蒋介石都是一清二楚，不过蒋介石一看，毛邦初并没什么大毛病，无非是吃喝嫖赌，而且毛邦初吃喝嫖赌都用自己的钱，没用公款。王叔铭的事，蒋坚忍也汇报了，但王叔铭上任之后，工作也是兢兢业业，没一点共产党的迹象，蒋介石也就放心了。

但今天，毛邦初再求情，蒋介石一点不客气，直接给他来了个下马威，言外之意，你干什么事我都知道，别跟我叫板！

果不其然，这一下把毛邦初吓着了，只得唯唯诺诺地退在一旁，什么也不说了。蒋介石最后来了句："信诚，身为党国的人，要有骨气！王叔铭一时糊涂，我可以理解，但龙文光驾机投共，这可就不是一时糊涂了，这叫反复无常！我党国岂能留这种软骨头！雨农，明天就把龙文光送到军法处！不得有误！"

戴笠一听，高兴："是！"

所以这龙文光倒了霉了，老上司张有谷也来信给他求情，蒋介石一概不理，最后在1933年8月9日，以驾机投匪罪，枪毙了龙文光。共产党方面呢，后来把龙文光追认为烈士，这件事在历史上颇为有名，被称为"列宁号事件"。

没救成龙文光，毛邦初憋了一肚子气，等回到筧桥航校，刚进办公室，就看一个人在办公室里等着呢，一看毛邦初进来，赶紧一敬军礼："副校长，我来报到！"

毛邦初不可则可，一看大喜："啊！你可回来了！"

第八回 高志航振翅蓝天 周至柔入主航校

毛邦初没救了留苏的同学龙文光，憋了一肚子气回到杭州的笕桥航校。刚进办公室，里面正有一个人等着呢，这个人一看毛邦初进来，赶紧一敬军礼："副校长，我来报到！"

毛邦初仔细一打量，只见这个人身高不高，大概一米六五上下，长得剑眉虎目，鼻直口方，面似冠玉，一身的军服，只不过走路稍微有点跛，岁数大概25左右。毛邦初稍微一反应："哎哟！是你啊！"

有人问了，来人是谁啊？来者非别，正是当年鼎鼎大名的飞行员高志航！

高志航怎么来的笕桥呢？这得从张作霖时期说起。当年，东北王张作霖为了争霸中原，也把大笔的资金投在了航空上，时间不太长，就建立了五支航空队，分别叫飞龙、飞虎、飞豹、飞鹰、飞鹏。飞机好买，飞行员怎么办呢？好办，张作霖不惜重金，建航校，并且招募了一部分在老南苑航校学过航空的人当教官。但老南苑的这些人学的东西都比较过时，而且多年不飞了，久疏战阵，能挑大梁的人不多。这怎么办？好办！张作霖分别放了短线和长线。

短线就是跟日本人联系，要求日本人帮助，日本人那时候大力扶植张作霖，要教官？好办！马上就给派了一大批。长线呢，就是派了一批人去欧洲留学，学习航空，等学成了，好回来给自己的空军挑大梁。而高志航呢，就是留学生中的佼佼者，他在法国留学，成绩优秀。而且高志航尤其厉害的，就是对飞机的熟悉程度，里外看一看，摸一摸，不用适应，直接就飞！这让法国的同学都望尘莫及。高志航回国之后，就被任命为飞鹰队少校驾驶员。

高志航是怎么出名的？原来，在高志航回国之后，一看，东北这航校办得乱七八糟，钱投入不少，人员水平并不高。为什么？原因就出在了日本教官的身上。这日本教官的水平不是不高，比如后来号称日本空军的四大天王之一，三轮宽，就在东北航校教过课。问题就在于日本教官不好好教，最开始筛人的时候，挺严格，可进了航校之后，无论管理和教学，都特别松快，基本上有多少人入学，就有多少人毕业。有人问了，这是为什么？其实很简单，猫教老虎留一手。后来有内部人评价，作为教官，最敬业的就是美国人和德国人，而最糊弄事的就是日本人和意大利人。

等高志航他们回国之后，也对航校的教学和管理提出了不少意见，可日本教官横挑鼻子竖挑眼，总之中国人说的就是不对！最后把高志航惹火了："好，你们不是说你们教得对吗？咱当着学生的面来比试比试，你们要是赢了，你们继续这么管。如果我赢了，你们得听我们的意见！"

这日本教官挺狂，结果上天一比，让高志航赶得上天无路，入地无门，亏得没用机枪，不然估计日本教官死个十回都有了！由此，高志航的名声传遍了全国！东北航校的风气也为之一新。不过可惜的是，当时的飞机技术十分不成熟，高志航在一次迫降中，右腿骨折，接上之后，右腿就短了点，所以人们戏称他为"高瘸子"。

民国空军四大天王之首高志航

九一八事变，东北航校的日本教官摇身一变，成了内应，高志航等人直接被扣留，张作霖、张学良父子苦心经营的东北空军，一百余架战机落入敌手。不过日本人并没有过多为难一般的航校学员，知道这帮人没多大脓水，放也就放了。可唯独对以高志航为首的一众好手，给严密地软禁起来了，这一看就是好几个月。

不过咱们还得说，日本是个崇尚强者的民族，就前面那个被高志航打败的日本教官，后来对高志航特别佩服，两个人私交也逐渐变好，等轮他的班看守高志航的时候，他不知道有心还是无意，总之是让高志航找到了机会，跑出了航校。

等高志航跑出来了，到了北平和家人会合，刚到北平，高志航一气之下，外加上劳累，就病倒了，这一病就是几个月，正好错过了1932年的一·二八淞沪空战。

等病好了，高志航一想，看来东北是没法待了，好在我和山东省主席韩复榘认识，不如去投奔他！可还没等走，留法的同学邢铲非特意来拜访他。

当时东北空军，内部竞争还是挺激烈的，尤其是留学的海归派，这个邢铲非学艺不精，一看没前途，此处不留爷，自有留爷处，走了！正好赶上蒋介石扩大航空队，邢铲非就去报名。等具体一考查，上天飞的资格是不够了，但毕竟是学飞行专业的，做个地勤什么的富裕。再加上蒋介石方面给的钱多，所以邢铲非就彻底投奔了蒋介石。蒋介石也知道，九一八事变，东北空军作鸟兽散，所以就把邢铲非派出来，打算招安一部分飞行员，哪怕是学机械的、搞地勤的，这也是笔意外之财啊！

邢铲非也知道，东北空军中，数一数二的人才就是高志航，所以邢铲非也是瞄准了来的。他先问高志航："铭久兄！现在东北失陷，您打算何去何从啊？"

第八回 高志航振翅蓝天 周至柔入主航校

高志航，原名高铭久，不是一般的关系，绝不这么叫。所以高志航就说："铲非兄，我现在是有家难回，但好在我有一身的本事，应该不愁吃喝。我之前和山东省主席韩复榘认识，我准备去投奔他。"

"哎！铭久兄，你一身本事，何苦要去投奔他韩复榘？韩复榘一介武夫，就算他懂航空，你可别忘了这句话，浅水养不了龙啊！俗话说，学会文武艺，货卖帝王家，就你这身本事，应该去投奔中央啊！何苦在一个武夫手下混日子呢？"

高志航一琢磨："也对，不过我跟中央的人不熟啊！没人引荐，就这么撞过去，恐怕不行吧？"

"哎，铭久兄，你不熟我熟啊！我给你开个介绍信，你拿着去杭州笕桥航校，肯定没问题！而且就铭久兄这么大能为，何愁不能为国效力呢？"

这下高志航心动了，把家人安顿安顿，只身一人去了杭州。正好毛邦初去南京救龙文光，所以高志航等了几天。有关高志航的事，邢铲非也用电报告诉了毛邦初，这可把毛邦初高兴坏了："志航啊，现在正是国家用人之际，你能来太好了！但是我有个问题想问问你。"

"副校长请问！"

"听说贵夫人是俄国贵胄之后，可有此事。"

书中代言，高志航到那时候的夫人是白俄的流亡贵族，名叫葛莉亚，两个人感情很好，也生有两个女儿。高志航为人实诚，所以答道："没错。"

"嗯，本署有规定，凡空军军官，不得与外籍女子通婚，所以您要入我们笕桥航校，还请慎重思量，二者只能择其一。"

这下可把高志航难住了，要说现在这个夫人葛莉亚，两个人感情深厚，这下可好，一边是夫人，一边是事业，不能兼顾，这可怎么办？最后夫人葛莉亚深明大义，毅然和高志航离婚，高志航这才顺利地加入了笕桥航校。

毛邦初一看高志航为了参加航校，毅然离婚，美！不过他还不放心，这一方面，他动用手段，把高志航的前期葛莉亚驱逐出境，一方面为了笼络高志航，还特别通过关系，给高志航介绍了上海英语专科学校的校花叶蓉然，时间不长，就撮合两个人结了婚，不过高志航和叶蓉然兴趣不同，所以生活中矛盾不少，高志航阵亡之后不久，叶蓉然就再婚了，这是后话，暂且不提。

高志航进入笕桥航校之后，航校的风气马上为之一新！怎么回事呢？原来，笕桥航校从1932年开始招生，东北人的报名极其踊跃，这都是九一八之后流亡关内的学生，他们素质很高。就招入的第二期学生而言，后来出类拔萃的东北人就有好几个，比如刘粹刚、李桂丹、董明德等。不过在航校中，由于家乡沦陷，他们是最受歧视的，而高志航一来，他们算有了主心骨了！所以东北人受歧视的现象有所改变。而且高志航也发挥了自己的人脉和名望，不少在东北空军里供职的军官，都被高志航招来了笕桥航校，而且有不少年轻人也慕名而来，其中最著名的，当属笕桥航校三期的骁将李向阳，六期的阎海文等，他们的故事咱们之后再说。

就这样，笕桥航校平平稳稳地壮大到了1934年，又出问题了，有人盯上了笕桥航校。谁啊？此人姓周，叫作周至柔！

这个周至柔，原名周百福，早年间在保定军校的时候，周至柔就和后来国民政府的要员陈诚相识，后来参与了黄埔军校的建设，成了陈诚的心腹。可这家伙一看，陆军竞争太激烈了，自己不占优势，周至柔脑袋一活，干脆我到空军去得了！那里的竞争相对较少，以我在官场上的经验，何愁大事不成？

周至柔跟陈诚一说，当然他没说自己的野心，陈诚挺支持他，因为陈诚现在也着眼于扩大自己的实力，光抓住一个十八军可不行，要是空军再能多个人，那太好了！所以陈诚跟蒋介石一说，蒋介石也同意。蒋介石想什么呢？原来，毛邦初这个人，对于业务，那相当不错。但很多表面的事情，就是要说得很漂亮，能让人信服。

毛邦初呢，对于内行，没问题，但外行都看不懂，尤其毛邦初凭着和蒋介石的关系，还懒得解释，所以好多事办得让蒋介石头疼。周至柔可不一样，一张薄片嘴，相当会说！蒋介石一问，周至柔说得呱呱的。而且周至柔还挺用功，自己出国考察了欧美的航空，虽然他走马观花，跟毛邦初他们这些学专业的没法比，但说服个蒋介石还是挺容易的。蒋介石一琢磨，得了，信诚最近结了不少梁子，别再让他抛头露面了，我这个校长也没干啥，干脆让周至柔当校长吧！他会说，对外面比较有优势，航校的工作也就比较好开展。

所以蒋介石亲自下令，任命周至柔为笕桥航校校长！

命令一下，舆论大哗啊！特别是笕桥航校那边，本来毛邦初算是德高望重，才是副校长，结果突然冒出个正校长来，还是个外行。张廷孟听着就奇怪："我说委员长这是干什么？咱们哥们儿都是内行，怎么调个外行来？这个周至柔，懂航空吗？"

王叔铭也不干了："他娘的！这叫外行领导内行！老子不听他的！他敢来，我就叫他下不来台！"

毛邦初这时候倒比较冷静："两位，委员长这一手我明白，你们也看见了，咱们航校这两年，树敌不少，原因就是咱们没法跟外行解释。这回好，外行对外行，让他帮咱们糊弄去吧！"

张廷孟还有点疑虑："信诚，那这个周至柔来，会不会给咱们弄出什么麻烦来？"

"哼！想弄麻烦，那他也得有那个本事！在咱们哥们儿这，都是凭本事说话的，凭一张嘴，就算他巧舌如簧又能怎样？咱们哥们儿都别急，

周至柔，在空军四巨头（宋美龄、陈纳德、毛邦初、周至柔）中，业务能力较为外行，以八面玲珑著称，和毛邦初关系很差

这两天给他腾间办公室，让他自己蹦跶去！"

　　毛邦初不以为意啊！事实证明，他真的小看周至柔了！

　　再说周至柔，他是走马上任，毛邦初嘴头上客气，一口一个"校长"，但除了一间办公室以及纸、笔之外，什么都没给他预备，连秘书都要自己带。周至柔心里门儿清啊！毛邦初你这是嘴甜心苦，准备让我难堪啊！也罢！我刚当上校长，俗话说，新官上任三把火，我得想办法烧一烧你！

第九回 周至柔找寻盟友 秦宗藩含冤入狱

蒋介石出人意料地任命周至柔为筧桥航校校长，这下在航校里震动不小，可是毛邦初不以为意："咱们航校这两年，树敌不少，原因就是咱们没法跟外行解释。这回好，周至柔也是外行，外行对外行，让他帮咱们糊弄去吧！就算他想找麻烦，他也得有那个本事！"

等周至柔上任，毛邦初嘴头上客气，一口一个"校长"，但除了一间办公室以及纸、笔之外，什么都没给他预备，连秘书都要自己带。周至柔一看，哼！好你个毛邦初啊！嘴甜心苦，你这是要看我的哈哈笑啊！行，咱们有账不怕算的，我这新官上任三把火，得把你烧一烧！

可这说得容易，怎么烧呢？周至柔琢磨了半天，对了！他们既然说我是外行，可整个航校不止我一个外行，还有一个政训处长蒋坚忍，他跟蒋介石的关系也近，而且最重要的是，人家是复兴社的，毛邦初有什么小辫子，全都在他手里攥着，我们俩要是合力，准够他毛邦初喝一壶的！

想到这儿，周至柔就去找了蒋坚忍，蒋坚忍一看周至柔亲自来找他，也挺客气："哎呀校长！什么风把您给吹来了？"

"哎！蒋处长，我初来航校，一切都不熟悉。就我知道的而言，党国的学校，政治训练一定要过硬。我久闻蒋处长的水平非常高，所以今天想和您聊聊。"

其实就是没话找话。蒋坚忍也明白，两个人没话找话，聊了两句，周至柔话锋一转："蒋处长，你说咱这个毛副校长怎么样啊？"

"毛副校长啊，人不错，除了嘴不饶人之外，都挺好！"

"我可听说啊，毛副校长这两年可得罪了不少人。"

蒋坚忍点点头："嗯，这倒是，毛副校长这个人嘴比较冷，还懒得跟外行解释，的确得罪了不少人，但谁让委员长那么信任他呢？"

周至柔一听，嘿！无懈可击啊！接着问："哎呀，我这可是风闻啊！我听说毛副校长以前是个公子哥，吃喝嫖赌样样全！好像现在这毛病也没改，有这么回事吗？"

"有是有，不过……"

周至柔一听，哎！看来终于抓到毛邦初小辫子了！

没想到蒋坚忍接着说："不过毛副校长无论吃喝嫖赌，都是自己掏的腰包，没用过航校一分钱。而且你看现在的大员们，哪个吃喝嫖赌不用公款的？所以毛副校长这已经很不错了！"

周至柔听到这儿，气了个够呛，闹了半天还没找到毛邦初的把柄。难道这个蒋坚忍跟毛邦初是一伙的？不应该啊！来之前，我的情报弄得挺足的，毛邦初看不起蒋坚忍，两个人貌合神离，难道我的情报是错的？

正想到这儿，有人敲门："报告！"

蒋坚忍一看："进来！"

周至柔回身一看，这个人戴着政训处的袖标，一进来："蒋处长，出大……哎呀！周校长也在啊！"

蒋坚忍摆摆手："周校长也不是外人，说吧！"

"是！周校长，蒋主任，可不得了了！上海的龙华机场着大火了！"

周至柔和蒋坚忍俩人同时一惊："什么？"

"上海龙华机场着大火了！快去看看吧！"

蒋坚忍一笑："周校长，真不好意思，您刚来航校就发生了这么大的事，不知道这事毛副校长知道不知道。算了，不管他知道不知道，您愿不愿意跟我去看看呢？没准儿这里就有您想知道的东西。"

周至柔多明白啊！他眼睫毛都是空的！他一听算是明白了，好你个蒋坚忍啊！明明你也在搜集毛邦初的小辫子，还跟我装了那么半天蒜！不过这是个好机会啊！干什么不去呢？于是答道："好！那咱们一起去看看吧！"

于是两个人坐上了飞机，南京到上海还不快！不过他们没敢直接上龙华机场，谁知道那儿的大火灭没灭？所以他们去的是虹桥机场，然后坐车转向龙华机场。

这龙华机场是个军用机场，不是特大，但是设备精良。等周至柔他们赶到，大火已经灭了，但还能看见，跑道旁边还有一架飞机，被烧得焦黑，就剩下骨架了。

旁边也有政训处的人，一看见蒋坚忍来了，赶紧过来报告："蒋主任！哎呀！周校长也来了！"

蒋坚忍一摆手："没事，说吧，这是怎么回事？"

"报告周校长，报告蒋主任，是这么这么回事。"

原来，这架飞机是孔祥熙的座机。笕桥航校当时除了训练战斗机飞行员之外，还兼负责政府要员的专机驾驶。今天正好孔祥熙有公干要到上海，所以飞机呢，就降落在了龙华机场，孔祥熙干事去了，有人在这给飞机加油保养。

也不知怎么的，是谁抽烟？还是加油的时候有什么意外？结果就着火了！等机场的人反应过来,再去救火,晚了!飞机已经烧成了骨架,不过还好,别的伤亡和财产损失什么的,都没有。

等蒋坚忍接到报告一看,明白了,就是个事故。蒋坚忍在航校也一年多了,不懂业务,但是规则还懂。所以蒋坚忍下令:"严查!看看到底是谁玩忽职守,给我严办!"

"是!"

可是周至柔眼睛一转:"蒋主任,龙华机场的负责人是谁啊?"

"负责人是站长秦宗藩。"

"那他和毛副校长关系如何?"

"这个……"

蒋坚忍一看,嘿!看来这个周至柔真是跟毛邦初对着干啊!也罢,你们斗一斗也好,我看哈哈笑!所以蒋坚忍赶紧说:"周校长,这个秦宗藩是参加过淞沪空战的老飞行员,和毛副校长关系相当不错。"

"嗯!来人!"

周至柔是校长,谁敢不听,自然有机场的地勤人员过来了:"校长!"

"把机场场长秦宗藩叫来见我!"

地勤一听,一脸难色:"报,报告校长。秦场长不在。"

"嗯?不在?他干什么去了?"

"这个……哦对,好像是有事出差了。"

这话刚说完,偏巧旁边有人嘴快:"谁说的!秦场长回家了!"

周至柔一听,心中狂喜啊!总算让我着碴儿了!不过周至柔脸上表现得相当愤怒:"哼!玩忽职守!蒋主任,我觉得现在应该让人即刻抓捕秦宗藩,交由军法处处置,您看怎么样?"

蒋坚忍一听,也好!虽然说这事有点小题大做,但出了事有周至柔兜着。所以答道:"周校长说得对,我这就安排人去办!"

这回秦宗藩可倒了霉了!本来秦宗藩参加过淞沪空战,不说战功卓著,也是富有战斗经验的难得人才,所以毛邦初挺看重他。毛邦初也挺明白,咱们和日本,早晚还有一仗要打,如果打起来,上海离首都南京这么近,肯定是日军的进攻重点,所以机场一定要有硬人负责,所以毛邦初就委任秦宗藩为上海龙华机场的场长。秦宗藩呢,自从上任以来,也是兢兢业业。不过当时航空的工作都挺累,而且人员紧缺,所以都是一个人当几个人用。为此,毛邦初也定下了规矩,给做航空工作

时任中央银行总裁的孔祥熙,由于他的飞机失火,使得当时的机场负责人,也就是参与过1932年上海空战的骁将秦宗藩倒霉,使得中国空军提前损失了一员大将

的，从飞行员到地勤，甚至学员，都给了很高的待遇，而且有充足的假期。如果不是紧急时期，基本上请假就准。偏巧秦宗藩前两天老家出了点事，跟毛邦初请了个假，回家了。没想到假期还没完，直接就被人抓住，小麻绳一勒，送进了军法处！

有人问了，周至柔这么来，毛邦初知道吗？知道，毛邦初听了这件事，心说：这俩，真不愧是外行啊！你说要造成什么额外损失，纠一纠这事也行，没有啊！这就是个事故，该谁负责就谁负责。关秦宗藩什么事？哼，懒得跟你们这帮外行解释，你有张良计，我有过墙梯。不就是军法处吗？军法处也没办过空军的案子，缺少依据，我让我这些洋人顾问写点证明，说明外国处理这种事的方法，这不就结了吗？

没想到刚过了一天，蒋介石那边电话就到了："信诚，我问你，孔总裁的专机在龙华机场起火一事，是否有了结果？"

孔总裁就是孔祥熙，时任中央银行总裁。毛邦初一听："报告委员长，结果已经出来了，是因为机场的加油人员处理不当，引起大火，所幸没有其他人员和财产损失，我已经下令将其送至军法处。"

"嗯！一定要重判！另外，一定要追究机场负责人秦宗藩的责任！"

毛邦初一听就愣了："委员长，此次事故并非秦宗藩的责任，况且此事并未造成额外损失，这也得益于秦宗藩的日常准备。所以我看，没必要处罚秦宗藩了。"

"荒唐！子不教，父之过，教不严，师之惰，手下干得不对，作为上司岂能脱干系？而且我听说，秦宗藩在出事之时，竟然私自外出，责任心在哪儿？一定要重判！"

毛邦初一听，怎么回事？委员长今天吃了枪药了？平常说话挺管用的，怎么今天不行了？干脆还使最灵的招吧！

有人问了，什么最灵的招？就是拿出所谓的专业依据，让外国教官从各国的航空以及处罚条例中，列举脱罪的条款，签字证明。其实咱们说，有些也是子虚乌有。有人问了，外国教官能干吗？这里告诉您，分哪国人，德国人刻板，真的可以，假的肯定不签字。不过美国人有的刻板，有的就无所谓了，给钱就干！再加上蒋介石不是专业人士，所以毛邦初这手曾经屡试不爽。

这回毛邦初也有点私心，秦宗藩一方面跟他关系不错，另一方面也富有战斗经验，在中国当时的情况下，这是不可缺少的骨干，所以毛邦初就说道："委员长，此种事端，在外国的航空处罚条例中有记载，我这两天写个报告上去，您看看再做决定。"

没想到蒋介石火挺大："不用了！事分大小，孔总裁的座机，岂能是一般可比？重判！信诚，你不要想给秦宗藩脱罪，不然你也一起连坐！"

"啪！"

蒋介石说完，不由毛邦初分说，直接把电话就给挂了。毛邦初放下电话，气得是七窍生烟啊！周至柔啊周至柔，肯定是你在这里捣鬼了！委员长是我姑父，凭关系，凭各方面，怎么今天就不听我的了？

书中代言，周至柔这人招多啊！等从上海回来，周至柔马上写了两份文件，一份送到蒋介石的办公室，一份送到孔祥熙的办公室。当然，文件里不可能照实写了，夸大其词，尤其把责任全说到了机场场长秦宗藩身上。蒋介石加上孔祥熙，对空军是一对儿外行，一看，这个秦宗藩，罪莫大焉！不重重地处置，不足以正党国的江山！这两方面一施压，军法处得罪得起吗？所以给秦宗藩判了个无期徒刑。

不过还好，当时的国民政府，关系盘根错节，有公就有私，有私就有弊。秦宗藩的夫人是江西省主席鲁涤平的外甥女，当时蒋介石醉心于剿共，所以在江西南昌修建了机场，以便可以轰炸红军的根据地，修建机场这活，秦宗藩跑得最多，和鲁涤平打得火热，鲁涤平一看秦宗藩精明强干，又有战功，就把外甥女许配给了秦宗藩。当时因为剿共，江西省是重点区域，鲁涤平自然也是蒋介石身边的红人，所以鲁涤平一听说，赶紧跟蒋介石求情。再加上秦宗藩的夫人，曾经在军政部次长陈诚的婚礼上当过伴娘，陈诚又是周至柔的上司，蒋介石的得力助手。这层层关系求情，秦宗藩算是免了一生的牢狱之灾，关了十个月，给放了出来，不过从此，秦宗藩在空军界就靠边站了，直到1949年去世。

周至柔这一弄，把毛邦初恶心得够呛！毛邦初天天恨得牙根痒痒，心说：周至柔啊周至柔，你太阴了！我此仇必报！

正琢磨着呢，有人报告："报告毛副校长，我们在明故宫机场抓到一个奸细！"

"哦？奸细？"

"对，此人鬼头鬼脑的，拿着相机在明故宫机场旁边乱转，咱们的兄弟把他拿下之后，从相机里发现了不少咱们的战机和飞行员照片。"

毛邦初点点头："嗯！干得不错，奸细的身份确认了吗？"

"还没有，不过此人一直吵着要见周至柔。"

毛邦初一听，是大喜过望！

第十回　梁又铭作航空教材
　　　　周至柔定意国飞机

　　周至柔暗算毛邦初的得力下属秦宗藩，把毛邦初恶心得够呛，毛邦初正要算计着怎么报复，正好，机会来了！在上海虹口机场抓住一个奸细，这个奸细还口口声声要见周至柔。毛邦初大喜过望，不管是真奸细还是假奸细，只要把他审出点背景，是日本也好，是陈济棠、李宗仁或是阎锡山、冯玉祥的也罢，总之就能给你安上一个外泄情报的罪名！

　　所以毛邦初亲自赶奔明故宫机场。等到了一问，这人在禁闭室关着呢，毛邦初过去一看，只见此人在椅子上坐着，旁边三个彪形大汉，倒是没难为他。毛邦初细一打量，只见此人身着中央军陆军的军服，白净面皮，架着副眼镜，脖子上还挂着相机，一看就是个文人。毛邦初满面堆笑："请问您找周校长什么事？"

　　"我要见周至柔周校长！"

　　"周校长比较忙，有什么事你可以跟我说，我一定给您解决。"

　　"我要见周至柔周校长！"

　　"您放心，我不会误您的事。在下姓毛，毛邦初，是副校长，有什么事您可以跟我说，航校的事，我说了就能算。"

　　"我要见周至柔校长！"

　　毛邦初一看，整个一犟眼子啊！算了，看来就这么问也问不出来，上刑也不是办法，没准儿又让周至柔抓住把柄。干脆这样，我把周至柔叫来，再加上我的秘书，我们两个一起问，秘书记录。到时候我就故意引导，让秘书把记录再改改，然后递送委员长，哼哼！姓周的，我今天一定叫你好看！

　　于是毛邦初下令："来人！通知周校长，一起来审问奸细！"

　　"是！"

　　周至柔听说这个消息后，脑门子上当时就冒汗了！谁知道这是怎么回事啊？是不是毛邦初故意弄个奸细来，要泼我一身脏水？但这事还不好办，人家口口声声要见自己，自己要是不见，更惹人怀疑，算了！硬着头皮去吧！

等周至柔一进门，看见眼前这个奸细，不由得大喜过望："哎哟老弟！怎么是你啊！"

这下把毛邦初也弄愣了："周校长，这……"

"毛副校长，别疑心，不是奸细，这是我结拜兄弟的亲弟弟，梁又铭！"

这到底是怎么回事呢？书中代言，这个梁又铭可不是一般人，他们一共哥四个，大哥梁砥中，早年曾在法国勤工俭学，当时适逢第一次世界大战结束，欧洲艺术品价格暴跌。这也难怪，"一战"刚结束，都吃不饱，谁还顾得了艺术发展啊？但也就因此，梁砥中在勤工俭学的同时，买了不少绘画艺术作品寄回家，三个弟弟梁鼎铭、梁又铭、梁中铭就借此学习绘画，所以后来三个人都成了国民党军中著名的画家，号称"梁氏三兄弟"。

在三兄弟中，梁又铭的绘画水平尤为高，而且一腔热血，所以面对国内军阀混战，前去投考黄埔军校。本来梁又铭能入黄埔二期，可是蒋介石一看他的作品，嗯！这个年轻人的艺术修为，远高于军事，所以特别下令，把梁又铭安排到政治部，任中尉绘图员，由此，梁又铭就跟黄埔军校的高层周至柔关系搞得不错。

可是梁又铭呢，业务过硬，对政治不感冒，所以黄埔军校毕业后，没能在政治中心站稳，而被分配到国际新闻摄影社，逐步干到社长。之后就赶上一·二八淞沪空战，正好因为所接触的层面，梁又铭一看，日本方面的新闻和图片一批又一批，今天击落多少中国飞机，明天炸死多少中国人，当然后来证明，那都是假的，可这东西震动不小啊！而中国方面，新闻甚少，而且图片也不到位，所以多被人认为孤证不成立。再加上鲁迅的文章刺激，所以梁又铭深感中国空军的弱小，整天因此长吁短叹。

可巧，没过几年就传来消息，周至柔担任笕桥航校校长。梁又铭一看，太好了！我周大哥成了校长，肯定能为中国空军的振兴做贡献，我这边的工作能干什么？无非就是整理文字和图片，老死在办公室。不如我去找他，能干什么就干什么，也至少是为空军的振兴做点贡献，比老死在办公室强！所以梁又铭直奔上海虹桥机场，想拍点第一手的照片。

偏巧，当时国民政府的国际新闻摄影社是政治部主管，派发的也是陆军军服，陆军和空军，军服不一样啊！所以直接就被当奸细抓了，这才有了上面的误会。等周至柔把这事一讲，毛邦初跟泄了气一样，可惜啊！又没逮到机会！

而周至柔呢，也有意气毛邦初："又铭，来，你不是想照照片吗？来！我带你去！省得有人认为你是奸细！"

周至柔呢，带着梁又铭在明故宫机场转了一圈，又把已经毕业的二期学生叫出来列队。梁又铭一看，这些飞行员个头都不高，但是胖的威风，瘦的精神，一个个太阳穴鼓鼓着，腮帮子努努着，胸脯腆腆着，连屁股蛋都翻翻着，七个不服，八个不忿，一百二十个不含糊！举手投足之间，都带着一股高傲的气质。梁又铭一看，非常高兴啊！

等参观完了，周至柔把梁又铭请进办公室："老弟，你也看见了！咱们的空军虽然暂时还比较落后，但至少还在进步，飞行员的精气神你也看见了，无论谁敢来侵犯咱的领土，咱的飞行员都能和他们拼到底！"

梁又铭点点头："嗯，这个我已经亲眼看到了！"

"不过，不瞒老弟说，咱们空军对于百姓来讲，还是个比较生僻的概念，百姓们就知道开着飞机上天打，那个叫空军。其实那只是空军的一小部分。虽然我到航校没几天，但我已经意识到了，要想让空军发展，一定要让人们多了解空军的各方面，我知道老弟你在这方面是强项，所以希望你能帮我！"

"没说的！我一定竭尽全力！"

梁又铭说做就做，过了没多久，就推出了《中国的空军》和《航空劳作教材》等作品。航校的高层一看，大喜过望，后来周至柔和蒋坚忍一起使劲，把他调入了航空委员会的总政训处，负责空军的宣传。后来梁又铭先生又成了抗战时期著名的战地画家。也就由于他的努力，民国空军的宣传工作提高了一个大台阶。有人问了，《中国的空军》和《航空劳作教材》，不过是几本杂志和书而已，对民国空军的影响具体有多大啊？这可以告诉您，据说梁又铭先生在1984年逝世后，原中美联合航空队的成员之一，时任台湾政府的空军司令郭汝霖特别参加了追悼会，在追悼会上还特别和梁又铭先生的后人说："我就是受梁先生的杂志影响才参加的空军！"

闲言少叙，书归正文。毛邦初想找周至柔的晦气，结果反而给周至柔添了个帮手，搞出了《中国的空军》和《航空劳作教材》，让周至柔在空军的影响力大增。为此，毛邦初气得是七窍生烟啊！

正生气呢，上海方面有人来报告："报告毛副校长，上海虹桥机场的塔台报告，有新式飞机要降落在虹桥机场。"

毛邦初一听，嗯？我怎么不知道？于是问："什么飞机？怎么没事先通报我？"

"报告毛副校长，这是前一阵周校长去南京和委员长一起定下的，这几天周校长出国就是为这个，据说这是来自意大利的最新型飞机，我们当时问过，要不要告诉您，周校长说没必要。"

毛邦初一听，气得脑筋奔儿奔儿直蹦，心说：周至柔啊周至柔，你个外行！我是实际执掌空军的第一人，你凭什么越过我办事？不定你办了什么亏心事呢！

书中代言，这事还真不怪周至柔。

梁又铭（右一）空军时期的照片

原来，意大利的墨索里尼政府，此时正面临着空军的更新换代，有不少介于老式和新式飞机之间的过渡产品，这些产品怎么办？当时世界上的强国，比如美、英、苏、日等，飞机的水平虽说上下不一，但都有完整的工业体系来支撑飞机制造。弱国呢？没那个钱，也没那个愿望，最多买个一架两架，供国王和贵族使用。可意大利的过渡型号飞机足有几百架，找谁消化呢？

梁又铭先生主编的空军杂志，民国不少飞行员都是受此影响而进入空军

偏偏这时候，国民政府发扬"航空救国"的口号，大力建设空军，可对飞机制造业，投入不多，飞机全靠到处买。墨索里尼一看，嘿！这可是一块大蛋糕啊！再加上正好在1934年，世界航空博览会上，意大利夺得了飞行冠军，所以墨索里尼借着这股热乎气，跟蒋介石进行了多次会谈，会上大吹大擂："贵国不是要航空救国吗？我们意大利的飞机领先于世界潮流，你只要买了我们的飞机，就会换得我们两国长久不变的友谊！我们还一定给你们一个好价格！"

飞机数量和价格给出来，蒋介石一算，500多万大洋，这和德国、美国的飞机相比，的确便宜一些，但这可不是小数目啊！所以没当场答应，只是说要组织人先看一看飞机的质量。

可等墨索里尼带着蒋介石见飞机制造厂的代表，代表又提出："我们拒绝让贵国的毛邦初来测验我们的飞机性能，他只会搞破坏，根本不懂飞机！还请委员长派别人来检测飞机性能。"

有人问了，意大利人为什么对毛邦初这个态度？原来，毛邦初在之前一直负责国民政府的飞机采购，即使他自己不去，也得让属下把飞机的数据、性能和照片等信息传回来，再听取顾问的意见，综合评定。能过他眼的，基本都是美国货和德国货，还有少量的英国货、法国货。唯独意大利的飞机，毛邦初怎么也看不顺眼，不是这地方不好，就是对那地方不满意。所以也难怪这次这么大买卖，意大利人特别拒绝毛邦初验货。

也就因此，蒋介石就没把这件事告诉毛邦初，叫周至柔远赴意大利验货。等周至柔到了意大利，意大利方面给他看了一架大号的飞机，周至柔一看，嚯！流线形机身，真漂亮！飞机个也大，也精神，还是单翼飞机！咱们书中代言，在当时，单翼飞机绝对是很新潮的，不过直到抗战开始，中日双方的主力战机，大部分还都是双翼的。

周至柔对飞机仅仅懂点皮毛，一看，单翼飞机，这肯定是好啊！再进去一看，嚯！

里面真敞亮！卧室、客厅、会议室，应有尽有啊！而且沙发、餐桌、席梦思，也都是一件不落，相当奢华啊！旁边意大利的翻译还说："这是我们墨索里尼总理特别准备送给蒋委员长的专机！你看，这个沙发是法国进口的，非常舒服，你看，餐桌还是橡木的，非常讲究……"

总之把周至柔说得晕晕乎乎。再搭上意大利方面是避重就轻，跟他专拣优势的地方说。最后周至柔彻底被洗了脑："好好好！这些飞机都好！我们全订了！"

所以没多久，周至柔就往国内发电报：飞机全部合格，都是世界先进的型号，能大大提升我们空军的实力，而且意大利的航空水平和管理，远比我国先进。而且本年度内，意大利还将举办几次世界性的航空盛会，所以建议派遣部分人员对意大利的航空进行考察，最好由笕桥航校副校长毛邦初带队。

蒋介石呢，心里不是一点底都没有，他知道周至柔说的话，肯定不是百分之百真，但蒋介石一琢磨：这批飞机怎么说也算比较便宜，而且又能提升我们的国际地位，一举两得啊！就算飞机有些问题，那也都是小毛病，和这些优势一比，就不算什么了。所以下令，让周至柔坐着人家送给自己的专机回国。

等毛邦初赶到虹桥机场，周至柔正好从飞机上下来，毛邦初赶紧赶上前去迎接，心里不痛快，脸上表现挺好看："哎哟！周校长！您出国这么大事，也不跟兄弟我说明白了，真让兄弟我好担心啊！"

周至柔一看，心说：嘿！你是得担心，你是担心我怎么没摔死啊！不过周至柔也赶紧打哈哈："哎呀！老弟，没办法啊！委员长上职下派，我也是没办法，头天去，第二天就出发了，也没来得及跟你说。"

"啊，没关系，没关系。哦，周校长，这就是您带回来的意大利最新型的飞机吗？"

"没错！这飞机可不得了，这可是意大利的墨索里尼总理送给咱们委员长的座机！"

"哎呀！不得了啊！那您不介意我参观参观吧？"

"没关系，没关系，尽管参观！"

毛邦初暗地咬着牙，心说：好啊！谅你周至柔的水平，不在二百五以上，也不在二百五以下，就是那二百五！所以这飞机肯定也有问题，而且这竟然是委员长的座机，太好了！我要是找到问题，我就把状告到蒋委员长那儿去！我看你周至柔兜得住兜不住！

第十一回　毛邦初被迫出国　徐培根四面树敌

周至柔坐着意大利方面送给蒋介石的专机到了上海，毛邦初存心要找找飞机上的毛病，把状告到蒋介石那里，恶心一下周至柔。所以毛邦初围着这飞机，左一眼右一眼看开了。毛邦初细细一看，嘿！从外形上看，这意大利的飞机还真不错，流线型机身，单翼，全封闭式机舱，无论从设计还是空气动力学的角度，都还不错。毛邦初心说：嗯？难道我错翻了眼皮？意大利的飞机在十年之内，有那么大进步？不行，我还得到里面看看。

等毛邦初到了里面，他根本不看卧室、会议室这些地方，直接奔了驾驶舱，等坐在驾驶座上，握着操纵杆，左右一比画，毛邦初就是一阵的冷笑！为什么？毛邦初发现了，这架飞机从设计的角度，算相当不错的了，但是里面的操作系统，有不少都有质量问题，飞机从表面看，虽然是全封闭的，但封闭不严，还漏风，另外，仪表不准，测向的罗盘不稳定，操纵杆也不太结实，总之是问题多多啊！毛邦初一阵冷笑：哼哼！就这玩意儿，还敢当我们委员长的座机，这不是草菅人命吗？就这破操纵杆，换个炒勺上来都比它结实！

这飞机怎么这德行呢？原来，意大利的航空业，从20世纪20年代开始了腾飞，最著名的就是空军战略学说的创始人——杜黑将军和他的《制空权》一书。墨索里尼上台后，推行法西斯主义，把大笔的钱投入了航空和飞机制造，所以当时意大利设计和制造了一些颇为先进的飞机。意大利的飞机，外形、设计，都是不错的，但有一点，偷工减料，所以意大利的包括飞机在内的高端兵器，水平普遍比德、英、美，差了不是一点。据说1936年，意大利入侵埃塞俄比亚，结果著名的CV33装甲车，愣是让埃塞俄比亚方面用斧头、大锤砸毁。后来，意大利的飞机还害了日本人一道，给民国空军凑了不少奖章和大洋，这是后话，咱们后面再说。

毛邦初攒够了材料，没跟周至柔多说，凑合两句客气话，直接奔了南京，告状去了！可毛邦初没想到，等把这些事一说，蒋介石的表情没变："哦，信诚，这些事我知道了。"

"委员长！这飞机经我检查，问题多多啊！这还能当您的座机吗？我看这周至柔肯定是收了意大利人的回扣，黑着心的办这事！委员长，这一定要严肃处理啊！"

蒋介石听到这儿，仍然没说什么，毛邦初就纳了闷儿了，怎么回事？委员长怎么这么还没反应？难道委员长在这里也有问题？毛邦初正琢磨呢，蒋介石说了："信诚啊，我这里有个任务，非你去执行不可啊！"

"委员长请吩咐！"

"我听闻意大利的航空水平世界领先，并且于今年夺得世界航空博览会的飞行项目冠军，可有此事？"

"确有其事。"

"我有心派人去考察一下意大利的航空业，你看如何？"

毛邦初一听，委员长这么重视意大利的航空，不好当面驳了面子："这个……意大利的航空，的确有过人之处，不过就我看来，还是美、德两国的情况比较符合咱们的现状。"

"哎！古语有云，它山之石，可以攻玉！意大利国的航空既然有其高明之处，我们就该学一学。我有意派你去意大利考察航空，你看如何？"

嘿！毛邦初一听，心里这个气啊！这准又是周至柔给自己使的捻！我要是出去了，照现在的架势，航校不是全便宜他了？所以赶紧拒绝："委员长，我才疏学浅，实在难当此任啊！"

"哎！你是航校副校长，精通管理，业务也非常好，恐怕没有比你更合适的了。而且我听说，意大利国已经申请办理了几次世界性的航空盛会，你带一部分好手去，不但可以去考察航空，也可以跟世界各国的航空高手们交流，显示我们的国威，你说这么重要的任务，不交给你交给谁？"

毛邦初明白，周至柔这捻使得太绝了！他肯定是被意大利方面忽悠了，接着，他就来忽悠委员长，让委员长把我调走，你就可以独霸航校了！行！你不是打如意算盘吗？就算我出去了不要紧，就你这外行，领导得了我那些顾问吗？哼哼，我再另外让我的两个兄弟，张廷孟、王叔铭好好把航校的日常业务把持住，让你针插不进，水泼不进，我看你说话谁听！

毛邦初想到这儿，也就放心了："好，既然委员长信任我，我自然遵命！"

"嗯，你这几天收拾收拾，尽快出发！"

"是！"

于是，毛邦初趁这几天，把航校的事安排安排，带了一批人，其中就以高志航为首，远赴意大利考察航空。咱们说，毛邦初这回还真是不虚此行，带着高志航一行人参加了好几次航空表演，尤其是高志航，他精湛的飞行技术几次震惊世界！给中国大长了志气。

返回头再说周至柔，这回周至柔玩了招绝的，把毛邦初调出国。最大的对手没了，剩下的张廷孟、王叔铭根本不值一提，周至柔提出，邀请意大利的航空顾问，由于意大利的航空顾问和美、德顾问不和，所以申请建立笕桥航校的洛阳分校，由王叔铭负责。蒋介石一看，当时就批了。这下，张廷孟一人孤掌难鸣，周至柔开始自己布局了！

怎么布局呢？首先，周至柔一琢磨：我身边得有个内行吧！周至柔琢磨来琢磨去，为了让蒋介石放心，干脆让蒋坚忍参加了航校第五期，学习飞行，可没想到蒋坚忍没有学飞行的细胞，所有的课程，从理论的发动机学、飞机学、空气动力学，到实践的空中射击、轰炸、侦察，都学得不怎么地，最后还是蒋介石觉得周至柔这手做得挺合自己心意，破格批准蒋坚忍拿到了飞行执照，这就算内行人了。然后，周至柔开始试着跟航空署拉关系。

书中代言，这个航空署是名义上的中国最高的航空管理机构，之前一直是两位德高望重的留美前辈黄秉衡、张惠长先后负责，这俩都是广东人，之前在大革命时期的广州政府，就在航空署担任过职位，有能力，也有资历，1932年的淞沪空战，两个人，一个在南京，一个在广州，虽然分属蒋介石和陈济棠，但却联袂奉献了一出空军联合作战的好戏！当时中央方面的航空署署长是黄秉衡，后来张惠长继任，毛邦初呢，是黄埔出身，对这两个老前辈敬重有加。可后来，蒋介石不满意了，为什么？外行领导内行，净提那些不着四六的意见，两个前辈呢，带头抵制。蒋介石一看不好用，干脆把你们俩撤了！换人！所以先换了个葛敬恩，这是蒋介石的嫡系，毕业于日本陆军大学。可这位葛署长脑袋太死，看蒋介石喜欢百依百顺的部下，就命令航校，从副校长毛邦初到底下的每一个学员，全部剃成平头，以示对委员长的百依百顺。结果命令一下，毛邦初带头反对，顺便告了几状，弄得葛敬恩灰溜溜地下了台。葛敬恩下了台，又换了个徐培根。这个徐培根，也是个外行，毛邦初根本懒得理他，什么事都不跟他商议。徐培根呢，因为关系没有毛邦初硬，所以一直暗气暗憋。这回不一样了，毛邦初一走，徐培根可牛气了！偏巧周至柔来找他，他坐在办公室里一看："哦！周校长来了！有什么事啊？"

周至柔赶紧回答："徐署长，前一阵俗事缠身，没腾出闲工夫来，今天特来看望署长。"

"哦！这样啊！把礼物放下吧！"

周至柔一摆手，有人把礼物放下。周至柔继续说："另外，徐署长，我还有点工作要汇报！"

徐培根看了周至柔两眼："嗯，把汇报材料放下吧，有时间我再看。"

周至柔一听就火了：嘿！说了半天，连坐都不给我让，论职位，我比你高啊！你竟敢如此无礼！

徐培根心里有数啊！你官再大，那是你在陆军的时候，空军惯例，以陆军军衔降两级授衔，现在你是上校，我也是上校，谁比谁大啊？而且我这航空署，是管理全国航空事业的，职权比你大得多！我凭什么理你？所以徐培根还是挺横："周校长，如果没什么事，请回吧！我一会儿还有个重要会议！"

周至柔一看，碰了个钉子，气呼呼地走了。时间不长，这事传到了蒋介石耳朵里，蒋介石高兴啊！部下如果不和，才能够互相牵制，不然你们穿一条连裆裤，就会合伙糊弄我了！蒋介石挺高兴，另外把毛邦初支出国了，就可以安然跟意大利人做生意了！

不过500万大洋，这可不是小数目啊！交给谁替我办理呢？嗯！就让徐培根去。这批飞机，周至柔给我吹得天花乱坠的，如果其中有什么问题，徐培根和周至柔不和，他肯定要向我报告！挺好！挺好！

蒋介石想得挺好，可徐培根和周至柔，一对儿外行，到了意大利就让人家忽悠晕了，直接就付了500万大洋，买了这几百架飞机。墨索里尼一看，中国付款爽快，怕自己的飞机过去太丢人，因为周至柔来的时候，顺便谈妥了，要聘用意大利顾问来笕桥航校的洛阳分校教学，这要是因为飞机太次，让美国、德国顾问给说什么闲话，也没法交代，所以也命令下面，交货之前，要一架一架检测。结果，意大利的交货时间极长，即便到了后来日本全面侵华，也不过交了几十架飞机的货，剩下的，意大利借口：中国跟日本是敌对国，我们跟日本是同盟国，所以我拒绝把剩下的飞机给你！这笔生意就这样不了了之。

可这问题，当时蒋介石不清楚啊！蒋介石一看，哎哟！这回我的空军实力壮大了好多啊！不过飞机多了，机场也得扩建啊！所以蒋介石又特批了400万银元，准备扩建机场。不过先扩建哪儿呢？蒋介石圈定了江西南昌，因为这地方离苏区近，轰炸方便。这事呢，还是徐培根负责。

有话则长，无话则短，十几天过后，两架运输机载着一部分材料，来到了南昌机场。机场方面早有报告，所以有人负责搬运，运到哪儿呢？南昌的航空署。原来，蒋介石为了集中精力轰炸红区，干脆就把航空署搬到了南昌，以便指挥，徐培根呢，不一定在这里坐班，但有办公室，还有仓库。这天正好徐培根不在，搬运的士兵就把这些材料运进仓库。等最后搬完了，剩下俩人关仓库门，这俩，一个叫猫三，一个叫狗四，这俩还聊呢："哎，我说哥们儿，搬完了咱喝酒去啊！"

"别别别，一会儿还得执勤呢！"

"执什么勤啊？还一个钟头就该换班了！反正就说咱有搬运任务，谁还能怎么样啊？"

"也对！没人会发现吧？"

"谁没事查这个啊？放心，有事我顶着，就说我拉肚子，你送我去医院了！"

"行行行，咱喝去！"

俩人就走了，没跟着回去，上街找了个酒馆喝起来了。喝了还没一瓶，就听有人喊："着火了！快救火啊！"

"赶紧救火啊！"

猫三狗四抻头一看，哪儿啊？坏了！正好是航空署的仓库啊！这俩当时吓得把酒杯也扔了，要往仓库

时任航空署署长的徐培根

跑。掌柜的一看："哎，我说二位大爷，您还没结账呢！"

"结你大爷！"

猫三回手就给了掌柜的一拳，撒脚就跑了。等跑到仓库一看，熊熊烈火啊！整个仓库全烧着了！现场有百十来人都在救火，航空署署长徐培根也在现场指挥："快！快把水管接过来！快！"

这猫三和狗四一看，火势已经没法控制了，等灭了，估计刚才搬来的材料也都烧没了！这得多少大洋啊！而且我们可听说，署长徐培根，铁面无情，等救完了火，准保要追查这是怎么回事。我们最后锁的门，查不出人来，就得赖在我们身上，这可如何是好啊！

第十二回　南昌大火酿谜案　洛阳分校起风云

　　南昌航空署的仓库发生大火,眼看刚刚运来的材料已经保不住了,猫三狗四,这俩小兵一看,这得损失多少大洋啊?我们可听说,署长徐培根是铁面无情,如果追查不出来,肯定就要赖在我们身上。就算查出来了,我们最后锁的门,也好不了!怎么办?死了吧!

　　这俩人一时想不开,干脆就跑进火海,当场被烧死了。

　　等把火救完了,别说运来的材料了,整个航空署仓库都烧没了。徐培根大怒啊:"查!一定给我严查!怎么会着火!另外,秘书官!"

　　"有!"

　　"赶紧把损失的材料登记造册,准备上报!"

　　"是!"

　　没几天,一份报告就送到了蒋介石的办公桌上,蒋介石一看,上面写着:

　　经查,南昌航空署仓库发生大火,乃是由于两个士兵吸烟,不慎引燃运入的沥青,致使新购入的扩建机场的材料全部烧毁,此二人已在火场中身亡。此次损失的单据也被大火焚毁,损失另附清单。

　　蒋介石再一看损失清单,当时抄起茶杯,"啪!",摔了个粉碎!

　　"娘希匹!"

　　有人问了,蒋介石怎么发那么大火?原来,这订单里罗列了一大堆材料的数据,总价值达到了390多万银元。也就是说,这一场大火,把整修机场的经费,几乎烧了个精光!蒋介石气急败坏啊:"来人!"

　　"委员长!"

　　"把周至柔给我找来!一定要严查此事!"

　　"是!"

等周至柔知道信儿了，一阵冷笑啊！好你个徐培根，你看不起我没关系，这回犯我手里了！按照记录，你运了两运输机的材料，你运的是真金啊，还是白银啊？能价值400万大洋。我早有风闻，你拿着钱去了上海做投资，结果赔得盆干碗净，这回这火，你说是俩士兵不慎，呸！还不定是谁放的呢！没准儿就是你销赃灭据！我非得查你个底儿掉不可！

话分两头，再说徐培根这边，本来徐培根也明白，就给的这个报告，肯定糊弄不了蒋委员长。但徐培根本来以为，蒋介石发发火，派个人来查查我就得了，到时候我送点礼，再花钱打点打点，走动走动关系，托托人情就没事了。没想到来的竟然是周至柔，我前些日子那么撅他，他肯定得给我小鞋穿！没事也得给查出事来！我又没有他关系硬，这可怎么办？

说到这儿，有人问了，蒋介石批的这整修机场的400万大洋去哪儿了？真的被一把大火烧光了？还是让徐培根在上海投资赔了呢？到现在为止，这还是个谜，但无论如何，现在这400万大洋几乎全都没了，这已经成了事实。

徐培根为了这事，琢磨来琢磨去，看来，为今之计，只能是给周至柔找点小鞋穿，两边一闹，或许可以抵消这件事的影响。可是怎么找呢？要说周至柔，日常来说，生活朴素，爱好也少，找着问题，也是无关紧要的方面。要说业务嘛，要是查查，肯定有，可我们俩的水平差不多，这叫临时抱佛脚啊！怎么查呢？

正头疼呢，侍卫来报："报告徐署长，有人来访！"

徐培根一抬头："谁啊？"

"报告徐署长，是笕桥航校的教育长张廷孟。"

"他有什么事？没事就走，航校的事，找我干什么？"

"据说是找您来主持公道的。"

徐培根眼前一亮："快快！有请！"

侍卫出去了，不一会儿，张廷孟从外面进来了，徐培根一看，张廷孟气色不正，知道没好事。不过现在毛邦初走了，那就肯定是没周至柔的好事，这可太好了！徐培根赶紧装出一副笑脸："张教育长，您有什么事啊？"

"徐署长，就我们周校长请来的那批意大利顾问，简直是胡作非为，翻了天了！您要给我们做主啊！"

"怎么回事？具体说说。如果我能管得了，我一定会给你们做主！"

"徐署长，是这么这么回事。"

原来，周至柔为了显示自己的能力，特邀意大利顾问和意大利教练机进驻洛阳分校，意大利顾问总共有20多人，顾问团团长叫劳尔第，副团长叫亚拉莫，来了之后，就在航校内搞墨索里尼那一套，学生们稍不注意，就让意大利人关在小黑屋里拿鞭子抽！这跟笕桥航校的规矩完全不同，弄得学员们怨声载道。

其实搞这个也无所谓，偏巧随同买来的一部分教练机也不争气，在空中训练的时候好几次都灭了火了，连飞机带飞行员带教练，冲着地面就栽下去了！亏得中国的学员机

第十二回　南昌大火酿谜案　洛阳分校起风云

敏，意大利教练也熟悉这种状况，知道飞机经常掉这链子，所以头几次迫降，还都成功了。为这事，洛阳航校的负责人王叔铭跟意大利顾问没少发脾气，可意大利顾问，特别是顾问团团长劳尔第，词还挺多："我们意大利飞机比美国、德国的那些老爷飞机强得多，怎么能是我们的问题呢？所以飞机熄火，肯定是你们中国人的问题！"

副团长亚拉莫也搭腔："没错！肯定是中国学员油门踩得不稳，这么简单的事，你们都做不到，可见基础有多差！"

王叔铭脾气多暴啊！一听这话，青筋都蹦起来了："不可能！我们的学员都是从笕桥航校里面精选出来的！怎么可能犯低级错误！而且为什么不可能是你们飞机的问题！你倒是说说看哪！"

劳尔第一翻眼皮："哼！我们意大利国有杜黑将军和他的空军名著《制空权》，你们中国有什么？这就说明了，我们的水平非常高，所以不可能是我们飞机的问题！"

王叔铭一瞪眼："一本破书能说明什么？咱们现在说的是飞机！有本事咱们找专业人员鉴定一下，看看到底问题是不是出在飞机上！"

"可以可以，不过我们意大利的飞机，别人不懂，所以还是要由我们意大利的技师来检查。我再告诉你，你侮辱我们意大利的骄傲，我们会记住的！"

您说这能查出什么来？反正这帮意大利顾问，都穿一条连裆裤，王叔铭不但没讨着便宜，反而让意大利顾问到周至柔那边告了一状，意大利人说得还挺横："王叔铭竟然无故怀疑我们意大利人的实力，而且侮辱我们意大利的骄傲！为什么你们要找他来担任校长？我们要提出抗议！"

周至柔一看，赶紧赔笑脸："对不起，劳尔第先生，我们中国搞航空的人很少，用他，是不得已而为之，如果他有什么得罪您的地方，请您多多包涵。"

"不行！有他在，我们没法教学！你必须想办法把他调走！"

"这个……"周至柔一想：刚把毛邦初支走，我这么快再收拾了王叔铭，要是让委员长知道，肯定认为我有私心，说不定就对我更防范了。而且，就现在的情况，我身边没空军的内行人啊！如果用王叔铭，显得我胸怀大度，对外好说还好听。撤了他，我用谁啊？

所以周至柔思虑再三，说："劳尔第先生，真对不起，分校校长一职，是由委员长亲自任命，我虽然是总校校长，可我也无权调动。不过我会向委员长反映此事，您请放心！如果您有什么要求，只要是对航空教学有帮助，您尽管提！"

"哼！我可是好心啊！就你们中国人的素质，太低！为了提高你们的素质，我们要按照我们意大利空军的标准来要求，所有的课程都得我们来负责，中国人就管好你们的政治训练，别的不要管！所有的学员，从军服、皮鞋，到身上的一个纽扣，都要用我们意大利的！"

"好好好，这个都好说！"

您看见没？意大利人教学还没什么成绩，先赚走一笔服装费。之后，意大利人在洛阳航校的势力更大了，王叔铭等中方人员几乎成了摆设。

就在这个当口，笕桥总校的教育长张廷孟带着一些顾问和学员来洛阳分校做交流，其实这也不奇怪，互相学习嘛！可是怎么交流呢？飞行表演呗！这时候出事了！

只见一架意大利的"菲亚特"双座教练机腾空而起，前座是飞行员，后座是意大利教练，这飞机最开始还不错，起飞，爬高，紧接着在空中做动作，急转、筋斗，就连当时最难，也是最流行的动作——伊麦曼螺旋，都完成得不错。王叔铭、张廷孟都挺满意。就见这飞机下一个动作，进入了俯冲！只见飞机开始加速，"呜——噗噗噗！"

几声怪响之后，发动机开始冒火，后座的意大利教官叫马尔科，他一看不妙，解开安全带跳出飞机，"咔"，降落伞打开，他没事了。可中方学员呢，别看脸被烟熏黑了，还拼死往回掰飞机操纵杆，想要迫降，可是怎么掰也不管用，最后身体一侧歪，再翻回身想跳出飞机，晚了！"轰！"，机毁人亡！

飞机一坠毁，地面上的教官、教员分成了两拨，一拨是意大利教官和顾问，他们直奔从天上缓缓而降的意大利教官。其余的中方教官、学员，包括同来的美国顾问，都奔着坠毁的飞机跑去了。王叔铭和张廷孟跑在最前面，一看，火势不小："快救火！"

后面的人把水管子拖来，一通水龙，把火浇灭，旁边的学员七手八脚，赶紧把飞行员拽出来，一看，飞行员已然身亡，手里还捏着折断的操纵杆，可见他刚才用了多大劲！而且最重要的是，他没有降落伞包！

这时候，意大利教官马尔科已经落地，一大帮意大利顾问们"叽里咕噜"的开始交流，王叔铭这边有意大利语翻译，所以他们说的话，王叔铭和张廷孟都听明白了。就见马尔科刚落地就开说："这个中国学员真不听话！做俯冲的时候，叫他别一脚踩到底，要用力，但匀速踩，他就不听！结果就成这样了！你看看，我这皮夹克也被烧了好几个洞！"

旁边还有人附和："哎呀，真的好危险！教中国学生，得短命多少年啊！"

王叔铭一听，火当时就压不住了："马尔科先生！为什么你会有降落伞，而我们的学员没有！"

旁边的顾问团副团长亚拉莫赶紧搭腔："这个问题，要问你们的采购人员，我们早就提出，要从我们意大利进口大批降落伞，你们三拖两拖，才进口了一小部分，仅够我们装备教官的。"

王叔铭当时是火撞顶梁门啊："降落伞再少，两个也是有的，完全可以给我们的飞行员也带上，你们这是草菅人命！"

"那也不怪我们，到今天为止，降落伞仅剩下了一个。"

意大利顾问嘴硬啊！王叔铭虽然性如烈火，但不善斗嘴，几句话下来，把他气得直哼哼。这时候张廷孟赶紧说："叔铭！都到这时候了，说这有什么用！赶紧来看看这飞机，有蹊跷！"

王叔铭再回过身来看，张廷孟这边已经和技师、美国顾问把飞机打开了，张廷孟再招呼："亚拉莫先生，您也来看看，这是怎么回事？"

意大利人赶紧涌到前面，张廷孟指着修理技师手里的几个零件："亚拉莫先生，您

血色苍穹——民国时期的中国空军

张廷孟，毛邦初的铁杆之一，民国空军高层，抗战之后担任轰炸机队负责人

看看，这是从发动机里拆出的几个零件，您看看，都已经断了，就这零件的质量，太差了吧？"

旁边还有张廷孟带来的美国顾问，拿起零件看了看："嗯，我肯定，就是这个零件损坏，导致引擎故障，才起火的！"

亚拉莫听了，一撇嘴："哼哼！落后的美国佬，你们懂什么！我们使用的是最新型材料，你们都没见过。我向墨索里尼总理保证，这些零件之所以被损毁，是因为你们的飞行员操作失误，发动机着火！卓第先生，你是机械师，你看看是不是这么回事！"

这个卓第，是意大利方面的机械师，这家伙接过零件粗粗一看："嗯，没错，这都是被起火烧毁的！"

张廷孟当时鼻子都气歪了，心说：你这是瞪着眼睛说瞎话！这个零件的断茬都锈了，怎么能是新断的！别看我一直在杭州，我也有耳闻啊！就这帮意大利顾问，平常就颠倒黑白，无事生非，不知道墨索里尼总理怎么给我们选的！就这个机械师卓第，我可听说了，据说他就是一普通的空军技工，水平还不如我们自己培养的机械师，他来中国就装上大头蒜了，这水平还当顾问！能问出什么来！

不过张廷孟心里这么想，嘴上不敢这么说，紧接着，他指着飞机里面的操纵钢丝，说："那亚拉莫先生、卓第先生，您再看看这个操纵钢丝，这个断口参差不齐，不是火烧断的吧？而且我们的飞行员直到最后一刻，还想着迫降，以至于把操纵杆都掰断了，就这个质量，您想作何解释？"

第十三回　意顾问死不认账
　　　　　　航委会重组引援

　　笕桥总校和洛阳分校进行交流，都是航校，怎么交流啊？那就是飞行表演呗。可没想到，乐极生悲，教练机坠毁，中国学员身亡，意大利教官马尔科带着降落伞逃生，等下了地，嘴里还不干不净地数落中国学员。旁边的张廷孟，根本不理他那套，把意大利方面的副团长和机械师叫来："亚拉莫先生、卓第先生，您再看看这个操纵钢丝，这个断口参差不齐，不是火烧断的吧？而且我们的飞行员直到最后一刻，还想着迫降，以至于把操纵杆都掰断了，就这个质量，您想作何解释？"

　　副团长亚拉莫和机械师卓第一看，果不其然，这个问题连外行都能看出来，操纵钢丝的断茬很乱，明显是用力拉断的，要是烧断的，断口应该很平滑。

　　"这个……"亚拉莫眼珠来回直转，"这个肯定是你们中国的机械师检查飞机的时候，自己私自换的！所以这责任还是你们中国人的！"

　　"啊呸！"旁边的王叔铭急了，"亚拉莫，你少放屁！就你们意大利的飞机，根本不怎么样！我们是听委员长的，才把它们当宝贝，什么时候我们自己检修了？都是你们自己修的，我们最多打打下手！好，退一万步讲，就算是我们换的，你们的机械师为什么不阻止？是不是都把自己眼珠抠出来当泡踩了！"

　　这王叔铭，外号王老虎，脸酸心狠，不留情面，什么难听往出扔什么。意大利人高兴啊！正愁怎么解释呢，干脆借机发飙吧！

　　"王校长，我们是你们委员长请来教你们航空的专业人士，你如此侮辱我们，我们要提出抗议！"

　　"爱抗你就抗去，咱们就事说事，你们的飞机都这德行，我们还要抗议呢！有本事咱比比，谁抗议得有理！"

　　意大利人一听，嘿！这还软硬不吃啊！所以这事也就不欢而散。张廷孟呢，也有心告这帮意大利顾问一状，所以没当场阻止王叔铭，可这俩事后一琢磨：毛邦初要在，把消息捅到委员长那边，就没事了。可问题，现在毛邦初不在啊？周至柔又一个劲地相信意大利人，告状等于被骂！这可怎么办？

思虑再三，张廷孟一琢磨：敌人的敌人，那就是朋友，我听说现任航空署署长徐培根和周至柔不和，而且因为南昌失火，周至柔正查徐培根呢，我估计徐培根这边也想找周至柔点麻烦。而我这事足可以让他给周至柔添点堵。另外，航空署的职权要比航校大啊！他可以直接给委员长发公文，所以找他准没错！

张廷孟猜得果然没错，徐培根特别客气，张廷孟把事情等等一说，徐培根脸当时就板起来了："哼！这个周至柔啊！简直是胡闹！这叫什么顾问？分明是添乱！张教育长，你放心，你把大概的事情经过写份报告给我，我一定汇报给委员长！"

"您放心，我带来了！"

徐培根心里这个乐啊：哼！周至柔啊周至柔，你想查我，我叫你自顾不暇！

报告递上去了，没过几天，来了几个士兵，全副武装，枪都上着膛，还戴着袖箍，上面写着：军法处。为首的队长说："徐署长，请您随我们走一趟！"

徐培根多贼啊，一看就明白了，这是军法处的人，看来我要倒霉啊！于是他说道："你们稍等一下，我要给委座打个电话！"

"不用了，委座特别吩咐，不用您打电话确认，这是逮捕令！"

队长一甩手，拿出一张逮捕令，上面还有蒋介石的亲笔签名。

"徐署长，请您不要抵抗，兄弟们知道轻重，不会为难您的。"

徐培根一看，连反抗的机会都没了，只能束手就擒。临走，徐培根想起来了："几位，我只问你们一句，航校校长周至柔最近如何？"

"这我们就不清楚了。"

徐培根还琢磨呢：不应该啊！按照正常情况讲，委员长要是看了我的文件，我有事，周至柔也得多少倒点霉啊！为什么他没事呢？

咱们书中代言，周至柔这家伙太鬼了！就徐培根这个事吗，他是不管真假，只要是负面的消息，他全收集起来，而且速度极快，几天之内，报告出来，直接送到了蒋介石的办公室。蒋介石一看，当时就怒了："还有这事！一定要严办！"

等晚了几天，徐培根的报告才到，蒋介石连看都没看，直接扔到了抽屉里，这也就是徐培根倒霉，周至柔没事的原因啊！不过徐培根倒是没受太多罪，因为周至柔报告里所说的，什么做投资亏了，徐培根自己放火等这些事，到底是不是这么回事？反正查无实证。徐培根给关了半年，因为他毕竟是浙江人，蒋介石的同乡，而且也算是嫡系，所以放出来之后，当了兵工署机械司，当司长，总之是远离了空军。这里客观地评价一下，徐培根在航空署待了两年不到，对航空本身，贡献不大。但他借鉴西方空军的管理，给民国空军制造了一套很完整的规章制度，这点是旁人都没做到的。

徐培根一被逮捕，蒋介石一琢磨：不好！没了徐培根，周至柔就得一个人独霸空军，还得给他找个对手！毛邦初？不行，买意大利飞机的这事，热乎劲还没过，他要回来还得闹。对了，他来肯定合适！

蒋介石想的是谁啊？此人姓陈，叫陈庆云，字天游。这个陈庆云是什么来历呢？陈庆云是追随孙中山的老革命，直接参与过当时的航空建设，而且担任过广州老飞行学校的总教官。不过陈庆云这个人，管的不只有空军，还当过广东海军的副司令，管理过虎门要塞。所以陈庆云对空军和海军这些技术兵种，样样通，样样松，不过他知人善任，人缘也好，当初在广州空军学校培养了一大批人才，像黄光锐、丁纪徐，包括毛邦初，都在他手下受过训练，对他是敬重有加。陈庆云对孙中山先生极为忠心，到孙中山逝世后，他不遗余力地支持孙中山先生的独子孙科，是太子党的成员之一。后来有人说：太子党在广东主要靠二陈一张，空军找张惠长，海军找陈策，海空都管的有陈庆云。

陈庆云，大革命时期兼管海军、空军，也是支持孙科的太子党之一，不过到了中央，就被架空了，多担任虚职

国民政府迁都南京之后，广东老根据地的地位是越来越尴尬，刚开始的负责人是老革命李济深，跟这二陈一张的关系都不错，后来，张惠长被蒋介石和老同事黄秉衡说动了，赴南京担任航空署署长，太子党在广东就只剩下二陈。到了1932年，陈济棠掌握了广东的实际权力，就开始清洗异己，这二陈自然在清洗之列。当时的广东空军负责人黄光锐，为了生存，只得投靠了陈济棠，带着广东空军，一顿炸弹，把陈策的第四舰队炸了个稀里哗啦，主力舰飞鹰号也被炸沉，陈策被迫下野。陈庆云呢，更惨，陈策至少有他的舰队，也有海南岛作为根据地，陈庆云除了人缘之外，没有具体实力，所以也被陈济棠赶走。俩人一起跑到了南京，当起了闲职。

这回，周至柔和徐培根一闹翻，蒋介石总算想起陈庆云来了，蒋介石一琢磨：陈庆云是个和事佬，而且跟周至柔、毛邦初他们还都有交情，有他至少坏不了事！所以蒋介石干脆趁着徐培根这件事，把航空署改组了，变为航空委员会，自任委员长，当然，这只是个头衔。陈庆云呢，担任办公室主任，实际工作都由他负责。下面还设有参谋处、训练处、航政处等机构，由于中央航校的一期、二期学生资历不够，所以这都任命的是以前的老航校人员，比如原航空署署长黄秉衡、张惠长等人。

咱们说，陈庆云是个老滑头，不然他不可能有那么好的人缘，他知道自己懂点空军，但早都落伍，自己撑不起空军来，所以干脆找到了蒋介石："委员长，您让我负责空军，我倍感荣幸，不过我能力有限，您说可以依靠谁呢？"

蒋介石也知道，现在空军的状况，基本上没有又可靠又有能耐，能挑大梁的人，以前老航校的老家伙们能耐有点，但都不可靠；周至柔、蒋坚忍可信，但基本是个外行；毛邦初勉强，但是怕他跟意大利教官冲突，还得等等才能把他召回来；剩下的张廷孟、王叔铭等，还没有能担大梁的能耐。陈庆云呢？能算个内行，但他是太子党，也就是孙科的人，也不太可信。哎！对了！外来的和尚会念经啊！外国人的水平高，而且人家的航空制度也先进，本人也敬业，给他们开高薪就行，好控制而且好用。

所以蒋介石思虑再三："天游，我且问你一句话。咱们中国和西方列强相比，从航空的制度，到水平，甚至具体到飞机，谁先进呢？"

"自然是西方列强先进。"

"嗯，所以我希望咱们能够系统引进列强的航空体系，以达到孙总理提出的航空救国的目的。"

陈庆云脑袋多快啊，赶紧表示："一切按委员长的意思办！"

那引进归引进，引进谁的呢？美国的？不现实，当时毛邦初引进他们的时候，主要引进的是技术人员，制度方面很少，想引进还得申请。德国呢？更不现实了，他们是作为美国体系的补充。看来现手的只有意大利可以学了，这二十多个顾问，包含飞行、气象、通信、机械、行政等各个部门，体系完整，而且还牵扯委员长和意大利的外交关系，那就用他们吧！

这命令一下，意大利人还不高兴？顾问团团长劳尔第一听，干脆把顾问团分成两部分。副团长亚拉莫带一部分，继续在洛阳航校当顾问；他带一部分去航空委员会，干脆就在那儿办公了。这劳尔第脸皮太厚了，到了航空委员会，直接接管了秘书处，有什么公事他得先看，批阅意见，然后才转给陈庆云，简直成了航空委员会的代理委员长。陈庆云一看，嘿！这倒好！把我架空了！可他再一看，洛阳航校那边的业绩很不错，头批毕业生的合格率超过了90%，也就是说，除去因为飞机失事伤亡的几个人之外，全都拿到了飞行证书，这个合格率远超过笕桥航校的50%，陈庆云挺高兴。而更高兴的是周至柔，周至柔一看，嘿！意大利顾问还挺争气的！看来我也得让笕桥航校这些人见识见识，省得他们说我闲话！

所以周至柔直接去航空委员会办公室，找劳尔第。劳尔第一看："哎呀！周校长！"

"劳尔第团长！您最近可好啊？"

"挺好挺好，我有事找您。我听说洛阳分校的第一期学生已经拿到了飞行证书，而且咱们的通过率极高，这是个奇迹啊！相比来讲，我们总校就相形见绌了，几期学生都只有50%左右，所以我想请劳尔第先生组织一次飞行表演，给我们介绍介绍经验。"

"哦！可以。另外，周校长，我还有事要找你。"

"劳尔第团长，您请说。"

"你们航空委员会的陈主任邀请我，教给你们先进的航空经验。既然你们这么要求了，我自然得对你们中国的航空全都了解，比如现有的机场啊，飞机数量啊，人员等等，包含所有的机密资料，你都得提供给我。"

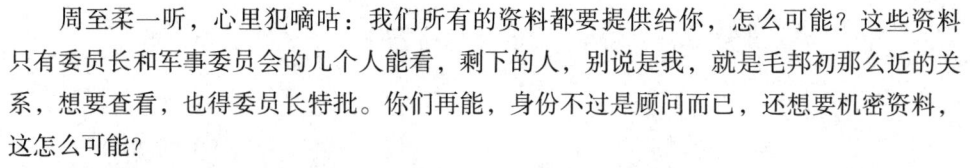

"这个……"

周至柔一听，心里犯嘀咕：我们所有的资料都要提供给你，怎么可能？这些资料只有委员长和军事委员会的几个人能看，剩下的人，别说是我，就是毛邦初那么近的关系，想要查看，也得委员长特批。你们再能，身份不过是顾问而已，还想要机密资料，这怎么可能？

但人家这个顾问团，牵扯中意两国的外交，而且系统引入西方航空，这又是蒋委员长定下的基调，周至柔该如何回答？咱们下回再说。

第十四回 周至柔故作姿态 意顾问自取其辱

洛阳航校的第一期的学员毕业率达到了90%往上，基本上除了因为事故死伤的几个人之外，剩下的人全拿到了飞行证书。这个成绩十分喜人啊！因为意大利教官是周至柔推荐来中国教学的，所以周至柔脸上有光，他有心在笕桥航校显一显自己的能耐，让意大利教官组织一场飞行表演。意大利教官同意了，同时提出："你们航空委员会的陈主任邀请我，教给你们先进的航空理念和管理。既然你们这么要求了，我自然得对你们中国的航空全都了解，比如现有的机场啊，飞机数量啊，人员等等，包含所有的机密资料，你都得提供给我。"

"这个……"

周至柔一听，心里直犯嘀咕：我们所有的资料都要提供给你，怎么可能？这些资料只有委员长和军事委员会的几个人能看，剩下的人，别说是我，就是毛邦初那么近的关系，想要查看，也得委员长特批。你们再能，身份不过是顾问而已，还想要机密资料，这怎么可能？可这事又不能闹翻了，谁知道委员长那边怎么想的？如果弄呲了，我肯定倒霉！所以周至柔嘴上应承："好好，我这就让秘书处准备。"

周至柔一方面答应，一方面给蒋介石发了电报，报告此事。蒋介石一看，这些都是机密，怎么可能往外给呢？不过蒋介石想了半天，现在还得靠意大利人给我训练空军，得罪不起，那就拖吧！所以蒋介石给周至柔复电："婉辞延宕可也。"

周至柔一看，这回心里有底了，干脆摆个肉头阵，拖吧！劳尔第一问，周至柔就说："哎呀，秘书正在整理，你再等等。"

再一问，周至柔又说："正在交涉机密资料，你再等等。"

总之，根本拿不出来，劳尔第气得大骂："你们中国人，效率太低了！怪不得你们落后，怪不得你们一直受欺负呢！照这么下去，你们中国人早晚会被世界淘汰！"

周至柔一听，不慌不忙，他官场经验极为丰富啊，可以说是脸憨皮厚，周至柔心说：我们中国是不是被世界淘汰，也不是你说了算的。反正你爱说什么，就随着你说吧！反正机密资料我是不给。所以周至柔听了，嘿嘿一笑："对不起，劳尔第团长，我们的行政效率低也不是一天两天了，请您来，也是为了让您给我们注入新风气啊！"

总之，你有来言，我有去语，弄得劳尔第骂也不是，夸也不是。书中代言，周至柔这点还真的做对了！日本方面有不少关于中国空军的情报，是通过意大利人得到的。亏得没把机密资料给他们，不然的话，空军所有的机密数据，全都得让日本人得到了，那样估计一开战，中国空军没几天就得赔个底儿掉！

机密情报没弄到，表演总得进行。在哪儿表演呢？就在首都南京的明故宫机场。结果不出意外，又出问题了！

就见小菲亚特教练机，载着中国学员巴清正和意大利教官马尔科，还是上次造成飞机失事的那位。就见教练机在空中做战术动作，侧翻、筋斗、急转等，这些动作一做，下面坐着的筧桥总校的学员看着飞机直撇嘴，心说：就这些动作，可以归可以，但是平淡无奇啊，做得挺一般，估计我们这些人随便挑出一个，稍微适应适应飞机，肯定比他们做得只好不次！亏得周至柔校长吹了半天，还以为意大利人能训练出花来呢，闹了半天不过如此啊！

接下来是射击表演，怎么表演呢？就用飞机在前面拖着布条飞，驾驶员坐在后面的飞机上，用机枪打布条，一次打一百发，看命中多少。这实际上就是在模拟空战。只见飞机，"呜——嗒嗒嗒嗒！"

这一百发子弹过后，地面上的教官拿着望远镜往天上看，这一看，布条上也就是四十来个洞。下面的人，尤其是筧桥总校的学员，"哗！"，全乐了。为什么啊？原来，筧桥航校也老做这种测试，成绩达到百发百中的，一胡撸一大把，凡是能顺利毕业的，就是那最差的，命中率也得百分之八十几。所以他们今天一看，好！意大利人吹得天花乱坠，闹了半天就这水平啊！这要搁在我们这儿，这飞行员就别飞驱逐机了，趁早学别的吧！

就连下面坐着的航委会办公室主任陈庆云也看不下去了，陈庆云心说：我记得当初在广州老航校的时候，这种学员，我们不可能让他毕业，怎么还可能参加表演呢？陈庆云再一看周至柔，周至柔也是阴着脸。

再说驾驶员巴清正，他也知道失误了，紧接着下一个项目，俯冲射击，巴清正一加油，一推操纵杆，飞机，"呜！"，对着地面的目标就俯冲下来了，这时候就听飞机："噗噗噗噗！"

飞机的发动机又冒火了，这回意大利人长记性了，巴清正和教练马尔科都带了降落伞。意大利教官直接就跳伞了，巴清正还不敢，他赶紧把飞机往旁边掰，至少别坠毁到主席台啊！主席台上又是航委会办公室主任陈庆云，又是航校校长周至柔，还有各方面的顾问和航校高层，这要是把主席台端了，几条命都不够枪毙的！

所以巴清正使劲往左边一掰操纵杆，一看，基本偏离机场，就赶紧跳出飞机，也成功逃生。飞机拖着黑烟，"呜——轰！"，坠毁在明故宫机场的外沿。这时候就见地上

第十四回　周至柔故作姿态　意顾问自取其辱

067

的人，分成了三拨，一拨以意大利顾问团团长亚拉莫为首，赶紧朝着马尔科跑去；一拨以陈庆云、周至柔为首，顾巴清正那边去了；最后一拨，以张廷孟、王叔铭为首，带着一些外国人，奔着失事的飞机去了。

有人问了，张廷孟、王叔铭可是航校的高层啊！他们怎么不顾飞行员，先顾飞机啊？咱们实话说，张廷孟、王叔铭这俩，恨意大利顾问恨得牙根痒痒。尤其王叔铭，他是洛阳分校的校长，意大利顾问来了一年多，他们所谓的先进飞机净出问题了，事故率比笕桥航校那批老教练机还高！而且，意大利顾问飞扬跋扈，他们自己的问题从来不想，什么事都是中国人不对。王叔铭虽然性如烈火，可有点笨嘴拙腮，说不过人家。这回周至柔透出信来，要意大利顾问和洛阳航校的学员准备飞行表演，王叔铭心说：周至柔啊周至柔，你想证明你慧眼识珠，请了意大利顾问。你要倒霉你信吗？小心慧眼没慧了，来个大现眼！

所以王叔铭私下找张廷孟商量，俩人暗自邀请了国际上知名的飞机评估机构，为首的是个美国人，叫汤姆。张廷孟没敢跟人家说实话，就说："汤姆先生，我们航校最近进口了一批飞机，不过在性能问题上，我们几个顾问和高层的意见不太统一，希望您们能在这次飞行表演上，帮我们彻底评估一下这款飞机的性能。"

有高薪在，人家还有什么不同意的？所以由负责人汤姆亲自带队，组成评估小组。表演开始之前，张廷孟把以汤姆为首的评估小组安排在主席台下面，不显山不露水。没承想，这回飞行表演不仅现了眼，而且现了大眼！张廷孟和王叔铭一看飞行员没有大碍，也就不管了，带着评估团上去，先把火灭了，然后改锥、钳子、扳手一起上，把飞机解剖了。

巴清正，洛阳分校毕业生，后来牺牲于1938年二·一八武汉空战

这边解剖着飞机，那边嚷嚷上了。怎么回事？这马尔科倒霉点，两次失事了，不过这家伙嘴真硬！下来就嚷嚷："中国人就是不听话！告诉他了多少遍，油门要踩稳，不要一脚踩到底，他偏不听！"

巴清正性如烈火啊，一听就急了，反唇相讥："胡说八道！明明是你们的破飞机不行，还赖到我身上，我可是完全按照您的指示干的，如果说我错了，那先错的也是你！"

"巴斯塔拉多！"

巴斯塔拉多，是意大利语浑蛋的意思，就这个马尔科教官，在航校内，一天得骂十多遍，巴清正能听不懂？当时就急了，双方就要动手。就在这时候，就听主席台上有人喊:"住手!"

所有人一看,谁啊?周至柔!到了这时候,周至柔实在挂不住劲了,好好的一次飞行表演,成了一场闹剧,就见他脸上青一阵、白一阵:"浑蛋!这成何体统!连教官的命令你都要违抗!你叫什么名字?"

"报告校长,学生是见习学员巴清正。"

周至柔虎着脸:"巴清正,你技术不行,还敢跟教官顶嘴,这成何体统!"

巴清正是东北人,性子特别直,"啪!"一敬礼:"报告校长!这种飞机在训练中经常起火,这已经不是第一次了!之前就有位同学因此身亡,难道这都是我们的问题吗?"

周至柔一听,知道巴清正所言不虚,其实好多人都向他反映这些问题,周至柔呢,大多来个选择性失聪,听不见!为什么啊?因为意大利顾问是他强烈要求,才请来的,要是出彩,他脸上有光;要是现眼,他也丢人啊!所以周至柔仍然面带严肃:"巴清正!自己的技术不过关,不要赖在教练和飞机的身上!身为学员,要精于业务,不能找借口!从今天开始,罚你三个月津贴,以示惩戒!"

巴清正一听,气坏了!要说当时航校的三个月津贴,相当不少,普通学员的三个月津贴都顶上陆军上尉的三个月工资了!不过对于飞行员来讲,每月津贴都不少,这点钱不在乎,但是丢人哪!

这巴清正还是有点不服不忿,正在这时候,旁边有人说话:"周校长,请暂息雷霆之怒,休发虎狼之威,听我说几句吧!"

周至柔和巴清正往旁边一看,谁啊?张廷孟!张廷孟现在胸有成竹啊!分开众人:"周校长,我们担心发生这种事,所以在表演之前,特别邀请了国际知名的飞机评估机构,他们一行人刚刚已经和我们检查了失事飞机,现在基本确定,是飞机本身的零件不合格,所以这怪不得巴清正。"

旁边的意大利顾问团团长劳尔第一听:"张教育长!我警告你!我们意大利的飞机是世界顶尖的!你不要妄图陷害我们,我要提出抗议!"

"劳尔第先生,咱谁也没必要嚼舌头,一切以事实说话!对不对?周校长。"

周至柔一看,再表演下去,改斗嘴了!所以草草宣布表演结束。表演结束没三天,两份鉴定报告就分别放到了陈庆云和周至柔的办公桌上,鉴定的数据不少,但结论只有一个,那就是意大利的飞机质量不合格。周至柔看了半天,心说:意大利顾问这是要倒霉啊!当初是我把他们请来的,他们要是倒了霉,我也好不了!所以周至柔把鉴定报告塞抽屉里了,装聋作哑吧!有什么事,只能冷处理了。

陈庆云那儿呢,把这份鉴定报告仔仔细细读了两遍,陈庆云可不是个血外行啊!他多少懂点,能算半个内行,他这么一看,这报告挺明白,就是飞机的问题。不过陈庆云还挺谨慎,一方面,他把石邦藩、张有谷他们这些航空队的队长和高层叫来,一起分析这份报告。另外一方面,陈庆云撒下人马,调查这个飞机鉴定机构。两方面情报一汇合，陈庆云一看，人家的鉴定报告挺清楚，机构也是国际知名的，那还有什么不清楚的？所以就把这事写了报告，附上鉴定报告，直接送到了蒋介石的办公桌上。

蒋介石一看，当时就傻了眼，蒋介石心说：娘希匹！我本来认为，外来的和尚会念经，就算念歪点，也比我们自己摸索强。现在看，不是那么回事！墨索里尼说得挺好，意大利是航空强国，这话有水分啊！我可以不信他们，不过我还能信谁？谁能帮我振兴中国的航空？

第十五回　毛邦初归来主政　黄光锐投奔中央

航空委员会的办公室主任，也是实际负责人陈庆云，把有关于意大利飞机的报告送到了蒋介石办公桌上，蒋介石一看，嘿！这意大利人中看不中用啊！我本来认为外来的和尚会念经，现在看来，还不如我们自己摸索呢！看来意大利人不能用了。可墨索里尼那边怎么交代？嗯，这倒没什么事，顾问顾问，我雇了不问就是了。可是经过这几年的发展看来，中国的航空不能停步，日本现在咄咄逼人，一旦打起仗来，空军绝对是先锋！先锋先锋，打仗先行，如果战果不利，太伤士气。但说"发展航空，航空救国"，这容易，我现在又能信任谁呢？

蒋介石思虑再三，做了两个决定：一、任命夫人宋美龄担任航空委员会秘书长。二、调毛邦初回国，成立空军教导总队，由毛邦初任队长，兼任航校副校长。

咱们书中代言，从这两个命令就看出来了，蒋介石是任人唯亲啊！不过这两个决定算是没有全错。宋美龄担任秘书长，取代陈庆云，实际指导航空委员会，宋美龄女士，虽然也是个外行，但她热心航空，虽然不免犯一些低级错误，但客观来说，功大于过。有关于毛邦初呢，蒋介石是没办法了！花了大钱，意大利教官不行，反而把洛阳航校的学生耽误了，把毛邦初召回来，一个是对付

宋美龄，民国空军四巨头之一，热心空军，业务能力外行，但绝对信任陈纳德，陈纳德也经常称其为"我的公主"

071

中看不中用的意大利顾问，另外也是要把这些学员回炉另造。

且说毛邦初，在意大利这一年多，虽然美其名曰考察航空，可谁不知道，这就是被挂起来了！好不容易回国一看，物是人非啊！周至柔在笕桥航校拉拢东北系的飞行员和教员，俨然有点气候了。自己的两个兄弟，张廷孟孤掌难鸣，王叔铭被发配到洛阳航校受意大利人欺压，实力大为削弱。不过，意大利顾问现在失宠，周至柔难免吃瓜落，看来我们还有机会！听说现在组建了航空委员会，现在的负责人是陈庆云，以前我在广州老航校的时候，他就是校长，去拜会拜会他吧！

等毛邦初到了南京的航空委员会，见了陈庆云，俩人熟啊！聊得挺好，陈庆云特别嘱咐毛邦初："信诚，我已经看到了，意大利顾问的训练水平不高，可惜了咱们在洛阳航校的那批学生了！你这次回来，委员长的意思，是让你重新训练他们，一定要严格！现在严格，打仗的时候才能少流血！"

毛邦初一听，乐了："陈主任，您放心，这点我还不清楚？我肯定对他们严格训练和考核！"

"这就好，这就好！"

毛邦初刚出陈庆云办公室，旁边过来个人："毛副校长，劳尔第顾问请您去一趟他的办公室！"

毛邦初心说：我早听说了，我走了之后，委员长请了不少意大利顾问，尤其这个劳尔第，特别爱越俎代庖，据说现在的外号是代理委员长。他找我干什么？毛邦初本来有心不见，最后一想：我多长时间不在，意大利人搞什么，我全是耳闻。不如去看看，也直接能知道他们搞什么鬼！

想到这儿，毛邦初转身去了劳尔第的办公室，一进办公室，就见劳尔第正在摆弄一份中国的地图，一看毛邦初进来："毛副校长！这张是你标注的机场地图吧？"

毛邦初仔细一看这张地图，只见这张地图是张普通的民用地图，还挺旧，地图上仅仅标注了省份和省会，以及当时的铁路和主要公路线。上面除了这些内容之外，还有不少用钢笔点的点儿。毛邦初一看，这张地图怎么那么眼熟啊？仔细一想：哦！想起来了！这是我去留学之前，标注的机场地点的草稿，后来这些地点经过考核之后，标在了更确切的军用地图上，并写了文件，交给了委员长。草稿我都忘了放哪儿了，他怎么找出来了？

劳尔第一看毛邦初不回答："毛副校长！你不回答没关系，这是我从你在笕桥航校的办公室里翻出来的，应该是你的没有错。我听说你自称内行，可你办的事真够外行的！你看看你标注的机场，全都远离铁路和公路，这是为什么？"

毛邦初不慌不忙："劳尔第先生，这是我们的军事机密，对不起，无可奉告！"

"别动不动就说什么军事机密，毛副校长，我以一个专业人士的角度告诉你，你们要是在远离交通网的地方，修这么多军用机场，简直是浪费！你们的空军基地一定要沿着交通线，在你们中国，最好就是平汉线和正太线分布！你在欧洲待了那么长时间，不会连这点都不知道吧？所以我强烈要求，你必须把具体的军用地图提供给我们！"

毛邦初心说：这劳尔第说的倒是没错，按照欧洲的惯例，机场应该尽一切可能靠近交通线，这样有利于快速移动，以及燃料、弹药的补给，可我们中国有一个问题，建在公路旁边，我们方便，敌人也方便。如果敌人，别管是日本，还是苏联等，全都得沿公路线推进，一旦陆军守不住，机场和所有的物资必然落入敌人之手！损失就太大了！我这样布置，把机场全都分散成小机场，每个机场都存储一小部分物资，就算丢几个，损失也不那么大，敌人就算占领了，这种小机场也没法容纳大规模的空军，敌人展不开，而且物资搬运麻烦。我们呢，还能用小机场打空中游击战，跟敌人周旋。有关物资难运，这其实不是问题，我们中国最不缺的就是人，拿人运呗！后来的事实证明，亏得毛邦初别出心裁，没按照常规的布置，所以即使到了抗战最艰难的时刻，中国空军忽左忽右，总能出现在日军最难受的位置，甚至出现了人道远征日本本土的壮举！日军呢，灭完一个又一个，到了1945年战败，也没能把这所有的小机场全炸瘫！

书接前文，劳尔第要了半天地图，毛邦初怎么也不给，劳尔第又拿出老方法来了："毛副校长！我们辛辛苦苦远道而来，就是为了帮你们建设空军，你们竟然一点也不配合，我们要向你们蒋委员长提出抗议！"

毛邦初一听，乐了，心说：你不知道吧？委员长是我的姑父，我能怕你吗？所以毛邦初一笑："劳尔第先生，那您尽管去抗议吧！只要委员长下令，别说这地图，您就是要我脑袋都行。你先抗议去，有消息告诉我！"

咱们说，蒋介石可不是傻子，意大利人这抗议能听吗？顶多就是嗯嗯啊啊，糊弄而已，意大利顾问从此呢，就被彻底撂在了一边。咱们再说毛邦初这边，毛邦初解决了意大利人，开始整合洛阳航校的学员，重新调集教官训练。这洛阳航校的学员可不白给，就是意大利教官的水平太次，而且意大利人马虎，有多少人上学，就有多少人毕业，您说那能好得了吗？所以这些学员让毛邦初重新一回炉，又出现了不少空中英雄，比如前文说那个巴清正，他算是中央航校第五期，在武汉空战中力战殉国。再有同为五期的柳哲生，外号"荒原秃鹫"，战绩11又1/3架，是经过八年抗战的幸存飞行员中，最高的纪录。再有六期的"飞天蜈蚣"龚业悌等，这都是出了名的猛将！

毛邦初正忙着呢，蒋介石突然下令：命令空军第一、第二、第四三个大队立即向南集中，随时准备战斗！毛邦初听罢，不敢耽搁，马上命令第一、第二轰炸大队，和第三、第四驱逐大队南下，一时间民国空军主力都集中到了华南。

这到底是怎么回事呢？书中代言，南边出事了！广东的陈济棠反了！原来，自1928年年底东北易帜之后，蒋介石在名义上统一了全国，但各地仍然有反抗的势力，发展到1935年左右，最厉害的有三家，一个是广东的陈济棠，一个是广西的李宗仁，一个是山西的阎锡山。其中，陈济棠和李宗仁，这俩地盘相邻，而且都是蒋介石的眼中钉肉中刺，所谓"攘外必先安内"，这话也是捎带他们的。所以陈济棠干脆联合李宗仁，两家一起宣布独立！你蒋介石不是不积极抗日，讲"攘外必先安内"吗？我们就组建抗日救亡政府！

这个抗日救亡政府，声势不小啊！两家加在一起，陆军有三十万，空军有八个中队，海军还有一支舰队，海陆空都很齐全。尤其是空军，两广的空军可不是吃素的！黄光锐、丁纪徐，包括以下的谢莽、陈其光等，这都不是简单人物，而且，两广一带，多是华侨的故乡，不缺人才，飞机呢，也比中央方面不次，所以蒋介石为了谨慎，把空军主力南调，以防万一。

不过，蒋介石虽然调动了空军，却没打算让空军行动，他有的是招！广东是老根据地，陆军里的军长、师长等高级军官，大多都和中央的人有黄埔同校之谊，关系不远，所以蒋介石让军统的戴笠负责，以情动之，以钱诱之。海军呢，都是原第四舰队司令、现任海军部次长陈策以前的老部下，所以就交给陈策了。空军这边呢，蒋介石也有好几张牌，其中之一就是陈庆云。陈庆云人头熟啊！黄光锐、丁纪徐都是他的学生，而且陈庆云跟广东空军参谋长陈卓林关系特别好，不是一家子，胜似一家子，这还不好办事？

咱们且说广东空军这边，广东空军这几年可惨透了！蒋介石北伐的时候，广东空军还能参与点军事行动，做个侦察，搞个轰炸等。等蒋介石建立了自己的航校之后，广东空军就被挂起来了！黄秉衡、张惠长两个老人先后被挖走，后来蒋介石干脆连工资都不管了！不过广东空军热血不减，1932年1月28日，淞沪抗战，丁纪徐亲自带队，和中央的空军共同抗日。丁纪徐本来也打算跟蒋介石理论理论的，可蒋介石根本没理他，丁纪徐只能带着队伍回了广东。可是现在，广东空军连生存都成问题，所以广东空军的头把交椅——"金雕"黄光锐，被形势所迫，服从了广东军阀陈济棠的领导。并且参与内战，炸沉了陈策的飞鹰号驱逐舰。这下舆论大哗啊！本来空军的口号是不参加内战，现在反而成了先锋军！陈济棠呢，挺高兴，给了黄光锐一大笔奖金，算是缓和了广东空军的窘况。

不过陈济棠这次呢，玩得挺大，据说陈济棠之所以敢公开反对蒋介石，是因为他求了一支签，签上告诉他"机不可失"，所以呢，陈济棠开始满处招人，只要是能支持我的，一律欢迎，怎么都好谈。反正老天都告诉我了，机不可失啊！这时候，日本人一看，这是好机会啊！要是让蒋介石自顾不暇，就更有利于我们扩张了！所以日本人不遗余力啊，给陈济棠又派顾问，又给军火。空军这边呢，广西空军弱，没关系，日本人是又给飞机，又给培训。广东空军成体系，日本人就给派顾问呗！可这一派顾问，黄光锐、丁纪徐都不干了！咱们美其名曰：抗日救亡政府，日本人都成顾问了，抗哪门子日啊？

这时候，蒋介石的特使到了，跟黄光锐他们一谈。蒋介石的条件挺丰厚，只要投奔中央，官职一律不变。飞机来一架，就给两万大洋！而且黄光锐只要来，即刻委任他为笕桥航校校长。黄光锐一看，陈济棠这边是挂羊头卖狗肉，跟着他没好！中央这边条件这么丰厚，那还有什么可想的？所以从1936年7月4日起，黄光锐等一批飞行员，驾机北上，投奔了蒋介石。这就是信号啊！几乎与此同时，海军部次长陈策把广东海军也给鼓捣反水了。陆军这边，余汉谋、李汉魂等高级军官率部归顺中央，陈济棠的势力瞬间土崩瓦解，这件事史称"两广事变"。也就因为这件事，后来有人给陈济棠解签，机不可失，实际上就是飞机不可失。

陈济棠这边一完，李宗仁根本不强努，直接宣布归顺中央，这件事就这么解决了。

毛邦初这边的空军呢，几乎连一枪一弹都没放，这还不是好事？黄光锐当校长，没关系，他在这边没势力，也就是挂个名，不敢得罪我！所以毛邦初挺美，正高兴着呢，张廷孟来了："信诚，我刚接到电报，航空委员会的陈庆云主任请您过去一趟。"

"嗯？什么事？"

"陈主任没具体说，不过我听着点信，据说航空委员会的宋美龄秘书长请了个新的顾问，陈主任可能是想让您跟他接触接触。"

"哦？这个新顾问是何许人也？"

广东空军投奔中央后在杭州游览名胜，广东飞行员为穿短裤者

第十五回　毛邦初归来主政　黄光锐投奔中央

第十六回　陈纳德艺服毛邦初　宋美龄购置新飞机

两广事变平稳解决，毛邦初挺高兴，正美着呢，张廷孟来了："信诚，我刚接到电报，航空委员会的陈庆云主任请您过去一趟。"

"嗯？什么事？"

"陈主任没具体说，不过我听着点信，据说航空委员会的宋美龄秘书长请了个新的顾问，陈主任可能是想让您跟他接触接触。"

毛邦初冷笑一声，心说：宋美龄秘书长也是个外行，她请来的顾问有什么好的？前者周至柔这个二百五请了意大利顾问，弄得空军乌烟瘴气。这回我非要看看，这个顾问是何许人也！要是个二五眼，我把他问个稀里哗啦，趁早让他卷铺盖滚蛋！

等毛邦初到了航空署，陈庆云正高兴呢："哎哎！信诚，来见见！这位是咱们的新顾问克莱尔先生。"

毛邦初仔细一看，只见这个克莱尔，身高能有一米八！肩宽背厚，挺结实。再看脸，好！长脸，扇风耳，扫帚眉，一双狐目炯炯有神，额头上还有几道皱纹，鹰钩鼻子一字嘴，腮帮子上净是胡子楂，糙得跟砂纸差不多！打冷眼一看，整个一怪物！看这岁数，大概五十岁左右。毛邦初还纳闷儿呢，心说：我可听说宋美龄秘书长喜欢长相英俊的军官，这次怎么找了这么个磨砂脸的老怪物啊？

这个克莱尔别看长得挺可怕，架子不大，伸出手来要跟毛邦初握手，还拿着蹩脚的中文说："毛将军你好，我是克莱尔·李·陈纳德，你以后叫我陈纳德就行了。"

陈庆云一听："哎！我本来听着你叫克莱尔，姓克，闹了半天你也姓陈啊！咱俩一家子！"

毛邦初一听，差点乐出来！人家那是姓陈纳德，叫克莱尔，不是姓陈！更不是姓克！再说毛邦初，当初在苏联留学，俄语水平不错，英语水平也挺好，所以俩人干脆用上了英语，毛邦初也不客气，就问："陈纳德先生，您既然是顾问，我想知道，您对我们的空军了解多少？"

陈纳德咧嘴一笑："毛将军，中国有句古话，百闻不如一见，宋美龄秘书长调配给我两架专机，所以我去不少地方视察过，稍微有点心得。我觉得，现在中国的航空业，基础可以说是薄弱至极，人员培养，我已经看了，基本还可以，但是其余的方面，包括飞机和相配套的所有基础设施，都不合格。如果要打仗，一定会吃大亏啊！"

几句话一说，毛邦初挺没脾气，因为人家说得没错。不过毛邦初一琢磨：这些问题都是明摆着的，看出问题，还算不上高手，高手得能解决问题啊！所以毛邦初接着问："嗯，陈纳德先生，您所言不错。但现在我们国家就这个状况，您有什么高见？"

陈纳德端起咖啡，喝了一口："嗯，毛将军，这些问题，按照常规的方法，需要花大笔的金钱和时间，来全方位发展基础设施和买飞机，并且提高人员的技术，这是正道。但我已经听宋秘书长跟我介绍，现在日本的侵略之心已经很明显了，估计用不了几年，双方就会兵戎相见，所以现在全方位提高航空水平，显然不现实，现在咱们的目的，是要想尽一切办法，提高空战水平。"

"哦！那如何提高呢？"

陈纳德耸耸肩："现在世界上最流行的空战理论就是意大利杜黑将军创立的《制空权》一书，这书里讲的是注重轰炸，可我认为，空军作为一个独立的军种，更要注重空中格斗，也就是俗称的'狗斗'，不然，纵使你有再多的轰炸机，还没来到目标上空，就全被揍下来了！"

毛邦初一听，如同醍醐灌顶一般！毛邦初心说：好啊！这个老怪物说得不错！杜黑的《制空权》一书，我读过好几遍，好书是好书，但我们执行不了，就那么点钱，还要保证同比例的轰炸机，那驱逐机还能剩几架？再说了，如果一旦和日本开战，我们是防守的，有多大机会能够炸到日本去？所以毛邦初还问："陈纳德先生，您说得不错，但还有两个问题。其一，我们可以增加驱逐机的数量，注重与敌人的格斗，但敌人如果来，是偷袭啊！我们有再多驱逐机，让人家炸毁在机场上也白搭。其二，就算我们能够正常起飞，能够以多为胜，日本的飞机和飞行员也不是吃素的，别到时候成了攒鸡毛凑掸子！"

"毛！这两个问题，如果按照常理，的确是问题。不过我考察了一下你们的现状，我有几个设计，这样办应该不成问题。你说的敌人偷袭，现在世界空军强国都在研制无线电探测装置，也就是所谓的雷达。这个技术十分尖端，你们引进显然不现实。但你们中国，最多的就是人，可以在离机场一定的距离内，建立人工雷达站，这样可以提前预警，让你们提前

杜黑和《制空权》，这是当时世界最流行的理论，即轰炸机至上，可陈纳德偏偏反其道行之，让战斗机唱主角，这才成就了抗战初期民国空军的威名

第十六回　陈纳德艺服毛邦初　宋美龄购置新飞机

077

有所准备。然后在离敌人最近的前沿，设立流动的人工雷达，这样效率就更高了！另外，你说的敌人飞机强大，这个问题是仅限于一对一和胡乱作战而言，我早就有个想法，最好的作战队形为两架飞机一组，在局部之内，二对一，一架负责进攻，另一架负责观察，等敌人和第一架缠斗，第二架俯冲下去，解决对手！如果失败，就再来一次。这样的好处还在于，敌人无法同时干掉两架飞机，两架飞机的编队还能互相做掩护，做得好的话，滴水不漏，敌人没便宜可占！"

毛邦初听完了，如梦初醒！空战还能这么打啊！一高兴，当时一拍桌子，"啪！"，把旁边的陈庆云下了一跳，陈庆云也听得认真，当时吓了一跳，心说：毛邦初犯病了吧？怎么一惊一乍的？

克莱尔·李·陈纳德，民国空军的四巨头之一，长相虽不敢恭维，但这张砂纸一般的脸，绝对是日本飞行员最记恨的

再说毛邦初，他也不管什么身份了，一把握住陈纳德的手："陈纳德先生，非常欢迎你来中国！我现在就聘你为笕桥航校的终身顾问！"

有人问了，这个陈纳德到底是什么来历呢？原来，陈纳德生于1893年，家里是农场主。第一次世界大战的时候，陈纳德被征召进入空军，拿到了飞行证书。"一战"结束后，陈纳德虽然没有直接参战，但他爱琢磨，发明了不少的空战战术，所以当了战术教官，官衔上尉。不过陈纳德的思维太活跃了，人家主流思维讲的是轰炸机是主力，他偏偏认为战斗机也不差。别人认为战斗机对战，应该像骑士那样一对一，他偏偏要二打一。所以陈纳德在战术教官的职位上颇受排斥，不过陈纳德的战术颇为有效，在空军的中下级军官里，陈纳德还有点名气。就这样，陈纳德一直到了1936年他43岁时，还是个上尉，别的同事早都是校官了。美国空军高层一看，这老头子，都一把年纪了，还七个不服八个不忿，太难管了！于是就让陈纳德退休了。偏巧，这时候航空委员会秘书长宋美龄要找个能负责全盘的总顾问，宋美龄跟笕桥航校任职的美国教官说得很清楚："我们要振兴航空，可是没有时间了，现在日本咄咄逼人，希望诸位能帮我想个主意，如何能在短时间内，提高我们空军的战斗力。"

几个美国教官都是传统思维，都没好主意。这时候其中一个教官，叫霍勃鲁克说了："蒋夫人，就中国现在的航空状况而言，各方面的设施都落后啊！已经不是买先进战机能够提高的。就我们几个的平生所学，实在是没有办法。估计您再找别人，也是一样。不过我有个朋友，他经常有一些突破常理的思维，我看现在也就是他有可能了！"

宋美龄一听，就问："霍勃鲁克先生，你说的是谁啊？"

"我的朋友，克莱尔·李·陈纳德，您要是见他，我给他写封信，叫他来中国。"

"哟！别别别，这么尊贵的先生，我应该亲自去美国见见。"

就这样，宋美龄去美国见了陈纳德，陈纳德有真才学识，宋美龄跟他一见如故啊！虽然宋美龄听得云里雾里，无法判断真假，但一听就知道，这个人有思维！这算是死马当活马医吧！所以宋美龄亲自邀请陈纳德来中国，这时候的陈纳德，惨透了！护照上写的是：农民。不过这一来中国，变样了！宋美龄特批给陈纳德两架飞机，让他去各地视察。等陈纳德视察了一圈，心中有数，这才来找毛邦初。这就是以往的经过啊！毛邦初本想给这个新来的顾问来个下不来台，没想到反被陈纳德征服了。

陈纳德、陈庆云、毛邦初这几个人正聊得欢，有人来报："报告陈主任，报告毛副校长，报告陈纳德顾问，新飞机到了！"

毛邦初一愣："哎！这怎么回事？"

陈庆云就说了："信诚，你这几天净忙了，我也没告诉你，咱们的宋秘书长给咱们买了不少新式的飞机，这是刚到货啊！你一起来看看！"

"好好好！一起看！"

几个人到了南京的码头，一看，嗬！几艘轮船停在码头上，不少人正往下运箱子，毛邦初掀开几个箱子盖一看，都是大小不一的零件，有机翼、有发动机等，毛邦初把船长叫来，要过装卸单一看，这些新飞机叫霍克3，毛邦初当时是喜出望外啊！为什么？这可是当时世界上数一数二的战斗机！而且之前的1933年，毛邦初就订购过50架霍克2，飞机的质量颇受好评。这回的霍克3，毛邦初早就听说了，这飞机也是双翼战机，能够格斗，还能够轰炸，功能多，而且速度比霍克2快，航程也长，起落架还能收放，相当先进啊！

毛邦初挺高兴，一看，50架，还另外有一些备用零件，真不少啊！于是毛邦初把这批零件押送到了南京的中央飞机制造厂，开始装配。

有人问了，中国当时有飞机制造厂吗？这告诉您，有！而且民国时期，还出了几个飞机制造业的天才！最著名的有两个，一个叫作王助，曾任美国波音飞机制造厂总工程师。还有一个叫巴玉藻，曾任美国通用飞机制造厂总工程师。这两个人都是早年留学海外，取得了相当的成就，可为了报效祖国，他们放弃了国外优厚的待遇，回国来振兴中国的航空，帮着当时的中国筹建了一些飞机制造厂，而且真的造出了一些当时先进的飞机。可是天不佑人啊！巴玉藻在1929年，被日本特务毒死。王助呢，虽然满身的本事，但没帮手啊！王助再能，也比不了欧美各国成体系的飞机制造业，所以中国的飞机制造业昙花一现，就成了西方飞机的组装厂。

再说毛邦初，霍克3这边刚组装个差不离，张廷孟来报告："信诚，码头又来了一批没组装的飞机！据说是宋秘书长给咱们买的。"

"哦？快运进来组装！"

等飞机运进厂子，毛邦初一看，嘿！不错，美国造伏尔梯V11轻型轰炸机，乘员3人，单翼，速度快，空中火力也不错，既能挂载炸弹轰炸，打起来也不太吃亏。毛邦初看了挺高兴，可等组装起来一测试，毛邦初的嘴当时就撇得跟瓢似的！怎么回事？咱们说，毛邦初对飞机可是行家，飞机组装完了一启动，他一听，发动机的声音不对啊！至少来说，马力不够！偏巧，这天陈纳德也在旁边，陈纳德一听，也傻了："毛，这个飞机不对头啊！我知道，这种伏尔梯V11轰炸机，引擎1000马力，这声音指定不够啊！"

"嗯，我也听出来了！"

等毛邦初找来飞机的数据单一看，果不其然，这一批飞机的发动机，只有850马力。有人说了，就差这么一点，也没什么啊！这可告诉您，每一种成型的飞机，长、宽、机枪、座舱位置、单翼双翼等，都是经过精密计算的，别看马力就差这么一点，飞机就有可能飞不起来！即使飞起来，危险度也非常高！随时有可能机毁人亡！

毛邦初当然明白这些道理啊！心说：我们宋秘书长，好心归好心，净办这种外行事。你要说这是飞行员的宿舍少层砖，或者一人少条棉被，我可以视而不见，可这飞机牵扯到我们的胜负和飞行员的性命！我非要和你理论理论！

第十七回　宋子文外行气信诚　二大队冒雨袭日军

毛邦初接收了第二批飞机，组装起来一听，发动机的马力差着等级呢！毛邦初当时就不干了！心说：我们宋秘书长，好心归好心，净办这种外行事。你要说这是飞行员的宿舍少层砖，或者一人少条棉被，我可以视而不见，可这飞机牵扯到我们的胜负和飞行员的性命！我非要和你理论理论！

有人问了，为什么宋美龄能买好飞机，还会买坏飞机呢？咱们还是那句话，外行人难办行内事。要说宋美龄担任航空委员会秘书长之后，还真是兢兢业业，她在空军层面，干得最英明的事，莫过于把陈纳德邀请来中国，这个行为可以说在一定程度上，改变了抗战的进程。

但是，宋美龄有个思维。她认为，现在飞机更新换代的速度太快了，即使买了，两三年后就会过时，而且用不了几年，飞机也就会报废，所以干脆把钱存起来，等打仗的时候集中买！所以宋美龄和她哥哥宋子文等人几次发行航空债券，买的人相当多啊！谁不想为自己国家的航空出力？然后，宋美龄把这些钱存起来了，没用。宋美龄到底存了多少钱呢？具体的数不知道，但曾经有人就这些钱估算，中国的飞机没有1000架，也有800架。可直到对日开战，中国的飞机只有300余架，您可见这钱有多少啊！书中代言，这笔钱在抗战初期，想用也用不成，但到了中期，起了大用了！这咱们后文再说。

再说宋美龄，她也看到了，当时中国的飞机虽然不少，大概有几百架，但真正能够上天和人家拼命的，不到50架，而且多是毛邦初1933年置办的霍克2，早都过时了。所以宋美龄一看，虽说到时候可以集中买，暂时来讲，还得小步快跑地置办新飞机，以便让空军系统和世界接轨。

恰巧1936年，蒋介石49岁，中国人讲究过大寿，过九不过十，所以连五十大寿一起办，宋美龄想了个招，在全国范围内，发起献机运动，宋美龄自己带头，捐钱买飞机。听从各顾问的意见，一口气买了50架，也就是前面那50架霍克3。

蒋介石五十大寿的情景

驱逐机，也就是战斗机买完了，还得买轰炸机啊！咱们说，宋美龄是个人，不是个神，而且最重要的，她不只负责空军这一摊，所以分身乏术。不过机型已经选好了，是美国造的伏尔梯V11轻型轰炸机。这事交给谁呢？自然是肥水不流外人田，把这活交给了自己的外甥女，也就是姐姐宋霭龄和孔祥熙的女儿孔令俊。本来这事挺简单，飞机选好了，价钱也谈好了，十万美元一架，到那儿交钱拿货就得了。可是孔家二小姐胡搅蛮缠啊！八万美元一架！怎么也得八万美元一架！最后把美国人烦得没辙了，你不是敢降价吗？我就敢给你的飞机降马力，就这么的，这批伏尔梯V11轰炸机成了次品。

这就是当时的经过啊！毛邦初不知道，但是这么多年，毛邦初多少成熟点，人家掌权，自己的脾气不能太冲了。就算蒋介石是自己的姑父，可人家宋家什么身份？自己的姑姑毛福梅什么身份？没法比啊！所以毛邦初压着火，到了航空委员会一找，宋美龄不在，她哥哥宋子文在。毛邦初一琢磨：我早听说过，宋子文是中国银行董事长，掌管财政大权，把他说通，也就等于把宋秘书长的工作做通了。所以毛邦初就去找宋子文。宋子文呢，对毛邦初的事也知道一二，所以也礼着三分，毛邦初一进来，他还挺亲热："信诚，你怎么来了？"

"宋董事长，今天我来航空委员会述职，一听您在，特地来看您的！"

"哎呀呀，信诚，你太客气了。"

勉强对付了几句闲话，毛邦初一琢磨：我是为什么来的？飞机啊！我得说说。毛邦初想到这儿："哎，宋董事长，有关您出钱买的那批飞机。"

"哦！好用吧！"

"第一批来的，挺好用，不过后来第二批，质量有问题。"

"什么问题？是翅膀断了？还是机身折了？"

"都不是，是发动机马力不太够。"

宋子文一皱眉："怎么不够？"

"呃，是这样的，这款飞机，发动机应该是1000马力，而我看了运来的单子，发动机只有850马力。"

宋子文一听，放松了："哦，差150马力，实际有850马力，那算不了什么。按银行利息算，连20%都到不了，算得了算不了高利贷都两说着。你把飞行员的本事提高两成，不就都有了！"

毛邦初一听，气得鼻子都歪了，这是一回事吗！飞机这东西能拿利息算吗？马力差一点，没准儿飞机就飞不起来，即使飞起来，有可能机毁人亡，我得跟他强调强调：

"嗯，宋董事长，飞机和利息完全不是一个概念，利息差一点，不过是少点收入。飞机马力差一点，就有可能机毁人亡啊！"

宋子文一听，有点不耐烦了："毛副校长，你别以为我不懂，这飞机，美国人早就组装起来试飞了，我这有照片，要不我也不会买。你看看！"

宋子文说着，甩出一叠照片。毛邦初一看，是，的确飞机在空中飞呢，可再一细看，飞机上什么都没有，机枪没挂，炸弹没带，基本上就是个裸机！这玩意儿是能飞了，怎么打仗啊？毛邦初还打算理论几句，还没等说，宋子文先说了："你们净挑肥拣瘦，你知道我们这飞机怎么买的？这都是我跟人家美国赊来的，钱我还得借，多大压力啊！你要是不满意，你拿钱来！你要是拿钱来，你想买什么买什么，我不管！"

毛邦初本来还想分辩，一听，得！我还真没能耐跟人赊飞机。当初为了买那50架霍克2，费了多大劲筹的现款啊！算了，跟外行人多说无益。还好，现在已经有50架好用的霍克3了，有多大锅下多少米吧！

就这样，毛邦初就联合陈纳德，开始大展宏图，几个月内，就研究了不少具体的战术，还对空军部队进行了整编，并基本建立了人肉雷达的人员编组和体系。这就不容易啊！

熬来熬去，1937年7月7日，日军悍然进攻北平的29军，开始了大举侵华的脚步。而蒋介石呢，一直认为这件事仍然可以像之前一样，当成地方事件解决，不过蒋介石也有点担心，因为前一阵的一系列事件，咱们现在称之为华北事变，日军虽然一步步蚕食华北，但至少是用兵和谈判结合着来。但这次，日军一反常态，根本没谈判的意思，所以蒋介石也紧张了，开始调动部队，以防万一。空军这边呢，成立了空军前敌指挥部，总指挥是周至柔，副总指挥毛邦初，参谋长石邦藩。

有人问了，周至柔前一阵不是因为意大利顾问，被挂起来了吗？怎么又跃居毛邦初上面了呢？咱们说，周至柔精通官场玄机，这一点上，他比毛邦初强得不是一星半点。周至柔不是被挂起来了吗？没关系，周至柔开始拉拢宋美龄，宋美龄呢，想抓空军，但多数的元老，比如陈庆云、黄光锐等，对她敬重有加，但并不太买账。号称嫡系的毛邦初呢，因为和毛福梅跟蒋介石的关系，宋美龄觉得别扭，也不太爱搭理。这时候，周至柔凑过来了，周至柔是陈诚的嫡系，陈诚的夫人又是宋美龄的义女，这关系多可靠！宋美龄一看，挺高兴，觉得值得信任。而且周至柔聪明，为了跟宋美龄拉关系，周至柔把口头禅都改了，左一个"上帝啊！"，右一个"hello"，宋美龄还就吃这套，所以这一成立空军前敌指挥部，宋美龄力荐周至柔，蒋介石呢，一方面为了讨好夫人，另一方面也希望周至柔和毛邦初互相牵制，所以就这么布置了。

等成立了空军前敌指挥部，得点计空军的战斗力啊！这一看，蒋介石傻眼了！为什么？整个空军，把广东、广西整编完算进来，看着挺壮大，9个大队零8个独立中队，分布全国诸多大小机场，其中以南昌、杭州、南京等地较为集中。可一算飞机就完了！全国这时候只有300余架飞机，真正比较先进的，不足百架。这可怎么办？

还没等蒋介石想出主意，日军的行动开始了，8月9日，日本海军陆战队中尉大山勇夫率士兵驾车强闯上海虹桥机场，这是咱们空军最前沿的阵地啊！守卫挺严密，所以擅闯的大山勇夫被当场击毙。这就是导火索啊！日军的军队马上就在上海云集，大有开战之势！

蒋介石知道，上海离南京很近，现在必须要尽全力保卫上海，避免南京受损。所以蒋介石一方面摆出谈判的架势，另一方面严令陆海空军一起行动。陆军方面，三个精锐的德械师开入上海布防；海军实力弱，在江阴要塞布防，防止日本海军溯江而上，威胁南京；空军呢，蒋介石下足了血本，一口气要集中190余架，可以说把全部的精锐全都布到了上海周边，准备战斗！

兵随将令草随风啊！毛邦初接令之后，把九个大队的大队长，以及几个独立中队的中队长，全都集中到了笕桥开会，并且和周至柔商议过后，发布了空军作战命令第一号！毛邦初分派任务，把部队分成三线，第一线集中在上海的周边，比如浙江的杭州、笕桥、曹娥、南京，以及周边的苏州、扬州各个机场，随时准备出击。第二线主要部署在南昌，负责支援和当作预备队。剩下的还在原驻地，不能棋胜不顾家啊！

可是日本人能等蒋介石部署好了再进攻吗？从历史到现实来看，永远不行！日本政府就是这么无耻！一方面谈着，一方面就开始进攻了！8月13日下午，日军开始了大规模的进攻。蒋介石一看，也下令全线反击！

这一下令反击不要紧，把毛邦初急了个够呛！为什么？上海周边这几天暴雨倾盆啊！受天气影响，中日两国的飞机，都很难起飞，所以毛邦初忙活了半天，也就只有第二、第三、第五、第六大队到达了一线位置。现在反击，太过仓促了！不过毛邦初再一琢磨：现在天气很差，我们不方便，敌人也不方便，干脆给他们来个突然袭击！什么时间呢？毛邦初、周至柔商定，14日拂晓进攻！第三大队负责首都安全；第六大队是侦察大队，负责当上海守军的眼睛，并相机追击敌军；第二大队和第五大队，还有暂编34中队，负责对日本人在上海的目标进行全线轰炸！

到了8月14日拂晓，第二大队率先出动了！第二大队大队长是张廷孟，张廷孟还兼任轰炸机队长，所以他在地面指挥，副大队长孙桐岗率21架轰炸机，冒着大雨，从广德机场腾空而起。孙桐岗的哥哥叫孙桐萱，是冯玉祥的老部下，也是国军著名的战将。别看孙桐岗有这么个好哥哥，人家自己也很厉害，在德国拿的飞行证书，技术极其过硬，而且性如烈火！上飞机之前他就说了："兄弟们，指挥部给咱们的命令是轰炸日本在上海的公大纱厂和虹口日军司令部，还有日军的军舰，我可告诉你们，招子放亮点，咱们带的炸弹足够！只要是带太阳旗的，都他娘的给我炸趴下！"

飞行员一听，这还不解气？异口同声："是！"

孙桐岗在航校的照片（穿白袍者为孙桐岗）

"明白！"

这么一鼓劲，飞行员和投弹手兴奋异常，到了上海，照准了日军的公大纱厂、司令部、码头，包括黄浦江里的军舰，就扔开炸弹了！

"轰轰！咚咚！稀里哗啦！"

日军是猝不及防啊！其实他们有防备也没用，现在上海狂风大作，日本人的航空母舰全躲到舟山群岛了！没了天上的掩护，日军阵地那边还好得了？所以一通轰炸，日军的所有目标都是一片火海啊！不过日本人也不傻，飞机起不来，用高射机枪呗！但这属于被动防御，所以这一轮轰炸下来，日军死伤无数啊！连侵华日军舰队的旗舰出云号，都挨了好几颗炸弹，水兵死伤不少。

再说第二大队副大队长孙桐岗，他这么一看，下边的日军目标都被炸得差不多了，尤其是日本的公大纱厂和虹口司令部这些主要目标，几乎被炸成废墟！孙桐岗挺高兴，在飞机上拿着望远镜四处观看。这么一看不要紧，不远处来了一架自己的飞机，翅膀上的青天白日徽也挺清楚。只见这架飞机，"吱！轰！"

一颗炸弹下去，地面上死伤无数啊！孙桐岗看了挺奇怪，哎？那儿不是日军目标啊！似乎是租界！哎哟坏了！租界里全是外国人，这下别说我了，就是委员长也兜不住啊！到底是谁那么大胆子，敢往租界里扔炸弹！

第十八回 雷天眷误炸大世界
刘粹刚两次轰日军

　　1937年8月14日拂晓，中国空军冒着狂风暴雨率先登场，从上海周边起飞，对日军在上海的目标进行了地毯式轰炸，公大纱厂、虹口司令部，包括黄浦江里的日军军舰，都被炸得稀里哗啦。由于大雨，日军的航空母舰上面的飞机起飞不了，所以只能用高射机枪进行抵抗。可这是被动的，效果明显不好，所以这一通轰炸，中国空军的战果斐然啊！

　　第二大队副大队长孙桐岗挺高兴，在飞机上拿着望远镜四处观看。这么一看不要紧，不远处来了一架自己的飞机，翅膀上的青天白日徽也挺清楚。只见这架飞机，"呜呜，吱！轰！"

　　一颗炸弹下去，地面上死伤无数啊！孙桐岗一看就傻了！那好像是租界啊！谁那么大胆子，敢往租界里扔炸弹？孙桐岗赶紧拿着望远镜仔细看看，一看，底下不是别处，正是租界里的大世界夜总会，不细看也能知道，下面的死伤小不了！再一看飞机，飞机上写着编号呢：907。孙桐岗一琢磨：907？那是祝鸿信的飞机啊！他怎么犯这么大错误啊？哼！等我回去，非问个清楚！

　　又炸了一阵，炸弹扔没了，第二大队返航。等回到广德机场，飞机全部降落，孙桐岗气急败坏地下了飞机，直奔907号轰炸机，也就是祝鸿信那一架。这时候祝鸿信打开舱盖，也跳下飞机，孙桐岗上去，一把揪住祝鸿信的脖领子："祝鸿信，你疯了！咱们炸的是日本人，你为什么往租界里扔炸弹！"

　　祝鸿信一听，一脸无辜啊："孙队，不关我事啊！我是驾驶员，炸弹不是我扔的！"

　　孙桐岗一听，也对，轰炸机是一个驾驶员，一个投弹手兼副驾驶，这事肯定是投弹手干的，我跟人家驾驶员发什么脾气？孙桐岗回头一看，后座的投弹手也跳下来了，孙桐岗一看，此人身高不高，肤色偏黑，长着一张大驴脸，长得横眉立目，七个不服八个不忿，一百二十个不含糊！孙桐岗一看，谁啊？此人姓雷，叫雷天眷，航校的老人了，由于他平常就特倔，所以外号倔驴。孙桐岗虎着脸："雷天眷，你的炸弹为什么会扔到租界里？嗯？你是不是故意的！"

雷天眷还不服呢："孙队，我就是故意的！"

"什么？我告诉你雷天眷，咱们抗日，还要指着世界各国的支持呢，你把炸弹扔到租界里，咱们怎么跟世界各国交代？"

雷天眷还振振有词呢："交代什么？孙队，我为什么扔炸弹，我这就告诉您，当年我为什么进航校啊？就是因为1932年，日本炸了我的学校，我愤而投军。这么几年了，日本来回在咱们头上肆虐，世界各国说什么了？连个屁都不敢吱一声啊！我听说了，这些国家还组成个国际联盟，狗屁！到底还是向着日本人！今天我已经照您的吩咐，把日本人的目标都炸了个干净，回头一看，底下是大世界夜总会，这是这些欺软怕硬之国的象征，正好我还剩下一颗重磅炸弹，就赏给他们了！这就算是他们帮小日本的回礼！"

这话一说，把孙桐岗鼻子都气歪了："雷天眷！你犯了大错还不知悔改，来人啊！"

"有！"

"把他给我关禁闭！下午咱们继续出击！"

"明白！"

几个人把雷天眷押走了，孙桐岗开始指挥地勤，装弹药、加油、修补飞机。

咱们再说上海这边，第二大队炸完，第五大队登场了！第五大队，大队长就是咱们头回书出现的广东悍将——"插翅虎"丁纪徐！丁纪徐这两年可窝火了！自从广东空军归顺中央之后，丁纪徐就一直不顺。笕桥航校政训处主任蒋坚忍没事就找他的麻烦，挑他的毛病，不是起飞的时候早了，就是降落的距离长了，总之没给他好脸子。丁纪徐呢，性如烈火啊！他心说：老子参加过淞沪抗战，老子跟日本人拼命的时候，你蒋坚忍干什么呢？你还有脸教训我！不过人在屋檐下，怎能不低头啊！所以这一年来，丁纪徐不知受了多少委屈！七七事变开始后，空军前敌指挥部开始组建，毛邦初呢，对自己昔日的这位老同学比较给面子，提议任命丁纪徐为第五大队大队长。周至柔呢，考虑到安抚广东飞行员，也同意了，这一开战，丁纪徐就憋着火呢！今天我非要拿日本人出出这口恶气！所以丁纪徐等到8月14日拂晓，率18架霍克3，冒着狂风腾空而起，轰炸日军的阵地和舰船！

由于第五大队在扬州，比第二大队的距离远，所以等第二大队轰炸得差不多了，他们加入战团！有人问了，霍克3不是战斗机吗？怎么还能轰炸呢？其实，霍克3搁现在来讲，属于歼击轰炸机，格斗能力出众，同时还能挂一颗250公斤的炸弹进行轰炸，这回轰炸机

雷天眷，民国空军资深飞行员，抗战初期率轰炸机队出击，误炸大世界，结果遭受了军狱之灾，直到徐焕升远征日本，才得以戴罪立功

第十八回　雷天眷误炸大世界　刘粹刚两次轰日军

087

抗战之初名满中国的霍克3,驱逐机的主力配置,但实话实说,霍克3并不是纯格斗用的战机,而是格斗、轰炸性能兼有的多功能战机

不够,他们也上阵了!这18架霍克3分属24、25中队,分两路出击,丁纪徐亲带24中队,高度1000米,在黄浦江附近寻找日军军舰。还别说,运气挺好,丁纪徐往下一看,嘿!还真有一艘驱逐舰!个头不大,1000多吨,但大小是块肉啊!想到这儿,丁纪徐一推操纵杆,一踩油门,"呜——",飞机对着军舰就冲过去了!对着日本军舰的舰首一甩炸弹。

"吱——咚!哗啦!"

炸偏了。有人问,怎么炸不准啊?这其实不奇怪,你会炸,人家会躲啊!日本海军的素质相当不错,一看要扔炸弹了,赶紧左满舵,军舰一偏脑袋,躲开了。这是重磅炸弹啊!500斤,个头超大啊!掉到水里,"轰!",炸得军舰直晃悠。丁纪徐的炸弹炸偏了,不要紧,因为咱飞机多啊!第一颗偏了,但这也算问问对方往哪儿躲?第二个是中队长刘粹刚,刘粹刚一看,对方左满舵了,他也往左边一拉操纵杆,"呜——吱——"

"咚!哗啦!"

又炸偏了,刘粹刚一看没中,急得直拍大腿,但也没辙啊!炸弹就这一颗,只能飞走了。接下来,几架飞机轮番上阵,"吱——咚!哗啦!"

"吱——咚!哗啦!"

全都炸偏了。有人问了,命中率也太差了吧?咱们书中代言,这时候,空军还没普及俯冲轰炸,都是水平轰炸,扔一个,看看人家怎么躲,再扔一个修正目标。所以轰炸移动目标的命中率非常低,这问题不光出现在中国空军身上,就是日本空军,也出这问题。日军轰炸江阴封锁线的时候,轰炸了好几天,都没把咱们那些破军舰炸沉,主要问题就是水平轰炸的命中率低。

这样,一连八架飞机都没炸中,日本人可美了!呦西!支那空军的水平不高啊!就这水平,还敢挑战我大日本皇军?太可笑了!哈哈哈哈!

正乐着呢,"吱!轰!",最后一颗炸弹掉下来,当时把舰尾炸了个大洞!水兵们死伤二十多个!有人问了,怎么回事?原来,咱们的最后一架飞机终于炸中了,飞行员是副中队长梁鸿云,航校二期,飞机编号2410,这家伙可鬼了!他刚才瞄着呢,没急着投弹,一看战友全炸空了,日本人放松了警惕,军舰的头不扭了,冲上去来了一下,果然得手!这下这条军舰惨了,只能坐沉在黄浦江中,等待救援了。

再说24中队,等回到扬州,可高兴坏了!梁鸿云刚一下飞机,一把就被队长刘粹刚揪住:"老梁!你太棒了!"

旁边几个队员也凑过来了:"副中队长!你太厉害了!"

"来来来!庆祝庆祝!一!二!三!"

队员们把梁鸿云抱起来直往天上扔！真高兴啊！头次出击没白去，炸趴下一艘日本军舰啊！

丁纪徐呢，身为大队长，责任重大，跟着队员们笑笑就得了，赶紧招呼地勤来修理飞机，别看就这一艘军舰，人家的高射机枪也不软，几架飞机的身上都被开了洞。等安排完了，五大队的25中队也回来了，他们的战果比较差，仅仅炸了一些比较小的目标，没有找到日本军舰。丁纪徐把战果收集收集，让机场塔台严密监视，然后回去写报告了。今天的轰炸任务完成，什么战果？得跟上边汇报啊！

丁纪徐走了，飞行员们留下一部分值班，剩下的去食堂吃午饭了。吃着午饭，24中队中队长刘粹刚把副中队长梁鸿云找来了："老梁，今天你立功了！我祝贺你！"

梁鸿云一听，赶紧推辞："哎！刘爷，我立功，那也是大家的功劳，没有你们的炸弹帮我逼住日本军舰，我怎么命中呢？"

刘粹刚说到这儿，脸色一变："老梁！立功归立功，咱们的命中率太差了！9中1，这要传出去，咱们的脸往哪儿搁？"

"哎！刘爷，别这么自责，头次出战，能干到这样就不错了！咱们好好总结，明天接着给日本人好看！"

"不行！今天下午我还要出击！我一定要炸几个带劲儿的目标，把这脸找回来！最好把小日本的将军炸死几个！"

梁鸿云一听，吓了一跳："刘爷，上面可没有命令啊！这要是不经命令全队出动，万一有个闪失，咱可是吃不了兜着走啊！"

刘粹刚小脸一绷："命令命令！命令个屁！等他命令下来，黄花菜都凉了！所谓将在外，君命有所不受，你看看现在，风变小了，这么好的机会怎么能错过？我料想小日本全面开战，他在上海的海军陆战队司令部肯定是个中枢机关，这回我给它来点刺激的！你们愿意跟着就跟着，不愿意跟着，就听你的命令去吧！"

梁鸿云一听，嘿！刘粹刚还冲我发火呢！航校里的人都说他脸酸心狠，还给他起了个外号，叫"红武士，赛子龙，毒手狠命小罗成"，我还觉得是太偏激了，这么一看，名副其实啊！打起仗来，所向无敌，说他红武士、赵子龙、小罗成都行，等下了战场，脾气就变了！别看他为了显示稳重，留着八字胡，还让人家称他"刘爷"，其实还是个酸脸猴啊！这梁鸿云再一琢磨：单机出击，这也太冒险了！算了，上午反正我也没打过瘾，下午我也跟着吧！所以梁鸿云赶紧说："得得得，刘爷，你也别急，别人爱动不动，下午我舍命陪君子！一起去！"

"哎！这还像话！"

吃完了午饭，刘粹刚、梁鸿云来到机场，跟地勤人员说了："我的飞机修完没？"

"您放心，您二位的飞机没事，翅膀上给钻了几个眼，我们早就修好了。"

"好好好！给我们挂炸弹！"

"啊？刘爷，上面没命令啊！"

刘粹刚眼眉一立："命令命令，少他妈跟我提命令！装不装！"

"刘爷，没命令我们不敢啊！"

"不敢？那你看看这是什么？"

刘粹刚说着，把左轮枪抽出来了："装不装？不装小心你的脑壳！"

"得得得，我装！我装！"

地勤人员把刘粹刚和梁鸿云的飞机都装上炸弹，机枪也都测试好了，刚准备发动，下面有人喊了："刘爷！等等！"

刘粹刚往下一看，谁啊？队员袁葆康。刘粹刚一看："葆康，你要干什么？"

"刘爷，您中午说的话我都听见了！可是您想过没有？下午是我值班，您要是没经命令，就这么走了，我也要受处罚啊！"

刘粹刚一撇嘴："葆康，你说怎么办？我这是走定了！除非把我打死，否则别想阻止我！"

袁葆康一乐："刘爷，别这么说，咱都是打日本的，干吗窝里反呢？您要是想走，我肯定要受处罚，不过您最好带我一起走，我也炸炸日本人，也好将功补过啊！"

刘粹刚一听，也乐了："好！这么说还像话，上飞机！"

就这样，3架霍克3又腾空而起，直扑上海的日本海军陆战队司令部！咱们书说简短，这回是固定目标，所以刘粹刚他们的炸弹大多命中目标，日军死伤不小。刘粹刚一看，这回算是把脸找回来了，返航吧！于是刘粹刚在前，袁葆康居中，梁鸿云在后，编队返航。

且说梁鸿云，跟着编队往回飞，飞了没多远，就听飞机里"叮当叮当"几声响，梁鸿云经验丰富啊！知道中弹了。可敌人飞机在哪儿呢？梁鸿云直起脖子刚要看，"叮当叮当，噗噗！"，梁鸿云感觉胸口一热，坏了，我要倒霉！

第十九回　梁鸿云英勇殉国　周庭芳首开纪录

　　第五大队24中队在1937年8月14上午炸趴下一条日本驱逐舰，可是中队长刘粹刚不服啊！我们9颗炸弹，才炸中1颗，这要传出去，不让人笑话啊！小伙子本事大，也狂，所以在下午，跟副队长梁鸿云、队员袁葆康三机一组，袭击日本在上海的海军陆战队总部。咱们书中代言啊！自从1932年淞沪抗战之后，中日签署了《淞沪协定》，规定中国在上海不能驻军，而且不能有军事设施。而日本呢，大摇大摆在上海建了好多的前进基地，以便以后的侵略，它的海军陆战队总部就是其一。刘粹刚呢，一听这事就满腔怒火啊！

　　这时候，第二大队的轰炸机早就光顾过了，日本海军陆战队总部给炸得七扭八歪，不过这是钢筋混凝土建筑，挺结实，还有不少日军在里面顽抗。这回成了定点目标，刘粹刚他们还有什么说的？所以几颗炸弹命中，日军损失不少，这算是找回了上午的脸面。

　　炸完了，就返航吧！刘粹刚的座机2401在前，袁葆康居中，梁鸿云的2410号战机断后，三个人往回飞。正飞着呢，梁鸿云就听声音不对啊！

　　"叮当叮当！"

　　梁鸿云经验丰富啊！一听就知道了，坏了！中弹了！敌人飞机在哪儿呢？梁鸿云直起脖子来刚要找，"叮当叮当！噗噗！"

　　梁鸿云感觉到胸前一热！再拿手一摸，坏了！血！我中弹了！紧接下来，飞机"叮当叮当"，又中了几弹，开始冒黑烟。梁鸿云一看，我死不要紧，我要是死了，还有上百个飞行员补上来，可我这架霍克3太宝贵了！全中国现在也就是几十架，不管了！我拼死也要保住这架霍克3！

　　想到这儿，梁鸿云一咬牙关，准备迫降，可迫降到哪儿呢？虹桥机场！现在我离着不远，就那儿了！梁鸿云是强忍疼痛啊！看看罗盘，算了算位置，飞机朝上海虹桥机场去了。日本飞机也没追。再说梁鸿云忍着疼痛，飞呀飞，飞呀飞，总算看见虹桥机场了，他集中了最后的精力，飞机摇摇晃晃地迫降在了虹桥机场。这时候虹桥机场还是国军控制，而且周至柔、毛邦初那边都安排了，在执行轰炸任务时，如果飞机受伤或出现问题，就在虹桥机场迫降。所以下面的人一看，知道不好，赶紧过来，一拨人赶紧处理飞机，另一拨人赶紧把梁鸿云抬出机舱，一看，梁鸿云身中五弹，衣服都被染红了！地勤人员不敢怠慢，赶紧把梁鸿云送去急救，可最终，梁鸿云因为伤势过重，不幸牺牲。这也是抗战开始，咱们损失的第一个飞行员。

有人问了，现在台风，日本的航空母舰都躲到舟山群岛去了，那日本飞机从哪儿出来偷袭的梁鸿云呢？告诉您，日本的航空母舰没出动，但是还真有飞机出来了，就是日本派来的巡洋舰出云号和川内号水上侦察机，型号是中岛95式！

因为上午，中国空军在进行轰炸的时候，日本海军的旗舰出云号也是受照顾的重点对象，炸弹落得跟雨点相似！不过可惜，咱们的重磅炸弹全没击中，只有几颗轻型炸弹扔到了出云号上，别看这样，出云号损失不小！水兵伤亡好几十个！出云号上坐镇的不是别人，正是日本海军第三舰队司令长谷川清。长谷川清一看，这不行啊！这回没炸中，可老这么来也受不了啊！万里有个一，让人家扔几颗重磅炸弹上来，我是不死也重伤啊！怎么办呢？就让巡洋舰出云号和川内号上的水上飞机轮流出动，进行侦察，也负责伺机偷袭。结果刘粹刚他们轰炸的这工夫，正赶上川内号水上飞机上天。川内号飞机的飞行员森澄夫，这家伙挺鬼，知道不是对手，所以躲在了云彩中，刘粹刚他们没看见，等刘粹刚他们走了，森澄夫一看，好机会啊！驾着飞机就冲断后的梁鸿云冲上去了。

"嗒嗒嗒嗒！"

这一串子弹下去，梁鸿云重伤，森澄夫怕刘粹刚他们报复，赶紧飞走了，这就是梁鸿云遭到偷袭的经过啊！等刘粹刚回到扬州机场，成功降落。再看后面，袁葆康的飞机，因为被日军的高射机枪击中，起落架放不下来了，最后肚子着地，飞机损毁，还好人没事。再找梁鸿云的飞机，没了！刘粹刚心如火烧啊！哪儿去了？正琢磨着呢，丁纪徐虎着脸过来了："粹刚！谁命令你私自出击的？"

刘粹刚把胸脯一拔："大队长！这还用命令吗？咱们接到的命令，是轰炸日军在上海的目标，咱们上午没有炸完，我是去继续完成任务的！"

丁纪徐一瞪眼："好啊！好一个继续完成任务！你看看，你这次出击，真是成果斐然啊！咱们的飞机损失两架，梁鸿云殉国！"

刘粹刚一听："什么？老梁殉国了？"

"可不是！刚才虹桥机场来电话，梁鸿云的飞

抗战之中牺牲的第一个飞行员梁鸿云

机受伤，他迫降之后，伤重不治！怎么？你还有理了！你自己说，你私自出击，造成这么大损失，该当何罪！"

丁纪徐说着就把手枪拽出来了！旁边人一看："大队长！古人说，先杀大将，主军中不利啊！"

刘粹刚一看："大队长，您省颗子弹吧！我这里给您下个军令状！咱们不是损失两架飞机吗？三天之内，我至少揍下两架日机，弥补咱们的损失！如果不行，您再崩了我！"

丁纪徐一听，也行！说真杀了刘粹刚，他也舍不得，刘粹刚是他手下的头一号悍将！而且今天这么一炸，日军肯定要反击！到时候还得指望他呢！不过，刘粹刚这个人，脸酸心狠，想要他玩命，还得激一激他！所以丁纪徐点点头："好！粹刚，咱们期限可就三天，三天之内，没人给你证明，你自己看着办！"

"好！大队长！咱们立字据！"

丁纪徐一摆手："不用！咱都是君子，君子不用字据，也能履行诺言！休息去吧！"

咱们放下第五大队这边，再说第二大队，上午打完了，成果不错，可是第二大队队长孙桐岗还是不满意，于是卷土重来！第十一中队、第九中队兵分两路，接着对日军的目标进行轰炸。且说第九中队，上午战果不错，但是雷天眷炸了大世界夜总会，下面死伤不小，所以全队都憋着一股气，要将功赎罪，尤其是907号驾驶员祝鸿信，祝鸿信一琢磨：上午雷天眷就是坐我这架飞机炸的大世界，别人没事，我也得吃瓜落！所以祝鸿信挺积极，后座的投弹手这回换了六期任云阁，小伙子精明强干，投弹颇准，几颗炸弹都落到了日军的人堆里。祝鸿信挺高兴，正高兴着呢，就听见飞机上方恶风不善！

"呜——突突突！叮当叮当！"

祝鸿信猝不及防啊！飞机当时中了好几弹，任云阁当场阵亡，祝鸿信抬头一看，就在自己飞机的前面上方一点的云彩里，冲出一架水上飞机，上面还画着日本的太阳旗。祝鸿信火冒三丈啊！好小子，敢偷袭！老子……

祝鸿信再想掰飞机上去拼命，心有余而力不足啊！敌人这一通射击，祝鸿信左手和左脚全受了重伤，没法拼命，只能去虹桥机场迫降了。再说日本这架飞机，这是出云号的水上飞机，驾驶员宫田大尉，日本人这回学机灵了，两架水上飞机交替值班，就在云彩里隐藏着侦察，这回宫田大尉一看，机会太好了！所以窜出来，重伤祝鸿信的战机。

宫田大尉还美呢，支那人就是不禁揍，我得加加油，能把他击落，我回去至少是一枚勋章啊！

可说时迟那时快，宫田大尉还没等踩油门，就听恶风不善啊！宫田赶紧往旁边一掰飞机，"嗒嗒嗒"，子弹打空，宫田大尉一看，哎！支那人反应挺快啊！这就有补位的了！

有人问了，来的是谁啊？来的是907号轰炸机，驾驶员全正熹，投弹手游云章，这俩人反应挺快，一看哎呀！祝鸿信座机受伤，生死不知。这俩人的虎劲上来了，一掉机头，"嗒嗒嗒"，就是一梭子，可惜慢了一点，不过这算把祝鸿信的命救了。

再说宫田大尉，他一看，煮熟的鸭子飞了，火当时就上来了：八嘎！敢打扰我，我送你去见天照大神！

"呜——嗒嗒嗒！"

两架飞机缠斗在一处！咱们平心而论，虽说全正熹、游云章的技术不错，但毕竟飞机是轰炸机，人家是侦察机，机动力差了不是一个等级！所以两个回合过后，咱们的907号轰炸机堪堪不敌，翅膀给钻了好几个洞，眼看就要危险。宫田大尉美啊！就刚才打的那架飞机，算是重伤，再把这架打下去，我就是击落一架，击伤一架，击落5架就算王牌，今天我的战绩不错啊！司令部得给我几枚勋章呢？

正美呢，就听"嗒嗒嗒！叮当叮当！"，宫田大尉感觉不妙啊，赶紧往外掰飞机，掰到一半，飞机就冒了烟了！

"呜——"

往低空下去了。全正熹和游云章正手忙脚乱呢，一看，来救星了！谁啊？等把飞机拉上去一看编号，来人是暂编34中队的中队长周庭芳！他也来轰炸了！一见战友危险，周庭芳义不容辞啊！其实连他自己都没意识到，他这是中国空军抗战开始后的第一个击落纪录，这个纪录，周庭芳自己都没算进去，只当是把对方打伤。现在打着仗呢，几个人不敢说别的，互相一竖大拇指，接着炸去了！

咱们说，就8月14号这一天，在上海方面，中国空军冒着大风，一共出动了飞机9批，76架次，对日军狂轰滥炸，炸得日本人苦不堪言啊！不过有人问了，日本人没出动吗？这告诉您，也出动了，而且日本人来得更损！

原来，就在上海的日军被中国空军狂虐的时候，身为王牌的中国空军第四大队，也就是高志航的大队，正在转场。他们的驻地在河南周家口，调动的几个大队，数他们远！所以没赶上轰炸。大队长高志航呢，因为先前开会的缘故，所以先到了杭州笕桥航校，剩下的飞机在8月14日当天，紧急奔向杭州。从周家口到杭州，大概700公里的路程，搁现在没多远，当时不行啊！飞机速度慢还不说，还不能飞快了，那太耗油，航空汽油当时也是不可多得的战略物资啊！所以几个中队飞起来，进行编队，然后往杭州方向出发。为首的是21中队，中队长李桂丹，外号铁面判官！他们这一趟可遭了罪了！上海一带台风，整个江浙都倒霉！阴云密布，还兼有小雨，这对当时的螺旋桨飞机影响太大了！不过李桂丹基本功过硬，靠着精确的计算，总算在8月14日下午4点左右，找到了笕桥航校，准备降落。

李桂丹把飞机拉低，瞄准了跑道，降落了。后面的飞机照方抓药，也逐渐降落。等落地减速，还没等停下的这个当口，两个人从机场的调度塔跑了

民国空军轰炸机飞行员全正熹，后殁于事故

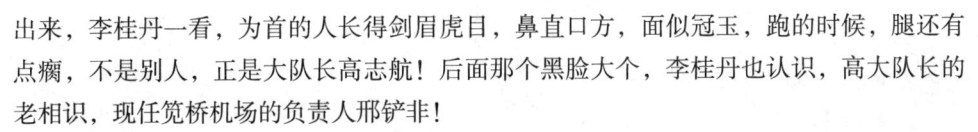

出来，李桂丹一看，为首的人长得剑眉虎目，鼻直口方，面似冠玉，跑的时候，腿还有点瘸，不是别人，正是大队长高志航！后面那个黑脸大个，李桂丹也认识，高大队长的老相识，现任笕桥机场的负责人邢铲非！

就见高志航一反常态啊！手里抄着信号旗，一边比画一边大喊："敌机马上来袭！别停车！一半起飞！一半加油！快！"

李桂丹一看，准知道所言不虚，带着头前四架飞机又拉起来了，后面的四架紧急加油。

有人问了，这到底怎么一回事呢？原来，同在8月14日，日军这边也有行动，上海这边由于台风，没法起降，可是驻台湾的日本第一联合航空队可不这么想。这个日本第一联合航空队在"二战"期间可是大大的有名，他们的主力有两部分，一支是鹿屋航空队，一支是木更津航空队，都属于海军序列，这两支部队，无论是装备还是人员，都是日本海军航空兵中的精锐。8月14日上午，上海打得热火朝天，这两支航空队是摩拳擦掌，但无奈天气不好，没能出击。但等到中午，台湾海峡的天气变好了，司令官冢道太郎大佐赶紧把高级军官集合起来，召开了紧急会议。冢道太郎就说："诸君，现在我大日本皇军和支那军队在上海交战，支那空军给咱们造成了不小的麻烦，所以我们一定要反击！我们要飞跃大海，发动越洋暴击，让他们知道大日本皇军的厉害！不过诸位也知道，支那的江浙一代有台风，而且支那空军距离近，以逸待劳，咱们的难度不小啊！谁有这个胆量？"

这时候下面有一个人，"嗷"一嗓子蹦出来了："大佐阁下！这个任务就交给我们鹿屋航空队吧！我亲自带队！"

冢道太郎一看，此人非别，正是鹿屋航空队的顶尖高手，飞行队长新田慎一，绰号"凶猛之熊"。冢道太郎知道，新田慎一本事大，号称中型攻击机的四大天王之一，不过他还不放心，就说了："新田君！任务交给你可以，但咱们发动越洋暴击，难度很大，支那空军以逸待劳，你务必要小心！"

"大佐阁下放心，我自有妙计，我要给他们来个釜底抽薪，让这帮愚蠢的支那人臣服于我大日本皇军的声威！"

第二十回　日战机奇袭笕桥
　　　　　　高志航力挫顽敌

1937年8月14日，中国空军疯狂出动，将上海的日军阵地炸得稀里哗啦，日军方面，受困于台风，航空母舰上的飞机没能进行像模像样的反击，不过上海方面反击不了，台湾方面的日本第一联合航空队有所行动了！

在第一联合航空队的高级会议上，司令官冢道太郎大佐颇有疑虑："诸君，现在我大日本皇军和支那军队在上海交战，支那空军给咱们造成了不小的麻烦，所以我们一定要反击！我们要飞越大海，发动越洋暴击，让他们知道大日本皇军的厉害！不过诸位也知道，支那的江浙一代有台风，而且支那空军距离近，以逸待劳，咱们的难度不小啊！谁有这个胆量？"

这时候下面有一个人，"嗷"一嗓子蹦出来了："大佐阁下！这个任务就交给我们鹿屋航空队吧！我亲自带队！"

冢道太郎一看，此人非别，正是鹿屋航空队的顶尖高手，飞行队长新田慎一少佐，绰号"凶猛之熊"。冢道太郎知道，新田慎一本事大，号称中型攻击机的四大天王之一，不过他还不放心，就说了："新田君！任务交给你可以，但咱们发动越洋暴击，难度很大，支那空军以逸待劳，你务必要小心！"

"大佐阁下放心，我自有妙计，我要给他们来个釜底抽薪，让这帮愚蠢的支那人臣服于我大日本皇军的声威！"

"哦？怎么个釜底抽薪？"

"大佐阁下请看！"

新田慎一走到地图旁边："你们看，根据海军的情报，支那空军的出击基地位于上海周边，尤其是杭州、广德两个机场最多，我们神不知鬼不觉，兵分两路，一路袭击杭州机场和航校，一路袭击广德机场，抄他们的后路！炸毁这两个机场，可以迫使支那空军退到更远的地方，能有效减小我们的压力。"

冢道太郎一听，这主意真好啊："好好好！那这个任务就交给你们鹿屋航空队，新田君，你亲自带队！"

"是！"

于是，18架96式陆上攻击机从台北机场起飞，直扑杭州和广德！新田慎一还美呢！心说：我这个主意太高了！现在支那方面的注意力全在上海，我来个釜底抽薪，攻敌之不守！还有一点我没在会上说啊！我们偷袭，一定能把支那方面没起飞的飞机炸毁，已经起飞的呢，肯定也会因

新田慎一（右立者），绰号"凶猛之熊"，日本的中型攻击机四天王之一

为转移到更远的地方而油料不够，最后肯定是坠毁，这个战果就得全记在我们头上！这多好！就是诸葛亮再世，也没我这么好的主意！

新田慎一本以为自己的这一手神不知鬼不觉，可他没想到，刚刚越过台湾海峡，就被中国方面发现了！有人问了，怎么发现的？这就是陈纳德的设计：人肉雷达站啊！原来，陈纳德经过几个月，已经培训了一批人才，部署在日军可能进攻的方向上，所以台湾方面一行动，福建方面的雷达站就发现了，当时一个电话打到了南京的空军指挥部："喂喂！是空军指挥部吗？台湾方面发现敌机，数量不详，肯定有十架以上，正往上海方向去！"

这件事归参谋长石邦藩管，石邦藩当年参加过淞沪空战，丢了条胳膊，现在外号"独臂饿狼"，经验丰富啊！赶紧问："高度多少？方向多少度？"

那边把数据一报，石邦藩在地图上一算，坏了！这不是往上海，这是奔杭州方向啊！航线差不多，但还是有区别啊！所以他一个电话又支到了笕桥航校："喂喂！是笕桥航校吗？敌机从台湾来袭！请做准备！"

笕桥航校这边呢，蒋坚忍、高志航、邢铲非三个大佬全在，接线员一报告这个情况，蒋坚忍当时就慌了："赶紧想办法通知第二大队！让他们全回来，保卫航校！"

邢铲非一听："蒋处长，来不及了！第二大队已经走了一会儿了，咱们的飞机落后，飞机上没有无线电。况且第二大队全是轰炸机，来了一样是吃亏啊！我建议，赶紧把机场的所有人员和教练机全部疏散！以减小损失。您快下命令吧！"

蒋坚忍一听："那怎么行？上海那边打得正激烈，我们怎么能退却？"

"哎呀！蒋处长，这不是退不退却的事，敌人来势汹汹，咱们缺乏反击的实力，而且咱们空军就这点资源，少点损失是点啊！"

蒋坚忍一听："好吧！准备……"

蒋坚忍刚要下令疏散，旁边有人发话了："等等！"

这一下，声若洪钟啊！把邢铲非和蒋坚忍都吓了一跳，回头一看，谁啊？第四大队大队长高志航！高志航说了："二位，按照时间计算，我的第四大队也马上就到了，咱

第二十回　日战机奇袭笕桥　高志航力挫顽敌

097

们干脆就地反击，让日本人尝尝咱们的厉害！"

蒋坚忍一听："嗯？高大队长，你有这把握？"

"嗯，日本人不知道咱们现在已经遍地设了雷达站，还认为这次是偷袭呢，所以他们肯定会放松警惕。而且就我知道，台湾方面，日军来的不是鹿屋航空队，就是木更津航空队，用的是96式陆上攻击机，这飞机虽然不错，但它是双发动机的轰炸机，个头太大，动作不灵。咱们的霍克3比它灵巧，所以肯定没问题。而且，日本人从台湾来，路程太远，还要考虑回去的油料，所以即使来了，也是强弩之末。咱们有这几个优势，还怕他们？今天第二大队、第五大队都有所斩获，唯独没我们第四大队，敌人这回送上门来了，咱们再不吃，这不是傻子吗？"

邢铲非一听："铭九！你可别逞强！是，我知道你们第四大队很能打，但敌人远道而来，你们也是长途转场而来啊！你们的油料即将用尽，也是强弩之末啊！这要是纠缠起来，也不见得能占便宜啊！而且如何见得，他们能赶在日军之前到呢？"

"铲非兄，不要紧，这我都计算了，我们第四大队的飞机到这儿，至少还有20分钟的油，打敌人一个冷不防，20分钟足够了！而且，他们在空中还更好了，省得爬高，位置非常有利！另外，如果他们没能赶来，也不要紧！来人啊！"

"大队长！"

"把我的飞机发动暖机，随时待命！如果第四大队的其他人没能及时赶到，我亲自迎敌，给他们争取时间！"

"是！"

蒋坚忍一听，高兴了！要是真放开了让敌人炸，即使疏散了，损失不大，这名声也不好听啊！他赶紧添两句："哎呀！高大队长，您真是足智多谋啊！祝您这次旗开得胜，马到成功！"

正说着呢，电话响了，几秒过后，接线员报告："报告长官！南边一百公里处的观测哨报告，已经发现日本战机，数量约为6架！"

高志航刚想去找飞机，塔台上有人喊："高大队长！咱们的霍克3到了！"

高志航眼前一亮啊："天助我也！走！"

这就是之前的经过啊！高志航蹿下塔台，大声命令："敌机马上来袭！别停车！一半起飞！一半加油！快！"

于是，中队长李桂丹带着5架飞机又拉起来了，随后，高志航也发动他自己的座机霍克3，腾空而起！6架飞机开始拼命爬高。有人问了，为什么急着爬高啊？在空战的时候，上打下，不废蜡，便宜占大了！等这6架飞机好不容易爬高到了4000米的高空，正好看见有片雨云，这地方不错，适合隐蔽，所以6架飞机全都进去了。

这刚隐蔽好，敌人的96式陆攻就到了！带队的就是那个"凶猛之熊"，新田慎一少佐。新田慎一一看，到了！这就是支那人的航校啊！哟西！下面果然有飞机，不错！把他们机场炸了，还捎带上几架飞机，这多好！于是新田慎一赶紧摇晃飞机的翅膀，发出信号，日本的96式陆攻开始编队，等一编队，新田慎一傻了，来的时候9架，现在只剩了

7架，少了2架。有人问了，怎么回事呢？原来，当时的飞机很落后，定位全凭飞行员的技术，可是这仪表稍有误差，比如0.5度，等飞到目的地，就可能差出好几十公里，而且那么长的航程，没准儿就出点故障，一出故障就得返航。那2架没了，新田气得不得了：八嘎！这帮学艺不精的笨蛋，这都能出问题，回去我再收拾你们！到时候，你们要是给不了我合理的解释，我送你们去见阎王！

刚想到这儿，就听上面，"呜——！叮当叮当！"

新田经验丰富啊！一听，坏了！中弹了！是谁啊？他抬头一看，正是中国空军的霍克3机群，翅膀上还涂着青天白日徽，为首的一架，与众不同，别的飞机身上都是数字，勉强能看见，是21XX，唯独这架，是IV-1，来人是谁啊？正是玉面阎王——高志航！您看多准，刚想阎王，阎王就到了！

日本人的情报相当准，新田慎一一看，哟！这就是中国很有名的高志航啊！今天运气不错，我先拿你们的大队长祭旗，让你们看看我大日本帝国的威风！别看新田的96式中了几弹，但不要紧，这家伙是中型攻击机四大天王之一，脾气极暴啊！新田把飞机往上一拉，准备和高志航正面交战，96式陆攻是当时日本的王牌战机，因为受到"战斗机无用论"的影响，所以日军的96式攻击机正面有四挺轻机枪，火力足足是第四大队霍克3的两倍！

可高志航什么人啊？高志航明知道对手的正面火力强悍，能跟他硬拼吗？干脆驾着霍克3忽上忽下，忽左忽右地转开了！要说这两种飞机的速度，不相上下，但是论体格，日本的96式是霍克3的两倍还多，灵活性上就差多了！

高志航转一转，来两枪，转一转，又是两枪，就是不到新田慎一正面来，新田慎一急得直出汗啊！只能左躲右闪。就这样，一分钟不到的工夫，日本的96式身上被钻了十几个眼，这也就是新田慎一，把要命的地方全躲开了，换个人，早被揍下来了！

但就这样，新田慎一颜面尽失啊！想了半天，对啊！我们96式战机的后背上还有一门旋转机炮，那玩意儿口径20毫米，威力极大啊！干脆趁着高志航追我的时候，放松警惕，把他揍下来就行了！

想到这儿，新田慎一卖个破绽，把油门一踩到底，96式陆攻全速向前飞，高志航岂能放过？也全速向前追，新田慎一心中高兴啊！心说：高志航啊高志航，今天就是你的末日！旋转炮塔上的机枪手也高兴啊！眼看着就要把高志航套进瞄准具里，就在这千钧一发的关头，高志航先开火了！

"嗒嗒嗒！"

"叮当叮当！噗噗！"

机枪手当时身中数弹，死了！尸体栽倒在机舱里。新田慎一本来挺高兴，这一听，声音不对，一回头，坏了！机枪手死了！

有人问了，怎么回事？原来，高志航早就听说了，日本的96式飞机，后背上有一个旋转炮塔，一直没见过，这回在后面追着，一看，哟！敌机后背上伸出一块，还有一个管状物在动。高志航一看就明白了，这是要玩阴的啊！干脆我先下手为强吧！于是一阵

第二十回　日战机奇袭笕桥　高志航力挫顽敌

血色苍穹——民国时期的中国空军

八一四空战水彩画，梁又铭作，此画藏于梁氏后人手中。据日方部分资料，"凶猛之熊"新田慎一就在此战阵亡，但另有资料说，新田慎一阵亡在8月16日

扫射，把旋转炮塔打哑了。

再说新田慎一，他这么一慌的工夫，飞机因为伸出炮塔，空气阻力增加，速度稍微慢了点，这时候高志航拍马杀到！

"嗒嗒嗒！"

又是一串机枪！这时新田慎一感觉到头部一震，还挺疼！再拿手一摸，坏了！脑浆子都被打出来了！新田慎一一想：脑浆子都出来了，我还活个什么劲啊？

"扑通！"，死尸栽倒。您说脑浆子都出来了，他拿哪儿想的啊？

旁边的副驾驶一看："少佐阁下！"

他还想把飞机稳住，哪有那便宜事？高志航乘胜追击，而且旁边一架僚机过来了，"嗒嗒嗒！"，一串子弹过去，96式的左发动机就冒了烟，飞机拖着黑烟栽下去了。高志航回头一看，这架僚机编号2403，飞行员是分队长谭文。高志航掉过头来，对着谭文一竖大拇指，又继续参战了！

这时候再看空中，李桂丹、柳哲生、王文骅三个人正在围攻一架96式陆攻，这三个都是尖子，敌机左躲右闪，狼狈至极，眼看着冒了黑烟。高志航再看看，金安一、刘树藩两架飞机也缠住一架敌机。这时候，下面加完油的那一批飞机也逐个起飞，战场形势逐步开始有利了。剩下的日本96式舰攻见状不好，掉头想跑，高志航一看，哪儿有那么便宜？一踩油门，就要大发神威！

第二十一回　八一四空战大捷　周庭芳报信广德

　　高志航首开纪录，率先击毙了日本鹿屋航空队的飞行队长——中攻四天王之一，绰号"凶猛之熊"的新田慎一。这新田慎一也倒霉点，今天不该念叨"阎王"，刚念叨完，就直接被"玉面阎王"高志航送去了真阎王那儿。

　　再说高志航，等揍下了新田慎一，再一看，李桂丹、柳哲生、王文骅三个人锁定了一架96式，打得对手摇摇欲坠。金安一、刘树藩两个人也缠住了一架飞机，这时候地面上加完油的几架飞机也开始起飞，战场形势对日军越来越不妙。几架飞机见状要逃。高志航一看，哪有那么便宜的事？一踩油门，"呜——"，就俯冲下来了，对着带队的长机"嗒嗒嗒！"就是一梭子！

　　日本带队的长机一看，赶紧躲吧！赶紧左躲右闪，高志航追着就一顿猛揍，飞机上瞬时就开了无数的洞，几乎被打成了筛子！只是没打中发动机。高志航心中着急啊！赶紧再补几梭子，打下来就行了！

　　高志航正打得起劲呢，就听得恶风不善啊！

　　"嗒嗒嗒！叮当叮当！"

　　高志航左右一瞄，当时是一身冷汗啊！怎么回事？一架日本的96式正对着自己扫射，还有两架正在左右包抄！而天上呢，己方的几架飞机全都不见了！下面的飞机正在爬高，一时半会儿上不来！形势又瞬间逆转了！

　　有人问了，怎么回事？原来，第四大队加上高志航在内，原本上天的是7架飞机，高志航和谭文揍掉新田慎一的长机，李桂丹、柳哲生、王文骅3架飞机合力干掉一架敌机，金安一、刘树藩也打伤一架，敌机狼狈逃走。可就这时候，除了高志航之外的几架飞机，油全耗光了！李桂丹他们不是不想继续打，发动机都停转了！只能滑翔下去迫降。这样，日本方面一共到了7架飞机，除去被揍掉的和受伤返航的，还有高志航追杀的这架，日本方面还有3架飞机没有大碍，他们一看没危险了，总算松了口气。再看一看，有

101

一架霍克3正在追杀己方的飞机，再仔细一看，别的飞机都是21XX，唯独这架是IV-1，肯定这上面的人与众不同啊！干脆咱们攒鸡毛凑掸子，把他干掉吧！只要把他干掉了，剩下的敌机全在我们底下，我们上打下，不废蜡啊！

想到这儿，三架飞机就包抄过来了！高志航一看不妙，被迫放弃了到嘴的猎物，和这三架缠斗在一处！这下高志航可惨了！双拳难敌四手，好虎架不住群狼啊！高志航是两挺轻机枪，对方是三架飞机，十二挺机枪，再加上三门机炮，轮番扫射，高志航没办法，这回换他倒霉了！飞机上连续被开出好几个透明窟窿，还好高志航技术高明，左躲右闪，把致命的地方，比如发动机、油箱等让开，勉强招架，但三对一，明显不是对手啊！眼看着要被击落，下面正在爬高的几架飞机着急得要死，但这个高度不是一下能蹿上去的，得慢慢爬，所以现在只能干瞪眼看着高志航挨打。

正在这千钧一发的关头，从西边又来了好几架飞机，都是一色的霍克3，为首的飞机，编号2301，有人问了，这是谁啊？此人乃是23中队中队长——毛瀛初，也就是毛邦初他弟弟！蒋介石的内侄，蒋经国他表弟！这个毛瀛初别看关系硬，飞行水平也硬！所以开战之前，他就担任23中队中队长，外号"无敌千岁"！由于他们是后出发的，所以比21中队晚了点。毛瀛初正飞着呢，就看天上打得正热闹，再仔细一看，一边是一架双翼飞机，不是霍克2，就是霍克3，再一看另一边，三架单翼双发动机的战机。毛瀛初一琢磨：我们这边没这飞机啊！这估计就是日本人吹了半天的96式了，好小子，敢打我们的人，你给我去死！

想到这儿，毛瀛初一摇晃飞机翅膀，一马当先就冲下去了！后面8架飞机也不敢怠慢，紧随其后，直扑围攻高志航的那3架96式陆攻！这3架日机一看，得！别打了！再打我们就全军覆没了！妈的妈，我的姥姥！跑吧！把炸弹没头没脑地扔了一气，仓皇逃走，什么也没炸着！

毛瀛初这一来，可把高志航救了！高志航的飞机已然受了不小的伤，没法追，也就由着飞机降落了。毛瀛初的23中队也没追，他们不是不想追，700公里转场过来，基本上都没油了！所以追了几步一看，算了！别追了！也就安全返航。等日本飞机回到台湾，知道了中方空军第四大队大队长叫高志航，再想想，高志航的确是厉害！上来就把我们号称"凶猛之熊"的顶尖高手新田少佐打落，还一架飞机中弹73发，几乎被打成了筛子。面对我们三架飞机围攻的时候，他竟然毫发无损，可见这人太厉害了！所以后来日本海军航空队里面，一度流传一句话："我要是做了亏心事，出门就碰上高志航！"

再说中国这边，等到了下边，高志航一看，李桂丹他们几个都安全迫降，金安一的腿被子弹擦伤，没什么大碍；唯独刘树藩运气差，飞机挂到了树，机毁人亡。高志航看了直叹气，队员们赶紧过来安慰："大队长！别伤心了，日本的损失比咱们大多了！"

"是啊！大队长！咱们这次也算是旗开得胜，您高兴点啊！哎！坏了！天上有飞机！"

这话一出，把大家伙吓了一跳，赶紧往天上一看，一架霍克3，翅膀上涂着青天白日徽，自己人！这算松了一口气。等这架飞机降下来一看，谁啊？就是前文击落日军水上飞机，为任云阁、祝鸿信报了仇的暂编三十四中队中队长——周庭芳！

有人问了，周庭芳怎么来的呢？其实事情挺简单的，子弹打完了！原来，周庭芳将日军的水上飞机击落之后，杀得兴起啊！飞机底下还有几个轻型炸弹，就手也给日军扔下去了，再看看哪儿的日军敢探脑袋，一个俯冲下去，给他一梭子！您说子弹这还搂打吗？没几个回合就打了个干净！周庭芳再一看别的队员，还都打着呢，直后悔：嘿哟！我打那么快干什么？现在时间还够，干脆我先回航校机场，装点弹药回来，再杀一阵！

就这样，周庭芳返回笕桥机场，他一降落，就感觉不对劲，为什么？按平常的惯例，早有地勤人员过来给他检修了，今天没有！所有人都抱在一起欢呼。周庭芳再看看，有第四大队的飞行员，等下了飞机，拽过一个一打听，这才知道，刚才打了个大胜仗！周庭芳听了，急得直拍大腿啊："哎哟！有这好事不叫上我，真不公平啊！"

说归说，周庭芳也高兴啊！这算是旗开得胜。等兴奋了两分钟，周庭芳想起来了："哎哎！你们赶紧给我加油、装弹药，我还要去打一阵！"

"庭芳！你过来！"

周庭芳回头一看，谁啊？不是别人，正是高志航和蒋坚忍，蒋坚忍先说了："庭芳，你别走，这里有个更重要的任务交给你！"

"蒋处长，您说！"

"等加完了油，你马上起飞！直奔南京！"

"啊？这是为什么啊？"

高志航旁边过来了："庭芳！之前我听总部报告，日军的飞机不少于10架，刚才我们满打满算，才跟7架交了手。别的不怕，就怕剩下的日军偷袭首都啊！这一仗咱们虽然得胜，但刚才地勤那边跟我说了，电话线被炸断了，我的第四大队刚刚转场过来，又经历了大战，飞机都得检修。所以这事就只能麻烦你了！"

周庭芳一敬礼："行！蒋处长，高大队长，这事交给我吧！我一定第一时间返回南京！"

说到这儿，周庭芳蹿上飞机，飞机的油刚加完，地勤一看："等等！还没装弹药呢！"

"来不及了！我是去报信，不是去打仗，轻了还能快点！"

想到这儿，周庭芳发动飞机，一溜烟往南京而去。这周庭芳运气不太好，上天就撞上了一片雨云，什么也看不见了，怎么办？只能凭着基本功，看罗盘大致判断了，等钻出了雨云一看，哎！有一队飞机经过！周庭芳仔细看看，哦，是双发动机的大型飞机，不对！我们没这飞机啊！再仔细一看，可不是！翅膀上还有一边一块红膏药呢！这是日本轰炸机！

想到这儿，周庭芳脑袋一热：刚才没逮到机会，第四大队打了个痛快，这回我也开开荤吧！可在一琢磨：不行！我飞机没装子弹啊！看他们的航向，是广德机场，估计这就是高大队长刚才担心的日本飞机。既然他们的目标不是南京，我也就没必要去了，赶

第二十一回　八一四空战大捷　周庭芳报信广德

103

紧去通知广德的兄弟们吧！

想到这儿，周庭芳把油门踩到底，飞机全速前进，直奔广德机场！咱们说，虽然日军出动的96式陆攻和霍克3的最高速度相差无几，但您别忘了，日军的飞机是远程过来的，飞的是耗油最少的巡航速度，不是最快速。周庭芳不一样啊！全速前进，可这儿离广德已经太近了！等周庭芳到了广德机场上空一估计，再有两三分钟敌机就到了，我来不及降落通知了！再一看，下面还真有飞机，赶紧叫他们起飞迎战吧！

想到这儿，周庭芳一个俯冲下来，贴近了机场，紧着摇摆机翼。这下，下面机场的人看见了，一看，哦！这架飞机要降落啊！

所有人都没动，人群中还跑出一个地勤，拿着两柄旗子，对着跑道指，那意思：往这降落！

周庭芳一看，猴吃麻花，全弄拧了！赶紧拉起飞机，转过头来再一个俯冲，又一拉飞机，这是轰炸的动作。可这地面上的人还不知道，有几个人还商议呢："哎！哥们儿，这架飞机怎么回事？要降落又不降落，这是干什么呢？"

"不知道啊！哎，会不会是他的起落架放不下来了？"

"哎！这真背不住，咱们这批霍克3经常出这问题。"

还有人看着直鼓掌："哦！真棒！飞得真不错！"

咱们说，这都是当时飞机落后啊！没安无线电装置，要不然就没这误会了！

周庭芳在上面心急火燎啊！怎么这帮人都不知道怎么回事呢！这才叫俏媚眼做给瞎子看，太让人起急了！这时候，周庭芳抬头一看，已经能看见敌机了！怎么办？周庭芳实在没辙了，一拉飞机又起来了，直往那一队轰炸机扑去！

再说日军这边，这一队一共是六架飞机，是浅野少佐带队，本来一行是九架，进入大陆之后，和新田慎一分别，直奔广德，等到了广德附近，浅野少佐一数，只剩六架了，浅野一琢磨：得，六架就六架吧！反正这是偷袭，这六架就够摧毁支那空军的了！

想到这儿，六架飞机编好队形，冲出云层，直扑广德机场！刚一俯冲，就见一架霍克3已经冲到了编队之后，并且全速接近！谁啊？正是周庭芳！

再说周庭芳，他可急坏了！把飞机加

周庭芳，民国空军首开纪录者，广德上空死缠敌机，成就了其"空手入白刃"的绰号，最终战绩6架，幸存至战后

到全速，靠近了日机编队，周庭芳连搂了好几次机枪，哪怕剩一颗子弹都行啊！连搂几次，机枪"咔咔"直响，一颗子弹也没有啊！没办法，周庭芳一琢磨：干脆我就来个假动作吧！给地面上的兄弟们争取时间！

想到这儿，周庭芳就死死咬住带队的浅野少佐！他往上，我往上；他往下，我往下。这下偏偏把浅野少佐吓了个够呛！为什么？浅野少佐经验丰富，他知道，要是新手的话，早就用机枪横扫开了，可偏偏这架支那战机没有，就是死死咬住自己的尾巴，这肯定是高手啊！不到百分之百的机会，他不开枪，我一定得小心为上！

第二十二回　周庭芳空手入白刃
　　　　　　八一五笕桥再空战

　　日本鹿屋航空队的浅野编队准备偷袭广德机场，偏巧快到的时候，让中国空军暂编34中队的中队长周庭芳发现了。周庭芳一看不好，赶紧飞到广德机场报信，结果由于飞机上没有无线电，周庭芳来回做动作，机场的人反而误会了，以为周庭芳的起落架坏了，无法降落。

　　周庭芳急坏了！为了给兄弟们争取时间，他单机直扑人家一个机群，死死咬住日军编队的指挥机，也就是带队的浅野少佐的座机。周庭芳死死咬住敌机，就不开枪，其实不是他不想开枪，是因为之前把子弹打干净了，这是没办法的办法。不过这可把带队的浅野少佐吓坏了，浅野少佐心说：要是新手的话，早就用机枪横扫开了，可偏偏这架支那战机没有，就是死死咬住我的尾巴，这肯定是高手啊！不到百分之百的机会，他不开枪，我得想办法，不能给他这个机会！

　　想到这儿，浅野少佐赶紧把飞机拉起来躲，剩下的飞机一看长机遇险，赶紧围过来，连机枪带机炮，对着周庭芳就扫射开了！周庭芳一看，这简直是拿子弹洗澡啊！不敢硬来，一偏飞机躲开，又咬住一架飞机的尾巴。这下日本机群可就乱了！有的要打，有的要躲，编队整个就乱套了！而且96式陆攻的机炮塔是可伸缩的，平常缩着，减小空气阻力，一伸出来，空气阻力加大，速度就慢了，这一慢，投弹就测不准了，所以炸弹也乱丢一气。

　　"轰！轰！轰轰！"

　　全扔到了机场外的稻田里，又什么也没炸着。浅野少佐气急败坏啊！可是看见周庭芳在后面左窜右闪实在是害怕，而且这时候，地面上的人反应挺快，高射机枪和高射炮响了。

　　"咚！喤！嗒嗒嗒嗒！"

　　浅野少佐一看，别冒险了，走吧！什么也没炸着不要紧，回去还能编点战果，没有过就等于有功啊！要是一冒险被打下来几架，我回去该剖腹谢罪了！想到这儿，浅野编队一掉头，走了！这时候周庭芳才松快下来，摸摸浑身上下，还真不错，没被子弹凿俩眼，等降落之后，再一看飞机，好！飞机上被打了5个大窟窿，还好没伤到要命之处。自此，周庭芳的威名也在日本海军航空队中扬起来了！日本人给他起了个外号，叫"空手入白刃"。

再说浅野少佐这一队飞机，浅野少佐还是不太甘心啊！我乃堂堂鹿屋航空队的精锐，这趟什么也没捞着，怎么说这心里也有点不舒服，算了！去杭州看看吧！估计新田少佐他们已经给炸得差不多了，我这里还有两颗炸弹，捞点残羹剩饭也好啊！想到这儿，一队飞机直奔杭州笕桥而去。这到了杭州一看，机场一点事也没有，机场上还有不少的飞机，难道新田少佐他们没来？不应该啊！算了，不管怎么着，给他来一颗吧！

于是，浅野把飞机向前飞，准备瞄准，就这个工夫，天上又来了一架霍克3，这架霍克3一看轰炸机群，一个俯冲下来。

"嗒嗒嗒！"

就是一串子弹！浅野少佐一看，坏了！闹了半天，那一架支那飞机还跟着呢！这是个高手，赶紧跑吧！想到这儿，随便把两个炸弹一扔，结果因为没瞄准，这两颗炸弹，一颗扔歪了，一颗炸中了一辆加油车，这也就成了日军此次越洋轰炸，也就是他们说的越洋暴击的唯一战果。

再说空中，这架霍克3简直跟疯了一样，日军跑了也不管，接着追！最后逮着最后一架96式陆攻，一顿猛揍。有人问了，周庭芳不是没子弹了吗？怎么这回打得那么痛快？其实，这根本上不是周庭芳，而是第四大队22中队的分队长——"望天猁"郑少愚！

有人问了，郑少愚从哪儿来的呢？原来，第四大队的22中队稍微出了点问题，中队长黄光汉的计算稍稍有误，结果偏离了笕桥，不过问题不大，在广德附近，离着不太远。黄光汉一看，飞机编队少了一架，就是郑少愚的飞机。不过黄光汉并不担心，他心说：郑少愚基本素质过硬，不会出什么问题，估计是刚才钻出雨云的时候失散了，一会儿就到。现在油不够了，先上广德机场加油吧！

油刚加完，郑少愚也降落了，果不其然，他就是钻雨云的时候，迷失了一下方向。黄光汉也跟郑少愚交代了："我们已经加完油了，我们先走，一会儿你来追我们。"

于是，黄光汉一行再度起飞，奔笕桥而去。正飞着呢，黄光汉往下一看，哎！有一队飞机奔广德去了！哦，估计是第二大队，他们的驻地就在广德。其实咱们书中代言，这就是日军的浅野编队！黄光汉可能是太疲劳了，就这么一错身，就过去了。这要是看准了，浅野这六架飞机，一架也别想剩！

等浅野编队来轰炸，周庭芳空手夺白刃，郑少愚的飞机正跟底下加油呢，看着上面打，郑少愚急得奔儿奔儿直蹦啊："快！给我快点！再快！快！"

等加完了油，日本飞机走了，郑少愚不干啊！蹿上飞机，撑着屁股追上去了！这也好，不然笕桥机场的第四大队可惨了！结果郑少愚这一通打，浅野编队又逃了。郑少愚不干啊！紧追慢追，把其中一架打得发动机直冒烟。郑少愚一看，见好就收吧！于是返航。

笕桥、广德这一仗下来，空军上下欢欣鼓舞啊！时间不长，经过毛邦初和周至柔的合计，一份报告送到了蒋介石的桌子上，上面写着：8月14日下午，日军飞机偷袭我笕桥、广德两机场，我第四大队英勇奋战，战果6：0。其中，暂编34中队中队长周庭芳表现英勇，使我广德机场免受损失。

蒋介石一看，当时就美得冒泡了！为什么啊？这一天，净是不好的消息了！陆军各部反击皆不顺利。空军方面，第二大队，祝鸿信机重伤，迫降成功，还一架飞机失踪，估计凶多吉少。第五大队，一个机毁，一个人亡。这些损失把蒋介石心疼得够呛！而且第二大队的投弹手雷天眷还把租界里的大世界夜总会炸了，死伤无数，这怎么跟国际社会解释啊？蒋介石绞尽脑汁，才想了个借口，说是我方飞机被日军击中炸弹架，炸弹误落在租界的大世界夜总会门前。这算是把事情抹平了，但赔偿也少不了！雷天眷呢，也倒霉点，蹲班房去了。

蒋介石正头疼呢，看到这一份报告，能不高兴吗？马上起草文件，给击落敌机的高志航、李桂丹等，外加上表现出色的周庭芳，全都记上一功。这还不算，蒋介石还向全国宣布了这个战果，一时间第四大队就出了名了！后来，也就因为这次6：0，国民政府把每年的8月14日定为空军节，以纪念这次大捷。

后来，有军史专家反复考证这次6：0，算来算去，也算不出六架。可以确认的战果是高志航和谭文击落的第一架、李桂丹、柳哲生、王文骅的第二架，以及郑少愚击落的第三架。让高志航追着一顿胖揍的96式，浑身上下给开了73个洞，在基隆港外迫降损毁，这算半架，最多也就是3.5：0。后来有人分析，为什么当初报了一个6：0呢？可能是由于振奋士气的考虑。另外有人分析，可能是当初国民政府报告战果，是看敌方飞机的发动机数量，敌人来的都是96式陆攻，这是中程双发动机的轰炸机，打下一个算俩，所以是6：0。

咱们再说第四大队这边，士气大振归士气大振，还得准备第二天的战斗啊！于是飞行员加上地勤人员一起检修飞机，检查武器。不一会儿，南京空军前敌指挥部的命令发来了，命令第四大队于8月15日凌晨5:30分出发，轰炸敌人在长江里的军舰。

这命令一来，谁还敢怠慢？第四大队成员到了5点赶紧起床，检测机枪，装子弹和炸弹，准备执行任务。

这时候，一个电话打到了笕桥机场的指挥塔，机场负责人邢铲非一接，电话那边说了："我是石邦藩，马上叫机场场长邢铲非听电话！"

"哎哟！石参谋长啊！我就是邢铲非啊！您放心，第四大队马上准备好，即将出发！"

中国空军的老对手96陆攻，八一四一战，被揍下三架半，可咱们宣传为6：0，是因为夸大宣传呢？还是咱们当时按照发动机数量计数呢？

"快！马上叫他们卸了炸弹迎敌！"

"啊？怎么回事？"

"上海方面的雷达站已经发现，有大批日机已经奔着南京和杭州的方向去了，你立刻叫第四大队起飞截击！"

"您放心！这事包在我身上！我肯定……"

还没说完，电话一乱，换成毛邦初的声音了："邢铲非！别油腔滑调！要是因此耽误时间，出现了任何损失，你就等着进军法处吧！"

"是！"

毛邦初亲自下令了，邢铲非哪儿敢怠慢，马上抄起话筒："各单位注意！各单位注意！敌机来袭！敌机来袭！第四大队各部，马上卸下炸弹，起飞迎敌！第四大队各部，马上卸下炸弹，起飞迎敌！"

有人问了，干吗卸炸弹啊？这是为了减轻重量，霍克3的载弹量是250公斤，这要是带着，就类似于一个人背着25斤的一袋面跟人打仗，多累赘啊！

第四大队这边，正挂着炸弹呢，突然听见广播，一阵大乱啊！所有人赶紧又开始卸炸弹。还没来得及装炸弹的，马上腾空而起，准备迎击。

且说第一个上天的，是22中队的张光明，他动作最快，上天之后，他就等着别的飞机上来，一起编队，这是陈纳德教的，战斗的时候都要两机一组，互为掩护。正等着呢，就见南边地平线上出现了一条黑线，再看看，黑线在慢慢接近，而且断成了好几截。张光明再揉揉眼睛一看，呀！敌机编队！

他也顾不得编队了，一摇晃翅膀，告诉兄弟们，然后一拉机头，对着南边敌机编队冲过去了！

咱们说，这一队是日军航空母舰上起飞的89舰攻，一共4架。有人问了，舰攻、陆攻这些名词怎么回事？日本飞机这些编号又是怎么回事？这里稍微给您说一下，舰攻、陆攻这些名词呢，是因为日本人把飞机分为舰载、陆上起飞的，实际就相当于咱们现在的"海基"、"陆基"，另外，日本人把飞机分为主攻击地面和低空的攻击机，主格斗的战斗机和主轰炸的爆击机，咱们叫轰炸机。至于日本飞机的编号，一般都按照日本第一任天皇，也就是神武天皇的纪年为准，也就是从公元前660年往后推。比如1939年研制成功，震惊天下的零式战机，就是因为1939年是天皇纪2600年，所以被称为零式战机。以此类推，前边被一顿好打的96陆攻，是1935年定型完毕。这种89舰攻呢，就是1928年定型的。

这队89舰攻，都是1928年的老家伙了，各方面水平还不如96陆攻，张光明飞机也快，人也鬼，先冲进云层，等敌人过去，猛然从敌后杀出！这下，4架敌机猝不及防啊！赶紧四散奔逃，边逃边用后机枪扫张光明。

"嗒嗒嗒！嗒嗒嗒！"

张光明一看，我甭管别的，擒贼先擒王，先揍下他的带队长机，他们就群龙无首了！想到这儿，张光明一个翻转，"唰"，飞机钻到了敌机的肚子底下，这回敌人的机枪算打不着了。紧接着，张光明一拉机头，"嗒嗒嗒！"，敌人带队的长机当时中了好几弹，拖着黑烟坠下去了。

张光明高兴啊！这也算出手不凡啊！刚一高兴，其余的日军89式舰攻围上来了，好几挺机枪围着张光明的霍克3就扫开了！张光明一看，呀！这要是让敌人把我围住，可就悬了！不管了！赶紧突围吧！说突围，哪儿那么容易啊！敌机拿子弹都织成网了，张光明一咬牙，找了一处最薄弱的地方，一脚油门，冒着枪林弹雨，就要强闯重围！

第二十三回　八一五再度大捷　乐以琴一战成名

第四大队22中队的飞行员张光明突袭日军机群，一举揍下了一架敌机，可敌人毕竟人多势众啊！五架飞机一起扫射，张光明就被敌人的枪林弹雨包围了。张光明眼看着三架敌机用机枪给他织的火网，一咬牙，找了一处最薄弱的地方，一脚油门，就冲过去了！

就听耳边，"嗒嗒嗒！嗒嗒嗒！"，子弹声渐渐远了，张光明浑身上下一摸，没事！再看看飞机，也没窟窿，挺高兴，心说：哎！我运气真不错啊！照刚才那个架势，身上即使没事，飞机也得被凿一大堆眼儿，怎么回事呢？等张光明回头一看，乐了。为什么？只见自己冲出来的那一块，一架敌机拖着黑烟掉下去了，上面又有两架霍克3加入战团！张光明一看，哟！援军到了！谁啊？仔细辨辨飞机编号，一架是2101，"铁面判官"李桂丹，一架是2202，"望天犼"郑少愚！

原来，李桂丹第二个上的天，一看张光明危急，赶紧飞上前去，揍下一架敌机，给张光明打开出口，随后郑少愚也到了！两架飞机组成编队，跟敌机周旋开了！李桂丹先上，一阵扫射。等飞机一错身，李桂丹把飞机往上一拉，换郑少愚，这一来一回，敌人受不了啊！这都是老式的飞机，凭速度，比咱们低了不止一个等级！这一个不留神，又让郑少愚和李桂丹揍下一架。剩下一架一看不对，想跑，哪儿那么容易啊？高志航、谭文、乐以琴、毛瀛初、梁添成、王文骅等一批飞机都起来了，前堵后截，"乒乒乓乓"一顿胖揍，这四架89舰攻一个也没跑了，全部坠毁，好不容易有几个跳伞的，也因为没看地上的情况，全掉到钱塘江里溺死了。

又一次旗开得胜啊！己方还没有损失，大家都高兴得不得了，亏得这是在飞机上，必须稳当点，要不然早就美得奔儿奔儿蹦了！

别人都高兴，有人还疑虑重重啊！谁啊？高志航。要说高大队长，向来是身先士卒，这回怎么上来晚了呢？原因很简单，刚才电话来的时候，他在邢铲非身边，内容他也听见了，高志航一琢磨：大批飞机？要使用这个词的话，怎么也得二三十架，这一批才4架，肯定没完啊！想到这儿，高志航看看油量表，还行，没费多少，且能飞呢。想到这儿，高志航一晃翅膀，往远处飞，队员们一看，哟！这是让我们在天上巡逻待命啊！没说的！队员们看到这，自发的两两一队，四散巡逻。且说高志航，高志航跟王文骅一队，两个人往东南巡逻，这时太阳已经挺高的了，阳光也晃眼，两个人边飞边眯眼寻找，看着看着，高志航感觉眼花了，怎么太阳上有黑点啊？难道是太阳黑子？不对，太阳黑子没那么大个。是我眼花了？高志航腾出手来揉揉眼，再看看，黑点还在，而且逐渐变大，变成了扁片，坏了！那是飞机！

高志航为了保险起见，想先看看这是敌机还是自己人！一摇晃翅膀，钻云层里了，王文骅也一起进去了。云层中不容易被发现，这要是自己人，就放他们过去，要是敌人，直接就可以冲出来突袭！

高志航在云层中，把速度减慢，等着对方来。等啊等，到了近前仔细一看，哟！这是双翼的轰炸机，再看看，这不是刚才来的那种89式舰攻吗？哟！敌袭！想到这儿，高志航一脚油门，俯冲下去，同时就是一串子弹！

"嗒嗒嗒嗒！"

再说敌机这边，由于是分批从不同方向来的，所以时间不一样，这一批稍慢了一点，但数量多啊！9架，分两个编队。可是高志航这一突袭，仍然是猝不及防啊！再加上高志航打得真够准的，一串子弹下去，敌人的长机飞行员当场阵亡！旁边2架僚机一看，妈的妈，我的姥姥！这是要命的阎王啊！赶紧跑吧！

这2架飞机掉头就跑，后面还一个编队呢，6架，这6架飞机一看，嘿！支那就2架飞机，有什么可跑的？再一看，哟！这架飞机与众不同啊！我们听说，支那飞机编号全是数字，这架是IV-1，看来不是一般人物！于是6架飞机冲上去，十几挺机枪就给高志航织了一道火网！高志航一看，哟！这火力网真够密的，我得留神啊！刚想到这儿，"叮当！噗！"，高志航就觉得左手使不上劲了，再一看，左手被子弹打穿了，血"吱"就冒出来了！高志航一看，我不能下去啊！现在队友们还没过来，我要是撤了，6对1，王文骅也就完了！我们的机场也得让人家炸了！我怎么地也得支撑到我们的战友上来！

想到这儿，高志航把脖子上的围巾解下，当时的飞行员，因为在飞机上需要不停地上下左右张望，一个是测算方向和速度，另外就是观测敌机的位置，所以脖子很累，军委会那边特意下令，所有的飞行员，都配有一条丝绸围巾，保护脖子。今天高志航就给当了绷带了！凑合缠了两下，用牙咬着一系扣，然后高志航用右手和双腿夹紧操纵杆，接着跟敌人周旋上了！

说周旋，哪那么容易？当时的霍克3，远不及几年后的零式、P40、P51等世界名机来得完备，机枪和操纵杆都是分离的，双手一起还凑合，一个操纵，一个开枪，只剩了单手可就惨了！高志航的机枪断断续续，飞机动作也明显迟缓了，机身上被开了好几个洞，惨透了！旁边的王文骅也好不到哪里去，俗话说，双拳难敌四手，好虎架不住群狼啊！两个人当时是险象环生！

就在这时候，远处又来了两架飞机，一架是航校3期学员，四川人乐以琴，他可是抗战初期咱们最著名的四大天王之一！还一个是航校6期的梁添成，他也不简单，是活跃在抗战中期的四小天王之一。轮到搜索的时候，这俩天王是一组，他们往南搜索，离着高志航不太远，等高志航这边交上火，他们马上就发现了。乐以琴一马当先啊！对着一架敌机就冲过去了！咬牙切齿的就是一梭子！

"嗒嗒嗒嗒嗒嗒！"

这一串子弹打起来没完了！打得旁边的梁添成直嘬牙花子，梁添成心说：以琴学长啊！你有必要这么干吗？有人问了，乐以琴干什么咬牙切齿的啊？还打起来没完了？这告诉您，他憋着火呢！刚才那一拨敌机，他是一个没捞上！队友们手都比他快，乐以琴还没等锁定敌机呢，队友上来，"嗒嗒嗒！"，"呜——"，敌机坠毁。再找一个，还没等瞄准呢，又来一个队友，"嗒嗒嗒！"，"呜——"，又坠毁了。乐以琴心里特别不痛快：格老子！难道今天轮不到老子开荤了？

这好不容易看见敌机了，乐以琴眼睫毛都乐开花了，冲上去疯狂扫射！别说，真见效！敌机中的三个人，领航员、投弹手、驾驶员全部玉碎，飞机直挺挺地栽下去了！这时候，梁添成也加入战团，4对5，敌人的数量优势瞬间就被抵没了！乐以琴得理不饶人啊，浑身上下一摸，没受伤，高兴坏了！拉起飞机又对着一架敌机的机头冲过去了！这下把高志航、梁添成、王文骅都吓了一跳！哪有这么干的？飞机最强的都是正面，机枪多啊！所以一般空中格斗都要抓住对方比较弱的尾巴，因此西方人给起了个好玩的称呼，叫狗斗（dog fighting），形容这种打法类似于狗打架，专咬对方尾巴。等到这词传入中国，中国人一琢磨：狗斗，这不成了狗咬狗，一嘴毛了？干脆叫"格斗"吧！可改名归改名，原则不变。今天乐以琴来了个邪的，正面对正面，这就靠勇气了！乐以琴直眉瞪眼的，一脚把油门踩到底，对着日本飞机的机头就过去了！这日本飞行员叫倒霉太郎，他一看就傻了：啊？支那飞行员不要命了！这样下去，我就算把他打死，他也得把我撞下来！算了，你不要命，我要命！

想到这儿，倒霉太郎把飞机往上一拉，这下把肚子露给乐以琴了，这种89舰攻，肚子下面除了炸弹架，就是炸弹，乐以琴一看，乐坏了！

"嗒嗒嗒嗒！轰！"

这一串子弹，正好把敌机的炸弹打爆，倒霉太郎他们几个，当时就被炸得尸骨无存！真够倒霉的！

乐以琴一看，美坏了！格老子，狗屁武士道啊！小日本子你们也是父精母血的肉人，比我还怕死！想到这儿，又一拉机头，迎着另一架敌机冲了过去！对方一看，哎呀妈呀！这家伙怎么不怕死啊？这一个愣神的工夫，乐以琴又杀到近前，一阵扫射，把发动机打爆，日本飞机又栽下去了。这下成了4∶3，高志航一看，也高兴啊！以琴啊，你可把我救了！高志航也不是不想继续打，左手重伤，使不上劲啊！而且他刚才勉力接战，飞机已经被打得弹痕累累了，咱们说，高志航厉害归厉害，外号是玉面阎王，可他毕竟是人，没法违反物理定律，所以该受伤还是得受伤，到了现在，人机皆伤，只能勉强飞下去降落了。王文骅呢，飞机也挺惨，这一看，旁边还有队友围过来，我也不用等着了，我这飞机也受了不少的伤，勉强下去没必要，所以也下去了。

这一下去不要紧，正好看见又有两架日本飞机从低空接近机场，王文骅一看，哎？这两架哪儿来的？就是刚才逃跑的那两架。原来，刚才高志航一举打下编队的长机之后，这两架掉头就跑，把剩下六架留给了高志航、乐以琴他们。等跑到一半，这两架飞机的飞行员一琢磨：这么跑也不像话啊！支那才两架飞机，我们即使被打下去1架，还剩8架，怕他何来？而且这要是让别的飞行员回去报告了，说我们未战先怯，我们也得切腹！想到这儿，这两架飞机的飞行员互相一招呼，往回飞，想要痛打落水狗，等再往天上一看，战场形势已经发生了逆转，支那变成了4架，自己这边只剩了3架，这俩一琢磨：算了，他们打他们的吧，我们别作声，趁机把支那机场炸了，来个闷声发大财！这多好！到时候一点计战果，就我们俩立功，这叫人前显圣，鳌里夺尊啊！

这俩人想得挺好，没想到正赶上王文骅脱离战线下来，王文骅一看，哎哟！这是要玩阴的啊！想得美！我在这儿，你们成功不了，所以王文骅一脚油门，飞机俯冲下来，"嗒嗒嗒！"

这两架89式舰攻，猝不及防啊！当时就被王文骅打爆了一架。另一架慌不择路啊！想往北面，也就是上海方向逃，航空母舰在那边啊！没想到又扎进了中国空军的包围圈，在混乱中被彻底打爆。

与此同时，北边也交上火了！日军的第三批5架89式舰攻到了，日军本来想几拨飞机从不同的方向突袭，让中国空军首尾不能相顾。可他们碰上的是谁啊？为首的就是21中队中队长"铁面判官"李桂丹，和他同组的是"望天犼"郑少愚，以及"荒原秃鹫"柳哲生等骁将，这还能好得了？"乒乒乓乓"一顿暴揍，5架又都没跑了。咱们呢，除了几架飞机轻伤之外，什么损失都没有！美中不足的就是，高志航左手受伤，进了医院。

等从飞机上下来，飞行员们都乐开花了！今天大部分人都开荤了！一个一个汇报战果，地面上也有观战的，一起核对。这一对不要紧，今天半个小时之内，总共干掉了敌人18架飞机！地面部队还俘虏了一个日军少尉飞行员，这次战斗史称"八一五杭州火鸡猎杀战"，形容此战跟打火鸡一样！就连后来的日本史料记载这一仗，都承认，中国空军轻轻松松一场完胜！其中，最疯狂的就是乐以琴，他是一战成名啊！除了前面他揍下的三架之外，他还支援北边，揍下一架，这一战总共揍下飞机4架，您想想，5架就成王牌了！这还了得！邢铲非赶紧往总部打电话，汇报战果。

乐以琴也高兴坏了："兄弟们，今天咱们大显神威，把日本飞机当火鸡宰，可

八一五火鸡猎杀战，梁又铭作，此画藏于台湾冈山空军军官学校中华民国空军军史馆。8月15日，中国空军一次性揍下了18架日军轰炸机，战果显著。可日军仍然觉得"战斗机无用"

咱们高大队长还不知道呢，咱们赶紧去告诉他，让他也高兴高兴！"

"对！赶紧告诉咱们高大队长！"

大家都想去，可是一琢磨：不行啊！咱们这打着仗呢，这批日军被全歼了，谁知道他们什么时候还来啊？不能棋胜不顾家！最后算来算去，让两个人代表全大队去，谁啊？第一个就是乐以琴，今天数他风光啊！另一个呢，是21中队中队长李桂丹，今天他的战绩也不错，击落两架，跟人家合作击落两架，合计战绩3架。

再说高志航，他在医院憋得心急火燎啊！他下来就被送进了医院，不知道结果啊！等李桂丹和乐以琴到了医院一说："高队，咱们今天打下18架敌机！大获全胜啊！以琴老弟今天极为神勇，打下4架！"

"别别别，高队，李中队长才厉害呢！日军当时全盯着您呢，我是占了个便宜。李中队长今天也不软，也3架呢！"

高志航听了，当然高兴啊！可还没等说什么呢，就听见医院门口一阵大乱！

第二十四回　乐以琴感恩得绰号
　　　　　三大队南京显神威

高志航在八一五杭州空战之中负伤，进了医院，等到战斗结束后，手下干将李桂丹、乐以琴马上来看他。这两个人是八一五空战中表现最突出的，李桂丹击落两架，合作击落两架，合计战果3架。乐以琴更厉害，一举打下4架飞机！高志航一听，这一仗一共干掉18架日本飞机，能不高兴吗？可这还没等说什么呢，就听医院外面一阵大乱："我们要见高大队长！"

"高大队长在哪儿呢？"

高志航一听，赶紧领着两个战友出来看，一看，来的都是老百姓，有不少手里还提着水果、点心等慰问品。这是怎么回事呢？原来，这些老百姓都是机场附近的居民，8·15空战开始之后，这些老百姓本来要跑，再一看，双方飞机在打呢，正好有一架被击中，拖着黑烟坠下来了，有人眼尖："哎！这飞机带着膏药旗呢，是日本飞机！咱们赢啦！"

"赢啦！"

一会儿，又掉下几架飞机来，有人还数呢："一、二、三……八、九、十……十六、十七、十八！没了！咱把日本飞机打光了！咱们的飞行员是谁啊？"

有人见识还挺广："我可听说啊！来的这是咱们空军第四大队，大队长是高志航！哎！哪个是高大队长啊？"

"估计是那个吧！我看他至少打下三架敌机！"

"胡说八道！我看是那个，他打下十架！"

您看，这还打起来了。最后有人又听说，高志航进医院了，回来一扇呼："高大队长让日本鬼子打伤了！在医院呢！"

"什么！咱可得看看去啊！没高大队长，今天咱们全得被小日本炸死！"

一呼百应啊！老百姓自发组织起来，跑到了杭州医院，看望高志航。高志航一看，感动得无可无不可啊！赶紧说："乡亲们！我高志航不过是一介武夫，有何德何能？怎么敢劳大家来看我啊！"

"没说的！没说的！高大队长，没您，我们就被小鬼子炸死了！您可是我们脑瓜顶上的钢盔啊！"

"是啊！高大队长，您一下打下了十架敌机，英勇负伤，我们来看看还不应该？这是礼物，您收下！"

"是啊！您赶紧收下，养好了伤，再揍下他小日本子一百多架！"

高志航一听，乐了："各位别误会，我这跟各位说啊，今天我们一共打下了小日本18架飞机，我高志航不过才打下了一架，怎么敢接受大家这么多礼物啊？这都是我们第四大队的战士打的。大家看啊！这是我们的中队长李桂丹，外号铁面判官，他今天打下3架敌机！另外，以琴，过来！"

乐以琴紧走两步，过来了。老百姓一看，这人黄白镜子，瓜子脸，别看颧骨有点高，也算得上眉清目秀。再看看，嚯！这人可真不矮！咱们书中代言，高志航和李桂丹的个头不高，都是1米65上下，乐以琴可不一样，将近1米8的个头，跟高志航、李桂丹一比，显得高人一头，夸人一臂，跟铁塔相似！

高志航继续说："各位！这位叫乐以琴，也是我们的飞行员，今天一战，揍下小日本4架飞机，我高志航跟他没法比啊！他才是咱们的第一功臣！他才是咱们脑袋顶上的钢盔哪！"

乐以琴脸当时就红了："大队长，我怎么能跟您比呢？"

旁边有人吵吵上了："高大队长！我听说您的绰号是玉面阎王。李中队长呢，绰号铁面判官，您俩是一个阎王、一个判官，咱们这位以琴兄弟，有没有绰号？"

高志航一乐："各位，我们这个小兄弟还没绰号，要不然，大家给起一个吧！"

底下的老百姓一听，叽叽喳喳议论开了，有说叫"克日本"的，有说叫"斩倭寇"的，吵作一团啊！最后有一个人站出来了："各位，我起了一个，几位飞将军看看行不行啊！来啊！笔墨伺候！"

感情这位书法还不错，笔墨拿来，此人刷刷点点，写了八个大字，"空中子龙，江南钢盔"。高志航一看，挺高兴："以琴啊！你看看，这是百姓对你的愿望啊，想让你当空中赵子龙，也想让你做江南人民头上的钢盔，你看这个外号怎么样？"

乐以琴一看："好啊！我就这个外号了！以后我一定不负各位所望，当个空中赵子龙，现在给江南人民当钢盔，以后给中国人民当钢盔！有我在，小日本子就别想在咱们头上胡来！"

"哗！"

大伙是紧着给鼓掌啊！

有人问了，杭州空战获得全胜，南京呢？不是有一部分飞机往南京方向去了吗？原来，日军是有一部分飞机往南京方面去了，不过由于台风刚过，云层还在，日军飞机转迷糊了，没找到南京，只能返航，返航的半截，正好看见咱们的曹娥机场，正好，顺手

八一五一战成名的乐以琴，外号"空中子龙，江南钢盔"

就炸了吧！可咱们能那么容易让他炸吗？曹娥机场有咱们的第九大队，第九大队是负责对地攻击的，装备的飞机是美国造雪莱克对地攻击机，机枪是固定向斜下方的。按说，他们就负责对地攻击，空战没他们的份儿，今天一看，嘿！日本人偏偏轰炸我们这儿，我们怎么也得保卫机场啊！

于是第九大队26中队中队长王汉勋带队，十几架飞机腾空而起，准备迎击。到天上一看，王汉勋乐了！为什么啊？原来，日军此次出动的俯冲轰炸机，叫作94式舰爆。日军要是派平常来的96陆攻或者89舰攻，这俩的低空格斗能力都不错，对付咱的霍克3可能差点，但要是对付咱雪莱克对地攻击机，基本上就横扫了。可偏偏这次派的94式舰爆，是日本仿德国制造的俯冲轰炸机，轰炸的时候得俯冲下去投弹。要说这种战法，在当时来讲，相当先进，可碰上咱们的雪莱克对地攻击机，简直是碰上了前世的克星！咱们的机枪对准的就是斜下方，日本飞机一俯冲，正好冲到咱枪口下面，被咱们的雪莱克攻击机一阵扫射，干掉3架，剩下的落荒而逃！

这回连不是战斗机的雪莱克对地攻击机都开了荤，消息传来，别人都高兴，有人不高兴啊！谁啊？就是第三大队的飞行员们，同为驱逐大队，第四大队战绩斐然，第五大队虽然没那么好的机会，至少也参与了一线的轰炸，见过日本鬼子的面。可我们呢？我们防守南京，不能轻动啊！怎么他们都能上天打，我们就不行呢？

这种情绪只持续到8月15日下午，因为日军来偷袭了！目标南京，执行偷袭任务的是木更津航空队。八一四一战，鹿屋航空队率先出动，结果让第四大队一顿暴揍，身为中攻四天王之一的新田慎一少佐直接被高志航击毙，还被揍下飞机3架，严重损毁1架，颜面尽失啊！不过为了面子，鹿屋航空队报告：我方英勇奋战，支那笕桥机场严重损毁，地面飞机被炸毁10架，我方另击落支那战机8架，新田少佐等三机飞行员不幸玉碎。

其实这根本是胡说八道！旁边的木更津航空队队长林田如虎少佐一听，心中暗笑：这个战果按说不错，可你们连新田队长都赔上了，还有什么值得骄傲的？这回我亲自带队，肯定比你们强！

可是说归说，做归做，他们碰上的是憋足了劲的第三大队，这第三大队有不少华侨和广东空军、广西空军的成员，当初归顺之后，蒋介石把他们分而治之，飞行员大多分散在第三大队的各中队，丁纪徐任第五大队大队长，黄光锐任笕桥航校校长，实际上给挂起来了。这样一来，原广东、广西空军的飞行员非常受歧视，今天终于有机会展示自己了！木更津航空队刚刚飞越台湾海峡，人肉雷达站就把情报报告了南京，毛邦初和石邦藩反复测算，知道是奔南京的。情报一出，第三大队做好了准备，加上周庭芳的暂编34中队一起，在句容上空把木更津航空队一顿痛打！木更津航空队被击落4架，此外还有6架重伤，勉强飞回，回去之后，直接进厂大修，他们也没比鹿屋航空队好哪儿去！

到了现在，日军还不服啊！8月16日，木更津航空队联合鹿屋航空队一起出击，要给南京来个外科手术般的轰炸！可这一次，日军根本没机会！因为"战斗机无用论"的盛行，日军没有战斗机护航，所以日本虽然派出了有格斗能力的96式陆攻，仍然比不了咱们的霍克3，结果根本没到南京上空，就让咱们的三、四、五大队合力一顿好打，8架敌机报销，剩下的飞机一看不妙，逃之夭夭。后来甚至有飞行员开玩笑："听说鹿屋航空队和木更津航空队隶属于日本第一联合航空队，外号虎之子。他们要是老虎的儿子，我们就是老虎他爹！打你，就跟爷爷打孙子一样！"

日本人几次突袭南京不成，但也对中国空军造成了不小的影响。首先一个，咱们的战机虽然损失不算大，但大多都挂了点轻伤，咱们的备用零件少啊！所以飞机一架接一架的报废。而且由于咱们集中防守南京，轰炸上海方面的日军，力度比之前减弱了不少。现在，作为主力的几个大队互有分工，第二大队都是轰炸机，负责继续轰炸上海方面的日军；第三大队是驱逐机队，负责守卫南京；第四大队，那是王牌大队啊！几天的战斗，就属他们最光彩，他们负责南边的上海、南京、杭州这一个三角。第五大队负责北边，上海、南京、苏州一个三角。四、五大队简直成了三路接应使，极其辛苦啊！

且说8月18日这一天，第二大队副队长孙桐岗继续带队，准备空袭上海的日军，这一阶段，日军的攻势越发猛烈，军委会和航空委员会不停地给下命令，轰炸这里，轰炸那里，可咱们的轰炸机一共就那么多，孙桐岗再能，手大捂不过天来！没办法，只能把第二大队分散使用，三个中队分别轰炸不同的目标，其中孙桐岗亲自带领第九中队，任务是轰炸长江里的日本军舰。军委会已经下令，务必将这些日本军舰全歼！

有人问了，为什么蒋介石那么恨这些日本军舰啊？原来，这批军舰，虽然在日本联合舰队中，根本排不上号，旗舰出云号，排水量近1万吨，不过是1900年服役的老军舰了，虽然年岁已老，但经过现代化改装，战斗力还不错。相比来讲，咱们的海军就差多了，只能龟缩在江阴要塞，避免日军抄后路。所以这个出云号在上海就撒开欢了！出云号的主炮口径203毫米，威力极大啊！一炮下去，往往半个连的人马都被炸飞了！所以有不少前线的士兵，看见日本的大军舰就哆嗦！蒋介石是恨之入骨啊！所以严令炸沉出云号。可出云号运气不错，从8·14开始，咱们不管是轰炸、鱼雷、水雷，都没能将其炸沉，所以蒋介石天天下的头一个命令，就是严令各部，一定炸沉出云号！

也就因此，孙桐岗要亲带第九中队执行这个任务。等把任务布置好了，其余的

让蒋介石恨得牙根痒痒的日本海军侵华的旗舰出云号

第二十四回　乐以琴感恩得绰号　三大队南京显神威

中队率先起飞了，孙桐岗也要登机，刚要上梯子，机械师过来了："孙队！您稍等等，还有一个零件得换！"

孙桐岗一听就急了："怎么回事？刚才我下命令的时候，你还不说换，怎么要起飞了，才想起来啊？"

这个机械师还挺委屈："孙队，您也不是不知道，这两天您们一次次轰炸，机械部件就是不伤也疲劳了，刚才一发动，我们才听出声音不对。"

"需要多长时间？"

"时间不长，十五分钟就完事！"

"快换！"

"是！"

所以孙桐岗就没上飞机，看着其余的飞机起飞。这时候，旁边过来两个人，孙桐岗一看，就是一愣！

第二十五回　沈崇海勇撞敌舰　刘粹刚大战上海

　　孙桐岗由于飞机故障，就没上飞机，等着机械师修理，反正15分钟的事，马上就完。
　　这时候，旁边两个人，孙桐岗一看，一个是901号驾驶员，也是第九中队中队长谢郁青，另一个是904号飞机驾驶员，分队长沈崇海，外号索命鬼。这俩人正要起飞，一看带队的副大队长没上飞机，都挺奇怪。因为第二大队，大队长张廷孟，是毛邦初的把兄弟，兼任轰炸机队的总队长，一般坐镇办公室，负责协调，第二大队的实际负责人就是孙桐岗，每次出击，他都是身先士卒，今天怎么回事？谢郁青上去一问："孙队，您的飞机有故障？"
　　"嗯，没事，有15分钟就换好，你们先走，郁青，你是中队长，这次就由你指挥，我一会儿就赶过去！"
　　"是！"
　　谢郁青走了，旁边跟着的沈崇海还挺幽默："孙队，你赶紧到上海来啊！我就在天上等你！"
　　于是，第九中队先行出发，孙桐岗等来等去，心急如焚啊！其实时间也不长，15分钟都不到，零件更换完毕，孙桐岗驾机起飞，直扑日军的舰队！等到了日军舰队上空，孙桐岗一看，咱们的飞机正围着日军的舰队炸呢！日军最大的一艘军舰被炸得尤其惨！四周水柱被炸起好几十道，甲板上的日本水兵，也被炸得横躺竖卧。孙桐岗挺高兴，可他看着挺奇怪，哎？这艘最大的，是出云号吗？似乎不是啊！这艘要比出云号小……
　　正想到这儿，只见旁边一架飞机，螺旋桨是越转越慢，直挺挺地朝着那艘最大的日本军舰冲过去了！孙桐岗眼睛挺好，一看，哟！904，这不是沈崇海吗？他要干什么？
　　只见这架904号轰炸机，直挺挺地冲过去，一头撞在敌舰上！
　　"轰！"

这艘军舰当场沉没，904号轰炸机也同归于尽。

有人问了，怎么回事？原来，904号，也就是沈崇诲的轰炸机，后座投弹手陈锡纯，这俩人刚一进入轰炸，飞机就出现了故障，螺旋桨停转了！要是一般出现这状况，挺简单，迫降就得了！可是沈崇诲一看，下面就是中日双方交战的最前沿。如果迫降到了日军阵地，那我们是十死无生啊！而且我军眼看我们的飞机被日军占领，士气也低。如果我们运气好，迫降到了我方阵地，我们的战士为了救助我们，也会使战况急转直下。我们空军，乃是先锋，打仗要先行的！与其给我们的同袍造成不良影响，不如撞了对方的旗舰！

想到这儿，沈崇诲跟后座的投弹手陈锡纯一商量，陈锡纯也同意："没问题！咱们当初在航校的时候，就老说，我们的身体、飞机，当与敌人的飞机、兵舰、阵地同归于尽！今天正好，与其给咱们的同袍造成麻烦，不如给敌人来点刺激的！我这儿的炸弹还没扔呢，干脆咱就让出云号一人独享了吧！"

"对！我们的身体、飞机，当与敌人的飞机、兵舰、阵地同归于尽！"

想到这儿，俩人往底下看看，一看，哟！就那一艘最大，估计就是出云号了！看我们的吧！想到这儿，沈崇诲一拉飞机，就撞向了日军那艘最大的军舰，双方同归于尽！

有人问了，这是出云号吗？这告诉您，不是。这是日军的一艘补给船，出云号呢，今天没在码头，去别处炮击咱们阵地去了，这回让它捡了个便宜。不过咱们书中代言，这一天，还出了一位撞机英雄，第四大队的秦家柱，他因为飞机负伤无法返航，干脆猛撞出云号！可惜出云号火力太强，秦家柱再次被击中，机毁人亡，没有成功。

咱们再说沈崇诲这边，他撞完了，第二大队的第九中队的各架战机一看，震惊异常啊！不止他们震惊，还有一个人也十分震惊，谁啊？此人是个日本人，叫作大西泷治郎，时任大佐。熟悉"二战"史的朋友可能知道，他是神风特工队的创始者，后来做到了中将军衔。原来，这两天，第一联合航空队战斗极其不顺，弄得日本的海军航空兵很没面子，特别是木更津航空队，队长石井义将大佐畏罪剖腹，整个航空队的士气低落到了极点。为了振奋士气，日军大本营委派大西泷治郎大佐前来督战。大西泷治郎大佐来了，命令第一联合航空队，再次空袭南京，而且他亲自压阵。原来是主要轰炸军事设施和政府机关，这回不管了！无差别轰炸，只要是支那人，就全都炸死！

您说咱能给他这个机会吗？蒋介石就担心这个，所以严令周至柔、毛邦初守卫首都安全，俩人一商议，把三、四、五三个驱逐大队，全都集中在了南京，所以大西泷治郎这次来，仍然没讨着便宜。大西泷治郎弄得挺没面子，最后一琢磨：去上

同归于尽，梁又铭作，此画藏于台湾冈山空军军官学校中华民国空军军史馆。沈崇诲驾机与敌舰同归于尽，但可惜，他所撞的不是出云号

海看看吧！哪怕炸一炸支那军的前线呢，也比没战果强！

结果刚到前线，就看到了沈崇海驾机撞军舰这一幕！大西泷治郎一看，哟西！支那人真够猛的！我们大日本帝国要全都是这样的猛士，何愁大东亚圣战的胜利啊！

有人说，后来大西泷治郎发明了神风特工队的自杀战术，就和沈崇海有关，不过这都是猜想，是不是就不清楚了。

撞向出云舰尾的中国战机，日军虽指为"轰炸机（爆击机）"，但这个很有可能是四大队的秦家柱

这大西泷治郎没敢多停，跑了。下面的军舰继续遭到第九中队的轰炸，下面的水兵一看不干了！赶紧呼叫航空母舰："莫西莫西！我们遭到支那飞机的猛烈轰炸！马上派飞机来帮我们！"

这两天天气转好，所以航空母舰那边的战斗机赶紧起飞，对着第九中队的飞机就来了！日军这回派出来的是中岛95式舰战，技术参数跟霍克3相仿，也是双翼的战斗机，这一来就来了10架。现在咱们的第九中队，加上孙桐岗在内，也就是9架轰炸机，机动性远不如人家。这一交手不要紧，让人撵着屁股打！孙桐岗一看，坏了！这是要归位的节奏啊！不行！怎么我也得跟他们拼一拼！

想到这儿，孙桐岗一拧机头，对着头前的一架敌机就开了火了！

"嗒嗒嗒！"

对方一看，斜着一拉翅膀，子弹扫空。咱们实话实说，咱们的轰炸机跟人家的机动性差太远了！人家来了个一盯一，还有一架四面支援，飞机围着咱们的轰炸机左咬一口，右咬一口，打得不亦乐乎啊！孙桐岗一看，悬了！到了现在，逃也逃不了，人家比你快，只能来硬的了，我跟你拼正面，这样我们的劣势还算小点。可是硬也不行啊！人家根本不跟你正面对垒，瞬时间，人家的子弹蹭着咱们的驾驶舱飞啊！咱们的飞机中弹无数！孙桐岗一看，完！今天算彻底玩完！

正想着呢，就见子弹雨停了，孙桐岗还琢磨呢，怎么不打了？转头一看，嘿！尾随自己的这架敌机拖着黑烟坠下去了！谁啊？来得这么及时。

孙桐岗左右找找，哎！还真找着了，一看，几架霍克3加入战团，为首的一架，编号2401，乃是红武士，赛子龙，毒手狠命小罗成，刘粹刚！孙桐岗一看就放心了，哎哟！我的刘爷啊！你可把我给救了！

咱们说，这些天第五大队大多在南京防守，刘粹刚怎么来的呢？这是因为第五大队大队长丁纪徐的安排。原来，丁纪徐虽然按照要求，把主力调往南京，但丁纪徐还是放心不下啊！最近日军在上海的攻势越来越猛，轰炸大队天天都得出击，没有我们驱逐机护航，这不是给日本人当靶子吗？

所以丁纪徐赶紧秘密请示毛邦初，毛邦初一看，的确，要是把三、四、五驱逐大队

123

集中在南京，放弃上海，这损失就太大了！但是毛邦初也不敢违抗军委会的命令，所以秘密给丁纪徐打电话："你可以留一个中队负责上海方向，但不能影响南京防务！"

"明白！"

其实第五大队的队员个个是好汉，丁纪徐选了又选，拔了又拔，最后选了9架飞机，混编了一个中队，负责上海方向的空中支援，中队长就是丁纪徐手下的头一号悍将，刘粹刚。副中队长叫董明德，也是员骁将！

再说刘粹刚，8月14日，他独自带领3架飞机出击，轰炸日军的海军陆战队总部，结果两个副手，袁葆康机毁，祝鸿信人亡，刘粹刚后悔得不得了啊！为此还立下军令状，三天之内，要击落两架日军战机偿还。还别说，他说到做到，8月16日，8月17日，他接连击落两架敌机。大队长丁纪徐一看："行啊！粹刚，你还真能话符前言，三天击落两架敌机！不简单啊！"

"嘿！大队长，别提了！日本人逃得太快！不然，我还能揍他几架！我说大队长，我也看了，上海前线挺好，日本飞机老来，我是见他们一次，揍他们一次！您能保证我一直在上海前线打就行！再有点时日，我还给他打下十架八架来！"

也就因为有这话，所以丁纪徐钦点刘粹刚带队留在上海前线，刘粹刚高兴啊！天天带着炸弹上天，炸炸这儿，扫扫那儿，天天得给日本人点颜色看看。可是美中不足啊！老遇不上日本飞机，已经三天没开胡了。今天上天之后，炸了两圈一看，哟！那不是我们的轰炸机吗？坏了！让日本人缠上了！走你！

刘粹刚一踩油门，带着一个中队加入战团，这算把孙桐岗他们给救了！

刘粹刚一马当先啊！对着追孙桐岗的95式舰战一阵扫射，当时就给他开了十几个洞，日本飞行员一看，妈的妈，我的姥姥！还打个屁啊！再打命就没了！跑吧！刘粹刚一看，想跑？没那么容易！

一拉飞机，想要接着扫！这时候耳边就听，"嗖嗖嗖！叮当叮当！"，刘粹刚知道，螳螂捕蝉，黄雀在后，有人追着自己打呢！谁那么大胆子，敢打搅我捕猎？

刘粹刚算了算，现在的方向是冲南边，挺好！再往回看看，后面那架飞机离得挺近。刘粹刚使劲往怀里一拉操纵杆，飞机"嘣"就立起来了！这招玩得可悬啊！做得得够火候，不然这一下，飞机几乎静止，正好当了敌人的靶子！

刘粹刚这一手，玩了好几百遍，熟练异常啊！这么突然一来，后面的日本飞机根本没反应过来，"呜！"，冲到前面去了。刘粹刚把飞机向上，翻了半个筋斗，然后把飞机转过来一抹头，这招世界知名啊！叫殷麦曼螺旋！刘粹刚再一看，日本飞机跑他底下去了，冷笑一声："好小子，敢偷袭我，我要是不把你揍下来，我就姓你姓！"

刘粹刚一脚把油门踩到底，飞机"呜！"俯冲下来，直奔敌机！这个日本飞行员也倒霉点，刚才本来追得挺好，一下刘粹刚就不见了！再抬头看，上面是太阳，晃得他睁不开眼了。就在这时，刘粹刚到了！

"嗒嗒嗒！"

"叮当！噗噗！吱！"

这一下直接给他发动机打爆，飞机拖着黑烟栽下去了！刘粹刚美啊！好小子，谁让你那么张狂，我叫你死得连渣都没有！正想着呢，又来一架，撵着刘粹刚的屁股就来了！刘粹刚一看，来得好！再叫你离近点，我来个照方吃炒肉，用同样的招干掉你！

这个日本飞行员叫倒霉次郎，是倒霉太郎他弟弟，他吸取刚才教训，就不离近了，保持一定距离，"嗒嗒嗒嗒！"，来回朝刘粹刚扫射。刘粹刚一看，嘿！好小子！你还长记性了！你有办法，我更有办法！

刘粹刚一松油门，往前一推操纵杆，飞机朝地面就下去了，那动作，根本不是降落，而像是坠毁。后面的倒霉次郎一看，哦！看来我是打中了。不过飞机没冒烟啊！估计是把飞行员打死了，行！我今天是首功一件啊！

一加油门，准备再挑架飞机打。正这时候，刘粹刚一掰机头，一脚油门，从对方肚子底下溜过来了！倒霉次郎看不见啊！

"嗒嗒嗒！呜！"

倒霉次郎当场坠毁。刘粹刚挺高兴，再看看旁边，另一员战将董明德也揍下一架敌机，其余的袁葆康、阎海文等，都在跟日本飞机缠斗，完全不落下风啊！刘粹刚挺高兴，接着加入战团！

这时候日本人一看，好！原先是9对9，我们是战斗机，支那人是轰炸机，现在好，变成了8对6，要了命了！再打就全军覆没了！走吧！于是剩下的逃之夭夭！

日本飞机走了，孙桐岗他们也不敢多待了，炸弹扔完了，子弹也打得差不多了，赶紧走吧！不走留在这儿，下一批日本战机来了，我们全是活靶子！于是他们也返航了。刘粹刚呢，别看没受伤，子弹消耗不少，于是一掉头也走了，回苏州机场。

再说刘粹刚，美！今天一战，揍下两架敌机，还重伤一架，这多好，干净利落解决战斗！等降落了，刘粹刚跳下飞机开始数，一架、两架……六架、七架、八架，哎？怎么就八架了？等刘粹刚一点人数，加自己在内，就八个人，队员阎海文没回来！刘粹刚看到这儿，当场就一愣！

第二十六回　阎海文自尽报国　九一八英雄出击

刘粹刚带着一个中队的飞机，跟日本战机一通交战，救了孙桐岗他们的轰炸机群，而且刘粹刚的战绩很不错，一次性凑下两架，打伤一架，队员董明德也开了荤，剩下的日本飞机见势不妙，逃之夭夭。

刘粹刚挺高兴，可等落地一点人数，傻了，少了一个人！谁啊？此人姓阎，叫阎海文，座机编号2510。刘粹刚心说：阎海文哪儿去了？难道是叛逃了？不可能！之前阎海文自己就说过，我是东北人，日本人占领了我的家乡，我跟他们有不共戴天之仇！难道说，被敌机偷袭了？不应该啊！我们返航的时候也没看见敌机，而且阎海文平常爱说个俏皮话，外号开心果。不过他的手段只在我之上，不在我之下，尤其射击，那叫一个准啊！打起仗来，在空中都能把人开膛摘心，这也叫开心果。一架敌机都不够他塞牙缝的！要是来个三五架敌机，我们也就看见了。这到底是怎么回事？

等天黑下来，阎海文仍然没归队，刘粹刚可就着急了！按照时间算，汽油早用完了，阎海文到底去哪儿了呢？当天晚上，刘粹刚还琢磨呢，董明德进来了："中队长！"

"明德，有什么事啊？"

"您看看这张报纸！"

刘粹刚拿过报纸一看，上面全是日文，看不懂，但有几张照片看得挺清楚，其中一张，日军登上一架在地上半损毁的霍克3，霍克3上面的编号挺明显：2510。刘粹刚心中一动，哟！这不是阎海文的飞机吗？

再往下一看，下面一张照片上，是一个坟墓，上面有木牌：支那空军勇士之墓。

刘粹刚看完，心中一震，难道阎海文真遭到不测了？这是怎么回事？

抗战初期的头号悍将刘粹刚

咱们书中代言，原来，刘粹刚他们编队返航的时候，阎海文殿后。这时候日本飞机虽然跑了，下面的日本军舰也没事了，一看，支那飞机要跑？杀给给！

"嗒嗒嗒嗒！"

高射机枪就是一阵扫射啊！在队伍最后的阎海文一个不慎，发动机中弹，飞机坠下去了，这时候别人都是兴高采烈，而且飞机没中弹，也就没往后看。

再说阎海文，他一看不好，下死了劲，把飞机往上拉，而且是左摇右摆啊！想办法找个平整的地方迫降。飞机宝贵，怎么也得想办法保住飞机啊！好不容易，终于找到块空地，阎海文使足了劲，哎！

飞机还是"咔嚓"一下摔到了地上，翅膀折断。阎海文呢，还挺幸运，没怎么受伤。等阎海文解开安全带，跳到地面上，就听周围："哈雅酷！哈雅酷！"

阎海文一听，这不是中文啊！坏了，我落在日本人的阵地里了！想到这儿，阎海文把左轮枪拔出来了，靠飞机站住。这时候，正好一小队日本人冒头了，阎海文抬手"砰！砰！砰！"

就是三枪！最前面的三个日本兵，当时就给来了个大揭盖！

剩下几个日本兵一看不好，赶紧往回就跑。这一小队日本人里还有个军官，一看有逃兵，当时就把战刀拔出来了："后退地，死啦死啦地！八格牙路！活捉支那飞行员！"

阎海文一听，八个轧路，我还十个轧你呢！轧死你们这帮狗日的！

紧接着，抬手又是两枪，两个日本人应声而倒。咱们前文说了，阎海文外号"开心果"，平常爱说两句俏皮话，逗大家开心，到了天上，也有开膛摘心的功夫！这回玩起手枪来，也一点不差！

不过开完五枪，阎海文也知道，就剩一颗子弹了。飞机上的包里，还有点备用子弹，现在眼看日本人就冲上来了，没时间拿啊！算了！我这也逃不了了，我等什么呢？还等日本人把我抓起来游街啊？想到这儿，阎海文把枪对准了自己的太阳穴："小日本！爷告诉你们！中国，没有被俘的空军！"

言毕，是举枪自尽！时年21岁。

这时候，日本人终于冲上来了，一看，这支那人还真够壮烈的！所以带队的日本军官往上一报告，上面下了命令，厚

第二十六回 阎海文自尽报国 九一八英雄出击

阎海文殉国，梁又铭作，此画藏于台湾冈山空军军官学校中华民国空军军史馆。阎海文被击落之后，举枪自尽，并且喊出了"中国无被俘之空军"的口号，后面还有不少英雄选择了一样的归宿

葬！这也就是刘粹刚他们看到的报纸内容。

当时，日军还把阎海文的飞行服、降落伞、手枪等遗物收集起来，拿回日本展览，引起了很大轰动。不少日本人因此惊呼："中国亦非昔日支那！"据说，在阎海文的飞行帽里，还找到了一张纸片，这是一封信，署名是刘月兰女士。

咱们说，阎海文不是个例，后来，航校六期的孙国藩、骆春霆，还有广东航校的朱均球等，座机先后被日军击落，几个人都选择了阎海文这样尊严的死法，日军敬服不已，也都给他们立了墓碑。

在接下来的日子里，中日双方仍然空战不休，日军始终没占到便宜，不过中国空军的代价也不小，第四大队代理大队长王天祥、分队长谭文等数名飞行员阵亡，飞机被击落的虽然不多，但由于受伤以及零件的疲劳，不少飞机都报废了，尤其第四、第五大队，最后被迫把有限的飞机，混编为一个大队，轮番出击。报废的飞机呢，拆吧拆吧当备用零件。

就这样，时间到了9月18日，飞行员们连续作战，毛邦初和周至柔都心疼啊！所以一早就赶到明故宫机场，也就是飞行员们的驻地。周至柔这时候一看手表，正是早饭的时候，去食堂看看吧！一进食堂，周至柔和毛邦初都愣了！为什么？桌子空空如也！没一个人吃饭。飞行员全坐在餐桌旁边，表情严肃。

周至柔一看："各位飞行员们辛苦了！你们不吃早饭，这是为什么？"

没人回答，毛邦初一看，嘿！没人听你的吧！看我的！

"你们为什么不吃早饭？"

又没人回答，毛邦初有点挂不住劲了："瀛初！"

毛瀛初是毛邦初的亲弟弟，他没脾气了，立正敬礼："有！"

"你们为什么不吃早饭？"

"报告副总指挥！今天是9·18，东北沦陷的国耻日，又是中秋节，我们兄弟如今吃好喝好，可沦陷区的人民，还在水深火热之中，甚至我们有些飞行员的家人，也还在沦陷区。我们不吃早饭，以表示与他们共同受苦之意和收复国土之心！"

周至柔一听，可不是！今天9·18啊！所以赶紧说："兄弟们！大家铭记国耻，我们非常理解！不过，我说一句，你们这样，纯属自残！完全没有必要。我们这里有情报显示，日军的军火今天就到上海，你们不如赶紧吃饱喝足，过会儿去把日军的军火炸了，让他们也知道知道咱们9·18的痛，给他们扔下大批的炸弹，以作纪念！大家以为如何？"

"好！"

"太好了！"

周至柔挺美："好！这就对了，下面让毛副总指挥给咱们说一下具体任务！"

毛邦初被周至柔一顿抢白，挺生气，但没办法，情报是一起知道的，计划主要是自己计划的，可人家嘴快啊！自己就吃亏了，只能暗气暗憋，表面还得装得不在乎："今天凌晨，我们刚刚得到情报，日军的新一批军火，即将到达上海的汇山码头。蒋委员长认为，这是日军将要大规模进攻的先兆，所以即令我们要延缓他们的进攻！今天中秋节，又是9·18，日子挺好，咱们就借着这个机会，把他们的军火库都炸掉，让他们知道知道，咱们中国空军还在！"

"明白！"

"明白！"

周至柔一乐："大家赶紧吃饭啊！不吃饭不能出任务，尤其你们东北的这几个啊！今天9·18，你们优先出任务，但是少吃一口，你们都别想上飞机！"

"是！"

"大家赶紧吃饭！"

别人都高兴了，可毛邦初又让周至柔一阵抢白，心里挺别扭。左看看，右看看，别人都挺高兴，唯独第四大队代理大队长王常立，还有飞行员李有干脸色很差，两个人边吃饭，边嘀咕。咱们书中代言，这第四大队这些天打下来，人员损失不小，大队长高志航受伤住院，之后第三大队副大队长王天祥代理第四大队大队长。要说这王天祥，在笕桥航校之前的航空班，就受过训练，也算是资深飞行员了，1932年的淞沪抗战，他就驾机参过战。可是瓦罐不离井台破，大将难免阵前亡啊！8月22日，他在空战中阵亡，死前揍下两架敌机。之后呢，同在第三大队任职的东北籍飞行员王常立，继续代理第四大队的大队长。

毛邦初呢，一看他表情与众不同，一脸的愁相，心说：周至柔心机挺重，跟东北籍的飞行员关系搞得不错，我就差得多啊！看来我也得下下功夫！想到这儿，毛邦初乐了，拉把凳子坐在王常立跟前："常立，有干！"

"副总指挥！"

"副总指挥！"

"你们的脸色怎么不好呢？"

"啊……副总指挥多虑了，我们没事。"

"哎！别这么说，一看你们这就是没睡好啊！有什么心事啊？"

王常立憋了半天："副总指挥，我梦见沈崇诲了，我看今天我是凶多吉少啊！"

毛邦初一皱眉，再看看李有干，李有干也点点头："我也一样，我们今天悬了！轻则重伤，重点，那就是死啊！"

咱们前文说了，沈崇诲驾着飞机撞沉日本一艘运输船，当场身亡。沈崇诲生前为人幽默、正直，跟好多人关系都不错。可之后，有些飞行员就梦见沈崇诲，沈崇诲在梦里就跟他们说："我好寂寞啊！你赶紧到上海来，我就在天上等你！"

凡是梦到沈崇诲的飞行员，第二天执行任务准出事！据说，第四大队的分队长谭文，头天夜里梦见沈崇诲，第二天出击就阵亡了！"望天犼"郑少愚头天梦到了沈崇诲，第二天一个不留神就叫日本人偷袭了，身中数弹，勉强跳伞，算是重伤不死。"夜猫子"吕基淳头天梦到沈崇诲，第二天也遭到日机偷袭，身中数弹，被打成重伤，但他还强点，勉强驾着飞机飞回，进了医院，除了他们之外，还有好几个飞行员也遭此横

129

祸！所以沈崇诲托梦，这简直成了一个恐怖的预言，碰上的人，非死即重伤啊！这简直成了民国空军史上的一个著名的灵异事件！有些人直骂："当初给沈崇诲取外号，非取什么索命鬼，这回好，真来索咱们的命了！"

所以今天王常立和李有干梦见了，心理压力极大啊！跟毛邦初这么一说，毛邦初当然知道这事，可他不信邪，当时一瞪眼："胡说八道！"

刚想发火，毛邦初一琢磨：人家都说我脾气大，今天我改改！想到这儿，又换了一副笑脸："常立、有干，这是迷信，你们别当真。沈崇诲是咱们的战友，咱们以他为荣，他为什么来索咱们的命呢？你们就是心理压力太大了！赶紧吃饭，吃完饭来开会，我要布置任务！"

等吃完了饭，大家来到会议室，毛邦初指着地图："大家看啊！这是上海的汇山码头，敌人的军火都在此集散，咱们务必要集中力量进行轰炸！还有这两个点，这是敌人的军火库，咱们也不能漏下。如今咱们的轰炸机群损失严重，已经撤到后面整编了，大家务必要小心，我认为，为了减小咱们的损失，一方面要选择夜间出击，另一方面，要同时对敌人的航空母舰进行火力压制，避免敌机起飞截击。所以咱们要兵分三路，一路负责码头，一路负责军火库，一路负责压制敌人航空母舰！行动！"

"明白！"

"明白！"

大家下去，纷纷行动啊！不过现在还是有个很大的问题，战士们缺乏夜航的训练，周至柔和毛邦初下令，机场灯火全开，当时是照如白昼啊！飞行员们兵分三路，尤其是东北籍的飞行员，参战更为踊跃。李桂丹带一路，轰炸上海的汇山码头；原第五大队的中队长胡庄如带队，轰炸日军的军火仓库；第四大队代理大队长王常立带队，负责对日军航空母舰进行火力压制，以免他们来捣乱，并且负责几路接应。

飞行员们兴致极高啊！纷纷起飞，各自执行任务，一点都不带浪费时间的！平常纪念9·18，都是绝食，那是自残式的纪念，这叫人为一口气，佛为一炷香。可今天不同了，让日本人多少也尝尝痛苦的滋味，这多好！

所以飞行员们几路出击，日本人这几天可美了！中国空军的袭击是越来越少，他们自己的报纸早都登了：支那空军业已全军覆没，我大日本皇军独霸亚洲天空！他们没想到，正在他们恬不知耻大说特说的时候，中国空军的炸弹早就瞄准了他们说大话的烂嘴！

第二十七回　中秋月夜炸日阵　山下七郎袭南京

俗话说，胡说八道是要付出代价的！这回日本人就是，眼看着中国空军对他们的空袭越来越少，就放出大话来了："支那空军业已全军覆没，我大日本皇军独霸亚洲天空！"

没想到这个节骨眼儿上，1937年9·18，也同样是中秋节，中国空军再次出动，目标就是日军新运来的军火。这次是夜袭，日军根本没想到啊！码头上，仓库这边，以及航空母舰上，灯火通明啊！这反而给中国空军指明了道路。

日本人还该忙什么就忙什么呢，毫无防备。这时候就见几队中国飞机，"呜——吱！吱！"

"咚！嘡！哗啦！"

这下给炸惨了！李桂丹这一队，一共6架飞机，来回反复，一共出动了4批，飞机一共17架次，直接将汇山码头化为火海啊！日军运来的军火几乎全被点着了！胡庄如这边也不差，几拨出击，两个仓库都给炸了个够呛。

不过王常立这边遇上了点麻烦。这次是突袭，所以一顿炸弹，把日军主力航空母舰龙骧号炸伤，虽不致沉没，但想起降飞机，没戏了。龙骧号是落荒而逃啊！王常立一看，怎么能轻易让你逃了呢？正准备率队追赶，这时候日军的高射

夜袭上海，梁又铭作，此画藏于台湾冈山空军军官学校中华民国空军军史馆。1937年9·18之夜，中国空军夜袭上海，重创日军

炮和高射机枪响了！咱们说，日军可不光是航母啊！还有不少其余的军舰，这些军舰把枪口炮口抬起来了！

"咚！咚！嗒嗒嗒嗒！"

所有飞机赶紧闪避啊！王常立也不例外，他左躲右闪，好不容易逃出火网，再一看，自己这边有一架中弹了，飞机拖着黑烟掉下去了。等飞机再次编队，王常立仔细看看，被击落的不是别人，正是跟自己一起梦到沈崇诲召唤的李有干！王常立心情极其低落啊！而且现在油料所剩不多，赶紧撤吧！

等回到明故宫机场上空，飞机降落，王常立呢，正在降落的时候，又想起沈崇诲托梦这事了，王常立心说：人家都说沈崇诲是索命鬼，这回李有干算是被索走了，我怎么没事？难道他就这么放过我了？不对！当年在航校，李有干跟他的关系比我要好，难道说沈崇诲专门索那些跟他关系好的吗？

九一八夜袭行动中殉国的李有干少尉

咱们说，开飞机你得时刻小心啊！王常立脑袋一溜号，飞机减速慢了，再回过神来，坏了！前面是一道壕沟！

"咚！哐嚓！稀里哗啦！"

飞机就掉进沟里了！当场损毁！王常立呢，运气好点，身负重伤，给送进医院了。王常立这回在鬼门关前走了一遭，悬点就被沈崇诲勾走了！后来王常立伤愈，不过身体就差太多了，所以退居幕后，继续为空军做贡献，后来去了台湾。

不过算起来，中国空军这次的行动还算是比较成功，一共损失两架飞机，阵亡一人，炸毁军火无数！等到后半夜，第六大队接替三四五大队，继续空袭。这第六大队属于侦察大队，他们的飞机质量不高，大多属于侦察机和二线飞机，空战比较吃亏，在作战中，多作为部队的眼睛使用，空战和轰炸任务比较少，所以这么多天的战斗下来，他们损失也不小，不过相比较而言，他们比三四五大队强点，这回他们也组织了夜袭大队，一直把日本人炸到了9月19日天亮，日军损失惨重啊！有人后来统计，日军在这一夜损失军火的价值，达到了700万日元！

中国空军旗开得胜，弄得日军方面恼火不已啊！海军驻中国的最高指挥官，第三舰队司令长谷川清中将把手下相关的人全叫在一起，劈头盖脸的一顿臭骂！

"八嘎！八格牙路！你们滴，统统剖腹谢罪！"

咱们说，日本人向来是官大一级压死人，长谷川清这大白脸往下一沉，多少个人都捆不起来啊！只能听着。等长谷川清骂得差不多了，第二联合航空队司令官三拋贞三站出来了："将军阁下，请不必担心！这一次遭到袭击，也能够看出来，支那空军应该就这么点家底了，如今我方的最新机种，96舰战刚刚部署完毕，请阁下下令，由我的部下突袭支那首都！他们老朽不堪的霍克3，根本不是咱们96舰战的对手！而且我们还有一个熟悉支那空军的秘密人物，他要求随军出征，会给我们指明支那空军的要害机构！"

"哟西！你滴大大的勇敢！"

"不过，将军阁下，为寻求万无一失，我想请您发布一次公开讲话，说您将在9月22日，对南京进行无差别轰炸，要求各国使馆人员撤离。这样，愚蠢的支那政府必然认为我军将在22号对南京轰炸，我们呢，在您发布讲话之后，立即出击，打支那一个冷不防！"

"哟西！搜贼死内！"

当天上午，长谷川清果然向公众宣布："我大日本帝国海军航空兵，将于9月22日起，对支那首都南京进行无差别轰炸，请各国使馆和工作人员予以撤离。"

这边长谷川清说着，那边飞机已经起飞，准备对南京进行新一轮的轰炸！咱们说句题外话，日本政府经常玩弄这种手段，说了不算，算了不说，几年以后的珍珠港事件，日军再次重演这一幕，所以世界各国，无论何时，都要小心日本政府这一点。

日本人这回真下大力气了！这第二航空队，按编制，都是航空母舰上的舰载机，前线的海军航空兵在跟中国空军和防空部队的交战中损失不小，这回大本营特意给他们补充了一些飞机，其中有几架最新式、最厉害的96舰战，这飞机的设计者是著名的掘越二郎，也就是后来著名零式战机的设计者，他后来曾经评价96式舰载战斗机："有了96式舰战，零式的出现不过是时间问题。"

所以日军这次信心满满，觉得我们一有好飞机，二有神秘人物相助，三还能打你们个措手不及，所以我们赢定了！

日军这一行从上海附近的野战机场和航空母舰上起飞集合，20多架飞机浩浩荡荡向着南京而去。没想到刚到镇江上空，就见8架霍克3猛扑上来了！这回日军带队的是山下七郎大尉，这人号称日本天上的四大天王之一。这家伙本来挺有把握，我们长谷川司令那边已经把戏都演足了，支那空军就等着挨打吧！别人老说，我要是做了亏心事，出门碰上高志航。狗屁！今天我要遇上高志航，他不是外号玉面阎王吗？我送他去见本尊！可山下七郎没想到，这还没到南京，就跟中国空军迎面碰上了！

这是怎么回事呢？其实挺简单的，陈纳德之前设的人肉雷达站再次派上用场，他们可不管日军发表什么讲话，反正有事就报告，所以日军飞机出动，他们给看了个正着！马上往回报告。

南京明故宫机场这边，值班的不是别人，正是无敌千岁毛瀛初，别看毛瀛初关系硬，他本事也硬！他一接电话："什么？日军要袭击南京？兄弟们，上天！给他们点颜色看看！"

于是毛瀛初马上率领8架霍克3腾空而起，在镇江上空和敌人相遇。再说毛瀛初，他一看，哦！敌军比较多的是96式舰攻，94舰爆，这东西威胁不太大。哎，那是什么型号？

咱们说，96式舰载攻击机，简称96舰攻，这是第一次参战啊！毛瀛初没见过，但他也是行家，一看，哦！单翼飞机，单发动机，大小跟我们差不多，流线型不错啊！看来这飞机速度肯定快！日军这回长经验了，不拿轰炸机跟我们硬来了，我得多加小心啊！

咱们说，当时咱们的飞机没有无线电，毛瀛初怎么想的，队员不知道，毛瀛初只能晃晃翅膀，提醒僚机注意，然后带队冲了过去！

"嗒嗒嗒！"

双方拼了命地对射啊！一个照面过后，霍克3翻回身，准备咬着对方的舰攻和舰爆的尾巴，这都是轰炸机，对地面威胁大，但在空中，他们速度、火力、灵活性都不行，肯定要先揍他们。可是毛瀛初刚刚锁定了一架94舰爆，还没等开枪，就觉得耳边声音不对啊！

"噗噗噗！叮当叮当！"

毛瀛初一听，坏了！中弹了！毛瀛初没辙，要是追前面的，没准儿就把自己的命丧了！所以万般无奈，一掰操纵杆，飞机"唰"往下转了个圈，后面咬住自己的敌机，"唰！"，过去了！毛瀛初一看，哟嗬！日本这回的飞机真厉害啊！我倒要看看你有多厉害！想到这儿，毛瀛初再一加油门，追上去，跟前面那架96式舰战缠斗在一处！

咱们说，这架96式舰战的飞行员不是别人，就是带队的山下七郎。这山下七郎一看，哟嗬！行啊！能在我的枪下逃命，凭这一手就能看出来，这支那飞行员不简单啊！但我身为大日本帝国的空战四大天王之一，技术和飞机都比你好，我看你有什么招！我今天非把你打下来！

这山下七郎可真不是吹的，要说日本这四大天王是怎么回事呢？原来，日本每年都要举行比赛，海军航空队和陆军航空队都参加，最后评选出4个最强的来，作为全军的标杆，1937年评出的四个人是陆军航空队的三轮宽，海军航空队的山下七郎、潮田良平、南乡茂章。这四个人在各项技术上都是全日本顶尖的！所以山下七郎颇为自信，而且果不其然啊！双方火力差不多，但96式舰战速度快，左盘右旋，总比毛瀛初的霍克3强，所以毛瀛初吃大亏了！几个回合就被咬两口，十几分钟下来，飞机被打得浑身是伤啊！还好毛瀛初技术过硬，把致命之处躲开，还能勉力支撑。

这时候，毛瀛初再偷眼观看，自己的情况还算不错的，刚才一共来了8架霍克3，已经有2架让人家打得冒了黑烟，栽下去了，剩下的无一不被打得东躲西藏，而且最重要的是，日军飞机离南京越来越近，这要是让他们到了南京，那还有个好？毛瀛初心急如焚啊！不过他现在也是泥菩萨过江，自身难保，只能咬着牙强撑，毛瀛初知道，自己只要不被击落，敌人就会慢上一分，我方就能多争取一分钟时间。

这时候，南京方面的援军到了！第三大队大队长蒋其炎，也带了8架霍克3前来截击，他们怎么到晚了呢？原来，像毛瀛初他们值班的人，飞机都是暖机状态，发动机开着，随时待命，说走就走。蒋其炎他们不行啊！飞机赶紧最后检查一遍，再发动，编队，所以慢了。而且由于走得急，蒋其炎这8架霍克3没提前爬高，到了战场才发现，自己的飞机的高度，比日军低了将近1000米！日本人一看，这叫一个高兴啊！在空战中常讲，高度就是生命，俗话说就是"上打下，不废蜡"，所以日军几架96舰战腾出手来，俯冲下来一阵扫射！

"嗒嗒嗒！"

蒋其炎躲闪不及，当场就受了重伤，剩下的飞机赶紧四散开来，想跟96舰战拼命，但遇到了一样的尴尬情况，飞机比人家慢，想咬人家尾巴，谈何容易啊！所以天上虽然霍克3比96舰战多，但加上日军轰炸机的火力，中国空军仍然落于下风。

再说蒋其炎这边，他比较倒霉，上来就被人打伤，左臂被子弹钻了好几个眼，没办法，只能回机场迫降了。好不容易用双腿加上右手，勉强迫降成功，他已经下不来了，医护人员赶紧过来，把他抬下飞机。蒋其炎刚躺上担架，机械人员上来检修，这时候一个人"嗖"一下蹿上飞机，一下把机械师吓了一跳！机械师抬头一看，此人面似银盆，眉分八彩，目若朗星，留着两撇小黑胡，额头上三道竖纹，不怒自威啊！机械师一看，认识！这就是红武士，赛子龙，毒手狠命小罗成，刘粹刚！

刘粹刚开飞机就要走，机械师可吓坏了："刘爷，您不能走，飞机还没检修呢！"

刘粹刚当时把左轮枪拔出来了："少废话！闪开！不闪开就崩了你！"

机械师一看，没辙了！赶紧闪开，刘粹刚一脚油门下去，飞机"呜——"，直冲蓝天！咱们说，毛瀛初他们都被打得那么狼狈，刘粹刚有办法吗？还真有！刚才警报铃响的时候，刘粹刚也想出战，但无奈现在人多飞机少，他今天轮休，就没抢上飞机，他急得在机场奔儿奔儿直蹦啊！

没飞机不要紧，刘粹刚抢过一个望远镜，在地面上就看，哎，战斗从镇江进行到了南京上空，刘粹刚看得正好啊！他一看，哎呀！日本这几架新飞机还真厉害啊！速度真快！

看着看着，刘粹刚看出门道儿来了，要想对付这些新飞机，非得这么办不可！

第二十八回 马尔科恶贯满盈
　　　　　高志航伤愈复出

毛瀛初、蒋其炎带队大战日军最新型的96式舰战,这种96式舰战是日军最新型的舰载战斗机,速度比霍克3每小时能快50公里,咱们说,飞机的战斗力取决于机动性、火力和防护,机动性差这么多,所以双方一伸手,蒋其炎受伤迫降,毛瀛初堪堪不敌,只能勉力支撑。

这时候,在地面上的刘粹刚拿着望远镜观战,看来看去,刘粹刚恍然大悟啊!看来对付这些新式飞机,非用这招不可啊!想到这儿,刘粹刚正好看见蒋其炎迫降成功,直接抢上飞机,再次起飞!

有人问了,毛瀛初、蒋其炎都不行,刘粹刚怎么办?他又不是神仙,没法瞬时间提高飞机性能。哎,别说,刘粹刚还真有办法。刘粹刚刚一上天就琢磨:拿谁下手呢?哎!就那个了!编号126,他把我们无敌千岁毛瀛初给打得够呛,这肯定是高手啊!擒贼擒王,先收拾他!所以刘粹刚一马当先啊!直扑山下七郎的长机。

再说毛瀛初,他的霍克3上已经开了不下十个洞,打着打着一看,哟!又来一架霍克3,谁啊?毛瀛初眼睛不错,哎!刘粹刚!刘爷啊!您可算把我救了!于是毛瀛初脱离战线,迫降去了。

再说刘粹刚,他直扑山下七郎。"嗒嗒

毛瀛初,毛邦初的弟弟,蒋经国的表兄弟,后担任过4大队大队长、驱逐机总队长等职务,战绩6架,幸存至战后

嗒！",就是一串子弹。山下七郎反应多快啊！一侧飞机翅膀,闪身避开,山下一看,哎！这支那飞行员还真行,直接来对付我,不知道我是大日本帝国的四大天王吗？勇气可嘉,但今天就是你的末日！

想到这儿,他转过飞机,准备打刘粹刚。刘粹刚一看,行！上钩了！紧接着他没掉头接战,反而一头扎进日军轰炸机

日本海军航空队的96舰战,也就是零式的基础

群里！今天来的轰炸机,96式舰攻、94式舰爆,都是单发动机的轰炸机,速度比较慢,就见刘粹刚在敌群中左冲右突,轰炸机群当时就乱了！山下七郎一看,哎哟嗬！什么意思这个？跟我比飞行技术啊？行！我们大日本帝国的精英,岂能输给支那人？

山下七郎一踩油门就追啊！刘粹刚一看,专门在敌机的肚皮底下转,山下七郎追着还不算太难,可等射击的时候,就咧了嘴了。为什么？刘粹刚太坏了！专门在轰炸机肚子下面钻。山下七郎一看,我要是打他,他中弹,我们的轰炸机也被我揍下来了！怎么能那么干呢？

这一走神不要紧,刘粹刚突然一个急转,"唰！",转到了山下七郎身后,"嗒嗒嗒！",又是一串子弹！山下七郎一看,哎哟！真没想到啊！赶紧往左一掰操纵杆,飞机闪开。

再看刘粹刚,又来一次！这招还真管用,山下七郎投鼠忌器啊！而且就当时的技术,霍克3速度较慢,所以转弯较为灵活,96式舰战速度快,惯性大,转弯自然就慢,刘粹刚还能利用这个特性,抽不冷子攻山下七郎几招。其余的飞机一看,哎哟！这招好啊！于是纷纷效仿,这下轰炸机队可惨了！队形被冲得七零八落。

就这样缠斗了多时,日军的飞机撑不住了,轰炸机开始掉头返航,96式舰战随后跟上。有人问了,日军飞机受伤的远没有中国空军多啊！这怎么回事？原来,飞机都是有固定航程的,能飞多远,这都是有数的,所以飞行员一方面作战,另一方面还要估算油料的使用,差不多了就得返回基地啊！日军远道而来,比中国空军多飞了200多公里,再加上缠斗良久,油料快撑不住劲了,所以掉头返航。刘粹刚一看,哎哟！可算松了一口气,准备降落吧！可再一看,日军返航的方向不太对啊！上海的话,往东就行了,他们怎么奔正南下去了？那边是……坏了！中央飞机制造厂！小日本子怎么知道那儿的？

刘粹刚心急如焚啊！我们的备用零件,大多存在中央飞机制造厂,而且那儿还有不少正在大修的飞机,这要给炸了,就真要了命了！所以刘粹刚赶紧摇晃翅膀,也不管别人看没看明白,把油门一踩到底,一马当先,又冲过去了！瞄准了带队的长机,"嗒嗒嗒嗒嗒嗒！",这一顿好打啊！别说,刘粹刚真是毒手狠命小罗成啊！子弹打得那叫一个准！日军带队的94式舰爆,发动机当时就冒烟了！而且玻璃窗上溅得全是血,飞机当时就掉下去了。刘粹刚一击得手,把飞机歪回头来一看,日军的轰炸机群改变方向,把炸弹乱扔一气,全向东走了,几架96式舰战想理他,但后面又有咱们的霍克3掩杀上来

第二十八回　马尔科恶贯满盈　高志航伤愈复出

137

了,日军不敢恋战啊!一个是油料不够了,另一个怕顾此失彼,光顾刘粹刚,轰炸机全得被揍下来!所以也就走了。

等刘粹刚降落之后,不顾疲劳啊!赶紧叫辆汽车,奔赴敌机的坠毁地点,刘粹刚纳闷儿啊!头前的飞机里有什么人啊?他怎么能知道中央飞机制造厂的具体位置?

等到了地方一看,刘粹刚当时就蒙了,就见掉下来这架94式舰爆,成员3个人,两个是典型的日本人,身中数弹,已经没气了。另一个人,金发碧眼啊!肯定不是日本人,这人是谁呢?刘粹刚越看越眼熟,就是想不起来。这时候,旁边过来一个人:"刘爷,这家伙是谁您不认识?"

刘粹刚一看,说话的是谁啊?一看,刘粹刚就乐了,东北老乡,五期学员,飞天鲲鹏巴清正。今天巴清正也倒霉,他轮班休息,战斗一开始,他想升空作战,可没抢上飞机,尤其一看,中国空军处于劣势,巴清正也急得奔儿奔儿直蹦啊!等刘粹刚上天,形势逆转不说,还击落一架敌机,巴清正高兴啊!赶紧驾车跑到了敌机坠落的位置,得看看有没有带活气的!平常这活都不用飞行员做,今天一高兴,巴清正亲自上阵。等把三具尸体搬到地下,巴清正看到这个外国人,就是一阵冷笑啊!这时候刘粹刚到了,两个人一说:"刘爷,这家伙是谁,您想起来了没?"

"没有,就是看着眼熟。"

"这家伙扒了皮,我认识他的骨头!他就是当年让我出丑的意大利教官马尔科!"

"啊?我说怎么看着眼熟呢!他是咱们航校的教官啊!"

有人问了,这怎么回事啊?原来,当年意大利顾问团为了控制中国的航空,曾经四处搜集情报,这个马尔科呢,专门跑南京,只要放假他就去。有人问他怎么回事,他就说:"我非常喜欢南京这座城市,爱看南京的景色,爱吃南京的小吃,以后我还要找个南京姑娘当老婆!"

其实这话都是说给别人听的,他暗地之中搜集了不少情报,对南京的军事设施尤为熟悉,比如军事设施在哪儿?要害在哪儿?等等。后来,意大利教官失势,毛邦初他们不好得罪人家,敲锣打鼓,好酒好菜,把他们礼送出境。之后呢,日本人花重金搜集有关中国的情报,马尔科呢,抵不住重金的诱惑,给日本人当了顾问。你说当顾问也就罢了,他还非愣充能耐梗,要显露显露自己的能耐,给日军充当领航员,率领日军机群轰炸南京,他也就是三抛贞三嘴里的神秘人物。这马尔科认为奇货可居,有些情报,比如中央飞机制造厂的具体要害位置,没跟日军飞行员说,就说:"我带你们去轰炸,绝对有大成果!"

结果一下被刘粹刚击落,丢了性命。再说巴清正和刘粹刚,他们不知道这回事,但多少能猜出来,俩人气得不得了啊:"好你个意大利鬼子,吃我们的,喝我们的,还要害我们!你咎由自取!"

"可不是!叫你当初羞辱我,这就是报应!"

两个人还"呸呸!"啐了几口吐沫,把残骸交代给别人,返回机场。

当天下午,日军第二联合战队又来了!上午没占到什么便宜,还是不服啊!但中国空军呢，经过上午毛瀛初的死扛，刘粹刚的破局，他们是照方吃炒肉啊！最终，咱们损失一架飞机，日军轰炸的目的又没完成。

要说这仗，也算是胜了，可谁也高兴不起来啊！三个飞行员阵亡，三架飞机彻底损毁，还有不少受伤的。敌人现在是越打越多啊！又来了新式飞机，这可怎么办？所有的飞行员都坐在机场的休息室里，一筹莫展啊！

正在大家一筹莫展的时候，门口有人说话："大家今天打得不错，怎么愁眉苦脸的呢？"

大家一听，这声音怎么那么熟啊？回头一看，有人当时就喊出来了："高大队长！我们总算把您盼回来了！"

来人正是第四大队大队长高志航！前文咱说了，8·15大战，高志航左手中弹，进医院治疗。您想想，伤筋动骨一百天，就算飞行员营养跟得上，那也不行。高志航天天在医院待着，天天看报纸，问战况。高志航也知道，民国政府在报纸上不说实话，可即使这样，也能算出个一二，自己这边的飞机越来越少，日本那边呢，不用说，凭他们的工业体系，飞机的产量一年几千架，咱就算按报纸上的数据计算，一个多月了，打下日本飞机还不到100架，战果看似不错，但实际来讲，杯水车薪啊！高志航心急如焚啊！偏巧今天，高志航感觉恢复差不多了，在医院院里散步，这时候天上打起来了！日军飞机尽占优势啊！高志航一看就愣了，看来这是日军最新式的战斗机，这么打下去，我们根本不是对手啊！

几个回合以后，刘粹刚出马，扭转了战局。高志航一琢磨：别看今天赢了，这绝非长久之计啊！这回日军来的轰炸机速度慢，致使队形散乱，咱们才得以勉强打个平手，日军要是用上新式的高速轰炸机，我们必死无疑啊！这可怎么办？让政府买飞机？不现实，我们早都提议了，可现在还不见飞机的影子，指不上啊！

咱们书中代言，也不是国民政府不想买，也不是买不起，宋美龄早就发行航空债券，虽然中间也有严重的贪污，但也算是攒了一大笔钱。可这时候英美各国推行绥靖政策，想用中国、捷克斯洛伐克等小国、弱国，满足德国、日本法西斯的胃口，避免战争。它们是事不关己，高高挂起，因为怕日本人抗议，连武器都不卖给中国了！

所以高志航赶紧找来了纸笔，开始画图，有人问了，画什么图啊？画霍克3的图，高志航对着图左琢磨右琢磨，哎！这里、这里、这里，似乎可以改进，这样就能减小劣势，对！就这么干！高志航想到这儿，赶紧办理了出院手续。医生还不干呢："高大队长，您的伤还没好呢！"

"好了！绝对好了！"

"不行，我身为医生，不能这么不负责任！"

"哎呀！大夫！您不能不负责任，我身为大队长，也不能不负责任啊！日军今天出动了新式飞机，我得跟飞行员们一起想办法啊！您就放我出院吧！这样，我向您保证，三天之后，我准时回来复查，不行的话，咱再休养，行不？"

大夫也没辙："行吧！高大队长，我也知道咱们空军战士不容易，但我可告诉您啊！您现在的伤还没完全好，还不能上飞机，切记！"

"行了！您放心吧！"

等出了医院，高志航不敢怠慢啊！赶紧回到部队，这才跟大伙见面，这一见面，先夸了大伙一阵。大伙一看高大队长回来了，那能不高兴？赶紧过来嘘寒问暖。不过大家都不是阿谀奉承的人，三句话不离本行啊！所以就说起今天的战斗了，毛瀛初先说了："高队，今天可是太悬了！敌人那飞机太厉害了！我目测了一下，敌机的速度不低于每小时430公里，咱们的霍克3，才每小时380多公里，差得太多了！今天要不是刘爷发挥神勇，咱们就见不着了！"

董明德和乐以琴等人也补充："高队，现在咱们的飞机，也就比人家稍微灵活点，可这个优势根本体现不出来啊！"

"可不是，格老子！现在人家是唯快不破啊！这要是人家再来点好的轰炸机，咱们就真完了！咱们得想办法换点好飞机才行啊！"

刘粹刚也说："高队，今天情况对咱们很不利啊！不光是飞机，我击落的轰炸机上，竟然坐着咱们以前的意大利教官马尔科，今天有马尔科，明天没准儿就来个驴尔科，牛尔科，咱们简直没有秘密啊！"

高志航听完了："大家说的我都知道了，但咱们没法改变现状，现在咱们能做的，就是想办法改变一下现在的状况，我这里有几招，大家看看行不行！"

第二十九回　高志航巧施改装　八精锐大战南京

高志航赶回第四大队，可把队员们高兴坏了！大家一起聊天，就聊起了今天交战的事。其中毛瀛初先说了："高队，今天可是太悬了！敌人那飞机太厉害了！我目测了一下，敌机的速度不低于每小时430公里，咱们的霍克3，才每小时380多公里，差得太多了！今天要不是刘爷发挥神勇，咱们就见不着了！"

董明德和乐以琴等人也补充："高队，现在咱们的飞机，也就是转弯半径稍微短点，比人家稍微灵活点，可这个优势根本体现不出来啊！"

"可不是，格老子！现在人家是唯快不破啊！这要是人家再来点好的轰炸机，咱们就真完了！咱们得想办法换点好飞机才行啊！"

刘粹刚也说："高队，今天情况对咱们很不利啊！不光是飞机，我击落的轰炸机上，竟然坐着咱们以前的意大利教官马尔科，今天有马尔科，明天没准儿就来个驴尔科、牛尔科，咱们简直没有秘密啊！"

高志航听完了："大家说的我都知道了，但咱们没法改变现状，现在咱们能做的，就是想办法改变一下现在的状况，我这里有几招，大家看看行不行。你们来看，咱们的霍克3，虽然叫驱逐机，但同时也带有轰炸机的作用。如今，咱们保卫南京尚且不够，还谈什么轰炸？我看，咱们可以把炸弹架拆了，这样可以减小空气阻力，提升速度。另外，副油箱我看也没必要带了。"

"啊？高队，连副油箱都不带，这样咱们至多能飞一个半钟头啊！"

"没有关系！各位你们看看，咱们有哪次战斗时间超过一个半小时的？而且日军是远道而来，来回耗油都不少，一个半小时足够咱把他们耗走的了！而且你们看，副油箱那么大个，加满了油得一百多公斤！带着这么一百多公斤上天，没必要，而且容易让对手击中起火。如果副油箱不用了，减小副油箱阻力的整流罩也没用了，也拆了！落地灯咱们也没必要，拆了也能减小点空气阻力。咱们把这些都解决了，速度肯定能提高一些，咱们的灵活性就更好了，这样应该能跟日本人有一拼！"

队员们一听，哎哟！不愧是大队长啊！脑袋就是比我们好使！不过乐以琴一听："高队，您这招真好！不过您这属于私自改动飞机啊！最好能跟上眼皮说说，求得他们的许可。不然，战场私自改动兵器，这是要上军事法庭的啊！"

董明德也说："没错！高队，您都是为我们好，干吗要冒着风险偷着干呢？干脆跟上面说说，咱光明正大地干！那多好！"

高志航一听，可也是！干吗拿着官盐当私盐卖呢？于是说道："好！那我去跟上面说，桂丹！"

李桂丹一听："在！"

"你们马上把飞机制造厂的机械师请来，等我拿到命令，咱们即刻开工！"

"是！"

高志航说罢，不敢耽搁，马上叫司机开车，把他送到了空军总指挥部，等到了门口，高志航一敲门："报告！"

"进来！"

进了门一看，好！不止毛邦初、周至柔、石邦藩这老三位，宋美龄和陈纳德也来了，副参谋长张有谷也在，人还挺齐。高志航赶紧敬礼，一个个打招呼："秘书长！陈纳德先生！总指挥！副总指挥！参谋长！副参谋长！"

周至柔赶紧过来："免了！高大队长！你来此有事吗？"

"报告总指挥，今天我们遭遇了日军最新式的战机，损失不小！"

毛邦初一听："嗯！这事我们知道，我们也让情报人员查了，日军这次来的是最新式的96式舰战，速度比咱们的霍克3快将近每小时60公里！损失比较大也算正常，现在咱们飞机越来越少，必须想办法减小损失才行！"

"副总指挥，我这有个办法，应该可以减小损失。"

"说！"

"是这样的，我看了咱们霍克3的整体布置，因为咱们现在的任务是保卫南京，也就是在南京上空迎击来犯之敌，所以不需要太多的油，所以副油箱和飞机肚子上的整流罩，都可以拆下来，这可以减轻飞机的重量。飞机的炸弹架和落地灯可以拆，这样可以减小空气阻力。重量减小，阻力减小，咱们的飞机速度肯定能增加！我不敢说这样改装完，能够比日军的96舰战快，至少尚可一战吧！"

周至柔点点头："嗯！你这个提议很好啊！去执行……"

"绝对不行！"

旁边"嗷"这一嗓子，把宋美龄都吓了一跳，宋美龄掏出手绢擦擦汗一看，谁啊？毛邦初！毛邦初当时站起来了："不行！绝对不行！高志航，你说把副油箱拆了，我不反对。但是整流罩、炸弹架、落地灯，这绝对不能拆！"

高志航一听："副总指挥，我研究过，这应该没问题。整流罩的作用是防护副油箱，还能减小阻力。副油箱没了，整流罩也就没必要留着了。另外，咱们也没轰炸任务了，炸弹架也没必要留着了。落地灯的作用也不大，不如拆下来减小阻力。"

"不行！不行就是不行！"

毛邦初今天犯上轴劲了。周至柔一看："副总指挥，高队长说得合情合理啊！为什么不行？"

"绝对不行！美国人制造飞机是非常严谨的，每一样都有每一样的作用，这都是经过千百次试飞的定型产品。你动不动

高志航的座驾霍克3，为了迎击96舰战，最先改装的也是这架

就拆人家零件还行？就算你说得对，可以增加速度，可对飞机有没有副作用你知道吗？现在军情紧急，咱们的飞机已经不容损失了！不懂的人不要瞎掺和！"

毛邦初又跟周至柔杠上了。宋美龄在旁边看着，也不知怎么办了，想安抚，也不知道谁对谁错，都说得有理，安抚谁啊？再看看旁边，石邦藩、张有谷，这俩老人儿都知道正副指挥不和，一看俩人打架，石邦藩就说了："对不起对不起！我昨天吃坏肚子了！我得去方便方便！"

张有谷一听："等等！老石，我也去！我肚子也拧着劲疼！"

他们俩跑一边凉快去了。没办法，宋美龄再看看旁边的顾问陈纳德："陈纳德上校，这个问题您怎么看呢？"

陈纳德其实军衔都到不了上尉，但宋美龄一直称呼他为"上校"。

陈纳德思索了半天，晃着他那一张比砂纸还糙的脸说："嗯！我觉得问题不大，这些配件都不影响飞机的主体结构，拆下来不会有什么事。"

宋美龄点点头："好！那就依陈纳德上校的意见。"

宋美龄是航空委员会的秘书长，也是蒋委员长的代理人，那是拿大主意的！所以这一句话，毛邦初和周至柔不吵了。陈纳德又想了想："高！这两天我没少观战，我发现你对我说的双机编队掩护，做得还不是特别好，另外，你们还比较沉迷于跟日本人进行狗斗，这完全没必要，一定要一击就走，不要耽搁！这些问题你要注意，在作战的时候坚持这种打法，一定可以让你们如虎添翼！"

"明白！"

这事就算解决了，高志航马上返回，带着机械师连夜改装啊！从第二天，也就是9月20日开始，刘粹刚、乐以琴、李桂丹他们驾着改装后的霍克3上天跟日本人拼命。这一拼不要紧，日本人当时就蒙了：我们得到的情报，霍克3的最快时速也就是每小时380多公里，这飞机怎么变得那么快？看速度得超过每小时410公里，支那人给飞机吃什么药了？

再说山下七郎这边，他这两天一直在调查，他心说：我身为大日本帝国标名挂号的四大天王之一，竟然上来就碰上了两个硬茬子，这俩谁啊？山下七郎赶紧让人去调查，等结果出来了一看，哦！这俩一个叫毛瀛初，一个叫刘粹刚，都挺厉害啊！可惜，你们的飞机太差了，等着吧！我先让我的手下跟你们过过手，看看你们还有多大脓水，我下

次出击，就要你们的命！

没想到再次交手，没那么便宜了！中国的霍克3速度突然变快了，而且转弯半径更小、更灵活，日军防不胜防啊！结果几天的工夫，刘粹刚、乐以琴、董明德、李桂丹、毛瀛初、袁葆康等人，都开了荤，日军损失惨重啊！山下七郎一看，八格牙路！看来我必须出马，再不出马，我们大日本帝国海军航空兵的脸就丢尽了！

所以9月26日，山下七郎亲自出马，12架新式的96式舰爆，5架96式舰战腾空而起，直逼南京明故宫机场！

敌机一起飞，咱们的人肉雷达就报告了，所以中国空军这边也是精锐尽出啊！"玉面阎王"高志航、"铁面判官"李桂丹、"毒手狠命小罗成"刘粹刚、"空中子龙"乐以琴、"望天犼"郑少愚、"荒原秃鹫"柳哲生、"无敌千岁"毛瀛初、"小飞侠"赖名汤，八大精锐驾机上天，准备迎战！

再说高志航，他想起陈纳德顾问的话，所以趁着敌人没来，玩了命地爬升高度，对于空军来讲，高度就是战斗力，占据了高度，就占据了先手。等爬上了4000米高空，开始列队，两机一组，开始待命，等着敌机出现。

这时候，敌机终于来了！先前是12架96式舰爆，后面是5架96式舰战，气势汹汹地扑奔机场而来！高志航一看，来得好！他一晃翅膀，提醒队友注意，然后一个俯冲，直扑96式舰战的带队长机！

日本这边，96式舰战的长机正是山下七郎，本来他气势汹汹地过来，没见中国战机的影子，他有点纳闷儿：哎？支那战机不是这两天挺狂的吗？怎么我一来就不敢出战了呢？难道他们听说我们大日本帝国空中四大天王的名字，就吓破胆了吗？哈哈！这要按支那的古话讲，我这叫太公在此，诸神退位啊！哈哈！

山下七郎正美呢，高志航从天而降！"呜——嗒嗒嗒！叮当！叮当！"

山下七郎一看，哟！坏了！支那飞机！他赶紧往外一掰飞机，"呜——"，算是躲开了大部分子弹，虽然挨了几下，不要紧。等山下七郎把飞机掰正，再一看，果然！支那战机！哎？这编号特殊啊！IV-1，看来这是条大鱼，说不定这是第四大队大队长高志航啊！好！今天我要把高志航击落，顶上十个刘粹刚、毛瀛初了！想到这儿，山下七郎把飞机转过来，开始在瞄准具里套高志航。

这还没等套上呢，有一架飞机从天而降！

"呜——嗒嗒嗒！"

山下七郎吓了一跳啊！哎呀妈呀！还有啊！赶紧往右一个滚筒翻滚，把子弹躲开。咱们说，来人是谁啊？正是和高志航同

民国空军飞行员赖名汤，航校二期，幸存至战后

组的"铁面判官"李桂丹！山下七郎一看，八格牙路！真可恶啊！敢跟我夺我嘴里的食物，我打死你！

山下七郎又和李桂丹缠斗起来了！咱们说，改装了的霍克3，速度上比96式舰战稍慢，但由于是双翼飞机，升力较大，更为灵活，所以双方缠斗在一处，一半时难分胜负。这时候呢，高志航再次把飞机拉高，瞄准了山下七郎，又一个俯冲射击啊！

"呜——嗒嗒嗒！"

就这样，二对一，就把山下七郎彻底缠住了！再看另一边，乐以琴、赖名汤一组，郑少愚、柳哲生一组，各自咬住一架96舰战，剩下两架96式舰战，跟没头苍蝇似的来回掩护，可顾前顾不了后，顾左顾不了右啊！剩下的刘粹刚、毛瀛初一看，也没必要加入战团了，干脆收拾日本轰炸机吧！高大队长他们吃烤肉，我们吃海鲜！这还把日军的轰炸机当海鲜！俩人冲进96舰爆的机群。霍克3收拾96舰战够呛，可要是收拾轰炸机序列的96式舰爆，那还是没问题的！所以两个人两架飞机，给这群轰炸机搅得是人仰马翻啊！

再说高志航，他心里着急啊！第一次俯冲下来，他已经看见了，这架飞机编号126，应该就是刘粹刚他们说的，那架最难对付的敌机，我今天一定得把他干掉！想到这儿，高志航再次留下李桂丹跟山下七郎周旋，自己把飞机拉高，又是一个俯冲啊！

"呜——嗒嗒嗒！"

山下七郎又是一个翻滚，把子弹躲开。高志航一看，敌人真是难缠啊！这么打，怎么是个头啊？看来我得玩点悬的！

想到这儿，高志航卖个破绽，飞机没有往边上盘旋，而是继续向前，山下七郎一看，哎哟！好机会啊！你直着走，我是最好瞄准的！想到这儿，他是加足了油门，冲了上去，又开始在瞄准具里套高志航。等套准了，山下七郎乐了：好啊！高志航，今天就是你的末日！给我拿命来！

"嗒嗒！"

咱们再说高志航，他就等着这一下呢，他飞机是往前飞呢，但他慢慢开始收油门，让两架飞机离得近一点，等看着距离差不多，对方开始射击了，他往上一个筋斗，"唰！"，等筋斗翻到一半，高志航在空中一翻个儿，一抹机头，翻身咬住了山下七郎！这招叫"殷麦曼螺旋"，世界著名的绝招啊！这时候高志航以上示下："好小子！你就给我在这吧！"

145

第三十回　志航力克敌队长
　　　　　苏联援华入兰州

　　高志航和李桂丹围攻山下七郎，高志航卖个破绽，飞机没有往边上盘旋，而是继续向前，山下七郎一看，哎哟！好机会啊！你直着走，我是最好瞄准的！想到这儿，他是加足了油门，冲了上去，又开始在瞄准具里套高志航。等套准了，山下七郎乐了：好啊！高志航，今天就是你的末日！给我拿命来！

　　"嗒嗒！"

　　咱们再说高志航，他就等着这一下呢，"唰啦"一个"殷麦曼螺旋"，飞机翻身咬住了山下七郎，这时候高志航以上示下，一个俯冲扫射"呜——嗒嗒嗒！"

　　本来山下七郎以为高志航必死无疑，突然一看，飞机消失了！他感觉不妙啊！坏了！我中了殷麦曼螺旋了！还没等他再做反应，"叮当！叮当！"，飞机中弹了，紧接着就着火了！

　　再说高志航，一击得手，高兴！刚想冲上去再补两枪，就感觉左手剧痛啊！8·15大战时候留下的伤，今天用力过度，撕裂了！给高志航疼得只吸冷气啊！这回没法追了，只能任由山下七郎跑了。不过山下七郎也倒霉点，想往回跑，没戏了！飞机受伤过重，飞了没一会儿，发动机就停转了，山下被迫进行迫降，这一迫降不要紧，迫降到了我方阵地，被赶来的士兵生擒活拿！

　　再看天上的战况，我方的八大精锐尽占优势啊！郑少愚和柳哲生，还有乐以琴和赖名汤，两组人各自把咬住的96舰战揍下，剩下两架敌机一看，哎哟妈呀！还打个什么劲啊？再打我们就被收拾干净了！跑吧！

　　他们跑了。轰炸机群这边也被刘粹刚、毛瀛初收拾得够呛，刘粹刚击落一架，毛瀛初重伤两架，剩下的敌机，几乎没有好的，至少全被子弹钻了几个眼。他们一看，负责护航的战斗机都跑了，我们还打什么啊？全给人家当了战果啊？赶紧跑吧！也是掉头就跑。中国空军没法追啊！因为要提高速度，咱们把霍克3的副油箱卸了，所以飞机飞不了多远，只能就此降落。这仗下来，一算计战果，我方无一损失，就是飞机多少都受了点轻伤，击落日本96舰战3架、96舰爆1架，重伤数架，还活捉了一个山下七郎大尉，战绩喜人哪！

再说山下七郎，这家伙蔫头耷拉脑啊！赶紧对所知道的情况供认不讳，由于态度比较好，所以没难为他，之后就把他押进了成都的看守所。据说后来山下七郎还想组织日本战俘逃狱，结果又被逮了回来。抗战之后，有人说他被执行了枪决，有人说他后来化名改姓，当了解放军的空军教官，具体怎么样，不得而知了。

再说日本这边，日本人还不服啊！下午又派了数架96舰战掩护轰炸机来交战，咱们的空军这回打出信心了！下午换了批人，由董明德、罗英德、刘志汉、吕基淳几员大将带队升空，又给日本人一顿痛打！这回日本人学乖了，打不过就跑呗！日本人一跑，把董明德他们急得直拍大腿，这要是带着副油箱，我非得追上去揍下几架！可惜啊！

咱们说，虽然9月26日这一仗，获得了全胜，但仍然没什么太让人高兴的，由于机械疲劳和缺少备用零件，飞机又报废了几架，有几架还要大修，到现在，可堪一战的霍克3，只剩了10架，就算把可修复霍克3、波音218的加起来，不过20架。而相对的，日军在上海附近的飞机，已经增加到了200多架，而且全更新成了最新式的96舰战、96舰爆。就算高志航他们有通天的本事，飞机越来越少，双方比例在1：10以上，这可怎么打啊？

就在这时候，好消息传来，前敌总指挥部，也就是周至柔和毛邦初下令：第四大队把飞机全部交由第三大队、第五大队，全部奔赴兰州，准备接收新飞机！大家一听，欢呼雀跃啊！新飞机，这已经多长时间没听到这词了！不过这新飞机是从哪儿来的呢？

咱们书中代言啊！新飞机是从苏联来的！原来，自中日战端开始之后，西方列强一味奉行"绥靖政策"，想牺牲中国，来满足日军的胃口，自己避免战争，所以中国即使有钱，也没处买飞机和军火，国民政府的外交人员四处游说，求爷爷告奶奶，磨破了嘴皮子，西方列强也不管，而且它们一方面咬定要"严守中立"，一方面把废铁、汽油出口到日本，给日本人提供炸弹的原材料。但这时候，苏联领导人斯大林却跟蒋介石表示了："英美各国说一套做一套，我们不一样！我们愿意提供给你们贷款和飞机！我们还可以派遣我们的飞行员，帮助你们一起抗日！"

就这句话，把蒋介石美坏了！有人问了，蒋介石跟苏联一直不和，为什么苏联会提出提供贷款和飞机呢？原来，斯大林考虑到，此时德国在欧洲已经行动了，我们苏联也得准备啊！尤其我们的空军，自建国以来，参战不多，实战经验欠缺。而且我们新制造的飞机，到底性能如何？没经过战争检验，弄不清楚啊！这时候，中国战场，战况激烈啊！尤其飞机，中日双方损失都挺惨。日本自己的工业体系完备，打完多少造多少。中国不行啊！自己不会造飞机，英美还不继续提供了。斯大林一看，这是好机会啊！中国就是个试验场啊！我们既可以检验我们自造的战机，还可以锻炼锻炼我们的飞行员。而且日本现在已经占领了中国的东三省，对我们的领土也是虎视眈眈，我们苏联的领土虽然广阔，但没有一寸是多余的！我们趁这时候摸摸他们的战术，也是很有必要的！另外，中国还有不少金属矿，其中钨矿是造飞机的绝好材料！斯大林也盯上这个了。

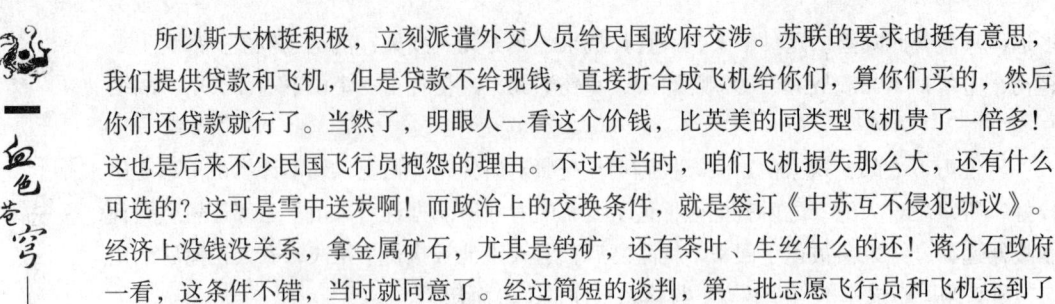

所以斯大林挺积极，立刻派遣外交人员给民国政府交涉。苏联的要求也挺有意思，我们提供贷款和飞机，但是贷款不给现钱，直接折合成飞机给你们，算你们买的，然后你们还贷款就行了。当然了，明眼人一看这个价钱，比英美的同类型飞机贵了一倍多！这也是后来不少民国飞行员抱怨的理由。不过在当时，咱们飞机损失那么大，还有什么可选的？这可是雪中送炭啊！而政治上的交换条件，就是签订《中苏互不侵犯协议》。经济上没钱没关系，拿金属矿石，尤其是钨矿，还有茶叶、生丝什么的还！蒋介石政府一看，这条件不错，当时就同意了。经过简短的谈判，第一批志愿飞行员和飞机运到了兰州，所以航空委员会才下令，让第四大队赴兰州接收！

这就是以往的经过啊！高志航非常高兴啊！因为所剩的飞机太少了，高志航又跟毛邦初和周至柔讲了讲价钱，最后，以三大队为主的30多位飞行员留守，由刘粹刚带队。其实留多了也没用，咱们的飞机，加上能修好的在内，不过20架。然后高志航带着四大队的全部，外加上董明德、袁葆康等五大队的部分精锐，坐专机远赴兰州！

这一路风尘仆仆啊！等下了飞机，洛阳分校校长王叔铭都等急了，他是接收飞机的负责人，一看高志航他们到了，赶紧抢上两步："高大队长，你们终于到了！"

高志航一敬礼："王校长！我们前来报到，请您安排任务！"

"好！这样，咱们的兄弟们长途跋涉，都累了，我一会儿安排你们去休息。不过高大队长，你还得再累一累，苏联方面的飞行员也刚到，我带你去见个面！"

"是！"

等到了机场的会议室，对面坐着三个苏联人，个个高鼻深目。旁边两个黄发碧眼，中间一个是个大秃脑袋，都穿着苏式的军服，身高一般，但显着挺拔。王叔铭进来，对着中间这个光头一敬礼："您就是日加列夫顾问吧！我是中方代表王叔铭，您远道而来，辛苦了！"

咱们说，这个日加列夫可不简单啊！后来担任过苏联的空军总司令、国防部副部长、空军元帅军衔！当时，日加列夫担任航空兵旅旅长，这回，由他担任援华飞行队的领队。他一看王叔铭挺客气，也说了："王上校，此次上面交代给我们的命令，就是援助你们进行空军作战，也请您多指教！"

"哎！请多指教！请多指教！不知您此次来，一共带来了多少飞机和飞行员呢？"

"我们此来，组建了援华航空队，代号正义之剑，下辖四个战斗机大队，两个轰炸机大队。我们是先遣队，有一个战斗机大队和一个轰炸机大队，还有给你们带来的部分飞机。王上校，在此我郑重提出抗议！你们的机场规模太小，条件恶劣，致使我方战斗机大队的大队长库尔丘莫夫失事身亡！所以接下来的时间，你们要加紧改善机场条件，我方的正义之剑大队还要在此先集结、训练一段时间，再奔赴前线！"

"是！是！我一定照办！"

现在怎么办？人家是来帮咱们的，说什么是什么，王叔铭只能矮着几分说话。

再说高志航，他听不得这个，他急着看飞机啊！赶紧就问："日加列夫领队您好，我是中国空军第四大队大队长高志航，我代表飞行员们，多谢您们的援助。不过我这个人喜欢直来直去，别的事咱们都可以之后再谈，对于飞行员来讲，最重要的就是飞机，所以我想尽快熟悉一下！"

日加列夫晃着大秃脑袋打量了打量高志航："哦！高志航大队长！你不要着急。我听说你们跟日本人交过手，而且战绩还不错，对日本人的战术有所了解，所以这几天咱们还得就此方面进行交流。至于飞机嘛！明天一早，你们就能看见！普罗科菲耶夫！明天你带高大队长去！"

"是！"

苏联空军元帅日加列夫，曾任苏联援华航空队的领队

没办法，高志航只能耐着性子待了一晚上，等第二天吃完早饭，高志航一行人跟着普罗科菲耶夫来到机场，一看，嚯！还真不少飞机啊！全都是双翼战机，跟霍克3有点像，看体格，比霍克3稍微小一号，有几架已经涂上了青天白日徽。普罗科菲耶夫说："高大队长，这是我们的新式战机，代号伊15，你们可以先去体验体验，发动发动飞机看看，但是，不许起飞！"

"明白！"

飞行员们一看，高兴坏了！多长时间没看见新飞机了！而且飞机小一点无所谓，性能好就行！所以飞行员仨一群，俩一伙，有的蹿上飞机的座位，有的没抢上座，就站在翅膀上看。这一看不要紧，飞行员们大失所望啊！有人问了，为什么啊？首先，这种飞机没有副油箱，也就说航程要比霍克3短不少。而且这飞机起落架固定，霍克3是可收放的，这就决定了这种飞机在空中的阻力比较大，飞行员们稍微发动了一下，发动机声音也没什么特殊的，照此估计，这种飞机的速度也快不过霍克3。而且飞机里面的仪表排布比较乱，开惯了美制霍克3的飞行员们颇为不屑啊！有的人还小声嘀咕："哼！就这飞机啊！有霍克3，我绝不开它！"

"可不是！就这仪表，根本不科学嘛！咱们一旦看乱了，非得坠毁不可！"

他们嘀咕，高志航身为大队长，不能嘀咕啊。虽然他们嘀咕的问题，高志航早就看出来了，可这时候还得说场面话，高志航俄语不错，说了："普罗科菲耶夫少校，这个飞机很不错，跟我们开过的霍克3大致类似，我相信飞行员们很快就可以适应！"

咱们说这普罗科菲耶夫，这人聪明，多少懂点中文，他察言观色，知道中国人有点看不起伊15，他也没说别的，一乐："高大队长，伊15是我们带来的主力飞机型号之一，我这还有一种别的主力型号，现在存在机库，你们要不要看看？"

"要！当然要！"

等高志航和普罗科菲耶夫到了机库，高志航是大吃一惊！

第三十一回　大队长试飞伊16　飞行员兰州练本领

苏联援华航空队的战斗机大队长普罗科菲耶夫带着高志航等一众中国飞行员，前来体验新到的苏制飞机伊15。等飞行员们仔细一看，对伊15怨言颇多啊！什么没有副油箱啊，仪表盘比较乱啊，速度慢啊等。再说普罗科菲耶夫，这家伙精明过人啊！一看就知道了，哦！中国人对我们的伊15不太喜欢啊！所以他单独跟高志航说："高大队长，伊15是我们带来的主力飞机型号之一，我这还有一种别的主力型号，现在存在机库，你们要不要看看？"

"要！当然要了！"

等高志航跟着走到机库，眼前当时一亮啊！只见这种飞机，和霍克3相比，形状虽然有点短粗，但流线型不错！有可回收的起落架。而且最主要的，这是单翼战机！在当时来讲，单翼代表的就是速度！此外，飞机还装有照相枪和无线电装置，按水平，这飞机绝对算得上世界一流！只不过这架飞机还没有重新喷涂，上面画的还是苏联的锤子镰刀。还是高志航一看，这飞机可以啊！虽然体型比日本的96式舰战稍微小点，但看样子，战斗力绝对不差啊！

高志航看完，心里痒痒："普罗科菲耶夫少校，我能上去驾驶一下看看吗？"

普罗科菲耶夫一听："不行不行！那可不行！这是我们最新式的伊16，是单翼战机，跟你们之前驾驶的霍克3、波音218什么的双翼机，完全不一样啊！高大队长，您要是想试试，我们顺道还带来了几架单翼教练机，您先上教练机熟悉几天，才能考虑驾驶伊16。"

高志航一听，冷笑一声："哼哼！普罗科菲耶夫少校，你不用担心这个。我是中国空军的大队长，如果出了问题，我负全责！"

普罗科菲耶夫一看，没脾气了，让手下请了一下总领队日加列夫，日加列夫还挺开明："那就让高去试试吧！也算是苏中之间的一个磨合。"

有了总领队的首肯，普罗科菲耶夫就说了："行！高，你去试试吧！我们的伊16，外号燕子，看看你能不能驾驭得了它！"

再看高志航，别看他说话挺狠，其实他也非常谨慎，没急着上飞机，先围着飞机四处看，毕竟这飞机没接触过，高志航边转边在心里计算飞行状况。等转了两圈，高志航跳上飞机，坐在座上，原地摆了摆机翼，把所有仪表和操纵系统都熟悉了熟悉，然后启动了！

"哗哗哗！呜——"

飞机上了跑道，紧接着高志航把油门踩到底，飞机开始加速，高志航估摸着速度差不多了！一拉操纵杆，飞机腾空而起！

您别说，高志航这点就是高！什么飞机熟悉熟悉，都能开！然后高志航在空中开始做各种动作，翻滚、俯冲、殷麦曼螺旋，高志航是越做越高兴！这时候，下面的飞行员们，包括王叔铭，全跑过来看了，有的还说呢："嘿！苏联人还有这好东西！"

"就是！这飞机可真不错！你看这速度，绝对在96式舰战以上！咱们要是用上这种飞机，小日本肯定不是对手！"

几个人嘀咕着，这时候，高志航呢，通过各种动作，基本对伊16有了初步的了解，紧接着就是降落。咱们说，一起飞、一降落，这是最吃功夫的地方！您看现在，即使飞机上天，都用电脑设定航线，起降的时候，还得飞行员自己动手。

高志航呢，按照经验，尽量把飞机放平，开始减速降落，等飞机一着地，高志航当时就感觉不对啊！飞机整体"噗丘"，往下一沉，高志航心中也一沉啊！再沉下去，飞机肚子就得触地，要一触地就坏了！想到这儿，高志航稍微一抬操纵杆，飞机蹦起来了！王叔铭在底下当时就出了一身冷汗啊！王叔铭心说：要是高大队长都不行，谁能行？好不容易有点先进的飞机，没人玩得转，这可怎么好啊？

咱们书中代言，在抗战初期，空军正好是单翼、双翼飞机并存的时代，双翼机的发展已经很完善了，比较著名的代表作，就是霍克3。可是由于性能难以继续提升，双翼机逐步被单翼机淘汰，这是后话。但在当时单翼飞机速度快，双翼飞机更灵活，还算是各有千秋。咱们刚才说的伊16，跟日本的96式舰战，基本是一个时代的产物。但由于单翼机的技术还不太完善，所以毛病不少，伊16最大的毛病就是翅膀的负载过大，降落的时候往下一沉，一个不留神，肚子就着地了，降落速度那么快，这至少是重伤啊！

再说高志航，他经验丰富啊！马上就明白怎么回事了，飞机蹦起来之后，冷静地继续降落，结果飞机蹦了三蹦，颤了三颤，总算安全停下。等高志航从飞机上下来，飞行员涌过来，几下就把

日本杂志中的中国空军和I-16单翼战斗机

第三十一回 大队长试飞伊16 飞行员兰州练本领

高志航抬起来了！

"大队长厉害！"

"大队长万岁！"

大家都明白，大队长太不容易了！亲自给我们当试飞员啊！这是拿生命给我们做实验。这时候王叔铭过来："志航，你感觉这飞机如何？我可感觉这飞机比小日本的96舰战强！"

高志航也乐了："没错！这飞机，从性能讲，比小日本的96式舰战只高不低啊！我建议，大家对这种飞机一定要下功夫！把这种飞机降服了，小日本的96舰战，就是咱们盘子里的菜！"

王叔铭听完了，乐得俩手都拍不到一块儿去了："好好好！我这就写报告去！"

等报告写完了，用专机送回南京，蒋介石一看也乐坏了，马上下令："着令接机的飞行员全部学习伊16，争取早日回南京助战！伊15准备配发给其余的大队。"

兵随将令草随风啊！命令一下，飞行员们马上开始学。虽然说飞行员们有底子，但是单翼机和双翼机有好多不同点，飞行员们从教练机开始，一点一点学，理论、飞行、降落、编队等，飞行员们一丝不苟！就算是休息的时候，飞行员们也不闲着，经常和苏联援华航空队的人一起切磋有关日本飞机的信息。等练熟一点了，还来几场模拟空战，交流经验。

这么训练，您想想，能不枯燥吗？而且飞行员们都是二十来岁的小年轻，训练的时候挺忙，等闲下来点了，就得想着放松放松。而且兰州是中国西部的重镇，古代丝绸之路的枢纽，别看是战争年月，这也算是个世外桃源啊！南来北往的人特别多。这天训练完了，董明德、乐以琴、赖名汤、王广英、司徒福、龚业悌、周志开这几个小年轻就凑到一起了，几个人玩了几把扑克，感觉肚子饿了，结果去食堂一看，还是土豆、白菜、炒鸡蛋、馒头之类的，其实这伙食在抗战之中算不错的，可这帮小年轻天天吃这些，有点腻了，有人就提出来了："咱们好不容易到了兰州了，离新疆也不远，能不能弄点新疆烤羊肉串来解解馋啊？"

"哎！有道理！"

这时候，飞行员司徒福一听："哎！大家等等啊！我正好知道一个新疆人，烤羊肉串倍儿棒！"

说着就跑出去了，不一会儿，司徒福还真领来一个维族小伙，这个维族小伙搬着一大筐羊肉，还有烤羊肉的架子。大伙一看就乐了，王广英还直说："嘿！我说司徒福这小子这几天一训练完了，怎么就往出跑？原来打牙祭去了！"

司徒福一听："哎！广英，你也别笑话我，我不出去吃，怎么知道哪家好吃啊？你们尝尝吧！不好吃，你们就揍我！"

于是来的这个维族小伙摆开炭火，开始烤起了羊肉串。这一烤不要紧，香气四溢啊！正好李桂丹、柳哲生他们几个刚吃完饭，可这一闻："哎！什么那么香啊？"

"羊肉串！中队长，你和哲生也来一块儿吃点吧！"

"行行行！来点尝尝！"

李桂丹、柳哲生也挤过来，几个小年轻的你一串，我一串的吃开了！把这个维族小伙累得够呛啊！烤十串，没到半分钟就抢没了，再来十串，半分钟又没了！给小伙累得浑身是汗啊！没过一会儿，风卷残云一般，大家伙把一筐羊肉吃了一个干净！

司徒福也高兴啊，等吃完了："老板，算账！"

维族小伙看看，这一共十来号人，直挠脑袋，拿手一个个点："我记得，你吃了三串，你吃了五串，你吃了多少来着？我的真主啊！你们到底吃了多少串啊？"

他自己都数乱了。最后李桂丹说了："别数了，你就说你这一筐多少钱？"

"我这一筐是一只羊，怎么也得七块法币吧。"

"不多，给你十块！"

李桂丹说完了，从兜里掏出钞票，塞到了维族小伙的手里。维族小伙往兜里一摸，出汗了。为什么啊？没带零钱！在当时，七块法币，相当不少了！而且按照平常，小伙一串两串的卖，也不愁零钱。谁想到这帮飞行员如狼似虎，一口气全给吃了啊！维族小伙吭哧了半天："我没带零钱……"

咱们说这些飞行员，一个月加上飞行补贴，得三百多块法币！相当富裕啊！不过飞行员那么高的薪水也不奇怪，人家属于技术兵种，是天之骄子！十块法币，这对于飞行员来讲，不是什么特别大的钱，所以李桂丹一看人家犯难："哎！甭找了！哥几个今天吃得都不错，高兴！剩下的就当小费了！"

维族小伙揣着钱走了，也没见他高兴。等到第二天训练完了，队员们准备吃晚饭的当口，那个维族小伙又来了，还带着一筐羊肉，二话不说，就烤上了。飞行员们一看，哎哟！不错啊！有的人意犹未尽，有的人听说了，也想来吃，这回连苏联飞行员都闻见香味了，一起过来吃。这回好，扫荡得更快！等吃完了，也不知道谁，又在小伙的羊肉筐里扔了十块钱。小伙子再想找人，飞行员全都没影了！

第三天训练完，维族小伙又搬来一筐羊肉，大伙一看，哎哟！真不错，天天改善生活啊！没想到小伙这回不烤了！抱着肩膀在炉子前面一站。司徒福跟着小伙挺熟，这家伙嘴馋，看见羊肉串就不要命！这回一看，小伙子表现反常啊！就问：

"兄弟，你这羊肉串卖不卖？"

"卖！但我告诉你们，今天谁给钱，谁就是王八蛋！"

飞行员司徒福中年照，司徒福，抗战末期担任四大队大队长

第三十一回　大队长试飞伊16　飞行员兰州练本领

153

"哗！"，大伙全乐了。再一问，明白了，原来是前两天的钱给多了！今天小伙子是来给前两天找平的！当时新疆人就那么淳朴！

咱们再翻回头来说高志航这边，高志航现在急得满嘴都是大疱啊！前线吃紧，我们不能多耗时间啊！所以高志航等飞机适应得差不多了，马上开始摸航线。按照正常的航线，飞机要经河西走廊，先南下成都加油，然后飞到重庆的梁山，也就是今天的梁平县，加油之后，再到武汉，休整过后奔南京，这条航线太长了！高志航一看，不行，我得另开一条快速的航线！

想到这儿，高志航拿着笔在地图上比画来比画去，因为伊16的最大航程800公里，总不能沿着最大的航程找啊！万一有点事，没油了还行？所以还得缩小航程，找安全的机场降落加油。高志航比画来比画去，最后描定了一条新航线，从兰州飞越六盘山，到西安加油，从西安奔洛阳，从洛阳奔南京，这样可以减少航程，能以最快的速度到达前线！

所以高志航一方面把自己的设想报告南京，另一方面，自己带队，从兰州奔西安，亲自飞一飞这条航线，顺便就当训练了！咱们说，飞越六盘山，在当时可是非常危险的事！首先，六盘山地形崎岖，很容易给飞行员们造成视觉疲劳。其次，当时的导航系统落后，飞行员在天上，只能靠地图和罗盘，这一趟全程五百多公里，稍微偏一点，就离目的地远出多少！再有，也是最重要的，六盘山一带天气状况复杂。当时的飞机还比较落后，碰上极端天气，基本上就算完！

结果，高志航出师不利啊！第一次飞，就碰上了冰雹！伊16这种飞机，主要结构是杜拉铝，强度、韧性还不错，但飞机大部分都是木头的！那还能禁得住冰雹？高志航就听见耳朵边"噼里啪啦！噼里啪啦！"，都是冰雹砸中飞机的声音。高志航心说：坏了！我这是要倒霉！

第三十二回　高志航歇脚洛阳城　陈其光击毙三轮宽

　　高志航为了缩短航程，尽快到达前线，特别选定了一条非常规的路线，要翻越六盘山奔西安，从西安奔洛阳，从洛阳到南京。这段航线最难飞的就是翻越六盘山奔西安这一段，无限重复的地形、复杂的天气，这都是飞行员们的大敌啊！结果高志航出师不利，还碰上冰雹了！

　　伊16这种飞机，主要结构是杜拉铝，强度、韧性还不错，但飞机大部分都是木头的！那还能禁得住冰雹？高志航就听见耳朵边"噼里啪啦！噼里啪啦！"，都是冰雹砸中飞机的声音。高志航一看，没办法，不能硬挨砸啊！先躲吧！于是飞机四散躲避。好不容易躲开了这片冰雹云，等再编队，少了6架飞机！高志航一看，哦！估计是躲乱了，先到附近的安康机场等他们吧！

　　等到了安康机场，等了足足两天，六个飞行员归队。高志航一看："你们回来了，飞机呢？"

　　"高大队长，别提了！都坠毁了！"

　　原来，他们闯出冰雹云之后就迷路了，没找到西安，最后飞机没油了，也没平地降落，最后飞机全部坠毁，飞行员跳伞逃生。没办法，这么大的事，得报告航委会啊！高志航等回到兰州，写了报告，在报告里，他深切自责：由于我指挥失误，损失了6架飞机，以后我要击落6架敌机作为补偿。

　　电报发出去了，没过几个钟头，南京方面来了电话，高志航一接，对面是毛邦初，毛邦初还挺客气："志航，飞机损失了不要紧，你们没事就好。现在前线吃紧，刘粹刚驰援北部战场，前线缺人缺得厉害啊！你们一旦熟悉了新飞机，尽快返回，不得有误！"

　　"是！请副总指挥放心！我们已经开辟了北部的航线，就是之前跟您报告过的，从兰州奔西安、洛阳，直奔南京，航线距离比之前缩短了三分之一，再有几天，我们就能在第一时间返回前线！"

"嗯！你这条航线我批准，但你们不能从洛阳直飞南京，要去周家口，也就是你们的老基地休整，再奔南京！"

"副总指挥，洛阳到南京，直线距离不到700公里，伊16的航程800公里，一次就到了！"

"不行！必须去周家口，不得有误！"

"啪嚓"，电话挂断。有人问了，毛邦初是不是跟高志航有仇啊？上次改装霍克3的事，就把高志航训了一顿，这回又因为航线的问题，又给高志航一顿训，这是为什么？咱们实话实说，毛邦初跟高志航是不是有仇，众说纷纭，但这次，毛邦初也是考虑到，现在形势这么紧张，你知道日本人什么时候来啊？洛阳到南京，直线距离近700公里，如果刚到南京就碰到敌袭，伊16就是强弩之末了，几乎没法还手啊！如果到周家口加油，离南京只有400多公里，就算有敌袭，照样可以迎战。而且，毛邦初挺生气的，兰州到南京，直线距离500多公里，你高志航就给我飞毁了6架战机，再让你直飞700公里，还不定有什么事呢！只不过现在毛邦初太需要高志航他们来助战，所以这事就忍着没骂出来。

再说高志航，他知道，军令如山啊！没办法。等飞行员们全部训练完，一个月之后，1937年11月22日一早，高志航率第一批13架飞机，从兰州赶赴前线。咱们有话则长，无话则短，西安落地加油，相当顺利。等到了洛阳机场上空，高志航发现不对了，怎么回事？马上就降落了，机场上空无一人啊！高志航一看，担心有变，带着队伍在附近又巡视了几圈，发现没有异常，这才降落。

等降落了，这才有机场的地勤跑过来。高志航从飞机上跳下来，火冒三丈啊："你们都去哪儿了？怎么刚才不见你们人影？"

地勤挺委屈："报告高大队长，刚才敌机来袭，我们都躲起来了。"

"嗯？敌机来袭？你们机场也没事啊？"

这时候，机场场长张明顺过来了："高大队长，您来了？"

"张场长，敌机来袭了？"

"嗯，不过没扔炸弹。刚才你们一来，我们头次见咱们这些新飞机，还以为是日本人去而复返呢，所以全躲起来了。"

"没扔炸弹？那日本飞机扔的什么？"

"您来看看吧！"

高志航和张明顺来到跑道之外，高志航一看，有一堆纸，纸上有字，似乎是传单。除了传单之外，还有一个花圈挺扎眼，花圈的头上捆着降落伞，上面一个大大的"奠"字，还有两跟飘带，左边一根上写着，"追悼未能交手的对手"，右边一根上写着，"怀念支那勇士刘粹刚"，下面还落着款：大日本帝国陆军航空队第16战队第2大队指挥官加藤建夫。

传单上大概也是写的这些话，高志航一看就愣了："怎么回事？粹刚阵亡了？"

张明顺口打咳声："唉！可不是嘛！刘爷当初就是从我这儿走的，这一走就没再回来，再过几天就是刘爷阵亡整一个月了，估计这个日本飞行员是特意来悼念的，难为他能突破咱们的阵地，跑到洛阳来。"

高志航一听，把眼睛闭上了，为什么？他想哭，可身为大队长，兼任驱逐大队司令，不能这么软弱。刘粹刚跟高志航，都是东北老乡，虽然说刘粹刚本人脾气冲，脸酸心狠，甚至为人有点尖刻，但论本事，高志航都觉得：刘粹刚绝不在我之下啊！人们都把我们俩和李桂丹、乐以琴并称四大天王，实打实的算，他应该排首位。高志航回想了半天，顿了顿："说吧，粹刚是怎么死的？"

"是这么这么回事。"

原来，就在高志航走了之后，刘粹刚仍然是在南京、上海一线奋战，日军对这个红武士，赛子龙，毒手狠命小罗成是闻风丧胆啊！有的胆小的，听见刘粹刚的名字就哆嗦！刘粹刚的战绩有多好呢？从8·14开战到10月中旬，两个月的时间，刘粹刚击落敌机11架，按国际标准，5架算王牌，刘粹刚够得上双料王牌了！刘粹刚现在也是中国空军的头号王牌，现在满园子的花数他红啊！现在刘粹刚一聊天，就说：他小鬼子来多少飞机，我收拾多少！我是受装带包圆！总有一天，我的飞机上全是击落小鬼子的标记！

就在这时候，北方战场传来了消息：日本陆军航空队的王牌加藤建夫放话出来，要求会斗刘粹刚！

这个北方战场是怎么回事呢？原来，就在淞沪会战打得白热化的同时，1937年9月11日，日军从北方进军太原，和中国军队进行了太原会战。淞沪方向呢，日军派出的是海军航空队，太原方向，日军则主要派出了陆军航空队。蒋介石一看，敌人出招了，自己不能不接啊！所以一方面着令阎锡山、卫立煌指挥部队进行抵抗，当然了，八路军也在战斗序列中。另一方面，蒋介石组建了中国空军北面支队，以应对日军的飞机。

北面支队主要由第七大队、第五大队28中队，还有航校的暂编大队组成。但算一算，能打的根本不多啊！第七大队是侦察大队，装备的侦察机，速度不到每小时300公里。而暂编大队和28中队，装备的都是1933年毛邦初主持买来的霍克2，飞行员称之为老霍克，最快时速每小时330公里。

可这飞机怎么跟日军的比呢？日军装备的主要是川崎95式双翼战机，虽说火力都是两挺轻机枪，但川崎95式的速度达到了每小时400公里，这怎么比啊？所以一开战，中国空军是损失惨重啊！不过中国空军也够硬的！就用咱们这些破飞机，竟然击毙了日本空战四大天王之首——"驱逐王"三轮宽！

这是怎么回事呢？原来，9月21日，日军方面由第16战队第2大队大队长三轮宽少佐带队，一共十几架飞机，要空袭太原机场，结果正碰上第28中队中队长陈其光的巡逻队，咱们一共有4架霍克2。

无论来的敌机多强，咱们只能迎战啊！结果几个回合一过，副队长雷炎均重伤返航，分队长苏英祥、飞行员梁定苑当场阵亡，可这陈其光呢，外号"傻其"，有人说他是死心眼子一根筋，别看现在就剩他一个人了，他仍然是咬住三轮宽就不撒嘴了！

三轮宽一看，这支那飞行员还真是个傻子，就剩他一人了，还不服哪！算了，我是北平陆军航空队指挥官,兼任驱逐机大队司令,又是大日本帝国空战四大天王之首,那么高的身份,跟他较什么劲?我呀,稍微往前带带他,让我后面的人把他干掉就得了。想到这儿,三轮宽加速往前飞,后面的飞机机枪玩了命地射击,组成一道火网啊!可是陈其光呢,不管不顾,也把油门踩到底,紧追不舍!

等三轮宽飞了一分钟,一琢磨:嗯!我们那么多飞机扫射,那个支那傻子应该已经完蛋了,那么密的火网,就是天照大神来了,也得被打成筛子!何况是身为劣等民族的支那人!我看看啊!想到这儿,三轮宽一掰飞机,飞机兜了半个圈,掉头一看,呀!这傻子的飞机都冒烟了,怎么还在啊!

就在这时候,陈其光开火了!

"嗒嗒嗒嗒!"

三轮宽的飞机当即中弹,拖着黑烟坠下去了!这就应了一句话:横的怕愣的,愣的怕不要命的!

再说三轮宽,他的技术还挺硬,想要迫降。你看山西的地形,坑坑洼洼,没多少平地,三轮宽握紧了操纵杆,就找那为数不多的平地,飞机"嘣嘣"跳了几下,终于停了。可是三轮宽呢,迫降的最后一下,震动过大,晕了。

这时候,打西边来了几个老农,这几个老农一看:"哟!飞机在打仗啊!哎!你看,有架飞机坠下来了!咱去看看!"

几个老农跑过去一看,是架日本飞机。几个老农一商议:"你说这小日本,不好好地在自己国家待着,来咱们中国打仗,这不是作死吗?"

"可不是!既然他的飞机落在咱们手里了,咱们捡点洋落儿吧!"

"行行!"

几个老农爬上飞机,打开舱盖一看,里头有个日本飞行员,已经昏迷不醒,旁边还有指挥刀,身上有勋章,腕子上有金表,真不错!老农们把东西一样样往出拿,最后抠到了金表。这时候三轮宽醒了,他一看,嗯?支那人?他们在拿我的金表!

三轮宽当时就急了:"八嘎!"

老农一看,哟!醒了!还骂人!老农手里正好有锄头,于是老农把锄头抡起来,对着三轮宽的脑袋:"我叫你八嘎!我叫你八嘎!"

三轮宽当时是脑浆迸裂,死于非命!这时候是9月21日,比山下七郎被俘的日子还早5天。

三轮宽死了,陈其光也好不到哪儿去,他被十几架飞机一起扫射,身负重伤!最后勉强迫降在太原女子师范,锁骨肋骨都断了,当时是昏迷不醒。后来学校的师生们把他送到医院,两天后才醒过来。不过之后,陈其光因为受伤过重,落下了残疾,抗战胜利后,定居加拿大,晚

陈其光击毙三轮宽,梁又铭作,此画藏于梁氏后人手中

景凄凉。

不过咱，击毙一个三轮宽，对整个战局影响并不大，日军仍然占据着绝对的优势。这时候，亏得八路军奇袭阳明堡的日军机场，焚毁敌机24架，给空军方面减轻了不少的压力。

三轮宽死后，日军空中名将加藤建夫接任第16战队第2大队大队长，这家伙又刁又滑，上任之后提出："我们大日本帝国，要在心理和实际两方面打垮支那空军，彻底把他们的自信打垮！"

具体怎么办呢？加藤建夫提出了两条：1. 对太原附近的中国空军进行剿杀。2. 要打断中国空军的脊梁——刘粹刚！

有人问了，为什么是刘粹刚啊？这告诉您，你甭看日军的陆海军航空队不和，但那是高层，优秀飞行员的关系都相当不错。加藤建夫当年差一点被评上四大天王，跟山下七郎关系挺好。山下七郎被俘之前，两个人通信就曾经提到刘粹刚。而且放眼中国的飞行员，刘粹刚的战绩首屈一指，所以加藤建夫放出话来，要会斗刘粹刚！

咱们再说刘粹刚，小伙子骄傲啊！他一听，什么？加藤建夫要跟我斗一斗？好啊！我非把你加藤建夫打成加藤贱人！正好，这时候毛邦初和周至柔也要考虑支援北方战场，刘粹刚是主动请缨啊！获经批准之后，刘粹刚带着两架僚机北上洛阳。正好，之前幸存的战将雷炎均也在洛阳，他跟刘粹刚一讲日军多么多么厉害，刘粹刚嘴撇得跟瓢似的："老雷啊，你这是让日本人吓着了，日本人也是肉长的，子弹打上照样是个透明窟窿！南边的日本人我不怕，北边的日本人，我也是照打不误！"

第三十三回　刘粹刚殒命魁星楼　高志航重返周家口

　　陈其光拼死击落三轮宽，这个三轮宽可不简单啊！他乃是第16战队第2大队大队长，日本飞行员中的四大天王之首！官衔少佐，比其余三位都高一级，天皇御赐他"驱逐之王"的封号，就这么个人，因为小看中国空军，最终得了可耻的下场。

　　三轮宽死后，继任第16战队第2大队大队长的飞行员，是日本出了名的加藤建夫，他一上任，就提出，要打断支那空军的脊梁，放出话来，要会斗中国头牌飞行员，红武士，赛子龙，毒手狠命小罗成——刘粹刚！

　　这刘粹刚，小伙子两个月的时间，干掉日本11架飞机，本事又大，人又骄傲，他一听："什么？你加藤建夫要跟我斗一斗？行啊！我非把你加藤建夫打成加藤贱人！"

　　于是刘粹刚主动请缨北上。这时候，航空委员会的几个大佬，陈庆云、宋美龄、周至柔等，他们也考虑到北方战线吃紧，就同意了，于是刘粹刚带着两架僚机北上。那么长的距离，没法一次性到，就先到了洛阳机场。

　　正好，在和三轮宽大战中幸存的28中队副队长雷炎均也在洛阳。雷炎均上次受伤主要是飞机，人没有大碍。老队长陈其光重伤之后，他担任队长，带着剩余的飞机和飞行员，跟日军交战数次，可谓经验丰富！有人问了，太原会战打得那么厉害，雷炎均就没被日本飞机逮着吗？这告诉您，当初毛邦初大力在北方偏僻地区修建的小机场起作用了！小机场数量多，日军炸来炸去，总炸不干净，雷炎均就带着这些飞机跟日军打起了空中游击战！看见日军的部队，就过去扫两下，扔颗炸弹。碰上日军落单的飞机，上去就揍，碰上大队飞机，立刻就撤，就这也把日军弄得头疼不已啊！你不知道他们从哪儿出来！

　　这回哥俩一聊天，雷炎均大谈日军的厉害，要刘粹刚小心为上，刘粹刚嘴撇得跟瓢似的："老雷啊，你这是让日本人吓着了，日本人也是肉长的，子弹打上照样是个透明窟窿！南边的日本人我不怕，北边的日本人，我也是照打不误！"

雷炎均一看，刘粹刚真够狂的！不过人家狂也有资本啊！没办法，就跟刘粹刚说："行，刘爷，俗话说，百闻不如一见，日本人有多厉害，还是你亲自去看看为好。这样，你们先加油，一会儿我陪你们一起出发，咱们一起去太原看看。"

雷炎均身为北方支队成员，对地形的具体情况了如指掌啊！提出这个建议也不奇怪。可刘粹刚一琢磨：从洛阳到太原，距离350公里，就凭我们对航线的计算，没什么问题。就算是不行，霍克3摘了副油箱，也有七百多公里的航程，万无一失！所以刘粹刚冷笑一声："我看不用了！雷队长，你的老霍克速度太慢，咱们一起走浪费时间，你先走，然后我们去追你，这样咱们不浪费时间。我现在急着想看看这个加藤贱人有什么本事！"

雷炎均一听，得！没脾气。他知道，刘粹刚说一不二啊！没办法，翻上飞机，先走了。刘粹刚呢，休息了一会儿，等加完了油，三个人，三架霍克3直奔太原！

到了晚上8点多，三架飞机终于到达了太原附近。按照正常的情况，这时候天还能看见，可这时候竟然起雾了！太原城变得朦朦胧胧的，什么也看不见，机场在哪儿呢？咱们书中代言，这些天，日军没少对太原进行轰炸，所以整个太原城等到了天黑，连灯都不开，就怕成了日本人的目标啊！这时候要是雷炎均跟着就好了，他熟悉路况，肯定没事。刘粹刚现在后悔不及啊！没办法，先回洛阳吧！

再想回洛阳，哪儿那么容易啊？现在大雾，什么都看不清，只能单凭罗盘来判断方向了，结果飞着飞着，跑偏了。其实这也不怪刘粹刚，当时的罗盘精度不高，飞行的时候，还得凭飞行员以地形为坐标来比较，今天没法看地形了，所以就偏了。偏到哪儿了呢？山西省南部，高平县，离洛阳还有150公里。这时候，时间已经到了晚上9点，天完全都黑下来了。

这时候，两架僚机袁葆康和邹赓续的油箱都亮了红灯，马上就没油了，必须想办法迫降啊！两架飞机紧摇翅膀告诉刘粹刚。刘粹刚这边也算计到了，怎么办？没办法，刘粹刚摇摇翅膀，告诉僚机知道了，然后放出了唯一一颗照明弹，给僚机迫降照明。这下可把两架僚机给救了！照明弹一打，下面的地面看得比较清楚，是个村子，两架僚机袁葆康、邹赓续赶紧瞄着村子外的庄稼地就下去了！您想想，庄稼地能跟跑道比吗？结果两架飞机落地一颠，站立不稳，"忽悠"就歪倒了，"咔嚓！"，翅膀折断。不过还好，飞行员没有大碍。

再说刘粹刚，他也着急啊！僚机没油了，他的油表也亮了红灯。这怎么办？下面两架僚机损毁，刘粹刚也看见了，看来，我还得找找！想到这儿，刘粹刚开着飞机绕着圈开始找。这时候，刘粹刚突然发现，下面有火光！

怎么回事呢？原来高平县城自太原会战开始，采取了宵禁制度，不许有亮光，这是怕日本来飞机轰炸啊！但刚才，刘粹刚扔下照明弹，两架僚机迫降，已经有老百姓看见了。老百姓一看，哟！飞机！这不是日本飞机，要不然扔下的就不是照明弹了，肯定是炸弹！看样子这架飞机是要降落啊！有几个老百姓明白，赶紧在县城的大道上点起了一堆火，给飞机做目标。

再说刘粹刚，他一看，哎哟！不容易，还真有人帮我！挺好！准备降落！刘粹刚这就准备要降落。可这降落，除非彻底没油了，不然都是盘旋几圈降落。刘粹刚盘旋着降低高度，眼看着不到十米了，刘粹刚就发现眼前一黑，刘粹刚挺奇怪，什么东西啊？再细一辨认，是一座楼，坏了！再想躲，来不及了！

咱们书中代言，这座楼是高平县的标志性建筑物，魁星楼！高有三层，刚才刘粹刚的飞机飞得比较高，没注意。现在刘粹刚已经是过度疲劳，稍微一个疏忽，坏了！

"咚！"

飞机直挺挺地扎在了魁星楼上，刘粹刚当场遇难！时年25岁，战果11架。后人有诗感叹：

空中红武士，狠命赛罗成。
绝技挫敌寇，追魂震东瀛。
两月十一果，威名扬华东。
惜哉遭天妒，未捷陨魁星！

位于南京航空烈士公墓的刘粹刚墓碑

这就是以往的经过啊！11月中旬，刘粹刚的遗体运回南京，举国悲痛啊！蒋介石亲自下令，追赠刘粹刚为空军少校军衔，奖励给刘粹刚的夫人许希麟女士大洋一万块，而且把后来迁到昆明的空军军官学校子弟小学，改名为"粹刚小学"，直到现在，台湾的空军军官学校子弟小学，仍然叫"粹刚小学"。这都是后话，暂且不提。

刘粹刚遇难后，航委会为了不打击士气，部分封锁这个消息，尤其对远赴兰州接机的第四大队秘而不宣。今天要不是加藤建夫怀念没能交手的刘粹刚，对洛阳空投花圈，以示纪念，高志航他们还不知道呢！

高志航感叹了半天，最后高志航一琢磨：哎！俗话说，瓦罐不离井台破，大将难免阵前亡啊！干我们飞行员的，就是把脑袋别到裤腰带上，没准儿前一秒钟还威风八面，一秒钟过后就没命了！真是世事无常啊！没准儿以后我也是这么个结果！

高志航胡思乱想了一阵，最后想到：刘粹刚遇难，南京方面的人手肯定更加捉襟见肘！不行，我们加完了油就直奔南京吧！

高志航想到这儿，给南京方面发了电报。不一会儿，空军前敌指挥部回电：照原计划，第四大队于周家口集中，休息一夜，23日上午从周家口飞至南京。务必平安，不得有误！

有人问了，怎么周至柔和毛邦初回了这么个命令呢？原来，11月中旬，淞沪会战结束，中国军队战败撤退，日本趁机攻占上海各县。在这种情况下，日军对南京的轰炸更厉害了！你知道日本飞机什么时候来啊？所以毛邦初和周至柔一商议，决定让第四大队在周家口集中加油，这样到了南京，即使碰到日军空袭，飞机也还有一些油，可以进行反击。如果从洛阳来，航程太长了，来了就基本没油了，碰上个万一就惨了！而且今天南京天气不佳，是暴雨倾盆啊！敌人不方便，我们也不方便，这要是强行起飞，再坠毁两架，得不偿失啊！反正敌人也来不了，干脆晚一天来。所以周至柔、毛邦初这回意见统一，强令第四大队在周家口休息一夜。

高志航没办法啊！检查了一下飞机，别人没事，就是毛瀛初的伊16出了点问题。高志航一琢磨：指挥部那边要求的就是平安，何况毛瀛初是蒋委员长的内侄，要是出点问题，自己是吃不了兜着走啊！所以就让毛瀛初在洛阳休息。毛瀛初哪儿干啊？当时就急了："大队长！没您这么干的！咱们来的时候就13架，到了南京少一架，这算什么事？"

刘粹刚殒命魁星楼现场

"瀛初，你飞机出问题了，先在这儿检修检修，指挥部要求的就是咱们平安，这可别闹事啊！"

"不行！我今天一定跟着队伍到周家口！伊16不行了，我找别的飞机也得跟着！"

还别说，运气不错，这两天正好有一架霍克3修理完毕，毛瀛初跨上霍克3，跟队伍起飞，一行人就到了周家口。

等到了周家口，周家口可是第四大队的老基地啊！高志航一回来，感慨异常啊！自8·13和日本开战以来，我们一直没回来过！今天可算回来看看了！

等飞机降落，地勤主任于觉生带着两个副手姜广仁、冯干卿当时就跑过来了，等高志航一下飞机，他们就把高志航包住了："高大队长！欢迎回家！"

"哎呀老于！我真想你们啊！"

这都是第四大队的老人了，能不亲吗？您别看，空军上天出彩的往往是飞行员，可飞行员出彩的背后还有地勤人员的种种努力，检修飞机、瞭望、气象，包括装弹、加油等干苦力的地勤，没有他们的努力，飞行员就是再厉害也飞不起来！所以这些人，高志航也同样把他们视为第四大队不可或缺的一部分，一帮人见面，那叫一个亲啊！

这时候，毛瀛初、乐以琴、周志开他们也下来了，几个人跟地勤人员搂脖子抱腰，也亲得不行。亲热了一会儿，于觉生说了："高大队长，我们接到命令，您们应该明天才奔南京，所以今天我们给兄弟们预备了好饭好菜，大家来聚餐吧！"

"哎呀呀！辛苦你们了！"

于是，地勤人员接管了飞机，开始检修，高志航呢，带着飞行员们进了食堂。整整一个上午的转场飞行，大家伙饿坏了！是狼吞虎咽啊！等吃得差不多了，高志航端起一杯茶："各位，今天咱们算是忙里偷闲，回老家探亲了！按说在战争时期，咱们不应该

第三十三回　刘粹刚殒命魁星楼　高志航重返周家口

163

这么大吃大喝，但咱们应该高兴！咱们中国空军这次浴火重生，得了那么多好飞机，咱们更应该给日寇来个大惊喜！大家说对不对？"

"对！"

"说得太好了！"

说着话，高志航端起杯子："好！明天咱们赶赴前线，就要开始新一轮的奋战！今天我以茶代酒，给大家壮行！"

"好！"

高志航端起杯子刚要喝，突然听见外面"呜——呜——"

高志航经验丰富啊！一听，坏了！这是防空警报啊！是敌袭！

高志航把酒杯一蹾："兄弟们，迎战！"

说着，所有飞行员都跑出食堂，找飞机准备发动！

再想发动，晚了！敌机一共11架，分四组已经开始了对机场的空袭！

高志航顾不得别的，三步两步蹿上飞机，开始发动飞机，这时候，军械长冯干卿也跑过来了，赶紧给高志航摇螺旋桨，帮助发动。

再想发动，晚了！日军一个小组冲过来，对着高志航的飞机就是一顿炸弹！高志航的战机当时就被大火包围！

第三十四回　高志航壮烈成仁
　　　　　　乐以琴一诺千金

周家口机场突遭敌袭，高志航毫不畏惧，马上下令迎战！可是再想反击，晚了！高志航刚登上飞机，其中一组敌机，对着高志航的座机就是一阵炸弹！高志航的座机当时就被大火包围了！

有人问了，日军怎么来得那么巧呢？正好打了四大队一个冷不防。这还是中国在抗战中的老问题——汉奸！原来，来的日机正是在八一五大战中吃了暴亏的木更津航空队，木更津航空队如今调防北平的南苑机场。

日本人早就听说了，支那第四大队神秘失踪，更有传言，苏联介入战争，第四大队去接收苏联飞机了。日本人惊恐异常啊！赶紧派出间谍侦察，调查了半天，汉奸传递情报，第四大队西赴兰州，干什么不知道。日本人琢磨来琢磨去，就盯上周家口机场了，这地方是连接支那东西航路的要冲，不管四大队去兰州干什么，总之没有好事，你们只要回南京，十之八九就会经过周家口补给，不然如果从洛阳直飞南京，航程太长，到了也就没油了。我得想办法把周家口炸了！把这里炸了，就等于砸断了支那空军的腰！你们再过来，我们也不怕了！

所以日军一方面撒下汉奸，就在周家口附近活动，另一方面，飞调木更津航空队到北平南苑机场，准备空袭周家口！恰巧这时候，汉奸报告："周家口机场刚刚降落了一大批新飞机，其中大部分都是单翼飞机。"

日军大本营一听，这是什么情况？支那现在把所有的精锐战机全都集中在南京，剩下的就是一些老旧不堪的飞机驻守各地，怎么还有新飞机？而且是单翼的。难道这就是苏联的飞机？算了，管他是不是苏联的，我们给炸了，就什么事都没了！所以大本营当即下令，让进驻北平的木更津航空队空袭周家口！

大本营下令，木更津航空队这边当然不敢怠慢，11架96式陆上攻击机腾空而起，在队长管久少佐的带领下，直扑周家口！

165

再说周家口这边，这边的防备非常差！其实这也没办法，陈纳德提议，培训的人肉雷达站，都部署在了南京、太原附近，这是现在的主要战场啊！而位于非主战场的二线城市周家口附近，根本就没配置人肉雷达站，这里仅有机场的瞭望哨。等瞭望哨发现，已经彻底晚了！

再说管久少佐，等飞到周家口上空，马上摇晃翅膀，11架飞机按原计划分为四路，分别攻击周家口机场的飞机、塔楼、机库和附属设施。再说管久少佐，他这一组3架飞机，负责攻击地面飞机，等降低高度，进入攻击位置一看，哟！单翼飞机，之前还真没见过，这是哪一国的呢？管久少佐刚一琢磨，就见地面上有人在跑向飞机，其中跑向第一架飞机的人，腿似乎不是太利索，他心中一动啊！我听说，支那头号空军英雄高志航腿受过伤，人称"高瘸子"，这个不会就是他吧？我先把他干掉！

就这样，管久少佐摇晃翅膀，告诉两架僚机，然后就冲上去了，三架飞机的第一波炸弹全都倾泻到了高志航的座机上！

"咚！咚！轰轰！"

高志航的伊16当时就被火海包围了。

不过高志航这回被炸，也算是给后面的人赢得了时间。后面的飞机终于发动了，毛瀛初率先冲上跑道，他一看："呀！大队长！老子跟你们拼了！"

毛瀛初一脚油门，霍克3腾空而起，正好，眼前就是刚才管久少佐那一拨96陆攻的队尾，毛瀛初咬住最后一架，就开了火了！

"嗒嗒嗒！嗒嗒嗒！"

敌人猝不及防啊！左右翅膀的两个发动机都被打爆，飞机拖着黑烟坠下去了。紧接着，第二个起飞的周志开也咬住一架！这个周志开也不简单！咱们说，中国空军在抗战前期，诞生了四大天王，中期活跃的有四小天王，后期活跃的还有四金刚，周志开就是四金刚之一啊！别看周志开此时岁数比较小，还是见习飞行员，打起来照样勇往直前啊！周志开的伊16撑上另一架敌机，"嗒嗒嗒"一开火，把它的右发动机打灭了！敌机落荒而逃啊！

紧接着，乐以琴、董明德的战机也成功升空，跟96式陆攻纠缠起来了！再说管久少佐，他一看，坏了！这飞机真好！比之前痛扁自己战队的霍克3还厉害！这才3架，外加一架霍克3，就把自己的飞机一顿痛扁，这要是再起来两架，就全完了！赶

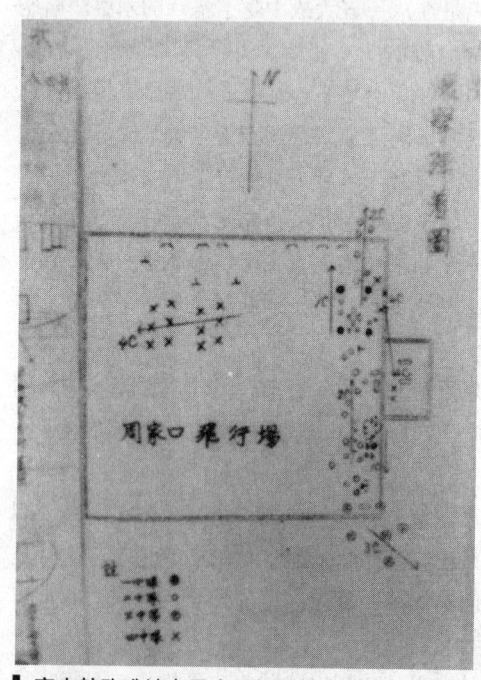

高志航殉难地点周家口机场地图（在日本杂志中找到，右上五个字为：爆击弹着图）

166

紧走吧！于是剩下9架96式陆攻头也不回地跑了！

剩下的飞行员一看，敌人走了，大队长怎么样啊？于是赶紧降落，去看高志航。再看，高志航端坐在机舱中，早已气绝身亡！旁边一同阵亡的还有帮助高志航发动飞机的军械长冯干卿。战争就是这么残酷！可能刚才还踌躇满志，没准儿下一秒就马革裹尸。队员们含泪收敛了高大队长的遗体，第二天，也就是1937年11月23日，队员们把大队长的遗体运送到南京，又是举国哀悼啊！蒋介石也亲自出席了高志航的葬礼，当众宣布，追封高志航为少将军衔，并且把第四大队命名为"志航大队"。高志航终年29岁，击落敌机5架，堪称王牌，可惜壮志未酬啊！后人有诗感叹：

> 战神降世高志航，倭奴胆寒称阎王。
> 笕桥酣战八一四，雄鹰振翅射天狼。
> 国耻家仇饮敌血，南京擒寇告上苍。
> 一夕殉难周家口，奋起少年中国强。

高志航死后，第四大队由同为四大天王之一的"铁面判官"李桂丹接任大队长，"江南钢盔"乐以琴为副大队长，几天之后，四大队全体飞行员，

位于南京航空烈士公墓的高志航墓碑

都驾驶着伊16战机来到南京，同时，第一批苏联援华航空队的飞行员，也驾机到了，大家是摩拳擦掌，准备给日本鬼子的航空队来个迎头痛击！还别说，几天的工夫，日本人还真吃亏了！几次战斗下来，日本人损失五架飞机，咱们没损失！

可是，到了现在，明眼人都看得出来，南京守不住了！虽然说，南京周边还有不少的部队，但这些都是淞沪战场上撤下来的败兵，看番号，好像还是那些精锐部队，但有经验的战斗骨干早都打光了。蒋介石对此，早有计划，所以淞沪战场上陷入被动的时候，他就开始把政府机关撤离到了武汉，连笕桥航校都撤到了昆明。可是如今南京到底还守不守？蒋介石一时间拿不定主意。可这时候，蒋介石手下大将唐生智力排众议，要坚守南京。蒋介石一看，正好，反正守不住，就交给你了，我也免得担责任。所以这时候，唐生智开始备战，蒋介石呢，接着撤退。

可这时候，空军怎么办？蒋介石一琢磨：这批飞行员和飞机可是我手下宝贵的财富，不能损失！但蒋介石已经下令南京备战，也不好意思说让空军全面撤退，所以明着下令："立即备战，相机撤退。"

另一方面，蒋介石下达密令，把几个大队的主力全部调走。密令一下，第三大队大队长蒋其炎、第四大队大队长李桂丹、第五大队大队长马庭槐都没脾气啊！

有人问了，第五大队大队长不是丁纪徐吗？怎么换马庭槐了？原来，就在淞沪会战进行到最激烈的时刻，周至柔得到情报，敌人旗舰出云号正在黄浦江中，他为了独揽功劳，没跟毛邦初说，私下命令第四大队22中队中队长黄光汉率飞机前去轰炸。黄光汉率队过去，"叮了咣啷"一顿炸，把"敌舰"炸沉，等到晚上，美国大使就上门抗议了，

原来，情报是错的！炸沉的是美国的"胡佛总统号"邮轮！毛邦初听了，可乐了，叫你周至柔贪功，这回看你怎么收拾！周至柔呢，恼羞成怒啊！为了自己脱罪，周至柔把弄来情报的人抓了，另外，还要暗中抓捕黄光汉顶包。

咱们说，黄光汉他叔叔可不是旁人，正是前航空署署长黄秉衡，黄秉衡虽然退居二线了，可身份地位在那儿摆着，德高望重啊！其中，时任第五大队大队长的丁纪徐，就曾经是老先生的学生。周至柔命令一下，几个大队的大队长先知道信了，高志航当初没说什么，但丁纪徐不干啊！赶紧暗中通知了黄光汉，黄光汉连夜逃到了香港，一直没敢回来。周至柔没抓住黄光汉，干脆就把所有问题都推到了黄光汉身上，另外就拿丁纪徐顶包了，说丁纪徐蓄意放走要犯，官职一撸到底，发配到欧亚航空公司以观后效。欧亚航空公司负责国际运输，实际上就是退役和伤残飞行员的归宿，来到这儿，丁纪徐就彻底远离了一线，被挂起来了。丁纪徐走了，第五大队怎么办？没事，副大队长马庭槐接任。这回马庭槐不敢反抗，丁纪徐的下场历历在目，只能乖乖带着部队撤到了武汉。

第三大队蒋其炎心中虽有不满，但没脾气，也带着部队撤了，不过第三大队即便在后撤之后，1937年12月3日，也就是南京陷落前夕，也派出中队长黄泮扬，驾驶陈纳德的座机霍克75，远赴上海侦察，虽遭遇日军重重绞杀，但仍然全身而退。

第三、第五大队全撤了，第四大队大队长李桂丹不干了，我们全撤了，南京怎么办？但是委员长有密令。李桂丹思虑再三：委员长明着下令立即备战，相机撤退，还没要求全军撤退啊！最后李桂丹把手下几员干将全都召集起来："兄弟们，如今南京城岌岌可危，可是委员长密令我们撤退，我身为大队长，不能带头违反委员长密令。但咱们身为空军，只要在一天，陆军以及百姓们就多一分安全，有谁愿意留下，为守卫南京搏上一搏？"

大伙一听，群情激奋啊："大队长！我留下！"

"我留下！"

"还有我！"

李桂丹冷笑了一声："大家的决心很大啊！不过大家可听好了，委员长有令，咱们以保存实力为目标，所以留下的人，等归队之后，有可能会遭到处罚。而且，日军现在攻陷上海，周边的敌机据说已经增加到了900多架，留下，就意味着要对抗他们全部，几乎是十死无生！这可是个费力不讨好的差事，大家可想好了！"

这话一出，大伙都傻了，面面相觑啊！还没说话，就听"嗷"一嗓子："我留下！"

大家转头一看，谁啊？只见此人黄白镜子，瓜子脸，眉清目秀，就是颧骨有点高，身高将近一米八，在飞行员中一站，那真是显得鹤立鸡群啊！此人非别，正是第四大队副大队长，四大天王之一，空中子龙，江南钢盔——乐以琴！李桂丹点点头："嗯，以琴，即使牺牲生命，你也愿意留下？"

小伙子乐以琴现在是目眦尽裂啊："大队长！老百姓称我为江南钢盔，如果我不能守护江南大地，我怎么能配得起他们的期待？老百姓赐我这个外号，空中子龙，江南钢盔，我就要一诺千金！不然还算个人吗？还够两撇吗？大队长你放心，别说900架飞机，就是日本人来他9000架，只要我在一天，我就要杀得七进七出！江南老百姓的头顶上就多一顶钢盔！"

"好！好兄弟！还有没有愿意留下的？"

"也算我一个！"

众人回头一看，只见此人个头不太高，国字脸，月牙眼，通关鼻梁方海口，一脸的忠厚，大家伙一看，这人太熟了！谁啊？正是从第五大队借调到第四大队的骁将董明德，当初第四大队远赴兰州接收苏联飞机，高志航特别带了几个第五大队的精锐，董明德就是其一啊！董明德相当不简单，在南京、上海前线两个多月的时间，多次升空跟日军交战，击落敌机5架，座机2506号也受创迫降好几次，不过每次董明德都没受伤，日军惊呼他为"打不死"。

李桂丹一看，董明德也愿意留下，挺高兴："明德，你也要留下？"

董明德一乐："当然了！大队长，您看还有比我合适的人吗？我是第五大队的成员，可我们大队长没通知我撤退啊！您这是第四大队，我听调不听宣，您也没法指挥我撤退，您看这多好！我不留下谁留下？"

"好！你们哥俩是真正的壮士，我李桂丹自愧不如！来人！倒酒！我要敬你们哥俩！"

李桂丹拿过酒来，满了三杯："以琴、明德，你们两个要多多保重，如果可能，一定要活着回来，咱们空军已经再也经不起损失了！如果回来有什么麻烦，我李桂丹一定帮你们到底！"

"队长放心！"

"大队长，您放心！"

就这样，李桂丹带着队伍走了。等翻过天来，1937年12月2日，日军开始进逼南京，这时候，留在南京的空军只剩下了乐以琴、董明德两架飞机，而他们面对的是日军900多架飞机，要知他们如何奋战，咱们下回再说。

第三十五回　两勇士再战南京　乐以琴强行出击

南京保卫战即将开始，蒋介石知道南京守不住，所以暗中撤走了绝大部分的空军力量，仅有第四大队的乐以琴、董明德两个人留下。等李桂丹他们撤走的第二天，也就是1937年12月2日，南京保卫战开打。可这仗根本没法打！国军将士的士气极低啊！看着这些番号，36师、87师、88师，这都是装备了德制武器的精锐，可现在战斗骨干都打光了，哪儿有战斗力啊？日军士气旺盛，奋勇直前，又有大炮、飞机等火力支援，国军是全线败退啊！

可是乐以琴和董明德不管这套，俩人就在机场办公室里听电话，一会儿一个电话，两个人就出击了，扫个几圈，扔几颗炸弹回来；又一个电话，两个人又出击，又扫几圈，扔几颗炸弹回来，只要到了国军的阵地上空一晃悠，国军的士气马上就能振作不少！咱还有飞机支援啊！

有人问了，就这么出击，汽油、子弹什么的够吗？这告诉您，现在空军几个大队全撤了，还剩下一部分物资没能运走，两架飞机一时半会儿根本用不完，汽油、子弹、炸弹管够！乐以琴和董明德这回可开了荤了！东西南北可劲造！

但是打了几个来回，日本人注意了，哎呀！支那人还有飞机哪！有人赶紧通知了上海方面。

咱们再说乐以琴和董明德，两人两机一起出击，这是今天上午的第三回出击了，目标是镇江附近的茅山，这是南京防线的外围阵地啊！虽然此地已经失陷，但是乐以琴和董明德一商议，兵法云，攻敌之不守啊！敌人攻陷了茅山，估计正美呢，咱们过去打他们个冷不防！

还别说，两个人一到了茅山，果然就看见地面上有不少日本兵举着膏药旗在那儿欢呼呢，有的人一看乐以琴他们来了，摇得更厉害了："班栽（万岁）！"

"班栽！"

有人问了，日本人怎么还向乐以琴他们欢呼啊？这告诉您，看串了，乐以琴他们驾驶的是最新式的伊16单翼战机，高度也高，日本人眼睛也不太好，反正是单翼飞机，就以为是96舰战了。这帮日本人心说：好啊！支那人不堪一击，连飞机都来给我们助战了！所以欢呼得更起劲了：
"班栽！"
"班栽！"

国军飞行员董明德登机照，他是最后留守南京的两个飞行员之一

乐以琴和董明德俩人在飞机上就想乐，心说：这帮日本人准是认错飞机了，喊班栽呢，今天我让你们栽个大跟头！两个人马上编队，乐以琴在前，董明德在后，对着敌人就冲过去了！

"嗒嗒嗒嗒！嗒嗒嗒嗒！吱！轰！吱吱！轰轰！"

这回日本人可惨了！根本没人隐蔽，全在表面上呢！给炸了一个稀里哗啦啊！死伤无数，还没死的通信兵赶紧抱住电话："莫西莫西！我们这里受到支那飞机的猛烈攻击，死伤惨重，请求支援！莫西莫西！"

再说乐以琴和董明德，两个人扫射了一圈，炸弹全扔了，子弹还剩了点，乐以琴还琢磨呢：要不要再来一圈呢？这时候，就看董明德在拼命摇晃翅膀，这是有情况啊！

乐以琴一看，赶紧四下观察，果然，东边四架敌机来袭！两个人赶紧快速编队，迎面就冲上去了！再说迎面带队的这个日本飞行员，名叫倒霉三郎，是前文玉碎的倒霉太郎和次郎他弟弟，他仔细一看，哦！两架支那飞机。怪哉啊！支那哪儿来的单翼战机啊？再仔细看看，对面来的头一架飞机，编号2204，哟！坏了！这个好像就是支那空军四大天王之一，乐以琴啊！据说他两个多月击落我们6架敌机，别说别人，我大哥就死在他手里！坏了坏了！

他这么一愣神的工夫，乐以琴迎面冲过来，两挺轻机枪"嗒嗒嗒！"，就是一串子弹，倒霉三郎躲闪不及啊！当场被击毙，飞机坠下去了。其余三架敌机一看，哎呀！支那2204号机好厉害啊！干脆我们一起来斗他！

剩下三架飞机当时就把乐以琴包围了，"嗒嗒嗒嗒嗒！"，机枪响成一片啊！乐以琴的飞机当时就被火网罩住。乐以琴一看，到了现在，没得可躲了，只能接架相还。两种飞机的性能相仿，可是数量是3对1，乐以琴当时是险象环生啊！

就在这时候，董明德从高空杀到！咱们说，董明德这家伙可鬼啊！他一看，乐以琴正面接战，心说：以琴老弟老爱玩正面对抗，现在咱们的飞机厉害，用不着我帮他，干脆我先爬高吧！高度就是生命啊！所以董明德拼命爬高，等爬得差不多了一看，哟！乐以琴被围住了，所以"唰！"一个俯冲下去！

"嗒嗒嗒！"

171

这通扫射啊！又有一架敌机冒烟了。剩下两架敌机一看，不能恋战啊！没想到支那人的飞机这么厉害，走吧！再不走全军覆没了！乐以琴和董明德各自击落一架敌机，胜利返航。

等降落之后，两个人抓紧时间吃饭。还没吃完，指挥部那边又一个电话："喂！是机场吗？栖霞山一线吃紧，我们要求空军支援！"

乐以琴一听："格老子！明德兄，你听，这日本鬼子真可恶，连饭都不让咱们好好吃！"

董明德一乐："没事，以琴老弟，咱们赶紧吃完，赶紧过去，也喂日本鬼子吃点子弹，你说多好！"

两个人三扒拉两扒拉，把饭咽进肚子里，抹抹嘴就奔了飞机。乐以琴刚要上飞机，机械师把他拉住了："副大队长，您不能起飞！"

"为什么？"

"刚才您的发动机就中弹了，我正在修理！"

"什么时候能修好？"

"我也不知道，我正在尽力，您的发动机中弹，三个气缸停转，刚才您能降落，已经是奇迹了！您可不能冒险！"

这时候，董明德的2506号座机已经起飞了，乐以琴急得直拍大腿："格老子！太可惜了！"

咱们说，董明德这趟非常轻松，又给了日军一顿子弹和炸弹，等回来一看，乐以琴没起飞，再一问，机械师就说："副大队长的飞机损伤比较重，我尽力排除故障，但得要几天时间。"

可现在，整个南京，只剩下了董明德和乐以琴两人两机，想换飞机也没有。所以董明德就说了："以琴老弟，没事，咱这样，在你的飞机修好之前，咱们分工负责，今天下午你休息。明天上午，你驾着我的飞机去打。你上午，我下午，咱们分工合作，也不累，你说怎么样？"

"好好好！那我多谢明德兄了！"

还别说，董明德下午几次执行任务，都比较顺利。等到了晚上，战斗继续进行，但日军飞机不来了，因为日军现在志在必得啊！士气比国军高出多少！没必要冒险进行夜航，咱们的飞行员呢，更缺少夜航经验，所以当夜罢战。第二天，董明德起了个大早，准备吃饭。甭看他今天上午休息，昨天的兴奋劲还没过啊！董明德刚吃两口，乐以琴也来了。可董明德一打量，乐以琴眼睛通红啊！明显没睡好，所以董明德就问："以琴老弟，你怎么了？昨天没睡好？"

"格老子！别提了！昨天夜里，我梦见沈崇诲了！"

"啊？"

咱们前文说过，沈崇诲，外号索命鬼，乃是第二大队的飞行员，在一次执行任务时，飞机故障，沈崇诲和投弹手陈锡纯一商议，俩人驾机撞向敌舰，当场身亡。沈崇诲死后，曾经不止一次的来跟队友索命，队员们只要夜里梦见沈崇诲的，第二天上天准出事！但沈崇诲的冤魂已经好一阵没发作了，今天又来了！所以董明德听了，感觉相当不吉利，所以赶紧跟乐以琴说："以琴老弟，这个预兆可不好啊！要不你今天再歇歇，愚兄我来一天，明天你替我？"

乐以琴一摆手："不用了，明德兄，你的好意我心领了。俗话说，是福不是祸，是祸躲不过，沈崇诲这家伙要是存心勾我，我就是闭门家中坐，头上也得掉块砖头把我砸死。要是没事，千军万马能奈我何？所以咱们还是按原计划，我值上午班！"

等吃完了饭，乐以琴来到飞机前，一挥手："来人！给我把编号刷成2204！"

咱们说，董明德的飞机，编号2506，这在日军那边也都是挂了号的！但论名气，比乐以琴的2204号座机还稍差点，乐以琴小伙子狂啊！人过留名，雁过留声，我要让小鬼子知道知道，取他们性命的人是我！我还得让南京的老百姓知道，我还在他们的头顶，我绝不辜负他们赠的绰号——"空中子龙，江南钢盔"。

地勤人员赶紧过来，连喷带弄，算把号改成了2204。这时候电话又响了："喂喂！是机场吗？栖霞山方向吃紧，请立刻派飞机支援！请立刻派飞机支援！"

乐以琴立刻驾机升空啊！等到了栖霞山上空，只见有三架轰炸机正在对国军阵地进行地毯式轰炸！咱们说，栖霞山位于南京市的东北郊，是守卫南京的门户，如果栖霞山失守，南京城就完全暴露在敌人的火力之下！所以国军在这里抵抗得还比较顽强。日军进攻受挫，就派了三架轰炸机，来了个地毯式轰炸！就在这节骨眼儿上，乐以琴赶到，乐以琴一看，眼珠子都红了！格老子，你们给我着家伙吧！

乐以琴一踩油门，伊16当时就朝着轰炸机猛扑过去了！敌人的轰炸机也不是干挨打啊！一看有飞机扑过来，机枪也开始扫射了！

"嗒嗒嗒！嗒嗒嗒！"

乐以琴一看，嘿！我还怕你这几挺机枪吗？所以乐以琴一扭翅膀，子弹扫空，乐以琴趁机加速，扎到敌机身后，一扭头，枪口就对准了轰炸机。乐以琴心说：格老子！可让我逮住了！敢来轰炸我们的阵地，今天你们是难逃公道啊！

乐以琴刚要开枪，就听声音不对，"噗噗噗！叮当叮当！"

乐以琴一听，坏了！我中弹了！这时候不敢怠慢啊！一个侧向翻滚，"唰！"，滚到旁边，乐以琴支脑袋一看，原来，云层中早就埋伏好了三架96舰战，目标就是自己啊！

原来，昨天一天，乐以琴和董明德忽左忽右，打得日本人头晕转向，日本人虽然知道，飞机不是从大校场机场，就是从明故宫机场起飞的，但想炸，谈何容易啊！虽然说，南京的制空权，已经全部落入了日军的手里，可机场周围的防空武器还有不少，要逮两架飞机，万里有个一，损失六七架，这个买卖就赔了！这怎么办啊？日本人想了一招，引蛇出洞！动用轰炸机做诱饵，引诱乐以琴他们上钩。乐以琴果然来了，这回把三架96式舰战乐坏了！立刻围住乐以琴，就是一阵扫射！

到了现在，真是退无可退了！三架轰炸机的活动机枪先扫出一道火网，牢牢地把乐以琴限制住，剩下三架96式舰战左冲右突，就把乐以琴困在当中！要说乐以琴的座机伊16，火力、机动性仅比96舰战强一点，一半时还能够支撑，时间长了非吃亏不可！乐以琴一看，算了，我拼他一个够本，拼他俩还赚一个，今天看来沈崇海铁定是要把我勾走了，没关系！就是走，我也拉上一个垫背的！

想到这，乐以琴不管别的了，死死咬住一架敌机就开了火了！

"嗒嗒嗒嗒嗒！"

再说日本这架飞机的驾驶员，那是谁啊？是前面倒霉三郎他弟弟，倒霉四郎！本身这次出击，倒霉四郎就心里发虚，他心说：之前我大哥就是折在支那2204号战机手里，昨天我三哥也被支那2204号战机打死了，我还能是对手吗？可是再一琢磨：我们这回是钓鱼啊！我又不是鱼饵，打也打不到我身上，怕什么？

可是怕什么来什么，这回乐以琴眼睛里冒火，偏巧咬住倒霉四郎的飞机了！倒霉四郎可吓坏了！妈的妈，我的姥姥！跑吧！

可哪儿跑得了？速度也没人家快，再加上乐以琴打得那叫一个准啊！弹弹咬肉！倒霉四郎的飞机当时就冒火了！直挺挺地栽下去，"轰！"，坠毁。

倒霉四郎完了，乐以琴也悬了！刚才乐以琴死咬一架，剩下两架96舰战全跑他后面去了，这是最好的攻击位置啊！乐以琴开火，人家也开火了！

"嗒嗒嗒！嗒嗒嗒！"

这一串子弹打得也挺准，乐以琴的伊16左翅膀冒了火，右翅膀直往下飞零件，甚至有数颗子弹，直接击中乐以琴的座椅后背！要知乐以琴是生是死？咱们下回再说。

第三十六回　乐以琴尽忠报国　董明德宣城阻敌

　　1937年12月3日，南京保卫战战况逐渐白热化，日军猛攻南京城的门户栖霞山，国军虽然拼死抵抗，但效果不大，而且日军还动用了飞机轰炸。现在留在南京的空军，仅剩下乐以琴、董明德两个飞行员，两架飞机仅有一架能飞。即使是这样，乐以琴为了不负"江南钢盔"之名，毅然出击，结果遭到敌机包围！

　　到了现在，乐以琴躲无可躲，避无可避，咬住一架敌机就开了火了！这架日本飞机也挺惨，飞行员倒霉四郎，他大哥、三哥全都折在乐以琴手里，今天他也完了！被乐以琴击落。

　　不过乐以琴击落了倒霉四郎，自己也没好到哪儿去！自己的伊16，左翅膀冒了火，右翅膀直往下飞零件，甚至有数颗子弹，直接击中乐以琴的座椅后背！还亏得苏联人造飞机挺用心，在座椅后背上加了钢板，所以乐以琴并没受致命伤。乐以琴一看，没法打了，跳伞吧！留得青山在，不怕没柴烧！

　　所以乐以琴打开舱盖，跳出飞机！按理说，这就该打开降落伞了，可这时候，敌机冲上来了！对着跳出机舱的乐以琴"嗒嗒嗒！"就用机枪扫开了！

　　乐以琴一看，我呸！这帮小鬼子，根本不知道什么叫国际法，什么叫国际礼节。人家空军交战，不打跳伞的飞行员，他们偏不！跳伞也不行，他们不把飞行员打死不作数啊！我得再低点才能开伞！

　　您说，这哪儿算得好啊？乐以琴估摸差不多了，再一开伞，晚了！伞还没完全张开，人先落了地！乐以琴壮烈牺牲！终年未满23岁，击落敌机8架。

　　咱们再说句题外话，乐以琴原名乐以忠，兄弟姐妹里面排行最末，当年报考航校的时候，因为年龄不够，不得不借用四哥乐以琴的名字来报考。在乐以琴牺牲之后，他的四哥，也就是真正的乐以琴也投笔从戎。但这时候，乐以琴的名字已经成了标杆，所以真正的乐以琴也就用了六妹乐以纯的名字，考上了航校第八期，也成为了航校教官！一

175

家子都尽忠报国啊！

为此，后人有诗感叹：

所向披靡赛子龙，
江南钢盔护华东。
一诺千金壮烈死，
精忠报国传家风。

南京航空烈士公墓乐以琴墓碑

咱们书归正文，乐以琴阵亡之后，董明德得到消息，急得直拍大腿啊！早知道不能让以琴老弟去！我外号"打不死"，去了肯定也能全身而退！可再后悔也晚了，飞机还没修好，没法给乐以琴报仇啊！

董明德足足等了一天，等到了12月4日晚上，飞机总算修好了。董明德马上就想登机作战！结果机械师把他拉住了："董队长，现在天黑了，咱们机场也不能开灯，贸然出击太危险。不如等等，明天出击也是一样的！"

董明德一想，可也是，当天晚上吃完晚饭就睡了，养足了精神好出战！结果，当天晚上，董明德就做了噩梦，梦见沈崇海来找他："明德，我在上海好寂寞啊！南京离上海不远，你来陪我吧！我就在天上等你！"

董明德一听，当时就吓醒了！醒来一摸脑袋，全是冷汗啊！董明德心说：情况不妙啊！难道我也要倒霉？再想睡，董明德这回也不敢睡了，勉强熬到天亮。好不容易天亮了，董明德凑合吃了点饭，电话又响了："喂喂，是机场吗？牛首山一线出现敌人的轰炸机，请求空军支援！"

董明德不敢怠慢啊！撂下电话刚要走，电话又响了，董明德接起来一听："喂喂，以琴！明德！我是李桂丹，航空委员会下令，南京空军全线撤退！我再重复一遍，南京空军全线撤退，快回来！"

这回董明德算是如释重负啊！总算可以撤了。不过董明德再一琢磨：刚才陆军求助在前，李大队长的电话在后。虽说我完全可以直接撤退，但既然已经是最后的任务了，还是站好最后一班岗吧！

所以董明德驾机起飞，直奔牛首山，牛首山位于南京的西南部，现在日军还没完全合拢过来，但轰炸机已经到了，咱们的防空火力不够啊！敌人的轰炸机随便炸，咱们只能凑合拿着步枪、机枪乱打，那能有什么效果啊？

敌人正炸得起劲呢，董明德的伊16杀到！董明德一看敌人肆无忌惮地轰炸，气满胸膛啊！迎着敌人就冲上去了！敌人一看，哎哟我的妈！克星来了，赶紧跑吧！也不瞄准了，"噗噜噗噜"，把炸弹乱扔一气，掉头就跑！

有人问了，敌人虽然是轰炸机，但也有三架之多，怎么给吓成这样了？原来，董明德这架飞机，正是以前乐以琴的座机，编号2204。上飞机前，董明德一琢磨：也甭喷我的号了,有以琴老弟这个编号,吓也能把日本人吓死!别说,董明德这招还挺管用,他这一冲过来,可把日本飞行员吓坏了!日本人一看,哎哟!听说昨天把支那的2204号飞机击落了,飞行员也摔死了,怎么回事?难道他没摔死?不可能啊!我们都看见了,伞没张开,人就着地了。难道那个是假的,这才是真的?还是他根本就没死?

几架敌机飞行员都给吓得屁滚尿流啊!赶紧掉头就跑。董明德一琢磨:甭追了,我这也算完成任务了,走吧!可是敌人现在已经几乎包围了南京,贸然往武汉跑,肯定得跑到日军阵地里,闹不好就出危险。怎么办呢?

董明德脑袋一动,对了!现在我在南京城的南郊,这里还没有日军部队,这就说明他们这个口子还没封死,我就先往南跑吧!跑一阵再向武汉出发!

想到这儿,董明德一头往南就扎下去了,南边是哪儿呢?南边就是安徽省宣城市,董明德飞着飞着,正好飞到一个山谷上方,董明德就看见山谷里似乎有队列在行动,董明德还奇怪呢:这是哪儿的队伍?我们自己人的援军?不对!要是援军,早就投入南京保卫战了,哪儿还有这么悠闲的?难道是败兵撤退?不对,这个队伍太整齐了,绝对不是败兵。而且看样子队伍行进速度非常快,这已经不是人在跑了,似乎是汽车在行进啊!我得看看。

董明德一推操纵杆,飞机俯冲下去,这么一看,哟!果然是日军的汽车队,顶棚上还有太阳旗呢!董明德一看,是气炸连肝肺,错碎口中牙啊!董明德心说:我说日军的攻势怎么那么奇怪呢,东边猛攻,南边牛首山一带则差得多呢,就是想把我们的军队逼得往南边跑。这时候,日本人在南边的宣城一堵,我们的部队精疲力尽,就都别想跑啊!好狠毒的计划啊!可惜,你们今天碰上我了,我今天叫你们好看!

想到这儿,董明德一个俯冲下来,"嗒嗒嗒!嗒嗒嗒!",横扫开了!

有人问了,董明德想得对吗?一点没错啊!日军对南京的进攻主力在东边,而南京的西北两面是长江,日军攻占了江阴要塞之后,勉强清出了一条航道,派了一部分舰艇进行封锁,国军没法撤退。这时候东边一进攻,整个南京就是个围三缺一的态势,国军为了活命,只能往南边跑,到时候日本人南边的宣城一堵,国军跑了半天,精疲力尽,肯定全军覆没!日军这边计划得挺好,还特别组建了攻占宣城的支队,全都是最精锐的摩托化部队,步兵全不用跑,坐汽车行进,就是为了马上攻占宣城。

没想到,这个行军纵队被董明德的飞机发现了!董明德一个俯冲,"嗒嗒嗒!嗒嗒嗒!吱吱!咚噔!"

连机枪带炸弹,这通好打啊!日军这回可惨了!山谷之中,避无可避啊!干挨打!而且要是一般的步兵,目标小,还好点,这回是汽车,目标大,董明德可算练了打靶了!这一队70多辆车,被董明德揍毁了60多辆,士兵损伤无数啊!山谷里连残骸带死尸,躺倒一大片!

董明德一看,差不多了,自己也没子弹了,走吧!于是西飞武汉。等刚一落地,李桂丹就接出来了。董明德把乐以琴阵亡的消息一说,李桂丹感慨不已啊!当初号称四大天王,现在就剩自己一个了!

董明德扫射日军宣城支队之后的惨状

紧接着，董明德马上报告了日军向宣城进攻的情报。李桂丹不敢怠慢啊！马上往上报告。咱们说，董明德这次功劳立得多大？他单枪匹马这么一打，足足使宣城晚沦陷了两天！

另外说一句，从董明德之后，沈崇诲的诅咒就消失了，有人说，这是由于离沈崇诲阵亡的地点——上海太远了。

董明德奋力一战，仍然无法挽救国军的命运，12月13日，南京沦陷，日军就此展开了惨绝人寰的南京大屠杀，30余万民众惨遭毒手！

南京沦陷，日本军方仍然得势不饶人，一方面准备进军武汉，另一方面开始筹备在徐州附近彻底摧毁华北地区的国军，并且把华北一口吞下！而这两个任务，划到日本的海军、陆军航空队方面，也是各有分工，陆军航空队负责清理华北，海军航空队负责对武汉进行轰炸。

任务分派下去，日本海军第三舰队司令，也就是驻中国方面的最高长官长谷川清，把幕僚叫来，几个人商议。一算计，轰炸武汉没有问题，但位于南昌的中国空军基地太讨厌了！南昌在江西省，是空军的一个重要基地，当初就是为了剿共设计的，设备精良啊！南昌的位置在武汉的东南，南京的西南，要是从南京出动飞机空袭武汉，南昌基地可以出动飞机截击。如果放下武汉，空袭南昌，现在中国的人肉雷达太厉害，他们一发报，武汉方面也能出动飞机支援南昌，这两个地方互为犄角。这怎么办？最后长谷川清一算，我们的飞机那么多，将近1000架，充裕得很！支那飞机能有多少架？就算苏联人支援他们，数量上也就是我们的几分之一，怕什么？我干脆两边一起动手，我看他们谁支援谁！

所以，长谷川清下令，同时对南昌、武汉进行轰炸！所以进入了1938年，双方的空战近乎白热化。双方损失都不小，其中，号称日本空战四大天王之一的海军航空队大尉潮田良平，被第三大队王牌飞行员"绝命飞蛇"罗英德在南昌击落。我方也损失了数位飞行员和不少飞机。

但相对来讲，同样的损失，对咱们来说，可能算是重大，但对于日本来讲，九牛一毛啊！而且，日本人采取轮换战术，反正飞机多，飞行员也多，轮番上阵。可中国这边不行啊！长时间的连续作战，到了1938年1月31日大年初一，飞行员们已经极度疲劳。

正在这时候，一条消息传到了武汉，徐州的机场发现了一封挑战书！这封挑战书谁写的？就是前文那个想会斗刘粹刚的加藤建夫！这封挑战书怎么写的？

> 致中国空军战斗员：
> 　　我，第16战队第2大队大队长加藤建夫，对你们支那飞行员的战斗精神表示非常尊敬，我对你们有满腔的敬意。对于未能和贵国空军勇士刘粹刚交手，我表示十分遗憾。在此，我再次诚挚地发出邀请，请贵国有勇气的飞行员到我的机场上空来，我愿意领教。我听闻，支那也有空军四天王，在此，我诚挚邀请和刘粹刚齐名的四天王之一李桂丹前来！
>
> 加藤建夫

这是赤裸裸的挑衅啊！消息一经传来，李桂丹牙咬得嘎嘎作响，好你个加藤贱人啊！你竟然敢点着名地挑衅！我不把你打成贱人，我李字倒过来写！所以李桂丹马上跑到空军指挥部，面见毛邦初和周至柔，要求出战！

毛邦初一听，脸当时就耷拉下来了："哎！李桂丹，你身为四大队大队长，责任重大！何况现在武汉危急，你怎可擅离职守？你快回去，把飞行员给我带好。挑战书的事，不必理他！"

可是周至柔一听："慢！副总指挥，俗话说，三军可夺帅，匹夫不可夺志，咱们打仗，打的就是志气！人家挑战也好，挑衅也好，人过留名，雁过留声，肯定这消息已经传开了。咱们就这么不回应，对全军士气有百害而无一利。所以要我说，咱们完全可以大大方方地回应日本人，咱们接受挑战！而且留下挑战书的这个日本人加藤建夫，我也听说过，他是日本陆军航空队的王牌，要是把他打下来，对日本人的士气，也是一个重大打击！这么好的事，为什么不干呢？"

毛邦初一听："好啊！周总指挥说得好啊！不过咱们在武汉，都已经自顾不暇了，还怎么接受挑战啊？"

"这个……"

周至柔一琢磨，可也是这么回事，但我不能跟毛邦初跟前丢了面子啊！我该如何答对？

第三十七回　战武汉李桂丹遇险
　　　　　　　击敌寇董明德发威

　　1938年1月31日，徐州前线传来了一封挑战书，这封挑战书是日本陆军航空队王牌加藤建夫写的，他在信中对中国飞行员，特别是中国空军四大天王中唯一幸存的李桂丹提出挑战。

　　毛邦初想了半天，李桂丹是四大天王中的独苗了，他现在就是中国空军的旗帜，只要他在，日本人就得掂量掂量。现在武汉吃紧，本来人手就不够。李桂丹要一走，日本人不是更猖狂了？

　　可毛邦初这么想，周至柔偏跟他不一样，周至柔琢磨着，应战就应战，加藤建夫也是日本陆军航空队的王牌，要是把他打下来，日本人的士气也没了！这不挺好？

　　可是毛邦初一听："好啊！周总指挥说得好啊！不过咱们在武汉，都已经自顾不暇了，还怎么接受挑战啊？"

　　"这个……"

　　周至柔一琢磨，可也是这么回事，但我不能跟毛邦初跟前丢了面子啊！想了半天，他不想丢面子，干脆说道："嗯，没关系，咱们磨刀不误砍柴工！咱们应战是要应的，但不在乎这几天。另外，石参谋长！"

　　独臂饿狼石邦藩现在是参谋长啊！他一听："有！"

　　"加藤建夫所在的是日本陆军航空队吧？他们常用的飞机型号是什么？"

　　"报告总指挥，按照咱们的情报看，日本陆军航空队使用的飞机是川崎95式战斗机。"

　　周至柔点点头："嗯！那咱们有没有和川崎95式相像的飞机？"

　　"有！苏联支援的伊15，各方面指标就和川崎95式接近。"

　　"好！李大队长，我现在交给你这个严峻的任务！从今以后，你除了作战之外，还要让你们的队员陪你对练，多熟悉熟悉跟川崎95式空战的感觉，等武汉方面的压力稍微小点，你即刻北上，务必要击落加藤建夫！"

"明白！"

这回周至柔感觉把脸找回来点了，这事就暂时过去了，李桂丹也真认真，只要休息，就跟战友一起练习，随时准备对付加藤建夫。可日本人不给他这个机会啊！过了没几天，日本海军这边的最高指挥官长谷川清看看，对南昌和武汉两个点压制得差不多了，行了，可以集中力量扫荡武汉了！毕竟这现在是中国的首都啊！意义大得多！所以长谷川清开始组织飞机，准备给武汉来个彻底的轰炸！问题是由谁带队呢？长谷川清考虑了半天，看来得拿出王牌了！长谷川清想的是谁啊？日本空战四大天王之一，海军航空队大尉南乡茂章！

现在，日本的空战四大天王也就剩了一个，其余三个，三轮宽在太原附近被陈其光击落，死在了老乡手里；山下七郎在南京被高志航击落生擒；潮田良平在南昌被中国王牌罗英德击毙。现在南乡茂章嗷嗷直叫啊！号称要用李桂丹祭奠其余三个战友！这回长谷川清把他想起来了，南乡茂章一口答应："太好了！司令阁下，我一定要击落李桂丹，炸垮支那首都！给咱们大日本帝国长脸！"

紧接着，长谷川清开始调集飞机。您别看，现在日本人转移到中国方面的飞机达到了900多架，可分属于海军和陆军，长谷川清这边只拥有海军航空队。而且，由于改变了环境，不少日本飞行员水土不服啊！生病的生病，难受的难受，而且还要坚持在上海、南京周边进行侦察，对南昌还要继续压制，所以人手也不充裕。长谷川清费了半天劲，调集了26架96式舰战，鹿屋航空队也出动了12架96式陆攻，一切都准备好了，只等第二天出发！

到了第二天，也就是1938年2月18日上午10点，日本战机整装待发！南乡茂章刚要上飞机，突然感觉浑身乏力啊！医生过来一看，发烧了！原来，一说准备出击，南乡茂章感觉比吃蜜都甜！结果兴奋过度，晚上着了凉。这就不能起飞了！长谷川清没辙了，只能另调12航空队的金子隆司指挥。

这金子隆司也是个日本的王牌飞行员，官衔跟南乡茂章一样，大尉，当初也是一起争四大天王的优秀飞行员之一，可惜没当上。这些王牌飞行员，关系都不错，南乡茂章一看，金子君也是我大日本帝国海军航空队的王牌，比我也差不到哪儿去，他去跟我去差不多！

于是，一行38架日本战机出发，大概在下午1点10分的时候，终于到达了武汉上空！金子大尉赶紧编队，轰炸机开始准备，护航的96舰战也开始编队，就要开始轰炸了！金子隆司正编着队呢，一看，哎！下面正好有支那飞机在爬高，这是好机会啊！金子隆司赶紧用无线电通知其他飞机："莫西莫西！支那飞机在下面！迅速俯冲攻击！"

说罢，金子隆司一压操纵杆，飞机"呜——"，对着中国飞机的编队就杀过去了！

说到这有人问了，敌人都到了，咱们才在爬高，怎么反应这么慢啊？原来，近期武汉的天气很差，乌云密布，云层也低，空中还隐隐的有雷声，咱们的人肉雷达，毕竟比不了电子产品，经常出现误报，几次警报响起，飞行员飞起来一看，没有敌袭，弄得大

第三十七回 战武汉李桂丹遇险 击敌寇董明德发威

家都是怨声载道。这回也一样，日本飞机来了，本身发现得就晚了，等往上一报："报告总指挥，大概有30余架敌机在空中！目标应该是武汉！"

毛邦初和周至柔一听，都怕是误报，异口同声："再查！"

等查出来了，敌机已经很近了！再起飞已然晚了，但即使这样，也要迎战啊！现在武汉的空军仅剩下了第四大队，剩下的第三、第五大队在集中整训，适应苏联支援的伊15、伊16飞机。苏联的正义之剑大队呢，大部分集中在南昌跟日本人进行拉锯战。

现在，李桂丹已经顾不得加藤建夫还是加藤贱人了，首都吃紧，先应付眼前吧！李桂丹亲自带着22中队的11架伊15率先起飞，开始爬高！李桂丹起飞之后，21中队的10架伊16也开始起飞，中队长董明德带队，也开始爬高！

可这边爬着高，日本人已经到了！金子隆司一个俯冲，"嗒嗒嗒！"，对着带队的长机就是一串子弹！中国空军这边带队的正是李桂丹，李桂丹一看，不敢怠慢，往旁边一个翻滚。纵使李桂丹躲得及时，飞机也"噗噗！"中了两弹，但不碍事。李桂丹一看，哟！对手是个硬茬子啊！好小子，我得会会你！最好我把你们都缠住，让21中队腾出手来收拾你们的轰炸机！想到这儿，一拉飞机，就跟金子隆司拼上了！再看其余的飞机，也都开始捉对厮杀！霎时间就是一场恶战啊！

李桂丹这次豁出去了！你们还有轰炸机还没出场呢，我得想办法拖住你们所有护航的战斗机，这样，后面的董明德他们才能专心对付轰炸机，武汉才能免于轰炸！你们不是数量多吗？看我的！

李桂丹这次学了乐以琴了，专门找对方正面开火！这是当时空战的大忌啊！正面机枪对机枪，就算把敌人打落，自己也难保周全！可李桂丹顾不了那么多了！对准了金子隆司的座机就冲过去了！

"嗒嗒嗒！"

金子隆司一看，哟！支那人真猛！赶紧一偏翅膀躲开，李桂丹不追他，马上瞄准第二架敌机的正面就开了火了！对方一看不好，赶紧又躲开，李桂丹又去逮第三架。其余的队员一看，大队长这是在拼命啊！估计是为了给后面的兄弟们争取时间，去收拾轰炸机，我们也一起吧！

于是从22中队中队长刘志汉以下的10个飞行员，也都随着李桂丹一起拼了！要说，这两种飞机各有千秋啊！伊15有四挺机枪，而且转弯灵活，96舰战的速度快，一对一尚可分个高下。这回，李桂丹他们拼了命了，施展平生所能，11架伊15，竟然把多达26架的96舰战拖住！这就应了那句话，横的怕愣的，愣的怕不要命的！

趁着伊15和96舰战周旋的工夫，董明德带着第21中队飞上来了。咱们说，四大队是中国空军的王牌，21中队是四大队的王牌，这叫王中王啊！咱们前文说了，董明德在南京一战，击溃日军进军宣城的机械化部队，立了大功，这次就顺利调任四大队21中队，担任中队长。这家伙脑袋快，他一看，大队长这是拼命了！他们明明可以等我们上来一起打的。哦！明白了，大队长这是给我们争取时间，好让我们收拾敌人的轰炸机啊！大队长，多谢了！

所以董明德没参与缠斗，而是率队直扑对方负责轰炸的96陆攻！

咱们说，这批96式陆攻更倒霉！想轰炸吧，武汉的防空火力开始起作用了！日本人想炸准点，必须把飞机降下去，可降下去一点，就得被国军的防空炮和高射机枪招呼上！在高空上呢，国军的枪炮基本上没准星，也没杀伤力了，挨两下不要紧，可炸不准啊！

有人问了，武汉的防空能力怎么那么好啊？原来，日军对武汉的轰炸，从1937年9月15日就开始了！当时，14架敌机从上海突袭武汉，当时武汉的防空能力极弱，只有挨炸的份儿！结果这时候，在8·14来了个空手入白刃的周庭芳，恰巧就在武汉。他一看，当时就火了！也不顾有没有僚机，马上驾机迎战！一架飞机直扑人家14架！

日军一看就乱了阵了！为什么？那时候他们还沉迷于"战斗机无用论"，来的都是轰炸机！周庭芳呢，驾驶霍克3就跟对方拼了命了！这周庭芳也倒霉点，刚揍下一架敌机，机枪卡壳！又没法打了！这时候也不能眼看着武汉的军民挨炸啊！所以，周庭芳又表演了一次空手入白刃！1敌13，愣是把对方的飞机耗到油箱告急，被迫把炸弹乱扔一气，返航了！这回周庭芳的飞机又让人钻了8个眼，幸好人没事。由此呢，蒋介石开始注意武汉的防空火力。后来淞沪会战战况逐渐不利，蒋介石也知道，南京没法守，所以就开始迁都，并且拼命布置武汉的防空炮和高射机枪。今天管用了！所以一半时，天上的12架96式陆攻是黄鼠狼啃刺猬，没法下嘴啊！

就这么一愣的工夫，董明德他们赶到！10架伊16左右一冲，负责轰炸的96陆攻当时就乱了！要说96陆攻，性能还不错，双发动机中程对地攻击机，也就是轰炸机，航程长，载弹量也凑合，堪称日军的杰作，当初鹿屋、木更津航空队还用它发动越洋暴击，从台湾机场轰炸筧桥、广德。但这种飞机，当初对上霍克3就已经很吃力了，更何况是更强悍的伊16？董明德他们一看就乐了，这东西我们可知道，皮薄馅儿大速度慢，绝对是盘好菜啊！所以董明德率队一个冲锋，"嗒嗒嗒嗒嗒！"，这阵机枪打得过瘾！12架轰炸机全部挂彩，其中两架，发动机已经冒了黑烟，已经开始往下坠了！

董明德高兴啊！看着下坠的敌机，心说话：哼！这帮不禁揍的东西，我们赶紧追上去，今天让他们一个都跑不了！呀！

怎么了？敌机下坠的方向上，正好是22中队拖住敌方96舰战的战场！董明德一看，坏了！李桂丹带的22中队为了拖住敌人，整个被

武汉二一八空战，梁又铭作，此画藏于台湾冈山空军军官学校中华民国空军军史馆

打哗啦了！22中队加上李桂丹，一共上来了11架飞机，现在天上只剩了6架，损失太惨了！

咱们说，22中队为了21中队能够安安稳稳地收拾轰炸机，采取了几乎自杀式的战术！咱们说，拼命可以缓解一时的不利，但也不能违反物理定律啊！伊15和96式舰战1对1单挑，还凑合，但这回面对两倍以上的敌人就惨了！

在战斗中，22中队中队长刘志汉的座机被敌机击落，本人负伤跳伞，这时候一架日本飞机飞过来就要冲他扫射！刘志汉一看，没辙了，干脆装死吧！他把四肢一沉，脑袋一耷拉，反正浑身都是血。日本飞行员飞得太快，看不清，一看中国飞行员不动了，以为是死了，也就没管，刘志汉算逃过一劫！

但其余几位飞行员就没那么幸运了，巴清正、王怡、李鹏翔都中弹身亡，飞机坠毁。飞行员武亭纯为救李鹏翔，飞机也被日军击中，本人跳伞逃生。

现在天上只剩了6架飞机，台柱子有"铁面判官"李桂丹、"望天犼"郑少愚，这俩也好不到哪儿去！飞机被打得跟筛子相似！

董明德一看，呀！大队长！我跟你们拼了！想到这儿，董明德也不管剩下的96式陆攻了，赶紧转头下来援救大队长！

正在董明德他们冲过来的时候，董明德又看见，远处又来了一大队飞机。董明德一看，当时就是一愣：他们到底是敌？是友？

第三十八回 获惨胜判官陨落
三大队请战徐州

李桂丹率22中队苦战敌人护航的96舰战，由于数量太少，被打了一个稀里哗啦！11架飞机，5架坠毁，飞行员巴清正、王怡、李鹏翔阵亡，中队长刘志汉、飞行员武亨纯跳伞逃生。相对而言，对方虽然也损失了4架战机，但优势越来越大，李桂丹、郑少愚的战机几乎也被打成了筛子，堪堪不敌啊！

正这时候，董明德带领的21中队总算成功把负责轰炸的96式陆攻轰走，正想追杀，一看大队长太危险了！所以把飞机转回来，准备俯冲下来，救李桂丹！

再说董明德，他刚要俯冲，突然看见远处来了一大队飞机，董明德当时就是一愣！这到底是敌是友呢？再细辨认辨认，来的都是双翼战机，那错不了了！准是我们的23中队，我们有救了！

21、22中队都打了那么半天了，23中队怎么才到呢？原来，毛邦初为了谨慎起见，没把飞机全布置在武汉，21、22中队驻武汉，23中队驻湖北孝感，这就省得让人一窝端了！23中队，中队长是"夜猫子"吕基淳，据说此人长了一双夜眼，这是不是真的？不可考证，但他的确是民国时期著了名的夜战高手！在淞沪会战中屡立战功，几次挫败了敌人的夜间空袭，所以得了个外号"夜猫子"！淞沪会战后，吕基淳升任四大队23中队中队长，今天得到情报，武汉遭到敌人空袭，吕基淳一刻也没敢停，带着23中队就赶来了！同在孝感的一部分正义之剑大队，也就是苏联援华航空队成员也驾机升空，赶来了！

再说董明德，他一看23中队来了，心花怒放啊！总算是有救了！想到这儿，他开始对着敌机瞄准，打哪一架呢？哎！就那架吧，它总缠着我们大队长，太讨厌了！想到这儿，董明德一压操纵杆，飞机"呜！"一个俯冲，直扑敌机！

咱们说，这架敌机是谁的啊？正是日方带队的金子隆司大尉！金子隆司大尉正恼火着呢：我这26架，敌人11架，愣是被缠住没法脱身，而且损失为4：5，完全不成比例啊！这要是回去让司令知道，我就没脸见人了！嗯，支那人之所以还能抵抗，是因为支那的四大天王之一李桂丹还在，我先把他揍下来吧！

想到这儿，金子隆司就把李桂丹缠住了！李桂丹现在可惨透了！飞机上被打了好几十个洞，最可恶的是，油箱也被打穿了，飞机直漏油，随时可能发生危险，可敌人来了，李桂丹也没办法，硬着头皮接架相还。

正这时候，金子隆司只感觉声音不对啊！"噗噗！叮当叮当！"，金子隆司一听，不好！飞机中弹了！他凭借着本能往左一翻滚，躲开了董明德的突袭。

咱们说，飞机翻滚可以闪避子弹，但速度会突然减慢，李桂丹一看，哟！这机会太好了！一串子弹过去，"嗒嗒嗒嗒！"，这回金子隆司躲不开了，被打了个正着！飞机冒着黑烟坠下去了！

此时，"夜猫子"吕基淳的23中队和苏联的正义之剑大队也杀到了！形势瞬时间逆转！董明德的21中队有10架伊16，吕基淳的23中队有10架伊15，此外，正义之剑大队还派出了值班的5架战机升空作战，这25架都是生力军啊！刚上场，劲头极足！日本这边，96陆攻跑了，不跑反正也是炮灰。主力战机96舰战来了26架，被击落5架，剩了21架，情况逐渐对中国空军有利。

此时，李桂丹一看，哎哟！可算没事了，现在我们的飞机几乎被打废了，撤吧！所以22中队脱离战线，迫降去了！这一迫降可好，率先迫降成功的是"望天犼"郑少愚，等郑少愚下来，一看战机，密密麻麻地被打了两百多个窟窿，其中，座位的后背也中弹十几发！郑少愚吓得脑门儿上直冒凉气啊！哎呀！亏得苏联飞机造得结实，座位的后背还特别安了钢板，要不然，今天我就被打成筛子了！

想到这儿，郑少愚下意识地一摸后背的降落伞包，嗯？怎么手感不对啊？打开翻翻，好！从降落伞包里翻出3颗弹头来！您说这仗打得多凶险！

这时候，22中队其他的飞机也成功降落，现在天上就剩了大队长"铁面判官"李桂丹，李桂丹为什么不降落啊？因为李桂丹很清楚，自己的油箱中弹了！您别看郑少愚的飞机被打了两百多个洞，可是发动机和油箱这两个要害问题不大。而且，如果发动机被打坏，迫降的概率还高点，要是油箱可就惨了！随时有可能着火啊！所以李桂丹一看，我得等会儿，等他们都降落了再说，要不然我先，万一飞机着火，我死是小事，他们就没法降落了！

所以李桂丹等着其余的飞机成功降落，他才开始准备，这时候，发动机也开始故障了！"噗噗噗！呼！"，发动机也开始着火了！这还得了？油箱漏油，发动机再一着火，飞机当时就被点燃了！

"咚！"

飞机爆炸！李桂丹当场身亡！时年24岁，击落敌机8架。后人有诗慨叹：

阎王之后有判官，
独步天空李桂丹。
为保中华誓决死，
壮志未酬悲武汉！

李桂丹阵亡，可空中的战斗还没结束，敌人的战斗机群一看负责轰炸的96陆攻没了，

李桂丹照片和在南京航空烈士公墓的墓碑

哦！明白了，他们肯定是要躲开战场轰炸，哟西！我们再顶一阵吧！他们还不知道轰炸机都逃了。

可这一顶，双方是兵对兵，将对将地厮杀起来！

"呜——突突突！呜——嗒嗒嗒！"

这下，刀剑无眼，何况是枪啊？古代讲究，大将军不怕千军，就怕寸铁，寸铁是箭，子弹比箭又要厉害多少倍！所以几分钟过后，胜负已分，日本人又被击落7架，重伤好几架。这一通乱战，中国空军也没好哪儿去，飞机坠毁5架，中队长"夜猫子"吕基淳遭到围攻，当场阵亡，其余四人成功跳伞。正义之剑大队损失2架飞机，伊15中队中队长斯米诺夫牺牲。咱们说，战争就是这么残酷，尤其空军，负责指挥的长机在最前面带队，往往容易让敌人包围，所以危险也最大。

打到这时候，日军飞机终于顶不住了！他们等于跟三拨中国战机打了车轮战，子弹几乎打干净了，这时候轰炸机还没信，咱也别等了，赶紧跑吧！所有的日本飞机"呼啦"全都跑了！

这场战斗您别看说得这么花哨，实际上只用了12分钟。等下来点计战果，击落敌机12架，中国空军损失10架，阵亡5人，正义之剑大队损失2架飞机，阵亡1人，其实算是平分秋色，不过好歹没让敌军轰炸成，而且相对于陆军的屡战屡败，这也算场相当长士气的大捷了！

两天之后，全武汉庆祝2·18空战大捷，并且公祭5位烈士：李桂丹、吕基淳、巴清正、王怡、李鹏翔，国共双方都敬献了花圈。现在四大队怎么办呢？大队长李桂丹阵亡，毛邦初呢，干脆借此给空军来了个大换血，提拔兄弟"无敌千岁"毛瀛初当了第四大队大队长，虽然毛瀛初上任有点近水楼台先得月的感觉，但毛瀛初英勇善战，所以大家都没意见。然后，把董明德也提拔成了五大队大队长，吴汝鎏担任第三大队大队长。

相对于毛邦初的动作不断，总指挥周至柔可郁闷了！为什么？李桂丹原本是他准备拉拢的对象之一，结果一战阵亡，这可怎么办？还等着他会斗加藤建夫呢！

正郁闷着呢，消息还就来了！徐州一线吃紧！原来，日本在占领南京后，也没闲着，从南北两线直逼徐州！徐州方面，是李宗仁率领的第五战区部队，都是杂牌军，但数量不少，有60万左右。日本大本营一琢磨：现在支那人重兵集结在两处，一处徐州，这是交通枢纽；一处武汉，这是首都，先打哪儿呢？最后大本营一琢磨：先打徐州！徐

第三十八回　获惨胜判官陨落　三大队请战徐州

187

州都是杂牌军，战斗力相对较差，而且数量不少。要是我们直攻武汉，这里的支那部队回援，60万人，也够我们一呛！不过我们要是攻略徐州附近呢，武汉方面的支那部队还不敢动换，因为首都不能有失啊！等把徐州附近的杂牌部队收拾完了，再打武汉，就舒服多了！

所以，大本营下令，让海军航空队降低对武汉的轰炸程度，省得过度刺激武汉，让支那杂牌军回援，要将他们就地歼灭！所以，自2·18武汉空战之后，日本的海军航空队对武汉的空袭程度减弱了，而北边的陆军航空队开始忙活了，首当其冲的就是加藤建夫他们！

加藤建夫他们现在越来越猖狂，他们自己号称"纵横华北无对手"，就算是陆军已经开始作战，他们仍然倒着班执行任务，休息的时候，想喝酒喝酒，想溜冰溜冰，舒服得要死！除了轰炸任务稍微费点劲之外，剩下的要多自在有多自在。有人问了，为什么他们的轰炸任务费点劲？这个后文自有交代。

眼看着敌方飞机在咱们部队的脑袋上轰来炸去，第五战区司令李宗仁头疼不已啊！几次打电话给蒋介石，要求空军支援。这回周至柔可犯了难了，李桂丹阵亡，派谁去对付加藤建夫啊？

这时候，办公室的门一响。

"报告！"

"进来！"

门一开，周至柔一看，此人是谁啊？第三大队队长吴汝鎏！咱们说，这个吴汝鎏可是个老牌飞行员了，广东人，1932年的淞沪事变，他就担任过丁纪徐的僚机，跟日本飞行员交过手！战后回到广东，由于飞行技术出众，广西军阀李宗仁对他特别欣赏，下了重金，把他挖到了广西，由此他就当了广西空军的台柱子。两广事变结束后，吴汝鎏率部归附，不过由于他的出身，一直不太得烟抽。直到现在，资深的飞行员死的死，重伤的重伤，靠边的靠边，第三大队几乎成了第四、第五大队的预备队，打没了就从第三大队里抽人。第三大队人不够怎么办？这才把广西空军的底子补充进来，吴汝鎏也就暂时坐上了第三大队大队长的职务，不过吴汝鎏挺自卑，他一看，别说自己了，丁纪徐怎么样？论身份，论地位，举足轻重啊！说靠边就靠边了，委员长只重用嫡系，毛邦初也有私心，我们广西空军，也是堂堂五尺男儿，一腔热血，论飞行技术，我们也不比别人次啊！可每到交战，我们总捞不着好任务。看来，我这个大队长，早晚也得靠边。

这回，徐州告急的消息传来，吴汝鎏高兴！他一看，如今，我们这三个大队都换了血了，第四大队，那是委员长嫡系中的嫡系。第五大队，经过几次大战，不是委员长的人，都已经被洗得差不多了。徐州那边也都是杂牌军，估计委员长也不会派嫡系过去，我们再不请战，就彻底没法为我们自己正名了！

所以吴汝鎏跑到了周至柔的办公室，开口就说："总指挥，我听说了，徐州告急，对不对？"

"没错，现在日本人的飞机很猖狂，咱们徐州的部队很吃亏啊！委员长特别嘱咐我，要派飞机支援。"

"那您有没有决定，派哪个大队，哪个中队支援？"

周至柔多贼啊，一看就明白了，哦！他是要请战啊！所以周至柔就逗他："这个，暂时还没有，你看，命令也刚到。吴大队长要推荐什么人呢？"

吴汝鎏"啪"一敬礼："总指挥！徐州并非主战场，派四大队、五大队过去，有点大材小用。我看不用别人，就由我，带着我们第三队的广西健儿们迎战！您看如何？"

周至柔一听，大喜啊："好！吴大队长爽快！不过对手可是日军名将加藤建夫啊！你千万不能小视。"

"这个请总指挥放心！加藤建夫有什么了不起？他也是父精母血，也是俩肩膀扛一个脑袋，谁怕谁啊？他上次不是狂得往咱们这儿扔挑战书吗？我这就给他回过去！我倒要看看加藤建夫有什么了不起！"

第三十九回　苏联空袭台湾岛　飞将回扔应战书

徐州告急，李宗仁请求空军支援，蒋介石就把这个任务交给了周至柔。周至柔正头疼呢，第三大队大队长吴汝鎏亲自请战："总指挥！徐州并非主战场，派四大队、五大队过去，有点大材小用。我看不用别人，就由我，带着我们第三队的广西健儿们迎战！您看如何？"

周至柔一听，心中高兴："好！吴大队长爽快！不过对手可是日军名将加藤建夫啊！你千万不能小视。"

"总指挥您放心，加藤建夫有什么了不起？他也是父精母血，也是俩肩膀扛一个脑袋，谁怕谁啊？总指挥，您要不放心，我愿立下军令状，如果不能击败加藤建夫，我甘当军令！"

"好！吴大队长，那这个任务就交给你了！祝你旗开得胜，马到成功！"

于是，吴汝鎏领命出发！他们的战绩怎么样？咱们之后再表。再说武汉这边，2·18一战，苏联的正义之剑大队遭了点非议，人们普遍认为：苏联人战绩不佳啊！是，苏联人出动的频率不算低，几次出击空袭南京机场，但效率不高啊！一共炸了日本飞机6架，这叫什么事？在南昌跟日本人拉锯，效果也没比中国空军好哪儿去。武汉一战，损失比战果还大。这战绩怎么拿得出手啊？

其实说句实话，苏联人战绩远比说的好，几次轰炸南京的机场，让日本人损失惨重！不过日本人从来都掩盖损失，嘴里没实话，所以战果就缩水了。另外，苏联人采取轮换制，四个月一轮换，头一批飞行员，他们的任务是摸一摸日军的战术，这时候也快回家了，心里有点长草了。

但正义之剑大队的总指挥日加列夫不干啊！这不是给我们苏联丢人吗？所以他把飞行员们叫过来，一顿训斥："同志们！你们不要以为马上就能回家了，就可以松松垮垮的！咱们代号是正义之剑大队，你们这样，对得起咱们的大队代号吗？同志们，咱们苏联倡导国际主义，帮助别人向来是不遗余力的。下面，2月23日是咱们红军的建军节，这回咱们即使走，也要走出个名堂，让中国人知道知道咱们大队的威风！"

苏联飞行员一听，可也对："日加列夫同志！您布置任务吧！我们保证完成任务！"

"我们保证完成任务！"

再说日加列夫，这家伙有经验，秃脑门子一晃："同志们，想让日本人知道厉害，咱们得上他的地盘上轰炸，不过咱们的轰炸机航程比较短，到不了日本本土，不过到日本的殖民地，台湾，还是可以的。日本人怎么也想不到咱们会炸到台湾去，咱们这叫出其不意，攻其不备。准备行动！"

"是！"

虽说叫出其不意，攻其不备，也不能私自行动，日加列夫把具体的行动计划拟订了一份报告，递到了空军前敌指挥部和航空委员会，当然了，这份文件只有几个高层能看。周至柔一看，当时就说："日加列夫顾问的这一招太冒险了！日本占领台湾，至今已经40余年，虽说算不上根深蒂固，但台湾也是日本侵略大陆的前哨之一，军事设施很全，这要是贸然袭击，肯定要吃大亏的！"

参谋长石邦藩和副参谋长张有谷一听，也点头："总指挥说得对，这招太冒险了！敌人在台湾海峡布有严密的警戒哨，咱们的飞机飞越台湾海峡的时候，一旦被发现，日军起飞迎战，咱们一个也别想跑啊！"

"没错，现在苏联人手里最厉害的轰炸机就是图波列夫SB2，能飞两千多公里，如果从汉口机场起飞到台湾轰炸，航程1000公里左右，往返就是航程的极限了。咱们的驱逐机根本不可能执行这次护航任务。"

毛邦初一听："哎！大家别那么悲观，我倒是认为值得一试。我和轰炸队司令张廷孟一起研究过苏联的这种图波列夫SB2，这飞机相当不错，航程长，去轰炸问题不大。现在咱们所担心的就是被敌人发现怎么办？这个其实也不是问题，SB2这种飞机的排气管在机翼的上面，这样噪声比常规要小不少，如果咱们利用好了天气，在阴天的时候发动奇袭，敌人的观察哨看不见，听不清，就没问题了！所以我支持苏联人的这次行动！"

几个人各持观点，宋美龄听晕了，谁说的都有理，我听谁的呢？哎，等等，我旁边的陈纳德顾问还没说呢！于是宋美龄转头："陈纳德上校，您对这个行动有什么看法？嗯？"

再一看，陈纳德踪迹不见！哪儿去了？宋美龄再仔细看了看，只见陈纳德戴着眼镜趴在桌子上，一只手在地图上来回比画，另一只手摸着砂纸一般的脸："不得了！不得了！苏联人这一手太有创意了！挑战性挺高，但是绝对可行！"

宋美龄一看："陈纳德上校，您觉得这个计划可行？"

这时候陈纳德站起来，奔儿奔儿直蹦啊："我的公主，当然可行！虽说这有点冒险，但不是问题，刚才毛说得不错，苏制SB2的静音效果好，如果利用好了天气，敌人难以发现。如果说航程的问题，咱们可以考虑从南昌出发，这样距离还能近一些。哎呀！同样都是人，我怎么没想到这么有创意的主意呢？"

宋美龄一看陈纳德得出了肯定意见，最终说了："好！那就批准苏联人的轰炸计划，这份计划就咱们几个知道，委员长那边我去说。"

这时候突然有人大喊："等等！"

这声来得突然啊！把宋美龄吓了一跳，宋美龄一看，谁啊？又是陈纳德！宋美龄心说了：老先生，您要干吗啊？怎么一惊一乍的？但是陈纳德是宋美龄在空军的主心骨，宋美龄也得敬着，不说过头的话："陈纳德上校，您还有什么意见？"

陈纳德眼睫毛都乐开花了："没意见！我的公主，我就是想申请参加这次行动！"

"啊？"

这回不光宋美龄了，所有人都吓了一跳！宋美龄当时就急了："陈纳德上校，那坚决不行！怎么能让您冒这个风险呢？"

陈纳德把老花镜摘了："我的公主，这您可说得不对了！中国有句古话，不服高人有罪啊！苏联人能够有这么非常规的计划，我也应该学啊！咱们空军实力有限，根本没法跟着日本人的节奏，现在只能打自己的套路。这对我是个启发，我要是不去，心里痒痒啊！"

"那也不行！陈纳德上校，我不同意！"

旁边周至柔也说了："陈纳德顾问，您可是我们空军的总教头，这种计划就交给下人做就行了，您哪儿能动千金之躯呢？"

陈纳德一听，脸"呱嗒"一耷拉："蒋夫人，这些日子我的身体越来越差了，总教头一职，我实在是心有余而力不足，我打算辞职，休养一段时间。"

宋美龄一听就傻了："别！别啊！陈纳德上校，我批准您参加就是了！您千万别辞职啊！"

陈纳德一乐，其实他才不打算辞职呢，不过辞职这招，百试百灵，宋美龄有什么不同意的，一用这招，当时起效！

这回，陈纳德亲自拿着批复去了苏联人那儿。苏联顾问日加列夫一看："哦？你是美国顾问，也要参与我们这次的行动？"

这边翻译过去，陈纳德一听："没错！"

"嗯！可以，但我们的队伍里没有白吃饭的，你要去，就也要编入队伍序列，执行飞行或者导航任务。"

"没问题！我听从指挥！"

还别说，陈纳德真是一身是胆，别看他岁数不小，四十六七，但飞机技术仍然没退化！当初日本人在淞沪跟中国空军交战的时候，陈纳德还几次驾着霍克75型战机升空，不过他的飞机没有武装，就是飞得快，陈纳德反

苏联援华航空队在中国作战时的地图

复琢磨日军的战术，给中国空军提了不少的宝贵意见。

日加列夫马上安排下去，接下来，正义之剑大队的所有成员和中方地勤就忙起来了！检测机械系统，检查炸弹，当然，最主要的就是等待天气。1938年2月23日，华南大部分地区都是多云，这天最好！28架苏制SB2型轰炸机从汉口、南昌两地腾空而起，由波雷宁大尉指挥，直扑台湾！

苏联援华航空队的目标，台湾松山机场

有人问了，炸哪儿呢？日加列夫也选好了，台北附近的松山机场，这是日军在台湾的一个空中枢纽。还别说，真让毛邦初和陈纳德说准了，SB2型轰炸机的噪音很小，台湾海峡的日军警戒哨丝毫没听见，等再发现，飞机已经到了松山机场的上空！这一顿炸弹啊！几乎一点没糟践，当时把松山机场炸成了火海！

日军这次的损失有多大呢？至今为止还没有确切的数据，资料也在"二战"末期被日军销毁，但从当时的口述来看，日军的十几架飞机和大量的物资都被化为灰烬！还有不少的飞机受伤需要大修。

除了化为灰烬的飞机和物资，还有一大批人都倒了霉了！松山基地的指挥官当场就被抓进了军法处，此外还有好多瞭望哨的人也受到了处罚。弄来弄去，日本人一琢磨：虽然说台湾的机场受了点损失，但还算有点积极意义，台湾原先是中国领土，到了现在，我们占领几十年了，反抗还不断。我们干脆调查调查，有没有炸弹炸到平民？要是有，干脆就拱拱他们的火，挑拨挑拨台湾和大陆的关系，让台湾人跟我们站在一条战线上！

日本这次真下了本钱了，派出多少记者，穿街过巷，左右走访。还真别说，找到受害者了！原来，台湾岛地少人多，松山机场附近也有不少居民。苏联人这次的轰炸几乎像外科手术一般准，但还是有一颗炸弹落到了村子的大街上，炸塌民房两间，死了一个日本人，叫斋藤荣吉，还有一个台湾人，叫赖阿狗。

这下日本人可找到新闻了！赶紧把赖阿狗的家人和邻居找来，谁家房子稍微破了点，全都叫出来，让他们发表对大陆不满的感言！

这些个台湾人一听，也是义愤填膺啊！赖阿狗的家人先说了："中国是我们的祖国啊！我们的祖国怎么能派飞机来炸我们呢？"

旁边也有人说："祖国啊！你这样，不是逼着我们跟着日本人一起吗？"

"就是就是，祖国为什么不考虑我们呢？"

日本记者一看，这没法发啊！人家一口一个祖国，这该如何是好？所以日本人想要挑拨台湾和大陆关系的计划，就此破产！

苏联的正义之剑大队空袭松山，大获成功，消息传来，举国欢呼啊！这么高兴还不算，一个多月后，北方战场又传来消息，徐州会战胜利结束，台儿庄一战，击毙日军1万余人，归德上空三次空战，大获全胜，击毙敌酋加藤建夫！消息传来，全国又是一阵欢腾！

有人问了，北方战线到底怎么打的？加藤建夫死在谁手里了？这还得给您一点点讲。

原来，第三大队大队长吴汝鎏带队奔赴北方战线之后，就驻扎到了河南归德机场，到的当天就投入了战斗，大队长吴汝鎏亲自带队，轰炸日军的部队！咱们说，第五战区司令是李宗仁，这是广西的领袖，吴汝鎏怎么能在他面前丢人现眼呢？一顿炸弹下去，把日本人炸得是哭爹叫娘！

此外，吴汝鎏也颇具骑士风范，你加藤建夫不是给我们扔挑战书吗？人过留名，雁过留声，来而不往非礼也！我也回敬你一份应战书！这任务谁执行呢？第三大队的中队长陆光球！陆光球浑身是胆啊！应战书扔在哪儿呢？就扔到了日军陆军航空队在徐州一线战场的空中枢纽，山东兖州机场！

这应战书怎么写的呢？

致日本空军战斗员：

前日接到贵方战书，欲与本军决一死战，我们甚为欢迎啊！我们随时准备领教！

中国空军

咱们再说加藤建夫这边，等他拿到应战书，心中也吃了一惊，心说：好啊！这帮中国空军飞行员还有点骨气，敢应战！不过，真出乎意料，他们竟然能够越过我方的战线，把应战书扔到我们兖州机场来，不简单哪！不过加藤建夫再一琢磨：我也听说了，李桂丹阵亡，我是没有机会和支那的四天王交手啊！据情报说，这回来的都是广西人，这帮广西人有什么了不起的？有不少飞行员还都是当年我们明野飞行学校教出来的，估计筛吧筛吧，还得有几个是我的学生。学生能挑战老师吗？老师就是老师，学生就是学生，我今天还得给你们上一课！

第四十回　三大队奋战徐州　陆光球恶斗敌寇

第三大队大队长吴汝鎏派中队长陆光球把应战书扔到了日军北方的空中枢纽——山东兖州机场。等加藤建夫看到应战书，心中也吃了一惊，心说：据情报说，这回来的都是广西人，这帮广西人有什么了不起的？有不少飞行员还都是当年我们明野飞行学校教出来的，估计筛吧筛吧，还得有几个是我的学生。学生能挑战老师吗？老师就是老师，学生就是学生，我今天还得给你们上一课！

所以加藤建夫马上开始布置，因为他的第二大队要整个负责徐州地区的空战和护航任务，不能全来找中国空军算账，加藤建夫想了想，就动用第一中队吧！这是我的亲卫队。加藤建夫还挺重视，就开始准备上了。这时候，有人说了："大队长，您何必亲自去迎战？谅他们支那空军也没什么大不了的！这事交给我了！"

加藤建夫一看，谁啊？此人叫作川原幸助，官衔中尉，他也不是个简单的人，您别看官衔只是中尉，在中国空军来讲，除了刚开始的新手是少尉之外，稍微有点资历的就是中尉、上尉，数量一抓一大把！可日本那边不同啊！同样是飞行员，咱们的起点是少尉，日本的起点是一等兵、二等兵，再往上还有伍长、军曹等，再往上才是少尉、中尉，所以能到这个官衔的相当不简单，日本在"二战"末期最著名的空战王牌坂井三郎，到战争结束，也才是中尉。

这个川原幸助呢，是第一中队的中队长，在加藤建夫当中队长的时候，他就是加藤手下的飞行员，飞行技术相当出色，也就因此，别人都把第一中队的中队长川原幸助和副中队长斋藤龟三，称为加藤建夫的左膀右臂。

这回川原幸助一看，怎么能让大队长亲自出战呢？所以他就出来了："大队长！用不着您，您要出场，这不是杀鸡用牛刀吗？这个任务就交给我吧！正好，咱们这回最新式的97单战刚刚到达，我带队出击！就先拿支那空军的血，给咱们的97单战祭旗！"

加藤建夫一听，也对！川原君比我的技术也次不了哪儿去，他肯先去试试，也不错！要是支那人值得一打，我再上，要是一帮糟干零碎，攒鸡毛凑掸子的货，我还跟他们费什么劲啊？所以加藤建夫点点头："好！川原君，这就交给你了！你先去探探支那空军的底，顺便测试一下咱们新到的97式单战！"

"哈依！"

于是，川原幸助集结了18架飞机，随时待命，就等中国空军的消息了！

再说吴汝鎏他们这边，这几天吴汝鎏他们这边打得风生水起啊！原来，陆军部队老是挨日本飞机的炸弹，现在，你炸我两颗，我能还你一颗，陆军的各部队，对此是欢呼雀跃啊！也让他小日本尝尝挨炸的滋味！尤其3月18日，还撞上了两架日本轰炸机96陆攻，这96陆攻可是中国空军的老对手了，1937年8·14，海军鹿屋航空队从台湾发动越洋暴击，轰炸笕桥，用的就是这种飞机，这种飞机载弹量大，航程长，从轰炸机的角度说，算是个不错的作品，所以陆军也装备了不少。可这种飞机如今已经没什么优势了，是，你航程长，载弹量大，但装甲不行，速度不快。中国空军的伊15和当年的霍克3性能相仿，还能怕得了？大队长吴汝鎏一看就乐了，还用无线电跟弟兄们逗呢："兄弟们，咱们运气好，又碰上这皮薄馅儿大速度慢的笨飞机了，谁要是把它们揍下来，回去领了奖金就得请客啊！"

开玩笑归开玩笑，您说咱们的飞行员能对敌机客气吗？一顿好打，两架96陆攻全部玩完，第三大队胜利返航，返航的途中，又干掉一架日军的侦察机，这下，首战告捷，3：0。第五战区司令李宗仁还特意为此打电话来："吴大队长，太谢谢你了！就这两架敌机，每天早中晚来轰炸三趟，兄弟们的机枪打不着，只能干生气，你们空军可替我们解决大问题了！"

吴汝鎏还客气客气："李长官客气了！我们都是您的老属下，在老长官手下干活，我们受累也心甘！这次3：0，是送给加藤建夫的见面礼，下面我们还要打个30：0！"

"好好好！吴大队长，我本来想在徐州给你们摆一桌庆功酒的，不过战局吃紧，我还想请你们立即增援临城方向，等打完了这一仗，一起来徐州喝庆功酒！"

"明白！"

没办法，命令一下，吴汝鎏又带着队员们开始了奋战，现在的战局是越来越吃紧，就在第三大队取得3：0的前一天，3月14日，滕县陷落，川军师长王铭章以身殉国，日军进逼临城，临城可是津浦铁路的重镇，要是临城一丢，日军的矶谷师团就直接威胁徐州！没办法，双方都拼了！

等到了3月25日这一天，战斗日趋白热化，大队长吴汝鎏奉命率14架伊15，对临城的敌人进行轰炸。别看伊15是驱逐机，但多少也能带几颗小炸弹，所以这一顿炸弹下去，虽然敌人的伤亡并不算非常大，但陆军一看，我们有空军支援，兄弟们害怕什么？杀啊！

士气顿时高涨。日本人一看，不能让支那人冲上来！杀给给！

日本兵在战壕里探出脑袋，端着枪就扫开了！吴汝鎏一看，一拉飞机，"呜！"

"嗒嗒嗒嗒！"

这一串子弹，扫得日本人全都缩进战壕，国军趁势冲上了阵地，跟对方展开了白刃战！吴汝鎏一看，没法继续扫了，返航吧！于是带着飞机开始返航。由于飞机比较多，所以大家编了两个队，头一队由中队长陆光球带领，第二队由大队长吴汝鎏自带，两队飞机往回飞。

且说中队长陆光球，他这一队7架飞机，这回执行任务，成果显著，所以大家都挺高兴，边飞还边用无线电聊天。

"我今天一串机枪扫死了十个日本兵！兄弟们，你们呢？"

"哼！你这算什么，我一颗炸弹把两辆日本坦克送上了西天！"

"你们这都不算什么！我今天一颗炸弹正扔到日军炮兵阵地里，端了两门炮，而且炸飞了一个日本军官！"

兄弟几个聊得正高兴，突然听见有人在无线电里喊："不好！3点钟方向有情况！"

队员们一听，嗯？3点钟方向是东方，大家扭头往东一看，好！果然有数架飞机在天上，至少来说，肯定不是己方的。为什么啊？因为自己这边都是伊15双翼战机，那一群里，单翼、双翼混编。这不是自己人，肯定就是敌人了！众人再想反应，晚了！敌人占据了高度，"呜——"，直扑陆光球他们的编队！

这回来的不是别人，正是川原幸助的飞机第一编队，这一队9架，飞机又多又好，而且占据了高度，所以他们这一俯冲下来，陆光球是猝不及防啊！当时就有一架飞机被击中要害，拖着黑烟坠下去了。陆光球一看，眼睛都红了！直往无线电里喊："兄弟们！散开！各自为战！"

所以剩下的6架飞机四散开来，跟日军飞机开始交战！

"呜——嗒嗒嗒！"

"呜——突突突！"

双方就是一阵恶战！其中陆光球一看，哟！带头的日本飞机挺有意思，能看出来，驾驶舱的下面有五六个小标志，陆光球心中一动：哟！这家伙击落记录至少有5个，是个王牌飞行员啊！会不会是加藤建夫呢？

所以陆光球不管别的，直接缠上了日军这架王牌战机。这架是谁啊？川原幸助！川原幸助一看，哟！还真有人敢跟我正面对抗啊？行！我还真佩服支那人这个不怕死的勇气，不过可惜啊！你的命也就到今天了！

双方就缠斗在了一处！可是，今天的战局明显对中国空军不利啊！日军无论在飞机的数量和质量上，都占了上风，而且是偷袭，中国的伊15是双拳难敌四手，好虎架不住狼多啊！所以不可避免地落于下风。

眼看着陆光球他们要悬了！这时候，北边又来了一群飞机，谁啊？大队长吴汝鎏，他带着第二队，晚了两分钟，等飞到战场上空一看，哟！日本人来偷袭啊！好！好啊！你们来得正好！还省得我们去找了！

"兄弟们，迎战！"

吴汝鎏他们的高度比较高，但刚要俯冲，再一看，坏了！远处又来了一批单双翼飞

197

机的混合编队，吴汝鎏一看，敌人也有增援啊！怎么办？打吧！所以吴汝鎏赶紧改口："兄弟们，先打增援的！我重复一遍，先打增援的！"

大家领命，所以吴汝鎏这一队，就跟敌人增援的飞机拼上了！双方这回可打乱了！

再说陆光球这边，他以为逮住的是加藤建夫，所以揪住敌机不放。咱们前文说了，敌人其实不是加藤建夫，是加藤建夫的左膀——川原幸助，川原幸助今天开的是最新式的中岛97单座战斗机，性能比伊15强出一个等级，而且就飞行员的训练来说，日本的训练几乎严格到了不人道的地步，淘汰率极高，就为了筛出最厉害的精英。川原幸助，那是日本陆军航空队的空战精英，您说水平能差得了吗？而中国空军这边呢，由于飞机是宝贝，损坏了几乎补充不了，所以为了减小损失，训练量就打了折扣。而且就这么点资源，蒋介石还偏向嫡系，也就是笕桥出来的学员。剩下的，那就训练更少了，纵使陆光球天赋异禀，训练不够，能耐也就比不了对手，能勉强扛一扛已经不容易了！所以几个回合一过，高下立判，陆光球的座机被开了好几个洞。陆光球一看，这么打下去就完了！看来我得玩个悬的！

想到这儿，再一个照面之后，陆光球干脆不回头了，直接朝前面飞了，陆光球还琢磨呢：我得来个殷麦曼螺旋，速度不能太快，距离太远就绕不到敌人后面了！也不能太慢了，太慢了就真让人打了靶子了！

咱们再说川原幸助，这家伙也鬼着呢，一看，支那人没继续缠斗，往前飞了，他也没受重伤啊！哦！有阴谋！

所以川原幸助不紧不慢地跟着，根本没往前凑。殷麦曼螺旋这招类似于回马枪，敌人不离近了就没法办！陆光球急得心如火燎：这家伙怎么不快点呢？

正这时候，川原幸助的飞机往左一偏，开火了！

"嗒嗒嗒！"

这一串子弹打得极准，陆光球的发动机当时就中弹了，火苗子"呼呼"往出冒！陆光球一看，坏了！怎么办啊？陆光球其实可以跳伞，但他一琢磨：不行！现在我们的飞机实在太少了！我死不要紧，还有多少比我厉害的飞行员在，但飞机不多啊！我拼死也得把飞机留住！

可是事不由人啊！飞机受伤太重，已经失去了控制，直挺挺地朝地面扎下去了！陆光球呢，现在被火苗子也困住了，根本没法操纵了。没办法，只能跳伞了！最终，陆光球跳伞逃生，不过受了重伤，面部和双手都被灼伤，进了医院。

有人问了，陆光球跳伞，按照日本人的习惯，肯定得下来扫射啊！怎么没有呢？其实不是川原幸助仁慈，这家伙是乐极生悲啊！刚打下陆光球，正美着呢，头顶上一架中国战机冲下来！这架战机，飞行员韦鼎峙，他本来跟一架日本川崎95式缠斗，这两种飞机性能相仿，所以双方一半时没分胜负。正好这时候陆光球的飞机被打冒了火，韦鼎峙偷眼一看，呀！中队长危险！所以韦鼎峙拼死冲下来援救，可是晚了，陆光球的飞机已经坠下去了，韦鼎峙憋了一肚子火！好你个鬼子，敢打我们中队长，你给我着家伙吧！

"嗒嗒嗒！"

这一串子弹，川原幸助猝不及防，直接被击中头部，当场阵亡，飞机坠下去了。可韦鼎峙没好哪儿去，他光揍川原幸助了，后面还一架日本飞机呢，人家也开火了！

"嗒嗒嗒！"

韦鼎峙的飞机也被击中，坠了下去，韦鼎峙跳伞逃生。

到现在为止，中国空军坠机6架，阵亡三人：中队长何信、李膺勋、莫林两个分队长，其余的，陆光球、韦鼎峙，包括大队长吴汝鎏，飞机全被击落，本人跳伞逃生。日军这边也没好哪儿去，带队的川原幸助阵亡，损失也是6架飞机。

这下其余的日本人全急了！我们有这么好的飞机，这么厉害的飞行员，数量还比人家多，这才堪堪平手，这要是回去见了大队长加藤大尉，非让我们剖腹不可！所以余下的飞机就拼了！中国空军的态势越来越不利！

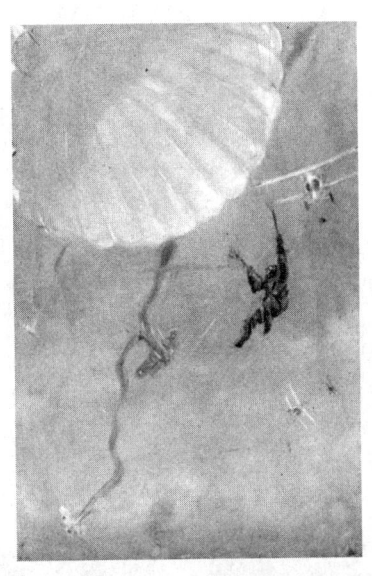

这时候，就看地面上开始闪火花，"嗖嗖嗖"，似乎还有子弹飞上来，这是怎么回事呢？中日双方的飞行员当时都是一惊！

归德上空的空战，梁又铭作，此画藏于台湾冈山空军军官学校中华民国空军军史馆。图中跳伞者，应该是中国飞行员韦鼎峙

第四十一回　广西健儿挫敌寇　加藤建夫再出击

第三大队奉命轰炸临城方向的敌军，等到返回的时候，遭到日军袭击。双方实力相差不小，但相对于敌人新型的中岛97式单翼战机，咱们的伊15虽然比较落后，但仍然有点优势，爬升快，火力强，所以双方大战一场，几乎是个平手，中国这边被击落6架飞机，3人阵亡，日本那边也没好多少，指挥官川原幸助阵亡，飞机也被击落6架。但敌人毕竟人多势众啊！而且飞机性能也好，中国空军的形势越来越不利。

正这时候，地面上开始闪火光，"嗖嗖嗖！"，还有子弹往上飞，中日双方飞行员当时就一惊，怎么回事？等中国空军飞行员往下一看，乐了！下面是国军的阵地，还飘着青天白日旗呢！几个点开始密集地冒火光，这是自己人在开火支援啊！

原来，下面的国军兄弟们一看，哟！咱们的飞机被偷袭了！赶紧报告了团长。这个团长还挺有经验，赶紧组织了4挺重机枪、6挺轻机枪对空射击。这些战士们赶到交战地点一看："兄弟们！咱们的飞机是来保护咱们的，咱们也应该为飞行员们做点事啊！不能由着日本飞机胡来！"

于是架起机枪，一个个瞄着日本飞机翅膀上的太阳旗就开火了！

"嗒嗒嗒嗒！"

中国飞行员一看，哟！太高兴了！所以干脆全都降低高度，到了机枪能够到的高度。日本人一看，这仗没法打了！虽然说中国战机全降低了高度，一副等着挨打的架势，可自己没法俯冲啊！一旦冲下去，就会遭到地面火力和中国战机的夹击，情况更差！怎么办？走吧！

日本人撤了，这一仗几乎就是个平手，最开始，大家还以为击毙了加藤建夫，是欢呼雀跃啊！可等收拾残骸的时候一看，不是！大家又是一阵的惋惜。

"太可惜了！要是加藤建夫就好了！"

"可不是！不过这个日本人也是个王牌飞行员，咱们也算是不赔不赚！"

他们不赔不赚，加藤建夫那儿是大发雷霆啊！这仗打得真窝囊！在动用了新型的中岛97战斗机，数量还比人家多，而且是偷袭的情况下，战果是6∶6，而且赔上了自己的左膀——川原幸助，这人丢大了！看来还得是我亲自上阵啊！想到这儿，加藤建夫就开始做筹备了，空军作战，您看着简单，开飞机就走了，可实际上，这是门学问啊！怎么飞？气象如何？从哪个方向进攻？弹药、汽油的补给等，这都得细细研究。

加藤建夫正琢磨着要亲自上阵报仇，这时候，消息传来，日军华北方面军司令部要求加藤建夫的战队放弃别的任务，全力轰炸台儿庄一线的国军！

有人问了，怎么回事？原来，日军本来派了两支部队，一支是板垣师团，负责从临沂方向进攻，结果板垣师团在临沂受到了庞炳勋和张自忠所部的阻击，没能向前。另一路呢，是矶谷师团，矶谷师团气势汹汹啊！沿着铁路攻滕县、陷临城，可是在靠着京杭运河的韩庄受到了阻击。可是矶谷师团长一看，你们正面挺硬，我干脆从侧面走吧！于是一头撞到了台儿庄。咱们说，第五战区司令李宗仁，人家不白给啊！他明白，日军一旦攻陷了台儿庄，就等于砸断了第五战区的腰！所以李宗仁严令守卫台儿庄的第二集团军司令孙连仲，死守台儿庄！而且，李宗仁也分兵派将，准备给日军来个反包围！双方就在台儿庄拉开了架势！打了个天昏地暗！

您说都这情况了，包括加藤建夫他们在内的日军陆军航空队，能干看吗？肯定得拼命掩护啊！但轰炸效果始终不理想。其实这不是加藤建夫的毛病，他是开战斗机的，要想轰炸，就只能翅膀上挂点小炸弹去扔，要是拿机枪扫，中国士兵就全躲战壕里了，所以效果十分有限，这活就得交给轰炸机来干。可是陆军航空队那边能用的轰炸机，毛病多多啊！中国空军的老对手96陆攻，航程长，但载弹量有限，而且这种飞机屡次和中国空军交手，负多胜少，中国空军一看见96陆攻就来劲！就算没有中国空军，96陆攻结构薄弱，要是挨上中国的高射机枪和高射炮，那就够一呛啊！

除了96陆攻之外，日本人经常用的还有93式重爆，就是重型轰炸机，这家伙结构比较结实，载弹量也比较大，但问题在于速度特慢。虽说被高射机枪揍两下不打紧，可是发动机设计不合理，挨两枪就熄火，一旦熄了火，飞行员就只能想办法迫降了。所以，日军自徐州会战开始，轰炸效果就一直不太理想。

有人问了，日军就那么不知道变通吗？不能想想别的办法吗？还别说，日本人还真想了！日本人开发了新式的97式重爆，要说这飞机的性能还不错，可刚研制出来，装备并不全，而且大家对它还不熟悉，最重要的一点，日本人这回又犯了"战斗机无用论"的毛病，所以乍一上战场试验，想要轰炸西安，当场被留守的中国空军揍下三架。日本人一看，得！97重爆

第四十一回 广西健儿挫敌寇 加藤建夫再出击

加藤建夫，日本陆军航空队军神级的人物，但在中国战场上没少吃苦头

算指不上了！只能指着外来的和尚会念经了！

这外来的和尚是怎么回事呢？原来，日本人在研制97重爆的同时，还走了另一条路，那就是求助法西斯的同盟国——德国和意大利，看看能不能买到合适的轰炸机。日本政府为此特别派出了日本陆军航空兵团兵器部部长渡边广太郎大佐去跟德意政府谈。可是德国政府对这个提议并不感兴趣，为什么啊？一方面是由于当时的纳粹德国和中国的关系依然不错，另外还一个原因，日本人总偷技术，每次德国有好飞机，就买回一架，回去复制，弄得德国人恼火不已！这不是赤裸裸的剽窃吗？别说别的，就日本常用的93重爆，就是仿德国人的作品。到今天，日本还老嘲笑中国盗版，其实这事他们早就干过！

相对于德国人不感兴趣，意大利的墨索里尼是特别感兴趣，还亲自给牵头拉线，最后日本人选中了BR-20式轰炸机，这飞机，设计先进，航程长，速度快，载弹量也不小，而且还装备当时最先进的自封油箱，这玩意儿，子弹打中都不带漏油的！综合各方面来看，这可以说是日本人梦寐以求的飞机！

可一说定多少架，意大利的飞机制造商大跌眼镜啊！70架，这明显又是买回去拆了研究的，以后生意也没法接着做。不过墨索里尼倒是挺大方，70架就70架，价格还能商议，此外，我们还附送一架样机，一架给天皇的座机！

您说这日本人能不高兴？马上给这飞机命名了，叫"意式重爆"，还别说，经过短暂的训练，还真有几架"意式重爆"在台儿庄大战的前夕到了前线，只不过没用上！怎么回事啊？前线机场的一场雹子，竟然把威武的"意式重爆"砸漏了！原来，意大利这东西，偷工减料，有的地方就是一层帆布加上一薄层铝箔，那能禁住冰雹吗？所以意大利人坑了中国人一次，航校弄得一塌糊涂，但也整了日本人一次，这个"意式重爆"还有故事呢！咱们后文自会讲到。

日本人的轰炸部队没法大显身手，台儿庄的战斗就更雪上加霜了！所以打到了1938年4月4号，日本人这回真过了清明节了，全线崩盘，死伤惨重，多少鬼子魂归西天！矶谷师团长没办法，被迫开始撤退，这时候，中国空军还不闲着，还飞过来扔几颗炸弹，虽然说这对整个战局的支援，如同杯水车薪，但真涨士气啊！陆军将士越战越勇，台儿庄战役胜利结束，敌人全线撤退。

但平心而论，日本军队的机动性跟英美强国比不了，但比咱们可强多了！跑起来，咱们就很难追上，所以追击和迟滞敌人行进速度的任务，就主要交给了空军，周至柔还特地调来了第四大队的22、23中队，以及一个轰炸机中队，前来支援！出发地点呢？也好选，就近选在第四大队的老基地——周家口。

这下日本人可惨了，跑到哪儿，中国空军就炸到哪儿，几天的工夫，把日军炸得是哭爹喊娘啊！只能向陆军航空队求助。等到消息传到加藤建夫耳朵里，加藤建夫暴跳如雷啊！好啊！支那人还挺狂！我非得教训教训他们！

不过加藤建夫这个人还挺冷静，不是脑袋一热就坏事的那种人，他发火归发火，但仔细琢磨琢磨：像对付支那空军，哪儿去找啊？我们的部队四散奔逃，他们也四散追击，逮不着主力。嗯！对！干脆我等到陆军部队开始求援，我们就奔归德附近埋伏，那儿是支那空军的基地啊，但我们也不能接近机场，那儿的防备肯定严，就在必经之路上截击，那是最好的。"

所以加藤建夫腾出一支机动部队，就开始等中国空军的消息。可是一连几天，情况都不乐观，为什么啊？中国空军四面出击，但每次出动的飞机很少，炸完就走，不多纠缠，再等加藤建夫他们赶来，中国空军早都在机场降落了。这把加藤建夫气得够呛！

还别说，逮来逮去，还真逮着机会了！日军残部在山东枣庄负隅顽抗，国军进攻不利，这时候，又想起空军来了，所以严令空军出动，轰炸枣庄的敌军。现在，由于第三大队大队长吴汝鎏负伤住院，所以由第三大队副大队长林佐统一调动三、四大队，以及轰炸机大队，几批飞机凑在一起，奔枣庄去了！这回咱们连战斗机带轰炸机，动用了30多架，一起上阵，连炸弹带机枪，就没留情啊！一顿好打，对方是哭爹叫娘！这时候，有日本的通信兵赶紧报告："莫西莫西！支那空军前来轰炸枣庄，你们赶紧来支援！"

咱们再说加藤建夫这边，这些日子，根本没逮住中国空军的踪迹，急得他是满嘴大疱啊！而且加藤建夫还不敢直接突袭机场，因为徐州会战开始，归德机场全军戒备，防守得挺严，虽然说日本当时造飞机很快，但总归是缺资源啊！飞机也不是大风刮来的！所以急得吃不香睡不着，这两天直闹肚子。今天，加藤建夫正郁闷着呢，消息传来，中国空军几乎全军出动，这是好时机啊！就在归德附近守株待兔，准保能成功！所以加藤赶紧把用作机动的第一中队召集起来："大日本帝国的勇士们！支那空军终于出动了，咱们要在天上显一显大日本帝国的威风！所有人，包括我在内，有一个算一个，前进者赏，后退者，回来就给我剖腹！咱们今天务必将他们全歼！上飞机！"

再说这帮日本飞行员，这两天也憋得够呛！也都嗷嗷直叫啊！一个个赶紧登上战机，开始发动！加藤建夫呢，刚要上飞机，就感觉肚子里"咕噜！咕噜！"，拧着劲地疼！咱们说了，加藤建夫这两天由于逮不着中国空军，急得直冒火，而且着了点凉，现在肚子抗议了。咱们说飞行员这行当，身体有一点不适都不行，这上天就是玩命啊！注意力要高度集中，要有一点不集中，呼吸之间，性命可能就没了！这要是还憋着大小便上天打仗，太损耗注意力了！可是自己刚刚发了大话，这可怎么办呢？加藤建夫眉头一皱，是计上心来！

第四十二回　梁志航拼死对撞　四大队增援归德

中国空军全军出动，轰炸枣庄的日军残部，这回可让加藤建夫逮住机会了，加藤建夫打算在归德机场以北，也就是中国空军回归德的必经之路上截击！加藤建夫还琢磨呢：嗯，支那空军全军出动，等到他们返回，炸弹和子弹就已经消耗得差不多了，我们正好以逸待劳，这还不简单？

所以加藤建夫接到电话之后，马上集合他的第一中队，这就是为了跟中国空军交战所预备的机动部队，也是加藤建夫的亲卫队！飞机一架架升空了，可加藤建夫呢，刚要上飞机，就感觉肚子里"咕噜！咕噜！"，拧着劲地疼！咱们说，加藤建夫这几天是吃不好睡不好，华北方面军司令部天天来电话催着空中支援，而且加藤建夫还要逮中国空军的行踪，吃不好睡不好，成天着急上火，可能着了点凉，眼看要升空作战了，就这紧关节要的关头，闹肚子了！

这要在一般人，可能问题不大，可对飞行员来说，这可不得了啊！要是这样憋着大小便升空作战，一边打，一边还要注意别装在裤兜子里，这太分散注意力了！可是加藤建夫一琢磨：我刚才已经发下了大话，包括我在内，有一个算一个，前进者赏，后退者剖腹，我怎么能食言呢？可我要是这么硬挺着上天作战，万一装了一裤兜子，我还有脸见我的队员吗？加藤建夫眼珠一转，再一看，第一中队的中队长斋藤龟三还没升空，他赶紧说了："斋藤君！"

川原幸助、斋藤龟三，这是加藤建夫的左膀右臂啊！现在川原幸助阵亡，就剩了个斋藤龟三，他继任第一中队中队长，他对加藤建夫是言听计从啊！他赶紧撇了飞机过来了："加藤队长！"

"斋藤君，我肚子不太舒服，所以今天由你来驾驶我的战机，带队去痛击支那空军！你们一定要多加注意，小心敌人的偷袭！我稍后会赶来的！"

"哈伊！"

加藤建夫打得主意挺好，反正自己的战机也升空了，队员们一看，心里也有底，我稍微等等，方便完了再去，这不挺好！神不知鬼不觉。而且斋藤君的水平比我差不了多少，上次是赶巧了，支那人竟然用了偷袭，川原幸助才遭遇了不幸，这次我也嘱咐斋藤了，小心为上，这还怕什么？所以加藤建夫挺放心，赶紧赶奔厕所去了。

再说斋藤龟三，今天高兴！好！我坐上加藤队长的飞机了！这是信任我啊！挺好，我今天就当一回加藤队长吧！

等这一队飞机飞到了归德附近一看，没有中国空军的影子。哦！应该是还没回来，我们等等吧！于是斋藤率队都钻进了云彩中等。没过十分钟，就见远处来了一群飞机，斋藤一看，欣喜若狂啊！这肯定是支那空军了！听说今天他们是全军出动啊！总数能有30多架。1、2、3，哎！数不对啊！怎么只有9架，剩下的哪儿去了？

原来，加藤建夫他们虽然风闻第四大队和一个轰炸机中队增援，但他以为都在归德机场呢，其实不是，第四大队和轰炸机中队，还在四大队的老基地——周家口。斋藤龟三数来数去，怎么数都是9架，他一琢磨：哦！估计剩下的速度慢，没关系，我先收拾了这9架，再对付其余的！

想到这儿，斋藤咳嗽了两下，模仿加藤建夫的声："各位，敌机来了，马上进入攻击位置，祝我大日本帝国武运长久！杀给给！"

17架最新的中岛97式战斗机一个俯冲就冲过来了！

再说中国空军这边，这次回来的就是第三大队9架战机，带队的是副大队长林佐。轰炸任务完成之后，第四大队和轰炸机中队先回周家口了，第三大队负责收尾，又扫射一阵，林佐带队返航。眼看着马上到机场了，突然云层里冲出17架战机，气势汹汹地奔自己这边就来了！林佐一看，不好！马上冲无线电喊："各单位注意！各单位注意！敌机来袭！马上采取双机编队！马上采取双机编队！"

双机编队，这招是陈纳德教的看家本领啊！两架飞机编队互相配合，互相掩护，这么干，说能横冲四面，立挡八方，有点过分，但这样一来，就安全多了。日本人可不管这套，分别冲下去，准备咬中国战机的尾巴。咱们呢，双机编队，局部造成2对1，一架跟对方缠斗，另一架负责爬高，然后就一个俯冲攻击！接下来就交换位置。日本的中岛97式，优势在于速度快，可咱们根本不按照他的节奏走，咱们的伊15，优势在于转弯快，爬升快，火力强，这回双机互相掩护，就弥补了一定的劣势，所以双方一时间打得难解难分！

再说斋藤龟三，他头次见着这么奇怪的战术，看来看去，如同黄鼠狼啃刺猬，无从下嘴啊！这怎么办？哎！你看，支那飞机还单着一架，我先干掉你吧！

咱们前文说了，第三大队这是9架，一组双机编队，必然富裕一架，富裕的是谁呢？少尉梁志航，梁志航是广西航校出身，这回他倒霉点，他刚才飞在编队的最后，一组双机编队，大家全往前组，他就落了单。这可怎么办？没办法，只能施展自己的绝艺了！于是梁志航加速、减速、左翻滚、右翻滚，就在敌阵之中折腾开了！战友们一看，心疼啊！怎么把他给忘了！可是现在还不能变阵，现在利用双机编队掩护，只是勉强能自保,如果散了,必死无疑啊!

再说斋藤龟三,他一看梁志航单着,挺高兴,追上去撑着梁志航的尾巴就开火了!梁志航一看,呀!这不是加藤建夫的飞机吗?没办法,只能接架相还,左躲右闪,想要找机会跟对方正面对抗,伊15的正面火力强,这是咱的优势!可斋藤龟三不愧是高手,你加速,他就加速,你减速,他就减速,就照着梁志航的尾巴打!所以两分钟不到,胜负立判,梁志航的飞机被开了十几个洞,连油箱都中弹了,形势岌岌可危!

这时候,梁志航一看,实在没办法了!刚才一趟轰炸回来,汽油、子弹都消耗过半,现在这么一消耗,所剩无几啊!现在连油箱都中弹了,估计今天我是回不去了!加藤建夫,干脆我跟你同归于尽吧!高大队长!您叫志航,我也叫志航,我没给这个名字抹黑!

想到这儿,梁志航一脚把油门踩到底,飞机直冲东边飞过去了!斋藤龟三一看,呀嗬!想跑啊?没那么容易!所以斋藤龟三也就把油门踩到底,追过去了!

"嗒嗒嗒嗒!"

梁志航一看,上钩了!我只有这一个机会!他略微把飞机往上提了提,一关发动机,飞机速度"唰!",当时就慢了!梁志航趁势一掰操纵杆,飞机几乎是原地"滴溜"一转个儿,跟斋藤龟三打了个对头!

有人问了,刚才梁志航为什么不这么干啊?这跟你说,这下双方的飞机已经非常近了,极可能撞机!而撞机是飞行员最后的选择,一般来讲,都要在消灭别人的同时,保存自己。谁用这同归于尽的招啊?但这么一搏命,还真有这机会了!双方飞机当时就打了对头!

斋藤龟三的速度几乎已经是最快了,等再一看,怎么回事?支那飞机怎么掉头了?这么近的距离,坏了!他想撞我!再想掰操纵杆,掰不动了!怎么回事?这告诉您,日本飞机的操纵杆平常不显,但到最快的时候,操纵杆需要两手加一腿才勉强掰得动,转弯极其费劲,这也是后来著名的零式战机的死穴之一!

这回,斋藤情急之下,还忘了用腿了,双手怎么掰也掰不动,这时候,梁志航一看,好!加藤建夫,咱们同归于尽吧!

"嗒嗒嗒嗒!轰!"

日本中岛97式战斗机,当年陆军航空队的主力机种,也是后来一式隼的原始型号。在当时而言,的确比伊15要好一些

梁志航把最后的子弹打出去,双方撞机,梁志航也就跟斋藤龟三,以及加藤建夫的座机同归于尽了!

旁边战友一看:"呀!志航!"

"啊!小梁!老子跟你们拼了!"

于是,第三大队其余的人马上散开队形,跟日本人就拼上了!日本人这边呢,军心大乱啊!为什么?他们全都不知道斋藤和加藤建夫换飞机的事,都以为加藤建夫被撞死了，当时就乱了！所以战场形势当场就逆转了！别看中国战机少，但大家都不要命了！撑着日本战机就揍啊！你打我不要紧，我也得揍你！还别说，苏联造的伊15，就是比日本货结实！而且第三大队也不乏好手啊！副大队长林佐、中队长黄莺等，都极为勇猛！所以时间不大，第三大队揍下四架敌机，自己这边有一架飞机被击落，飞行员跳伞。

正这时候，又有一架单翼战机来了！谁啊？正牌的加藤建夫！咱们前文说了，加藤建夫闹肚子，所以让手下干将斋藤龟三驾驶自己的座机带队作战。加藤建夫今天肚子闹得还挺厉害，足足拉了十分多钟，等完事了，这才坐上斋藤的座机，往归德方向来，他单人独机，又灵活又快，所以来得挺快。可等到了战场一看，可傻眼了！明明中国战机数量少，可却撑着日本飞机打！日本战机这边，心都散了，左躲右闪，战意全无啊！

加藤建夫一看，火冒三丈啊！他瞄准了一架中国战机，就俯冲下来了，边俯冲还边在无线电里喊："大家听好了！我是加藤建夫！前进者赏，后退者剖腹！杀给给！"

"嗒嗒嗒嗒！"

当时就击落一架伊15，飞行员孙金鉴当场阵亡！

日本人这时候醒过味来了，哦！加藤战队长没死啊！杀给给！

士气又提上来了！这时候加藤建夫再找找，哎！发现自己的座机，也就是斋藤开的那一架不见了！看来是凶多吉少啊！加藤建夫当时是火撞顶梁门啊！敢把我的座机打下来，你们这帮支那人！

"嗒嗒嗒嗒！"

又一架伊15被击落，飞行员跳伞！

现在，形势对第三大队越来越不利，正这时候，战场的西南边又来了不少单翼战机。中队长黄莺先发现了："副大队长！西南边有情况！"

林佐听罢，偷眼一看，真的！远处又来了不少单翼战机！林佐一看，完！这回算全完！敌人又来增援了！看来今天我们全都得葬身此地啊！不过也好！小梁把斋藤撞死了，也算没丢脸！我们今天就是死，也要让日本人知道我们广西健儿的厉害！

"黄莺！你去迎击后抄上来的敌军，我来对付加藤建夫！"

"明白！"

黄莺带着一架飞机去了，林佐带着剩下的两架战机，继续对抗加藤建夫。您说这能打得过吗？加藤建夫他们这边，怎么说也十几架飞机，悬殊太大啊！可没打两分钟，就听黄莺在无线电里喊："副大队长！后面来的不是敌人！是第四大队！咱们有救了！"

林佐一听，当时精神一振啊！

有人问了，这是怎么回事呢？咱们前文说了，第四大队和轰炸机中队炸完就先走了，第三大队又拖后炸了一阵，这才返回，等到第三大队被加藤建夫他们截住，第四大队已经到了周家口机场附近，准备降落。第三大队在归德机场附近恶战的时候，有人就把电话打到了周家口机场。周家口机场的值班人员一听，赶紧无线电通知四大队飞行员："第三大队在归德遭袭！第三大队在归德遭袭！请立即支援！"

这时候，四大队还没降落，一听这消息，也不知道谁喊的："走！去支援！"

"走走！"

第四大队这18架伊16马上出发，周家口离归德120公里，以伊16的速度，用不了20分钟，等赶到之后，第四大队的战士们眼睛都红了，加足了速度，直扑日本飞机！咱们说，伊16对抗中岛97式，基本上是棋逢对手，将遇良才，二者相当！可第四大队这些人，都是生力军啊！而且数量也多，这下加藤建夫可难受了！四大队的战士们都是身经百战的好手，经验丰富啊！想把他们打下来，谈何容易？而且，剩下的第三大队飞行员，开的都是伊15，火力强劲，这回可发挥优势了！伊16和人家对咬，伊15捡漏，这回加藤建夫他们惨了！飞机现在剩了13架，中国空军是23架，加藤建夫一看，这可如何是好？

第四十三回　猛得猪偷袭失败
　　　　　　二巨头争论战术

　　第三大队在归德上空跟加藤建夫的第一中队一场恶战，可惜由于飞机的数量少，虽经努力奋战，但还是落了下风。

　　可就在这节骨眼儿上，第四大队从周家口来支援！形势再度逆转！第四大队是生力军啊！而且飞机数量占优，加藤建夫的第一中队格斗良久，弹药和汽油早都消耗过半，这没法打了！所以加藤建夫勉强应付一阵，被迫撤退，这回双方的飞机虽然各有损伤，但都没能再击落对方的飞机。

　　三、四大队的战士们一看，赢了！真不容易！现在油都不多了，只能分别返航。这一仗，击落敌机5架，自己损失4架，尤其击落了加藤建夫的座机，大家高兴坏了！都以为把加藤建夫干掉了！甚至把这个消息都写成了战报。但可惜并没有，加藤建夫仍然活跃了一阵，不过加藤建夫这几仗，还是尝到了中国空军的厉害，左膀右臂全都折了！加藤战队元气大伤啊！

　　可是，接下来的战局，就不是空军能左右得了的，日军台儿庄之败，败在了太过托大，矶谷师团孤军深入，以至于被中国军队痛击。所以日本华北方面军司令部痛定思痛，在1938年4月中旬，也就是台儿庄大捷之后不久，调集兵力全线进攻，要一口吃掉徐州地区的60万国军。而且这次，日军特别调集了非常宝贵的机械化部队。咱们的部队从装备上，和敌人相去甚远啊！所以一开始就陷入了苦战。

　　徐州地区战斗正酣，日军这边也放心了！徐州你都应接不暇，那些部队也都在原地，武汉肯定空虚啊！我们要趁此机会，再次空袭武汉！

　　消息传来，中国空军这边如临大敌啊！可是敌人什么时候进攻呢？如果没有确切的消息，就只能飞机分批暖机待命，以备不测。可是汽油是非常宝贵的战略物资，也不是这么浪费的啊！而且，就算飞机分批暖机待命，日本人一来，估计就是成群的战机，咱们就这些值班的飞行员上去迎战，杯水车薪啊！没办法，空军前敌指挥部的几个大佬，周至柔、

209

毛邦初、石邦藩、张有谷几个人，外加上陈纳德一商议，定出了几个方案：1. 加强从南京到武汉一线的侦察，增派人肉雷达。2. 加强武汉周边的防空力量。3. 发动军统特务，去侦察对方的情报。

一通忙活下来，管不管用不知道，反正心里多少踏实点，等着日本人来吧！就这么等啊等啊，到了4月26日，汉口附近的防空阵地来电话："报告长官，我们击落了一架日军轰炸机！"

毛邦初和周至柔一听，啊？日本人怎么神不知鬼不觉地就跑到汉口附近来了？这是要进攻的前奏吗？所以毛邦初赶紧下令："全体飞行员全戒备！所有飞机，暖机待命！"

随后，毛邦初和周至柔驱车赶往汉口附近的坠机地点。毛邦初和周至柔，这俩人到了现在，矛盾是越来越深，你看同样去坠机地点，俩人还不愿意坐一辆车。等到了地方一看，好！一架96陆攻摔在地上，飞机折为两段，零件四散，翅膀也折了，里面7个机组成员早都没命了！咱们的战士把尸体一个个抬出来。毛邦初看看，哟！这回还真有大鱼啊！这架飞机的驾驶员竟然是个中佐！要知道，日军四大天王的最高军职，不过是少佐，这个中佐是什么来头啊？毛邦初赶紧过去，在这个日军中佐的身上来回翻，翻来翻去，哎！在那个阵亡的中佐的口袋里翻出了一个日记本。毛邦初翻开看了看，明白了！这个中佐叫作得猪治郎，是日本海军航空队中的王牌！可是他怎么单机就敢来武汉呢？毛邦初再翻翻，脸色当时就变了！脑袋上也冒汗了，也不管周至柔了，坐上车就走了！周至柔是一头雾水啊！

有人问了，日记里写的什么，能让毛邦初慌了？原来，日记最后一篇是这么写的：

海军航空队司令部准备在4月29日空袭武汉，给天皇祝寿，其实何必呢？想要空袭武汉，什么时候都可以！再说了，支那空军早就损失殆尽，我一个人就够了！以我的本事，我肯定能把炸弹扔到蒋介石的脑袋上！等我消灭了蒋介石，你们等天皇生日再去扫尾吧！

有人问了，这个得猪治郎到底是什么人物？能知道这些情况？而且言语之中，口气颇大！这个得猪治郎可不是个简单人物，日军除了四大天王之外，还有中型攻击机开得最好的四个，简称"中攻四天王"！八一四被高志航击毙的"凶猛之熊"新田慎一，就位列第二，后面还有佐多直大、曾我义治，这仨人的老师就是中攻四天王之首——号称"丛林之虎"的得猪治郎。这家伙本事也大，人也狂！就在4月26号早上，海军航空队司令部的军官在商议，准备给天皇生日献礼，怎么献呢？一帮军官商量了半天，决定在天皇生日当天，也就是4月29日轰炸武汉，可是得猪治郎一听，不屑一顾啊！轰炸就轰炸吧！只要成功，那就是给天皇的献礼，你们还偏偏选天皇的生日，这不是装模作样吗？我得来点实际的，我今天就单机突袭武汉，趁着没人注意，直接炸死蒋介石，到时候我是人前显圣，鳌里夺尊啊！得猪治郎这么想的，就带着自己的一组人马，登上96陆攻而来。

还别说，得猪治郎的水平的确高！从南京起飞之后，先往东爬高，最后在7500米的高空往武汉飞。还别说，当天江南大部分地区是阴天，国军那么多的人肉雷达，都没发现。要是平常，得猪治郎能不能炸到蒋介石不好说，但轰炸的效果不会差，到时候一扔炸弹，中国战机想起来拦截都晚了！可得猪治郎也倒霉点，偏偏这几天，武汉地区加强了防守。得猪治郎估计着航程，已经到了汉口了，中国军队没有反应，那说明我是相当成功啊！该下去找找轰炸目标了！

这一下来不要紧，当时就让咱们的高炮部队发现了，高炮部队最近一直是处于一级戒备的状态，炮弹都上了膛，一看，呀！这是敌机！翅膀上还有膏药旗呢！打！

"嗒嗒嗒嗒！"

一顿痛打，得猪治郎猝不及防啊！当时就被揍下来了，全体阵亡。这被打下来不算，还被毛邦初得到了日记本，这下，情报到手，咱们能饶得了日本鬼子吗？毛邦初回去之后，就把日记本的情况跟宋美龄、陈纳德、石邦藩他们说了。宋美龄一听，表情严肃啊："毛副总指挥、石参谋长，我也知道，三、四五大队的飞行员们最近很辛苦，南征北战，但这回大战在即，来不及休息了，希望飞行员们能够再接再厉，痛击日寇！"

毛邦初和石邦藩一听，分别表示："请秘书长放心！飞行员们虽然疲惫，但是士气高昂，就怕小日本不来啊！不来，咱们还得冒风险去找他们，这回好，送上门来了，我们还怕什么？咱们这回一定给他们天皇好好庆祝庆祝生日！"

"秘书长您放心吧！咱们的人肉雷达早就部署好了，既然日本人有消息，这几天就增派人手，日本人只要一起飞，咱们就能做好准备，保准给他们来个迎头痛击！"

"好！下去准备吧！"

这时候，就听办公室门口有人说话："等等！"

众人一回头，谁啊？周至柔！咱们刚才说了，周至柔、毛邦初分别去得猪治郎的坠机现场查看，结果毛邦初找到了日记本，收获不小。周至柔一看，毛邦初找到东西了，我也不能空手而归啊！

可是找了半天，也没什么有价值的东西。等回到办公室门口，正好毛邦初在说日军要于4月29日空袭武汉的事，周至柔听来听去，心说：完！这回的风头全被毛邦初抢了！可听着听着，周至柔眉头一皱，计上心来！所以才大喊一声："等等！"

宋美龄一看周至柔说话，换了个脸色："周总指挥有什么事啊？"

"秘书长，我说两句。这回日本人既然送上门来，咱们自不必客气，但既然咱们已经掌握了主动权，不如把事情做大一点！邀请全武汉的人，百姓也好，各国记者也好，来观看这场空战，以示咱们的抗战决心！咱们的飞机起飞之后，咱们可以让飞机围着整个武汉爬高，让全武汉人民，甚至世界人民看看咱们威武的空……"

话音未落，旁边有人"啪！"一拍桌子！

"我反对！"

谁啊？毛邦初！毛邦初听完了周至柔的说法，脸都气紫了："周至柔！你这叫草菅人命你知不知道！邀请全武汉的人来看，你说得轻巧，全集中看空战了，日本人万一扔两颗炸弹下来，这不是全完了吗？咱们打仗，要求的是占领高度，飞行员们必须迅速爬高，你这样干，飞机爬得太慢了！咱们的优势何在？这仗怎么打？"

周至柔挺有说辞："毛副指挥，你不要光看空军这一点，你要着眼于全国抗战的局势！咱们屡战不利，军人们都没士气。俗话说，三军可夺帅，而不可夺志！没了士气，什么也干不了！咱们这么一来，稍微麻烦点，就能提振全国的士气，干吗放着河水不洗船呢？"

"少废话！我就是不同意！是，我承认，全国抗战的士气不高，急需一场胜利来提振士气。但咱们更需要的是一场酣畅淋漓的胜利！而不是表面功夫！"

周至柔还不生气："毛副指挥，我要提醒你，咱们布置了那么多人肉雷达，早一分钟发现敌机，咱们绕城一周的时间就有了！咱们还照样能跑到敌机的头上打！而且日军要扔炸弹，咱们空军是干什么吃的？能让他扔吗？你不要借这个说法来掩盖你的无能！"

这俩又呛呛上了，旁边的参谋长石邦藩、副参谋长张有谷一看，我们劝不了，快闪闪吧！别到时候把我们俩捎上表态，得罪了谁都不好办！石邦藩赶紧说："对不起！我肚子不好，想上厕所了！"

"等等！老石！我也去！"

俩人跑了。咱们说宋美龄，说实话，他对周至柔印象不错，周至柔对她是百依百顺啊！就差认个干娘了。毛邦初不一样，高兴的时候行，不高兴时候，宋美龄就觉得毛邦初别扭，没办法，人家是蒋介石原配毛福梅的侄子啊！这身份尴尬。所以宋美龄特别愿意看周至柔和毛邦初斗。等这俩斗得差不多了，宋美龄问陈纳德："陈纳德上校，您怎么看这件事？"

陈纳德摸着砂纸一样的脸，琢磨了半天："我的公主！这事还真不好说！如果从技术角度讲，我支持毛的说法，空军的生命在于高度，有了高度就有一切。不过这次咱们准备充足，如果能提振士气，那当然最好。"

宋美龄一听，高兴！当时就拍了板："好！4月29日，咱们所有起飞应战的飞机，全部绕武汉一周爬高，以示咱们的抗战决心！"

"是！"

这件事就这样了，4月29日，整个武汉如临大敌啊！所有的飞行员全准备好了，飞机暖机待命，就等着敌人的到来！

中午刚过，汉口机场的电话就响了："报告报告！南京方面的敌机已经起飞，目标就是武汉！"

没过半分钟，又一个电话："报告报告！安庆方面也有敌机起飞，目标应该是武汉！"

这时候，汉口机场的负责人正是当初劝高志航投靠中央的旧交，邢铲非！咱们说，邢铲非这个人能力有限，虽然是学飞行的出身，但本事比高志航可差

武汉人民观看空战，空军将士们就头疼日军在这个时候扔炸弹

远了！也就是因为能力有限，所以不被张作霖重用，邢铲非一气之下，投奔了蒋介石。蒋介石呢，也有心把他树立为投诚的标杆，想要重用。可毕竟能力有限，毛邦初没法用他，但也没法撤他，那就当机场负责人熬资历吧！当初有高志航督着，邢铲非多少还尽点心。高志航一死，邢铲非又开始吊儿郎当了，而且他资历高，还有后台，没什么人能管他。这次邢铲非听完这俩电话，还不着急呢，心说："嗯！不急，敌人刚刚起飞，还得编队。"

刚撂下，又一个："报告报告！我们是黄冈侦测站，我们的前沿哨所发现大批日本战斗机，请立刻迎击！"

邢铲非一听，当时就慌了！黄冈离武汉已经不足50公里了，这可如何是好？

第四十四回　刘毅夫持正挂旗
　　　　　毛瀛初大战武汉

　　国军方面得悉日本海军航空队要在天长节，也就是天皇生日4月29日当天轰炸武汉，作为献礼。这咱们能干看着挨炸吗？所以空军三、四、五大队都行动起来了，准备给敌人一个迎头痛击，不是鬼子的天皇要过生日吗？咱给他好好庆祝庆祝！

　　4月29日当天，空军将士严阵以待！正这时候，连续两个电话打到了汉口机场，汉口机场可是武汉地区最重要的空军基地，第四大队就在这儿，机场负责人是高志航的旧交邢铲非。邢铲非一听电话，这是报告情况的，南京、安庆各有一批敌机起飞。邢铲非一听，哦！这还早，飞机起来还得编队，不着急！

　　电话刚撂下，又响了，邢铲非一接，里面说了："报告报告！我们是黄冈侦测站，我们的前沿哨所发现大批日本战斗机，请立刻迎击！"

　　邢铲非一听就慌了！黄冈离武汉有50公里，再加上观测距离，敌机最多离汉口机场也就省了100公里，飞机用不了20分钟就到！这可怎么办？

　　旁边有人说了："邢长官！咱们赶紧让空军起飞迎战吧！再不起飞，敌机就到了！"

　　邢铲非一看，说话的人是谁啊？此人姓刘，叫刘兴亚，也叫刘毅夫，这个人在空军中名气不太大，但后来，他成为了抗战时期《中央日报》的著名记者！全国闻名啊！

　　刘毅夫早年也曾经立志加入空军，不过由于各方面条件稍差，所以被刷下来了，可就这样，刘毅夫仍然不放弃，最后从最低级，而且不是正式在编人员的"励志社"成员做起，先干后勤、地勤。4·29空战的时候，刘毅夫担任汉口机场的地勤，他手脚快，有什么任务都抢着干。就在邢铲非接电话的时候，他听了一耳朵，刘毅夫也是好心，赶紧提醒一句。可他一提醒，邢铲非不干了！邢铲非一听，小东西的，你什么资历？你连空军在编人员都不算，还敢跟我这指手画脚的？所以邢铲非不顾大敌当前，发起火来了："刘毅夫，你懂什么？敌人来便来，咱们武汉的防空火力也不是吃素的！咱们的时间有的是！"

刘毅夫一看，也急了："邢长官，是！我什么都不懂，可您也不能把空军将士们的命当儿戏啊！敌人说话就到，咱们再不起来迎击，势必损失惨重啊！"

邢铲非一瞪眼："废话！损失多少我算不出来吗？刘毅夫，你给我立正站好！我告诉你！现在敌人分三批前来，咱们现在贸然迎击，等第二批和第三批敌机到了，咱们的油料消耗殆尽，到时候就是活靶子！你明不明白？"

正训着话呢，电话铃又响了，"铃铃铃！"，邢铲非一脸的不耐烦，接起来："喂！"

刚听了半句，马上就变了一脸笑模样："呀！张参谋您好！我是邢铲非啊！"

有人问了，来电话的是谁啊？张廷孟！咱们前文说了，张廷孟是第二轰炸大队大队长，兼任轰炸机部队司令，平常都坐镇办公室，指挥轰炸机作战。可是随着战争的进行，咱们的轰炸机和飞行员越打越少，本来中国空军的主力轰炸大队一共有三个，分别是第一、第二、第八大队。因为从八一四开始，第二大队表现最突出，一时间，淞沪会战的日军部队一提第二大队，脑仁都疼！所以为了让日军持续恐惧，干脆就只让第二大队出战，第一、第八大队干脆就当了预备队，不管是飞机还是人员的损失，都从这两个大队里抽调来补充。就这样，飞机和飞行员也是越打越少，最后，就连没受伤的飞机，也因为持续高强度的轰炸，零件疲劳，全都报销了。张廷孟也没辙啊！好不容易苏联支援的轰炸机到了，就把剩下的精英飞行员组织组织，去到兰州适应新飞机了。可现在人手紧啊！毛邦初正忙不过来呢，一看兄弟张廷孟清闲点了，赶紧就把他调回空军前敌司令部，担任高级参谋，帮着一起忙。所以这回，张廷孟就把电话打到了汉口机场。

再说邢铲非，他知道，张廷孟跟毛邦初关系莫逆，出身也是蒋介石的嫡系，得罪不起啊！所以满脸赔笑："张参谋！您有何指示？"

张廷孟那边也不客气："邢铲非！敌机马上就到，你那儿的飞机怎么还没起飞？"

"哎呀张参谋，我可听说啊，敌机分三批来，现在如果贸然迎击，等打到第三批，咱们就该没油了，到时候不成了活靶子了？"

张廷孟一听："少废话！邢铲非！这个问题我们指挥部早有安排，我告诉你，汉口机场要是因为你的懈怠，出现任何不应该的损失，你就等着进军法处吧！"

"啪！"，电话挂了。邢铲非一看，马上摇电话，准备通知塔台挂黑旗，黑旗就是可以起飞的信号啊！可邢铲非刚摇了两下电话，突然发现，飞机正在起飞！再看塔台，黑旗正在高高飘扬！这邢铲非可纳闷儿了！我没下令，怎么黑旗就飘起来了？谁干的？所以邢铲非再打电话过去问："喂喂！是塔台吗？谁让你们挂黑旗的？"

那边还挺无辜："报告长官，您刚才下的命令啊？"

"啊？我下的命令？我什么时候下的命令啊？"

"就刚刚，您让刘毅夫来通知的，还说慢一点就唯我们是问呢！您忘了？"

邢铲非一听，气急败坏地把电话一摔，心说：刘毅夫！可恶！好小子，你刚才趁我接电话的工夫，你去通知了。你凭什么啊？你假传我的命令，我非收拾你不可！

可邢铲非再一琢磨：我要就这么收拾刘毅夫，罪不致死啊！而且刘毅夫嘴也能说，手也能写，这要是往外面"呱呱"一说，人家都得认为我心胸狭窄啊！这就落下话柄

第四十四回 刘毅夫持正挂旗 毛瀛初大战武汉

215

民国时期著名记者刘毅夫的著作，当年要不是有这个人，也许中国空军的武汉四二九空战就是完败了

了。哎！现在这样也挺好，看样子，就算我们的飞机现在起飞，也难免受到损失，干脆我把这些毛病全推给刘毅夫，反正是他假传我的命令，到时候进了军法处，我再上下活动活动，封上他那张嘴，这叫借刀杀人！这多好！干净利落！

所以邢铲非就没再说什么。再说机场这边，刘毅夫挂上黑旗之后，飞行员们全看见了！在汉口驻守的正是四、五大队，第四大队大队长"无敌千岁"毛瀛初，第五大队大队长"打不死"董明德，这俩人一看，哟！这是让马上起飞啊！所以他们不敢怠慢，赶紧带着队伍驾机是直上云霄！

这时候，如果以最快的速度爬高，也许咱们的形势还能有利一点，但没办法，航委会外加空军前敌指挥部下令，要围着武汉爬高，提振士气，所以两个大队绕着武汉飞开了！边飞边爬高。且说毛瀛初的第四大队的15架飞机，正爬着高呢，日本战机杀到了！这回还好，先到的日本飞机是96陆攻，一共有18架，这是中国空军的老对手了！它属于轰炸机序列，优势在于航程长、自卫火力也不错，缺陷是皮薄馅儿大速度慢，只要咱们翻过手来，他们就惨了！

今天一交战，咱们十分不利啊！敌人占有高度，上打下，不废蜡，这往下一"突突"，威胁极大啊！没办法，飞行员只能驾机四散躲闪，但还是有两架飞机躲闪不及，当时被击中，飞机坠毁，飞行员跳伞。邢铲非一看，嘿！这多好，还没爬完高呢，就被打下来两架，这才是不应该的损失呢，我看你刘毅夫怎么解释！

再说毛瀛初，他一看形势不利，赶紧四散开来躲闪，边躲闪，边互相掩护着快速爬高，毛瀛初经验丰富，敌人别看气势挺猛，只要进入缠斗，他们必死无疑！

今天出战的是伊15和伊16，这两种飞机的速度和灵活性，96陆攻怎么比得了呢？大概两分钟过后，毛瀛初用2架坠毁、3架受伤的代价，总算进入了缠斗，这一缠斗，96陆攻可惨了，这东西皮薄馅儿大速度慢，怎么打怎么有啊！半分钟的工夫，敌人就好几架挂了彩！敌人带队的是第二联合航空队的棚町少佐，他经验也挺丰富，这没法打了！我们的战斗机哪儿去了？怎么还不来？算了，我们等不起！再等等，我们就全被揍死了！

想到这儿，赶紧无线电联系："莫西莫西！编队返航！哈雅酷！"

敌人的飞机就开始编队往回飞，棚町少佐还琢磨呢，我们怎么说也有18架96陆攻，那也就是有18门活动机炮，你们支那人敢追吗？如果敢追，我们就一齐开火，这机炮可厉害，有一颗炮弹挨上，就能把你们的飞机撕碎！

棚町少佐这还真不是胡想，人家还真有这实力。不过毛瀛初更有办法！什么办法啊？只见毛瀛初把飞机降一点，从后下方加速，这地方是96式陆攻的死角啊！飞行员都看不见！毛瀛初加着速，看看进入射程了，就瞄准了最后一架96陆攻的右发动机：

"嗒嗒嗒嗒！"

这一串子弹，打得那叫一个准啊！编队最后一架敌机的右发动机当时被打爆！翅膀都飞了！这下，敌机的重量不平衡，向左歪歪着坠下去了！毛瀛初呢，趁机往右一个翻滚，躲开了！这叫作完美一击啊！

有人问了，这招这么完美，怎么咱们当初不用啊？咱还得说，这招是陈纳德经过数十次的升空侦察，而且陈纳德也用了多少天来观看和测算96陆攻的图纸，才研究出这样一个杀招！今天毛瀛初也是头次用啊！结果一击成功！

毛瀛初躲开之后，第二个上来的是四小天王之一，"伸手得来"梁添成，梁添成一看，哟！这招真不错，我也来吧！也从对方的后下方动手，"嗒嗒嗒！"，揍掉了队尾的96陆攻的左发动机，一个翻滚，走了。第三个上来的是中队长刘志汉，一看，我也照方抓药吧！

"嗒嗒嗒！"

日军又坠毁一架！

再说棚町少佐这边，刚开始，他没看见中国战机追，还挺高兴：支那人果然胆小！我们大日本帝国多厉害！他们连追都不敢！可正琢磨呢，就见队尾的轰炸机一架接一架的往下掉，这怎么回事？棚町少佐知道不妙，赶紧抄起无线电："莫西莫西！飞机现在编成两队，单数在上，双数往下降50米！"

这一降，可看见了！四大队的战机紧追不舍啊！这下棚町少佐可慌了！赶紧命令："赶快射击！赶走支那飞机！哈雅酷！"

"嗒嗒嗒！"

这就开火了！四大队的诸位呢，早有预料啊！全都散开躲闪，反正我飞机比你快，怎么都能追上！棚町少佐一看，脑袋都大了！这可怎么办？

还没等他想出主意来，脑袋上头又开始掉子弹，"嗒嗒嗒！"，棚町少佐的僚机当时中弹，坠下去了！棚町少佐一看，呀！怎么脑袋上面还有支那战机呢？

原来，这是董明德的第五大队杀到了！刚才董明德的第五大队正好因为绕武汉城的缘故，没看见敌机，这回好！终于找到了！而且由于第五大队时间充裕，所以爬到了敌机头上，这回成了咱们上打下，不废蜡了！这回棚町少佐他们可惨了！中国飞机是上面也有，下面也有，而且速度快，96陆攻想跑也跑不脱，这下给打草鸡了！这回中国空军可过了瘾了，上下夹攻啊！

"嗒嗒嗒嗒嗒！"

就这样，先后又给揍下7架，董明德一人就揍下2架。现在，日本的轰炸机96陆攻，来的时候有18架，现在只剩了8架，还都挂了彩了！棚町少佐脑袋"嗡嗡"直响啊！怎么回事？我们的战斗机呢？哪儿去了？等我回去，我非告状不可！就算我剖腹，你们也好不了！

　　正瞎琢磨呢，就见前边又来了不少的战斗机，兜头就飞过来了！棚町少佐一看，哟！坏了！支那人还有战机啊！我们前一段就说，支那空军损失殆尽，怎么还有那么多啊？看来我们这都是胡说八道成习惯了！哎！现在想别的也没用了！我命休矣！

第四十五回 天长节武汉再空战 陈怀民撞机报国家

日本海军航空队定于4月29日天长节，也就是天皇生日轰炸武汉，没想到情况被咱们提前知道了，所以中国空军进行了提前部署，敌人的轰炸机一来，就在四、五两个大队的夹击之下，被打得上天无路，入地无门。

日本的轰炸机是96式陆攻，来的时候有18架，现在只剩了8架，还都挂了彩了！带队的棚町少佐脑袋"嗡嗡"直响啊！怎么回事？我们的战斗机呢？哪儿去了？等我回去，我非告状不可！就算我剖腹，你们也好不了！

正瞎琢磨呢，就见前边又来了不少的战斗机，兜头就飞过来了！棚町少佐一看，哟！坏了！支那人还有战机啊！我们前一段就说，支那空军损失殆尽，怎么还有那么多啊？看来我们这都是胡说八道成习惯了！这回啊，我命休矣！

棚町少佐把眼睛都闭上了，就等死了，这时候副驾驶说了："少佐阁下，那不是支那飞机，是咱们的战斗机！"

"啊？"

棚町少佐一看，可不是？翅膀上都是太阳旗，明明显显的是日本海军航空队的标准战机——96式舰战！

有人问了，日本的战斗机怎么到晚了呢？原来，日本人这回又托大了，本来以为中国方面得不到情报，就先派轰炸机上阵，这是第一批，先炸个差不离，然后用第二和第三批的战斗机，收拾零星起飞的中国战机。没想到中国方面提前知道了情报，给日军轰炸机群一顿痛扁！这时候，日军的第二批的战斗机到了！这是一水的96舰战，一共有27架。咱们的第四、第五大队，用的是伊15、伊16，从飞机的质量上看，咱们略略吃亏，但不明显，咱们的飞机数量也是27架，而且飞行员不乏精锐啊！别看到了现在，中国空军的四大天王全部阵亡，现在又新涌现了四小天王！这四小天王在抗战中期，极为活跃啊！头一号，"荒原秃鹫"柳哲生；第二号，"伸手得来"梁添成；第三号，"霹雳闪

219

电"黄新瑞；第四号，"小洋人"陈瑞钿，这四位现在尽数出战。除了四小天王之外，还有毛瀛初、董明德、刘志汉、袁葆康等，这都是久经沙场的老将！所以双方纠缠在了一处！战斗是激烈异常啊！

"呜——呜——突突突！"

这时候，武汉的市民们都跑出家门，抬头一看："哎呀！天上打起来了！"

"哎呀！我看见了！哪个是咱们的飞机啊？"

"你看看翅膀，翅膀上是青天白日的，就是咱们的，有膏药旗就是日本的！"

"明白了！明白了！兄弟们快来看啊！空军将士在跟日本人干啊！咱们给他们加油吧！"

"加油！加油！"

您说这能听得见吗？但由此可见，武汉百姓的激动之心，溢于言表。除了一般的百姓都在看热闹之外，还有一批人在看门道，谁啊？空军将士的家属！四大队大队长毛瀛初这时候还没结婚，就由五大队大队长董明德的夫人带队，这都是飞行员的妻子和兄弟姐妹，甚至还有父母。空军前敌指挥部为了他们的安全着想，甚至给他们还派了卫队保护。这些人，因为亲人都是空军飞行员，所以他们比一般人都懂得多点，一看咱们的飞行员一个俯冲！

"嗒嗒嗒！"

打偏了。底下的家属是唉声叹气："唉！可惜！"

敌机冲过来一个扫射："嗒嗒嗒！"

"哎呀！小心哪！"

反正看不太清飞机编号，家属们就把每一个飞行员都当成了自己的亲人。

可这俗话说，骂人没好口，打架没好手，这打起来，谁的飞机也没有绝对优势，谁能保证全身而退啊？时间不大，双方各有损伤，各自被击落3架飞机，飞行员跳伞。

再说飞行员袁葆康，他毕业于航校5期，现在是五大队头牌的精锐，1937年8·14，他曾跟随刘粹刚、祝鸿信三机出击，轰炸日军，豪气万丈啊！当初，他是三个人中最不起眼的小老弟，作战中不显山不露水，可一步一个脚印，到了现在，战绩是7架，甚至是国际上认定的中国第一个王牌，同在第五大队的大队长董明德，还有四小天王之一黄新瑞，战果都比他少。但您想想，出头的椽子先烂啊！飞行员交手，一般先看驾驶舱下面的标志，看看对方几个战果，大概就知道这个飞行员什么水平了。日军的战斗机群，带队的是小园少佐，他一看，哟！这个飞行员的战绩数一数二啊！估计他就是支那最厉害的飞行员，毛瀛初啊！听说他是关系也硬，本事也硬，我先把他揍下来，肯定能重创支那人的士气！

所以小园少佐就缠上袁葆康了，袁葆康开的是伊16，小园少佐是96舰战，双方从飞机到水平，相差无几啊！

"呜——突突突！嗒嗒嗒！"

双方缠斗了三圈，不分胜负啊！袁葆康急得浑身冒汗：这小日本，真够硬的！看来我得跟他玩点绝招了！袁葆康着急，小园少佐也着急啊！这个毛瀛初我早就听说了，支那空军除了四大天王，就属他厉害！今天一见，果然名不虚传啊！看来我得用绝招才能胜他啊！

俩人想到一块儿去了！结果，还是让小园少佐占了先了，小园少佐故意一慢，让袁葆康咬着他的尾巴了，袁葆康一看，呀！真不容易！总算找到他的破绽了！上去就一阵扫射！

"呜——嗒嗒嗒！叮当叮当！"

小园少佐的飞机当时就被开了几个洞，不过他早就算好了，把致命之处避开，挨几下不要紧，何况要玩猫腻，不冒险怎么行呢？小园少佐一看，差不多了，再中弹就真要命了！所以一收油门，往前一压操纵杆，飞机"呜！"，大头朝下，就栽下去了！

袁葆康一看，哦！明白了，估计是直接把飞行员打死了！日本飞机速度快，火力也不错，就是防御力不高，我们在空战之中不止一次地直接击毙飞行员，看来今天是我走运了！想到这儿，一拉飞机，把头抬起来，准备继续找日本飞机交战。

小园少佐就等着时候，他一看，好！毛瀛初中计了！今天我就拿他杀杀支那人的威风！想到这儿，一拉操纵杆，飞机"呜——"一个变向，直接冲着袁葆康座机的肚子过去了！

再说袁葆康，他刚开始认为着，把日本飞行员打死了，正想继续作战，再一琢磨：不对！就刚才那几个回合能看出来，这家伙绝非等闲之辈啊！怎么能那么轻松地被我打死呢？要说是巧合？备不住。可我一向运气很差，还是谨慎起见，我先看看吧！

这往下一看不要紧，好！正好看见小园少佐的飞机往上拉！下面就要开火了！袁葆康一看，坏了！他马上紧收油门，一个减速外加一个急转弯！这就在电光火石之间啊！

"嗒嗒嗒！"

这串子弹总算是没打中飞机主体，但是把起落架打坏了。袁葆康一看，气贯胸膛啊！好小子你敢算计我！我非把你发动机打冒烟了，让你没法玩猫腻！正好这阵，日本飞机冲上去了，袁葆康跟上就开了火了！

再说小园少佐，他认为着，这一招万无一失，没想到还是失手了！再等他反应过来，坏了！袁葆康跟上就一串子弹！

"嗒嗒嗒！叮当！叮当！"

这回小园少佐没那么幸运了，子弹直接连人带发动机全给打了！小园少佐身负重伤，发动机也冒了烟了！再想操纵，谈何容易啊？

"吱——轰！"

飞机坠毁，小园少佐阵亡。再说袁葆康，高兴！总算把对手消灭了！正想继续再战，无线电响了，说话的是大队长董明德："葆康！你的起落架被打坏了！你赶紧跳伞！"

袁葆康这才反应过来，但他觉着不要紧："大队长，没关系，这点小伤不要紧，我还能接着打！"

"别废话！赶紧降落！咱们现在没有劣势，少你一个也没关系！你今天打得很好，别为了无谓的勇敢，丧了生命！赶紧跳伞！"

这袁葆康还挺拧:"好吧!大队长,我下去了,不过咱们的飞机太宝贵了!不能扔啊!我想办法把飞机给你保住!"

"葆康!别蛮干……"

袁葆康也懒得听了,把无线电一关,迫降去了!可是飞机起落架受伤,伤得怎么样,他看不见啊!结果一放起落架,左边放下来了,右边放不下来,这一着地,飞机当时一歪,肚子就着地了!

"咔嚓!",飞机折断,袁葆康身负重伤啊!等再救出来,袁葆康性命无忧,但肺部受了伤,从此之后,就被迫转入二线。

这情况,董明德在空中看了个差不多,一看飞机折了,他心里就一颤啊!哎呀!葆康到底怎么样了?正琢磨着呢,旁边"轰!"又是一声巨响!董明德吓了一跳,一看,怎么回事?原来,咱们有人和人家的飞机对撞了!

由于这就是一刹那的事,董明德他们没看太清,咱们书中代言,这个飞行员叫陈怀民,是四大队21中队的飞行员,今天他是身陷重围啊!连续跟数架飞机展开了车轮战,结果飞机受了重伤啊!油箱被打漏了,陈怀民本人也中了弹,陈怀民一琢磨:我估计今天很难回去了,与其给兄弟们添麻烦,不如我也来个痛快的!

想到这儿,陈怀民干脆用尽最后的力量,操纵飞机,寻找目标。正好,有一架96舰战冲过来了,陈怀民一看,就是他吧!

"吱——轰!"

两架飞机当时就撞作一团,变成了一条火龙,坠到了地上!咱们说,此时,陈怀民的家人还在地下观战,他们还不知道撞机的就是自己的亲人,后来下来点计人数,问了几个飞行员才知道,刚才撞机的就是陈怀民。这时候是1938年4月29日,陈怀民的遗体,直到6月初才找到,现在安葬在武昌,到现在,武汉还有一条陈怀民路,作为对这位空军勇士的纪念。而被陈怀民撞下来的,是日本二等飞行员高桥宪一,人们在他的怀里找到了他的妻子美惠子的照片,以及给他写的信,信中充满了妻子对丈夫的担心。陈怀民的妹妹陈天乐看完这封信,感慨万千啊!同为飞行员的家属,两个人对亲人的担心和思念都是一样的,所以陈天乐着笔写了一篇文章——《一封致美惠子女士的信》,并将自己的名字改为"陈难",以示战争苦难对女性的创伤。后来,这两封信被广泛发表,并译成多种语言,对世界进行广播,有相当大的影响。后来,陈难女士和美惠子后来也成功通信,成了朋友。这是后话,咱们暂且不提。

再说战场这边,陈怀民勇撞敌机,董明德和毛瀛初两个大队长都看见了,两个人还没等悲伤,另一边又出一个刺激的!

"咔嚓!",又撞了一架!毛瀛初一看就火了!心说:咱们的飞机和飞行员都那么宝贵,除非万不得已,怎么能随便去撞机呢?你们今天都有瘾是吧?毛瀛初再仔细一看,行!这真有意思!怎么了,两架飞机一撞,咱们的伊16,竟然用机翼把对方的96舰战劈成两半!

毛瀛初一看,哎呀!行啊!陈纳德上校之前告诉过我这一招,我觉得太冒险,所以没用，行！今天还真有人给试验了！谁啊？毛瀛初想看看，可惜由于距离比较远，看不清楚。此人是谁啊？咱们书中代言，此人是四小天王之一，"小洋人"陈瑞钿。咱们说，这个陈瑞钿可是相当著名的飞行员，父亲是中国人，母亲是秘鲁人，陈瑞钿自小生在美国，对飞行就感兴趣。九一八之后，陈瑞钿投军报国，成了飞行员，因为他是个混血儿，面貌介于中国人和外国人之间，所以人送绰号"小洋人"。陈纳德来了之后，陈瑞钿跟陈纳德关系极好啊！陈瑞钿的英语比汉语还溜，所以他们俩完全没交流障碍。陈纳德鉴于日本飞机防御力薄弱，特别发明了撞机的这一招，别人因为语言问题，掌握得并不全，陈瑞钿没问题啊！今天就用上了！

武汉·四二九空战，梁又铭作，此画藏于台湾冈山空军军官学校中华民国空军军史馆。图中撞机者应为陈怀民

但陈瑞钿撞下日本飞机之后，他的飞机损失了一个翅膀，也没法飞了，干脆跳伞吧！可他跳伞，跟一般人不一样，别人安全了就得了，可偏偏他还要去找自己的座机残骸。陈纳德这边呢，一看有人成功把日本飞机切成两半，也高兴啊！赶紧去查看状况，俩人还碰上了，陈瑞钿不顾伤痛，先把机枪拆下来，边乐边说："头儿！您教我的招没想象的好使啊！看来您还得给我的机舱再配一架飞机！"

陈纳德一看，也乐上了："行行行！没问题，但你得告诉我你这次实践的所有感觉！"

两个人乐完了，再往天上一看，这时候，天上的战局竟然出现了逆转！

第四十六回　日本人虚报战功　徐焕升横空出世

继陈怀民之后，陈瑞钿也选择了和对方撞机，陈瑞钿挺鬼，用上了陈纳德教的绝招，撞归撞，陈怀民用的是飞机，他用的是机翼，这回好！直接把对方的飞机都切成了两半，飞行员也给劈了！不过陈瑞钿的飞机也没好太多，翅膀断了，操纵不灵，只能跳伞。

可他跳伞，跟一般人不一样，别人安全了就得了，可偏偏他还要去找自己的座机残骸。陈纳德这边呢，一看有人成功把日本飞机切成两半，也高兴啊！赶紧去查看状况，俩人还碰上了，陈瑞钿不顾伤痛，先把机枪拆下来，边乐边说："头儿！您教我的招没想象的好使啊！看来您还得给我的机舱再配一架飞机！"

陈纳德一看，也乐上了："行行行！没问题，但你得告诉我你这次实践的所有感觉！"

两个人乐完了，再往天上一看，哟！天上的战局发生变化了！怎么回事？咱们来援军了！有人问了，援军是谁啊？咱们的援军就是第三大队和苏联的正义之剑大队！刚才他们哪儿去了？原来，毛邦初和陈纳德心中都有数，咱们用了人肉雷达之后，没那么被动了，可这些毕竟都是人啊！不是机器，出问题是在所难免，所以两个人一商议，不能把鸡蛋全搁在一个篮子里，要是全集中在武汉，万里有个一，咱们的空军就整个被人家端了！所以商议来商议去，在武汉集中了四五大队，这是主力，也是王牌。第三大队呢，撤到孝感，正义之剑大队呢，主力撤到了南昌，如果情况不利，这两个是有力的援军！如果有个万一，这两支就成了中国空军的未来。

今天，等这两支部队得到消息再飞过来，天上正打得激烈呢！这两支也是生力军啊！第三大队的大队长吴汝鎏伤还没好，副大队长林佐亲自带队，冲上来就是一阵扫射！第三大队加上正义之剑大队，这回是尽数出击，35架飞机，这下情况完全逆转了！日本人缠斗良久，已经是强弩之末了，赶紧撤吧！剩下的飞机夺路就逃啊！这空战由于是立体作战，升高、降低都能跑，而且没有障碍物，不存在一夫当关，万夫莫开的情况，所以咱们上去一顿胖揍，日军又被击落4架，剩下的全跑了！4·29大战胜利结束，后来，这场战役也在军史上称为"鬼王节"之战。

等一下来，点计战果，咱们加上起飞时被击落的两架飞机，一共损失12架，飞行员袁葆康阵亡、陈怀民失踪，还有吴鼎臣等三人负伤。而敌军呢，轰炸机被揍下10架，96舰战被揍下11架，总计21架！这算是场彻头彻尾的大胜！除了奖赏飞行员们之外，毛邦初、陈纳德他们不糊涂，对避免了损失的刘毅夫，也给予了重赏。

中国这边庆祝，日本人那边也庆祝，别看这回丢人丢到家了，可为了不给天皇生日添堵，海军航空队特别报告：赖天皇保佑，我大日本帝国海军航空队突袭武汉，击落支那战机51架，我方损失4架，支那空军已被我完全消灭，此为给天皇的贺礼。这日本人就是打肿脸充胖子，其实这一仗谁更疼，自己心里清楚！

时间进入了1938年5月，武汉地区相对平静，敌人虽然吹得挺响，但并没有再次大规模发动进攻，多数是小规模的空袭。但徐州方面打开锅了！原来，自台儿庄大捷之后，蒋介石信心倍增啊！想要借台儿庄大捷之威，再度重创日军。可日本人不白给啊！重新集结重兵，而且调集了机械化部队，全面进攻。徐州地区，那是一马平川啊！非常利于敌人的机械化行军，以当时国军的实力，据险守城尚可，在平原上阻击敌人的机械化部队，这可太不利了！所以是节节败退啊！蒋介石这时候又想起空军来了！不过此时的战况，已非空军能够扭转，看来，得采取点特殊的招数了！

有人问了，这特殊的招数是什么？这告诉您，袭击日本本土！其实这个计划从抗战还没开始，就制订了。可算来算去，一方面咱们没有那么好的飞机，大多数飞机飞不到，就算飞到了，就那么零星几架飞机，能扔下多少炸弹去啊？另一方面，咱们被日本打得自顾不暇，哪儿来多余的飞机去轰炸日本啊？

可现在不行了，战局是极为不利，而且就现在，世界各国，除了苏联做出了一些援助动作之外，美国、英国、法国等，这些列强政府，根本没什么反应，最多就是表示两下"遗憾"。我们既然抗战，就得告诉世界，我们是正义的，我们要抗战到底，这才行。现在，日本全力进攻我国，兵力绝大部分集中在一线战场，我们要是能过去轰炸一下，肯定能够让日本人有所顾忌，不敢对我们发全力，这是典型的出其不意，攻其不备啊！

可话虽这么说，你总得能够飞过去啊！咱们有这种远程飞机吗？蒋介石把这个任务就交给航空委员会了。航空委员会，现在是宋美龄主管，剩下的有黄光锐、陈庆云、黄秉衡、林伟成等元老，这都不掌实权啊！可这些人都不是宋美龄的亲信，宋美龄对他们不放心，就又把这事交给周至柔了。这周至柔一看，直嘬牙花子啊！为什么？要说找飞机，那倒不难，因为航程在那儿摆着，即使从最近的机场，宁波起航，单程也得超过850公里，再加上轰炸的里程，至少得达到1000公里以上，才能有备无患。如此算来，能执行这个远征任务的，也就只有那么几种重型轰炸机，其一就是意大利造的萨伏亚S72型轰炸机，航程1200公里，能载炸弹2000公斤。只不过这飞机是意大利货，速度慢，而且粗制滥造，有一次咱们的飞行员飞着飞着，发动机竟然掉了！弄得咱们飞行员措手不及啊！只能跳伞逃生。这玩意儿难堪大任啊！

第二种，德国造的亨克尔中型轰炸机，按说，这种飞机在"二战"的欧洲战场是横行肆虐，威风八面。只不过咱们买的是最早期的型号，德国军方不满意，咱们才捡的漏，这飞机马力不足，性能差强人意，可以作为备选。但可惜，经过几次作战的消耗，这型号的飞机只剩了一架。

还有，苏联造的伊留申中型和图波列夫式重型轰炸机，这两种飞机都合适，只不过这两种飞机现在都是苏联人驾驶，咱们的飞行员还在培训中。这个任务呢，从委员长那边，都是想让中国人长脸，顺便给苏联一个震惊，所以这也不行。

再有，就是美国造马丁B10重型轰炸机，这种飞机从速度、航程、载弹量等数据看，也挺合适，只不过由于买的时候协议所限，只能由美国人驾驶。这种飞机现在都集中在轰炸第八大队14中队，这个中队原来是中国空军的番号，只不过由于飞机打光了，番号空出来，专门用于收集外国志愿飞行员和带有特殊条款的飞机，就比如这种马丁B10，现在这种轰炸机还有6架。

把飞机的情况筛完了，蒋介石再三权衡，干脆让马丁B10出动吧！让他们轰炸日本，就算出了问题，这也是美国人的飞机，美国的飞行员，正好让日本和美国人撕破脸，我们的处境就好多了！

可这只是想法，蒋介石授意手下，跟这帮外籍飞行员一谈，这帮人一听："什么？让我们远征日本，跑那儿扔炸弹去？别开玩笑了！日本的防空能力可不白给，我们一去，十之八九就回不来了！要我们去，也行！我们得要安家费！"

"好说好说！不知道您要多少安家费？"

"我们每个人一百万美元！"

一百万美元，在当时来讲，那就是一吨黄金啊！摞起来跟小坟头相似！

"能不能少点？"

"不行！少一点我们都不干！"

等把这事反映回去，蒋介石脑袋都大了！好！这真是狮子大开口啊！现在我们抗战，缺的就是钱，象征性的奖励和安家费，这都好说，哪儿有那么要的？可现在怎么办呢？用苏联人？不行！他们办事，是听调不听宣，如果让他们执行任务，肯定要宣扬苏联的功绩，达不到我们的宣传效果。我们的飞机也不行，如果能把飞机抢过来就好了，我想重赏之下必有勇夫，而且就算重赏，也不至于像14中队的美国人那么离谱！可是怎么把飞机拿到我们手里呢？为了进口这批先进飞机，我们可是跟外国签过协议的，如果无故就把他们解聘，我们要在国际上吃官司的！要是这样，就更不利于我们的抗战大计了！这可怎么办？

日本杂志中的马丁重型轰炸机，最终远征日本的就是这种型号

蒋介石为此愁得满嘴起疱啊！连坐专机的时候，都是愁眉苦脸。话说这天，蒋介石在专机上坐着，还发愁呢，这时候，有人过来了："校长，看您最近为国事操劳过度，我们心疼啊！我们要是有什么能帮您的，您尽管开口！学生是万死不辞！"

蒋介石抬头一看，这人谁啊？此人乃是黄埔军校四期，航校一期的学员，现任自己专机机长的徐焕升！蒋介石也知道，徐焕升这人耳聪目明，非常机灵，要不然也不会选他当专机的机长了！所以就说了："焕升，我记得你在航空班的时候，是学轰炸机的，对不对？"

徐焕升，黄埔四期，航校一期，蒋介石的专机驾驶员，到台湾后又当了空军总司令，官运亨通啊

"校长记得不错，学生的确是学轰炸机出身。"

"嗯，那你看如今咱们所有的轰炸机，哪种最好？"

徐焕升稍稍思索了一下："校长，依卑职看，当属美国的马丁B10轰炸机最好！只不过这些轰炸机全都掌握在外籍飞行员手里，这帮人依仗着自己的国籍，是消极怠工。如果这批飞机到了咱们手里，咱们肯定能发挥更大的力量！"

这句话说到蒋介石心坎里了！蒋介石也叹了口气："是啊！当初咱们为了进口先进的飞机，根本没注意人家的附带条款，结果就稀里糊涂地把这帮外籍飞行员招了进来。现在一个个根本不听命令，动不动就搬出当时的条款抗议！这飞机怎么能弄到咱们手里呢？"

徐焕升一乐："校长！这事您就交给我吧！我保准把这些外国鬼子全赶出去！"

蒋介石一听："哦？你能行？"

徐焕升一敬礼："如若不行！甘当军令！"

蒋介石乐坏了："好！太好了！如果你能夺回飞机，我即刻任命你为8大队14中队的中队长！"

有人问了，徐焕升有什么主意啊？人家其实早就有准备！

要说徐焕升这个人，为人机灵，脑袋快，可惜当初黄埔军校四期，那是人才济济啊！随便点出来，都是一大串名将，国民党方面有黄维、胡琏、李弥、张灵甫、谢晋元等，共产党方面有林彪、李运昌、刘志丹、段德昌等。徐焕升跟这里一比，显不出来。不过徐焕升脑袋快啊！一看，跟这里难以出人头地，不如入空军！反正空军对大家都是从零接触，我凭什么学不过人家啊？所以徐焕升一头扎进了空军，当时还没有笕桥航校，而是航空班，徐焕升呢，一头扎进去，仗着自己脑瓜子灵活，还懂外语，水平提高挺快，不久成了其中的佼佼者！

等快毕业了，徐焕升又一看，飞行员虽然工资高，但官职不高啊！以前认为中国没什么懂航空的，可进了航空班一看，上面还一堆元老呢，什么时候能熬过他们啊？正好，这时候蒋介石的专机团队招收驾驶员，徐焕升一琢磨：大树底下好乘凉啊！跟着政府高官，肯定比正常这么干有前途！所以徐焕升又一头扎进去，当了驾驶员。当了驾驶员之后，徐焕升更是八面玲珑啊！又仗着自己的黄埔军校身份，很快就得到了蒋介石的青睐，虽然官还是不高，但谁都得对他高看一眼，要不哪天他给谁穿点小鞋，那都得吃不了兜着走啊！

可是抗战开始之后，徐焕升脑袋又变化了，这要是没有战争的时候，我们挺吃香，可这要是一打仗，前线的飞行员都是把脑袋别到裤腰带上拼命，待遇比我们高得多啊！不行！我也得想办法去前线，争取一次性立点不世之功勋，我以后还愁吗？可是现在我是委员长专机的机长，不能轻动啊！所以，徐焕升就盯上外籍14中队的这批马丁B10轰炸机了。徐焕升一琢磨：这飞机航程长，速度也比较快，而且载弹量大，在当时的轰炸机中，是个颇负盛名的产品啊！可唯独一点，这飞机因为买的时候早有合同，这飞机要掌握在美国马丁飞机制造公司所指定的飞行员手里。我估计这批人不会听命令，早晚委员长得把他们铲除，把飞机夺回来。我要是能干到这个，就是大功一件啊！

所以徐焕升早就准备上了，这回蒋介石一下令，他可算得着圣旨了，徐焕升就要痛下狠手！

第四十七回　徐焕升巧夺飞机　毛邦初派将远征

蒋介石琢磨着想要给日本来个空袭，以减轻正面战场的压力。可问题在于，最适合的飞机掌握在14中队外籍飞行员手里，要说夺过来，并非不可，但这是当初买飞机的时候，美国马丁飞机制造厂的附加条款，这可是美国最著名的飞机制造厂之一，要是把人家得罪了，对抗战是大大的不利啊！

就在蒋介石苦恼的时候，专机的机长、原黄埔四期，航校一期的飞行员徐焕升站出来了，说是可以夺回这批飞机。蒋介石非常高兴啊："如果你能夺回飞机，我即刻任命你为8大队14中队的中队长！"

"谢校长，不过您得借我点军统的人。"

"这好办！"

有人问了，徐焕升怎么干呢？徐焕升自有办法！这家伙脑袋灵活，借来军统的人干什么使啊？找这批外籍飞行员的碴儿啊！按正常来讲，不能把他们开除，除非违抗军令或者通敌，这种大罪，放哪国都饶不了！可这批人都是一帮老油条，违抗军令都违抗惯了，还没法找碴儿。本来，14中队名义上归陈纳德管，可陈纳德一下命令，人家飞行员就说了："你说了不算！得有军委会和航委会的命令！"

等航委会的命令到了，人家又说了："我们归陈纳德上校管，你们无权调动！"

等命令和陈纳德都到了，这帮人就开始装蒜，头疼脑热，总之有的是理由。空军可和陆军不一样，要求的就是快！可人家这一扯皮，等到情况坐实，大半天过去了，黄花菜都凉了！

就这情况还只能暗气暗憋，不能往外透露，这是军事机密啊！而且你也没证据，你有一告，人家有一诉，不好办。所以呢，徐焕升就瞄准了，争取把这帮外国老油条弄个通敌的罪过！所以徐焕升就撒开了特务，在酒馆活动。还别说，一来二去，还真找到由头了！怎么回事？原来，14中队有个队员叫汤姆，美国人，这个人好酒，一喝就照着

10瓶啤酒，喝多了就开始瞎叨叨，从天南叨叨到海北，从女人叨叨到军事，结果就顺嘴流，说着说着走了嘴了："嘿嘿！如今我们是大爷！蒋光头他得听我们的！就拿前一阶段来说，他还打算求我们轰炸日本，狗屁！老子不给他卖命！"

他光顾着叨叨了，没承想隔墙有耳啊！中日两方面的密探都听到了这个消息。咱们说，日本搞情报不白给啊！消息得到了之后，传回日本，日本大本营一琢磨：估计支那人也就是有这个贼心，没这个贼胆，就你们那点破烂飞机，还能来炸我们？这不是开玩笑吗？所以他们没注意。

他们没注意，有人注意了！谁啊？就是徐焕升，徐焕升现在天天让军统的人拿着录音机套14中队的话呢！这不正好？这回证据全了。

过了没一天，14中队接到命令：全队转移至成都。这帮人一看，这是军委会的命令，而且没有作战任务，那就执行呗！所以一行人飞到了成都。等到了成都，这帮人一下飞机，机场马上就有人过来了："各位，我们奉命来接你们！来来来！今天我们晚上请客！"

这几个外国人一看，不明白啊！14中队队长叫杰克，就问："你们这是什么意思？军委会让我们来，任务是什么？"

"哎呀呀！这个啊！没法直说，咱们到了地方再说！"

于是这几位就把14中队的飞行员和机组成员带到了酒馆，还订了个雅间，一行人进去一看，好！桌上还真丰盛！鸡鸭鱼肉全有！这帮外国人越看越奇怪，这怎么回事啊？可是再问，为首的那个人说："没事没事，不是什么大事，是这样，咱们军委会有点特殊物资，自己人运不把准，还得拜托您们给运回武汉。"

杰克一听，明白了！早就听说中国官员贪污成风，估计这就是要我们来帮忙运贪污的东西啊！所以他的心就放下了，放心吃喝。可等到第二天，再上了飞机一看，嗯？飞机的油全没了！不可能啊！我们来的时候是满满的，怎么可能没了呢？有人搞鬼！

等他们下了飞机，刚想发作，就见下面站着不少荷枪实弹的士兵！这个杰克根本不怕，推开机舱门："干什么？你们要干什么？我要提出抗议！"

这时候，徐焕升从士兵之中挤过来了："杰克先生，您要抗议什么？"

"我要抗议！你们这是干什么？我们是奉军委会的命令来的，你们竟然把我们扣留，你就不怕我告到军委会，告到国际法庭吗？"

徐焕升一笑："杰克先生，我也是奉军委会指令，咱们14中队有人泄露机密情报，我特来对你们进行审查！"

"不可能！我们也没有特务！"

"没什么不可能的！我这里人证物证都齐了，有什么话，咱们武汉再说吧！押走！"

有人问了，没飞机了，怎么押走啊？当时，咱们的民用飞机还是有的，最大的就是欧亚航空公司，这是空军的子弟单位，因为受伤、残疾等原因，退出现役的飞行员，全在这儿，就用这飞机给他们押走了。等到了武汉，人证、录音、照片全有，都是徐焕升授意军统那边干的，那还说什么？最后，判来判去，就以泄露机密罪，把这批外籍飞行员除了名，徐焕升就顺利接收了这6架飞机。

现在，飞机有了。要说远征日本，谁去呢？周至柔、毛邦初把轰炸机队的精锐驾驶员全集合起来了："各位，咱们现在有个计划，要派勇士远征日本！这可是千古留名的远征啊！需要两组人员出征，有谁愿意报名？"

等了半天，没人言语，大家全打退堂鼓了，为什么啊？原来，咱们也不是没进行过远程轰炸，代价很大，效果不佳。比如1937年10月，轰炸机队的好手，第二大队副大队长孙桐岗曾经率队偷袭塘沽，想要炸毁日军在那儿的物资，结果没承想，他的诺斯罗普轰炸机，由于机械疲劳，飞着飞着，螺旋桨掉了！没办法，孙桐岗和后座的投弹手小刘，两个人紧急迫降，这一迫降不要紧，正好扎到稻田里，孙桐岗身负重伤，小刘也负了轻伤。好不容易从飞机里爬出来，好！屋漏偏逢连夜雨，又碰上了200多伪军！孙桐岗知道，退也没法退，干脆是慷慨陈词，把这帮伪军连损带骂，骂得这些伪军羞愧异常，最后当官的把帽子一摘："妈的！都说当汉奸好当，狗屁！鬼子也不拿我们当人！长官，我们跟您干了！我们投奔中央！"

这200多伪军还给俩人绑了两副担架，把两个人一路抬到了山东境内，还顺手牵了一条日本人训练的硬毛狗。还别说，刚到山东境内，就碰上国军了，而且碰上的还不是外人，正是孙桐岗的哥哥孙桐萱所部，兄弟俩见面，这个亲热啊！孙桐萱还把兄弟接到了济南调养了几天。可是因为受伤时间过长，孙桐岗也落下了后遗症，等归队之后，只能退居二线。

您说，从南京偷袭天津塘沽，还是咱们轰炸机大队中的好手，都是这情况，何况是远征日本，飞机咱还没摸过，这谁不肝颤？

毛邦初一看，大家都不言语，心里着急啊！正这时候呢，有人说话："各位，我看我可以试试！"

大家一听，"哗！"，乱了！谁这么大口气啊？还敢远征日本？大家定睛一看，正是夺回飞机的徐焕升！徐焕升这家伙自信啊，别人对远征都有心理阴影，他没事！他经常开蒋介石的专机，长途跋涉是家常便饭。而且徐焕升老琢磨着，要立一次不世之奇功，这可就是好机会啊！以后要说谁先轰炸过日本本土，我可是世界第一人啊！所以他报名了。

毛邦初一看，高兴："哦？徐中队长愿意去？好！真是勇士啊！还有谁敢去？"

"我！"

大家又一看，此人是谁啊？此人也是蒋介石专机驾驶的组员之一，佟彦博！佟彦博原来就是徐焕升的副手，航校三期毕业，为人踏实稳重，徐焕升这次调到14中队，也把佟彦博带上了。这回，佟彦博一看，别人都不敢答应，就我们徐焕升队长敢，他敢，我有什么不行的？所以他也报名了！毛邦初高兴啊："两位！这次出击，难度颇大，敢执行这次任务的，可谓是中华之骄傲。你们记住，无论如何，你们都要活着回来！"

"是！"

"明白！"

周至柔一看,这回让毛邦初抢先了,心中不快,赶紧抢着说话:"二位,你们这次出征,可谓是中国的第一次,也是世界的第一次!不过马丁B10这个飞机难度甚大,不是一个人能玩得转的。谁愿意当副驾驶?报名的,官升一级,赏大洋1000块!"

这时候,又有俩人站出来了:"我去!"

"我去!"

众人一看,这俩人是谁啊?一个叫苏光华,一个叫蒋绍禹,都是航校四期的精锐,在抗战初期,他们也出过几次轰炸任务,但没第二大队那么出彩。他们就憋着一口气,今天一听这任务,刚开始有点不敢,再一看,人家徐焕升和佟彦博学长都敢,我们也都是俩肩膀扛一个脑袋,谁也没比谁少什么,我们怎么不敢呢?所以他们俩也报名了。

周至柔一看,也高兴:"好!不愧为我们中华之骄傲啊!来人,把奖赏立即发到位!我现在就给你们写推荐信!"

接下来,通讯员的问题也解决了,陈光斗、吴积冲,这俩都是空军指挥部的通讯精英,也都报名了。现在就是领航员这里不好办啊!这次远征,领航员的任务是最重的,这次是长途奔袭,而且面对的都是一望无际的海面,算错一点,那就离日本远去了!所以这个位置最头疼。算来算去,也就只有空军前敌指挥部的高手刘荣光报了名,剩下的没了!这可怎么办?毛邦初脑袋大了三圈,周至柔也无可奈何。这时候,旁边的参谋长石邦藩说话了:"总指挥、副总指挥,我倒是知道一个人合格,只不过……"

毛邦初、周至柔一听:"谁?"

"谁啊?赶紧说!"

"雷天眷!"

"啊?"

毛邦初和周至柔当时就吓了一跳!咱们前文说了,雷天眷在抗战刚开始的时候,曾经是第二大队的一员,只不过这家伙脑袋一热,往上海大世界夜总会扔了颗炸弹,被扔进了监狱,一直蹲到了现在。现在一提,毛邦初也想起来了:嗯!也对!我也听说过,当年在航校中,领航的这个科目是个大难题,可雷天眷成绩一直不错,我怎么把他给忘了?

到了现在,毛邦初也顾不得别的了,跟好兄弟张廷孟一起给委员长写信,张廷孟以前是轰炸机大队的司令,兼第二大队的大队长,说话也有分量。等蒋介石接到信一看,也好,让雷天眷戴罪立功也不错!所以亲自下令,放了雷天眷,

远征日本勇士们的合影,一共八位,照片上只有五位,其中右一应该为曾经炸过大世界夜总会,戴罪立功的雷天眷,右二应该为1404号飞机驾驶员佟彦博,中间为1403号驾驶员徐焕升,剩下两位待查证

让他加入机组。

　　现在，万事俱备，只欠东风，机组成员开始紧锣密鼓地在成都西边的深山里秘密进行训练。不过到了现在，毛邦初仍然心里没数啊！毕竟这次远征，难度颇大啊！万一有个差池，这八员大将一个也回不来啊！所以不如我们先试试。有人问了，怎么试啊？原来，1938年是孙中山先生逝世13周年，可由于南京沦陷，所有人都不能去拜祭，这回毛邦初来了个新鲜的，5月7日，派出五大队25中队的中队长汤卜生，驾驶陈纳德的座机霍克75，从武汉直飞南京，去拜谒中山陵。这霍克75，这是当时最先进的战机，是宋美龄专门给陈纳德配置的，抗战开始前刚刚到货，这飞机还有个代号，是P36，改进版就是后来飞虎队常用的P40，那是鼎鼎大名啊！还别说，汤卜生队长的手段真高！驾着这架飞机直飞南京，在中山陵上空绕了三圈，投下了花圈。这下把日本人吓得够呛啊！再起来飞机追，汤卜生的飞机快，早撤退了！

民国空军杂志上的跳伞宣传画，左起第一位就是汤卜生队长

　　这次拜谒中山陵，空军上下信心大涨啊！尤其是知道远征日本计划的周至柔、毛邦初他们。于是，最终商定，远征日本的日期定在5月中旬，只等天气的情况。可眼看着时间到了，蒋介石又琢磨着：不对！这么轰炸没什么效果，不如那样！

第四十八回　八勇士人道远征　日本人再放厥词

蒋介石计划要远征日本，飞机也选好了，人员也配置好了，就等一天的好天气了！这就叫万事俱备，只欠东风。可这时候，蒋介石的想法又变了！怎么了？原来计划用炸弹轰炸日本，可是蒋介石一算，这次一共出动两架，如果有个万一还好说，飞机也不至于全损失了。可这两架飞机能带多少炸弹啊？每架飞机1800公斤，也就是3.6吨，看着不少，可算算，能有点杀伤力的炸弹，怎么也得100公斤一颗，这么算起来，360颗炸弹，全炸人家军用设施，也没多大损失，而且人家什么地方是军用设施，我们不知道啊！一旦把日本平民的房子炸了，日本政府就更有借口能对我们扩大战争了！这不合算！

蒋介石再一琢磨：我可听说啊！清末甲午战争，当时清政府不懂国际政治，而日本开动宣传机器，生生让一场侵略战争，在国际上成为了先进打败落后的典型。我们可不能当清政府！看来这次不如扔传单，这是一举多得啊！俗话说得好，兵战为下，攻心为上，这下能够唤起日本平民的良知，动摇军心！而且，也向国际上表明，我们的抗战决心和和平之意，你们残暴，我们以德报怨，来一次人道远征！哎！这不错！

所以蒋介石立即下令，把所有的炸弹，替换成传单！兵随将令草随风啊！大家又是一阵忙活！这回把机枪都拆了，全装上了传单。这传单有多少啊？足足20万份！

剩下的就是等天气了！等啊等啊等，等到了5月19日黄昏，天气极好啊！徐焕升一看，赶紧跟空军前敌指挥部请令出击！周至柔和毛邦初立刻照准，于是，徐焕升、苏光华、刘荣光、吴积冲乘坐1403号轰炸机，佟彦博、蒋绍禹、雷天眷、陈光斗乘坐1404号轰炸机，两架飞机从汉口奔浙江丽水，加油之后，飞越日本海，直扑日本本土！有人问了，奔哪儿啊？日本的九州岛，长崎、福冈、久留米、佐贺，这都是日本九州征兵的重要城市！

这说着容易，在当时来讲，大海上丝毫没有标志，怎么找啊？而且为了不让日本人发现，咱们还特意向南兜了个弯，这弯兜多大？回多少？这就得靠飞行员的素质了，尤其是领航员，刘荣光、雷天眷的眼睛都没眨，一点点根据星星、速度等数据，测算位置。熬来熬去，熬到了5月20日凌晨，这时候就听徐焕升喊："陆地！咱们看见陆地了！赶紧看看咱们在哪儿？"

同机的领航员刘荣光赶紧测算，算完了："徐队长！这就是日本九州！咱们到了！"

"好！准备！"

通讯员吴积冲赶紧把传单的口袋打开，随时等着。再等了会儿，副驾驶苏光华揉揉眼睛一看，远处朦朦胧胧的有灯光，他心中高兴啊！也喊了："灯光！我看见灯光了！咱们到了小日本的家了！快扔传单！"

吴积冲不敢怠慢，把口袋一打，就开始扔，还别说，来之前为了减轻重量，把机枪拆了，这回这个眼正好扔传单！

"哗啦哗啦！"

传单跟雪片一样，撒到了日本上空。可是传单太多了！每架飞机上有十万份，而且也不能整捆地扔，一个个拆开再扔，一个人根本忙不过来，徐焕升一看："小苏！"

苏光华一听："徐队！"

"飞机交给我，你也去扔！"

"明白！"

两个人一起动手！传单稀里哗啦的就扔下去了！这时候，后面的佟彦博他们也没闲着，也开始扔传单！两架飞机特意绕了大圈，就为了把传单扔的范围更广一点。现在，徐焕升掌握着飞机，领航员刘荣光开始算："嗯，现在是长崎、福冈、久留米，嗯？"

有人问了，怎么回事？原来，在长崎、福冈、久留米上空，往下一看，有星星点点的灯光，咱们正好就着灯光就开始扔。可算着算着，该到佐贺了，可下面是漆黑一片啊！刘荣光看着有点不对劲："徐队，咱们现在应该进入了日本佐贺境内，但找不着城市啊！"

徐焕升一乐："嘿嘿！没事，估计是日本人发现咱们了，来了个灯火管制，没关系，该扔还扔！"

有人问了，这话对吗？真没错！日本本土当时防守很松懈，谁能想到中国人能派飞机上他们脑瓜顶上来啊？等再发现，没别的办法，防空炮什么的全没人值班，没办法，那就被动防御吧，就用了灯火管制。徐焕升早就料到了，灯火管制怎么样？我照样扔！

等两架飞机抖落得差不离了，一扭屁股，走了！返回大陆！

等到天亮之后，日本人纷纷走出家门，一看，哎？怎么那么多纸片啊？捡起来一看，上面有字，当时日本人，有很多都认识汉字，一看，哦！上面写着呢：

贵国法西斯军阀不断榨取国民膏血，驱使劳苦民众与中国兄弟互相残杀，现在已经到了反抗暴举的时期。我们中日两国人民，紧握着手，打倒共同的敌人，暴戾的日本法西斯！

再捡一份，上面写着呢：

尔等侵略中国，罪恶深重。尔再不训，则百万传单一变为千吨炸弹，尔再戒之！

等等等等，还有别的，内容都差不多。有的人还想再看看，这时候，宪兵来了："站住！站住！所有人，把带字的纸全给我交出来！如果在谁家里发现了，就以通敌论处！"

就这样，宪兵把传单统统收走了，可是一共二十万份传单，哪儿那么容易收拾干净？把这帮宪兵累得是上吐下泻。等把传单收得差不多了，日本人还偷着议论呢："你捡着支那人的传单了没？"

"捡着了！我们院子里好几份呢！宪兵来了，在我们家搜了一个多钟头呢！"

"我说支那人还真够意思，我还以为是炸弹呢！没想到是传单！"

"可不是咋的！支那人飞了那么远，就为了扔传单，可见他们是爱好和平的啊！军部那些人说的也不一定对啊！"

日本下层的平民，都是议论纷纷。日本高层呢！也吓坏了！有的官员就嚷嚷："好家伙！支那人好大的本事啊！竟然跑我们这儿来扔传单，这要是影响了军心，还得了！通知宪兵，以后有字的纸一律上交！不上交就以通敌论处！"

有的官员一看，《朝日新闻》上还登了一篇文章，叫作"支那的怪飞机在九州出现，散发反战传单后遁走"，气得是嗷嗷爆叫："快把《朝日新闻》的主编给我撤了！不能由他这么瞎写！"

有的还问呢："既然报纸都登出来了，咱们怎么跟大日本国民解释呢？"

"这好办！就告诉他们，支那飞机的确飞到了日本，但我大日本帝国的威名把支那飞行士吓得够呛，把传单全都扔到了深山里。一定强调，这是支那人为了冲淡我们徐州攻略战的胜利，用这卑劣的战术，给咱们添堵！"

总之日本的上层是神经过敏，乱作一团啊！据说到了1940年，日本庆祝天皇纪元2600年，别的官员都去皇居广场庆祝了，可海军司令山本五十六呢，吓得魂不附体！他不但没去，还在黄海、东海，动用大批的军舰设置警戒线，就怕中国再来这一道啊！这要是来两颗炸弹，那就全完了！

人道远征日本，梁又铭作，此画藏于台湾冈山空军军官学校中华民国空军军史馆

从此之后，日本人就过敏了！凡是带字的纸，都要交到宪兵队。据说宪兵队每天都要翻人家的垃圾箱，看看有没有传单。日本人还因此闹了不少笑话。有一次在台湾，有个不识字的汉奸发现了几捆带汉字的传单，这家伙一看，嘿！原来村子里的人都看不起我，说我没文化，这回多好！我拿着报告皇军，立一大功，以后我就是皇军面前的红人！我看你们还敢不敢看不起我！所以这家伙赶紧拿走报告了宪兵，宪兵是查了三天，也没明白这个传单是怎么来

的。结果等翻译来了一看，上面写着呢：

大日本皇军，为谋求东亚和平开展圣战，为各位的和平幸福着想，为彻底打倒中国的军阀而努力。

这下把宪兵也闹糊涂了，这怎么回事啊？等把报告写上去，上面特别把这个宪兵队的小队长叫过去，一顿三宾的给（嘴巴子）："八嘎！你们净做这些没用的事！浪费我大日本帝国的资源！"

原来，这是日本人要往大陆扔的传单，结果起飞的时候出问题了，掉下来几捆，飞机上的人没注意，结果让这个汉奸给发现了。宪兵小队长挨了打，回去又把那个汉奸揍了一顿。您看见没，当汉奸就是这个结果！

咱们闲言少叙，书归正文。两架飞机返航之后，这回熟悉了，分别找机场降落加油，然后在5月20日中午11点13分在武汉会合降落。这一下来，机场上聚集了数千人！有军乐队，有飞行员家属，还有不少拿着鲜花的女学生，国民政府行政院长孔祥熙、军政部长何应钦、八路军代表周恩来等，都亲自来迎接这八大勇士！

这次远征日本，成果斐然啊！各国报纸都争相报道了此事，而且对中国爱好和平之意，大加赞扬，中国终于争取到了舆论的主动。

而这次出征的八员大将，后来结局各不相同啊！1403号正驾驶徐焕升，凭借这次的不世之奇功，后来成功上位，击败民国空战的第一王牌柳哲生，当上了台湾的空军总司令，直到1984年病逝。副驾驶苏光华，于1940年11月的执行任务中，身负重伤，于12月11日殉职。领航员刘荣光，后来留在了大陆。通信员吴积冲，于1942年3月10日殉职。

1404号正驾驶佟彦博，在1944年1月4日的飞行训练时，飞机失事而殉职。副驾驶蒋绍禹的结局不错，后来一直做到了台湾方面的国防部常务次长。领航员雷天眷，于1942年11月执行任务时，不幸牺牲。通讯员陈光斗，后来到了台湾，以少将军衔退役，安度晚年。

这真是"同为好汉，莫问出身；皆为英雄，休提结局"啊！

人道远征后，日本军部感觉颜面尽失啊！所以又开始酝酿对武汉新一轮的大规模空袭，您看见没？中国人擅长以德报怨，以直报怨都很少。而以日本政府为首的极端民族主义的分子，包括现代某些国家，虽然同为东亚文化系统，却丝毫不知道什么叫作以德报怨，人家从来就是以怨报德！虽然历史上深受儒家影响，但精髓一点也没学到！比如日本政府，给您举几个例子，1923年，日本阪神大地震，中国政府倾其全力进行援救，日本反手过来就是一个九一八，占领了咱们东北全境；咱们人道远征，给他们扔传单，人家反手就要把武汉夷为平地！就连近期也一样，

第四十八回　八勇士人道远征　日本人再放厥词

陈光斗将军晚年照

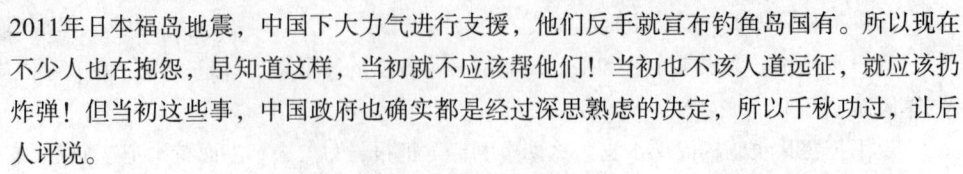

2011年日本福岛地震,中国下大力气进行支援,他们反手就宣布钓鱼岛国有。所以现在不少人也在抱怨,早知道这样,当初就不应该帮他们!当初也不该人道远征,就应该扔炸弹!但当初这些事,中国政府也确实都是经过深思熟虑的决定,所以千秋功过,让后人评说。

闲言少叙,书归正文,在人道远征之后的几天里,日本人又几次对武汉进行轰炸,双方都损失了一些战机,中国空军第三大队副大队长林佐等数位飞行员阵亡,不过日本人也没讨到什么便宜,准备扔到武汉的炸弹,就没几颗落到目标上!特别是5月31日,气急败坏的日本大本营下令,要对武汉进行最大规模的空袭,日本海军航空队派出了36架96舰战加上18架96陆攻,全都带满了炸弹,要对武汉进行一次大扫除式的轰炸!

可是面对日本人,中国空军和苏联正义之剑大队毫不畏惧,派出33架伊15和16架伊16进行抵抗,结果,击落敌机14架,中苏空军一共损失两架飞机,两位飞行员阵亡,此外,还有数架飞机负伤。而且在空军的掩护下,武汉不少平民又仗着胆子跑到了房顶上观战,给空军助威!

日本人这回赔大了!可为了天皇的面子,海军总部最后报告:我方进击武汉,和支那空军超过50架飞机作战,赖天皇保佑,击落18架,我方损失4架,支那空军已完全被我大日本帝国消灭!

又开始胡说八道了。不过中国空军的好运,也就截止到了1938年5月31日,等进入了6月,风云突变,形势竟然出现了大逆转!

第四十九回 南乡茂章遭覆灭 意式重爆袭兰州

人道远征后，日本大本营气急败坏啊！几次对武汉进行空袭，想要找回面子，结果无一成功，均遭到了中国空军和苏联正义之剑大队的迎头痛击，特别是5月31日一战，损失14架飞机，赔大了！

不过中国空军的好运，也就到了这一天为止，进入了6月，形势风云突变啊！有人问了，怎么回事？原来，日本陆军开始出动了，兵锋直指武汉三镇！武汉会战就此展开。这回空军可惨了！原来，日本的海军、陆军航空队，目标只有武汉或者空军的重要基地——南昌，咱们的空军可以集中力量，攥成拳头，给敌人一顿痛打！现在，情况变了，日军全线进攻，中国军队节节不利啊！几个地方都求援怎么办？只能把空军分成几队，分别对地面予以支援。这下可就惨了！原来是拳头，现在力量就分散了，这下日本人可占便宜了，一会儿等好了截击，一会儿再次空袭武汉，中国空军这回再厉害，数量还是有限啊！手大捂不过天来！不过中国空军的英勇，还是给了日军重大的打击！其中最有名的就是击落了日本四大天王最后幸存的一位——南乡茂章。

其实日军也是有意保护南乡茂章，他现在是日本空战四大天王的独苗了，所以就没让他参与对武汉的直接空袭，可是南乡茂章呢？他不干啊！他是嗷嗷爆叫，号称："支那四大天王不是没了吗？没关系，我用三十个支那飞行士的战绩来祭奠我那三个亲密的战友！"

最后日本海军司令部被他闹得没辙，就让他带队空袭南昌，结果碰上了中苏联合空军，一通好打，南乡茂章的飞机被苏联飞行员瓦林琴·多多诺夫撞毁，南乡茂章当场毙命，而苏联飞行员瓦林琴，则机警地跳伞逃

被中国空军击毙的日本四大天王之一，南乡茂章

生，至此，日本的四大天王也全部阵亡。据说南乡茂章阵亡之后，他在江田岛海校的学长，后来的日本联合舰队司令山本五十六，还亲自出席了他的追悼会。

不过中国方面，损失也相当大啊！以第三大队大队长吴汝鎏为首的一批优秀飞行员阵亡，负伤的就更多了，毛邦初看得心惊肉跳啊！借着人员阵亡严重，赶紧开始换人，把兄弟毛瀛初调到了总部，担任驱逐机教导总队副队长，这就等于升格成了指挥官，不用在一线拼命了，第四大队大队长的职务由董明德接任，第五大队则由广东飞行员黄泮扬负责，第三大队呢，损失最严重，所以由资深飞行员周庭芳担任大队长。

战斗进行到了10月底，国军战况不利，虽然节节抵抗，但是节节败退，而且日本又从南边袭击了广州，这样，武汉已经被三面包围，所以国民党军队被迫放弃武汉，退到了重庆，到了现在，中日双方都损失惨重啊！于是双方都开始了休整。空军方面呢，更是如此啊！双方又有不少的优秀飞行员出现伤亡，飞机也损失不少，尤其是海军航空队，被中国空军打得元气大伤啊！所以他们暂时消停了。

可是他们消停了，陆军航空队又开始活跃了！有人问了，他们的目标是哪儿呢？兰州！

为什么是兰州呢？原来，刚开始，中国进口伊15、伊16之后，日本人没当回事，就认为着：哦！苏联人这是趁乱发发中国的财，卖给中国飞机。不要紧！你谁家的飞机都一样，我照打不误！可是，稍微过了几个月，有的日本飞行员就发现，不对啊！我对面的飞行员怎么是蓝眼睛黄头发啊？中国人长得不这样！所以日本人就撒下了特务调查。苏联派出援华航空队这件事，刚开始咱们是保密的，情报都是国民党方面往外撒，咱们给的解释就是：这是我们俄罗斯族的飞行员！

刚开始，这事还能捂扯得住，可时间一长，日本人就琢磨了：不对！就算是当年苏联和沙俄交战，有不少跑到了中国境内，可据调查，绝大多数都已经礼送出境了，剩下的能有多少啊？怎么每次作战，都能看见将近一半的俄罗斯族飞行员呢？不会是苏联参战了吧？

又经过几个月的作战，日本人基本确定了，苏联肯定是参战了！可在外交上一提抗议，苏联那边又回复了："我们没有参战，我们尊重中日两国的主权！建议和平解决问题！"

日本人一看，哦！明白了！苏联人还不想撕破脸皮啊！挺好！可也不能眼看着苏联的飞行员和飞机源源不断地运到中国啊！所以日本人一算，苏联人从东三省入境，不可能！那估计就是从新疆了，如果从新疆走，中间的机场非常少，那位于河西走廊的兰州必定是枢纽啊！如果把这儿炸了，支那空军就完了！

而且，这回日本的陆军航空队，也是自信满满啊！因为他们最新从意大利进口的意式重爆已经列装了部队，这飞机，日本人十分有信心啊！这是我们从亲密的战友墨索里尼那儿进口的，而且是我们的陆军航空兵团兵器部长渡边广太郎大佐检验的，这飞机好啊！无论是速度和载弹量，都要强上一大截。上回在台儿庄，我们一时疏忽，没保护好意式重爆，才没能让支那军队吃苦头，这回意式重爆是千呼万唤始出来，可够支那人喝一壶的了！所以日本人志得意满啊！

那既然要轰炸，总得练习一下吧！所以就在1938年11月12日，日本人从内蒙古包头机场，出动4架意式重爆，开始训练。这时间也选得比较巧，是黄昏时分，因为日本人算计了，支那空军的最大的弱点之一，就是不擅长夜战，我们能强得多啊！黄昏时分起飞，还能看得见，等到了兰州，正好黑天，支那人正好起飞不利，我们就能狠狠地轰炸一番！这多好！这才叫以己之长碰彼之短！

所以这回日本陆军航空队的上层颇为重视啊！由第十二战队的两个王牌中队长栗原贺久、井关正夫亲自带队，第十二战队司令官宝藏寺久雄少将亲自到了运城机场观摩。于是，四架轰炸机腾空而起，走了。等啊等啊等，等到了13日，天蒙蒙亮的时候，飞机还没回来，司令官宝藏寺久雄有点着急了：按理说早该回来了，怎么还没影呢？

这时候，有人报告："司令官阁下！飞机回来了！"

宝藏寺久雄直起腰来一看，嘿！还真是！不过只有一架。等飞机降落，宝藏寺久雄赶紧过去迎接，只见飞机上下来的是中队长之一栗原贺久。宝藏寺久雄一看："栗原中队长，怎么只有你回来了？其余的飞机呢？"

栗原贺久一敬礼："报告司令阁下，我们失散了？"

"纳尼？"

"报告司令官阁下，我们起飞之后，按照罗盘测算，以计划的路线行进，可是并没发现预定目标，等我再发现的时候，我和其他的飞机就已经失散了，无线电也联系不上。司令阁下，以我多年的飞行经验，意式重爆的罗盘存在严重的误差！不然我们怎么可能……"

"八嘎！"

"啪啪！"，栗原贺久当时就挨了俩嘴巴，宝藏寺久雄扇完了，怒气未消啊："八格牙路！意式重爆可是咱们亲爱的盟友，墨索里尼总理钦点，咱们大日本帝国陆军航空兵团兵器部部长渡边广太郎大佐检验的，怎么可能有问题？肯定是你技术不过关！"

栗原贺久还挺委屈，可没办法，官大一级压死人啊！人家是少将，自己不过是大尉，怎么比啊？最后也不吱声了。宝藏寺久雄等啊等啊，等到了天亮，剩下的三架飞机还没回来。这是怎么回事啊？宝藏寺久雄坐不住了，赶紧撒下人马调查吧！

几天过后，调查还没出结果，另一个中队长井关正夫大尉带着人回来了，再一问，怎么回事啊？原来，四架飞机出发之后，井关正夫按照约定的速度和航向飞，可飞了一会儿，也找不到队伍了，最后飞机没油了，只能迫降，结果飞机摔坏，人没事，靠着徒步，勉强返回基地。他们还算好的，剩下两架飞机，连飞机带人，全都失踪了！

等来等去，好不容易调查出来了，原

日本《航空情报》上登载的意式重爆

第四十九回　南乡茂章遭覆灭　意式重爆袭兰州

来，剩下两架飞机更惨！一架竟然一路跑到了河南南部，扎进了大别山，最后没油了，强行迫降。之后还没等跑，就被国军的游击队包围了，全飞机的7个人全被抓了俘虏。另一架飞机竟然闯进了共产党的根据地，这几个还不服呢！迫降之后还负隅顽抗，最后被土八路全部击毙。

这调查结果一出来，连宝藏寺久雄少将都迷糊了，到底这个意式重爆可不可靠呢？最后为了安全起见，宝藏寺久雄司令官还是把这些问题写成了报告，往上汇报。过了没一天，批示就回来了：再选精锐，空袭照旧！

大本营那边都给批示了，宝藏寺久雄就是再牛，他也不敢顶撞上面啊！没办法，就开始准备对兰州的袭击。这回宝藏寺久雄可是真下功夫了，特别让自己的心腹爱将原田宁一郎担任指挥官。不过，日本人这回学乖了，不敢在黄昏时分出击了，15日上午，一行5架意式重爆从包头起飞，气势汹汹地向兰州扑来！这回，日本人又狂上了，因为包头离兰州太远，战斗机够不着，原田宁一郎一看，没关系！战斗机没什么用啊！我们的轰炸机也是有防卫火力的，而且速度快，肯定万无一失了。

咱们说，兰州这边有防备吗？有！原来，自武汉沦陷，整个中原几乎已经尽在敌手，就这情况，空军怎么打啊？只能全部撤退，再次攥成拳头，保卫陪都重庆。可蒋介石呢，也动了个心眼儿：到了现在，美英列强都不管我们，唯一的外援就是苏联，从苏联运输的大动脉就是以前的丝绸之路，而枢纽，就在兰州。所以蒋介石也留神了，特别把第五大队的主力调到了兰州，以作防御。别看第五大队损失了不少的精锐，从最开始的祝鸿信、刘粹刚，到后来的袁葆康等，但广东的飞行员又冒头了，现在第五大队头牌的英雄，为首当属二黄，一个是大队长黄泮扬，一个是四小金刚之一黄新瑞。此外，副大队长王汉勋、中队长岑泽鎏，这都是资历、技术相当高的猛将，而且，现在第五大队还补充了不少新鲜血液，最出名的就是抗战后期的四金刚之一，"万夫莫敌"徐吉骧！所以战斗力并没有下降。

日本人这一来，地面上的人肉雷达又发现了，赶紧往回报告："报告报告！包头附近出现5架大型飞机，航向多少多少，速度多少多少。"

情况报到空军前敌指挥部，正好周至柔接到了，周至柔赶紧让人分析，分析来分析去，工作人员说了："报告总指挥，敌机是冲着兰州方向去的！"

"嗯！快！打电话到兰州，叫他们多加防备！"

"是！"

电话打到兰州，正好是第五大队大队长黄泮扬接的电话，黄泮扬一听："请总部放心，我们一定痛击敌机，保卫兰州！"

说罢，马上组织战机升空，爬高，第五大队这回是全军出动啊！占领了有利的高度，就等着敌人来了！等敌人的飞机一到，大队长黄泮扬一看，哟！日本人又发狂了，不带战斗机。可这是什么飞机啊？没见过。这难道是日本的新型轰炸机？个头是真不小啊！如果说之前碰的96陆攻是只猴子，那这就是只猩猩！看样子也挺威武。没办法，军令如山啊！打吧！

黄泮扬硬着头皮一推操纵杆，飞机"呜——"一个俯冲，就冲下去了！

"嗒嗒嗒！"

这一串子弹打下去，黄泮扬先傻了，为什么？之前对付老对手96陆攻的时候，子弹打上去直冒火光啊！可这一串子弹下去，如同泥牛入海，没了消息！这可把黄泮扬吓坏了！难道说我们的机枪不管用？不可能！之前交手那么多次，就是再厉害的敌机，打上也玩完！怎么今天就不听使唤了呢？

别说黄泮扬，剩下的人，什么王汉勋、黄新瑞、徐吉骧，他们全发现这个问题了，子弹打上去，似乎无效啊！这可如何是好？

第五十回　五大队捍卫兰州　飞将军齐聚重庆

　　第五大队奉命在兰州阻击敌机的轰炸，可是等到一打才发现，这飞机没见过啊！块头大，速度也不慢，而且最重要的是，子弹打上去，如同泥牛入海一般，没反应！这可把飞行员们吓坏了！完了！今天是碰上对手了！

　　不过军令如山啊！就是再难，如今也得硬着头皮上！所幸咱们的飞机多啊！18对5，那就以多为胜吧！于是，18架飞机分头散开，把敌机缠住。

　　咱们且说黄新瑞，外号霹雳闪电，战绩已经达到了5架，是5大队中的王牌，他不信邪啊！一看，嘿！我就不信你小日本的飞机那么厉害！我今天就让你尝尝我的绝招！

　　有人问了，什么绝招啊？俯冲滚转！只见他一拉操纵杆，把飞机拉高，跑到敌机头上，一个翻滚射击就俯冲下来了！

　　"呜——嗒嗒嗒！"

　　子弹跟泼水一样！敌机飞行员一看，哎呀！这招可厉害，赶紧往左一掰操纵杆，飞机往左一闪，这回可上当了！

　　原来，就黄新瑞这招，可狠着呢！飞机在空中360度地滚转起来，速度减慢，可这只是表象，实际上飞机发动机的功率还在增加，而且射击面变大，子弹像泼水一样，按武术来讲，这叫"问腿"，问问你往哪儿躲，你往左右一躲，速度肯定要减慢，这时候我的发动机功率是最大的，问清楚了，我也不滚了，直接冲过去扫射。这招对付轰炸机可是相当管用啊！

　　这招黄新瑞练了几百遍了！熟得很！话说四小天王里，黄新瑞擅长从上俯冲滚转射击，"荒原秃鹫"柳哲生擅长从下滚转射击，两个人的招并称"通天炮、撩阴腿"，这也是全军的标杆啊！

　　这回，黄新瑞问清楚了，对方往左躲，他也往左一掰，"嗒嗒嗒嗒嗒嗒！"，这一长串子弹就打过去了！日本飞行员也是经验丰富啊！赶紧再往右一闪，子弹总算没全打上！

黄新瑞一看，这招算成功一半，这不奇怪。可问题在于，敌机中弹之后，还是没什么动静，连点金属碎片都不崩，这是怎么回事呢？

他正琢磨着呢，飞机一错身，跑到敌人轰炸机下面去了。黄新瑞还琢磨呢：这招我百试百灵，敌人挨上，不死也伤，今天怎么不管用啊？

就这工夫，黄新瑞转头再一瞥敌机，就看敌机在往斜下方扫射呢。黄新瑞一看就纳闷儿了，敌机扫射的那个位置也没有我们的飞机啊，那他扫射什么呢？再看看，哎！不对！开火的那个位置似乎不是机枪！嘿！似乎还透亮呢！

黄新瑞这回算看明白了！奶奶的，我们都被日本飞机给骗了！所以黄新瑞赶紧在无线电里喊："兄弟们，这轰炸机看着个大，不中用啊！咱们已经把它打透亮了！再加把劲，把它们揍下来！"

有人说了，黄新瑞说得对吗？一点不错啊！日本人这次出动的意式重爆，也就是从墨索里尼那儿进口的BR20式轰炸机，这飞机设计还不错，就是偷工减料啊！前文咱说了，台儿庄战役的时候，日本人就想用这飞机进行轰炸，结果天有不测风云，一顿雹子下来，把飞机全打成了筛子！您说这飞机能好到哪儿？也难怪中国飞行员纳闷儿，人家日本的飞机再不结实，好歹也是铝合金的蒙皮，意大利人倒好，用的是铝箔加帆布，一打一个窟窿，上哪儿找火光去啊？

咱们说，日本飞行员这边不知道怎么回事吗？当然知道了！飞机都被打成筛子了，再不知道那是傻子！借着躲闪中国空军的子弹，所有的意式重爆全都掉头了，把炸弹稀里糊涂一扔，往回就跑啊！

还别说，意大利这飞机跑得真快！速度还在伊15之上，一加油门，没影了，中国空军这边，一看也追不上了，也就都返航了。这次是大获全胜啊！不过大队长黄泮扬还是心有余悸啊！赶紧跟上峰报告："我方经激战，击退5架敌机，此敌机前所未见，速度在伊15之上，望空军同人们多加注意！"

报告打上去，没了音信，第五大队又开始整训，这就到了1939年1月10日，黄泮扬正纳闷儿呢，怎么我打上的报告还没消息啊？这时候副大队长王汉勋过来了，咱们说，这个王汉勋可不简单啊！他乃是航校二期的高才生之一！个不太高，长得圆圆乎乎的。但上了战场，那是勇猛异常啊，所以在航校的时候，就得了绰号——"插翅飞熊"。要说王汉勋的技术，可能比刘粹刚稍微差点，但王汉勋跟高志航类似，对飞机的感觉超强，别管什么飞机，适应适应就能飞，而且一飞就熟。所以之前，王汉勋一直被安排在第九大队，负责驾驶攻击机，执行对地攻击任务，后来，随着优秀飞行员损失越来越大，王汉勋作为资深飞行员，就给撤回来，担任第五大队副大队长兼任航校的教官。

要提王汉勋，可能大多数人不知道，但提起王汉勋的未婚妻，那是相当知名啊！他的未婚妻就是抗战时期著名的女特务——郑苹如！

原来，郑苹如的父亲是国民党元老郑钺，郑钺曾经东渡日本学习，并且娶了日本的一个大家闺秀，叫作木村花子。郑钺的孩子不少，最著名的有两个，一个就是郑苹如，还一个是郑海澄。郑海澄在1936年的时候，还在日本的名古屋航空学校学习过飞行，等

第五十回　五大队捍卫兰州　飞将军齐聚重庆

抗战爆发之后，郑海澄设法偷渡回国，投考航校。当时的航校已经改名叫作"中央空军军官学校"，地点在昆明。等郑海澄千辛万苦赶到了昆明一报名，傻眼了！这回行动都不自由了，到处又有人监视，天天政治审查。其实也难怪，郑海澄又是中日混血，又是日本留学的背景，谁不怀疑他？同学和教官都指指点点，认为他是日本特务。

就在这情况下，身为高等教官的王汉勋，对郑海澄照顾有加啊！不但不歧视，还出面给他摆平了不少麻烦，郑海澄这才如愿进入了航校11期。郑苹如呢，是郑海澄的妹妹，来看哥哥的时候，就认识了王汉勋，两个人逐渐产生了感情。因为王汉勋的外号叫"插翅飞熊"，郑苹如也有口音，叫着叫着，就成了"王汉熊"，所以王汉勋又得了个外号"大熊"。可是没多长时间，郑苹如接受了秘密任务，就是要去刺杀大汉奸丁默邨。而王汉勋呢，即将走马上任，远赴兰州，担任五大队副大队长，两个人相约等到抗战胜利之后结婚。

王汉勋当上五大队副大队长之后，那是兢兢业业啊！他为什么来找黄泮扬啊？原来他接到了一封电报。于是他拿着电报就跟黄泮扬说："大队长！陪都方面的急电，您看看！"

黄泮扬拿过来一看，上面写着呢：第五大队主力立即转场至重庆，兰州防务交由五大队17中队，另附正义之剑大队一部。

黄泮扬看了就是一愣，这是怎么回事？重庆那边又怎么了？黄泮扬不敢多想："汉勋！"

"有！"

"看来咱们得按空军指挥部的命令，大部分人调去重庆。不过兰州这边，现在是咱们国家的大动脉，之前周总指挥和毛副指挥千叮咛万嘱咐，一定不能有失。所以不放个硬人我不放心啊！汉勋，除了17中队之外，我看你也留下吧！你又能空战，又能指挥，你在这儿，我放心啊！"

"行！你放心吧！咱们17中队也不是吃素的，日本人敢来，我叫他们吃不了兜着走！"

黄泮扬不敢怠慢啊！就这样，留下17中队，由副大队长王汉勋、中队长岑泽鎏负责。黄泮扬呢，带着黄新瑞等一众干将，奔了重庆。这刚下飞机，就看见了，重庆市满目疮痍啊！刚下飞机，四大队的大队长董明德就过来了："哎呀老黄，你们可算来了！"

"明德兄，这是怎么回事？"

"哎哟！别提了！日本人来轰炸两次了！这些日子天气不好，咱们的人肉雷达全失灵了，不过还好，日本人也因为天气不好，炸得不太准，要不然咱们可惨了！而且，我们还发现了日本人的一种怪飞机，似乎就是老黄你提到的！"

"哦！你们也碰上了！"

董明德一晃脑袋："可不是！这飞机可真行！本来我们发现之后，也想追，可是这

郑苹如家庭照，左一为郑苹如，其男友是民国空军著名干将王汉勋

怪飞机速度挺快，味溜就没影了！我们再追也来不及，这才吃了哑巴亏啊！"

旁边毛瀛初也过来了："没错，我们这才想起来，你们似乎也和这种怪飞机交过手，所以我跟副总指挥推荐，把你们调回来，大家凑在一起，看看能不能有什么招？"

黄泮扬一乐："哦，这样啊！要说有什么招？新瑞！"

黄新瑞过来了："大队长！"

"上次跟日本人那批新飞机交手，数你最英勇。而且，我看你小子，头几天吃不下睡不着，可到了后几天，足吃足睡，我看你是有主意了吧？快跟董大队长和毛长官说说！"

黄新瑞一挠脑袋："嘿嘿！大队长，您观察真够细致的！好，那我就跟各位说说，这种飞机呢，我看并不可怕。算起来，它也就是速度快点，看着形状也顺眼，但是防御力非常差，我们跟它交手的时候，经常一颗子弹就给它穿透了！可是这飞机个大，挨几下没事，而且我还特意攻击了它的油箱，似乎效果不好，估计敌机是采取了什么新技术。"

毛瀛初点点头："嗯，这个应该就是国际上最精尖的技术，叫作自封油箱，前一阶段我就听说研究成功了，看来敌人这已经用上了。"

"对，反正是油箱不那么容易打着了，我想了半天，看来咱们可以重点攻击他们的发动机！这飞机我研究了半天，速度快，但是灵活性差，所以我看咱们可以分批行动，伊15的火力强，就负责跟敌机缠斗，从正面、侧翼，攻击他们的发动机！然后伊16的速度快，负责包抄和追击，我估计这飞机的速度再快，应该快不过伊16。我相信这么打，肯定能行！"

说到这儿，董明德突然想起来了："哎！各位，我说两句，我怎么听着，这飞机不像是日本飞机呢？"

所有人一听，全愣了："你待怎讲？"

"这话怎么说？"

"你们看啊！刚才小黄也说了，这飞机速度快，但防御力极差，一枪能打个透膛，没错吧？"

"没错啊！"

"你们看啊！咱们几位，都跟日本飞机交手过多次。日本飞机虽然以不结实而著称，但有哪架日本飞机能够一穿俩眼？而且，日本人若是能够应用自封油箱这种高级技术，为什么还要把它放在这么一架破飞机上？我看，这么不结实的飞机，还有这么好的技术，怎么那么像意大利的手笔啊？"

众人一听："哎呀！也对啊！"

"还真是！我怎么没想到啊？"

最后，毛瀛初说话了："好了！各位啊！这飞机再烂，咱们也还没把它打下来，说什么都为时尚早。如果大家信得过我，我会写个报告，查资料、做调查这个事就交给总部，咱们是战士，负责的就是打仗！有关于收拾这种轰炸机，还有谁有什么主意？"

"没有！"

"没了！"

"好！那咱们就这样安排下去，准备让日本人看看咱们的厉害！另外，通知防空部队，加强警备，咱们做到有备无患！"

"是！"

"明白！"

这毛瀛初，您别看身份特殊，他是毛邦初的弟弟，太子蒋经国的表弟，但人家架子不大，而且说话办事头头是道，之前的战绩，也颇为显赫，击落敌机6架，还打伤好几架。这要功绩有功绩，要能力有能力，要身份还有身份，这领导谁不服气？所以毛瀛初安排下去，大家分头行动，全都准备好了。

几天过后，到了1939年1月15日，天气晴好，日本人又来了！不过日本人这次可不一样了，陆军航空队的两个大队协同行动，一共出动了29架轰炸机，除了咱们前文说的意式重爆之外，还有最新式的97重爆。这回中国空军该如何是好？

第五十一回　毛瀛初排兵布阵
　　　　　　　飞将军以寡敌众

　　日本陆军航空队派出轰炸机，于1939年1月15日，再次轰炸重庆，这回日本人不仅动用了意式重爆，而且还动用了自己生产的最新式轰炸机——97重爆。这两种飞机，日本人都是信心满满啊！意式重爆，那是我们同盟国意大利出产的利器。97重爆，这是我们最新式的轰炸机，够支那人喝一壶的了！海军那帮家伙，真是废物，轰炸就是轰炸，还带什么战斗机啊？带也是白带！我们这么多飞机，支那人能拿我们怎么样？

　　您看见没，日本海军、陆军不和，日本海军航空队已经吃了亏，知道战斗机无用论不成立了，可是他们偏偏不告诉陆军，所以陆军航空队这一行飞机是气势汹汹，从日本最前沿的机场，山西运城机场起飞，扑奔重庆而来。

　　1月15号，虽然是冬天，但天气挺好，敌人飞机一起飞就被咱们的人肉雷达站发现了，雷达站的人不敢怠慢啊！赶紧一个电话打到了空军前敌指挥部，电话是参谋长石邦藩接的："喂！我是总部！"

　　"报告总部！运城方向发现敌机，速度多少多少，航向多少多少。"

　　石邦藩一算，好！这就是奔着重庆来的！所以他赶紧再问："敌人来的是什么飞机？多少架？"

　　"哎呀，这个……我们也不知道啊！反正数量大概有30架，反正飞机有两种，大小都差不多，宽有个20米左右，长有个16米左右，俩发动机的，应该都是轰炸机。"

　　石邦藩一听，鼻子差点没气歪了！好！你们连飞机型号都不知道，还亏得你们能看出是两种不同的轰炸机，还能判断长度宽度，你们把这机灵劲放在专业知识上，我们能减少多少误判啊！不过石邦藩再一想：也难怪！我们这些人肉雷达站，都是军统招的，这都需要身在前方，甚至于深入敌阵发回情报，而人员培训，满打满算也就是两三个月，还要熟悉各种通讯器材和反侦察手段，也不容易了！也罢！先按照这样准备吧！所以石邦藩一方面派人报告毛邦初和周至柔，另一方面一个电话达到了机场："喂喂！是机场吗？我是石邦藩！"

249

那边是毛瀛初接的:"喂!石参谋长,我是毛瀛初!敌人是不是又有行动了?"

"没错!山西运城方面传回来的情报,敌人有两种轰炸机,一种应该就是之前咱们碰到的速度挺快的怪飞机,另一种据说体型差不多,具体情况不明,你们要早做准备!"

"明白!"

两个人办事都是水萝卜就酒,嘎嘣脆,毛瀛初撂下电话:"把三个大队长都给我叫来!"

时间不大,三、四、五三个大队的大队长,周庭芳、董明德、黄泮扬都来了,毛瀛初就说:"各位,总部那边刚来电话,敌人从山西运城出动了约30架轰炸机,一种应该就是之前咱们碰上的怪飞机,另一种不明,据说体格差不多,有可能是敌人最新式的轰炸机。老黄!"

黄泮扬一听:"有!"

"对付那怪飞机,你们最有经验,我拨给你们3架伊16,你们率先升空作战!"

"是!"

"明德!"

董明德一敬礼:"在!"

"敌人这次来,我始终担心敌人的另一种轰炸机,为了有备无患,得动用咱们的秘密武器!你亲自率领21中队,从跑道另一侧起飞!"

"是!"

"庭芳!"

"有!"

"你们第三大队,这次作为预备队,如果战况不利,趁着四、五大队缠住敌人的时候,你们立即升空!"

"明白!"

安排好了,三个大队长都不敢怠慢啊!敌人再有四十多分钟就到了!所以赶紧命令飞行员和机械师发动飞机,等发动着飞机,黄泮扬想起来了:"明德兄!"

董明德一听:"哎!老黄,你有什么事啊?"

"哎,刚才毛队长说的秘密武器,指的是什么?"

"嘿嘿!趁着发动,叫你看一下也可以!你看看,我的座机就是秘密武器之一!"

黄泮扬上一眼,下一眼,看了半天,这不就是伊15嘛!嗯,好像机翼不太一样,同样是双翼飞机,我的上机翼是有曲线的,跟个海鸥翅膀似的,这个变平了。董明德一看,黄泮扬光看机翼了,一乐:"老黄,机翼是有点不一样了,但你再看看我的机枪!"

黄泮扬一看,好!机枪真不一样,自己那个口径是7.7毫米的,属于轻机枪,而这个足有十几毫米,属于重机枪,您别看口径就差这么点,威力差得非常大啊!董明德乐了:"老黄,我这个是口径12.7毫米的重机枪,怎么样?可以吧!日本人别管他来什么玩意儿,今天我是人挡杀人,佛挡杀佛!"

"嘿!我说明德兄,不带你这样的啊!你这飞机哪儿来的?我怎么不知道呢?"

"嘿嘿！不瞒你说，这是苏联最新的伊15Ⅱ型战斗机，现在刚过来6架，算是让咱们熟悉熟悉，我也就刚开了两天，这回不没辙吗？一会儿，你对付怪飞机，我们对付另一种！"

"好！"

这时候，飞机也发动得差不多了，黄泮扬登上自己的飞机，四、五大队的第一批飞机开始升空了！升空之后，所有飞机拼命爬高。正在这时候，日本人的飞机就到了！黄泮扬正好在空中呢，粗略地一数，29架，可再数数自己这边，到达作战位置的，仅有五大队6架，四大队6架，剩下的还都在爬高。这可怎么办？要是现在打，12对29，简直是送死啊！可是错过了现在，空军没准儿就全损失没了！算了！有多少是多少，先上吧！给兄弟们争取时间！

想到这儿，黄泮扬赶紧在无线电里喊："兄弟们，快点缠住小日本！给下面的兄弟们争取时间！"

"明白！"

"明白！"

第五大队的6架飞机直扑敌人的轰炸机群！四大队大队长董明德也上来了，他一看："五大队上去了！四大队的兄弟们，咱们也上！老黄，咱们还老计划，你对付怪飞机，剩下的交给我们！"

"明白！"

于是，12架飞机分两队扑向日本的轰炸机群！您别看，现在咱们的数量处于劣势，但都是精英啊！这帮人一听打仗，比吃蜜都甜！所以大家分散开来，摆开了阵势！

且说黄泮扬他们，他们兵分两路，黄泮扬带着3架伊15正面阻截，黄新瑞带着3架伊16开始穿插！

日本人这边是猝不及防啊！为首的飞机是倒霉五郎中尉驾驶的意式重爆，倒霉五郎的前四个哥哥都死在了中国战场，本来他也害怕来着，可他再一琢磨：现在都到了1939年了，支那空军早就没什么抵抗能力了，我还怕什么？所以他这次信心满满啊！担当长机，头一个飞，等到了重庆上空，他挺美呢，嘿！前几天天气都不好，我们炸都炸不准，你瞅今天！这天气多好！我这一串炸弹下去，支那人的陪都就给炸平了，到时候吓得蒋光头一哆嗦，就得投降，我这也算是首功一件啊！正美着呢，就听"噗！噗！"两声，飞机上当时就被打穿了四个洞！

倒霉五郎一看，哟！不好！有敌机！再往前一看，3架伊15对着自己的飞机就来了！不过倒霉五郎也算是临危不乱，赶紧在无线电里喊："莫西莫西！发现支那飞机，立即掩护的干活！"

日本飞行员也都是训练有素啊！立刻上下分层，拿着活动机枪就冲着黄泮扬他们三架战机扫开了！您想想，日本的意式重爆，这一编队15架，机枪数就比咱们的战机多多少呢！所以黄泮扬他们不敢直撄其锋啊！赶紧一个翻滚躲开，找位置再发动反击！

倒霉五郎挺美啊！你看见没？支那人是不堪一击啊！哼哼，再过半分钟，可就能扔

第五十一回　毛瀛初排兵布阵　飞将军以寡敌众

炸弹了！你们想拦也拦不住啦！倒霉五郎正美着呢，就感觉脚底下，"噗噗！"，感觉不对啊！再一看，又被子弹凿了三个眼，倒霉五郎还纳闷儿呢：哎！这飞机不结实，这我们都知道，刚才俩子弹凿了四个眼，怎么这回少一个啊？正琢磨着呢，倒霉五郎就感觉脚脖子一阵剧痛啊！再一看，脚脖子上出了一个洞，"咕嘟咕嘟"还在那儿冒血呢！也难怪只打了三个眼，有一颗子弹打他左脚上了，没穿出去！

倒霉五郎正疼的工夫，飞机的右边又传来"噗噗"两声，飞机还微微一震，倒霉五郎一看，哎呀！飞机的右机翼上被穿了俩洞，哎哟！坏了！支那人的目标是我的发动机！我怎么能让你们打中呢？

想到这儿，倒霉五郎赶紧掰操纵杆，想躲开，可这么大的飞机，你是说掰就能掰的吗？倒霉五郎下死了劲，手加腿一起上，但现在飞机速度特别快，没那么灵活，何况倒霉五郎的左脚也中了弹，那能行吗？还没等掰动，有一梭子子弹过来了！

"嗒嗒嗒嗒！咚！咔嚓！"

把倒霉五郎的意式重爆右发动机打爆，翅膀都折了！飞机折着个就栽到了长江里！飞行员和投弹手无一生还，倒霉五郎临死还琢磨呢：支那飞机没那么快啊！怎么刚飞过去，就能掉头冲我的发动机打啊？

倒霉五郎没看清楚，后面的飞机可看清楚了，原来，这不是黄泮扬他们仨，而是黄新瑞等人，趁着黄泮扬他们正面迎战的工夫，黄新瑞的3架伊16钻到倒霉五郎的飞机肚皮底下开火了！结果一举成功，倒霉五郎的飞机就栽到长江里了！

倒霉五郎他们那架是带队的长机，在最前面，他们看不见，后面的飞机看得挺清楚，后面就利用意式重爆的活动机枪扫开了！黄新瑞他们就3架飞机，数量太少啊！只能在火力网之中游移飘走，伺机反击！这时候，黄泮扬他们那3架伊15也来了，6对14，就算对手不禁揍，可这数量悬殊太大啊！所以黄泮扬、黄新瑞他们一时间陷入了被动！

再看四大队那边，情况也不妙啊！虽说董明德他们用的是最新式的伊15Ⅱ，火力更为强劲，而且队员都是身经百战的精锐，但日军这种最新型的轰炸机97重爆和意式重爆相比，速度更快，也更为灵活。第一个回合，6架伊15Ⅱ轮流开火，一下把日军打慌了！重机枪轮流扫射，把头前两架97重爆开了好几个大窟窿，可日本人那边毕竟飞机多，足足有14架，机枪也多，这一通扫射，就是一道火网，把董明德他们6架飞机罩在当中！董明德他们只能勉强自保，偶尔抽个空子攻敌机两枪。

日军的97重爆，这种飞机比意式重爆强不少，可日军还是信任意大利货

这时候，又有两架中国战机到达攻击高度，可是杯水车薪啊！也被罩在了火网中！眼看着敌机马上要投弹了！董明德和黄泮扬心急如焚啊！这可怎么办？这要是让敌人投了弹，我们的损失可就太大了！

这时候，就见地面上四处冒火星啊！日本人一看，哎？我们还没投弹呢，怎么四处冒火星呢？正琢磨着呢，就听得一阵响动"叮当！叮当！叮当！噗！噗！噗！"，日本人心中一凉，这声音不对头啊！紧接着，"哎哟！哎哟！"，有人中弹了！没事的人一辨认，坏了！这是地面的防空火力啊！

有人问了，对吗？真没错！原来，自撤到了重庆，蒋介石就料到了，重庆肯定是敌人空袭的重中之重啊！所以特别下令，调集了大量的高射机枪、高射炮，而且让空军的干部来给陆军培训，就教如何防空。今天算派上用场了！大家一看，哎哟！敌人这是要大规模空袭啊！咱们空军的兄弟们已经尽力了，咱们能干看着吗？这回不光是高射炮和高射机枪，所有有重机枪的单位也开始对空射击了！

"嗒嗒嗒！突突突！"

这一通好打啊！当时就有不少敌机中弹了！日本人一看，哎哟！坏了！支那人有反应了！这要是继续轰炸，我们全都得栽到这儿，到时候吃什么都不香了！走吧！所以所有的轰炸机把炸弹乱扔一气，掉头就跑！

董明德、黄泮扬他们可算缓过手来了，一看日本轰炸机要跑，好小子！就这么炸完了还想走！哪有那么便宜的事啊？你给我接招！

第五十二回　意式重爆起纠纷　天皇座机坠湖北

日本陆军航空队派出29架轰炸机轰炸重庆，由于准备不足啊！四、五大队仅有12架战机起飞迎战，数量相差太大了！何况人家的轰炸机也不是没有自卫火力，所以形势一时间岌岌可危。眼看着敌人的轰炸机要投弹了，董明德、黄泮扬等人急得心如火燎啊！这要是让敌人把炸弹扔下去，我们的损失就太大了！

就这时候，地面的防空火力全都开火了！

"突突突！嗒嗒嗒！砰砰砰！"

这一通好打啊！日本飞机措手不及啊！当时就有好多都中了弹了，日本飞行员一看，这要是继续轰炸，我们全都得栽到这儿，到时候吃什么都不香了！走吧！所以所有的轰炸机把炸弹乱扔一气，掉头就跑！

董明德和黄泮扬一看，也甭追了，人家的飞机可不比伊15、伊16慢，追也白追！所以也就降落了，这一仗算是没输，但敌人损失也不大，只损失了一架意式重爆。这次虽然没输，但从周至柔、毛邦初，到下面的每一个飞行员，都脑仁疼！为什么啊？好不容易有了伊15、伊16，空军的差距不那么大了，这倒好，敌人这么快又推出两款快速轰炸机！照这个发展速度，用不了多久，我们的飞机又过时了！看来还得加加劲啊！可是怎么加劲呢？为这个，毛邦初和周至柔又吵起来了！周至柔说了："敌人的飞机出了最新的了，相对的，咱们也得买英美的最新型，这才能对付他们！"

毛邦初一乐："我说周总指挥啊！您买去啊！现在国际的状况您也看见了，都对日本人的侵略装看不见啊！英美给日本出口废钢铁，反而对咱们实行禁运，明明是弄颠倒了，人家还乐得这样，这不说得很清楚了吗？人家不希望激怒日本。人家对咱们都禁运了，你还想买新飞机？做梦吧你！别说你了，就是咱们宋秘书长去，也要不回飞机来！"

"那你有什么主意？"

"与其费那些没用的口水，不如去找找敌方这种飞机的弱点！现在咱们只能是有多少饭，弄多少菜，有多少水，和多少泥！"

周至柔一听："好啊！那你找去吧！我说毛副指挥，怪不得你是副指挥呢，你连基础常识也不懂啊！你怎么找弱点？无非就是打捞长江里那架日本飞机啊！可你想过没有，长江在重庆这段，那可是水流特别的急啊！你要能打捞上来，才见鬼了！"

毛邦初一瞪眼："你！哼！那咱们走着瞧！"

两个人生了一顿气，分头行动。周至柔那边呢，自然是白忙活一顿。这也难怪，当时英美列强实行的是绥靖政策，纵容法西斯侵略，避免引火烧身，周至柔，一个区区中国空军的负责人，能改变得了国际大势吗？

周至柔那边一无所获，毛邦初这边呢？也没结果，这话还真让周至柔说对了，重庆附近的长江，水流湍急啊！这要是美国造、苏联造的飞机，可能还能找找，意大利造那东西，不禁撞，一扎到长江里就解体了，紧接着就被水流冲走了，所以捞了几天，也是毫无收获。

这就到了2月1日，毛邦初正着急呢，突然参谋长石邦藩进来了："副总指挥！"

"啊！石参谋长，有什么事？"

"副总指挥，湖北钟祥前线传来消息，说是击落了一架日军轰炸机，我把电话打到前线，人家一描述，我怎么听怎么像是咱们一直找的那种怪飞机。"

"啊？日军轰炸前线了？"

"这倒不是，看样子，日本人好像是飞错了方向，误入咱们的阵地，似乎他想找地方迫降，结果让咱们的前沿阵地一通好打，给击落了。据说，敌机还迫降成功，不过飞机上这6个鬼子，一个也没跑了，全让咱们给打死了。据说，其中还有一个鬼子大佐和一个少佐。"

毛邦初一听："哎！怪哉怪哉！鬼子大佐？到现在为止，咱们还没听说过鬼子大佐上飞机作战的记录啊！飞机运回来了没？"

"您放心，敌机已经就地拆解，正往回运呢！"

"好！这就好！"

有人问了，这又是怎么一回事呢？一向被日军视为至宝的意式重爆，怎么又会被击落在前线呢？而且怎么飞机上还有高级官员呢？原来，自兰州、重庆两战，意式重爆是颇受质疑啊！这种飞机除了速度快，续航能力比较强之外，几乎是毫无优势可言，动不动就被一颗子弹穿俩眼，连冰雹都能给它砸趴下，而且意式重爆的导航系统也不灵，误差极大啊！这一堆报告打上去，日本陆军大本营都犹豫了，到底花大价钱引进的意式重爆行不行啊？

陆军这些高层里，最头疼的是谁呢？就是前文咱们说了的渡边广太郎，渡边广太郎是陆军航空兵团兵器部部长，当初是他打包票引进的意式重爆，怀疑声自然就是打他的脸啊！渡边广太郎有点挂不住了，怎么办啊？想找意大利人理论，可是意大利菲亚特公司说了："不可能！我们的飞机质量全世界著名！怎么可能有问题！关于迷航问题，肯定是你们日本人素质不够！有关冰雹的问题，我们的合同里也没说飞机可以防冰雹啊！出了这种事，只能证明你们对飞机的爱护不够！"

渡边广太郎一听，鼻子差点没气歪，心说：好！这下都成我们的问题了，四架飞机出去，只有一架回来，而且没找到目标，你们生产厂家能一点责任没有？再说冰雹，是，合同上没写能防冰雹，但你们就这质量，还敢说什么？还说我们爱护不够，难不成下冰雹的时候，让我们大日本帝国的武士趴到飞机上挡冰雹吧？可是人家是盟友啊！不能这么说话，最后渡边广太郎强忍怒火啊："那请问，如果有证据证明，贵公司的飞机有问题，那怎么办？"

日本陆军航空兵团兵器部部长渡边广太郎（右），意式重爆就是他大力引进的，他也为此付出了生命的代价

"你要有足够的证据嘛，那就按违约金办，但我告诉你，就凭你们这点报告，根本不能证明！我反而要怀疑你们的用心了！谁不知道日本人买飞机从来都是买一架回去拆了研究，玩盗版啊？你们要敢这样，我们就把状告到我们墨索里尼总理哪儿去！让他跟你们的天皇好好谈谈！"

渡边广太郎碰了一鼻子灰，回来之后，大本营也没法交代啊！没办法，最后渡边广太郎想了个没办法的办法，你意大利不是说，得要有足够的证据吗？我就找厉害的人去，这个人火眼金睛，而且在国际上都很有名望，他要是说行，那就是行，他要说不行，你意大利也没辙！

有人问了，这个厉害的人是谁呢？此人乃是日本陆军少佐，藤田藏雄！这个藤田藏雄是什么人呢？藤田藏雄的个头能有将近一米八！身高体壮，跟个没了毛的大狗熊似的，而且还是超级近视眼，戴着一副跟瓶子底差不多厚的眼镜。可别看这样，他可是日本头一号试飞员，经验极其丰富啊！藤田藏雄还曾经创造过日本当年唯一的航空世界纪录，闭合路线长距离飞行纪录，也就因此，藤田藏雄在世界航空界都是响当当的角色，欧洲人一提日本航空，准先想起的人就是藤田藏雄！所以渡边广太郎想起他来了，渡边广太郎一估计：藤田藏雄那么大本事，在国际航空上那么大名望，英美各国都服气，他要是说这个飞机不行，你意大利还能有什么证据证明你行呢？你们还能有比藤田藏雄本事还好的飞行员吗？

等渡边广太郎跟藤田藏雄一说，藤田藏雄当时就感兴趣了："大佐阁下，既然您信得过我，让我测试意式重爆，我非常高兴。不过我不明白，您让我测试的内容是什么呢？"

"是这样的，咱们新进口了一批意式重爆，可由于种种原因，意式重爆表现得并不理想，有人说是飞机的问题，有人说是飞行员的问题。我想请你对这个飞机进行试飞！"

"哦！没有问题，您打算怎么测试呢？"

"我打算模拟一下远距离轰炸任务，咱们可以从东京飞到上海，从上海再飞到武汉，这就足够做测试了，到时候还希望您以专业的精神写检测报告！"

"哈伊！"

驾驶员的人选确定了，藤田藏雄，副驾驶呢，由藤田藏雄的徒弟高桥福次郎担任，除了他们俩之外，渡边广太郎还请了陆军部的其余三个人，泉泽延雄、泊谷佐助、新村寅次郎担任证人，一起上飞机。

用哪架飞机呢？渡边广太郎一琢磨：嗯！这次试验还是得成功才好，这万一要是失败了，军部不让我剖腹才怪了！对！就用那一架飞机吧，肯定没问题！有人问了，哪一架呢？天皇号！

咱们说，这个天皇号，是意式重爆改装的，咱们前文也说了，在订购意式重爆的时候，墨索里尼相当大方，特别送了天皇一架改装过的意式重爆，作为座驾。这飞机可相当不错啊！没有武器，但是有超豪华装修。可您说，天皇能用几天啊？渡边广太郎就想到这架飞机上了，他一琢磨：这架飞机肯定没问题，怎么说也是墨索里尼总理送我们天皇的，就算别的飞机都有问题，这架不能有！要是把我们天皇给摔了！意大利人也没法交代！就它了！

于是1939年1月31日，天皇号飞机从东京起飞，到了上海，稍事休息，也不加油，再奔武汉。等再上飞机，藤田藏雄是相当轻松啊！藤田心说：要说这意式重爆，飞机挺单薄，机械问题也不少，但都不是什么大问题。想当初，军部就给两年时间，让我们航空研究所破世界纪录，最后，大家费了半天力，总算弄出一架航研机来。那飞机，实话实说，还不如这个呢！而且为了省油，那么长一段距离，我们还得控制速度，弄得我和我徒弟好几天没从飞机上下来！这几天的工夫，把我和徒弟差点没累吐了血！这意式重爆虽然不怎么样，但和航研机比，也算是小儿科了！

藤田藏雄一边美，一边往武汉飞，等飞到武汉附近了，藤田藏雄傻了，武汉地区天气是大雾弥漫啊！他只能凭着自己的经验，拿着罗盘算吧！算来算去，藤田感觉差不多了，飞低点吧！好找地面的标志。等飞机一飞低了，藤田定睛一看，嘿！下面附近还真能看见个城镇，不过太小了，不可能是武汉啊！可我明明算得没问题啊！正琢磨着呢，就听：

"噗噗噗噗！"

藤田回头一看，坏了！飞机上被穿了八个眼！渡边广太郎经验丰富啊！一看，知道不好："哈雅酷！这是支那的机枪！快飞走！"

再想飞走，哪儿那么容易？

"噗噗噗！叮当叮当！呼！"

天皇号上被击毙的另一个重要人物，日本第一试飞员藤田藏雄

第五十二回　意式重爆起纠纷　天皇座机坠湖北

257

发动机中弹了，直冒黑烟啊！藤田一看，走不成了，迫降吧！还别说，换个人，这回飞机非得毁了不可！藤田经验丰富啊！还真成功迫降，飞机里的6个人全没事。可没事归没事，国军的部队摸上来了！原来，这支部队就是驻守在湖北钟祥前线的国军将领李禾农所部，他们接受过防空培训，一看，哟！孤零零的一架轰炸机，看方向，肯定不是咱们的，嘿！还敢飞那么低，小日本这是来挑衅啊！兄弟们，抄家伙！

"嗒嗒嗒嗒嗒！"

这一顿痛揍，把藤田揍了下来，然后，大家就开始包围了。再说飞机上的最高指挥官渡边广太郎，他一看，再想逃，那是势比登天啊！没办法，拔出手枪，把藤田藏雄、高桥福次郎他们几个一一打死，然后举枪自尽。可叹一代飞行名家藤田藏雄，就在日本法西斯的战车上丧命。后来，轰炸东京的著名美国飞行员杜利特，还对藤田藏雄的死相当惋惜。

这就是以往的经过啊！这几个人的尸体被运走了，飞机呢，拆解过后，运到了重庆的空军前敌指挥部，毛邦初他们一研究：嘿！真让鬼子给唬得够呛！这不是鬼子的飞机，是意大利的！这就好办了！意大利货不禁揍，到时候，就按黄新瑞他们的招，瞄准了发动机揍，他们是准死不能活啊！这就跟吃意大利面似的。

咱们说，毛邦初他们这边高兴了，日本这边，直到2月5号才得到情报，天皇号坠毁，藤田藏雄少佐、渡边广太郎大佐等人玉碎。按说，这次飞行算是失败了，可日本人不这么看啊！他们的结论是：成功！而且是相当成功！

有人问了，日本人到底怎么得出这么个奇葩结论呢？咱们下回再说。

第五十三回　指挥部再定目标　刘福洪奇袭运城

由于意式重爆在空袭兰州、重庆的行动中表现不佳，主持引进这种飞机的陆军航空兵团兵器部部长渡边广太郎脸上挂不住了，特别让当时日本试飞员中的第一把手藤田藏雄进行试飞，飞机呢，还特别选用了天皇座机，也就是意式重爆的豪华改装版。他们的航线是从东京奔上海，再奔武汉，想要模拟一下远程空袭，结果武汉附近大雾啊！意式重爆的罗盘又失灵了，飞机误入湖北的钟祥，也就是国军的前沿阵地，您说咱们国军能客气吗？一顿好打，给揍下来了。渡边广太郎眼看逃走无望，举枪杀掉藤田藏雄他们几个，然后自尽。

按说这个试飞算是失败了，可日本方面宣布：此次试验成功，飞机成功地飞越了武汉，说明意式重爆具有远征能力，藤田虽死，但试验成功！

您说，这不是胡说八道吗？不过这也告诉您，日本方面之所以这么说，也是有原因的！为什么啊？日本人的空军基地也挨炸了！他们急于报复！

这到底是怎么回事呢？原来，就在日本人得到这个消息之前的早上，1939年2月5日，中国空军空袭了日军占领区最前沿的山西运城机场！

有人问了，这是不是又是远征日本的马丁B10型轰炸机的杰作啊？那告诉您，不是。原来，自抗战开始，咱们的轰炸机部队屡次出击，战果不错，但是损失惨重啊！包括咱们前文说的，德国造亨舍尔型轰炸机、美国造马丁B10轰炸机，那都是宝贝疙瘩，不舍得再用了。苏联倒是援助了不少轰炸机，但咱们的飞行员还没适应，所以说，这个时期，是咱们轰炸任务的一个相对的真空期啊！

不过，轰炸任务还得执行，那怎么办？没办法，咱们大多数时间就让伊15带两颗炸弹去轰炸，可这玩意儿毕竟不是专业的，效果不佳啊！所以毛邦初把兄弟张廷孟叫过来了："兄弟！现在咱们的轰炸机已经损失殆尽了，可是战况不利，轰炸任务仍然不少。现在马丁B10、亨舍尔这些轰炸机，那是宝贝疙瘩，用它们得经过航空委员会审批，等审

259

批完了，黄花菜都凉了！你是轰炸机部队的司令，你可得想想办法啊！"

"行！信诚，我一定尽力！"

张廷孟是搜肠刮肚啊！最后想起来了：对了！我们还有一批美国造伏尔梯轻型轰炸机没用呢！有人问了，这批飞机哪儿来的？这就是前文咱们说过的，孔二小姐跟美国人砍价的那一批，结果价是砍下来了，人家把发动机的马力也给降下来了。等来了一看，陈纳德也不满意，毛邦初也不满意，但孔二小姐，那是孔祥熙和宋霭龄女儿，宋霭龄和宋美龄，这也是亲姐妹，外加上这也是宋子文插的手，没处讲理去！从八一四空战开始，这批伏尔梯轰炸机也参加了对日军的空袭，可由于飞机马力不够，性能太差，几战下来，损失惨重啊！30架轰炸机被打得就剩了7架，飞行员也损失了不少。张廷孟气得不行啊！跟毛邦初作了汇报，毛邦初一挥手："这破飞机，坏了我多少空中健儿的生命啊！处理了！"

张廷孟一听，马上执行，就把这7架飞机锁在后方仓库里了，等待处理。可没想到，战事紧急，张廷孟就把这事给忘了。这回翻出来一看，好！成宝贝了！

这刚翻出来，航空委员会下令了：要想办法重创日军前线的航空队，制止、最少是减轻日本人对重庆的空袭。

毛邦初和周至柔一看，这是宋美龄秘书长亲自签字的指令，准知道是委员长的意思，那就只能干了，可这道命令给得太笼统了，重创人家的航空队，那就是轰炸呗！轰炸哪儿呢？毛邦初和周至柔又打起来了。毛邦初说了："要说解决日本的轰炸问题，最好的就是空袭武汉的机场，那儿现在是日本海军航空队总部的所在地，而且日本陆军航空队也经常借用那儿的机场，如果空袭武汉，效果肯定不错！"

周至柔一听："哎呀，毛副指挥，我看您是根本找不准目标啊！就近期的空袭情况来看，日军多出动的是陆军航空队，咱们被炸得那么惨，眼前问题都解决不了，你想那么远有什么用？"

毛邦初一撇嘴："周总指挥，你忘了？咱们刚刚运过来一架日本的天皇号，就那飞机，我已经研究透了，就那意大利面，下次它来多少，咱们的飞行员都能收装包圆！"

"哎！是，那意大利飞机您研究透了，我记得日本人还一种轰炸机呢，那种你研究了吗？那么有威胁的东西你还没研究透，就敢说日本的陆军航空队没威胁？真是可笑至极啊！我看，要空袭，就空袭太原，这是日本陆军航空队的基地，先把他们炸了，解决眼前的问题才是正道！"

"你那个更不实际！你这条路，一千多公里，而且多是敌占区，飞行员去了就回不来，你这是草菅人命！"

俩人又吵起来了，正副参谋长石邦藩和张有谷一看，得！又打起来了，赶紧躲吧！别把我们捎上！他们躲了，其余的参谋一看，也躲了，这回，会议室里还剩下一个人，谁啊？陈纳德！咱们说，现在陈纳德地位可是十分的高啊！没办法，人家深得宋美龄信任，没事就扎在空军前敌指挥部了。这回任务一下来，毛邦初和周至柔吵成一团了，陈纳德跟没听见似的，鼻梁子上架着眼镜，拿着笔和尺子在地图上来回比画。

再说毛邦初和周至柔，吵了半天一看，会议室里没人了！就剩了他们俩和陈纳德，毛邦初一看，这么吵下去，谁也吵不服谁，别到最后，官大半级压死人，我还得吃亏！干脆看看陈纳德什么意见吧！之前凡是他做决定的时候，我们还都比较服气。所以毛邦初就问了："陈纳德上校！"

"哦？毛，有什么事啊？"

"陈纳德上校，刚才我和周至柔的意见，您看哪个合理？"

"嗯，那你们刚才说什么来着？"

毛邦初一听，鼻子差点没气歪了，合着我们刚才吵那么半天你没听见啊！只能耐着性子说："哦！刚才，我和周至柔总指挥在讨论，空袭哪里能够有效地减轻日军对重庆的轰炸。我觉得空袭武汉比较合理。周至柔觉得空袭太原好。您觉得呢？"

陈纳德又比画了半天："我的先生们，依我看，空袭这两处都不合适，你们看，且不说航程，这两处分别是日本的海军、陆军航空队的枢纽，轰炸的难度颇高啊！"

周至柔也纳闷儿了："那陈纳德上校，您觉得空袭哪里合适呢？"

"这里！"

陈纳德拿手一指，毛邦初和周至柔一看，这地方是哪儿啊？山西省南部的运城市！陈纳德继续解释："先生们，你们看啊！运城离重庆700多公里，离兰州600多公里，如果日军占有这个机场，无论对哪儿，空袭都比较便利。只要有这个机场在，万一日军新出现了远程战斗机，有战斗机护航，咱们就不好办了！所以咱们先拔了这颗钉子为上，这里的防御力量，应该也没有武汉和太原厉害。关于日本海军那边呢，我感觉咱们可以暂时放心，因为日本海军航空队在前一阶段的战斗中，损失不小，估计现在在补充整训，咱们解决一个是一个！"

这结果一出，周至柔和毛邦初一琢磨，说得还挺有道理！那就运城吧！于是，2月5日一早，最后7架伏尔梯轻型轰炸机全部待命，慢慢起飞。咱们说，这次执行任务的是第八中队10中队，中队长刘福洪，航校二期，这个刘福洪也倒霉点，虽然同为航校二期，跟刘粹刚、李桂丹、毛瀛初、董明德都是同学，但刘福洪跟他们有点合不来，所以分配的时候，被分配在了第八大队，官运也不好，到了现在才是个中队长，刘福洪是有志难伸啊！今天得着任务了，刘福洪高兴坏了，马上带队出击！

可这一起飞，刘福洪鼻子都气歪了！这飞机真坑人啊！几乎就只能是平飞，然后一点一点地爬高，速度比同类型的轰炸机慢多了！折腾了半天，这才爬了个差不

让孔二小姐一通搅和，弄成残次品的伏尔梯V11轻型轰炸机，刘福洪队长也就是因为飞机的性能不佳，被击中牺牲

第五十三回 指挥部再定目标 刘福洪奇袭运城

261

血色苍穹——民国时期的中国空军

运城袭敌，梁又铭作，此画藏于台湾冈山空军军官学校中华民国空军军史馆

多。刚往前一飞，就有3架出了故障，只能返航。刘福洪一看，只剩4架了，怎么办呢？现在命令已经下了，军令如山，怎敢不执行啊？所以刘福洪带着这4架飞机就奔了山西运城。

还别说，日本人还真没防备，十几架飞机懒懒散散地停在机场的停机坪上，刘福洪一看，此时不轰炸，还待何时啊？于是4架飞机就扔开炸弹了！就见地上就爆开火花了！

"轰！轰轰轰！"

这刘福洪是边炸边拍大腿啊！有人问了，为什么啊？就因为飞机的马力不够，所以4架飞机，每架飞机才带了10颗14公斤的小炸弹，这要是马力够，至少能多带一倍！而且炸弹都能换大号一点的，那感觉肯定不一样！

正拍着大腿呢，就听"叮当叮当"，刘福洪一看，嘿哟！地面上开始有高射机枪反击了！自己已经中弹两颗，其中一颗打在发动机上，十分凶险啊！刘福洪再一看，炸弹也扔得差不多了，还跟他费什么劲呢？走吧！

于是，带队撤退。可别的3架飞机还没事，刘福洪有事了！就因为发动机中弹，结果返航的途中，发动机爆炸了！刘福洪还有同机的轰炸员汪善勋、射击手谢明光全部牺牲！等消息传到了重庆，刘福洪的妻子当时就垮了！刘福洪的妻子是东北流亡过来的学生，今年刚满20岁，俩人刚刚结婚，本来她还希望看到夫君平复家乡的一天，可没想到，新婚不久，刘福洪就阵亡了，她的主心骨没了，也就开枪自尽了。

刘福洪阵亡，可他的这次袭击，可是非常成功啊！运城机场的十几架飞机全部被炸毁，日本人是暴跳如雷啊！马上调集了意式重爆，要进行惩罚式的还击！可就在这么个节骨眼儿上，拿意式重爆改的天皇号偏离航向，日本首席试飞员藤田藏雄，以及陆军航空兵团兵器部部长渡边广太郎都死了，您说这怎么办？惩罚式的轰炸还干不干了？在日本军部来讲，这叫开弓没有回头箭啊！我宁可损失惨重，也不能让士兵对军令有任何怀疑！

那藤田藏雄失败这事怎么解释？如果说失败，或者不结实，飞行员的士气就成问题了。陆军部那边搜肠刮肚，最后结论是：藤田虽死，但试验成功，因为他们比原计划飞得还远，这就充分说明了意式重爆的远征能力。

这就算给糊弄过去了。下一步惩罚式轰炸还要进行啊！日本陆军部非常重视这个事，特别调集了12、60、98三个战队一起行动！轰炸哪儿呢？咱们说，日本高层这帮人虽然喜欢蛮干，但有时候并不糊涂，他们几个战队的司令官一合计，之前一次战斗，从飞机编号上能看出来，支那人在重庆集中了空军主力，就意式重爆这个性能，再轰炸一次重庆，就得赔干净了！到时候飞机损失是小事，输了战斗，我们可是要剖腹的！不如轰炸兰州！如果支那人把空军主力集中在重庆，兰州必然空虚啊！把兰州彻底翻个个儿，也就切断了苏联援助你们的必经之路，这也是大功一件啊！于是，三个战队的司令官稍事准备，准备在天皇的登基日，2月11日，偷袭兰州！结果2月11日当天，天公不作美啊！乌云密布，三个战队的司令都知道意式重爆的毛病，连享誉国际的藤田藏雄都能飞丢了，我们还有多少机会能幸免呢？于是，任务顺延到了12号。2月12号，天气不错，于是三个战队，一共动用了29架轰炸机，杀气腾腾地扑奔兰州而来！

第五十四回　意重爆误炸靖远　日战机二袭兰州

中国空军空袭山西运城的机场,这可是日军的前沿机场,弄得日军损失惨重,日本陆军的上层暴怒啊!马上着令进行惩罚式的空袭!所以日军陆军航空队,不顾天皇号失败的结果,执意出动轰炸机,进行空袭!

不过日本人这次也长记性了,知道中国空军的主力都集中在重庆,那是陪都,也是政府机关的所在地,而且防空能力也比较强,强行空袭,损失小不了,所以他们就把轰炸目标定为了兰州,意图切断苏联对中国的援助交通线。

且说1939年2月12日,日军3个战队,一共动用了29架轰炸机,气势汹汹地扑奔兰州而来!

咱们说,日军这三个战队的番号分别是12、60、98,其中12战队原来就是轰炸兰州和重庆的主力,今天,司令官宝藏寺久雄一看,哟!来了两个抢功的!我岂能吃亏啊?所以宝藏寺久雄在起飞前,秘密地把带队指挥官河岛少佐叫过来了:"你地,一定要提前赶到兰州进行轰炸!如果让其余的两个战队抢了先,那就是丢了咱们战队的脸!我轻则关你禁闭,重则,你就剖腹去吧!"

"哈伊!"

河岛少佐一听,还敢怠慢吗?所以带着麾下9架意式重爆一马当先啊!冲向兰州。且说河岛少佐他们这一行,也不管后面的飞机了,一个劲地瞄准罗盘和地图,就往兰州飞。可测算着该到了啊!怎么还不见兰州城的影子呢?

河岛少佐可纳了闷儿了,我这都是严格测算的,兰州城跑哪儿去了呢?正琢磨着呢,就听无线电里喊:"少佐阁下,注意8点钟方向!那是不是兰州城啊?"

河岛少佐探头一看,哎!8点钟方向还真有一座城镇啊!错不了!那就是兰州!河岛少佐一推操纵杆,飞机一个俯冲,"呜——",下去了,河岛少佐一看,嘿哟!真好啊!兰州城一点防备都没有,我们可赚了!想到这儿,就开始投弹了!

"吱吱！轰轰！"

后面的轰炸机也跟上了，大家一起投，当时就把下面这个城市化为火海啊！

有人问了，这是兰州吗？不是！这里是靖远县，在兰州城的东北，离着兰州将近100公里呢。咱们说，这又是意式重爆的导航系统惹的祸，这东西导航不准啊！等把靖远县炸得差不多了，炸弹也扔没了，带队的河岛少佐一看，不对啊！兰州乃是支那的空军重镇，怎么可能一点防备也没有呢？而且，兰州也是个大城市，规模且不说，周边有三四个机场，怎么这个城镇只有一个呢？坏了！我们不会是炸错了吧？

现在知道也晚了，炸弹也没了，只能返航。这回靖远县可被炸惨了！房屋损伤无数，居民也是死伤极多啊！

再说60、98俩战队，他们没飞偏。为什么啊？这一行里，有12架日本最新的97式重爆，咱们说实话，97式重爆在当时算是个相当不错的作品，只不过中岛公司还有别的型号飞机的生产任务，97重爆的产量不高。97重爆和意式重爆相比，续航力和载弹量稍差，但毕竟人家导航系统没问题啊！这一队飞机在97重爆的带领下，真的找到了兰州！

等到了兰州上空，带队的佐川少佐一看，哟呵！支那飞机正在往回飞，这是怎么回事呢？咱们书中代言啊！咱们的前沿的人肉雷达站，早都侦测到了这两批飞机，只不过呢，前面河岛少佐那一队，为了抢功，飞得快，后面97重爆带队，求稳，飞得慢，两队就脱节了。

中国这边呢，17中队接到报告，说有日本轰炸机来袭，不敢怠慢啊！五大队副大队长王汉勋在地面指挥，中队长岑泽鎏亲自带队啊！11架伊15直扑苍穹！可是等了半天，敌人不来啊！其实不是不来，第一批飞机炸错了目标，离着将近100公里呢，这怎么找得到？这下岑泽鎏有点晕了，敌机左等不来，右等不来，我们的汽油不多啊！岑泽鎏再看看，确认真的没有敌机的踪影，就喊了："各单位注意！各单位注意！返航！"

所有的飞机按照编队，一个一个往下降落。这时候高度就剩了一千多米，眼看准备降落，飞行员全盯住了跑道，就听无线电里有人喊："不要降落！兰州城遭袭，速速增援！"

大家一听，这声音熟啊！是副大队长王汉勋的声音，再往远处一看，嘿！兰州城是烟尘冲天啊！所有人心里一凉，坏了！空袭！所有飞机赶紧再次爬高，对着敌机的机群就去了！不过咱们说，这苏联造的伊15，精度没有后来美国的飞机高，所以这飞机一爬升起来，发现问题了，爬升的速度参差不齐啊！其中，以后期四金刚之一徐吉骧的速度最快，徐吉骧脑子也快啊！而且黄新瑞创造的方法，早就传达给了17中队的各位，而且，这几天，空军指挥部那边，也有机械人员对打下来的天皇号进行了解剖，这回可知道了，肚皮下面就是意式重爆的死穴啊！

这情况早都秘密告知空军各部了，徐吉骧能不知道吗？他钻到其中一架意式重爆的肚皮底下，瞄着发动机就开火了！

"嗒嗒嗒！"

这下可把敌机吓坏了！赶紧一偏翅膀，算闪开了，不过动作稍微慢点，徐吉骧的子弹在他的肩膀上钻了俩洞。剩下的飞机一看,赶紧用下面的机枪扫上了!

"嗒嗒嗒!"

徐吉骧呢,飞机灵活啊!左躲右闪,没伤着他,徐吉骧逮着机会,又对准了一架敌机,"嗒嗒嗒嗒!",又是一串子弹啊!这架意式重爆躲闪不及啊!左发动机当时就打灭了!还好,意式重爆是双发动机,飞行员一看,哎哟妈呀!亏得没爆炸,要不然我们就得见天照大神去了!

他是掉头就跑啊!徐吉骧想追,再一琢磨:不能追!这里这么多飞机,我要是单追一架,不就等于放了这么多敌机吗?想到这儿,他没追,继续瞄准。

敌机的阵型是乱作一团啊!不过,敌机一个是数量多,还有就是两种,还一种是97重爆,这阵,97重爆的编队,炸弹扔了过半一看,哎哟!坏了!我们意式重爆编队被缠住了!我们得想办法支援啊!

可这时候,心有余而力不足,别看兰州挨了轰炸,可是地面的防空火力强度不减啊!97重爆稍微一个不注意,飞机上就被钻俩洞,不过还好,97重爆的结构挺结实,而且油箱也采用了最新式的自封油箱,这个自封油箱是"二战"时期的新技术,在油箱内壁封上一层生橡胶,这样,子弹一旦钻进去,汽油就和生橡胶发生化学反应,堵住油箱,这样油箱被打穿就不是致命问题了,当年武汉2·18空战,如果中国战机有这个技术,李桂丹也就不会死那么冤了!

不过即使这样,日本飞机仍然不敢怠慢啊!中国的防空炮和防空机枪,大多是从美国、德国、苏联进口的,这几种防空火力,威力都大,就算你油箱不是问题,发动机和翅膀给打断了,也不行啊!

所以97重爆编队这边有点犹豫了,正犹豫着呢,意式重爆那边又出问题了!原来,最开始上来一个徐吉骧,意式重爆编队仗着飞机多,尚可以应付,但几分钟的工夫,从中队长岑泽鎏以下的其余10架飞机赶到了!这下意式重爆可就吃不消了!飞机数量几乎是一比一啊!而且下面还能看见,又将近10架飞机正在爬高,咱们书中代言,这是苏联的正义之剑大队驻在兰州的队伍,意式重爆的飞行员一看,哎哟妈呀!一架支那飞机我们就够吃力的了,现在是越打越多啊!我们再耗会儿,就全得被揍下来了!走吧!

想到这儿,意式重爆把炸弹又乱扔一气,减轻重量,加速往前飞,就要脱离战线!岑泽鎏、徐吉骧他们一看,想不放也不行了,因为意式重爆的绝对速度比伊15快,没办法,只能不管了,一行11架战机直逼日本的97重爆!

日本的97重爆这边一看,一块儿的意式重爆都跑了,我们还等什么呢?就算我们的飞机结实,也禁不住敌机加上防空火力的混合双打啊!万里有个一,我们就没命了,反正炸弹也扔得差不多了,跑吧!

想到这儿,97重爆也加油跑了。这一仗,17中队成功将敌人赶跑,兰州城虽然受了点损失,但不太大,而且机场没事,这就是不幸中的万幸啊!只不

被中国空军击落的意式重爆残骸

过，大家都有点提不起精神来，为什么啊？打了半天，兰州城受损，我们竟然没打下敌人任何一架飞机！真够丢人的！

不过咱们书中代言，也不是没击落飞机，就是没当场击落，咱们也就没有看见。后来，直到1986年，徐吉骧先生晚年的时候，跟几个日本前飞行员聚会的时候，才知道，那一仗日本被打下两架飞机。

这一仗，日军虽然有损失，可毕竟对兰州进行了轰炸，总部挺满意，但是也发现问题了，怎么回事啊？12战队和60、98战队的战报不一样，12战队说了：我们将兰州几乎夷为平地！敌方几乎没有反应。其实，队长河岛少佐也知道了，自己炸的不是兰州，但报告要敢这么写，这不是给自己找事吗？所以就硬说是兰州。

而60、98战队呢，一口咬定，没看见12战队的飞机，他们对兰州进行了轰炸，遭遇抵抗，损失2架轰炸机，击落敌方20架战机。

其实这都是胡说八道！不过这两下一抢功，陆军部发现问题了，你们谁也没炸机场啊！这可不行，别说击落20架敌机了，就算击落200架，兰州通道若不掐断，苏联人还会进来2000架！所以陆军部那边又下令了：继续对兰州进行空袭！务必炸毁机场！

没办法，命令一下，几个战队又开始忙活了，连检修带总结，2月20号，日军又出动了！这回12战队变乖了，由60战队的97重爆带路，一行30架轰炸机，又扑向了兰州机场！

等快到了兰州机场，3个战队拉开了架势！兰州周边有三个机场，规模都不小，所以三个战队分开进攻。

且说12战队，这一行10架意式重爆，气势汹汹地直扑兰州拱星墩机场，正飞着呢，也不知道谁在无线电里就说了："1点钟方向，下面有一个黑点，诸君赶紧看看，那是什么东西？"

日本飞行员听了这话，赶紧就往那个方向瞧，一瞧，嘿！还真有个黑点！那是什么玩意儿？鸟？不会，我们这是在6000米高空啊！可不是鸟，是什么呢？再看看，黑点变成3个了，嗯？怎么回事？

再看看，轮廓稍微清晰点了，是飞机！坏了！敌机！

日本人的眼睛真不错啊！到现在，终于看出来了！那就是中国战机！这架伊15战机行动迅速啊！还没等敌人做出反应，从下方，"唰！"，一个滚转射击！

"嗒嗒嗒！"子弹跟泼水一样，就打向了意式重爆的机群！

日本人一看可吓坏了！所有人不约而同地跟无线电里喊上了："六！六！六……"

有人问了，他们喊六干吗？怎么不喊七呢？其实，他们喊的也不是六，而是"柳"，指代的是什么呢？是中国空军四小天王之首——"荒原秃鹫"柳哲生！

咱们前文说了，黄新瑞的上滚转射击和柳哲生的下滚转射击，那是中国空军里的一绝啊！堪称当头炮和撩阴脚，伤折在他们这招下面的日本飞机不计其数啊！所以日本人一看这招就知道，坏了！柳哲生到了！

其实这是柳哲生吗？咱们书中代言，不是，柳哲生身为四小天王之一，那是头牌飞

日本记者在这一战中拍的照片（其人在日军轰炸机上），照片下方那个不起眼的小黑点就是接近中的中国战机，日军提示为伊15，疑为打得日军大喊"六六六"的于平享

行员啊！所以留在重庆，保卫陪都安全。那不是柳哲生，谁又能使出他的绝招呢？

这也告诉您，此人乃是15中队中队长余平享！其实这也不是偷师学艺，当时中国空军的这些招数都是共享的，谁先想到，谁就教大家伙，而柳哲生和黄新瑞这招，大部分飞行员都能使，但他们使得最好！

有人问了，15中队哪儿来的呢？咱们说3、4、5大队的时候，没有这个番号啊！这话没错，15中队隶属于第六大队，一般负责侦察，捞不着太多的一线作战任务。不过现在情况紧急啊！2月12日兰州遭到轰炸，蒋介石也看出来了，敌人的目的是掐断兰州这条大动脉啊！没了兰州，我们从苏联来的物资、飞机，都要大受影响，敌人这只是前奏，兰州可不能有失啊！所以赶快让空军指挥部调兵增援，可3、4大队和5大队主力在重庆防守，不能轻动啊！就只能调动6大队的15中队了。现在，15、17两个中队，外加上苏联正义之剑大队的一部，一起防守兰州，也可谓兵强马壮啊！所以日军一来，三个中队一起出动，一下打了日军一个冷不防！

在余平享缠住12战队的同时，其余的飞机，包括17中队，苏联留守的飞机全出动，和日军轰炸机编队就是一阵恶战啊！

天上打得热闹，地面上有一个人也在看，边看边喊："好！就这么打！给我架飞机，我也上去！"

这话可把旁边指挥的王汉勋吓坏了，他一听："长官，您不能上去！"

要知这个"长官"是谁？咱们下回再说。

第五十五回　三袭兰州惨收场　日军动用燃烧弹

头次空袭兰州之后，日军感觉不彻底啊！至少来说，没有炸掉兰州的机场，所以在2月20日，日军再度空袭兰州，没想到，这次中国空军的准备更足了，除了原来的5大队17中队和苏联正义之剑大队的一部分之外，6大队的15中队也来增援，现在兰州方向的中国空军也算是兵强马壮，所以日军的轰炸机一来，中国空军丝毫不让步，双方就在空中一顿好打！

天上打着，地上还有个人，边看边喊："好！就这么打！给我架飞机，我也上去！"

这话可把旁边指挥的王汉勋吓坏了，他一听："长官，您不能上去！"

"这有什么不行的？半年多没打日本鬼子，我手都痒痒了！"

"长官！那您也不能上去！日本人这次来势甚猛，您要是万里有个一……"

"万一也没事，我到了天上，那就不是你长官，而是你手下的战士，你尽管指挥，有问题也不算你的！"

有人问了，这人说话这么冲，而且能让5大队副大队长王汉勋这么毕恭毕敬的，到底谁啊？这告诉您，此人是驱逐机教导总队队长毛瀛初！毛瀛初看着大家在天上打，心里发痒啊！自1938年5月底，升任总队长之后，毛瀛初就没再上过天，今天，因为苏联最新一批的伊15Ⅱ型战机快到了，毛邦初派别人都不放心，所以就派毛瀛初来接飞机，毛瀛初本来就是驱逐机飞行员，也开过伊15，是个内行啊！所以毛邦初挺放心，就让毛瀛初去哈密陪同王叔铭接收战机，本来预计在兰州休息一天，没想到到了没几个小时，就碰上这一战了！

毛瀛初看得手痒痒啊："赶紧！给我找架飞机来！"

下面有地勤就说："对不起！长官，没了。"

"啊？没了？"

"对！今天咱们是全军出动，真没飞机了！"

"快！给我找！你要找不出来，小心我收拾你！"

毛瀛初今天也发狠了，还别说，找来找去，还真在仓库找到一架，不过不是伊15，而是霍克3，咱们说过，霍克3是中国空军抗战初期的最主力战机，美国造，性能在当时来讲还不错，但几经作战，战机已经被打得所剩无几了，而美国呢，为了不跟日本冲突，也就不继续卖给中国，所以霍克3数量越来越少，最后都不成规模了，也就退出了一线战场，也不知道最后几架被塞在了哪个仓库。今天运气不错，还真从兰州翻出一架。毛瀛初一看，相当亲切啊！霍克3！这可是多时不见的老朋友了！毛瀛初高兴！三蹿两蹦跳上飞机，稳了稳安全带，拉了拉操纵杆："发动！"

下面有机械师帮着发动，"轰轰！呜——"

毛瀛初驾着飞机直冲蓝天！上了天之后，中国飞行员愣了，嘿！这都多长时间没看见霍克3了，怎么今天还上来一架啊？这时候就听无线电里，传来王汉勋的声音："大家注意！毛总队长上来了！注意保护！"

毛瀛初一听，冷笑一声，心说：我也不是新手，用得着你们保护吗？今天难得露露手段，叫你们也看看！想到这儿，毛瀛初一出溜，就到了意式重爆的肚皮下面，开了火了！

"嗒嗒嗒！"

这下也把日本人吓了一跳，被打的飞机赶紧一偏翅膀躲开。其余的日本人一看，哟！这飞机哪儿蹦出来的？涂装和形制都跟别的支那飞机不一样啊！算了，管他是什么呢！打吧！

"嗒嗒嗒嗒嗒！"

毛瀛初一看，这我还能怕你不成？赶紧摇动操纵杆，是左躲右闪，这一躲，发现了，霍克3不那么灵巧了！实际上，霍克3和伊15的性能差不太多，就是火力稍微差点，但您别忘了，这架霍克3已经不知道多长时间没发动了，搁别的国家，且得检查呢！哪儿能那么冒冒失失地开出来打仗啊？可今天没得选了，所以毛瀛初左躲右闪，稍稍一个闪失，"叮当叮当！"，飞机当时中了几弹。

这时候，17中队中队长岑泽鎏在旁边呢，他一看，哎哟妈呀！要是毛总队长出了事，我们全都吃不了兜着走啊！所以赶紧带着其余的飞机拼死掩护！双方又是一阵猛烈地射击。中国战机这边，除了毛瀛初的霍克3受了点伤，别人没事，而日本这边的意式重爆，当场被击落3架，剩下的也全都受伤。日本飞行员一看，妈的妈，我的姥姥！还等着全军覆没哪？跑吧！

他们跑了，而在其余的战场呢，日本人也没讨着好。苏联正义之剑大队那边也击落了5架意式重爆，此外，还有一架意式重爆在返航的途中坠毁。也就是97重爆，情况还好，虽然被中国空军钻了不少的眼，但问题都不大，全部安全返回。中国这边，仅损失苏联正义之剑大队的一架战机，此外，包括毛瀛初在内，有几架飞机受了轻伤。

再说毛瀛初这边，等从飞机上下来，这心"咚咚咚"跳得还奔儿快呢，这时候，王汉勋、岑泽鎏他们全过来了："总队长，您今天太冒险了！"

"可不是！您可真把我们吓坏了！"

毛瀛初摆摆手："没事没事，看来多长时间不打，本事有所退步啊！"

"哎不不不，这不是您本事有问题，这霍克3不知跟仓库里搁了多长时间了，您还真行，拿出来就敢飞，我们都不敢！"

"行了，你们也别捧我了，我明白你们的难处了！这回我去哈密接收新式战斗机，不管别人，我先给你们留一批！"

"哎哟！那可谢谢毛总队长了！"

于是，毛瀛初奔了哈密之后回来，话付前言，给兰州的留守部队带了一部分伊15II来，增强了防备力量。

日本人那边呢，这次又丢人了，不但轰炸任务没完成，被击落9架意式重爆，仅仅击落1架伊15，这个战绩报上去，谁能兜得住？没法，报假的吧！于是，他们往上写报告，报告大概是这么写的：

赖天皇护佑，我方胜利完成任务，兰州三个机场均已夷为平地，我方虽有13名英勇的飞行士及5架意式重爆玉碎，但击落敌机36架，支那在兰州的空军力量吗，已被我彻底摧毁。

您说不是瞪眼胡说八道吗？咱们这一战，出动的飞机都没36架！

这个报告打上去，陆军部那边大喜过望啊！马上命令三个战队再次出动，清剿残敌！

这回，这仨战队算是坐蜡上了，本来就是胡说八道，自己被打得跟花瓜一样，还逼着强说胜利，想蒙混过关。这回蒙混不成了，三个战队只能硬着头皮在2月23日再次出击，这次更惨！一战之下，被击落了18架。这仨战队还想把事情捂住，那哪儿能捂得住呢？这几仗下来，从意大利进口的意式重爆损失过半，三个战队的飞机，从主力到替补，都快打干净了！稍微有点心眼的人都能看出来，兰州三次空战前，机场是满满的，现在呢，空了一大半！不过日本陆军部这帮人没敢声张，为什么啊？吃哑巴亏，至少嘴头上还能占便宜，大日本皇军的士气还有所保障，要是公开了，影响了所有军队的士气，这谁还能兜得住？

接下来的时间里，兰州就相对轻松一些了，日本陆军航空队来的无论是频率还是数量，都少多了，有人问了，日军这边的空袭怎么少了？咱们书中代言，日军陆军这边正在酝酿一个大计划，那就是进攻苏联，而地点呢，就选在了张鼓峰、诺门坎一带，陆军都在备战这个，所以对兰州的空袭就减弱了。咱们书中代言，日军诺门坎遭到惨败，

兰州空战，梁又铭作，此画藏于台湾冈山空军军官学校中华民国空军军史馆

第五十五回 三袭兰州惨收场 日军动用燃烧弹

271

其实并不奇怪，陆军方面，苏联已经基本完成了机械化，打起来用大炮掩护，坦克集群冲锋。日军方面差得多，还用人海战术，那能受得了？空军这边，日军也是一点好处都没捞着，原因是，苏联那边参战的飞行员，有不少已经回国的正义之剑大队的成员，他们对日本陆军航空队的作战方式非常熟悉，您说日本方面，那能占到便宜吗？所以日军是兵败如山倒，一时间元气大伤啊！等到下次对兰州进行大规模空袭，已经是1939年12月底了，这里咱们不细表。

再说王汉勋这边，好不容易过上几天相对轻松的日子，重庆方面又来电报了：17中队立刻转场至成都备战，兰州防务交由15中队及正义之剑大队一部。

王汉勋一看，嘿！看来重庆、成都一线，战况不妙啊！所以他是不敢怠慢啊，赶紧把防务情况交代交代，带着一队飞机转场到了成都。

有人问了，重庆、成都一线的战况如何呢？这告诉您，这一线的状况是极为激烈啊！原来，自武汉会战之后，海军航空队是元气大伤啊！所以海军第一联合航空队奉命回国进行修整，海军第二联合航空队补上位置。不过，海军上层给的命令是：对重庆、成都一线，进行持久性轰炸，以疲惫支那空军的战力，等海军第一联合航空队休整回来，一鼓作气，荡平重庆、成都，逼迫蒋介石投降！

所以第二联合航空队就轮流围着重庆和成都炸开了！蒋介石一看，这两个地方可不能有失啊！一个是自己所在的陪都，一个是后方物资的重要基地，万里有个一，那就是压垮自己的最后一根稻草！所以蒋介石严令空军和防空部队，务必要顶住！毛邦初和周至柔呢，也不敢怠慢，赶紧组织空军将士们痛击敌寇。可没多长时间，弄得战士们是相当疲惫啊！你知道日本人什么时候来啊？每次日本飞机一来扔炸弹，等飞行员们冲上去一看，没几架飞机，等赶走了再下来，没几个钟头，敌人又来了，弄得飞行员们是苦不堪言啊！而且由于出动次数太勤，飞机也是状况百出啊！最后毛邦初没辙了，再这么耗，也不是办法啊！最后就把飞行员分成两批，分别值守重庆和成都，每批分成三拨，一拨值班备战，一拨待命，一拨休息，三拨轮班倒。人手不足怎么办？那只能是挖肉补疮了，把值守兰州的主力17中队调回成都，这才算勉强缓解一些。

可是这么一来，空军疲劳的情况虽然有所缓解，但后续的问题又来了，敌人每一次轰炸，准能有漏网之鱼，跑到了重庆或者成都市内扔炸弹，成都和重庆因此出现了多次惨案啊！炸死炸伤民众无数！

等到了1939年4月26日，情况更惨了！这一天，纳粹德国空袭了西班牙北部的格尔尼卡，这次是真真实实的无差别轰炸，整个格尔尼卡几乎被夷为平地！日本人知道了，那是欣鼓舞啊！为什么？之前，虽说日本对中国，号称无差别轰炸，就是看哪里人比较多，扔几颗炸弹，尽量提高威慑力，要说把整座城市夷为平地，似乎还有点顾虑：英美列强都讲人道主义，要是把整座城市夷为平地，他们站出来伸张正义，别说别的，现在进口造子弹、炸弹的废钢铁，可都是他们的，他们把这个一掐，我是吃不了兜着走啊！可如今一看，纳粹德国这么干了，英美除了抗议，没别的招了！嘿嘿！那这回我也照着来吧！不仅如此，我还得使用燃烧弹！这燃烧弹可太厉害了！当时中国的建筑，有不少都是木质结构的，这要是挨上燃烧弹，那烧的可不是一栋房子，得毁坏一大片！而且即使你躲在防空洞里也不行，燃烧弹如果炸在防空洞里，会耗尽防空洞里的空气，咱们的同胞因此而丧命的也不在少数啊！

所以到了5月3日和4日，日军突然出动大批轰炸机空袭重庆，中国空军猝不及防啊！第一批战机倒是起飞进行了拦截，但情况不一样了啊！原来，日本飞机还得找目标，现在，不管三七二十一，见着建筑物就炸，什么都是目标！还没等咱们第二批飞机上天，人家就炸完走了！一时间，灯红酒绿的重庆，几乎整个燃烧起来了！重庆的百姓也死伤无数，即使活命的，有很多因为日军的燃烧弹，落下了终身的残疾！即使侥幸没有受伤，也大都流离失所。咱们书中代言，这两天的轰炸，成都市民死亡6278人，伤者无数啊！

空军这边，自大队长董明德、周庭芳、黄泮扬以下，所有的飞行员，心都在滴血啊！虽说我们已经尽力了，两天的时间，我们尽全力阻击敌人的轰炸机群，击落敌96陆攻7架，但和重庆的损失比起来，我们的战绩算什么？当年以琴老弟号称江南钢盔，有他在，日本人就不敢在百姓头上放肆，我们呢？我们算什么天之骄子啊！

日本这边呢，等间谍把情况反馈回去，日本海军司令山本五十六大喜啊："我们还得再加把劲啊！照这么下去，蒋介石肯定得投降！"

这时候，有人提出来了："司令阁下，现在英美那边对我们谴责声不断啊！说咱们不该无差别轰炸，这怎么处理呢？"

"这不要紧，他们既然敢废话，我就得让他们付出代价！"

第五十六回　日战机轰炸使馆　梁添成为国捐躯

从1939年5月起，日本人对重庆开始进行完完全全的无差别轰炸，不管是什么，一律轰炸！这行为毫无人道可言啊！为次，英美各国开始对日本进行谴责，您说日本政府和军部能不知道吗？特别是海军司令山本五十六，他一听："什么？英美还敢谴责我们？我们一定要让你们付出代价！"

您说这叫什么理论？我可以屠杀，我可以无差别轰炸，你不能说什么，敢说我们就要报复！所有一切，只要我动了手，就是别人的责任！我们是为了自卫！这就是日本政府的理论，日本政府就用这个理论，从日本本土自卫到了朝鲜半岛，从朝鲜自卫到了东北，从东北自卫到了华北、华东，又从华北、华东自卫到了华中。这就应了一句话，贱人就是矫情！这理论直到今天仍然适用。有人问了，英美抗议，日本要怎么办呢？5月8日，日军再次出动大批轰炸机轰炸重庆，这次炸别的目标不算完，连英、美、苏三国的大使馆，全都给炸了！英、美、苏三国政府马上提出抗议！日本政府还狡辩："我们自然以军事设施为唯一目标，但也难保有炸弹炸中平民，这只能是，我们飞行员没看见，误炸而已！"

其实这是胡说八道，因为当时重庆受到空袭，美英各国的大使馆在使馆的顶上，都画了自己国家的国旗，都铺满了整个房顶，挺大个，除非飞行员是瞎子，不然怎么可能看不见呢？

时间往后推移，中国空军的日子是越来越难过了，有人问了，日本海军常用的不是96陆攻吗？号称"薄皮大馅儿速度慢"，咱们的飞行员之前也没少修理这种飞机！怎么现在不行了呢？咱们说，日本人也不白给啊！他们也知道96陆攻的毛病，所以下大力气进行研究改进，最后，在不影响性能的情况下，多装了两挺机枪，您别看就这两挺机枪，可管了大用了！把96陆攻的射击死角弥补了。这回，您别看，同样是薄皮大馅儿速度慢，可人家这回成了刺猬，你怎么下嘴？尤其几十架飞机一编队，几乎找不到弱点了！这样，就是你伊15Ⅱ的重机枪，扫着个两三颗，那也不顶事啊！有不少飞行员急得直拍大腿："咱们的飞机，要是有带口径20毫米以上的机炮就好了！那样，就算挨上两三颗，也照样把小日本揍下来！"

可您说，这飞机哪儿找去？而且，到了现在，咱们的战斗机也没多少了，连战斗损毁，带机械疲劳报废，主力的伊15、伊16，一共剩了60多架，剩下的杂牌战斗机，划拉划拉，凑吧凑吧，可能还有不到20架，可日本方面呢，越打越多啊！日本现在飞机的年产量好几千架，即使损失比是5∶1，日本方面无所谓，中国受不了啊！咱们的飞机没法自己制造，只能借助苏联的援助。可最近，苏联方面的援助断了有一阵了，为了保留火种，咱们也不能把飞机一次全都投入战斗，只能是重庆、成都两地，三班倒，加上飞机制造厂的工人，夜以继日地修复旧飞机，这才勉强达成一个循环，不至于没飞机用。可就这样，飞机的报废率也不断增加，飞行员经常一天几次上天作战，等降落的时候，竟然因为稍稍放松，睡着了！飞机一不留神就受伤，这是中国空军空前艰难的时期啊！

且说到了6月11日，警报又响了，"呜——呜——"，街上的百姓一听："赶紧走啊！日本飞机来了！"

"赶紧去防空洞啊！大家走啊！"

别人都往防空洞，或者往可以躲的地方跑，空军将士们不一样，今天值班的是四大队副大队长，"望天犼"郑少愚，郑少愚一听，三步两步蹿上飞机："发动！"

下面有机械师赶紧摇螺旋桨，几分钟过后，15架伊15Ⅱ飞向天际！好在咱们有人肉雷达啊！"郑少愚"他们赶紧爬高，等爬到5000多米的高空，终于看见日本飞机了！郑少愚赶紧喊："兄弟们！上！"

15架飞机直扑敌机的机群，等到了近前一看，鼻子差点没气歪了！敌人这是侦察机，只有3架，这3架一看，中国空军气势汹汹地扑上来，不敢直撄其锋啊！赶紧掉头逃跑，郑少愚他们也没追，现在航空汽油也有限啊！不能敞开用要不然早追上去把他们揍下来了！

郑少愚一看，心中纳闷儿啊！赶紧下降高度，跟机场的指挥台联系："喂喂！指挥台吗？我是郑少愚！"

指挥台那边也有声音了："郑队长，我是石邦藩，有什么事？"

咱们书中代言，现在战争已经打到了重庆，自周至柔、毛邦初以下，空军将士们谁还敢休息？各自坚守岗位，没飞机的搞地勤，配给高射机枪阵地，就连参谋长石邦藩、副参谋长张有谷，都被编在机场的指挥位置，大家轮班转。郑少愚一听是参谋长石邦藩，赶紧说："参谋长！我们在天上看了，敌人只是3架侦察机，没有大部队行动啊！"

"不可能！咱们的前沿哨说得很清楚，敌人有30余架轰炸机，前头有可能是诱饵，你们要小心应对！"

郑少愚一听，我呸！小日本又来这招！

有人问了，哪一招啊？原来，日本人不白给啊！他们明白以己之长克彼之短的道理，96陆攻在对抗伊15或是伊16不占优势，但有一点，96陆攻的航程，简直是变态级别的！4000公里，这是当时哪种飞机也比不了的优势。所以日本飞机起飞之后，96陆攻往别处飞，侦察机去重庆，把中国飞机都招上天。中国用的伊15、伊16，航程只有800公里左右，跟人家怎么比？可你也不能不升空啊！万一是真的呢？日本人可就为所欲为了！可一上了天，这蜡就算坐上了！就是你再省汽油，也得消耗啊！等两个钟头左右之后，中国战机的油料消耗殆尽，只能降落，这时候，日本的轰炸机再扑上来，正好打中国空军一个措手不及！你再补充生力军也不行，等你的高度爬够了，人家早跑了，这招是屡试不爽啊！这一阶段，中国空军的战绩下降，跟日本这个战术调整有直接的关系！

可现在怎么办呢？也不能干看着没辙啊！郑少愚一琢磨：那就只能折中一下了，所以郑少愚马上安排："梁添成中队长！"

"有！"

"你马上带一半的兄弟下去，等我的信号，然后上来替我们！"

"明白！"

梁添成外号"伸手得来"，现在是四小金刚之一，那也是头排的猛将啊！他带队，郑少愚也放心。所以梁添成带队下去休息了，郑少愚带着队伍就开始在重庆上空巡逻。这一巡逻就是一个半小时，郑少愚一看，没事啊！可也不能掉以轻心，我们的油不多了，赶紧叫梁添成他们上来吧！我们好交班。所以他赶紧用无线电喊话："添成，该你了！"

"明白！"

梁添成赶紧带着他那一队飞机直冲云霄！开始爬高。郑少愚总算放轻松点了，心说：他们一上来，我们交了班，也下去歇会儿，这帮鬼子，弄得我们吃不下，睡不着，成天就是骚扰，太可恶了！别让我逮着他们，逮着就让他们好看！

郑少愚一边琢磨，一边盘旋，这时候就听无线电里，梁添成的声音："副大队长！小心！"

话音未落，郑少愚就感觉飞机一震，"叮当叮当！"，郑少愚经验丰富啊！知道不好，赶紧一掰操纵杆，飞机"呜——"一个翻滚，躲到一边，再一看，好！敌人的大部队到了！一大群96陆攻扑面而来，郑少愚稍微地数了数，30架左右，这是日本空袭重庆、成都的一个基本数量啊！每次都差不多。郑少愚一看，不敢怠慢啊！赶紧往无线电里喊："所有人给我散开，反复冲，一定要把敌人的阵型给我冲乱！"

于是15架战机散开，左冲右突，开始攻击敌人的轰炸机群了。可这谈何容易啊！日本人也不傻，人家将近30架轰炸机，机枪就多少呢！抱成一个团，机枪就张开一层火网啊！就跟刺猬一样，咱们的飞行员想啃，没处下嘴啊！稍微近点，还没等把敌人干掉呢，自己先成了筛子了！远了瞄不准，就算稍微揍上两枪，人家不要紧。郑少愚急得浑身冒汗啊！这可怎么办？难不成又让敌人轻松投弹吗？不行！我亲自冲！

郑少愚是艺高人胆大啊！他一看，自己在敌人的上面，我也来个当头炮吧！所以郑少愚一拉操纵杆，飞机一个滚转，"嗒嗒嗒！"，这是黄新瑞的绝招啊！只见郑少愚的飞机连续滚转，子弹像泼水一样，直扑敌人的机群！这招按说不错，自己一个滚转，敌人不好瞄准，自己是往敌人飞机堆里打，射击精度都不用太高，而且准能开荤！这要是三五架敌机，小日本肯定吃大亏了！可人家有30架左右，每架都有一挺对上射击的机枪，这一算，就是30挺啊！郑少愚就算再猛，人家子弹的密度比他还大！所以不多时，四架敌机中枪受伤，郑少愚呢，飞机上被钻了38个大洞，狼狈至极啊！郑少愚一看，这么干不行，那怎么办？这时候，就听无线电里想起了梁添成的声音："副大队长！您这么干不行！我有个主意！"

"添成，你快说！"

"这样，一会儿我会吸引敌人的火力，无论我怎么样，你们都不要管，你们就只管敌人对付我的时候，狠狠地揍他们！"

梁添成

郑少愚一听，明白了！梁添成这是想拿自己当诱饵啊！这可不行！所以郑少愚也喊了："添成！回来！快回来！你不能那么干！"

再喊，没回应了，郑少愚心说：可恶！这臭小子准是把无线电关了！

这时候，就见梁添成滴溜一转个，跑到了敌机机群的后面，咱们说，96陆攻的后下方有一挺活动机枪，负责攻击后下方和后方的目标。梁添成自8·14开始，就跟96陆攻交战，他能不明白吗？所以他跑到了敌机的后面，就开火了！

"嗒嗒嗒！"

敌人一看，哎哟！支那人来送死啊！赶紧把后边的活动机枪瞄准了梁添成！

"嗒嗒嗒！嗒嗒嗒！"

梁添成当时就身中数弹啊！可他还不退，仍然追着打！

"嗒嗒嗒！"

双方就开始猛烈地对打！这一打不要紧，后下方出现火力真空！郑少愚眼泪都下来了："兄弟们，上！从后下方打！不要辜负添成的牺牲！快！"

下面带队的是中队长，"飞天蜈蚣"龚业悌，龚业悌也是老手了，他明白，流着眼泪往上冲啊！

"嗒嗒嗒！"

后面的飞机也没留情，一拥而上！

"嗒嗒嗒！嗒嗒嗒！"

当时就有2架96陆攻冒着黑烟掉下去了！剩下的还有6架负伤，其余的飞机一看，哎哟！坏了坏了！支那人破了我们的队形了！这可糟了！再打就惨了！赶紧走吧！

所以剩下的日本飞机赶紧加速往北跑，那儿相对安全啊！梁添成一看，可算行了！

第五十六回　日战机轰炸使馆　梁添成为国捐躯

277

他再想动,也动不了了,他是身中数弹啊!飞机也被打坏了,直挺挺地坠下去了!

"轰!"

飞机坠毁在涪陵附近,梁添成最终击落敌机5架,终年26岁。后人有诗叹之曰:

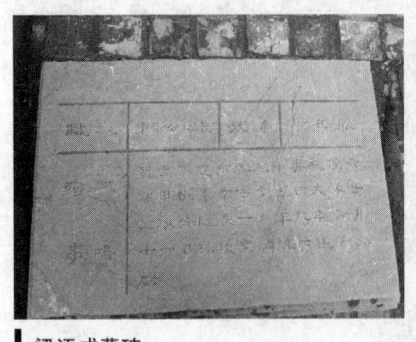

逆境将军奋接战,
伸手得来敌胆寒。
以身诱敌破倭寇,
血染陪都半边天!

这一战虽然赢了,击落敌机2架,击伤数架,但这个结果根本不足以兴奋,咱们也付出了沉重的代价,梁添成阵亡,飞机损毁,郑少愚轻伤,飞机重伤,剩下的飞机也都或多或少的挂了点彩。毛邦初看了,心里急得直冒火啊!心说:这损失,敌人无所谓,咱们受不了啊!飞机总共还有60架,今天一战,1架损毁,14架全都得进修理厂,几天修好不知道!这要是几天之内修不好,日本再来几次,咱们可就真完了!纵使咱们的飞行员再能打,巧妇难为无米之炊啊!总不能蹦起来跟人家飞机玩命吧?这把毛邦初急得够呛。正这时候呢,有人进了办公室:"信诚!我来了!"

信诚是毛邦初的字,毛邦初一听,嘿哟!真熟悉啊!多长时间都没听人们这么叫过我了!谁啊?毛邦初抬头一看,嘿!此人非别,正是自己的结义兄弟王叔铭!毛邦初是又惊又喜啊:"叔铭,你不是在哈密负责接收苏联飞机吗?怎么回来了?"

"咳!别提了!有重大的情况!"

梁添成墓碑

第五十七回　苏联派兵再度援华　库里申科奇袭武汉

6月11日重庆一战，第四大队出动了15架飞机拦截日本人的轰炸机群，结果，虽然基本阻止了日军的轰炸，但中国空军的代价也极大！四小天王之一梁添成阵亡，飞机损毁。四大队副大队长郑少愚轻伤，飞机重伤，剩下的飞机或多或少全挂了彩了。这下全得进修理厂啊！毛邦初一听，脑仁都疼，中国空军能够作战的战斗机，现在只剩了60架左右，这一次性就折损四分之一，日本人要是再来两仗，我们的飞机可就真没了！

有人问了，咱们的飞机怎么就这么点了？不是有苏联的援助，还有正义之剑大队吗？这告诉您，最近一阶段，苏联人的援助逐渐开始减少了，为什么啊？苏联帮咱们的原因，不是别的，就是为了自己的利益，苏联人知道，日本人不好对付，要是中国投降，那日本下一个对付的就是苏联，所以中国不能投降。由此，苏联就开始对蒋介石政府的支援，当然了，这也在很大程度上，缓解了蒋介石抗战的困境。可是到了武汉会战之后呢，苏联人也看出来了，中日双方谁也吃不下谁，这对我是最有利的。中日双方谁强大了，对我都是潜在的威胁，我得维持平衡。所以苏联开始有意识地减少对于中国的援助。别的方面还好，可唯独空军这一项，咱们没法造飞机啊！所以受到的影响尤其大。而且正义之剑大队这边，正好这一批队员轮转到期，都回国了，新一批还没来，正是青黄不接的时候啊！这可怎么办呢？

毛邦初正烦着呢，有人进了办公室："信诚！我来了！"

信诚是毛邦初的字，毛邦初一听，嘿哟！真熟悉啊！多长时间都没听人们这么叫过我了！谁啊？毛邦初抬头一看，嘿！此人非别，正是自己的结义兄弟王叔铭！毛邦初是又惊又喜啊："叔铭，你不是在哈密负责接收苏联飞机吗？怎么回来了？"

"咳！别提了！有重大的情况！那个什么什么先生！请您进来！"

门一开,从外面走进一个人,毛邦初一看,这是个俄国人,身高将近一米九,长得是细高挑,金发碧眼,深眼窝子,面皮白净,还挺帅。毛邦初看,哟!看来这是个了不起的人物啊!赶紧站起来:"请问您是?"

"毛副指挥,我叫格里戈里·库里申科!是新一批正义之剑大队的轰炸机队长!"

"哎哟!您好您好!"

毛邦初听到这儿,一瞪王叔铭,心说:我这兄弟可真行!当年还在苏联留过学,好,现在连人家的名字都说不上来,你说这叫干什么的?

王叔铭也看出来了,赶紧打岔:"对对对,格里戈里·库里申科,我怎么给忘了!不过名字忘了不要紧,信诚,他可不简单啊!库里申科先生在苏联可就是飞行大队长哪!"

毛邦初一听,也吓了一跳,赶紧一挥手:"哎呀!失敬失敬,赶紧请坐吧!上茶!"

等茶上来,库里申科喝了两口,毛邦初就问:"库里申科大队长,请问您们此次来,来了多少飞机呀?"

"我们轰炸机部队先出发的,一共来了最新型的轰炸机40架,后面还有沃罗比约夫大尉,他是战斗机部队的队长,他们一共带来了50架战斗机。另外,我们的领袖斯大林同志,又批了一样数量的战斗机和轰炸机,这两天应该也到了。"

毛邦初一听,喜出望外啊!这回可算是雪中送炭,救了急了!赶紧站起来,"啪"一敬礼:"多谢苏联的同志们了!我代表我们委员长表示感谢!"

库里申科摆摆手:"毛副指挥,先不要急,我们也是有条件的!我们这次来,按中国话讲,不是吃白饭的,所以我们要尽力执行一些轰炸日军的计划,让日军不得安宁。到时候请毛副指挥不要碍于和周总指挥的不和,而不批准,或者延迟批准,以至于贻误战机啊!"

毛邦初一听,浑身出汗啊!怎么这家伙连我和周至柔不和的情况都知道那么清楚啊?咱们书中代言啊!这个库里申科可不是个简单的角色,能做到苏联飞行大队长职务的,能没两下子吗?所以他一听说可能要来中国,就跟之前的队员打听清楚了,中国空军的正副指挥,周至柔和毛邦初不和,要是因为这个影响了我们的计划,多不合算啊!我们这回去中国,目的就是加强对日本人的轰炸,现在诺门坎一带,日本和我们苏联已经打起来了,我们一定要在中国牵制日军的实力,别让日本人太轻松了,不然我们诺门坎的压力可就大了!

他打的这个算盘,所以先敲打敲打毛邦初。毛邦初一听呢,心里刚开始不爽,可再一琢磨:得!我就吃个哑巴亏吧!我们还得指着人家给我们提供飞机呢!何况人家也是为我们干事。再说了,这要是出了纰漏,苏联人和周至柔站在一头,那我是吃不了兜着走啊!所以毛邦初赶紧满脸赔笑:"哎呀哎呀!库里申科大队长,您尽管放心,我和周总指挥是有点不合,但那是因为私事,为了抗战大计,我们不会有冲突的!您要是有什么计划,您尽管提!只要合理,我们肯定批准!"

就这样,这事定下来了。还别说,库里申科还真不是吹牛,人家有两下子,几次出击，效果不错，打得日本人挺狼狈！不过即使库里申科再厉害，他一个人也无法改变战局，整体战局仍然是日军对重庆、成都的持续轰炸。好在库里申科他们这批带来了新一批的伊15和伊16，中国空军才没有断了抵抗。

就这样，到了1939年9月，在武汉地区值守的海军第二联合航空队，仍然没能把蒋介石炸服了。日军大本营一看，这样下去，根本达不到目的啊！最后没办法，陆军海军高层坐下来一商议，干脆咱们一起行动吧！赶紧把支那征服，然后别管是北上攻苏联，还是南下打美国，咱们再议！

这回由天皇出面调解，陆军和海军的高层一看，得！我们就兵合一处，将打一家，先把支那征服了吧！这回日军可是下了功夫了，除了正在执行的海军第二联合航空队之外，第一联合航空队也结束休整，调回武汉，陆军方面，也调集了第三飞行团，到了武汉，这三支部队会合在一起，兵多将广啊！光飞机就有200多架，而且海军第一联合航空队这边，还特别派出了空战和轰炸方面最有经验的指挥官冢原二四三少将为司令，全权指挥所有在汉口的飞机。冢原二四三这一行人是气势汹汹啊！就等着对重庆和成都进行更大规模的轰炸！

不过咱们实话说，人多是非多啊！现在日军的阵容看似强大了，但也是问题多多啊！其一就是，日本的海军陆军各自不合，虽然说在上层的授意下，双方合作，但双方的习惯、飞行技巧等，都不一样，这还得重新磨合。另外，海军第一联合航空队本来按照计划，还要休息一阵，可由于战况不利，强行给调回来了，人回来了，心还散着呢！那怎么办啊？负责全局的冢原二四三一看，对重庆还得实行老计划啊！继续疲惫支那的空军，我们在同时，进行三个飞行部队的协同轰炸训练，等把支那人耗得差不多了，我们全力出击，一击致命！这是最好的方法了！

司令发话，下面的人怎么敢不执行啊？所以武汉的几个机场天天都极为繁忙，一方面是训练，一方面就是继续一定规模地轰炸重庆。

再说中国空军这边，得到了苏联新一批的飞机，而且加上最近一批来轮班的正义之剑大队的战斗机，可算缓过这口气了。可刚刚缓过来，就把毛邦初和周至柔几天吓得没睡着觉啊！怎么回事？前线的人肉雷达出问题了！天天报，动不动就是："敌人的七八十架飞机起飞，方向多少多少，速度多少多少。"

毛邦初、周至柔一听，坏了！敌人这准是增兵了！这怎么办？倾全力拦截吧！可一拦截，发现不对了，敌人没那么多啊！来的充其量有个十来架，数量比以前还少！而且人家远远地一看，中国空军升空了，掉头就走，也不轰炸了。中国空军再等，没消息，轮班等，还没消息。消息传回空军前敌指挥部，毛邦初和周至柔这回可就晕了，敌人这是干什么呢？空城计？不应该啊！我们又不占优势。俩人一琢磨，干脆查吧！

怎么查啊？只能动用戴笠的军统了，人肉雷达就是人家出的人。没两天，情况反馈回来了，敌人在武汉附近集结了大批的飞机，数量足能有200多架！毛邦初和周至柔一

第五十七回　苏联派兵再度援华　库里申科奇袭武汉

281

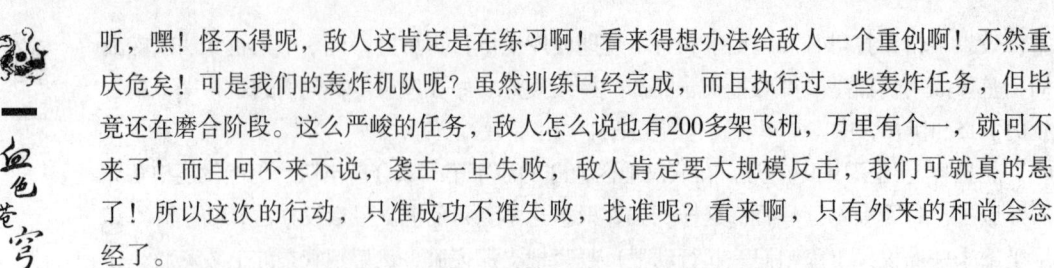

听，嘿！怪不得呢，敌人这肯定是在练习啊！看来得想办法给敌人一个重创啊！不然重庆危矣！可是我们的轰炸机队呢？虽然训练已经完成，而且执行过一些轰炸任务，但毕竟还在磨合阶段。这么严峻的任务，敌人怎么说也有200多架飞机，万里有个一，就回不来了！而且回不来不说，袭击一旦失败，敌人肯定要大规模反击，我们可就真的悬了！所以这次的行动，只准成功不准失败，找谁呢？看来啊，只有外来的和尚会念经了。

毛邦初想的是谁呢？就是苏联正义之剑大队的库里申科！如今看来，也就只有他能执行这么艰巨的任务了！毛邦初捏着鼻子跟周至柔一说，周至柔一琢磨，可也是，我们的飞行员，谁有把握执行这么艰巨的任务？也就只有他们了！

所以毛邦初和周至柔把库里申科叫来：“库里申科大队长，我们有个艰巨的任务要交给你们。"

"请讲！"

周至柔先说了："据可靠情报，现在敌人在武汉集中了200余架飞机，这要是来轰炸，重庆危矣！但我们中国的轰炸机飞行员刚刚培训成熟，无法执行这么艰巨的任务，所以请您代劳一趟！"

"没有问题！我们正义之剑大队，来这里就是为了维护正义的！不过重庆离武汉，距离足有750公里，我们的SB2轰炸机，往返航程不够，这问题怎么解决呢？"

毛邦初乐了："库里申科大队长，这您不用着急，宜昌机场暂时还在我们的控制之下，您可以利用那儿。宜昌离武汉非常近，我想您可以从那儿补给一下，然后想怎么炸，就怎么炸！"

问题都解决了，您说库里申科能对日本人客气吗？这家伙听见打仗，比吃蜜都甜！10月3日上午，库里申科挑选了最精锐的9架轰炸机，突袭武汉！

咱们再说日本人这边呢，日本人是毫无防备啊！今天，总负责人冢原二四三心情不错，那么多天以来，总算有点成效，尤其是自己麾下的嫡系，第一联合航空队，心已经收得差不多了，马上就能投入对重庆的轰炸了！冢原二四三一高兴，就把第一联合航空队的中高级军官，全叫过来训话。冢原二四三一看，头前站着三个人，分别是：鹿屋航空队司令大林大佐，副司令小川大佐，还有木更津航空队的副司令石川大佐。木更津航空队的司令山林大佐今天病了，没来。后面呢，又是一批中层军官。冢原二四三兴致挺高啊："诸君！我们这几天的训练是相当有成效啊！下面，我们就要投入对重庆的轰炸了！不过大家必须要注意，支那人狡猾狡

库里申科

猾地！所以咱们在轰炸的时候，要特别小心，支那人没准儿就在你头顶上！"

刚说着呢，就听下面有人喊："坏了！支那飞机还真在咱们头顶上呢！赶紧跑吧！"

再跑，晚了！咱们书中代言，这回来的，就是库里申科一行，他们一看，嘿！飞机可真不少啊！哎！那儿还在开会，挺好！我给他们发发言吧！

"吱！吱！轰轰！"

几颗炸弹下去，冢原二四三他们刚刚训话的地方，就被炸成了一片火海！

第五十七回 苏联派兵再度援华 库里申科奇袭武汉

第五十八回　日军基地折损大将　库里申科再袭武汉

日本第一联合航空队司令，外加上武汉地区海陆军航空队的负责人冢原二四三挺高兴，特别召集了第一联合航空队的中高级军官训话，正训着呢："你们必须注意啊！支那人狡猾狡猾地！所以咱们在轰炸的时候，要特别小心，支那人没准儿就在你头顶上！"

刚说着呢，就听下面有人喊："坏了！支那飞机还真在咱们头顶上呢！赶紧跑吧！"

再跑，晚了！咱们书中代言，这回来的，就是库里申科一行，他们一看，嘿！飞机可真不少啊！哎！那儿还在开会，挺好！我给他们发发言吧！

"吱！吱！轰轰！"

几颗炸弹下去，冢原二四三他们刚刚训话的地方，就被炸成了一片火海！刚才训话的这一帮人，躺倒一大片啊！库里申科一看，高兴！这回真过瘾啊！接着他得理不饶人啊！带着9架飞机，围着机场就投开弹了！专门照飞机集中的地方扔啊！

"轰！轰！轰轰！"

这回，整个武汉机场都被炸弹点燃了！有的日本人反应快，赶紧跑上了高射机枪阵地，也开火了！

"嗒嗒嗒！"

苏联人可不傻，一看，哟！日本人也开火了！那我就先炸你！

"轰轰！"

高射机枪阵地也上天了！咱们说，这9架飞机，将近10吨弹药啊！一点没糟践，全扔到了机场之内。最后，库里申科一看，扔完了！走吧！这一行飞机才组成队形，缓缓撤退。

这次日本人的损失可太大了！开会这些军官里，鹿屋、木更津航空队的两个副司令当场被炸死，鹿屋航空队司令重伤，总司令冢原二四三也是重伤，左手被炸断！剩下的中级军官，也是死伤甚重啊！光飞行员和指挥官，损失就超过200人，整个海军第一联合航空队的指挥部，几乎被一锅端了！

飞机方面呢，据当时参战的飞行员坂井三郎说，直接损毁的有60多架，受伤的超过100架，油库和航空器材库也给点了，日本人是损失极惨啊！

据后来的日本人说，这次损失最大的，不是飞机，而是冢原二四三重伤致残，这几乎对"二战"日本的走势，都产生了影响！有人问了，冢原二四三，不就是个少将吗？死在中国的日军将军，也不是一个两个。这告诉您，冢原二四三毕业于日本海军兵学校第36期，他是同期中最优秀，也是最擅长使用飞机作战的"俊才"，也是山本五十六最看好的左膀右臂！本来，山本五十六对他希望很高，希望他能一鼓作气，把重庆炸平，逼迫蒋介石投降，没想到，才来了几个月，还没等正式出动，就被炸残废了！这把山本五十六心疼得够呛啊！本来要提拔他当日本海军机动舰队司令的，可没办法，冢原被炸残废了，身体状况也就没法独当一面。最后，冢原二四三成了位置靠后的第十一航空舰队司令，就这样，太平洋开战之后，他也给了美军不小的打击。而代替冢原二四三担任机动舰队司令的，就是他的同期同学，后来指挥突袭珍珠港和中途岛海战的南云忠一！可两人虽然同期，但状况大不相同啊！冢原比较全面，海军、航空样样都不错，南云呢，对海军还行，对航空不甚了解啊！所以后来有日本人说，如果指挥中途岛海战的是冢原二四三，那么日美之间的胜败，犹未可知啊！

咱们闲言少叙，书归正文。武汉的日军航空队损失极惨，上层暴跳如雷啊！特别是山本五十六，都放出话来了："我们一定要报复！我们每一个飞行员的血，都要用重庆的十座楼和里面的人命来偿还！"

可光放话没用，先得收拾残局啊！清理飞机残骸，还能修的，撮吧撮吧弄走大修。不收拾不行啊！整个华中地区，也就是武汉机场规模最大，没了这，想要大规模轰炸重庆和成都，就是问题了。不过还好，损失个100多架飞机，对于日本的飞机的年产量而言，还是可以弥补的，而且每个航空队，还都有备用的飞机。山本五十六是一声令下，几个航空队把备用的飞机拿出来，又补充了一批，十天后，日本人又凑出了150多架飞机，又具有规模了。机场也给清扫得挺干净，油库也修好了，航空器材也调来了，那是万事俱备，只欠东风啊！

可没承想，东风没来，西风来了！日本人这边刚缓过劲来，10月14日，库里申科他们又来了！咱们说，上一次袭击，大获全胜，整个国民政府都震动了！好么！200多架敌机，几乎全挨炸了，这得减轻我们多少负担啊！从蒋介石开始，大家都乐坏了！可是

第五十八回 日军基地折损大将 库里申科再袭武汉

被库里申科炸残的冢原二四三，要是他指挥中途岛海战，历史是否会不一样呢？

285

库里申科呢，他一琢磨：日本人虽然这次损失惨重，但从我们苏联的情报反映，他们的制造飞机的能力也是超群的，200架飞机，损失说小不小，说大也不大，他们应该很快能补充上来。到时候，又是新一轮的报复啊！万一中国政府光顾着高兴了，忘了人家会报复，肯定损失惨重，到时候万一蒋介石心理崩溃，投降了，那我岂不是成了苏联的罪人了？

所以库里申科直接到了空军前敌总指挥部，刚到办公室门口一看，有俩人正跟这抽烟呢，库里申科一看，认识，这俩人一个是参谋长石邦藩，一个是副参谋长张有谷，库里申科挺奇怪，他们俩跟这干什么呢？这时候石邦藩也看见了："库里申科大队长，您好！您这是来……"

"哦，石参谋长，我是来提交作战计划的！"

"那您等等啊！"

石邦藩把门打开一溜缝，看了看："嗯，应该是告一段落了，库里申科大队长，您请！"

库里申科进门一看，好！周至柔和毛邦初大眼瞪小眼，眼珠子里都快放电了，就看谁的电压大，能把对方电死了！库里申科一看，赶紧咳嗽一声："咳！周总指挥，毛副指挥！"

俩人一听，哦！有人进来了！赶紧看看："哦！库里申科大队长啊！您有什么事？"

"二位，武汉一战，咱们取胜了。但以我们的情报看，日本人生产飞机的能力非常强，这次袭击，日本人应该会很快补充上来。我希望趁着日本人不注意，我们再次出动，空袭武汉机场，彻底瘫痪日军的轰炸力量！"

毛邦初一听，"嗷"一嗓子，把周至柔和库里申科都吓了一跳，库里申科还纳闷儿呢，这怎么回事？犯病了？就看毛邦初，把眼睛瞪圆了："周至柔，怎么样？这个计划不光我这个蠢人能想到吧？人家库里申科大队长也是这个意思！"

周至柔一听吗，脸板起来了："库里申科大队长，您的好意我们心领了，不过日本那么缺资源，就算它制造飞机的能力强，也没用啊！这次您给我们解决了大问题，我代表我们委员长，表示感谢！但有关再次轰炸武汉的事呢，我看没有必要了！"

说完了，俩人接着瞪上了！

库里申科一看，嘿！这俩人还没完了！他刚有心说话，就听后面有人说："先生们！你们在干什么？"

三人回头一看，谁啊？陈纳德！周至柔一看陈纳德来了，马上换了一副笑脸："陈纳德上校！今天什么风把您吹来了？"

陈纳德一乐："我今天来，的确有事，周总指挥，您们刚才在谈什么呢？"

"哦！是这样的！"周至柔指指旁边的库里申科，"这不是托咱们正义之剑大队的福嘛！咱们在武汉，把日本人炸得够呛。日本人哪儿禁炸啊？咱们重庆算是安全了。可咱们毛副总指挥呢，非得要求再次空袭武汉，您说这不是多余吗？日本人已经受了重创，一时半会儿不会再来了。可咱们现在，飞机和汽油物资等，都缺乏啊！敌人已经受了重创，咱们再去，意义能有多大？"

毛邦初一听："我说周至柔，你别站着说话不腰疼，你没听咱们反馈回来的情报吗？武汉机场又集中了一百多架飞机，日本人这肯定要存心报复啊！先发制人，后发制于人，你连这都不懂吗？"

周至柔冷笑一声："毛邦初，还亏得你学的是军事呢，你不懂什么叫兵法吗？兵者，诡道也，实则虚之，虚则实之。小日本向来是死要面子活受罪，咱们上次让他损失惨重，不想想办法，小鬼子跟他们的天皇也交代不了！所以十成里有十二成，他们准是弄的假飞机！"

俩人各执己见，又吵起来了。陈纳德一看，头都大了！心说：好！我平常都没注意，这俩怎么吵得那么厉害啊？不行，不能由他们吵下去了，所以陈纳德清清嗓子："咳咳！先生们！静一静！"

周至柔、毛邦初一看，陈纳德发话了，这家伙可惹不起啊！这是我们委员长和宋美龄秘书长眼前的红人啊！所以都安静了，看着陈纳德。陈纳德说了："先生们，不要吵了，咱们现在必须再次轰炸武汉！"

毛邦初一听，乐了，周至柔一听："陈纳德上校，为什么？"

陈纳德摸摸跟砂纸似的脸："日本人的工业发达，飞机制造的速度很快，短时间补充一百多架，也不是不可能。我刚刚去见了委员长和我的公主，我跟他们也交换了意见，如果这是日本人的空城计，咱们不要紧。可万一是真的呢，咱们可就危险了！委员长和我的公主也同意了，所以派我来传达命令，咱们要想办法，再次轰炸武汉机场！"

周至柔一听，好！这是委员长和宋秘书长同意的，马上换了个脸："哦！原来是这样，毛副指挥，你愣着干什么呢？赶紧布置啊！"

毛邦初一看，气得直哼哼：好你个周至柔啊！脸变得真够快的！瞅瞅你，刚才拽得跟二五八万似的，现在成了笑面佛了！

不过计划确定了，事情也就没什么难的了，几下计划，最后决定，还是正义之剑大队出动，由库里申科带队，出动20架SB2型快速轰炸机，执行轰炸任务！

库里申科高兴啊！这回又逮着机会了！我可得跟中国人和日本人面前，显显我们苏联的威风！稍加准备过后，10月14日，20架轰炸机在库里申科的指挥下，腾空而起，直扑武汉！

等到了武汉上空，库里申科一看，好嘛！果然，下面全都是飞机啊！此时不炸，还待何时啊？所以库里申科直接在无线电里喊了："同志们！散开！进入战斗位置！"

"明白！"

"明白！"

20架轰炸机当时就散开了，对着地面扔开了炸弹！

"轰轰！咚咚！"

地面上当时是火光冲天啊！还别说，日本人这回长记性了！几颗炸弹落地之后，值班的高射机枪也开火了！

"嗒嗒嗒！嗒嗒嗒！"

再说库里申科，他是经验丰富啊！他一看，哦！地面上开始闪火花了，不用说，这是高射机枪阵地，还别说，我们这回还真有准备啊！专门准备的燃烧弹，就是为他们的机枪阵地预备的！哼！小鬼子，我让你知道知道我们的厉害！

想到这儿，库里申科马上做出反应，对着无线电里喊："同志们，咱们立刻分为两队，一队继续轰炸机场，另一队跟我去收拾敌人的高射机枪和高射炮啊！"

"明白！"

"遵命！"

于是，正义之剑大队这些飞机分成两队，分别执行任务。这回日本阵地这里可惨了！眼看着飞机来了，赶紧隐蔽吧！

刚隐蔽好，"吱！轰！"，一颗炸弹就下来了！要是一般的也就罢了，这回是燃烧弹，烧起来没完了，几个小鬼子躲闪不及，当场就给烧成了黑炭！旁边鬼子的小队长一看，心里还说呢：嗯，这几个倒霉蛋，真够倒霉的！尸骨无存啊！不过也好，往上报的时候，可以报成失踪，反正你也找不回尸体和骨头了。这样我的罪过可能还小点。

刚想到这儿，"咚！"，整个阵地都给炸飞了！鬼子小队长也上天了！临死还琢磨呢：嗯！我这估计也算失踪！

有人问了，怎么回事啊？怎么阵地都上天了？原来，正义之剑大队用的是燃烧弹，里面的燃烧液是会流动的，小鬼子的炮弹全在阵地的低处，为的就是防炸，可水往低处流啊！燃烧弹里面的液体边流边烧，就烧到了炮弹，所以"轰！"，整个阵地就上天了！

再说库里申科他们这边，今天战绩喜人啊！一通狂轰滥炸，粗略数数，又炸毁敌机一百多架，还炸了一座油库，敌人的航空器材库也给点了，防空阵地更是损伤无数啊！库里申科挺美：我们20架飞机，20多吨炸弹啊！这回可让小鬼子尝尝烤肉了！

正琢磨着呢，就听"叮当叮当"几声，库里申科经验丰富啊！他一听，坏了！敌袭！敌人的阵地被我们打得差不多了，这肯定是敌机啊！可敌机在哪儿呢？还没等库里申科找到，又来了！

"叮当叮当！噗噗！"

左发动机给打灭了！库里申科一看，坏了！我命休矣！

第五十九回 库里申科饮恨长江 爆击之王空袭成都

正义之剑大队的轰炸机队长库里申科，二度袭击日军在武汉的机场，战绩依然喜人啊！炸毁敌机一百余架，摧毁一座油库和不少新运来的航空器材。库里申科挺美：我们20架飞机，20多吨炸弹啊！这回可让小鬼子尝尝烤肉了！

正琢磨着呢，就听"叮当叮当"几声，库里申科经验丰富啊！他一听，坏了！敌袭！敌人的阵地被我们打得差不多了，这肯定是敌机啊！可敌机在哪儿呢？还没等库里申科找到，又来了！

"叮当叮当！噗噗！"

左发动机给打灭了！库里申科一看，坏了！赶紧在无线电里喊："同志们注意！敌袭！"

其余的飞机也注意了，观察手赶紧寻找，一看，果然，轰炸机的上空有三架敌机！其中，攻击了库里申科的那一架刚刚扫射完，把飞机拉起来了。另外两架一推操纵杆，"呜——"，就俯冲下来了，目标很明确，库里申科的带队长机！

既然大家都看见了，能让他们成功吗？其余的飞机赶紧把上面的活动机枪架起来，"嗒嗒嗒！嗒嗒嗒！"

这两架飞机是猝不及防啊！再说咱们这一队10架飞机，那就是10挺重机枪啊！那两架是96舰战，机枪加一起才四挺，火力差太多了！再加上这时候飞机已经俯冲下来，躲不开啊！

"噗噗噗！"

子弹几乎就没糟践！两架飞机直接被打成了筛子，"呜——轰！"，当场坠毁。

这时候，天上还剩一架敌机，这家伙挺鬼，一看状况不妙，他也知道，我这飞机灵活，我就围着他们转吧！所以这一架96舰战围着苏联轰炸机群的周围就转开了！

"嗒嗒嗒！嗒嗒嗒！"

隔不远，开两枪，待一会儿，又开两枪，就跟苍蝇那么烦人！库里申科一看，得，我也甭跟他纠缠了，反正炸弹也扔得差不多了，走吧！

"同志们，撤退！"

20架飞机撤了，剩下这架敌机也没敢追。咱们说，剩下这架敌机，驾驶员是什么人啊？这人可不简单！此人叫作坂井三郎，是日本在"二战"末期，海军航空队最著名的王牌！今天是他的第一仗，没想到就击伤了库里申科的座机。

再说库里申科这边，现在飞机只剩了右发动机能工作，速度变得非常慢啊！而且极度危险，要是另一个发动机灭火，下面又没有平原地势，想迫降都难啊！怎么办呢？要是搁一般人，肯定要放弃飞机跳伞了。其实这么做，也没什么不行的，可库里申科一想：如今我们来中国作战，飞机是有数的，可不像我们在苏联的时候，打完就能补。而且我要是迫降，肯定得找个合适的地方，那就是村落附近了。但如果万一迫降失败，众目睽睽之下，这不是太折我们苏联的面子了吗？算了，以我的本事，我有把握把飞机飞回去！只要我成功飞回去，我们苏联在航空界，就能一举扬名啊！哼！今天就赌一赌了！

所以库里申科就强撑着往回飞，可你的飞行技术再好，飞机要是完了，那还是不顶用啊！就这样，库里申科强撑着飞到了重庆境内的万县，眼看着还有200公里就到机场了，右发动机"噗噗"灭了！库里申科一看，万般无奈！迫降吧！可是下面是县城啊！如果迫降到那儿，十之七八会机毁人亡啊！而且造成的损失也小不了。算了，仗着我的本事，咱干脆就在长江迫降吧！有水流的缓冲，我们的生还概率相对大一点。

所以，他一拉操纵杆，飞机就冲着长江去了！眼看着就要扎到水里，库里申科甚至感觉起落架都触到水里了，这时候，库里申科拼尽全力一拉操纵杆，"呜！咔嚓！"，飞机栽进水中，起落架和翅膀都折了，不过还好，算是迫降成功，人员没伤着。就这一手，不仅需要机敏的反应，还要下多少年的苦功夫！其余的机组成员一看，可算迫降成功了！赶紧踹开舱门，跑了！库里申科呢，这一路飞来，外加上迫降，已经耗尽了他的全力！等迫降成功，他一松劲，晕了过去，剩下的机组人员也没注意，等注意了，库里申科已经溺水而亡，一代英雄，丧命于此！可悲，可叹！后来，到了50年代新中国建立之后，库里申科的女儿来中国留学，这才得知父亲阵亡于中国，后来还亲自祭扫了墓地。

库里申科虽死，但他两次空袭武汉，取得了极好的效

库里申科墓碑

果，总计毁伤飞机250余架，海军第一联合航空队的高级军官，非死即伤，几乎就把日本海军航空队炸成了二百五。可是日本人向来是报复心极强啊！他欺负你，可以，你要敢反击，他们必然报复！所以，日军七拼八凑，又凑了不少战机，要发动惩罚式的空袭！可是空袭哪儿呢？日本海军司令山本五十六一算，重庆估计悬了，支那政府那边在轰炸我们的同时，应该也做了防备，空袭那里，风险太大了。不如轰炸成都，成都可是支那现在的大后方啊！也是战略物资的集散地，要把这里炸了，也是大功一件啊！而且支那方面的防空力量多集中在重庆，我这叫攻其不守！这多好！支那人的兵法，他们自己没学多少，反而是我们大日本帝国，把精华学全了！

山本五十六打好了如意算盘，立即下令："11月4日，驻武汉的海军航空队全力空袭成都，实行无差别轰炸！指挥官是奥田喜久司！"

有人问了，这个奥田喜久司是什么人呢？这人可不简单，他有个外号，叫作"爆击之王"，也叫作"轰炸之王"，那是久负盛名啊！据说，他在一次演习的时候，竟然把炸弹准确地扔到了军舰的烟囱里，这一下，奥田的身价百倍啊！天皇还特意颁给他了一把刻着"爆击之王"的短剑。后来，奥田喜久司历任神威号水上飞机母舰舰长、联合舰队航空本部总务科长，官衔大佐。最近，山本五十六为了加强对重庆、成都的轰炸，特别把奥田喜久司调到了武汉前线，担任海军第二联合航空队的13航空队司令，琢磨着要给蒋介石政府致命一击！可没想到，他们反而先挨了正义之剑大队的两次轰炸！不过，相对于冢原二四三，奥田的运气好得多，两次轰炸，他都因故没在武汉，所以没事，这回，第一联合航空队的指挥机关几乎被连锅端了，第二联合航空队的高级军官也多有死伤，能提得起来的，也就剩了13航空队司令奥田喜久司。

这也就是山本五十六下令让他带队空袭成都的原因啊！奥田喜久司呢，不负众望，得令之后，马上调配飞机，13航空队损失较小，出动36架战机，鹿屋、木更津航空队损失大，一共出动36架战机，总计72架，一水儿的96陆攻。于是到了11月4日，72架96陆攻腾空而起，直扑成都！

奥田喜久司这回相当有把握啊！就前头那帮笨蛋，这也太笨了！要么舍不得多出动飞机，要么轰炸的水平不行，炸了那么长时间，成都仍然还没放弃。这回，我这72架轰炸机呢，以我的指挥水准，怎么说，至少也给成都炸掉一半吧！这一战下来，就得奠定我在大日本帝国海军航空界的位置！

奥田喜久司一边美，一边指挥飞机飞，飞机就逐渐地接近了成都。奥田喜久司一看，快到了，赶紧通过无线电喊："各单位注意，各单位注意，我们已快到成都，请报告情况！请报告情况！"

"报告！我分队3架返航！"

"报告！我中队4架返航！"

奥田一听，嘿！这个气啊！怎么都返航了？其实不奇怪，日本这批飞机本来就是七拼八凑，从各处调来的预备机，保养和磨损情况各不相同，本来依照正常程序，该保养的就保养，该换零件的就换零件，可海军航空队在武汉损失惨重啊！最后没辙了，这些

第五十九回 库里申科饮恨长江 爆击之王空袭成都

291

预备机不管好坏，全调来了。那您说能不掉链子吗？奥田算来算去，一共18架返航的，也就说，还没到成都呢，96陆攻只剩了54架。奥田几位恼火啊！可是还没等发火呢，就听驾驶员报告："司令阁下！敌机来了！"

奥田顺着窗户一看，好！还真有二三十架支那战机起来拦截，奥田一看：哼！支那人还真是愚蠢啊！这不是螳臂挡车吗？我这怎么说也有54架，你们二三十架苏联战机，我们交手过多少次了，我还不明白你们那飞机吗？

于是奥田下令："各单位注意！各单位注意！实行密集阵形，集中火力，干掉支那飞机！"

"哈伊！"

"哈伊！"

于是54架96陆攻摆成一个球阵，机枪全都布好了，一旦中国战机来了，那就是一道火力网啊！咱们前文也说了，96陆攻，虽然从速度、防御力上没什么改良，但火力有所加强，尤其是把死角弥补了，这就不善啊！尤其现在，56架的机群排开，就是一个刺球！

照正常来讲，这时候中国战机该一筹莫展了，其实也难怪，想破这个球阵，就得有人做出牺牲，当诱饵吸引敌人火力。咱们前文说的，四小天王之一梁添成，就是自我牺牲，才勉强破掉敌人的阵法。可是想破敌人的阵，就得先付出几架战机和几个优秀的飞行员，这实在是没伤敌，先伤己，这买卖划不来啊！可不这么干，城市又会受到轰炸，飞行员又会成为群众口诛笔伐的众矢之的。所以每次上天，飞行员们都面临着两难的境地。

奥田喜久司，这家伙之前就跟着轰炸过重庆和成都，对这种情况，他是心知肚明啊！所以他一上来，就摆出了这么一个阵势，想要接着让中国空军难堪！可没想到，中国空军真敢冲啊！

"呜——砰砰！"

"嗒嗒嗒嗒！"

双方就开了火了！可是几秒过后，奥田感觉声音不对啊！好像空气在颤动啊！而且奥田回头一看，"呜——"好！他身后的一架96陆攻立刻坠毁！再抬头看看中国战机，虽然也中了弹，但似乎没什么大碍。

这可把奥田吓坏了！要按正常的，我们没事，支那空军完了，怎么今天反过来了？这是怎么回事呢？

咱们书中代言啊！打人家一拳，防备人家一脚，这个道理中国人当然懂。所以蒋介石亲自下令，加强了戒备。而且这回，中国空军真找到秘密武器了！

原来，今天起飞迎战的是第五大队，指挥官是副大队长，"插翅飞熊"王汉勋！但要说他本人的座机，最新型的伊16，虽说有所改良，但也没什么革命性的变化。其余的还有伊15II，也是日本人的老对手，不具有这个实力。这是怎么回事呢？原来，中国空军从库里淘换出了抗战之前买的几架法国造的瓦汀那D510式战斗机，简称D510，这飞机最厉害的一点，就是它的武装，两挺平淡无奇的轻机枪，还有一门口径20毫米的机炮！这机炮在当时可就不得了了！虽然说，口径20毫米的机炮和空军常见的口径12.7毫米重机枪，看似相差不多，但威力可要差出好几倍！就如同炮和枪的区别！一架飞机，如果挨上了机枪，可能挨个二三十枪，只要没打中要害，最多就算是被挠了一身血，疼虽疼，但不致命，穿几个孔完事。但要是挨上两三炮，那就要命了！没准儿机翼都给你打断！威力跟机枪完全不可同日而语！您说要不要命！

成都一一·四空战，给爆击之王的见面礼，梁又铭作，此画藏于台湾冈山空军军官学校中华民国空军军史馆

有人问了，这么厉害的飞机，怎么在库里搁着呢？这么长时间也不拿出来。原来，这飞机火力虽然强，速度也不错，但毛病一大堆。当年，资深飞行员周庭芳、胡庄如就试飞过，结果下来就抱怨："这破飞机！看着挺好，其实是唬牌的！吓唬人可以，打起来就完了！机炮看着挺猛，打几发就卡壳，而且打不准！你说这玩意儿有什么用？"

"可不是！机炮质量不行还不说，发动机还容易熄火呢！"

这消息一传来，毛邦初本来就对美国货青睐有加，您说这飞机能入他法眼吗？所以几次混编作战，根本没发挥出实力，就给搁库里了。如今，日本的96陆攻一改良，咱们的战机没法抵近射击，也就没法造成致命性伤害了，想要对付他们，机枪没用，非机炮不可！所以毛邦初想起来了，赶紧把这批D510调出来，加以训练，准备迎战！

可没想到，D510这次出山，却有了极其出色的表现！

第六十回 邓从凯击落轰炸王
日本军进攻昆仑关

日军为了报复正义之剑大队对武汉的袭击，派出轰炸大王奥田喜久司，率72架96陆攻空袭成都，要进行惩罚式的空袭。

中国空军呢，也有所动作，他们也知道，如今的96陆攻，已经改良了，没有射击的死角，也就没法像高志航时代那样抵近射击，一击致命了。而且现在，日本人的飞机太多，人家组成阵型，布出火力网，你也过不去啊！所以中国空军被迫启用了装备有口径20毫米的机炮法国造D510，要说这飞机，毛病不少，机炮易卡壳，发动机还容易熄火。可问题就在于，人家有那门机炮，这叫一俊遮百丑啊！别的飞机即使带机炮，欧美列强怕得罪日本，不卖啊！

而且，您别看机炮就一门，而且口径比12.7毫米的重机枪大不多少，但从威力讲，简直差太多了！别的不说，后来日军的零式，速度和火力极佳，火力上，就是凭借两挺轻机枪，外加上两门口径20毫米的机炮，一度纵横太平洋没有对手！在后来朝鲜战争中，美国空军也吃了不少机炮的亏啊！当时论性能，苏联支援的米格15不在美军的F82、F86等之上，但美军吃亏就吃亏在，飞机上装的是重机枪，而米格15是一门口径37毫米的机炮，两门口径20毫米的机炮，你挠我二三十枪，我能忍得住，我要揍你两三炮，就要了你的小命！这个火力因素，也是朝鲜战争中，新中国刚刚建立的空军，与"二战"中不可一世的美军，能够拼起来不落下风的重要因素之一。

咱们闲言少叙，书归正文，中国空军凭着装备着20毫米机炮的D510，竟然打了奥田喜久司一个冷不防！僚机率先坠毁。中国空军这边，负责指挥的是5大队副大队长王汉勋，他一看，这招真奏效了，把大嘴一咧，乐开了："好！太好了！哥几个加把劲！岑中队长！你们的D510继续给我打！今天该着你们们露脸啊！你们主攻，剩下的哥几个敲边鼓，只要敌机脱队，马上给我包围了揍！一架敌机也不要放过！"

"明白！"

"明白！"

再说17中队中队长岑泽鎏，今天就是他带队，驾着秘密武器，7架D510上的天，第一架敌机，就是岑泽鎏的机炮干掉的！岑泽鎏一看，哎哟！还真管用，那还客气什么？打吧！

于是，岑泽鎏带着7架D510，用机炮就扫开了！这要是一般，一对一，或者一对二，岑泽鎏他们的D510发挥不出什么来，今天例外！为什么？D510的机炮，精度差，炮弹打出去跟泼水一样，不是规则的直线。这要是在一般的空战中，绝对是大忌！可今天，54架96陆攻，聚成了一个大球，距离挺近，反正打过去，即使伤不着目标，也把目标旁边的飞机给伤了！也不用太准，反正威力够，只要打上，就够一呛啊！所以岑泽鎏他们对着敌机的队里，就扫开了！

"突突突！嗒嗒嗒！"

几个突击下来，20多架敌机中弹受伤，其中两架飞机重伤脱队，王汉勋一看："哥几个，等什么呢？上啊！"

七八架飞机当时就围上去了！这两架掉队的96陆攻可惨了，现在虽说改装过，没了射击死角，但咱们还是那句话，双拳难敌四手，好虎架不住狼多啊！你火力再强，手大捂不过天来，人家集中火力对付你，也没辙！所以时间不大，两架敌机彻底坠落！

奥田喜久司一看，完！这回算完！赶紧撤吧！再不撤，真该全军覆没了！可刚一掉头的工夫，"砰！"，左翅膀根部开了一个大洞，把飞机都打透天了！飞机当时就歪了！奥田一看："八嘎！给我稳住！"

再想稳，根本稳不住啊！奥田一看，可不是！飞行员现在浑身是血，可能刚才中了一发机炮炮弹，弹片四射，把飞行员伤着了。奥田一看："八嘎！我来！"

奥田也真不善，几个跟跄跑到驾驶位置，把飞行员扔一边，自己开始驾驶飞机！还别说，奥田喜久司人家的确有本事，几次调整，左右摆动机翼，总算把飞机弄平了。

"嗯！可算行了！好险哪！差点就让支那人给打下来了！"

"噗噗噗！"

奥田经验丰富啊！一听，坏了！破裤子缠腿，支那战机又来了！

这话说得对吗？一点不错啊！的确有一架战机盯上了奥田喜久司！这个飞行员是谁啊？此人姓邓，叫邓从凯，乃是29中队的副中队长，刚才就是他带队袭击脱队的两架敌机，邓从凯是一马当先啊！冲向敌机。

"嗒嗒嗒！嗒嗒嗒！"

几串子弹全歇在敌机上了，邓从凯挺美，可正美着呢，就听"噗噗噗！"，自己也中弹了，邓从凯一看不好，一掰飞机，"唰！"，飞机闪开。这时候邓从凯再看看，飞机受伤不重，不碍大事，又继续准备作战！可再一看，邓从凯傻眼了！为什么？自己中弹闪避那会儿，中国空军其余几架飞机冲上去，一顿好打，将这两架击落，邓从凯气得直拍大腿啊！好！我这费力不讨好，别人都没事，我挨揍了，这回人家有了战果，回去吃肉，我只能喝汤！这叫什么事？邓从凯是广东人，自尊心挺强，他也较上劲了：今天我非得揍两架下来，找回点面子！正好这时候，奥田喜久司的飞机脱队，邓从凯一加油门，冲上去开火了！

"嗒嗒嗒！嗒嗒嗒！"

再说奥田喜久司，他一看，坏了，敌人追上来了！怎么办啊？我这飞机本来就跑不快，现在受了伤，还脱了队，更完了！怎么办？为今之计，只有卖个破绽，把他干掉！想到这儿，奥田一拉飞机，飞机又开始爬高，好像不理邓从凯，其实，后面的移动机枪早就开始瞄了。瞄来瞄去，射击手说了："大佐阁下，敌机已经进入射程！"

"好！打！"

"嗒嗒嗒嗒！"

还别说，打得真准，邓从凯是猝不及防啊！邓从凯本来以为，这飞机受了那么重的伤，里面的机枪手早就死了，没想到还能还击，所以想着追到近前，抵近射击，一举把敌机干掉！所以人家一还击，邓从凯当时身中数弹啊！不过邓从凯一看，敌人也在我的射程之内了！打吧！杀一个够本，杀俩赚一个！

"嗒嗒嗒！轰！"

邓从凯打得真够准的！当时就把奥田座机的油箱打爆了！飞机冒着火就栽下去了！

"呜——轰！"

当场坠毁，飞机上从奥田喜久司以下所有的人，无一幸免。邓从凯这时候身负重伤，流血过多，想跳伞都没劲了，所以飞机也栽到了奥田座机的旁边，"轰！"，邓从凯当场阵亡，时年25岁，击落敌机4.5架，差一点就成王牌了！

邓从凯和奥田喜久司同归于尽，这下对中日双方都是相当大的刺激！王汉勋、岑泽鎏他们一看："可恶的小日本！为邓副中队长报仇！"

同归于尽的邓从凯（上左）和奥田喜久司（上右），以及邓从凯的墓碑

"为邓副中队长报仇雪恨！"

"哒哒哒！哒哒哒！"

大家打得更猛了！可日军这边呢，他们一看，得！连司令官都被人揍下来了，我们更得玩完啊！所以士气大跌，所有飞机不用命令，自动掉转机头，还排成球阵，准备返航。

这时候王汉勋一看："兄弟们！小日本想逃！咱们追啊！一架都不能放过！"

"一架都不能让他走！"

"嗒嗒嗒！嗒嗒嗒！"

大家又扫开了。可这么扫，不顶用啊！还得看岑泽鎏他们的D510，岑泽鎏又是一马当先啊！一踩油门追上去，瞄着敌机就开火了！

"咔咔咔！"

岑泽鎏一听，声音不对啊！再一看，没炮

弹！哼！估计是卡壳了！今天这飞机也真对得起我们，这时候才卡壳。岑泽鎏想到这儿，在无线电里喊上了："我的机炮卡壳了！谁还能打？"

"中队长，我的也卡壳了！"

"我的也不行了！"

问来问去，7架D510的机炮全哑火了。这无线电都是通着的，岑泽鎏他们这问，王汉勋也听见了，王汉勋就说了："算了！兄弟们，都回来吧！多追无益，让他小日本捡了个便宜。"

跟奥田喜久司空战的将士们，下排左二为王汉勋，左三为岑泽鎏

等下来点计战果，我方损失三架战机，邓从凯副中队长以下3人牺牲，抚恤收敛这不用细说。负责地勤的人跑到敌机坠毁的位置，开始翻找，找来找去，有人喊了："哎！大家看看，这是什么？"

说这话，扔出几样东西，下面的人一看，好！先是一份重庆地图，上面标明了党政机关的地点，大家一看，好！有这东西，敌人肯定不是一般人。有人还猜呢："哎，我说哥们儿，你看见没，有这东西，说明敌人至少是个指挥官级别的，起码来说，中尉！"

话音刚落，飞机里又扔出一个银盒，"啪啦"摔在地下，散了，大家一看，好！里面是个佛像！有人又说了："狗屁！中尉能拿银盒装佛像啊？谁家中尉那么趁钱啊？我看，至少是个少佐！"

刚说完，飞机里面的人喊了："兄弟们！看看这是啥！"

随着话音，里面的人出来了，再看他手里，左手是一把短剑，刻着好几个日本字，能认得的也就是"爆击X王"，右手捏着领章，认识的人一看："哟！咱们逮着大鱼了！这可是个大佐啊！不得了！不得了！"

等把这些战利品和奥田喜久司的遗体弄到了航空委员会，大家全惊了！好么！大佐！这一仗可算是没白打啊！这人谁啊？赶紧派军统的人去调查。几天后，军统的内线把日军的报纸拿来了，报纸是这么写的：

为惩罚支那轰炸武汉的卑劣行径，我大日本帝国海军航空队于11月4日，对成都进行了惩罚式轰炸，炸毁成都建筑过半，我方指挥官，13航空队司令，绰号"轰炸之王"的奥田喜久司，发动自杀式爆击，不幸玉碎。

大家伙一看，"哇！"，全乐了！小日本真能瞎掰啊！好！我们总算知道了，这把短剑的主人，叫作奥田喜久司，是日本的轰炸之王，可喜可贺啊！

咱们再说句话外音，奥田喜久司的死，在日本海军航空队里面，震动极大啊！同为海军航空队名将，后来担任大凤号航空部队指挥官的入佐俊佳，他听到奥田的死讯，当时就把军衔摘了，对着部下说："支那古人常说，瓦罐不离井台破，将军难免阵前亡啊！奥田免不了，我也免不了，以后我出击的时候，就不带任何表明身份的东西了，死了，就无名地死掉吧！"

奥田一死，日本海军航空队方面军心动摇啊！现在，飞机损失个差不离，司令官死的死伤的伤，根本无法组织大规模空袭。所以重庆和成都方面，又迎来了一阵相对安宁的时期。可是重庆、成都相对安宁，空军将士们闲不住啊！原来，日本人虽然放松了对重庆和成都的轰炸，但动作不停，调集兵力，准备从广西北海登陆，对南宁发动进攻！南宁这地方可是至关重要啊！如果成功占领，向北可以更轻松地轰炸成都、重庆，进军也方便，而且可以肆无忌惮地轰炸滇缅公路和滇越铁路，切断中国对外的口岸，还能威胁法国的殖民地——越南，这地方简直太好了！中国方面呢，也知道南宁的重要性，所以调集了最精锐的第五军，以及其他的劲旅，双方在南宁附近的昆仑关对峙上了！在打仗方面，空军现在是先锋啊！打仗需要先行！所以，3、4、5大队和轰炸机大队又开始准备了。

且说四大队这边，大队长董明德，如今击落战机已经达到了8架，乃是空军头一号的猛将啊！命令下来，他忙前忙后。您看着空军出击容易，起飞开火就行了，其实好多的保障，都得盯住了，一个闪失，空军将士都可能遭受灭顶之灾！他正忙着呢，就看天上有两架飞机在盘旋，看样子，既不是伊15，也不是伊16。董明德一看，哟！坏了！敌袭！所以紧跑几步，到了机场的指挥塔，刚要拉警报，旁边一个人过来了。

"董大队长，什么事啊？"

董明德回头一看，谁啊？大草包邢铲非！咱们前文说了，邢铲非论资历，除了航空界的元老，比他强的人不多，可论本事，他也不怎么样，所以一直做地勤。现在，他担任重庆机场的负责人。董明德能不认识吗？他一看，邢铲非一点不着急，心中也有了三分底："邢老兄，我看天上有两架飞机，看样子不是咱们的，你知道是怎么回事吗？"

"哈哈哈！我能不知道吗？他们马上就要降落啊！你看着吧，董大队长，有天大的好消息！"

第六十一回　董明德试飞负重伤　日战机反复袭后方

四大队马上要从重庆奔赴广西，阻击日军的进攻，眼看着要走了，大队长董明德却发现天上有两架飞机在盘旋，看样子，既不是伊15，也不是伊16。董明德一看，哟！坏了！敌袭！所以紧跑几步，到了机场的指挥塔，刚要拉警报，旁边一个人过来了。

"董大队长，什么事啊？"

董明德回头一看，谁啊？大草包邢铲非！这是空军的老人了，董明德能不认识吗？他一看，邢铲非一点不着急，心中也有了三分底："邢老兄，我看天上有两架飞机，看样子不是咱们的，你知道是怎么回事吗？"

"哈哈哈！我能不知道吗？他们马上就要降落啊！你看着吧，董大队长，有天大的好消息！咱们的新飞机到了！"

"啊？"董明德一听，也高兴坏了，"哪儿来的新飞机啊？"

"具体的我也不清楚，我就听说，是陈纳德顾问跟美国政府那边来回商议，美国政府才批下来几十架，先来的这两架是样机，是你的老朋友刘志汉和赖名汤在试飞呢！"

"哦！原来如此啊！我也得去看看！"

想到这儿，董明德也跑到了机场，一看，正好飞机降落，刘志汉从机舱里跳出来。董明德紧走几步，握着刘志汉的手就说："我说老刘，你和名汤，你们俩可以啊！头几个月，上面命令，把你们俩调到航校去，我以为就是教学呢，闹了半天是让你们试验新飞机啊！你们俩是不是事先就知道，瞒着我来着？"

刘志汉一乐："哎呀！大队长，我们也不知道啊！到了航校之后，我们也教了一阵子课，突然陈纳德顾问临时来调我们，我们也才知道，要试验新飞机，名汤，你说对吧！"

赖名汤也过来了："可不是！大队长，陈纳德顾问也是突然袭击，之前什么也没说，我们到了机场，才知道有新飞机，你看，我们这不是也刚刚降落？"

董明德再看看新飞机，一看，这飞机怎么看怎么像当年陈纳德的座机，霍克75呢？董明德一问，刘志汉说了："大队长，您真是行家啊！这就是陈纳德顾问最新定的霍克75A，也就是改进型。"

"这飞机性能怎么样？"

"嗯！刚才我测试着相当不错，这飞机速度快，也灵活，依我看，它的性能，只在伊16以上，不在伊16以下啊！"

这话一说，董明德当时就心痒痒了，身为飞行员，听见好飞机就心痒痒，这都成了职业病了，所以董明德就说了："两位老弟，我试试怎么样？"

赖名汤一听："这个……大队长，我看您还是先跟陈纳德顾问打个招呼吧。"

刘志汉一看："哎！名汤，说什么呢？大队长的实力你还信不过吗？而且陈纳德顾问也说了，务必对飞机进行全面的测试，大队长试试，体验不就更全面了吗？"

"也对，也对。"

董明德一听，高兴！翻身登上霍克75A，把安全带系好："来啊！给我摇螺旋桨发动！"

地勤过来，帮忙给发动了，董明德驾机冲上蓝天！董明德在空中一试，左右盘旋，俯冲，殷麦曼螺旋，外加上中国空军自己的绝招——上下翻滚射击，也就是"当头炮和撩阴脚"，这一试不要紧，董明德心花怒放啊！美国货就是好使！苏联货跟它一比，差得太多了！人家美国货相当精密，左转多少度，那就是多少度，苏联的还有点偏差，我们现在要是一水儿的更新成这个，肯定够小日本喝一壶的！董明德高兴，在天上飞了大概一个多钟头，一看，汽油消耗过半，董明德一看，哦！明白，刚才就没加油，现在不太够了。得了，我也试得差不多了，降落吧！想到这儿，董明德驾机降落。

眼看着要落地，出事了！也不知道是地勤疏忽，还是有人不小心，就在董明德降落的跑道上，有一小摊油没清理，董明德驾驶飞机，他看不见啊！结果左轮正好蹭到了这摊油上，这下坏了！飞机一打横，"吱吱吱吱！！叮咣！稀里哗啦！"

飞机翻了几个个儿，"咔嚓！"，翅膀折断。刘志汉和赖名汤一看，慌了："大队长！"

"大队长！"

赶紧带着地勤上去救人，等掀开机舱盖一看，董明德浑身是血啊！还亏得有安全带保护，不然飞机连翻带滚，颈椎都得碰折了！刘志汉一看："赶紧救人！快！"

大家七手八脚，总算把董明德翻出来了，董明德出来直哼哼："可恶！这飞机好是真好，可为什么到了我这就不好使了？苏联的伊16，我开了多少遍都没事，怎么今天就栽了？"

霍克75，抗战之初是陈纳德的爱机，陈纳德曾驾此机多次观摩中日空战，由此提出了不少好战术，汤卜生队长还用这种飞机空中拜谒中山陵

刘志汉和赖名汤一看，这就放心了，大队长外号"打不死"，真不是吹的，这要是一般人，飞机摔这么一溜滚，几条命都没了！我们大队长还真行！所以他们俩赶紧说："大队长，这不是您的问题，飞机在降落的时候突然失控，这是质量问题！"

"可不是！大队长，您的飞行我们都看了，一点问题也没有，最后突然失控，肯定是起落架的问题！"

董明德听了，心情仍然不好："唉！别管什么问题，丢人啊！咳咳！"

董明德咳嗽两声，刘志汉一看，大队长咳中带血，不是好现象！赶紧送医院吧！结果送到医院一检查，其余的伤没什么大碍，就是肋骨断了两根，而且戳破了肺，刚才咳血，就是这个的结果。这伤没别的，就得静养，也不能上天了，所以董明德也就告别了作战一线，由副大队长"望天犼"郑少愚接任大队长。

董明德

临阵换将，仗还是需要打的啊！不过南宁方面的日本军队，从实力上讲，陆军还可以，负责空中作战的海军航空队，那干脆就是凑得！由于正义之剑大队对武汉的轰炸，以及王汉勋他们在成都上空的奋战，日本海军的第一、第二联合航空队元气大伤啊！现在勉强拼出了第三联合航空队，飞机不少，250余架，比咱们现在的飞机总数还多，但士气不高。陆军方面呢，虽然派出了21独立飞行战队，但海陆军不和，他们不但不会协同作战，还得看海军的笑话！

所以几战下来，中国空军击落敌机11架，咱们也损失了十来架，日本人没占到什么大便宜，双方算是堪堪平手。不过中国方面，也损失了一员大将，乃是四小天王之一，小洋人陈瑞钿。

原来，陈瑞钿的飞机在空战中受伤，他在跳伞时，不幸面部、手脚都被火焰严重灼伤。陈瑞钿是美国国籍，按照一般的惯例，能领一笔钱，等伤好了就可以回美国安度晚年。本来陈瑞钿也是这么想的，可没想到，就在陈瑞钿还在柳州治疗的时候，日军轰炸机突袭柳州！陈瑞钿的夫人叫作伍月梅，乃是孙中山时期著名的外交官伍廷芳的女儿。伍月梅当时为了保护丈夫，一看日军轰炸，就扑在了丈夫身上，没想到，伍月梅真的被弹片击中身亡。陈瑞钿强忍悲痛啊！重新振作，开始恢复身体，到了1945年，他又重新驾驶飞机回到了中国的天空！不过可惜，他的身体已经不足以在一线作战了，据说，陈瑞钿后期在驼峰航线上非常活跃。要说民国空军里，能够身负重伤，重上蓝天者，陈瑞钿算是最著名的一个了，再加上他之前一共击落敌机8.5架，无愧四小天王之

第六十一回 董明德试飞负重伤 日战机反复袭后方

名！所以后人有诗赞之曰：

身虽洋人心在华，
威风八面战天涯。
国耻未报添家恨，
折翼雄鹰再奋发。

咱们闲言少叙，书归正文，在昆仑关一线，由于空军的奋力作战，国军士气大振啊！甚至还打出了一个昆仑关大捷，击毙敌21旅团旅团长中村正雄。战斗从1939年12月达到了1940年1月，国军没能阻止日军占领南宁，但终于在昆仑关遏制了日军的进攻，昆仑关战役告一段落。

接下来的几个月，中国空军同时得到了好消息和坏消息。好消息就是，敌人最近很消停，来轰炸的飞机不是太多。其实也不奇怪，日军在这个期间，正在筹备枣宜会战，准备攻占宜昌，进一步威胁重庆。可这对于空军来说，是难得的休息时机啊！不用天天全都绷着神经等着敌人轰炸了。毛邦初一看，可算有喘息的机会了！赶紧抓紧时间进行调整，头牌的英雄们分成两批，一批进航校担任教官，留作种子，就算打起来万里有个一，也不至于全军覆没。经过计划，周庭芳、王汉勋、黄泮扬他们几个，调到航校担任教官。剩下的，"望天犼"郑少愚担任四大队大队长，"绝命飞蛇"罗英德担任三大队大队长，"霹雳闪电"黄新瑞担任五大队大队长。另外，抗战后期的四金刚，"驱逐之王"高又新、"梁山英雄"周志开、"万夫莫敌"徐吉骧、"拼命三郎"李向阳，也都担任了空军的重要角色！

陈瑞钿

休养生息，人员调整，这算是好消息。坏消息呢？正义之剑大队撤了！有人问了，苏联人跟咱们并肩作战了几年，怎么说撤就撤了？原来，就在同时期的欧洲，希特勒指挥着纳粹德国的大军横扫西欧啊！英法等老牌帝国堪堪不敌，苏联人一看，警觉起来了！所以马上调集军队，以防不测。

可日本这边呢，苏联人还不太放心。不过，日本方面也派出特使，跟苏联人谈判，目的呢，也想减轻自己的压力，要不然全力跟中国打呢，苏联半截腰插一杠子，要命啊！双方都想和解，那还不容易？所以苏联为了表决心，把正义之剑大队后撤到新疆待命，不参战了！支援的飞机也给停了。这下，苏联拿着中国当了谈判筹码了！也就因此，后来不少人耿耿于怀啊！甚至有些人，故意淡化正义之剑大队的战绩，专门宣扬飞虎队。不过咱们说句实在话，苏联人这几年的支援，从正义之剑大队到各种军火，已经帮中国扛过了非常艰难的一阵，要是没有他们的支援，中国的战况肯定不会更好。

苏联的支援一没，空军的状况就更糟了！原来打残了，多少补点，攒上一阵，也能恢复元气。可现在呢，飞机打完就没了！这谁还敢无休止地用？所以枣宜会战中，中国空军几乎没什么动作，生生看着宜昌机场沦陷，这下，想轰炸武汉都不可能了！

几个月过后，到了1940年5月，日本天皇亲自协调陆海军，发动了101号作战，陆海军反复轰炸成都和重庆。这回可惨了！原来至少还会出现，海军航空队来了，陆军航空队拒绝跟他们同一天轰炸的情况，现在不了，海军航空队炸完一顿走了，陆军航空队一看，你炸了那么多，我也不能比你差！这回等于受到了双倍的空袭，那还不惨？重庆、成都等地，民众死伤无数啊！不过中国空军还是进行了英勇的抵抗，三个多月的时间，空军将士与敌人交战61次，击落敌机32架，击伤387架次，己方战损29架，阵亡18人。损失虽然比敌人少，不过由于苏联外援的断绝，还有六十几架战机，因为中弹或者零件疲劳而报废。即使是刚刚买进的几架最新型的霍克75A，也在战斗中损失殆尽。到了现在，中国空军能飞的战斗机，仅剩了六十多架，您说这仗怎么打？不过中国空军仍然没有放弃希望。

再说日军这边，日军的损失虽然也有，但对于他们的生产力以及修复能力而言，九牛一毛啊！而且相对于中国空军的抵抗，他们更头疼的是海陆军互相争功。咱们说，日本陆军，多是本土少壮派；日本海军呢，多是留过洋的海归派，双方谁都认为自己不含糊。可觉得不含糊，都得拿出真凭实据来啊！就现在而言，谁把蒋介石打投降了，自然是头功。这一点上，陆军自然是有先天的优势啊！陆军可以横行中国大陆，海军不行啊！军舰虽然厉害，但没法在陆地上跑啊！所以海军方面，尤其是海军司令山本五十六，就把希望寄托在海军航空队的身上了，所以海军航空队对于轰炸重庆和成都，那是极为卖力啊！不过再怎么炸，中国空军仍然在抵抗，蒋介石呢，也没有投降的意思。所以山本五十六一看，嗯！想要蒋介石投降，就必须彻底摧毁他一手组建的中国空军，看来我得拿出我们的秘密武器！

第六十二回　新零式横扫苍穹　飞将军血洒璧山

日本天皇亲自调停，海陆两军的航空队是兵合一处，将打一家，共同对重庆、成都发起了大规模轰炸，史称"101号作战"。中国空军虽然奋力抵抗，但由于飞机太少，收效甚微，而且几经大战，中国空军的战机仅剩了六十多架，几乎是最后的火种了。

而日军这边，也出现了海陆军争功的情况，现在，谁把蒋介石打得投降了，自然是头功，谁都想抢这头功啊！可相对于陆军可以横行中国大陆，海军就吃亏了！重庆方面有一个得天独厚的地利，那就是三峡，水急浅滩多，军舰上不去啊！所以山本五十六急得够呛：想要蒋介石投降，就必须彻底摧毁他一手组建的中国空军，看来我得拿出我们的秘密武器了！

有人问了，秘密武器是什么啊？您往后看就知道了。且说1940年9月13日，日本海军航空队照常派30余架96陆攻前来轰炸重庆，中国空军如今听说这老对手，都麻木了！四大队大队长"望天犼"郑少愚一看，现在空军主力在成都和重庆之间的遂宁，这地方好就好在位于成都和重庆之间，不显眼，但到哪儿都需要时间，如今重庆受到空袭，耽搁不得！马上命令："集合！准备出发！"

等集合起来一看，今天五大队和三大队的一部分轮休，由四大队和三大队28中队值班，一共33人。郑少愚等不及了，马上命令："马上起飞，保卫重庆！所有飞机以中队为单位，高度6000米，编队起飞！快！"

飞行员们动作都挺快，赶紧发动飞机，一个一个起飞。有人问了，为什么飞到6000米高空啊？原来，郑少愚经验丰富，敌人的96陆攻，轰炸的时候，飞行高度一般在5000米以下，我们提前占领了高度，就等于有了优势，上打下，不废蜡啊！所以，33架飞机赶紧爬高，然后分成四队，奔重庆而去。等到了重庆，只剩28架了，剩下的哪儿去了？故障返航。当时的空军，飞机因为故障返航的状况常有，所以郑少愚也没特别注意，只是心里祈祷：希望就是小故障，回去稍微弄弄就没事了，可千万别出问题啊！咱们的飞机已经伤不起了！

这时候呢，郑少愚他们的编队，就到了重庆上空，再看重庆市内，满目疮痍啊！敌人显然是轰炸完了，郑少愚气得一拍大腿："完！全完！这次又白跑了！"

咱们书中代言啊！如今，空军白跑的时候常有！咱们的飞机少啊！只能集中在一处，一阵在重庆，一阵在成都，这样攥成拳头，如果有个万一，尚可一战，没法再分散了！可人家的飞机多啊！炸完重庆炸成都，空军是手大捂不过天来啊！所以总有扑空的时候。郑少愚呢，是干着急没办法。到了现在，没办法，只能联系机场了，所以郑少愚打开无线电："喂喂！重庆机场吗？我是郑少愚！"

无线电那边也说话了："喂喂！郑大队长吗？我是张有谷。敌人的飞机已经走了，你们来晚了！"

"嘿！我就知道！那我们现在怎么办？"

张有谷想了想："嗯！你们先回遂宁机场加油吧！然后待命，有消息你们再过来。"

"明白！"

所以郑少愚带队，飞机掉转机头，慢慢返航。可是返航没多久，郑少愚就听着无线电里说话："大队长！我是王广英，咱们后面似乎有可疑目标！"

郑少愚探着脑袋回头一看，哎！还真是！几个小白点从高空过来，在高速接近。郑少愚一看，这是什么？自己这边不可能有飞机了，肯定是敌袭啊！所以郑少愚赶紧在无线电里大喊："敌袭！小心！"

说时迟那时快，中国空军这边返航，为了节省汽油，飞得都很慢，可是敌机速度奇快啊！而且高度在7000米，占尽了优势！还没等中国空军摆开架势，人家就冲到了眼前！

"嗒嗒嗒！嗒嗒嗒！呜——"

一个回合下来，第四编队的杨梦青中队长当场被击中身亡，飞机坠下去了。郑少愚这时候看清了，敌机一共12架，型号没见过。他心说：娘的！小日本，你们用新式飞机又能怎么样？你们就12架，还敢跟太岁头上动土，今天老子要教训教训你们！

"兄弟们！用老战术拾掇这帮龟儿子！"

"是！"

"明白！"

有人问了，什么老战术啊？咱们前文说了，苏联支援的战斗机有两种，其中伊15是双翼战机，动作灵活火力强，适合盘旋缠斗；伊16呢，速度快，俯冲猛。所以两种飞机配合起来，伊15负责缠住敌人，伊16趁机爬高，等爬到高处，用俯冲攻击，这招如同雷霆千钧，万试万灵啊！就算敌人本领高强，躲过去了，也是狼狈不堪，这时候，伊15就能得便宜将其击落。中国空军在之前的战斗机对战中，始终不落下风，这一招起到至关重要的作用！今天，郑少愚一看，敌人来势甚猛啊！而且这帮飞机数量也少，干脆就用这个老战术吧！

队员们得令之后，马上开始执行。大队长郑少愚亲带伊15编队，与敌人缠斗；分队长"飞天蜈蚣"龚业悌带着伊16编队开始爬高。可一执行起来，傻了！为什么啊？敌人的飞机速度奇快，而且极其灵活！咱们负责缠斗的伊15，两架都逮不住人家一架，而且一开火，飞行员们听出来了！

"砰砰砰！嗒嗒嗒！"

这声音不仅有机枪，还有机炮啊！火力比我们强得不是一个等级！所以仅仅几分钟，敌人的战机一架都没事，咱们反而被击落好几架。就连大队长郑少愚，飞机也中了十几枪，身上两处受伤。郑少愚还要硬撑，就听无线电里喊："大队长！我是徐吉骧，您受伤了，赶紧下去吧！照这个样子，咱们撑不住的！您得下去叫兄们支援啊！"

郑少愚一看，万般无奈啊！反正这离遂宁基地也

龚业悌，自八一四参战，璧山空战负伤后，退居二线

不远了，走吧！赶紧叫兄弟们来支援！他下去迫降了。剩下的伊15，继续跟敌机缠斗，别看咱们的人多，飞机也多，但是堪堪不敌啊！

伊15不行，伊16那边也挺惨！人家对付伊15的同时，也有几架缠上了伊16。要说，伊16跟之前的日军战机比，什么96舰战也好，97单战也罢，论起爬高速度，那是首屈一指的！中队长龚业悌，外号"飞天蜈蚣"，也是出了名的好手，从八一四开始参战，可谓久经沙场啊！可今天，他碰上对手了！日本人的飞机也不知怎么那么快！三窜两窜，还是后爬高，竟然跑到了伊16的头上，日本人还挺损，背对阳光俯冲射击！

"嗒嗒嗒！砰砰砰！"

这下伊16可惨了！想还击也不行，人家居高临下，而且背对太阳，咱们想要还击，就得跟人家打对头，可这样，阳光刺眼，根本打不准！而且人家的火力猛啊！连机炮带机枪，"嗒嗒嗒！砰砰砰！"

时间不大，8架伊16，被当场击落3架，龚业悌身负重伤，不过还好，这三个人都迫降成功，命保住了。剩下5架伊16，在天上更惨了！被打得是上天无路，入地无门啊！只能左躲右闪，勉强维持。

这时候，大家都被打慌了，但还有几个人保持冷静，抗战后期四金刚之一的徐吉骧就是其一啊！今天，四金刚有两个在场，一个是"驱逐之王"高又新，另一个就是"万夫莫敌"徐吉骧。徐吉骧这小伙子脑子快啊！他边打边算：敌人这是从哪儿来呢？离我们最近的机场就是宜昌了。宜昌离我们这里大概不到500公里，敌人这就算是最新的战斗机，航程估计也就是1200公里左右，算来回的航程，敌人撑不了多长时间就得返航。到时候我们趁势反击，肯定能反败为胜啊！所以徐吉骧边打边用无线电给兄弟们鼓劲："兄弟们加把劲啊！敌人撑不了多长时间了！加油！再撑一会儿！"

可是，徐吉骧猜错了，敌机不但没撤退，是越战越勇啊！有人问了，敌人这种新式战机怎么那么厉害啊？这告诉您，这种新式战机，就是"二战"时期鼎鼎大名的零式战

机！也就是海军航空队的秘密武器。零式战机在整个"二战"都是鼎鼎大名啊！可谓是一款划时代的飞机，速度、火力都是一等一的，虽然说防御力稍差，但你根本逮不住它！别说中国空军的伊15、伊16，就是当时欧美各国的顶级战机，也在零式面前讨不到便宜！而且，零式的航程超长，能达到3000公里，咱们的伊15和伊16，不过800公里，咱们后起飞，等耗没劲了，人家还精神着呢！

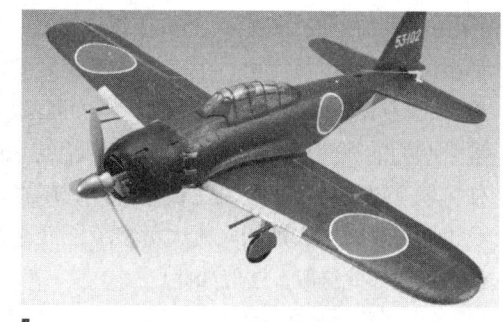

一出道就横扫天空的零式战斗机

您说这仗怎么打？所以中国空军损失极惨啊！即使是天上幸存的飞机，也被打得东躲西藏，堪堪不敌！咱们且说遂宁基地这边，遂宁离着璧山不远，而且空军作战半径大，璧山打仗，遂宁也能看见。毛邦初今天正好在遂宁基地，他一听说打仗，拿着望远镜出来观战。一看，自己这边飞机多，但是仍然被日本人打得稀里哗啦！毛邦初看着，火往上撞："他娘的！小日本太猖狂了！今天还谁值班？快起飞！说什么也得把小日本给我揍下来！"

"副总指挥，万万不可！"

毛邦初一听，心中不爽，这谁啊？这不是打击士气吗？再一看，三大队的中队长雷炎均！雷炎均今天是飞行编队中的领队之一，怎么下来了？这告诉您，被打下来的！雷炎均在空战之中，飞机重伤，本人的左脚也中弹了，被迫迫降。他的运气还不错，离着遂宁基地挺近，就迫降到了基地。等降落成功，他也动不了了！飞机负伤，谁能有百分之百的把握成功降落？所以需要极度集中啊！这太消耗精力了！所以飞机降落成功，雷炎均也不会动了，还是地勤把他搀下来的。好，刚下飞机就听见毛邦初要再派飞机上去，所以他赶紧过来大喊："副总指挥，万万不可！万万不可啊！"

毛邦初一听："嗯？雷中队长，你这是什么意思？难道就由着小日本这么猖狂？"

"副总指挥，差距太大了！咱们跟日本人的飞机，根本不是一个档次啊！敌人太强了！我们都没有机会还手！您要是再派兄弟们上去，那只能是白白送死啊！咱们空军的种子已经不多了，我求您了！"

"扑通！"，雷炎均也不顾自己受伤，当场就给毛邦初跪下了，声泪俱下啊！毛邦初长叹一声，他也知道，雷炎均也不是善茬子，外号"小雷公"，当年在北方战场，前期他是副队长，后期他就是正队长，力战过三轮宽，会斗过加藤战队，负伤多次，连眼睛都不眨，只要身体还能上天，他总是冲杀在第一线。而且男儿膝下有黄金，不到万不得已，怎么可能下跪呢？毛邦初再看看天上，果不其然啊！敌人的飞机简直太强悍了！咱们的飞机一架接一架的坠落。最后日本飞行员一看，我们的机炮也打完了，支那的飞机也没了，我们这款新战机还真好用啊！今天试试手就行，走吧！

敌机走了，毛邦初赶紧让人查点伤亡，这一看，损失极惨啊！一共28架飞机，只有

第六十二回 新零式横扫苍穹 飞将军血洒璧山

307

4架因为没油，进行迫降，飞机还比较完好。剩下的，13架被击落，11架受伤迫降，几乎都报废了！飞行员方面，中队长杨梦青，飞行员曹飞、何觉民等10人牺牲。大队长郑少愚、飞行员龚业悌、王广英、徐吉骧、高又新等9人受伤，这几乎等于是被人全歼了啊！本来咱们的战斗机就只剩了60多架，现在一战，连40架都不到了，再这么下去，不到两仗，就全得交待了！这可怎么办啊？毛邦初思来想去："兄弟们，这仗咱们没法打了！我也看见了，敌人的新飞机太厉害了，再这么打下去，咱们的空军就彻底完了！所以你们一定要如此这般，这般如此！"

第六十三回　毛邦初再遭暗算　三一四空军浴血

璧山空战，中国空军虽然奋力抵抗，但敌人登场的零式战机太厉害了！中国空军的28架战机，几乎被12架零式全歼！敌人呢，仅有三架战机受了伤，仅仅最后在降落之时，损毁一架。可就这样算，敌人不是零损失，咱们也相差太多了！尤其璧山一战之后，咱们仅剩了不到40架战机，这仗怎么打下去？所以毛邦初思虑再三啊！跟飞行员们说道："兄弟们，这仗咱们没法打了！我也看见了，敌人的新飞机太厉害了，再这么打下去，咱们的空军就彻底完了！与其做这种无谓的牺牲，咱们这样办！从今天开始，咱们一定以保护种子为先，没我的命令，敌机只要一来，你们就跑！"

"啊？副总指挥，那咱们怎么交代啊？"

"你们不要管，委员长和宋秘书长那儿，我来交代！"

毛邦初呢，回到办公室，赶紧写了报告，把这次璧山空战的过程，详详细细地写了，最后毛邦初写道：

敌人此款新式战机，比我方所用的伊15、伊16胜强数倍，日军如今在中国，拥有飞机上千架，我方仅剩40余架，空军濒临绝种啊！为今之计，只能以保存实力为先，留得青山在，不怕没柴烧。另外，我们将想尽一切办法，从外援方面，再次从列强方面进口先进飞机，以抗衡敌人的新式战机，这才能解决当前的危机。

报告送到蒋介石桌上，蒋介石一看，脑仁直疼啊！留得青山在，不怕没柴烧，这不是放任敌人对重庆和成都的轰炸吗？可也没别的办法，不保存实力，飞机和王牌都打光了，我们怎么重建啊？可是要是批准了，什么时候，找谁才能恢复空军的实力呢？

蒋介石正头疼呢，就听门口，"报告！"

"进来！"

"委员长，是我！"

蒋介石抬头一看，谁啊？周至柔！有人问了，周至柔怎么跑这儿来了？原来，璧山惨败，周至柔也听说了，周至柔多鬼啊？他一听，我们被打那么惨，委员长会不会大发雷霆啊？我是空军总指挥，闹不好，要担责任的！所以周至柔一看，我先去听听消息吧！看看委员长什么态度。

所以周至柔就来到了蒋介石的办公室。蒋介石正头疼呢，一看周至柔来了："百福，你看看这个！"

百福就是周至柔的原名，也是字。周至柔把文件拿过来一看，正是毛邦初的报告，周至柔看了看，不知道蒋介石什么想法啊！所以试探着问蒋介石："委员长，毛副总指挥的报告，说的有一定的道理。"

"有什么道理？说说看。"

周至柔看了看，蒋介石的脸色悲大于怒，心中有数了，眼珠一转，是计上心来啊！我老想把毛邦初挤走，就没机会，今天这报告可是天赐良机啊！所以周至柔清清嗓子："委员长，我是这么觉得。有关于保存实力呢，并非不可，因为只有保存了种子，才能生根发芽，长成大树。只不过如何恢复空军实力，毛副总指挥说得多，做得少。依属下之见嘛……"

蒋介石一听："说！"

"依属下看，恢复实力之举，应当马上做。具体方法，我倒是有点主意。"

"快讲！"

"委员长，属下觉得，要想恢复空军，必须要进口飞机。而找谁进口呢？应该有两个方向，其一是美国，其二是苏联，这俩国家飞机制造业发达，我相信一定有不输给日本新型飞机的机种。而咱们谈判的筹码嘛，那就是日本那种新型飞机的数据，日本有这么厉害的飞机，肯定要威胁美国和苏联的在华利益，咱们来个以夷制夷！苏联方面嘛，王叔铭一直和他们联系，由他去合适。美国方面嘛，我看由陈纳德顾问去最合适！不过我担心陈纳德顾问年事已高，我想由毛邦初副总指挥来当他的副手。"

蒋介石一听，如梦方醒啊："哎哟！好主意！好主意啊！百福，看不出来，你如今对空军也那么熟悉！就按你的办了！"

咱们说，周至柔这招可狠！看似大公无私，头头是道，但您看见没，这也是一条毒计啊！如今，掌控民国空军的实际上是四大巨头，宋美龄、陈纳德、周至柔、毛邦初，其中，宋美龄是完完全全的外行；周至柔学习空军多年，现在也能算是半个内行；而毛邦初和陈纳德呢，则是完完全全的内行。周至柔这一招，两个内行全走了，没人找麻烦了。宋美龄呢不懂空军，又没陈纳德在身边，只能听自己的。而且王叔铭再一走，毛邦初的势力就更弱了，空军上下，这不是我说了算吗？周至柔想到这儿，可美坏了！

咱们简短捷说，蒋介石现在也是有病乱投医啊！等到当天晚上，就把这个消息跟宋美龄说了，宋美龄呢，到了第二天，把陈纳德找来一说："陈纳德上校，如今咱们的空军已经损耗殆尽，现在只能靠您了，我们需要您的在美国的关系，帮我们带来美国的飞机和志愿队员，打败日本人！"

陈纳德一听："我的公主，您放心吧！我一定努力做到！你们等着我的好消息吧！"

陈纳德呢，带着毛邦初走了，毛邦初虽然不情愿，但军令如山啊！谁敢违背？他就跟陈纳德去美国了，现在，空军方面等于周至柔一个人说了算！

各方面都行动去了，消息哪儿有那么快啊？所以重庆和成都，又经受了日本飞机无数次的轰炸，死伤严重啊！最后蒋介石都没辙了，被迫把政府搬到了使馆区内，这里日本人不敢全炸啊！多少能安全点。重庆和成都，又迎来了一阵困难时期。

咱们且说，美国那边的消息慢，苏联这边快啊！苏联虽然已经和日本达成了默契，双方互不干涉，你承认我的蒙古国，我承认你的满洲国，但苏联人还是不太放心啊！而且王叔铭直接找到苏联使馆的武官，就说了："日本人如今制造了一种新型战机，速度能达到每小时500多公里，配有机炮和机枪，火力强大啊！而且这种飞机，据说航程能达到3000公里，极为危险啊！我们已经用伊15和伊16，跟他们干了一仗，结果日本完胜啊！日本人只要有了这个优势，他早晚会跟你们交战的！"

这话传到克里姆林宫，斯大林感兴趣了，日本人这飞机这么厉害？那可就太危险了！不过这飞机到底有多厉害啊？不如我们再支援中国一些新式战斗机，再跟日本人碰碰，要是能胜，我们心里就有数了，要是不行，我们也能得到具体数据啊！要不然这就是个隐患！

所以斯大林大笔一挥，批给了中国30架最新型的战斗机，有人问了，这个最新型的有多厉害呢？其实，就是伊15的最新改进型，伊15III！这款飞机苏联人挺有信心啊！为什么啊？因为这飞机在1939年，刚刚改进成功，随即就投入了诺门坎战场，结果大获全胜啊！首先，这和最初版本的伊15相比，马力大，速度更快，起落架可收放，最重要的是，伊15III带有最新的火箭发射架，可以带几枚火箭弹，当初在诺门坎，就这些火箭弹，完完全全震惊了日本陆军！有的飞机直接被揍成两半了！日本陆军一看残骸就慌了！嗬！苏联人的机炮口径够大的！保守估计，口径能有75毫米，都赶上山炮了！怎么装上的啊？日本陆军也想效仿，结果飞机上怎么也装不了那么大口径的机炮！有人问了，日本人怎么没想到是火箭弹呢？很简单，因为，看见的人都死了！所以苏联对自己这件秘密武器极有信心啊！就用我们的秘密武器试试看，能打过，我们就不担心了，不行，我们还可以想办法！

当然了，批也不是白给，还得拿钱来！不过这对于中国空军呢，也算是一定的缓解。周至柔一看呢，心中也有底了！哼！日本别管海军还是陆军，都是一路货色，我们要来的伊15III，既然能够在一年前重创日本陆军，今天我们一样能够干掉日本海军！所以周至柔马上把空军力量分成三支，以四小天王中最厉害的，也是硕果仅存的"荒原秃鹫"柳哲生，带领一部

诺门坎战役，日军飞机比苏联飞机的质量好，但仍然没挽救战局，原因之一就是苏联飞行员在中国战场已经摸清了日军战法

第六十三回 毛邦初再遭暗算 三一四空军浴血

分人马，坐镇兰州，维护和苏联的交通。三、四、五大队主力分别守重庆和成都，航校资深教官周庭芳，在航校内部组织一支飞行队，守卫昆明的航校。

还别说，因为日本人的零式战机还没有普及，只能作为拳头用，所以中国空军一换飞机，还真有点效果。再加上空军将士们，由于近一阶段老躲着敌人，挨透了民众的骂，所以这一出击，大家伙的火气都撒在日本的飞机上了！三支部队都有所斩获，各自击落数架敌机，而且为了提振士气，还隔几天一次巡航。这下日本人一看，呀嘛！我还以为你们藏着不出来了，我还得费劲找，这回不错，你们自己冒头了！

且说1941年3月14日，日本人算计好了，调集10架97舰攻，也就是舰载轰炸机，轰炸成都，其实这10架轰炸机仅仅是诱饵，后面还跟着12架零式战机，这才是重头戏啊！周至柔这边呢，也是自信满满啊！前沿的观察哨一发回消息："敌人一共22架飞机，高度多少多少，方向多少多少。"

周至柔听罢，冷笑一声："哼哼！好！小日本终于来了！张副参谋长！"

今天是张有谷副参谋长值班，张有谷一听："总指挥！"

"马上命令第五大队出击！务必在成都上空打垮日军，不得有误！"

"明白！"

张有谷一个电话打到了遂宁基地，咱们前文说了，如今日军对重庆和成都的轰炸太厉害了，为了保存飞机实力，也为了更有效地保护两座重要城市，空军主力都集中在了重庆、成都之间的遂宁基地。那边是五大队大队长黄新瑞接的电话："喂！我是黄新瑞！"

"黄大队长，我是张有谷，周总指挥命令你们五大队立即出击！在成都上空打垮日军的飞机！"

"副参谋长，您放心吧！"

黄新瑞外号"霹雳闪电"啊，做事雷厉风行，马上调集飞机，他和副大队长岑泽鎏各带一队，外加上一起值班的三大队28中队，由中队长周灵虚带队，一共31架伊15III腾空而起，奔成都而去。

咱们书说简短，等到黄新瑞他们到了成都双流机场附近，正好看见敌人的轰炸机要投弹，黄新瑞一看，他娘的，我们空军还没完呢，你们就敢这么猖狂，看我的！

一脚油门，黄新瑞的座机是直扑敌机啊！其余的队员一看，也紧紧跟上。咱们说，日军的97舰攻早就发现中国空军的影子了，他们一看，得！支那人到了，我们反正就是诱饵，鱼已经上钩，我们干吗等着挨打啊？走吧！

他们掉头就跑，黄新瑞呢，也知道，这几个不是我们的主要对手，赶走了就行了，敌人那种新飞机在哪儿呢？正琢磨着呢，就听副大队长岑泽鎏在无线电里喊："大队长！注意12点方向！"

12点方向就是北方，黄新瑞转头一看，12架银色的日本战机早就排好了阵势。

"哼哼！果然来了！兄弟们，上！"

说时迟，那时快，还没等咱们摆好阵势，敌人的零式战机突然加速，"唰！

唰！"，就冲到了近前，零式加速性能极好，说话间就进入了格斗距离！咱们的阵型呢，由于飞机多，还没摆完。这怎么办？黄新瑞一琢磨：论飞机来讲，对方应在我们之上，可是论火力，我们不输啊！对方是两机炮加两挺轻机枪；我们也不次，四挺重机枪外加火箭弹。谁挨上都够呛，何况我们的数量多啊！干脆我们以多为胜吧！

于是黄新瑞马上下令："兄弟们！今天咱们以多为胜，两三个编一组，磕他一个！快！"

可这说得容易，以多为胜，但打起来不简单了！陈纳德一直教他们双机编队，可是由于每次咱们都是以少对多，双机编队基本属于防御阵型，这乍一进攻，没这么富裕过，相当不适应啊！再加上敌人的零式，太厉害了！论速度，咱们不行，论盘旋性能，咱们也不行，论爬高，咱们还不行，根本摸不着人家的飞机啊！而且人家零式，飞机少，所以打起来的战术大开大合，互相掩护。相比之下，咱们的飞机灵活性不行，为了追人家，还差点撞上！

而且即使论火力，咱们看似不处下风，实际一打，不一样啊！人家的机炮杀伤力极大，开火机动灵活，咱们的火箭弹呢，当时也没有导航装置，需要在敌人飞直线的时候，瞄准开火，可人家根本不飞直线，瞄都瞄不准，咱们是干着急啊！

您说这怎么打？所以时间不大，副大队长岑泽鎏是身中数弹啊！当场阵亡，飞机坠下去了。黄新瑞一看，哎哟老岑！他娘的小鬼子，老子跟你们拼了！

第六十四回　黄新瑞壮烈成仁　毛邦初归来主政

中国空军又得到了一批伊15III，周至柔是得意忘形啊！马上就让空军出动，跟人家最新型的零式决战！可事情哪儿那么容易啊？是，伊15论速度，比零式稍差；论火力，人家是机炮加轻机枪，咱们是重机枪加火箭弹，看着不输；防御力也还说得过去，可这都是纸面上的数据，实际打起来就不一样了！

在纸面上，零式的时速在每小时500公里以上，咱们的伊15III大概是每小时450公里，看起来输得不多，但问题是盘旋、爬高，咱们也都比不了人家，这完全是落于下风啊！而且在火力上，咱们看似不输，可人家的机炮杀伤力极大，开火机动灵活，咱们的火箭弹呢，当时也没有导航装置，需要在敌人飞直线的时候，瞄准开火，可人家根本不飞直线，咱们是干着急啊！

而且，日本零式战机今天的战术极为明确，就是利用自己的优势，互相掩护，大开大合，有的缠斗，有的爬高，分工明确。咱们的空军呢，虽然之前陈纳德也教过双机编队，咱们也用过，可咱们这都是以少对多的时候，用作防御，乍这一进攻，不适应啊！

所以时间不大，副大队长岑泽鎏阵亡，飞机坠下去了，黄新瑞一看，哎哟老岑！他娘的小鬼子，老子跟你们拼了！

想到这儿，黄新瑞驾机就撵上了一架零式的尾巴，"嗒嗒嗒！"，一串子弹下去，没想到零式跟泥鳅一样，往右一溜，"唰！"，子弹全部走空，黄新瑞仗着自己的本领高强，一扭操纵杆，接着追，看着差不多了，"嗒嗒嗒！"，又是一串子弹，对方又往旁边一躲，黄新瑞的子弹似乎是摸到了敌机的机翼，可重机枪的火力还是有限，就算中个一两颗，也没事。黄新瑞急得直跺脚啊！他一琢磨：哼！不行我就来个狠的，我用火箭弹！想到这儿，黄新瑞左右一看，飞行员林恒的飞机就在旁边，他赶紧呼叫："林恒！过来帮我！"

林恒是第五大队的飞行员，航校十期，他还有个更著名的姐姐，那就是民国史上最著名的才女，林徽因。不过林恒进航校，不是凭着姐姐的关系，想在航校吃得开，必须得凭真本事！林恒的本事也相当不错啊！

　　林恒呢，一听大队长叫他，赶紧贴过来："大队长！"

　　"快！你用机枪封住他上、左两面，我用火箭弹收拾他！"

　　"明白！"

　　林恒也开火了！

　　"嗒嗒嗒！嗒嗒嗒！"

　　直压得对方抬不起头来！对方想往左飞，林恒往左一偏翅膀，机枪又把左边的角度封住了，敌人的零式再想往右飞，黄新瑞也用机枪把道路封住，这就是逼着他飞直线啊！敌机飞行员一看不妙，赶紧加速啊！只能快速摆脱中国空军射程才安全。这时候，黄新瑞一看，娘的！我看你往哪儿跑！着家伙！

　　"哧！哧！"

　　两颗火箭弹出膛，直奔敌机而去！再说敌机飞行员，他刚开始也不明白，为什么支那空军让我飞直线啊？所以他就边加速边回头看，这一看，可救了命了！他一看，一架中国战机的下面出现了两团火柱，知道不妙啊！

　　"爸爸哎！"

　　这时候，他也不顾上面的机枪了，一脚把油门踩到底，然后拼死往上一拽飞机，"呜！呜！"，两颗火箭弹几乎是擦着飞机的边，溜过去了，日本飞行员一看，躲过去了，虽然飞机被机枪打中，但还好不致命！

　　"阿布那一（太危险了）！"

　　再说黄新瑞，他一看，敌机竟然躲开了火箭弹，气得直拍大腿啊："可恶！太可恶了！怎么就差这么一点啊？"

　　咱们书中代言，火箭弹在当时属于新型武器，用在空战之中，威力极大啊！但有一点，初速度才每秒100米，比正常机枪慢上不少啊！双方空战，说是贴身格斗，实际上也差着将近100米，这次日本人本来就注意着呢，所以反应快点，火箭弹走空了。黄新瑞急得直拍大腿啊！

　　这打仗不能分神啊！这一分神，糟了！日本飞机早就看见队友有难，赶紧一个俯冲下来，对着黄新瑞就开火了！

　　"砰砰砰！"

　　要按黄新瑞平常的反应，躲过这一击，并非难事，可今天，黄新瑞光顾着惋惜了，结果猝不及防啊！当时身中数弹，飞机要冒了烟了，"呜——"，坠下去了。林恒一看："呀！大队长！老子和你拼了！"

　　林恒掉头就咬上击落黄新瑞的零式了，可是心有余而力不足啊！飞机不行，就是你飞行员再大的本事，那也只能干挨打啊！所以没转两圈，林恒反而让人家咬住了尾巴！

　　"嗒嗒嗒！砰砰砰！"

第六十四回　黄新瑞壮烈成仁　毛邦初归来主政

315

林恒也是身中数弹啊！当场阵亡。咱们前文说了，林恒是林徽因的弟弟，林徽因的先生梁思成，是清末著名人物梁启超之子，也是著名的建筑学家。抗战开始后，梁思成和林徽因举家迁到了昆明，在那儿跟不少飞行员的关系都很好，而且飞行员们大多有文化，谈来谈去，梁思成和林徽因就成了飞行员们的名誉家长。可没多少日子，交情颇深的飞行员们一个接一个地在空战中阵亡。最后，林徽因的亲弟弟林恒也阵亡了。按说，林徽因、梁思成和日本是既有国仇又有家恨，可到了1944年，盟军从中国机场起飞轰炸日本，梁思成还特别找到了陈纳德，据理力争啊！就不让盟军轰炸日本的奈良，原因就是奈良有极多的日本古迹。也就在梁思成的力争之下，日本的奈良在盟军飞机的猛烈轰炸中，得以保全，这就是典型的中国人啊！以德报怨。

　　咱们闲言少叙，书归正文，再说战场这边，咱们的伊15III本来就不是零式的对手，外加正副大队长全都没了，军心不稳啊！所以时间不大，连坠落带重伤迫降，损失过半啊！本来起飞了31架战机，现在天上只剩了15架，眼看就要被全歼啊！哎，战况又出现问题了！怎么回事？零式的机炮没炮弹了！咱们说，零式战机各方面都挺优秀，但每门机炮备弹只有200发，看着不少，但打打就没！而轻机枪呢，杀伤力不太够，所以日本飞行员一看，得！今天战绩也不错了，见好就收吧！机炮已经没弹药了，再强撑，万里有个一，损失两架，回去怎么交代？走吧！

　　日本飞机撤了！咱们的飞行员呢，损失那么大，也没心追了，赶紧下来点计伤亡，这一看，完了！副大队长岑泽鎏当场阵亡，大队长黄新瑞虽然迫降成功，飞机没坠毁，但黄新瑞本人却因为流血过多，壮烈牺牲，终年27岁，击落敌机8.5架。后人有诗赞之曰：

> 华侨飞英雄，黄家忠良将。
> 电闪碧空破，九天英名扬。
> 恶战新零式，霹雳露锋芒。
> 矢志报国死，万古皆流芳。

　　成都一战，第五大队的正副大队长全部阵亡，除此之外，3大队28中队中队长周灵虚也当场阵亡！分队长江东胜、飞行员袁炳芳、林恒等6人阵亡，飞机被击落8架，重伤迫降8架。损失太大了！

　　消息传到了蒋介石耳朵里，蒋介石一听："什么？又损失那么严重，你周至柔是干什么吃的！给我军法从事！"

　　旁边宋美龄一听："达令，不要责怪周总指挥了，周总指挥劳苦功高，纵然有失误，也

黄新瑞

不是他的本意啊！何况现在空军士气低落，您再惩罚了周总指挥，谁还能好好执行你的命令啊？"

蒋介石一听，可也是，要说周至柔，对自己真是言听计从啊！而且一旦来报告情况，总是笑眯眯的，看着怎么那么舒服！而毛邦初呢，虽然也执行命令，但经常一脸不痛快，看着就难受！所以蒋介石手下就留情了："嗯！夫人得也对，不过此战一败，没人负责是不行的！那就这样，把周至柔调回航空委员会，当办公室主任，给你当助手，你看行不行？"

"嗯，我看这样还行。"

事就这么定了，蒋介石一声令下，周至柔解除空军前敌总指挥的职务，可空军作战，总得有人负责啊！谁负责呢？蒋介石一琢磨：肥水不流外人田啊！还得找个懂空军的自己人，看来只有毛邦初了！所以蒋介石又下一道令，把毛邦初从美国调回，担任空军前敌总指挥。

毛邦初接令之后，不敢怠慢，赶紧把陈纳德那边的事交代交代，马上回国，等坐到办公室的第一件事，他就跟手下说了："快！把三大队大队长罗英德给我找来！"

"是！"

时间不大，罗英德来了："总指挥！"

"罗大队长，如今美国人给咱们批了100架新式飞机，型号叫作霍克81，也叫P40，这种飞机我在美国见过，相当不错！估计跟日本最新的零式战机，有的一拼！现在这些飞机就在缅甸，我命你前去接收！"

罗英德一听可美坏了："哎哟！太好了！兄弟们就等着一雪前耻呢！总指挥您放心，我马上动身！"

毛邦初一摆手："哎，别急！你到那儿的任务，不是把飞机接回来，而是要好好给这飞机挑挑毛病，然后写回报告，结论必须是，这飞机不能用！"

"啊？总指挥，这是为什么啊？"

"不必多问！下去吧！"

毛邦初在空军里面相当有威望啊！他这脸一耷拉，多少人都搁不起来！罗英德没脾气啊！赶紧敬个军礼，走了。

有人问了，毛邦初这葫芦里卖的是什么药啊？一会儿告诉您。

再说毛邦初，刚把罗英德安排走了，又有人进来了："总指挥！五大队在天水遭到袭击，飞机损失15架。"

第六十四回　黄新瑞壮烈成仁　毛邦初归来主政

罗英德，战绩6架，幸存至战后

317

"什么？人员伤亡如何？"

"暂时不清楚。"

"哼！这帮败家玩意儿，到底怎么回事？赶紧给我查！"

有人问了，这又是怎么回事呢？原来，毛邦初一上任，马上就改变周至柔的战术，从主动出击，改为保存实力，结果偏巧今天倒霉，敌机来袭，副总参谋长张有谷今天值班，所以按照命令，下令躲避。偏巧五大队新任队长吕天龙由于胃病复发，上不了天，只能由29中队中队长余平享带队出走，余平享也不是简单角色啊，当初兰州一战，他来了个"撩阴脚"，吓得鬼子以为四小天王之一，"荒原秃鹫"柳哲生来了呢！可今天，余平享够倒霉的，他带着15架伊15III避走天水啊！可没想到，日本人早就看出来了，所以派了9架零式，暗中跟踪，零式的续航能力极强啊！跟伊15一比，根本不用担心航程，所以一直跟踪到了天水，等伊15一降落，零式突然出击啊！余平享他们都下飞机了，结果猝不及防啊！15架战机被当场击毁，还好人员没有伤亡。

这就是这件事的经过啊！毛邦初听了，真是气满胸膛啊！心说：哼！五大队这帮废物，走都不知道留个心眼，人家在后面跟着还不知道！你们打不过不要紧，留个心眼，让防空部队收拾他们啊！就算收拾不了，也不至于那么大损失啊！我看你们就是跟周至柔手下待长了，都不知道怎么打仗了！我非得收拾收拾你们！

毛邦初再一琢磨：哼！张有谷啊张有谷，这湿里有你，干里有你？怎么上次成都一战，黄新瑞、岑泽鎏阵亡，就是你下的出击命令，这次15架战机被毁，还是你下的命令啊？我记得当初，你可就是个扫把星！

有人问了，张有谷怎么惹着毛邦初了？原来，在1932年的时候，国民党军队和红军在江西宜黄附近对峙，国民党高树勋部被红军团团围住。蒋介石一看，必须要高树勋顶住啊！只要他顶住了，我们在外面就能反包围，消灭红军主力！可蒋介石再一琢磨：让高树勋顶住，还真有点难度，为什么啊？高树勋是原西北军将领，非常不得烟抽，就他的部队，已经多少个月没发军饷了！当兵要吃粮，吃不饱又没钱，谁给你卖命啊？所以蒋介石这回一反常态啊，一方面亲自给高树勋打电话，让他顶住！另一方面，准备了60万大洋的军饷，准备给高树勋送过去，鼓舞士气。

可怎么送呢？陆军过不去，就只能用空军了。所以蒋介石就跟毛邦初说了："信诚，现在赤匪包围了宜黄，咱们得让宜黄的部队顶住，然后咱们调兵在外面反包围，赤匪指日可破啊！所以你得给我准备一架飞机，把军饷运进宜黄，鼓舞我军士气！"

毛邦初跟蒋介石什么关系？既是上下级，也是姑父和侄子，那还不好说话？所以毛邦初就把任务交给了第三大队，大队长就是张有谷。张有谷接到任务之后，直嘬牙花子啊！现在飞机也少，熟练的飞行员更少，航校飞行员还没毕业，能让他们去吗？稳妥起见，还是我亲自出动吧！

张有谷是云南航校出身，在当时可是为数不多的熟练飞行员之一，所以张有谷就挑了一架还不错的侦察机，带着蒋介石的钦差，此人姓王。他坐在后面盯着60万银元，张有谷在前面驾驶，就这样，俩人就上天了。在天上没事啊！反正座舱都敞着，飞到半截，还能聊聊天。

可是俩人聊着聊着，进了一片大雾，等再出来，张有谷还问呢："王钦差，咱可快到目的地了，您感觉怎么样？"

后面没声。张有谷心中纳闷儿啊，一回脑袋："王钦差？"

再一看，王钦差是踪迹不见啊！

第六十五回　忆往事张有谷倒霉　　赴美国陈纳德显威

　　1932年，张有谷奉命，带着一个姓王的钦差，开着飞机给宜黄的国民党军送军饷，这是没办法的办法啊！没钱，宜黄就守不住，赤匪就全跑了！但是这个任务呢，不是什么对地攻击，飞到天上，还比较轻松。当时的飞机落后啊！座舱都开敞着，张有谷在前，王钦差在后，俩人这一路呢，还能聊聊天。

　　可是俩人聊着聊着，进了一片大雾，等再出来，张有谷还问呢："王钦差，咱可快到目的地了，您感觉怎么样？"

　　后面没声。张有谷心中纳闷儿啊，一回脑袋："王钦差？"

　　再一看，王钦差是踪迹不见啊！降落伞包还挂在座位上呢！

　　这可把张有谷吓坏了！人好端端的，刚才还聊天呢，怎么就不见了？赶紧返航，再一调查，好！六十万银元，装了六箱，现在只有五箱了，少了整整十万银元啊！蒋介石一听，可气坏了："这浑蛋肯定是卷款潜逃了！查！查出来，军法从事！"

　　可命令下来，毛邦初和张有谷特别奇怪啊！要说这个王钦差卷款潜逃，怎么可能啊？他在飞机上，还没降落伞，在那么高的天上，能跑哪儿去？可没办法，军令如山，查吧！

　　这一查不要紧，出乐子了，查到第三天，离着宜黄80多公里外的永丰县来信了，说："昨天，县里面大雨滂沱，天上掉下来一个人，身着军服，骨节寸断而死，旁边还一个皮箱。"

　　这下，把所有人都闹愣了，永丰县离着宜黄80多公里，也不在南昌到宜黄的路上。再说了，张钦差是前天消失的，怎么昨天才落在永丰县呢？好么！人在空中飘了一天，这不见鬼了吗？

　　可再一查，果然是这么回事！咱们书中代言啊！原来，当时就在永丰、宜黄一带，正闹龙卷风！这个张钦差，可能是觉得太颠簸了，想要拿降落伞包当坐垫。这家伙没经验啊！解开安全带，就想摸降落伞包。可甭说当时，现在坐飞机，您也不能没事就解开安全带啊！何况当时的飞机座舱都是开敞的，这一解开，能好得了吗？正好再一颠簸，那么大的王钦差当时就从飞机上飞出去了！有人问了，他不呼救吗？您想想，座舱开敞，说话的时候，低着头还好，他这仰着头一张嘴，当时就灌了一嘴风！王钦差还想拽住张有谷，结果划拉两下没划拉着，正好捞着一箱大洋，王钦差就带着大洋，卷款飞出去了！咱们没说吗？当时可是龙卷风！王钦差惨透了！被龙卷风在天上刮了一天，从宜黄县附近，刮到了丰县，最后摔得骨节寸断，死于非命！而且王钦差这一失踪，大家都调查他了，高树勋部没人送军饷了，结果没两下就被红军击溃，这次围剿又失败了。

张有谷

这就是以往的经过啊！毛邦初当时就觉得张有谷这人不吉利，就有看法了。不过后来，张有谷非常努力，事必躬亲，尤其到了抗战开始之后，空军人不够，他还补上出动任务。到了现在，他也击落了4架敌机，毛邦初就慢慢地改变看法了。可今天毛邦初一看，两次损失惨重，都有张有谷的影子，他就翻起小肠来了，毛邦初心说了：这个张有谷，当年就是个扫把星，现在更是！而且我兄弟龙文光，当年也是间接折在了你手里，不把你清除了，以后我还得倒霉啊！所以毛邦初当时就写了报告，把张有谷、第五大队大队长，也就是还在病中的吕天龙，外加带队的余平享，还有另外14个飞行员，全给带上了，建议把他们送交军法处！而且，毛邦初把第五大队撤销番号！改为无名大队，原来，第五大队的队徽是个虎头，现在好，改成了"耻"字，您说惨不惨？第五大队的将士们浴血奋战多年，战绩比四大队都不差，只落得这个结果。等无名大队又恢复第五大队番号，这已经是1943年的事了。

再说蒋介石，蒋介石正心烦呢，日本海军航空队太损了，他们用零式击毁15架伊15III不说，还把过程拍成了照片，轰炸重庆的时候，除了扔炸弹，也扔这玩意儿，这下，连蒋介石带普通民众，都知道空军损失惨重啊！有些人呢，心里就琢磨了：现在空军损失这么大，肯定是你蒋介石的责任啊！肯定是你们把钱贪污了，我们只能买这么破的飞机，这才让日本人打这么惨！

有的人更激进，干脆写了标语，上政府机关游行去了，一个个大喊口号："还我空军！"

"还我空军！"

这下蒋介石脑袋奔儿奔儿直蹦啊！这可不行，得找个替罪羊顶顶罪！正好这时候，毛邦初的报告就到了，蒋介石看了看，总算找到替罪羊了！当时下令："14个飞行员，即刻审查，有罪的送交军法处！张有谷、吕天龙、余平享，立即关起来，枪毙！"

这一声令下，几个人倒霉了！当时就被关进了监狱。可您说，人家几位，也都是空军中举足轻重的人，虽说是杂牌出身，可背景不差啊！几个人赶紧运动，最后，这事惊动了参谋总长何应钦，还有副参谋总长白崇禧！俩人一看，这不是瞎闹吗？可没办法，蒋介石正在气头上，何应钦几次去求情，都被蒋介石骂回来了。白崇禧有主意啊！他一看，现在只能摆个肉头阵，跟蒋介石磨了，最后磨来磨去，蒋介石脾气消了，发话："立刻审判，该怎么判，就怎么判！"

白崇禧这可算把几个人的命救了！几个人都坐了一阵牢，才被放出来，但至少，命保住了！可几个人出狱之后，也没法在一线待着了，全被晾在一边，境况很惨。您说他们几个，那都是天之骄子，能咽下这口气吗？所以后来，新中国建立之后，张有谷、吕天龙都参加了新中国的空军，成了东北老航校举足轻重的人物。余平享，下落不详。

总之，处理了这个事，毛邦初开始着手恢复空军的实力，现在，空军的实力已经远不如八一四那会儿了，当初是兵强马壮，飞行员都是精锐，飞机虽然少，但并不落后，但现在呢？高志航、刘粹刚、乐以琴、李桂丹、梁添成、黄新瑞等精锐，全都血洒疆场，而董明德、刘志汉、赖名汤等一批猛将，都是多次负伤，伤积到现在，已经没法上天作战了。再加上要特殊保护的毛瀛初，还有留作种子的周庭芳、李向阳等，航校六期之前的老飞行员，还能顶在一线作战的，屈指可数！也就是"望天犼"郑少愚、"绝命飞蛇"罗英德、"荒原秃鹫"柳哲生等几个了，这怎么办？只能是提拔新人，重新训练，休整恢复，一时半会儿是难以成规模作战了。

可中国空军基本休战，中国的天空就由日本人肆虐吗？当然不是，毛邦初心说：陈纳德啊！你这个磨砂脸的老怪物，我得看看你怎么搞！

陈纳德这一走，就是小一年，在美国都干什么了？毛邦初原来很敬重陈纳德，这回怎么态度都变了？这告诉您，陈纳德可干大事了！

原来，陈纳德当初一走，除了随从之外，主要带走了俩人，一个就是中国空军的代表，毛邦初，还有一个，就是中央银行的行长，宋子文，这是金主，也就是钱包啊！你说想组织一支志愿队来中国参战，没钱行吗？

几个人到了美国，先开了个碰头会，宋子文就说了："二位，论起空军来，我是外行，你们是内行，所以这回拿主意，主要是看你们的！毛上校，你要多多地辅佐陈纳德上校，你们俩只要达成了统一意见，我就掏钱！咱们不用愁，钱咱们有的是！"

毛邦初一看，这也就是陈纳德在这儿，宋子文是相当开通啊！当年就因为那批伏尔梯轰炸机，你看看对我的那个态度！但毛邦初也不敢抱怨啊！赶紧就说："宋行长，您尽管放心！我肯定尽我所能，辅佐陈纳德上校！"

"嗯，那我就放心了，陈纳德顾问，您有什么意见？嗯？陈纳德上校？"

宋子文一看，陈纳德根本没听他说话，拿着一张纸，在上面开始一项一项写物品的名字。宋子文一看，还不敢打搅，恭恭敬敬地等陈纳德不写了，这才问："陈纳德上校，您有什么意见？"

陈纳德一听，哦！跟我说话呢！也就说："宋，我没什么意见，我在算之后的状况。咱们的时间紧迫啊！中国空军已经顶不了多长时间了。所以我建议，我和毛分头行动，我负责采购志愿队的用品，还有见见我的老朋友们，好让他们协助招募飞行员。所以飞机的事，我看就让毛负责。"

宋子文一听，不放心啊："陈纳德上校，毛邦初负责，没有问题吗？"

"宋！你多虑了，毛的水平很高，你要相信他！"

"好吧！陈纳德上校，你这边有什么需要，就把清单给我，我随时出支票！毛邦初上校，你呢，如果发现好飞机，一定要与陈纳德上校商议，然后汇报给我！"

"明白！"

您看见没？自清末洋务运动以来，中国高层大部分信奉"外来的和尚会念经"，对自己的人信任度不高。可外国人也是参差不齐啊！中国因此没少让泛泛之辈浑水摸鱼。不过陈纳德还是不负众望啊！兢兢业业干事。

首先，陈纳德要采购物资，就是刚才列的那个单子，从子弹、氧气，一直到打字机、复写纸、药品，再到剃须刀片、太阳眼镜，应有尽有啊！有人问了，采购这些干什么啊？咱们这里说一下，美国士兵，那可是相当挑剔啊！你想让他们给你作战，就得把从头到脚的所有补给品，全都备齐，不然就得告你虐待士兵！咱们空军，按说从工资到待遇，在抗战军队里，算是首屈一指的，但跟美国人比起来，不及人家十分之一啊！

咱们举个例子，您就知道了。中国军队为了打通滇缅公路，派出了远征军，以中国式的补给，历经苦战，结果失败，大部分军队退入野人山，损失极惨啊！其中一部分军队在孙立人的带领下，跟着英军退到了印度。等到反攻之时，孙立人带着这支驻印军，用着美国人的补给，如同猛虎下山啊！横扫中南半岛的日军，所向披靡。据当时有些战士的描述："英国、美国给的补给太好了！牛肉罐头、巧克力随便吃！面包果酱管够！每天还能有茶叶和香烟，简直是神仙过的日子啊！"

可实际上，英美提供给中国驻印军的补给，是英国军队提供给殖民地军队的补给，也就是最差的一级，英国大兵吃到这种食品，那等于是虐待，是要向军法处投诉的！

您看，当时差距就那么大！毛邦初对此虽然有耳闻，但他也不知道从哪儿着手。不过陈纳德对这个驾轻就熟啊！而且也用不着他动手，他就开清单，全让秘书人员去采购，所以几天之内，补给品全都准备好了。

补给品准备好了，那就请飞行员吧！陈纳德一琢磨：飞行员可不是摸摸脑袋就是一个，必须经过专业训练的，而且民航的也不行，会飞不会打仗。看来这只能找我的好朋友阿诺德将军了！

这个阿诺德将军是何等人也呢？阿诺德将军，本名亨利·哈里·阿诺德，乃是美国陆军航空兵司令。要说阿诺德将军，也是航空方面的高手！论起作战，当年只在陈纳德之上，不在陈纳德之下，而且阿诺德为人比较圆滑，不那么刺头，所以是官运亨通啊！一直扶摇直上，到了"二战"前夕，已经成为了陆军航空兵司令。阿诺德将军跟陈纳德是老相识了，阿诺德对陈纳德的空战理论，也挺佩服，所以两个人是惺惺相惜啊！不过陈纳德把招聘志愿飞行员这事跟阿诺德将军一说，阿诺德将军当时就火了："陈纳德先生，我不怕跟你说，如今你也知道，欧洲已经沦陷，我们跟德国马上就要交火，日本这边也是虎视眈眈，开战是早晚的事！为了应对这些战争，我们要组建战略空军，我们如今已经感到人手不够用了，你这是挖我墙脚啊！所以，招募飞行员一事，免谈！"

　　陈纳德呢，也不甘示弱啊："阿诺德将军，你这个思维很好，但你知不知道？德国人、日本人的飞机更新速度极快，德国方面，咱们已经通过支援大不列颠空战，有所了解。而日本人呢？你心中有数吗？我在中国战场，对此颇为了解啊！日本人开发了一种新型战机，代号叫作'零式'，这飞机极其可怕。如果咱们能让飞行员们在中国作战，对这种新型战机有所了解，咱们打起来心里才有数。如果咱们心中完全没数，必定要吃大亏啊！"

　　要知阿诺德将军如何回答？咱们下回再说！

第六十六回　陈纳德敲定P40　宋子文重金招人马

陈纳德找到老朋友阿诺德将军，想招募志愿飞行员。可阿诺德将军一听就火了："陈纳德先生，如今你也知道，欧洲已经沦陷，我们跟德国马上就要交火，日本这边也是虎视眈眈，开战是早晚的事！为了应对这些战争，我们要组建战略空军，我们如今已经感到人手不够用了，你这是挖我墙脚啊！所以，招募飞行员一事，免谈！"

陈纳德呢，也不甘示弱啊："阿诺德将军，你这个思维很好，但你知不知道？德国人、日本人的飞机更新速度极快，德国方面，咱们已经通过支援大不列颠空战，有所了解。而日本人呢？你心中有数吗？我在中国战场，对此颇为了解啊！日本人开发了一种新型战机，代号叫作'零式'，这飞机极其可怕。如果咱们能让飞行员们在中国作战，对这种新型战机有所了解，咱们打起来心里才有数。远的不说，前几年，西班牙内战，德国就援助佛朗哥政权，把自己的飞机送过去实战检验，然后加以改装，不然的话，他们能横扫欧洲吗？日本也一样，如果咱们心中完全没数，必定要吃大亏啊！"

"别说了！日本人有什么了不起的？就算他们有好飞机，就凭他们那生产速度，也没戏！陈纳德先生，我看您这是给挖我墙脚找理由呢！我再次声明，免谈！"

陈纳德碰了个钉子，没办法，人家怎么说也是将军，自己不过是退役上尉，顶不过啊！所以陈纳德一看，我回去再想办法吧！可刚到了旅馆门口，毛邦初过来了："陈纳德上校，您可回来了！"

"毛，出什么事了？"

"哎哟！别提了！飞机那边不顺利啊！是这么这么回事。"

原来啊，几天以来，毛邦初也跑遍了美国的飞机制造厂，拿飞机数据，再拿着手中零式战机的部分数据作对比，比来比去，人家不是没有特别好的飞机，只不过还都在验证阶段，还没定型。既能批量生产，又能和零式有一拼的飞机有两种，一种叫作P43，绰号"枪骑兵"，一种叫作P40，绰号"战斧"，这两种飞机要比的话，枪骑兵的高空性能略强，而战斧的火力略强，这两种飞机也都是在欧洲战场有过出场记录的，成绩尚可。

可这是纸面数据啊！毛邦初再到机场一观摩，傻了！为什么啊？从具体观摩角度来讲，这两种飞机都不行啊！咱们说，这两种飞机，从速度上，毛邦初比较有信心，应该在零式之上。可无论是P40，还是P43，灵活性都不行啊！作个对比，如果零式是一只老鹰，P40和P43，简直就是只笨鹅！这怎么比？而且从火力上讲，零式的配置是两门机炮，两挺轻机枪，火力强劲啊！而P40的机枪是两重四轻，P43是两重两轻，都不如人家零式啊！可能也就是防御力，毛邦初有点信心，这两种飞机的装甲都挺厚，挨几枪都不要紧，估计防御力总比日军强吧！

毛邦初本来信心就不太足，可再一问，就这飞机，人家根本不卖！

咱们说，当时欧洲战场战至正酣，大不列颠空战刚刚落下帷幕，德国惨败，但英国的损失也不小，飞机战损极多啊！没办法，为了快速弥补空中力量，英国就从美国买飞机。英国皇家空军，那是行家啊！为了克制德国人的战机，英国皇家空军专门定制了高空性能较好的P43以及海军的水牛式战机。可这两种的产量不高，满足不了英国人要的数量，英国人呢，也就转手开始买最新型的P40作为补充。现在，飞机制造厂正在加足马力给英国人造飞机呢，哪儿有闲心去管中国这边呢？

毛邦初想了半天，这可怎么办呢？得了，还是先找陈纳德上校去吧！看他有什么主意没有。所以毛邦初就回去了，正好碰上陈纳德碰钉子回来。陈纳德一听："嗯，我知道了，毛，你辛苦了。我先把手头的事情处理一下，然后咱们再一起处理飞机的事。"

陈纳德说完了，也不管毛邦初，径直进门见了宋子文，把跟阿诺德将军那里碰钉子的事，跟宋子文一说，宋子文一皱眉："陈纳德上校，这个阿诺德将军是什么来历？"

"宋，阿诺德将军是美国陆军航空兵出了名的战将，现在也是陆军航空兵之中，说一不二的人物。我们早年间就相识，实话实说，他的战术思维挺先进，这人就一个毛病，太轴！认准的事，绝对不松口。"

"那么，飞行员的事，是一点没有希望了？"

"嗯，他既然反对，那么从陆军航空兵这边动手，几乎就是不可能的。"

"陈纳德上校，您得想个办法啊！"

陈纳德一摆手："宋，你也别太着急了，办法不是没有，你们必须全力帮我！"

宋子文一听："好！太好了！陈纳德上校，您也累了，喝杯咖啡，慢慢说！"

咖啡上来，陈纳德喝了两口："宋，现在来说，凭我的私人关系，恐怕很难，现在必须得惊动我们罗斯福总统，总统下令，我想阿诺德将军也不会干涉。"

当年陈纳德挑选的两种主力飞机，P40（右）和P43（左）

"那怎么惊动罗斯福总统呢？"

"宋，这就得拜托你和你们委员长了，让委员长以外交的方式，把咱们对零式的了解，全盘向总统托出。就得告诉总统，日本人一旦开战，他们的零式飞机对美国的威胁极大啊！为今之计，只能是派兵到中国协助作战，摸清零式的性能，才能应对。"

"哦！这样啊！明白了！陈纳德上校，这事您就交给我吧！"

有人问了，宋子文怎么那么有把握呢？原来，虽然说民国时期，中国的国力不行，但不乏能人啊！外交界有一大批能人志士，而且以宋子文的身份，在中国那也是说一不二啊！这还难吗？所以他们活动去了。陈纳德呢，继续跟毛邦初考察飞机。这一考察不要紧，情况还真跟毛邦初说的一般不二啊！两种飞机各有千秋，可如果靠常规的盘旋格斗，估计都不是零式的对手。

这可怎么办？毛邦初现在是一脑门子官司。不过陈纳德呢，表情倒很轻松，左看看，右看看，一会儿还问毛邦初："毛，你觉得这两种飞机怎么样？"

毛邦初挺没精神："陈纳德上校，我觉得啊，这两种飞机，要是碰之前的96舰战，那没问题。可现在碰的是日本的零式，我看没多少胜算。"

"哎！毛，你不要那么悲观啊！这两种都是好飞机，要我说，还尤其是这P40最好，火力强劲，绝对打得过零式。而且你看，P40还能大批量生产，咱们打没了，立刻能补上，准能耗死小日本！"

陈纳德越说越眉飞色舞啊！毛邦初一肚子气：哼！我说我们这个陈纳德顾问啊！我算是错翻了眼皮了，原来以为他是个非常职业的军人呢，闹了半天，还是在推销自己国家的飞机啊！明明就是打不过，还说没问题。算了！反正我说了也不算，这也好，不用我负责，就看这个磨砂脸的老怪物怎么搞吧！

再说陈纳德，带着毛邦初，亲自跑到寇蒂斯公司，刚到办公室，就听里面正在吵架啊！当然，都是英语的，陈纳德是美国人，毛邦初的英语也不差，一听就明白了，原来里面正吵着呢："你们这些可恶的美国佬，我们再三叮嘱，可你们这批飞机，根本没按我们要求做！"

"我说杰克先生，你不能那么说话，我们可是按照您的要求，一点都不差啊！"

"谁说的？我要求你们在武装上，用勃朗宁牌7.7毫米口径的机枪，可你们呢，用的是口径7.62毫米的！所以我们拒绝接收！"

"杰克先生，这个问题，您也没完全标明啊！而且7.62毫米的子弹，也是大批量产品，找起来并不麻烦。"

"不要说了！这批飞机我们不要了！"

"哦！"，这个人摔门就出去了。陈纳德一听，有门啊！赶紧推门进去，一看，这个人还认识，寇蒂斯公司的副总经理麦克。

"麦克，最近过得挺好？"

"哎呀！陈纳德，好久不见了！我最近还行，你怎么样？"

"我也不错！"

陈纳德几句闲话之后，直奔主题："麦克，刚才那个是？"

"嘿！别提了！那个是英国验收飞机的代表，非说我们的P40不符合规格，可他们也没在合同中注明机枪的具体口径啊！好嘛，这一单100架飞机，我怎么跟董事长交代啊？"

陈纳德一听："嘿嘿，麦克，我帮你处理怎么样？这批飞机马上就能转手，而且钱一分也不少。"

"哦？有这好事？"

"你放心吧！我代表中国国民政府，回咱们美国选好飞机，我选来选去，就咱们这P40最好，这些飞机我们全要了，我说了就算，你看怎么样？"

"哎哟！那太好了！不过我得向我们董事会说明。"

"这你放心，咱们尽快，只要你这边敲定，我这就付钱！"

咱们简短捷说，这是好事啊！能完全避免损失，这还有什么说的？董事会那边很快就同意了，宋子文这边呢，也没说的，陈纳德只要敲定，他就付钱。所以买卖很快做成，不过寇蒂斯公司那边说了："关于运输呢，因为中国现在在打仗，我们没法直接送到中国，我们最多能送到缅甸的仰光。"

陈纳德一听："没问题，到了那边，我们就可以接手了！"

飞机的事，就这么敲定了。100架飞机，分别装船，从美国东海岸，经过欧洲、非洲、印度洋，去了缅甸，这得要几个月时间！在这期间呢，正好毛邦初得令，要回国接掌空军前敌指挥部，毛邦初得令回国，临走还琢磨呢：陈纳德能凭这些飞机打败日本人吗？简直开玩笑！我们才不用这送死的飞机呢！但是怕就怕国人之口啊！到时候说我们崇洋媚外，把飞机留给外国人。干脆啊，咱就把事做明了！告诉他们不堪用。所以毛邦初一回国，就命令第三大队大队长罗英德带人去缅甸测试飞机，而且千万别说合格，原因就在这儿。

这回有了飞机，陈纳德开始忙活飞行员了。还好，中国这边，蒋介石非常重视啊！赶紧跟美国总统罗斯福联络，把具体情况说了。

咱们说罗斯福呢，他也是个高人啊！而且罗斯福站在政治家的立场上考虑问题，跟军人不一样，作为军人，阿诺德将军只需要想如何去打，而总统呢，更要为国民负责啊！罗斯福一琢磨：日本这种新飞机，威胁极大啊！所以我们要制敌先机，先打探清楚为佳。而且，如果现在我派出一部分部队，让他们去冒险摸清日本人的零式战机，有谁出了危险，我可能会失去他们家的选票。可如果我们就这么装傻，等到战争一开，我们又有多少士兵会牺牲啊！我失去的选票就更多了！不如派一部分人，去摸摸底！所以罗斯福当即下令，准许陈纳德组建支援航空队，赴中国作战。同时，要向中国派出军事顾问。

命令是下了，可是消息传到阿诺德将军耳朵里，他是十分不满啊！我要组织战略空军，正缺人呢，你这不是明摆着让陈纳德挖我的墙脚吗？可是总统下令，不得不执行。可阿诺德将军一琢磨：你有政策，我有对策！

所以阿诺德将军改变了战术，除了飞行员，对陈纳德是百般地帮助啊！飞行员方面呢，阿诺德将军下令：凡陆军航空队队员，想要参加援华航空队的，必须退役！

关于解释呢，也挺冠冕堂皇，那就是：我们美国，还没跟日本开战，所以不能以政府的身份参战，要去，只能退役，以个人身份参战！

这一下可就坏了！多少人本来有心想去，一看这条件，就打了退堂鼓了。不过，宋子文这边也开了高薪了，每个月工资250到750美元不等，差旅费报销，30天带薪休假，提供食宿，还有补贴。击毁一架日本飞机，奖励500美元，这在当时可是钱哪！有些人一算，如果一年能够击落10架，加上工资和补贴，能拿到1万多美元啊！当时就是美国海军司令，也拿不了这么多钱哪！

重赏之下，必有勇夫啊！没有飞行员的情况终于得以改观。不过陈纳德再一看这些飞行员，鼻子悬点没气歪了！有人问了？怎么回事啊？咱们下回再说。

第六十七回　飞虎队缅甸集结　陈纳德调理刺头

好不容易把飞机的问题解决了，陈纳德又开始招募飞行员。这一招募，出问题了！原来，虽然总统罗斯福下令了，但军队方面非常抵制，尤其是陆军航空兵的指挥官阿诺德将军，阿诺德将军正在盘算着建立美国的战略空军，他一看，陈纳德从我这招人，不是挖墙脚吗？

所以他是十分抵制，而且理由冠冕堂皇：我们美国还没跟日本开战，所以不能以政府的身份参战，要去，只能退役，以个人身份参战！

这下可坏了，本来有不少飞行员想要一试身手，可要退役，这个要求太苛刻了，等于是拿自己前途开玩笑啊！所以又都打了退堂鼓。

陈纳德一看，跟宋子文商量，用出了金钱攻势，高薪聘请啊！条件十分优厚，每个月工资250到750美元不等，差旅费报销，30天带薪休假，提供食宿，还有补贴。击毁一架日本飞机，奖励500美元，这在当时可是钱哪！有些人一算，如果一年能够击落10架，加上工资和补贴，能拿到1万多美元啊！当时就是美国海军司令，也拿不了这么多钱哪！

重赏之下，必有勇夫啊！可等飞行员一招上来，陈纳德傻眼了！一共一百一十多人，只有17个驾驶过战斗机，剩下的有轰炸机飞行员、侦察机飞行员，还有表演飞行特技的，等等，这怎么跟日本人拼命啊？可是，情况也就只能这样了。不过陈纳德一琢磨：这样也就够了，反正我的战术不走常规，他们的技术不定型，也好教。

所以想到这儿，陈纳德开始为飞行员们，以及雇用来的其他技师、地勤人员办理去中国的签证。这一办可好，热闹了！因为日本人早就注意到了宋子文、陈纳德一行人到美国招兵买马，所以为了保密起见，招来的人，一律称为中央飞机制造公司的工人，签证上的职业也是五花八门啊！农民、音乐家、学生、职员、银行家等，就连陈纳德的签证上，写的职业也就是农民。

日本人一听，可乐坏了！哼哼！陈纳德不过是个过了气的飞行员，领着一帮杂八凑，估计等你们都会飞了，得两三年，到时候我们早就征服支那了，你们能对我们有什么威胁？

日本人放松了警戒，陈纳德可不敢啊！飞机和飞行员都有了，问题还是很多啊！美国方面不给派参谋，各方面的事情，都得自己跑，没办法，陈纳德又联系了自己的好朋友梅里安·库珀，原美国陆军飞行员，陈纳德给他打了电话，叫他们一起到缅甸仰光集合。可天不遂人愿啊！直到1942年中期，梅里安·库珀才赶到陈纳德的麾下，要说为什么？咱们之后再说，反正之后的一段时间内，主要的工作，还得单练陈纳德一人！

就这样，一切基本就绪了，陈纳德呢，带着飞行员们奔赴仰光，跟托运的飞机会合。

再说这帮飞行员小伙子们，从上了飞机开始，一个个撇着嘴，七个不服八个不忿，一百二十个不含糊！咱们书中代言啊！来的人虽然参差不齐，但没一个是善茬子，全都是部队中的刺头！飞行技术都不错，就是一天到晚谁也看不上。从上了飞机，这帮人就开始聊天："我说伙计！你哪儿的？"

"我是海军航空队轰炸机第一中队的，你呢？"

"我是陆军航空队侦察机第五中队的。看来咱们要在缅甸，欣赏一阵热带风光了！"

"没错！听说飞机也给咱们配好了，有三四个月，咱们就能打败小日本，回家休息了！"

"别别别！你可别打太快了！太快了，咱们工资可就挣少了。"

"哎，这不是问题！咱们要是打下他200多架飞机，不全挣回来了吗？再说小日本，我也大概有点了解，我小时候去过一趟，他们飞机造得那叫一个烂！所以咱们赶紧打完，赶紧回家！"

"哦！这也对，我说伙计，打完了你也别太着急回家，咱们还得好好享受一下阳光和海滩哪！"

这帮人就跟那儿瞎聊。经过长途旅行，飞机总算到了缅甸的仰光，中国方面呢，也早帮助他们，在仰光北边70英里的地方，租下了英国的皇家空军的东瓜机场，作为训练之用，按说那儿的条件还不错，机场铺着沥青，还带教室、宿舍，有洗澡水供应。陈纳德挺满意，他把行李放下，跟飞行员们共进了午餐。然后坐到办公室里，沏了一杯咖啡，盘算下一步的行动。陈纳德心说：你看见没？就这帮飞行员小伙子，都是刺头！我得一下就把他们降住，不然的话，后患无穷啊！

陈纳德边想边喝咖啡，咖啡还没等喝完，几个飞行员小伙子就进了办公室，二话没说，一人递上了一张纸，陈纳德一看，那是辞职报告！

陈纳德一看："小伙子们，你们这是干什么？"

"报告长官！我们无法跟这里待下去了！所以我们要提出辞职！"

"哦？为什么？"

"报告长官！这里没有阳光、海滩，只有泥沼和丛林，空气中还弥漫着腐臭味，而且蚊虫泛滥，这不是人待的地方，所以我们要提出辞职！"

"哦！是这样，还有别的原因吗？"

"有！报告长官！今天的午饭太难吃了！我们无法适应！"

陈纳德一乐："伙计们！你们说的我明白了，可你们想过没有？这里的环境的确比不了美国，可就连我这个老头子都能适应，你们怎么不行呢？"

"这个……"

"伙计们，你们放心！你们提的要求，我会跟国民政府反映。但中国有句话，叫作拿人钱财，替人消灾，咱们既然拿着高薪，就不能半途而废，你们说对吗？"

还别说，来的这些个飞行员，虽然刺头，但不是懦夫，听到这儿，他们五个把胸脯一挺："长官！我们明白了！"

等这五个人走了，陈纳德赶紧向宋美龄电话反映，宋美龄呢，也很上心，马上筹集了不少的药品、蚊帐，还从美国雇的医生和厨子，一并送到了东瓜基地，陈纳德算是把这一关过了。

生活的第一关过了，下面就该练习飞行了。陈纳德呢，先给飞行员们上课，开课的时候，陈纳德的第一句话就是："大家注意了！我们下面要学的第一堂课，就是如何驾驶飞机！"

"噗！哗！"

下面全乱了！这帮飞行员们，悬点没把肚皮乐爆了，有的还说呢："这老头子，是不是烧糊涂了？我们能不会开飞机？"

"可不是！咱们都是飞行员中的精锐，讲这个不是浪费时间吗？"

陈纳德一看，心中有数啊！他早知道这个效果了，所以他继续说："大家静一静！我知道，大家都是行家，我且问你们一句，咱们美国海军常用的水牛式战斗机，性能如何？"

"哗！"，大家又乐了，有的飞行员都喊出来了："老头子！水牛式是美国生产的最棒的舰载战斗机！火力、速度都非常不错，防御力超强！就连在大不列颠空战中表现出色的英国皇家空军，都对水牛式赞不绝口啊！你说能不好吗？"

陈纳德点点头："嗯，我知道。不过如果我让你们用P40，去跟水牛式交战，会怎么样？"

飞行员们一听就傻了，一个个你看我，我看你，有的人干脆喊出来了："我的天哪！那简直就是地狱在向我们招手！"

陈纳德点点头："好！那大家既然是行家，那就找找，咱们的P40跟水牛式相比，有什么优势？一点点就够！"

"嗯……这个……咱们的火力不占优势，装甲不占优势，速度也没什么太大优势，"飞行员们憋了半天，总算有人憋出一句："似乎咱们P40的低空盘旋性能，要比水牛式稍稍好点。"

陈纳德一听："很好！这位先生，如果你跟水牛式交战，就干脆围着它在低空兜圈子，会怎么样呢？"

"嗯？"

大家一听，全愣了。陈纳德接着说："我这里可以告诉大家，再厉害的战机，也没法把所有的性能照顾周全，必然会留有这样那样的弱点。咱们要的就是，用咱们现有的飞机，捉住敌人的弱点猛揍！中国有句话叫作'以己之长，克彼之短'，就是这个道理。"

　　这时候，下面变得鸦雀无声啊！飞行员们是将信将疑啊！陈纳德就说了："伙计们不信是吧？没关系，等你们适应了P40，咱们可以试试！"

　　这话一出，飞行员们全都鼓起劲了！一个个心说：水牛式那么厉害，我们要是能够一举把他们打败，我们当时就身价百倍啊！这好机会为什么不试试呢？所以下面的几天，大家伙练习得相当卖力啊！还别说，这些个飞行员虽然刺头，但不代表没能耐啊！一个一个都掌握了P40的特点。陈纳德一看，第一阶段差不多了，得试试手段了！所以陈纳德马上联系在缅甸驻扎的英国皇家空军，准备和他们的水牛式比比看。

　　再说英国皇家空军这边，指挥官是普尔福特少将，他一听，乐得肚子差点没爆了，他心说：就你们那破铜烂铁的P40，还敢跟我们的一流战机水牛式过招？这不是找被虐呢吗？不过普尔福特少将嘴上还得说："好啊好啊！我们皇家空军最近正需要实战训练呢！我马上联系飞行员！"

　　再说英国飞行员们，这帮人一听，嘴都撇到天上去了！

　　"我说先生们，美国佬还敢跟咱们交手？这不是自己找罪受吗？"

　　"可不是！要不是看咱们的同盟关系，今天他们是来多少死多少！"

　　"就是！连德国鬼子的飞机我们都不怕，还能怕美国佬的？何况来的还是那堆破铜烂铁一般的P40，我们除非没飞机了，不然都不稀罕用！"

　　这帮人是七嘴八舌啊！但是英国人还是比较谨慎的。推举谁去比试呢？如果派最弱的，万里有个一，我们可就丢死人了！我们既要赢，还要赢得体面。还是派个厉害的吧！最后，皇家空军的军官们议论来议论去，推举出了一个飞行员，汤姆中尉，此人非常厉害啊，曾经在大不列颠空战中，击落过10架德国战机，乃是双料王牌！

　　陈纳德这边，谁上呢？飞行员们一直对陈纳德的话将信将疑啊！所以面面相觑，没人敢上。陈纳德一看："小伙子们！你们尽管放心，只要按照我说的做，一直在低空围着水牛转悠，没亏吃！要是吃了亏，我负责！"

　　就这么说，飞行员们还是没底啊！最后，有个人举手了："长官！我来试试！"

　　陈纳德一看，谁啊？原海军轰炸机飞行员鲍勃·尼尔。

　　"尼尔先生，你要试试？"

　　"没错！"

　　"很好！上飞机吧！中午11点就开始了，英军从仰光起飞，咱们就在东瓜起飞！"

　　"明白！"

　　于是，中午11点，双方的飞机都从机场起飞，咱们且说这个鲍勃·尼尔，他原是海军轰炸机飞行员，论起飞行技术，他在他们中队都是首屈一指的！不过，鲍勃·尼尔在中队里是桀骜不驯啊！没事的时候，爱飞个花样，可对于轰炸机飞行员来说，要的是精

飞虎队照片，中间为后来的第一王牌鲍勃·尼尔，飞轰炸机的出身

确，稳定，你飞花样不利于瞄准啊！所以他就跟中队长处不来，这次有来中国的机会，他一琢磨：我再这么下去，早晚被除名！与其等着被开除军籍，不如去中国看看，至少能赚上一大笔钱。而且以我的飞行技术，没准儿还能当个王牌，到时候，胡打胡有理，我看我们中队长说什么！

这次，鲍勃·尼尔听了陈纳德的课，感觉非常舒服啊！原来在美国航校，教你的是如何如何，你就要照样子做，一点不能打折扣。陈纳德这里不一样，教的就是你如何发挥自己的优势，我只教给你方法，具体怎么干，你自己看着办！这听着可太舒服了！所以一到实战，鲍勃·尼尔的手就痒痒了，要试上一试。

且说鲍勃·尼尔的P40，从东瓜机场起飞，迅速爬高，他一琢磨：P40的优势在于低空盘旋，我还是别爬太高了！所以他就维持3000米的高度，向仰光飞去。刚飞了没两分钟，英国皇家空军的汤姆中尉，驾着水牛式，气势汹汹地杀到了！他的高度比P40高啊！汤姆中尉这一看，哼哼！美国佬就是美国佬，空战的最基本要诀都不知道，高度就是生命啊！看我的！

"呜——"

水牛式一个俯冲，就奔P40来了！汤姆中尉一看差不多，按动按钮，开火了！

咱们书中代言啊！盟友之间比试，不能用真枪。因为空军交战，十分危险，再优秀的飞行员也难保万一，所以双方都用了当时的最新技术，照相枪！就是在机枪或者机炮的地方装上相机，以照相的成绩作为判定击落或者击伤的证据。

所以双方就模拟着正常空战，就斗在一处！

第六十八回　飞虎队测试显威　太平洋烽火骤起

陈纳德为了证明自己的空战理论，那就是以己之长，克彼之短，特意让他的美国志愿队和驻守缅甸的英国皇家空军约战！

英国皇家空军呢，是完全没看得起美国人啊！因为在他们眼中，他们的水牛式战机天下无敌，美国人用的P40，简直是破铜烂铁！所以英国人既看不起美国人，就为了能体面地赢，就派出了汤姆中尉。而美国志愿队这边呢，派出的是原美国海军轰炸机飞行员鲍勃·尼尔。

这回双方都没用机枪机炮，用的是照相枪，双方斗在一处！咱们说，汤姆中尉压根儿就没看得起鲍勃·尼尔，所以一个俯冲下来，鲍勃·尼尔一看，赶紧躲开，双方就纠缠到了一处！

这一打起来，汤姆中尉傻眼了！为什么啊？鲍勃·尼尔的P40围着水牛式就转开了！汤姆中尉一看，这什么意思啊？这么纠缠，怎么咬尾巴格斗啊？算了，我不跟你多纠缠，我得想办法重创你！

想到这儿，汤姆中尉赶紧把飞机拉高，鲍勃·尼尔一看，也一拉飞机，赶紧补两枪。其实汤姆中尉也知道，自己这一招肯定得挨两下，但他心中有数啊！我们这水牛式结构结实可靠，就算你真打这两枪，也不是问题，算不得输赢！只要你撑上我，到了高空，就是我的天下了！你速度也没我快，高空性能也不行，你只能挨打！

可是鲍勃·尼尔呢，根本没追，给几枪之后，走了！根本不去高空。汤姆中尉一看，这什么意思啊？赶紧再一个俯冲下来！鲍勃·尼尔呢，赶紧躲开，又跟他在低空转上了！

咱们简而言之，只要汤姆中尉到了低空，跟鲍勃尼尔兜圈子，没便宜可占！反而得让鲍勃·尼尔瞅冷子来两枪，可往高空走呢，人家根本不跟着，还得趁着水牛式拉高这一下，补两枪。转来转去，双方的油都不多了，于是各自返回基地。

咱们说，陈纳德他们呢，正在战场的下面，陈纳德边看边讲解："小伙子们，你们看，鲍勃就做得很好！水牛式根本占不着便宜嘛！"

有人看着看着就提出来了："长官！这么看，水牛式的确占不到便宜，不过咱们这个并不是正规的战法啊！最正规的就应该是水牛式的战法啊！俯冲下来，咬尾巴格斗，咱们这样，只跟人家转圈，这算什么？"

陈纳德点点头："嗯！你这个问题提得很好！我问你们，什么叫正规？所谓正规，就是多少年来，约定俗成的一套格斗方法，实际无非就是互相咬尾巴格斗。可飞机的情况不同啊！你们自己来看，就是水牛式，它在陷入不利的时候，也在想办法提升高度，发挥自己的高空优势。可咱们呢，要按照他们的方式，必死无疑！战争嘛，讲的是结果。就是你再正规，输了也白搭！所以咱们以后跟日本人作战，更是如此，一定要想办法，以己之长，攻彼之短。他们再怎么正规也不要紧，你们就只管打自己的，打出优势才是王道！"

说话之间，鲍勃·尼尔从空中下来了，等飞机刚停稳，鲍勃·尼尔从飞机上就跳下来了，一把把陈纳德抱住了："难以置信！难以置信！那么厉害的水牛式，那么厉害的英国皇家空军，根本没在我的面前占到任何便宜！我估计看看照相枪的结果，他们中弹，肯定比我多！长官！你这招太好了！"

可不是，等双方把照片洗出来一计算，结果是：水牛式大概中弹40余发，P40中弹不到20发。这结果当时轰动了！英国皇家空军也不干了！汤姆中尉当时就火了："你们犯规！你们根本没用正规战术！净用那卑鄙下流的转圈战术，太丑陋了！根本拿不上台面！"

陈纳德一乐："那汤姆中尉，从实际效果来看，是不是您的伤会更重呢？"

汤姆中尉还嘴硬呢："胡说八道！我们的水牛式，防护装甲比你们的P40强得多！就算我多挨了几枪，也不碍事。你的P40不行，中20枪，至少是重伤啊！所以你们的伤更重！我们英国皇家空军才是赢家！"

这不胡搅蛮缠吗？陈纳德一看，目的达到了，还跟英国人斗什么嘴啊？所以赶紧说："好好好！我们输，我们输。英国皇家空军天下第一！"

可咱们说，比赛结果在这摆着呢，等回到机场的教室，再看美国志愿队这帮飞行员们，气场都不一样了！好么！德国人无可奈何的英国皇家空军，在我们破铜烂铁般的P40面前丢这么大人，天下奇闻啊！我们还有谁打不了的呢？

陈纳德看了看，全明白了！哦！翘尾巴了！好，我再给你们泼泼冷水！

等到第二天，陈纳德又把小伙子们叫到了教室，飞行员们一看，桌子上有两份教材，陈纳德说了："小伙子们，你们看一看，这两份教材，一个就是日军飞行员的飞行和操作指南，另一个就是咱们的主要对手，日本战机的图样和数据，我想大家得知道一二，尤其是零式战机，大家得相当注意！"

这么一说，大家赶紧翻开零式的数据一看，当场就傻了，零式最厉害的就是盘旋格斗，盘旋转弯的角度极小，就凭P40这只大笨鹅，指定被打成筛子！而且零式上升的速度也快，跟他们比着往上拉飞机，也是自杀！就连火力，也差很多，人家是轻机枪加机炮，我们是重机枪，差着等级呢！这可怎么打啊？所以大家伙一看，全泄了气了。

陈纳德一看，心中有数啊："大家怎么不说话了？哦！是不是觉得日本的零式非常厉害啊？不过我本人呢，有幸看见了几次中国空军和零式的作战，我跟大家谈谈感想。首先呢，零式战机的数据从纸面上看，非常非常优秀，就凭咱们的P40，恐怕不是对手。不过，我观察到零式的几个特点，非常有意思，我给零式起了个外号，叫作'欺软怕硬一根筋'。"

大家一听，"哗"，全乐了。陈纳德一看，也挺高兴，接着说："就今年，成都上空一战，零式纯虐中国空军的伊15III，中国31架战机，几分钟之内，8毁8重伤。按照零式的火力和续航能力，他们完全能够把中国空军赶尽杀绝，可他们莫名其妙返航了。这么好的机会不抓住，这是为什么呢？只有一个解释，就是他们的机炮没炮弹了，轻机枪的杀伤力有限，所以，零式的第一个弱点就是：虽然有机炮，但炮弹不多，准星也不太好。我们完全不必怕他们。另外，零式战机两次跟中国战机交手，都是处在高空的有利位置，要按照咱们的状况，肯定是一个俯冲，先干掉敌人一批，而零式一次都没有。这就说明，他们俯冲性能不佳，也就是说，他们的飞机应该不结实，防御力也有限，而且这也是日本飞机的通病啊！咱们尽可以照准了打！所以说，零式也就是欺负欺负伊15、伊16这些老式飞机，碰上咱们这些钢筋铁骨的P40，敢咬咱们，先把他牙锛了！"

"哗！"，大家又乐了。陈纳德一看，大家都放松了，还接着说："之所以说他们一根筋呢，大家可以看看他们的手册。日本飞行员要求在格斗的时候，每一个动作，都必须到位，训练极其严格。所以如果咱们跟他们拼格斗，肯定不是对手。不过，咱们尽可以用自己的优势，按照咱们的节奏打！就像对付水牛式一样！我给大家总结了一下，咱们这叫作打了就跑战术！因为零式擅长低空盘旋，所以咱们要在高空8000米左右，迅速接近，快速开火，迅速脱离！俯冲可是咱们P40的看家本事啊！大家明白了吗？"

飞行员们听完了，又都重拾了信心："明白了！"

"知道了！"

"好！为了熟练掌握咱们的战斗节奏，下面我要对大家进行特训，大家有没有信心？"

"有！"

"太有了！"

咱们说陈纳德，人家的确有两套，而且论上技术，真是一丝不苟

飞虎队主力战斗机P40

第六十八回　虎队测试显威　太平洋烽火骤起

啊！射击精度、编队飞行、规定降落的跑道长度等，如果有谁达不到标准，当场罚款50美元！而且在理论课上，大家都要反复画零式飞机的线图，就是为了熟悉它的弱点。如果画不出来，也要扣钱！这帮飞行员，本就是来淘金的，一说罚款那还得了？一个个赶紧提高飞行技术，省的扣钱！虽然训练之中，还是有事故发生，但大部分飞行员的本事长得很快。

不过陈纳德虽然在训练中一丝不苟，但在生活中，非常照顾飞行员们，只要不是你当班，酒随便喝，只要基地能进行的娱乐，你们随便！有人问了，陈纳德放得也太松了吧？原来，陈纳德心中有数：就我总结的这些日本飞机的弱点，仅仅也停留在理论上，虽然说灵，但如果飞行员小伙子们不放松下来，上天就什么都忘了！所以，现在得放松，到了天上，福至心灵，没准儿比我总结的方法还管用！

可是陈纳德这么管，有人不干啊！原来，英国皇家空军在之前的比试中，虽然口头上没吃亏，但大家伙都明白，这帮美国志愿队，不是吃干饭的！消息一传开，英国皇家空军总部，外加上美国派驻中国的军事顾问，全都感兴趣了，所以特别派出参观团，前来东瓜机场观摩！

这一观摩不要紧，就看机场旁边，酒瓶子散落一地，飞行员们一个个衣冠不整，有的训练，有的打球，有的还玩牌，见着长官，随随便便就一敬礼，连起立都不起立。这帮正规的军人一看，这成何体统啊？特别是派驻中国的美国顾问，直接给蒋介石和美国陆军部写报告：我看这支志愿队，在1942年2月之前，无法完成备战。而且就算交战，也坚持不了两个星期。

这报告一来，把蒋介石吓了一大跳啊！我们中国的天空，可就指着你们这支志愿队啊！两个星期都坚持不了，这还了得？所以他赶紧派人给缅甸的陈纳德发电报：我们听说志愿队的情况很糟，在明年2月之前，无法形成战斗力，而且坚持不了两个星期。你们可否做出解释？

陈纳德接到电报一乐："立刻回电报，告诉委员长，我们在今年11月就可以形成战斗力，而且只要给我们备用零件，你们需要我们打多久，我们就可以打多久！"

可就在美国志愿队刚刚形成战斗力之时，意外发生了！美国时间1941年12月7日，日本海军战机偷袭珍珠港，美国太平洋舰队损失惨重啊！与此同时，日本向英美宣战，太平洋战场的大幕徐徐拉开！

陈纳德的美国志愿队呢？由于日军在偷袭珍珠港后，仅仅10个小时，也全力进攻菲律宾、泰国，大家一觉醒来，全世界各地都在作战，日军进攻的消息是一个接一个，简直是风声鹤唳啊！陈纳德本想把手下的志愿队调到中国，结果英军指挥官曼宁司令不干了！直接来找陈纳德："你们志愿队既然租用我们的机场，就要听我们调遣，我不许你们去中国！你们得帮我们皇家空军保卫缅甸！"

陈纳德一听："曼宁司令，咱们都是有合同的，我们只是租用，钱是一点没少给啊！为什么我要听你们调遣呢？"

"那我不管，你要不帮我们，我要向美国政府提出抗议！"

陈纳德一乐："嘿嘿，曼宁司令，您向美国政府抗议也没用，美国政府根本不管我们，我们也没一个是美国军人，要说啊，你们不如向蒋委员长说说，他现在给我们开工资，要是他点头，我们无所谓。"

曼宁司令呢，赶紧通过英国政府，向蒋介石交涉。蒋介石一看呢，好不容易英美都站在我们一边了，不能得罪啊！可是我们现在空军属于休整状态，不能作战，我们的天上也吃紧，不能由着日本人这么炸啊！这可如何是好？

第六十八回　虎队测试显威　太平洋烽火骤起

第六十九回　P40扬威昆明　飞虎队初战告捷

日军偷袭珍珠港，这消息可把缅甸的英军吓坏了！日本人要是宣战，我们肯定也是目标之一啊！所以英国皇家空军指挥官曼宁司令，赶紧通过英国政府，跟蒋介石交涉，想要把美国志愿队留下，加强缅甸的空中力量。可蒋介石一看，好不容易英美都站在我们一边了，不能得罪啊！可是我们现在空军属于休整状态，不能作战，我们的天上也吃紧，不能由着日本人这么炸啊！最后，蒋介石思虑再三，让飞虎队留下一个中队，既支援英军，又负责保护滇缅公路，这是中国现在对外的大动脉啊！剩下的两个中队马上奔赴昆明，准备作战！

陈纳德呢，留下了第三中队，也就是地狱天使中队，带着手头的亚当夏娃中队、熊猫中队奔赴昆明。这一折腾，就过了10天，直到12月18日傍晚，陈纳德一行人，才到了昆明。

要说陈纳德，也是个劳碌命，在昆明刚刚休息了一整天，到了12月20日早上，陈纳德刚刚到了机场的办公室，电话就响了："喂喂！是陈纳德上校吗？我是王叔铭！敌机来袭！敌机来袭！"

陈纳德一听，心中一震啊！好么！还没怎么休息呢，日本人就找上门了！所以他接着问："王，敌机的高度、速度、航向都是多少？"

王叔铭把数据一报，接着说："陈纳德上校，敌人是从越南方向来的，从航向角度来看，这回摆明了是冲你们昆明机场来的，你们要小心哪！"

"王！你放心吧！升旗！"

陈纳德撂下电话，跟旁边的人下令，旁边的人不敢怠慢啊！紧接着，旗杆上就升起一个红色的气球，这就是作战信号啊！紧接着，陈纳德用广播喊上了："各单位注意！各单位注意！敌机来袭！敌机来袭！第二中队迅速迎战！第一中队，转移至航校机场待命！"

这下，第二中队，也就是熊猫中队的成员们，乐得手舞足蹈，今天值班的8个人开始发动飞机。而第一中队的人，全不干了，都上陈纳德的办公室，特别是中队长罗伯特·桑德尔，那是嗷嗷直叫啊："凭什么让第二中队上？我们哪儿做得不好了？"

陈纳德一乐："大家不要急，以我对日军的了解，日军的空袭从来是老鼠拉木锨，大头在后面，你们放心，有你们打的！如果你们今天跟日军交上手，我自己掏腰包，你们中队，以每人击落一架的情况发奖金！"

大家一听，这才散了。咱们且说第二中队，在中队长杰克·纽柯克的带领下，8架战机腾空而起，开始爬高。等爬到4000米左右的高空，杰克队长一看，差不多了，于是编队向日军飞机的方向而去！没一会儿，果然看见了！日军10架轰炸机，气势汹汹地过来了！

咱们书中代言啊！来的飞机隶属于陆军航空队独立21中队，驻守越南河内机场。就头一天，他们对昆明附近正在做侦察，这一侦察不要紧，嚯！昆明机场多了好几十架飞机啊！日本人一判断，看来这是你们新买的飞机啊！好！我叫你们使不成！所以他们就派出10架新型的99式双发轻型轰炸机，大摇大摆地过来，要给昆明机场来个一锅端！可没想到，昆明机场那儿可不仅仅有飞机，还有陈纳德已经训练好的志愿队！于是纽柯克中队长一声令下："伙计们！给我打！"

"呜——呜——，嗒嗒嗒！嗒嗒嗒！"

P40一个俯冲过来，就开火了！咱们说，日本人根本没料到啊！头一架飞机的驾驶员叫作倒霉六郎，他前五个哥哥，全死在了中国空军的手里，一度都把他吓得不敢上飞机了！可最近呢，中国空军损失惨重啊！已无招架之力，所以他又猖狂起来了，倒霉六郎心说：哼！我那五个哥哥没福气啊！支那空军最强的时候，全让他们碰上了，我这多好，纵横支那，也看不见一架他们的战斗机了，我是想怎么炸，就怎么炸！

正美着呢，正赶上纽柯克队长的一串子弹！

"噗噗噗！"

倒霉六郎就感觉眼前一黑啊！他还琢磨呢：怎么回事？我怎么看不见了？拿手在头上一摸，好！脸上五官都给打没了！脑袋后面全是枪眼，整个给打漏了！倒霉六郎一琢磨：我脑袋都被打漏了，我还活个什么劲啊？死了吧！

"扑通！"

死尸栽倒。倒霉六郎是驾驶员啊？他一死还得了？飞机整个失去控制，"呜——轰！"当即坠毁！

日本人这一挨打，反应过来了。其余的飞行员们一看，哎哟！这是什么飞机啊？速度快，火力猛，从来没见过！飞机头上还画着一幅可怕的鲨鱼嘴！我的娘啊！赶紧防御吧！所以剩下的9架飞机赶紧编成防御队列，把火力张成了一个球，以作防御。

这下，就连美国志愿队也成了黄鼠狼啃刺猬，没法下嘴啊！想要去啃，就要自己先中弹。这可怎么办呢？

这时候，陈纳德带着司机，开车也到了战场附近，要说陈纳德，这家伙闲不住，要是一般的指挥官，就在机场指挥塔等着就行了。陈纳德不行，他对飞行员们担心啊！陈纳德心说：这些小伙子是我从美国带回来的，他们不远万里，抛弃军籍，付出了多大的牺牲啊！要是因为我的疏忽，他们出现了不该有的损失，我怎么对得起他们家里人啊？

所以陈纳德特别跑到了战场，前去观战。等到了战场，正好看见敌机摆开防御阵型。陈纳德一乐："哼！我就猜到这帮日本小子这么玩，赶紧！所有战机按照原来练习的方法，两架一组，第一架扯开他们的火网，第二架沿着火网的空隙，给我可劲揍！快！四组一起行动，扯开4个口子，够这帮日本小子喝一壶的！"

咱们说，陈纳德现在是真着急，可惜他没有无线电，就在那儿又攥拳，又瞪眼，把司机吓得都够呛！

可没想到，飞行员们竟然给忘了！一个个各自行动，根本没法下嘴啊！干脆就在射程之外开火了！

"嗒嗒嗒！嗒嗒嗒！"

打了半天，没用啊！人家飞机连烟都不冒！咱们书中代言啊！来的这种99式双发轻型轰炸机，速度挺快，航程长，就是载弹不多，火力也不强。但就这烂飞机，您也不能在射程之外就开火啊！虽说，这也证明了小伙子们的反应挺快，但陈纳德的这种打法，对战斗机飞行员的要求可不仅仅是反应快，制敌于先机，而是更类似于狙击手！要瞄准，放稳，等差不多了，一击制敌。

打来打去，终于有一个人反应过来了！谁啊？第二中队的飞行员罗伯特·李·斯科特！斯科特的年龄相对比较大，经验也丰富一些，他一看，打来打去，没效果啊！看来还是得抵近射击，就算打不中，我也能扯开空当，给哥儿兄弟争取机会！

想到这儿，斯科特一个俯冲下来，一按按钮，"咔！咔！"

斯科特就是一愣啊！怎么回事？咱们书中代言啊！刚才打得太狠，子弹打光了！斯科特气急败坏啊！赶紧往上一拉飞机，想要往上走，把敌人的火力网撕开口子，没想到，坏了！

原来，别看这帮飞行员们原来都是美国各航空队的，但从参军开始，他们并没经历过实战，今天也是头次上阵啊！结果一紧张，副油箱没扔。咱们说，副油箱那么大个，作用就是减少飞机主油箱里的汽油消耗，等到作战的时候一扔，飞机完全没负担，就可以全力投入战斗。可今天，斯科特忘了，这可坏了！这玩意儿里面都是汽油，整个一个易燃易爆危险品啊！人家机枪集中一射击，"嗒嗒嗒！轰！"

副油箱炸了！不过还好，P40足够结实，飞机虽然没法要了，但斯科特没受伤，斯科特也是万般无奈啊！跳伞吧！于是他跳伞逃生。

不过斯科特虽然坠机了，但他也起作用了，为了击落斯科特，敌人的火力网也出了一个口子，第二中队中队长纽柯克一看："伙计们！打啊！"

"打啊！"

"嗒嗒嗒嗒！"

这通好打啊！咱们说，美国志愿队这帮小伙子们，现在看见日本战机，那就是钱啊！陈纳德在上课的时候，就跟他们说过："中国政府的规矩，打下一架，奖励500美元，可实际上，是按发动机数量计算的，一个发动机500美元。"

所以今天，这一架就是1000美元啊！小伙子们眼睛放光，是玩了命的开火啊！

"嗒嗒嗒嗒！"

日本人猝不及防啊！当场被揍下一架战机，重伤两架，阵型就乱了！

陈纳德看看，挺惋惜，可惜啊！损失一架，不过总算是把敌人的阵型破了！可是陈纳德再把望远镜举起来望天上看看，再一看，坏了！大部分飞机都犯了跟斯科特一样的错误，没扔副油箱！陈纳德明眼看得出来，敌人这飞机速度挺快，如果P40扔了副油箱，有的一追，可要是没扔，身上带着那么重的东西，追起来太费劲了！所以陈纳德赶紧跟司机说："赶紧往机场发电报，让第一中队起飞截击，一定告诉他们两点：1.小心敌人增援的战斗机。2.打的时候，把副油箱给我扔了！"

"明白！"

还别说，车上还有无线电台，司机也是个多面手，往回发电报。第一中队也开始起飞爬高。

还别说，真让陈纳德说准了，日本人一看，防也防不住了，干脆就全速撤退！美国志愿队的飞行员们呢，想追，但怎么踩油门，也追不上。以中队长纽柯克为首，都琢磨呢：今天我们这飞机怎么就飞不快了呢？

眼看着敌机脱离了射程，纽柯克队长万般无奈啊，对着无线电里说："返航！"

第二中队返航了。日本人一看，哎哟！真不容易啊！总算是脱离虎口了。于是，把速度放慢到耗油最少的巡航速度，准备返回越南的机场。越南早先是法国的殖民地，现在被日本攻占，这也成了攻击中国南部的桥头堡。这帮日本人心说：赶紧走！走出中国境内，连防空炮就都没有了，我们就彻底安全了！

他们正想着，第一中队的16架P40杀到了！日本人一看，哎哟我的妈呀！完了！全完！但就这样，日本人还是挺守规矩，接着布成防御阵型。结果，这一打，第一中队的倒是没忘扔副油箱，可他们一紧张，仍然是忘了编队冲击了，还是各自动手，所以一通打，战果不多，击落一架，击伤一架，自己没损失。可就是这样，第一中队16架P40，日军的战机仅剩了7架，其中3架还带伤，这怎么打？

眼看着日本飞机要玩完，这时候日军的战斗机杀到了！足足有近30架啊！第一中队中队长罗伯特·桑德尔一看，我们这仗打得太乱了！敌人来的要是零式，就以我们现在的状态，肯定要吃亏啊！算了！走吧！

于是他们也没纠缠，胜利返航！这一仗，击落日本战机3架，击伤3架，自己损失一架，虽然战果并不太理想，但到底是中国一年半以来，头一次胜仗啊！大家也高兴坏了！蒋介石一听说，马上着令宋子文，兑现奖金，以作鼓励！

等到消息一传开，民间也高兴坏了！有不少民众争相来慰问，当时著名画家张善孖先生，也就是张大千先生的哥哥，一听说这事，也乐坏了！特意赠送给陈纳德一幅画，画的是插翅飞虎！陈纳德一看，也特高兴："好！太好了！我们本来叫作美国志愿队，

张善孖先生送给陈纳德的飞虎图

英文叫作AVG，America Volunteer Group，这名字实际，但不响亮，干脆我们就照这幅画，叫作飞虎队得了！"

当然，高兴归高兴，陈纳德还得接着给飞虎队的小伙子们上课，总结这一战的得失，以利再战。没过几天，到了圣诞节了，缅甸仰光传来消息，留守的飞虎队第三中队，配合英国皇家空军，在12月23日和25日，跟日军飞机打了两仗，结果击落日军轰炸机12架、战斗机5架，此外击伤10架日本飞机，让日军好好过了个圣诞节！不过美中不足，损失了8架P40，英军的主要机场之一，明拉嘉顿机场遭到不小的破坏。陈纳德听了，是又喜又惊，喜之喜，第三中队一出手，比第一、第二中队还厉害！惊之惊，这回损失有点大。飞虎队的飞机只有100架，没有多余的补充，当初在来缅甸的路上损失1架，训练损失7架，这又损失8架，照这么损失下去，我们飞虎队危矣！这可如何是好？

第七十回　纽柯克奇袭达府　日本人反手报复

相对于亚当夏娃中队和熊猫中队，驻防缅甸的地狱天使中队的战绩更加出色，但与此相对的，损失也更大。别看损失不大，陈纳德相当心疼啊！现在，摆在面前的选择有两个，第一，就是增援地狱天使中队。第二，就是把他们撤回来，放弃缅甸。

到底该怎么决定呢？陈纳德一看，我别私自做决定了，还是问问委员长吧！蒋介石听了之后一想呢：还是增援吧！因为苏德战争爆发，苏联自顾不暇，兰州现在已经没什么援助物资了，现在滇缅公路是我国唯一的大动脉，多少物资都从这里运进来。如果没了物资，不知道我们该如何抗日啊！而且缅甸的地理位置重要啊！日军从东向西进攻，想打到重庆，有着我们的地理棱线做屏障，他们很困难。可要是从缅甸打到昆明，再向重庆进军，重庆危矣！而且，缅甸现在还有英国皇家空军，他们经验丰富啊！我们的飞虎队和他们并肩作战，也能减少损失。现在飞虎队的训练并不多，而且人少飞机少，要是直接放在大陆跟日军对拼，没好结果啊！不如就现在缅甸，以战代练，等有了心得，再到大陆作战不迟！

有了这道令，陈纳德就好办多了！所以命令第二中队，也就是熊猫中队，进行轮换，把地狱天使中队轮换到垒允休整。咱们再说第二中队，中队长杰克·纽柯克，当年在美军中间，就是桀骜不驯的典型，不过这不证明他没本事啊！陈纳德跟蒋介石这么一报告，别看咱们说的就这么几句话，这可是用了好几天啊！等杰克·纽柯克他们到了仰光，就已经是1942年1月3号了。刚一到机场，纽柯克跳下飞机，直接找到了英军指挥官史蒂文森少将，咱们前文说的曼宁少将，他的确帮了陈纳德不少的忙，但对日本的空袭抵抗不利啊！所以就由史蒂文森少将代替。纽柯克来了，找到了史蒂文森，一敬礼："史蒂文森少将！"

史蒂文森少将也一还礼："纽柯克队长！欢迎你们来仰光，从今以后咱们就要并肩作战了。不过我在此之前，看到不少关于你们的报告，你们的作战丑陋而不守规矩，经常拖我们的后腿。我要强调的是，你们在战斗序列中，是属于我们英国皇家空军指挥，请你们一定听从命令！"

纽柯克一听，心里就不大痛快！为什么啊？原来，第三中队撤回昆明之后，纽柯克和第三中队中队长奥尔森交流了一下，奥尔森对英国皇家空军的水平非常看不起啊！奥尔森就说了："英国皇家空军简直是徒有虚名啊！他们号称有雷达，但是每次预警都晚！而且一打起来，非得坚守什么空战规则，结果损失比日本小子还多！咱们有不少飞机就是为了救他们，才被击落，就这，最后还往咱们身上扣屎盆子呢！说他们损失大的原因，就是因为咱们不听指挥，这叫什么玩意儿啊！"

飞虎队部分飞行员照片

纽柯克就加了小心了，今天一来，人家新官上任三把火，果不其然，就要烧一烧飞虎队！纽柯克当时也没说什么，人家怎么说也比自己的军职高啊！所以他就没说话，敬了个礼，走了。等回到东瓜机场，也就是飞虎队自己的基地，纽柯克是气急败坏啊！

"来人！把军械长给我叫来！"

不一会儿，军械长来到，军械长是个中国人，姓王，是中央飞机制造厂的高级技师，现在中央飞机制造公司迁到了云南的垒允，他被派驻缅甸，给飞虎队修飞机。他一来，纽柯克换了一张高兴的脸："王！你好！我是纽柯克中队长，你在这里的时间比较长，能不能给我介绍一下这里的敌情？"

说着话，就把地图拿出来，放到桌上。王军械长一看，介绍就介绍吧，拿起地图来就说："纽柯克队长，我这也是听奥尔森中队长说的，对与不对，您别介意。我听着呢，是这样，现在，整个中南半岛，除了缅甸和新加坡，基本都落入了日本人的手中，泰国虽然名义上独立，但日本人可以使用他们的机场和军事设施，所以和占领区没什么两样，所以总体来说，咱们处于被包围的状态。"

"嗯！很好。那我问你，离咱们最近，也是威胁最大的，是日本人的哪个机场？"

"哦！是这里！"

王军械长在地图上一指，纽柯克一看，泰国西部的达府。

"哦！达府！这里有日本人的空军基地吗？"

"有，这应该是离咱们最近的基地了，离仰光300公里左右，日本的什么飞机，都能上这边肆虐一番。"

纽柯克乐坏了："好！太好了！就这了！准备飞机！"

王军械长吓了一跳："中队长，您这是要？"

"快！准备飞机！我现在就要去轰炸！快去！"

"啊？中队长，您刚刚到这儿，还没休息。再说了，飞机还没检修完呢！"

"嘿嘿！跟日本小子玩，你要是按他的节奏走，那就完蛋了！我今天就让大名鼎鼎的英国皇家空军看看咱们飞虎队的厉害！"

等走到外面一看，纽柯克也傻眼了！为什么啊？他一队20架飞机，仅仅有3架飞机检修完毕。纽柯克一看，就是它吧！

"大卫！吉姆！你们俩跟我来！"

"是！"

"是！"

三个人上了P40，直扑泰国达府的空军基地。这一手，日本人是真没想到啊！日本人的情报挺准，现在美国志愿队正在进行缅甸方面的轮换。在这儿驻扎的是日本海军航空队，他们还琢磨呢：美国志愿队现在轮换，今天能到。按照常理来讲，美国人今天到了，明天得休整一天。这时候，他们的飞机都在机场上，没什么防御能力，我们就能出动航空队，把飞机全炸了，让他们彻底失去战斗力！

可没想到，纽柯克队长不按常理出牌啊！计划刚刚定完，飞虎队已经到了！纽柯克中队长一看，哟呵！这达府空军基地还真不小啊，日本人在这儿的飞机足足有30多架，这回可赚了！所以纽柯克带头，一个俯冲下来，"吱——吱——"

就投开炸弹了！

还别说，今天该着日本人有反应，因为上面的命令虽然还没下来，但海军航空队这边都知道，这两天就要有任务，所以都在调试发动机。不少飞机的发动机都开着，所以一看有飞机冲下来，赶紧踩油门，带着飞机是左躲右闪。

"轰！轰！"

纽柯克队长这两颗炸弹没炸正，仅仅造成两架飞机受伤。纽柯克急得直冒汗啊！但P40只能带两颗炸弹，没办法，他把飞机一拉，一抬头，哎！那是什么？

一架离着跑道最近的日本战机正在起飞啊！纽柯克一看，嘿哟！天堂有路你不走，地狱无门自来投啊！我正要走，你撞上门来了，着家伙吧你！

纽柯克接着一个俯冲，"呜——嗒嗒嗒！"，四挺机枪这通打啊！下面这头一架日本战机正在起飞，躲不了啊！给打了个正着！

"轰！"还没等完全起飞，就冲出跑道爆炸了！

纽柯克挺高兴，可再一看，又一架日本战机要起飞，可是自己已经飞过了，再回来，日本战机就该起来了！纽柯克一琢磨：估计这就是日本的零式战机了！听说这飞机格斗性能强悍，不能让它起来！要是飞起来，我们就悬了！纽柯克再一回头，队友吉姆正在后面，他就用无线电喊了："吉姆！底下这架，交给你了！"

"明白！"

队员吉姆呢，也挺倒霉，他跟着纽柯克扔炸弹，结果人家飞机仍然是左躲右闪，吉姆扔了炸弹，仍然没炸毁飞机，而是把这些飞机逼得七扭八歪，挤在一处。这可便宜了后面的队员大卫，日本飞机为了躲炸弹，现在已经拼尽全力，不少都挤在一处，动弹不得，大卫欣喜若狂啊！对准了飞机堆，"吱吱——轰！轰！"

这两颗炸弹炸得过瘾啊！因为日本飞机都挤在一起，所以这两颗炸弹足足炸毁了4架敌机！可把大卫乐坏了！吉姆呢，心中生气啊！好啊！这回该着大卫露脸，我们没收获啊！回去拿了奖金，非让大卫这家伙请客不可！

吉姆正琢磨着呢，纽柯克队长也开了荤了，紧接着，就听见纽柯克队长喊："吉姆！底下这架，交给你了！"

吉姆一看，高兴坏了："明白！"

也是一个俯冲，"嗒嗒嗒！"，第二架敌机也被揍毁在跑道上。紧接着，第三架敌机又要升空，正好纽柯克又转回来，一个俯冲，"嗒嗒嗒！"

又毁一架！这下，3架敌机坠毁在跑道上，日本人再想起飞，跑道长度就不够了。纽柯克欣喜若狂啊！心说：哎哟！运气真不错！今天我们竟然把陈纳德将军交给我们的双机编队实践了一次，这招真不错！以后还得常用啊！这回日本小子们没法起飞了。炸弹没了，我们就再用机枪给他们做做大扫除吧！

想到这儿，纽柯克队长就要再次进攻，没想到，这时候日本的高射机枪响了，"嗒嗒嗒！"

"当当当！"

纽柯克经验丰富啊！一听，知道敌人的高射机枪开火了！算了，我们的飞机虽然结实，但也不能迎着敌人的防空火力往上冲啊！反正我们的任务也完成了，走吧！

于是，3架飞机赶紧飞上高空编队，撤退了！这一战，大获全胜啊！就3架P40，一共击落3架敌机，炸毁4架，重伤5架，咱们的飞机中，仅有纽柯克队长的战机中了几弹，但问题不大。

等回到基地，把这事一说，所有人都高兴坏了！这下出其不意，攻其不备，够小鬼子喝一壶的！可大家高兴的时候，纽柯克队长就说了："大家也不要太高兴了！日本小子肯定要报复！"

有人还不相信："中队长，您也太谨慎了吧？日本小子们刚刚被痛打一顿，怎么还敢来呢？"

纽柯克一乐："陈纳德老爷子跟我说过，中国有句古话，叫作打人家一拳，防备人家一脚，尤其是日本小子，报复心极强啊！只许他在你头上拉屎，你要在他头上吹气，他都认为你是挑衅，所以明天他们肯定要报复！所以咱们一定要准备！下面我下令！吉姆！"

吉姆刚跟着回来，一听这话，赶紧一敬礼："中队长！"

"你！还有大卫，你们俩明天分两班倒，4架飞机为一组，以咱们东瓜机场为中心，方圆200公里，进行不间断搜索！第一组的汽油用到三分之二，第二组就起飞，从明天7点开始，天上不许给我间断！听见没有！"

吉姆一听："明白！可是中队长，咱们这有英军的雷达，随时能够进行侦察，小日本也跟英国宣战了，日本人来打咱们，英国人不会报信吗？"

纽柯克一听："英国人肯定不会不报信，就他们那效率，我信不过，就这样了！行动！"

大家就开始行动了。第二天一大早，吉姆带着第一组飞机升空侦察了，纽柯克呢，一大早就坐在指挥塔上，开始喝咖啡。他边喝边看书，一会儿，参谋说了："中队长，大卫他们要求起飞！"

"那就让他们飞吧！"

大卫这一组也起飞了。纽柯克接着看书，看着看着，感觉眼睛累了，抬起脑袋伸了个大懒腰，"哈！"，随手抄起桌上的望远镜往天上看，看来看去，纽柯克发现几个小黑点，嗯？这是什么？小黑点越来越近，纽柯克基本判断了，这是飞机啊！不对！我们的P40不在这个航线上！坏了！敌袭！

想到这儿，纽柯克大喊："敌袭！快！拉警报！让伙计们起飞！"

旁边的人一听，不敢怠慢，赶紧把警报一拉，"呜——呜——"

纽柯克接着用喇叭喊上了："敌袭！敌袭！大家立刻迎战！"

有人问了，纽柯克看得对吗？一点不错啊！头天纽柯克他们空袭，日本人果然是暴跳如雷，第二天就派出了27架96舰战前来报复！

按说，P40的性能比96舰战高出不止一个等级，可今天，96舰战来得正是时候，第二批巡逻的P40正在往远处走，第一批还没回来，剩下的战机都在地面，这基本就是活靶子啊！飞虎队的小伙子们毫不畏惧，马上强行起飞！可日本人也不是傻子，能让你起飞吗？于是27架战机先后俯冲，"嗒嗒嗒！嗒嗒嗒！吱——轰！"，对着强行起飞的飞机打开了！不多时，3架P40就被击毁在跑道上，纽柯克在指挥塔看着，急得火烧火燎啊！这时候，旁边的电话响了，纽柯克接起来一听，就是一愣！

第七十一回　飞虎队大战缅甸　陈纳德调整雷达

就在纽柯克奇袭日军在泰国机场的第二天，果不其然，日军派出了27架96舰战进行报复。虽然纽柯克做了防备，但是英军根本没报告，而且日军赶在了第二巡逻队已走，第一巡逻队还没回来的空当，发起突袭，一举就摧毁了3架P40，还好飞行员都没伤着。

纽柯克急得心如火燎啊！这时候，电话响了，纽柯克接起来一听，那边说了："我这里是英军指挥部，现已证实，有一批日军飞机正在向你们机场飞去。"

纽柯克一听，鼻子差点没气歪了："你们能不能再慢点啊？日本小子的炸弹都扔到我们脑袋上了，你们才报告！你们，喂，喂？"

电话没声了，纽柯克知道，这是把电话线炸断了，纽柯克气急败坏，把电话一摔："给我准备飞机！我要亲自迎战！"

旁边的副官说了："中队长，3架飞机被毁在跑道上，跑道已经没法起飞了！"

"可恶！吉姆！大卫！你们去哪儿了！"

正捶胸顿足呢，副官说了："中队长你看！咱们的飞机回来了！"

纽柯克拿着望远镜抬头观看，一看，果然，自己的飞机回来了！高兴啊！赶紧呼喊："快！所有人给我布置防空火力！掩护吉姆他们！"

再说天上，第一批回来的是吉姆这一组4架P40，他一看，坏了！机场遭到袭击，赶紧支援吧！刚要俯冲，这时候，日本人也反应过来了，于是27架96舰攻分成两批，一批13架，继续对地攻击，另一批14架，直扑吉姆他们4机。吉姆一看，坏了！就算敌人的96舰战比P40落后不止一个等级，但是好虎架不住狼多啊！这怎么办？吉姆灵机一动啊！马上对着无线电喊："兄弟们，双机编队！快！"

这招都是练过的，就是老忘了怎么使，今天，不使也不行了，4架飞机编成两组，这时候，吉姆一看，14架日本飞机扑过来，别看数量多，都是各打各的，位置、速度，都没什么配合，还经常出现互相阻挡的情况，根本没法发挥出全部火力，吉姆一看，挺

350

好！我先拿你头一架下家伙吧！我跟你对对机枪，就算互相都中了弹，我是满身的装甲，你不行啊！嘿嘿！就这么办了！

想到这儿，吉姆一个俯冲，对着第一架就下家伙了！

"呜——嗒嗒嗒！"

这也叫上打下，不废蜡，日本的96舰战猝不及防啊！当时互相都中了弹了，果不其然，吉姆没事，他的P40浑身的装甲，96舰战的轻机枪扫上，比挠痒痒强不多少。可P40的机枪可不一样啊！本身就是重机枪，外加上日本战机薄皮大馅儿的老问题，所以机翼被打断一只，发动机中弹，连飞行员都被打死在舱内，飞机"呜——轰！"，当场坠毁！

再说吉姆，击落第一架之后，按说该进入格斗了，他根本不格斗，直接一拉飞机，飞机"呜——"，又飞上去了！其余的日本飞机再开火，"嗒嗒嗒！"，勉强给P40造成点伤害，吉姆又飞上去了。

日本飞行员一看，你们美国人真卑鄙啊！有本事一对一格斗啊！你们玩偷袭算什么本事？正琢磨呢，负责给吉姆掩护的第二架飞机，也一个俯冲下来，"嗒嗒嗒！"，对着另一架日本战机扫开了！还好，这架96舰战的飞行员反应快点，战机挨了机枪，负了重伤，只能被迫返航。等日本战机再注意他的时候，吉姆又冲下来了！

再说飞虎队的另一组，也照方抓药，用双机编队对日军展开攻击，仅仅一个回合，击落、击伤日军飞机各一架！这回日本人可就惨透了！高度没飞虎队高，飞机的性能也不行。咱们前文说了，96舰战和苏联制的伊16基本同属一代，性能基本是个平手，当时中国空军再配上火力更强，行动更灵活的双翼战机伊15，96舰战就很难占到便宜。今天呢，更惨！P40比96舰战领先了不止一个台阶，速度、火力、防御能力都强！P40想打就打，一看人家火力太强，那就跑呗！跑到日军飞机的火力死角再打！P40的数量虽然少，但人家是牵着日本战机的鼻子转啊！所以一时之间，日本的96舰战竟然非常被动。

剩下对地攻击的96舰战，炸弹也扔完了，一看，哟！自己人陷入了被动，赶紧救援吧！可说救援，哪儿那么容易啊？这时候，大卫他们一组4架P40杀到！这回日军可惨了！人家是4组双机编队，怎么打怎么有！自己这边呢，学的就是单机格斗，飞机一多了，自己给自己都造成障碍！时间不大，连上前面的损失，日军一共被击落了3架战机，重伤6架，这时候，地面的防空机枪也开火了！

"嗒嗒嗒嗒！"

这仗没法打了！顾上顾不了下，顾下顾不了上，干脆走吧！所以剩下的96舰战赶紧一窝蜂地撤退了！飞虎队这边呢，由于吉姆和大卫他们两组事先经过巡逻，汽油已经消耗了一部分，没法再追，也就返航了。这一仗打得漂亮！8对27，结果击落3架，击伤6架，自己虽然多少都受了点伤，但无一损失！只有地面的3架P40被摧毁。这战绩一传开，连英军都刮目相看啊！有的英军飞行员还找来了："我们愿意用我们的水牛式战斗机，换你们的P40，你们干不干？"

飞虎队这一仗下来，对P40信心倍增啊！无论问谁，异口同声："我们才不干呢！P40这么出色的飞机，给5架水牛我们都不换！"

再说纽柯克队长，这家伙点子多啊！大家都高兴，他开始总结战斗的不足了。要说这次战斗，飞行员们表现得非常出色，要说不足，也就是英军的雷达反应太慢。可是纽柯克还琢磨呢：不应该啊！按照英国皇家空军在大不列颠空战的表现，雷达每次都能提前预警，给皇家空军争取反应时间，怎么同样的东西到我们这儿就不管用了呢？

于是，纽柯克队长撒下人马一打听，明白了！原来，雷达站的确是第一时间发现了日本飞机的行踪，可他们按照流程，先往英军指挥部值班室打电话，值班室写报告，呈送指挥部，指挥部再把情况发到作战处研究，等作战处研究出来了，再写报告呈送指挥部，指挥部再打电话通知飞虎队，这么烦琐的程序，还能不耽误时间？所以情况报告过去，人家的炸弹早扔到飞虎队脑瓜顶上了！

纽柯克一看，心中不满啊！照这样看，岂不是就跟没雷达一样？这回我们是有所准备，还被小日本打得那么被动，这要是毫无准备，我们岂不是一战就全完了？所以纽柯克赶紧给陈纳德打了电话，把情况一说，陈纳德一听，嗯？这可怎么办？现从中国调人过去，不是不行，可日军现在几乎横扫东南亚，对英军所属的缅甸和新加坡，都是大包围，这得调多少人过去啊？而且我们的人，在东南亚，语言不通，去了就得让日本人抓住！

这可怎么办呢？陈纳德灵机一动啊！一个电话打到了英军指挥部，找指挥官史蒂文森少将，史蒂文森少将一听就是一愣，陈纳德找我干什么呢？所以就问："陈纳德先生！您找我，有何贵干啊？"

陈纳德一乐："史蒂文森先生，我有个很好的提议，我听说咱们在缅甸周边的雷达站人手紧张啊？"

史蒂文森一听："嗯，对，现在日本人已经包围了缅甸，我们的雷达站和人手都不够。"

"我猜就是这样，我提议啊！我免费提供一部分人手，甚至可以分配到你们每个雷达站各一个，不用你们开工资，最多就是你们提供饮食和住宿，怎么样？"

史蒂文森一听，人家免费还不好？不过史蒂文森也知道，陈纳德是美国人，对于美国人来讲，天下没有免费的午餐啊！所以他就说了："陈纳德先生，你这么说，我代表我们大英帝国表示感谢，不过咱们都讲究的是做生意，天下恐怕没有免费的午餐啊！你们有何要求？"

"嘿嘿！史蒂文森少将，我也不客气了，我这些人过去，任凭你们差遣，但我要求每个雷达站专门配一部电话，我们的人一旦发现敌情，可以随时向我报告！可以吗？"

史蒂文森一听，琢磨了半天：要说拒绝吧，也不是不行，这完全违反我们大英帝国的条令，但现在我们的人手是捉襟见肘，日本人马上就要打过来了！空中安全更是重中之重。要是缅甸丢了，我就是不做战俘，回到英国，我也是颜面丢尽啊！算了，现在一切还是以保护我们大英帝国的殖民地为先吧！所以史蒂文森最后说道："好！陈纳德先生！那我就答应你的请求，但请你尽快派人来！"

"没问题！人这两天就过去，你就等着吧！"

咱们说，陈纳德效率多高啊！他跟蒋介石一说，蒋介石当场照准，于是陈纳德把原来培训的人肉雷达站中的精英，调走三分之一，用飞机运到了缅甸，通话的第二天晚上，陈纳德的人就布置在英军各主要雷达站。

这回好了！日本飞机只要一来，雷达站的人一看，马上进行分析，而且一边上报，一边通知航线附近的机场，当然了，陈纳德这一手不光为了自己，如果英军那边危急，他也是一样通知。这下日本人可惨了！雷达站的效率一提高，他们就占不着便宜了！而且利用这个机会，纽柯克再次空袭了泰国的麦索机场，给日本海军航空队又造成了一定的损失，不过不幸的是，一架P40被击中坠落，飞行员查理·莫特被俘虏。这可把纽柯克急坏了：我们的P40是战斗机，虽然也能挂两颗炸弹去轰炸，但太勉强了！效果不大，损失不小！我们要是有轰炸机，绝对够他们小日本子喝一壶的！可是我们的轰炸机在哪儿呢？

有人问了，飞虎队没有轰炸机，中国有啊！中国的轰炸机大队去哪儿了呢？咱们书中代言啊！中国的轰炸机大队其实一直没闲着，之前他们一直在适应苏联造的轰炸机，等到适应完毕，也跟着一起参加了轰炸任务，只不过由于苏联的正义之剑大队在，就没显出他们来。不过，1941年6月22日，苏德战争爆发，正义之剑大队回国，轰炸任务就压在了中国空军的轰炸机大队身上，轰炸机大队司令张廷孟，几次派遣轰炸机大队出击，给日军造成了不小的损失。

就在珍珠港事件之后，日军进攻香港。与此同时，为了避免进攻香港的部队腹背受敌，日军第三次进攻长沙，中方战区司令，老虎仔薛岳早就准备好了"天炉战"计划，要像太上老君炼丹炉似的，利用长沙北面的新墙河、汨罗江等四道河，一层一层消耗日军的锐气，力求把日军给炼化在长沙！

计划定得好，士气更重要啊！国军在抗战中已经不止一次一触即溃了，而加强士气的好办法之一，就是自己的空军能出现在最危急的关头，对敌人进行轰炸！也就出于这个考虑，空军的轰炸机大队是连续作战啊！多次出现在最危急的关头，尤其是1942年1月8日，日军已经被炼丹炉消耗得无力进攻，被迫撤退，薛岳能让他们跑吗？陆军所有的部队开始全线反击，空军方面呢，也不敢怠慢，新任的第二大队大队长金雯，亲自率领9架苏制轰炸机，前去轰炸！

现在这种袭击，是非常危险的，中国空军整体，尤其是战斗机大队，都在恢复之中，没有战斗机护航，轰炸机单独行动，多危险啊！

中国空军大队长金雯的墓碑

不过中国空军也有办法，那就是出动前极度保密，出动时炸完就走，不多逗留，等日本人的战斗机过来，中国空军早走了！可今天不一样啊！为了救出主力部队，日本陆军航空队也尽了全力，派出97单战进行空中扫荡，正好撞上中国轰炸机部队。双方一顿好打，中国空军击落了至少一架日军战斗机，不过我方带队长机被击落，金雯大队长当场阵亡，不过日军的飞机并没有挽救他们的颓势，至1942年1月15日，第二次长沙会战胜利结束。

第二次长沙会战结束之后，又有情报证明，日军在越南集中了450架飞机，南可威胁新加坡，北可威胁广西。蒋介石一看，这可太危险了！要是日军在广西、云南一线动手，我们的三峡防线，简直就是虚设啊！不能让他们得逞！所以中国空军又迎来了新的战斗！

第七十二回 中美联合越驼峰 少愚率部赴印度

第三次长沙会战胜利结束，中国空军的轰炸机部队立了不小的功勋，但也同样付出了不小的代价，大队长金雯阵亡。可是，第三次长沙会战之后，空军各部来不及休息，还得继续奋战。有情报证明，日军在越南集中了450架飞机，南可威胁新加坡，北可威胁广西。蒋介石一看，这可太危险了！要是日军在广西、云南一线动手，我们的三峡防线，简直就是虚设啊！不能让他们得逞！所以派遣轰炸机部队远赴云南。

不过这次的情况，跟长沙会战又有所不同，长沙会战，至少还是在自己的地盘上，到了越南呢，那是日本人的占领区，没有战斗机护航，轰炸机简直就是活靶子！这怎么办呢？没办法，蒋介石又联系上了陈纳德。陈纳德一看，也明白，当即下令，让第一、第三中队轮流护航。还别说，这招真有用，日本人猝不及防啊！这些飞机大部分都是用来攻略新加坡的，结果反而遭到了中国空军的痛击！不过，中国空军也付出了一定的代价，11中队中队长邵瑞麟阵亡，飞行员何建生被俘，这个何建生也不简单，他被俘之后，被押到了南京，当上了伪政府的飞行员，后来劫持飞机起义，飞到了山东解放区，成了解放军的飞行员，这不细表。再说日本人，遭到了这样的损失，恼羞成怒啊！他们一看，中国方面的力量很强，那就继续对仰光下手吧！

这回，纽柯克队长他们的第二中队更惨了！日军一天一天，几乎是不间断空袭，纽柯克队长他们奋勇抵抗啊！6天之内，竟然揍掉了日本50架飞机，这也是空前的纪录啊！不过，飞虎队的损失也不小，P40就是再结实，它也属于精密仪器，经过子弹和机械疲劳的洗礼，不坏就见鬼了！打到最后，整个第二中队，仅剩了11架飞机尚可升空一战。这仗怎么打？没办法，纽柯克又联系上了陈纳德，陈纳德一看，得！这就够劲了！马上下令：" 纽柯克队长，你马上带着第二中队撤回来，你们的任务，由第一中队接任！"

"明白！"

就这样，飞虎队继续轮换。可飞虎队再怎么轮换，也无法改变战局，随着英军的败退，缅甸一线的战况继续恶化！2月7日，亚当夏娃中队的中队长罗伯特·桑德尔因为飞机失事而阵亡，2月15日，日军攻占新加坡，至此，日军全力攻击缅甸，到了3月初，仰光失陷，接下来，日军是横扫缅甸啊！英军被打得哭爹叫娘，只得向印度撤退。而飞虎队呢，也和一部分皇家空军，退到了云南垒允基地，一刻不停地进行反击！可您说，这时候反击还有好吗？缅甸已经不是英国人的控制区了，不定哪儿就会冒出防空炮来！所以3月24日，杰克·纽柯克中队长在反击的时候，也被日本人流动的防空炮击中，当场身亡，最终战绩10架半。其余的飞机也因为机械疲劳和受伤，损失了不少。日军的兵锋，最后越过缅甸，一直打到了云南最西南的垒允基地，陈纳德被迫烧毁了22架来不及转移的P40，撤到了昆明。

相对于陈纳德的不间断反击，英军倒是没么积极。因为缅甸和新加坡的陷落，对于英国人来讲，不是一个完全不能接受的事实，英国人的底线是印度，那是大英帝国的奶牛啊！不过缅甸失陷，对蒋介石的打击可就太大了！现在抗战物资，全指着云南到缅甸的滇缅公路呢！日本人把这掐断了，不就等于釜底抽薪，要了我的命了！这可怎么办？

蒋介石跟美国人那边商量来商量去，最终决定，开辟驼峰航线！驼峰航线，就是从印度阿萨姆邦的汀江机场，飞跃喜马拉雅山，到达昆明的航线。这条驼峰航线，实际上有南线和北线，南线大部分在缅甸境内，飞行难度相对比较小，但日军的航空队肆虐，走这条线的危险性太大了！所以大家最后大多走北线，北线大部分是青藏高原的高山，由于当时的飞机一般不能飞太高，所以只能不停地在两山之间穿过，形似飞越驼峰，所以这条航线就叫作"驼峰航线"，咱们书中代言，这条驼峰航线的作用可太大了！它承载了中国抗战最艰难时期的运输，敢飞这条线的人，都得是高手中的高手。美国方面唱主角的是美国陆军空运队，中国方面呢，多是由经验丰富的退役飞行员组成的中国航空公司担负，据说空军的最高指挥官毛邦初，就是第一个飞越驼峰航线的中国飞行员。

可由于青藏高原的气候多变，疯狂的季风、雷暴、冰雹、霜冻、湍流等，外加上海拔未知的山峰、日军飞机的威胁，每一样都对飞行员是个严酷的考验，多少飞机和飞行高手都死在了这条航线上，据说最开始，飞这条航线的飞行员还需要导航，飞过几座山峰，偏转多少度，再飞几座，再修正，到最后，根本不用了，坠毁的飞机在山谷里形成了一道道的地标，这都是飞行员们用生命换的！您说多不容易！

咱们再翻回头来说蒋介石，驼峰航线开辟，物资、军火又开始运往中国，蒋介石的心算是定下点了，下一步，那就要想办法恢复空军的战斗力了！怎么

纽柯克大队长被击落后的残骸，旁边的是和日军结盟的泰国军队

恢复呢？人员整编已经完毕，下面就是要好飞机了！好飞机在哪儿呢？印度！因为缅甸失陷，所以买来的飞机全都准备托运到印度。现在由于日军对英美全面开战，所以英美方面对于援助中国，已经没有什么疑虑了，所以只要出钱就敢卖！这回呢，陈纳德开了个方子，专买P40和P43，而且要买最新型号的。宋子文呢，就去照方抓药，反正人家是银行行长，有的是钱，还有美国租借法案的大笔援助款项，而且现在，国内各行各业也在为空军筹款，有钱的出钱，没钱的，比如前文说的战地画家梁又铭，以他为首，不少的画家都在世界各地办画展，想方设法筹钱，您说这还愁没钱吗？所以宋子文不负众望，买回了不少P40和P43。

当然，宋子文因为是外行，这次也被人忽悠了一道，美国伏尔梯飞机制造公司一看，宋子文可是个大买主啊！他们赶紧在宋子文面前吹捧了一遍他们的P66型战斗机，其实这种战斗机，看似跟P40和P43是同一代战机，但P40、P43的特色鲜明，完全能凭借自己的优势跟零式一决高下。可P66呢？几乎没什么特色，这能打得过零式吗？可宋子文也被吹糊涂了，一看，P66，从数字上看，比P40、P43靠后，反正陈纳德顾问也说了，字母越靠后越好，估计数字也是这样。所以他也就买了一大批，后来的事实证明，这批P66，是最不合适的买卖！

但不管怎么样，飞机除了装备飞虎队之外，也够补充中国空军了！所以蒋介石当即给毛邦初下令，让第四大队赴印度接收战斗机！同时，派遣一部分空军精锐和学员赴美国受训。毛邦初也正有此意啊！当即下令，让第四大队大队长"望天犼"郑少愚，带着四大队从驼峰航线奔了印度汀江，而留学的人员谁带队呢？毛邦初也选好了，由"荒原秃鹫"柳哲生带队。毛邦初心说：论本事，论战绩，柳哲生在我们的飞行员中都是首屈一指的，有他在，美国人也不至于看不起我们，而且现在他是四小天王中唯一能上天的了，如果他没了，损失可就太大了！

也就因此，柳哲生就被派到了美国，还别说，柳哲生这一趟不负众望，跟美国人打成了一片，成了赴美培训的队长，学了不少本事。不过也有人感叹，柳哲生现在是国内飞行员的头号王牌，战绩是11又1/3架，要是换装成了P40和后来的P51，等战争结束，战绩至少是20架！比外国王牌也不差！

柳哲生呢，到了印度之后，跟着学员们走了，郑少愚他们呢，就在印度挑开飞机了！这回大家可长眼了！来的是名震江湖的P40，比之前开的伊15、伊16强出多少去！还有P43，大家从陈纳德口中得知，这种飞机的性能，只在P40之上，不在P40之下，那肯定更厉害啊！就算是

中国空军头号空军王牌柳哲生，战绩11又三分之一架，幸存至战后。可惜的是他去了美国，不然换装P40之后，战绩极有可能超过20架

第七十二回 中美联合越驼峰 少愚率部赴印度

357

最没用的P66，也比伊16强得多啊！大家都挑花眼了！挑来挑去，大部分人还都挑上了P40E，为什么啊？这飞机是P40的最新改进型号，P40在中国战场的表现有目共睹啊！别看中国空军的飞行员们没开过，但航校在昆明，飞虎队基地在垒允，所以中国空军的飞行员们没事就去观摩，所以大家都对这种飞机青睐有加啊！摸摸这儿，摸摸那儿，都不知道怎么好了！

恰巧在这时候，机场旁边来了几个英国飞行员，他们一看中国飞行员对P40喜欢得不知怎么好了，他们鼻子里"哼"了一声："哼！中国人就是中国人，没见过世面，这破铜烂铁也算好的？"

"可不是！跟咱们的喷火式比起来，这破东西比破铜烂铁都不如！"

他们说的是英语，可他们也没想到，咱们的飞行员，精通英语的不在少数，大家一听，颇为不悦，心说：怎么能这么说呢？P40还不好？不过大家伙一看，英美现在是盟友啊！所以他们虽然不高兴，也没说什么。不过英国人还接着说："先生们，咱们来打个赌啊！这一批P40到了中国，两次战斗之内，得坠毁几架？"

"5架！"

"5架太少了！我猜10架！"

您说，都是飞行员，最忌讳的就是说坠毁，这就跟海员说"船翻了"一样！这下飞行员们全不干了！有几个飞行员们刚要发作，旁边过来一个人："兄弟们，冷静点儿，看我的！"

大伙一看，谁啊？分队长穿云燕子曾培复，曾培复是航校六期，现在也是为数不多的资深飞行员之一，他从8·14开始，一路打到现在，可谓经验丰富啊！不过，由于中国空军里星光璀璨，四大天王、四小天王，还有抗战后期的四金刚等，基本上显不出他来，可这不能证明他的水平不行啊！要说现在在第四大队，曾培复的水平位居前列，而且为人冷静，所以大伙刚要发火，他过来了。只见曾培复笑眯眯地跟那几位英国飞行员说："先生们，我听你们说，P40这种飞机不好，对吗？"

这几个英国飞行员一看，嘿哟！真没想到，中国人也会说英语！但他们仗着自己是皇家空军，所以还挺傲慢："没错！P40跟破铜烂铁差不多，跟我们的喷火式比比，就是送死的货！"

曾培复仍然笑眯眯的："哦！原来是这样，我们之前就听说了，英国皇家空军威震四方啊！今日得见，三生有幸。但中国话讲，遇高人不能交臂而失之，我还是愿意跟你们切磋一二。"

这句话，软中硬，硬中软，曾培复暗中也咬了牙了：我看你们敢不敢应战！

咱们说这几个英国人，他们也没想到，中国人能这么回答！但既然僵到这儿，英国人还要维护自己的体面，有一个英国飞行员就说了："好啊！那咱们就试试，我们的机场就在旁边，咱们10分钟之后起飞，我今天就给你们中国人上个课！"

双方都咬上牙了，这还用说吗？十分钟过后，两边的飞机都起飞了，迅速开始爬高，几分钟过后，双方都到了4000米高空。再说英国人这边，今天上场的是安德鲁少尉，这家伙属于英国皇家空军的二线队员，论技术、论经验，都算不上顶尖，今天他也比较放心，安德鲁心说：我们这喷火式，是世界著名的战斗机！连德国人都拿我们没辙！你们中国人要是拿出更好的P47、P51，我们可能还得留点神，就你们这P40，怎么跟我格斗啊？

咱们说曾培孚呢，他外号穿云燕子，经验丰富啊！而且他之前对各种型号的飞机也做过了解，他知道，论起盘旋格斗来，英国的喷火式算是首屈一指，自己的P40根本不是个儿！所以，想要打赢，就得飞虎队的方法来！曾培孚之前也没少观摩飞虎队的训练，他一看，就照我的节奏来吧！想到这儿，他根本不跟喷火式纠缠，直直地往远处飞。安德鲁少尉一看，哎呀！想跑，哪那么容易？想到这儿，一脚油门，就追了上去，接着，安德鲁就把手按在电钮上，准备用照相枪。

咱们前文说了，比试的时候，基本不用实弹，都用照相枪。曾培孚也挺清楚，他刚才是故意飞直线的，曾培孚还算呢：嗯！我应该到了英国人的射程了！想到这儿，曾培孚往左一掰操纵杆，P40滴溜一转个儿，正跑到喷火式后面。紧接着就是"咔咔咔"几张照片。

安德鲁少尉一看，知道自己吃亏了，赶紧要找面子，没想到曾培孚经验十分丰富啊！他照方吃炒肉，接着飞直线，在安德鲁进入射程的时候，又是"滴溜"一转个儿，转到喷火式后面，"咔咔咔"，又是几张照片。

安德鲁少尉一看，坏了！按照正常演习，我等于已经被击落两次了，不行！我们那么优秀的喷火式，怎么能输给破铜烂铁的P40呢？这太丢我们大英帝国的脸面了！不行！我一定要想方设法，反败为胜！

第七十三回　郑少愚魂归蓝天　斯科特再度归队

　　第四大队赴印度接收他们心仪的P40战机，没想到碰上了英国飞行员，英国飞行员对P40十分不屑啊！最后中国第四大队的分队长，穿云燕子曾培复提出来了："按中国话讲，遇高人不能交臂而失之，我们想切磋一二。"

　　英国人仗着自己的喷火式战斗机天下闻名，也没把曾培复当回事，可一上天就看出来了，曾培复经验丰富，你一撅屁股，我就知道你拉什么屎！所以他打起仗来比泥鳅还滑！一攥一转圈，一打一出溜，而且曾培复深得飞虎队真传，打就打自己的节奏！结果英国飞行员安德鲁少尉忙活半天，不但没占着便宜，反而让曾培复逮住两次。安德鲁一看，不行！我们那么优秀的喷火式，怎么能输给破铜烂铁的P40呢？这太丢我们大英帝国的脸面了！哼！你既然敢这么对付我，我就敢以其人之道，还治其人之身！

　　想到这儿，安德鲁一个俯冲，先奔下面来了！曾培复一看，嘿哟！俯冲！这是我们P40的优势啊！我能怕你吗？所以也跟着一脚油门，俯冲下去！

　　安德鲁一看，挺高兴，哼！闹了半天你也中这招了！看我的！想到这儿，安德鲁收油的同时，猛地往左一掰操纵杆，没想到飞机不但没转个，反而"咔嘣！"一声，停了！咱们书中代言，安德鲁这下用力过猛，把操纵钢丝拉断了！

　　安德鲁一看，哎呀！怎么回事？再掰，飞机还没反应。坏了！曾培复正跟在后面呢，虽然说，曾培复也留神了，跟喷火式的距离保持在500米，能够在对方玩猫腻的时候，有所反应，可没想到对方来了个急刹车！曾培复躲闪不及啊！

　　"轰！"

　　两架飞机撞到了一起，两人双双身亡！

　　这下可太惨了！飞机还没接收完呢，中国空军就折了一员猛将，损了一架战机。大队长郑愚极为难过啊！现在别说四大队了，六期往前，而且还能作战的飞行员太少了！要是死在战场上，也算死得其所，没想到一员骁将曾培复，却客死他乡。

曾培孚死了，工作还要继续，至少来说，有不少人看到了曾培孚的演示，对P40信心十足啊！可大队长郑少愚呢？他不这么想，凡是大队长，都要比一般人多考虑一步。郑少愚一看，P40好归好，但敌人也在变化啊！P40的高空性能，要在日本的主力零式之上。但你知道日本什么时候冒出个新飞机啊？到时候人家研制好了高空性能极好的飞机，突然一上阵，上打下，不废蜡，咱们的P40小心重蹈璧山的覆辙啊！不行，我得选一个高空性能更好的飞机！

所以郑少愚就选了高空性能更好的P43枪骑兵，要说P43，跟P40相比，速度差不多，火力稍差。但P43有更先进的涡轮增压器，爬升快，高空性能更好，盘旋格斗的能力也比P40强！但与此相对的，P43没有自封油箱，所以一旦被击中或者漏油，危险系数更大。可郑少愚思虑再三，为了给P40作补充，还是让自己和麾下的21中队选用了P43。

经过一阵的训练，第四大队准备回国。郑少愚一看，我可得试试P43的高空性能，让国内高兴高兴！所以他当即决定：P40飞越驼峰航线，P43直接越过青藏高原，直飞成都！

这个决定可冒险啊！不过郑少愚测算着：P43的实用升限为9600米，青藏高原没这么高的山，所以没问题！

想到这儿，郑少愚亲率21中队，直接起飞，飞越青藏高原！走之前，郑少愚还特别用攒下的几个月津贴，买了一套最好的婚纱，他还琢磨呢：我来训练之前，家里人就催着我结婚，可是戎马生涯，哪儿能说结婚就结婚呢？得了，我也得让家里人放心一下。我这次回去，就把婚纱献给我女朋友，我们两家就算把这事定了！结婚嘛，还是跟战友们一样，等到抗战结束，我们一起举行婚礼！

想到这儿，郑少愚就加快了速度。可郑少愚正飞着呢，就听无线电里喊："大队长！您的飞机冒烟了！"

"啊？"

郑少愚一看，果不其然啊！咱们书中代言，P43这种飞机，哪儿都好，可唯独有一点问题，油箱！这种普通的油箱很娇气，别说被打中了，就是在高速飞行的时候，也容易泄漏，而涡轮增压器就在油箱旁边，温度极高啊！要是碰到一点漏油，那就没法挽救了！郑少愚今天可算是倒霉了！再想迫降，这里是青藏高原，哪儿找平地迫降去？

最后，队员们眼看着大队长"望天犼"郑少愚的座机在空中爆炸，可叹郑少愚一代名将，就这样无声无息地陨落了，享年31岁。

郑少愚一死，四大队的各位对P43完全失去了信心：我们大队长都出事了，我们谁有信心玩得转啊？不过，P43除了油箱的问题之外，其余的方面综合比较，还算是一款优秀的飞机，是金子不愁发光啊！中国空军没信心，有人有信心！谁啊？原飞虎队成员，罗伯特·李·斯科特！

有人问了，飞虎队不是在云南休整吗？斯科特怎么跑印度来了？原来，斯科特是第一批进入飞虎队的，而且他在飞虎队成员中，军职最高，是个少校。可第一仗，斯科特出师不利，成了飞虎队损失的第一架飞机，之后呢，斯科特又打了两仗，始终没什么建

郑少愚墓碑

树。飞虎队的小伙子们，一个个气死小辣椒，不让独头蒜，看见斯科特每次无功而返，能对他客气吗？所以天天看见他就吹口哨，没事还说点脏话挖苦他："嘿！我们的少校大人，今天打下几架飞机啊？"

"嘿！他才没有呢！谁知道他是怎么做的少校啊？我这个少尉都开胡了，他这个少校还没有呢！大笨蛋一个！"

斯科特呢，自尊心挺高，一看，在这儿待不下去了，走吧！我还回美国！所以斯科特就走了，通过关系，又当上了美国陆军航空队的预备役飞行员。斯科特本事不错，但在这儿也是英雄没有用武之地啊！

本来，斯科特可能就在这儿待下去了，没想到一个任务，又改变了他的生涯！原来，1942年，美国总统罗斯福决定轰炸日本，以血珍珠港之耻，提振美国军队的士气。可这任务太苛刻了！当时日本人进展迅速，占领了大半个太平洋，美国轰炸机想轰炸完再回来，根本不可能！最后大家算来算去，只能是轰炸完后，进入中国境内迫降。可中国境内，尤其东部沿海，大多是日军的占领区，所以这次的行动，谁敢去，十之八九回不来！美国大兵都挺惜命，谁去啊？最后负责这项任务的杜利特中校就满处找人。找来找去，杜利特想起来了：对啊！还有个叫斯科特的飞行员可以试试！

杜利特就找到了斯科特，把事情一说，斯科特一听："好！太好了！我在中国打过仗，小日本太可恶了！这次任务，算我一个！"

就这么凑来凑去，人总算凑齐了！1942年4月18日，大黄蜂号航空母舰，在离日本本土800海里地方，命令杜利特中校的16架改装版B25起飞，直扑日本本土！

要说杜利特中校这次袭击，对日本的实际打击并不大，但心理打击不小啊！而且这16架B25，其中一架因为燃料不足，转向了苏联，剩下15架，勉强飞到中国后，全部损毁，但人员大多获救，斯科特也是其中之一啊！马上，国民政府把他们送到了重庆，大摆筵席啊！人人都成了英雄！招待一阵过后，他们怎么回国呢？只能走印度了。所以一行美国飞行员又奔了印度，在飞机上，斯科特就跟杜利特聊天，斯科特就问："杜利特中校，咱们这一次成了英雄，还有机会再空袭日本吗？"

"有！当然有！咱们这是第一次，后面会有无数次的空袭！"

"好！太好了！第二次轰炸的时候我还要去！"

"那我估计你没这个机会了,咱们这回回去,估计需要给航空队的学员们传授经验,估计两年之内,没法执行什么像样的任务了。"

斯科特一听就火了:"杜利特中校,那可不行!咱们这次的任务那么危险,都没出问题,那就说明了,上帝是我的副驾驶!既然上帝就在咱们身边,咱们还怕什么呢?"

"斯科特!你要听从命令!"

斯科特今天也不知道犯什么性子了:"不听不听!就是不听!要是上不了天,要我斯科特何用?你们回美国吧!我不回去!"

杜利特一看:"你这威胁谁呢?不回去就别回去了!"

所以到了印度,一行人是不欢而散,杜利特回到了美国,当了英雄,斯科特呢,留在印度,联系上了陈纳德。陈纳德一听,哎!还真有印象!为什么啊?当初招飞虎队的时候,斯科特呢,军衔最高,是少校,只不过他是开轰炸机出身的,开战斗机稍微差点,所以没选上中队长。后来作战,斯科特也不顺,所以不辞而别,陈纳德还挺惋惜。今天一说回来,陈纳德是举双手赞成啊!不过陈纳德也说了:"斯科特,你回来,我十分欢迎啊!但你也知道,当年你在飞虎队战绩不佳,如果你回来呢,我怕队员们说什么。所以呢,按照中国的绿林人规矩,你得纳一个投名状!"

"啊?陈纳德长官,什么叫投名状?"

陈纳德一乐:"投名状是中国绿林人的规矩,你得对我们表表忠心。咱们之间呢,忠心用不着表示,只不过你得办到点别人办不到的事,让咱们的小伙子看得起你!"

斯科特一听,明白了!这是要我显显本事啊!可是什么本事能证明自己呢?所以斯科特就在印度汀江转开了,这是英国在印度最大的空军基地之一,中国飞行员也在这里出没。斯科特看来看去,发现中国飞行员对P40情有独钟,可一起买来的P66和P43却无人问津。斯科特一看,P66这飞机不行,这不奇怪,P43这么好的飞机不应该啊!怎么回事呢?斯科特一问,有飞行员说了:"这飞机太危险,我们大队长就是被这玩意儿摔死的,这破玩意儿不吉利,我们不要了!"

斯科特一看,这么好的飞机,能不吉利?再一问机场的美国技师,美国技师说了:"的确,P43的油箱是有点缺陷,但也不是问题。只要不强行升到9000米以上,油箱一般不是问题,而且就算有破损,只要多加小心,赶紧脱离战斗从空中下来就行。"

"这样啊!那会不会也有危险啊?"

"危险嘛,多少会有点,但问题不大。咱们这油箱也不是几年前那么危险了!而且这都是小问题,只要不继续勉强在高空,就没什么事。这点小毛病,说白了,我一块口香糖就治好了!"

斯科特一听:"啊?口香糖就行?"

"可不是!我都拿口香糖治好两架了!不信你看!"

说着话,技师就把斯科特带到一架P43跟前,掀开机器盖子一看,好!油箱上还真有一块口香糖!斯科特这回放心了,当场就上了P43,发动飞机,就在空中兜了一圈,做了几个特技动作,还特别瞄准河里的鳄鱼打了几梭子,根本没事!这下,中国飞行员一看，士气大振啊！美国人能做到的，我们凭什么做不到啊？

斯科特这一下，算是破了中国飞行员的心魔啊！陈纳德一看，不错，那你就风风光光地回来吧！

还别说，斯科特这次回来，跟之前可不一样了！可能是经历了轰炸日本，斯科特勘破了生死，回来以后，战绩一路飙升啊！到了战后，战绩也到了12架，乃是实实在在的双料王牌！

斯科特回来之后，这仗好打多了！这倒不是斯科特能够力敌万夫，而是现在的战局起了变化了！原来，日军现在的主力部队和主要物资，都在外线。

陆军方面，日军把陆军航空队主力和不少部队集中在缅甸，跟盟军著名指挥官史迪威指挥的中英联军大战，这仗可谓打得是天翻地覆啊！日本陆军航空队甚至派出了最新式的战机——"一式隼"，以及著名的王牌飞行员加藤建夫！这一仗一直打到了1942年8月，双方损失都不小，英国皇家空军吃了不少苦头，但日本人也没捞着好，以加藤建夫为首，不少飞行员在战斗中玉碎。

海军方面呢，日军动用了所有的家底，要和美军在太平洋决一死战，结果第一仗就是珊瑚海海战，日军出师不利啊！海军司令山本五十六瞄准了中途岛，准备在那儿痛打美国海军！

这主力都出去了，中国境内，日军当然也没闲着。不过由于兵力不足，日军只能集中力量，以陆军为主，空中的二线战机中岛97式为辅，扫荡中国东部沿海的机场。日本人心说：美国人已经轰炸了我们本土，我们总不能让中国再来一次吧！但您想想，日本的"二战"战机，中岛97式，其战斗力跟当初的伊16相仿，碰上P40那还能有好？所以飞虎队就要继续痛打落水狗！

第七十四回　罗斯福着眼飞虎队　比塞尔远赴昆明城

斯科特归队之后，正好赶上了好时候，日本多线出击啊！海军航空队瞄准了中途岛，陆军航空队的主力集中在了缅甸一带，中国境内只剩下了二线战机，主力就是中岛97式，这飞机的性能跟苏联的伊16相仿，碰上P40就玩完！所以飞虎队的日子好过多了！虽然说，由于数量不足，飞虎队只能守卫西南一带，没法频繁地支援正面战场，但基本上日本人来多少就要倒霉多少！

咱们简短捷说，1942年6月上旬，中途岛海战结束，美军大获全胜！但在总结战役的时候，美国人发现一个很可怕的事实，那就是这次美国损失的147架飞机，大多数都是在空战中被日本人击落。而日本损失的332架飞机，绝大多数都是被击毁在航空母舰的甲板上，或者跟着航空母舰沉入了水底。所以说，中途岛海战的胜利，主要胜在情报、胜在战术，但不可否认的是，论起飞机的空中格斗，论起正规的盘旋格斗，美国人的主力舰载战斗机F4野猫，基本不是零式的对手。

这可怎么办？俗话说，一个桶能盛多少水，完全看最矮的那块木板。你不能只寄希望于情报和战术，具体格斗能力要是不提高，就没法持久性地胜利！所以罗斯福总统找了半天，谁最有跟日本飞机战斗的经验呢？那就是飞虎队！

到了现在，飞虎队不扬名也不可能了，他们的战绩早就在印度流传开了。飞虎队加上后来的补充，一共就有一百几十架战机，经过百余次空战，击落日本战机近300架，这还不算不确认击落的150多架。自己仅损失了61架战机，而即使在损失之中，仅有不到20架是在空战中被击落。飞行员方面呢，牺牲了罗伯特·桑德尔、杰克·纽柯克两个中队长以下23人，被俘3人，其中，仅有4人在空中格斗中牺牲，3人被俘。虽然说，这成绩也有点水分，飞虎队大部分时候，面对的是日本的二线战机，96舰战、97单战，但即使是这样也不得了啊！就是属鸭子的英国皇家空军，肉烂嘴不烂，他们心里也在暗暗佩服飞虎队的战绩！

您说这战绩，罗斯福不动心吗？所以罗斯福马上下令，要收编飞虎队！这一道命令，就下到了陆军部，陆军部又把命令下给了陆军航空队。陆军航空队的负责人现在还是阿诺德将军，说实话，阿诺德将军现在对陈纳德是十分的佩服啊！他虽然是陆军航空队，没参加中途岛海战，但他对中途岛海战的战况是一清二楚啊！他现在也成功组建了战略空军，现在细想想，该跟陈纳德学学格斗了！论起这个方面，他可是内行啊！

所以阿诺德将军也同意收编飞虎队，不过命令再传达下去，出问题了！因为这支部队原来属于雇佣军，由中国政府管理，收编得找个上级单位啊！因为这件事，两个著名的人争执不下啊！这两个人是谁呢？一个是中国战区参谋长史迪威，另一个就是驻印度德里的美国陆军第十航空队的司令莱顿·比塞尔将军，这俩人都对飞虎队恨之入骨啊！他们琢磨着：所谓收编，那就是把美国政府给飞虎队的番号，纳入到自己麾下，这就行了，飞虎队这帮人嘛，一个也不能留在我这儿！

有人问了，他们俩怎么那么恨飞虎队呢？原来，这两个人都跟陈纳德有矛盾啊！要说史迪威呢，他和陈纳德的矛盾在于空中支援，原来，史迪威现在担任中国战区参谋长，中缅印战区总司令，负责指挥缅甸一带的战事。在此期间，史迪威不止一次地向陈纳德请求空中支援。其实要说空中支援，也没什么大不了的，揍揍日本飞机，再轰轰炸，陈纳德的飞虎队也没少干。可唯独史迪威布置最多的一个任务，陈纳德经常抵制，那就是战地侦察啊！尤其史迪威还要求，一定要低空侦察，敌人有多少门炮，你都得给我查清楚！

陈纳德一看，这不是胡闹吗？我这P40低空性能比较差，你还强行让我低空侦察，这不是给敌人暴露自己的短处吗？我们飞虎队不是这么用的！所以每次史迪威布置侦察任务，陈纳德就抵制。可史迪威呢，还真跟陈纳德摽上劲了！要说史迪威，指挥陆军有两下子，但对于空军，史迪威还认为，空军决定不了战局，顶多就是侦察！所以他次次都让陈纳德派飞机侦察，别的我都不用，我就用你！陈纳德呢，那脾气也够火暴的，你下令，我就不干！反正我们也是雇佣军，你也不是雇主，我们就不听！他们俩就结下梁子了。

而第十航空队的司令莱顿·比塞尔将军那儿是怎么回事呢？原来，第十航空队驻扎在印度德里，他们才是美国派驻亚洲地区的正规军，可飞虎队一出现呢，大出风头！以至于人们都知道飞虎队，不知道第十航空队。比塞尔将军一看，陈纳德啊陈纳德，你这不是给我难堪吗？有了机会，我非收拾收拾你！

您说今天一说要收编飞虎队，他们能闲着吗？所以马上都行动起来了！要说史迪威呢，他是陆军高级军官，他一看，陈纳德没军衔，我跟他对话，太跌份儿啊！我啊！找蒋介石去吧！你们不是雇佣军吗？他是雇主！我把雇主说通了，我看你们跑哪儿去！

可就是去见蒋介石，史迪威也放不下架子，不亲自去见，一个电话打到了蒋介石办公室："喂！蒋！我是史迪

跟陈纳德极为不和的史迪威

威将军，我要向你提出抗议！你们所谓的飞虎队，已经严重干扰了咱们盟国军队在缅北地区的作战！要依着我，他们全都要军法从事！可我们美利坚合众国总统罗斯福，心地善良，看在他们的战绩尚可，决定让他们加入我们美国陆军，将功折罪！现在你马上给陈纳德下令，让飞虎队立即接受番号，听我的指挥！陈纳德立刻回国，接收处置！"

您说说，史迪威现在还拉不下架子。蒋介石一听，人家怎么说也是美国派过来的高级顾问，表面上不敢得罪，一个劲地迎合："是！OK！我马上给陈纳德下命令！"

等放下电话，蒋介石的火冒上来了！蒋介石心说：史迪威啊史迪威！你真是大言不惭啊！说陈纳德干扰盟军作战，你有证据吗？而且你还说什么盟军，你还真有脸啊！在我们最困难的时候，也就是陈纳德，组织了飞虎队，给我们中国又带来了希望。那个时候，你们盟国军队在哪儿呢？一个个袖手旁观呀！而且你史迪威用兵，向来是内外有别啊！你拿着美国总统压我，让我派军队支援你们缅甸作战，好！我派了！而且我派的都是我最精锐的部队。可你呢，最开始不信任我，让我的精锐部队按兵不动，等打不过了，又仓促安排我的精锐，给你的撤退作掩护！最后，你们撤完了不管了，我们的远征军主力被日军逼入野人山，损失惨重，这叫作什么道理啊！再说驼峰航线，是，开辟的时候你挺积极，你还当了驼峰航线和美国租借物资的负责人，来到印度的物资，还没等动，就先被你扣下不少，就算运到国内的，装备了我们的王牌，这些王牌部队也都调给你用了。真正能投入在中国大陆的，所剩无几啊！你都这样了，还舔着脸，要收编我的王牌，门儿都没有啊！

咱们书中代言啊！"二战"时期在中国的盟军三巨头：史迪威、魏德迈、陈纳德，这三个人各有特色啊！史迪威在军事上说一不二，军火说多少，美国就批给多少，但此人飞扬跋扈，跟蒋介石的关系非常差。接替史迪威的魏德迈呢，宽厚平和，跟蒋介石的关系不错，但跟美国政府要不来多少军火和援助。而陈纳德呢，虽然看着脾气古怪，可这人也挺好相处，最重要的是，他既跟蒋介石的关系好，交代他点事，他也能给办成了。所以您说，要是史迪威和陈纳德有矛盾，蒋介石能向着谁？

所以蒋介石挂了电话，就让宋美龄给陈纳德打电话，把事情一说。陈纳德一听："哦！明白了！我的公主，你尽管放心，史迪威想收编我，他得有陆军航空队的命令，单凭他那么一说，没用！"

史迪威的努力落空了，可还有一个人呢！那就是比塞尔将军，他本身就是陆军航空队的人，近水楼台先得月啊！这家伙手也快，马上给美国陆军航空队的阿诺德将军打电话，说了："阿诺德将军，您把收编飞虎队这事交给我吧！我离着近，指挥也方便。"

阿诺德将军一听："好吧！但是陈纳德会同意让你接手吗？"

"嘿！阿诺德将军，我们当初在航空学校的时候，都是教官，关系处得不分彼此！今天我出面，他怎么也得给我这个老伙计一个面子！您哪，就赶紧派并队委员会来审查吧！我这两天就找陈纳德老伙计聊聊！"

其实咱们书中代言，比塞尔将军跟陈纳德原先在同一个航空学校里当教官，这不假，但两个人是势同水火啊！陈纳德讲的是：将来战斗机会成为左右战局的主力。轰炸机再厉害，没有战斗机保护，那就会成为对方战斗机的活靶子！

而比塞尔呢，完全与之相反：以后在空战中，轰炸机会成为决定性的力量，战斗机嘛，早晚被淘汰！那破玩意儿，火力一般，航程差，就是再厉害一百倍，我一次性炸掉你机场，你也只有自己坠毁的份儿。要说战斗机能不能干掉轰炸机呢？也不是不行，除非你能带着链球，扔到轰炸机的螺旋桨上！

您看看，俩人观点完全不同，关系那能好得了？而且比塞尔将军脸憨皮厚，说出话来跟真的一样，阿诺德将军不知道啊！所以就同意了。

再说比塞尔将军，他把美国空军那边给安抚住了，他马上来到了昆明，见见陈纳德和飞虎队队员。再说陈纳德，他一听说比塞尔这个老伙计要来，脑仁都疼啊！他知道，比塞尔将军脸憨皮厚，跟他打嘴仗，输的可能性比较大。但陈纳德心里也有底啊！他心说：飞虎队的小伙子们跟我是一条心，我就让你比塞尔来挖墙脚看看，你就自讨没趣了！

而比塞尔将军呢，自信满满啊！他来了之后，只要一坐定，就跟陈纳德说了："老伙计！你干得不错啊！现在罗斯福总统都知道你了！想想看，你当初还是一个46岁的老上尉，熬得都快掉渣了！现在好！我有内线情报啊！晋升你当上校的命令马上就到，你可好，一下跳三级，谁能做得到？"

陈纳德知道，这些话是连奚落带甜枣，后面还得大棒伺候呢！所以陈纳德就说了："比塞尔将军，我怎么样并不重要，现在我更关心的是我的小伙子们会怎么样？"

"哎呀！小伙子们当然好办了！全包在我身上！就加入我的第十航空队，待遇什么的，一律恢复为美国陆军航空队的待遇，咱们一并去德里整训！"

陈纳德点点头："嗯！很好！但比塞尔将军，您也知道，咱们美国是个民主的国家，小伙子们的命运，我说了不算！你还是问问小伙子们去吧！小伙子们答应了，我自然无话可说。"

比塞尔将军一听，哎哟！今天怎么那么顺利啊？要是放在以前，这老家伙不定跟我怎么吵呢！他还挺美：这次的任务，史迪威都没完成，我就给轻轻松松弄完了！我这脸啊，都露到天上去了！所以比塞尔将军特别把飞虎队的小伙子们集中到了昆明大学的礼堂，开始开会。比塞尔在会上就说了："大家注意啊！现在，你们即将重新加入美国陆军，享受现役美国军人的待遇！记住，这对你们这些退役军人，已经是无限的优待了！当然啊！你们下面还将继续留在中国作战，但你们一定要打出美利坚合众国的威风！遵守美利坚合众国的军纪！"

比塞尔将军自以为自己这番话很有水平，可再一看，飞虎队的小伙子们一个个都面无表情啊！似乎对这件事毫无兴趣！

第七十五回　飞行员力撅比塞尔　志愿队重入美军籍

美国总统罗斯福决定要收编飞虎队，离飞虎队最近的正规军，也就是美国陆军第十航空队的司令比塞尔将军忙活起来了！他早就看飞虎队不爽了，飞虎队在中国战场越活跃，他就越丢人。所以他明着是要收编，暗中却要把飞虎队解散！比塞尔将军主意还挺多，先让美国陆军航空队高级指挥官阿诺德将军派来并队委员会，然后他准备威胁威胁飞虎队成员。他还挺美呢，把队员们召集起来讲话："大家注意啊！现在，你们即将重新加入美国陆军，享受现役美国军人的待遇！记住，这对你们这些退役军人，已经是无限的优待了！当然啊！你们下面还将继续留在中国作战，但你们一定要打出美利坚合众国的威风！遵守美利坚合众国的军纪！"

比塞尔将军以为自己这话说得挺好，就你们这身份，雇佣军，又窝在昆明这小地方，条件那么差，我给你们这么优惠的条件，那还有什么不好的？可再一看，飞虎队的小伙子们面无表情啊！一个个眼睛瞪得比牛都大，直勾勾地盯着比塞尔将军。比塞尔将军被看得直发毛啊！心说：这是怎么回事？他们怎么都这反应？

咱们书中代言，现在飞虎队的小伙子们，反而都不想回美国陆军了！最近驼峰航线开辟之后，他们没少见美国的军官，这帮军官呢，一个一个夹着公文包，占领飞机上的空间，有时候就为了几个文件，从印度到中国来回飞。小伙子们一看，嘿！你们这帮家伙，没事净占空间，你们不知道驼峰航线的运量有限吗？就你们这么大块头，要是少跑两趟，我们能来多少轮胎？多少火花塞？我们的飞机能少报废多少？

而且这些军官来回来去，只要看见飞虎队的成员们，都是横挑鼻子竖挑眼，今天嫌他们的军服穿得不正式，批评两句；明天嫌他们敬礼不正规，又批评两句。飞虎队的小伙子们在中国可自由了，一个个凭本事拿大把的美金，生活上都不拘小节，一年多哪儿受过这管教？一个个都心怀不满。今天一说，要加入美国陆军航空队，大家第一反应，全是要回去受管教了，那多难受啊！所以没人作声，都以愤怒的眼睛盯着比塞尔将军。可比塞尔将军不知道啊！他还生气呢：看来你们这帮家伙根本不听话，我再给你们加点

飞虎队基地上工作的中国工人

码吧！让你们知道知道我的厉害！你们到哪儿也跑不出我的手掌心！

所以比塞尔将军清清嗓子又说了："你们不要以为我在吓唬你们！我在这儿郑重宣布，你们都是美国人，所以你们逃不出美利坚合众国的管辖！如果你们听话，也就罢了，我会努力让你们继续留在中国作战，你们要是不听话，我立即就发配你们回国！在你们踏上美国领土的那一刻，你们的兵役卡就准备好了，你们会作为步兵，被派往最艰难的前线作战，死了也没人知道！"

比塞尔将军以为着这下管用了，没想到小伙子们反应更厉害了！有的就在下面玩上扑克了！有的开始睡觉，有的更厉害，直接拂袖而去！比塞尔将军这下可蒙了！这帮小子们还真难对付啊！

会后，有不少的飞虎队队员找到了陈纳德："长官，那个什么比塞尔将军，说的什么狗屁啊！还亏他是高级军官呢，我看跟流氓没什么两样！"

"可不是！长官，您可得挺住啊！咱们飞虎队的环境那么好，兄弟们都敢于卖命！这要是归了美国正规军，咱们兄弟就被小麻绳捆上了！咱不能勒他那根胡子！"

陈纳德挺感动啊！这就叫人心换人心，自己练出的这支飞虎队，关键时刻，还是跟自己一条心啊！所以陈纳德也就说了："伙计们！你们放心，只要咱们一条心，比塞尔将军的如意算盘就打不成！咱们齐心合力，到时候就算美国陆军要收编咱们，咱们也可以保持咱们的独立性！"

您说说，飞虎队从上到下，心都挺齐，比塞尔将军得多难受啊！比塞尔将军一看威逼不行，赶紧用利诱，想分化飞虎队，可这谈何容易啊！飞虎队在中国的待遇，远超他们在美国的状况，所以比塞尔将军费了好几天劲，直到并队委员会来到昆明，飞虎队的250多人中，只有5个飞行员和22个地勤人员，愿意接受比塞尔将军的条件，归并美国陆军第十航空队。

您说这怎么并队啊？并队委员会来了一看，直摇头啊！其中的成员之一，也是后来中美联合航空队的参谋长兼轰炸机队长海恩斯，还给阿诺德将军和史迪威写了一份报告，报告中提到："根据目前情况，我认为志愿队并队一事应推迟至十月份，否则整个行动将有大麻烦！"

这报告一写，比塞尔将军也等于白忙了！不过对此，陈纳德也是有喜有忧啊！喜之喜，让比塞尔这个不讲理的家伙吃了苦头。忧之忧，这也是个让小伙子们重归美国军队的机会啊！虽说现在我们挣得也多，条件也宽松，但总归身份属于雇佣军啊！虽说蒋委员长和我的公主他们支持我,但我们仍然很困难。有很多东西不是有钱就能买来的,比如,驼峰航线上的物资,现在我们之所以还比较好过,原因就是蒋委员长把得到的物资,优先供给我们。这要是能够加入美军,他们的物资充裕得多,分他们一些,还能给别的部队多供一些。"

陈纳德是胡思乱想啊!可是过了没几天,消息传来,蒋介石已经同意,飞虎队并入美国陆军第十航空队,番号为23大队。陈纳德一听就傻了,怎么回事?蒋介石把我们卖了?还没等陈纳德做出任何反应,办公室的电话响了,陈纳德接起来一听:"哦!我的公主,您有什么吩咐?"

来电话的是谁啊?宋美龄!有人问了,宋美龄怎么这时候打电话来了?到底蒋介石为什么同意飞虎队编入美国陆军第十航空队,也就是比塞尔将军麾下呢?原来,史迪威那边用上劲了!史迪威最近可是狼狈透了!就在他跟蒋介石通电话,要强行收编飞虎队不久,日本人在缅甸把中、美、英三国联军尽数击败,身为统帅的史迪威不得不率100余人徒步走出缅北丛林,虽然人们看上去,史迪威风度不减,可谁难受谁知道!而且史迪威一看,日本在缅甸的天空上相当猖狂啊!英国皇家空军虽然名头响,但不可靠,没什么士气,所以也吃了不少亏。美国陆军第十航空队表现平平,跟日本人打起来不占便宜。而且盟军的陆军被日本人炸得极惨啊!所以史迪威走出缅北丛林之后,第一个琢磨的就是:反攻的时候,我怎么才能击败日军呢?陆军我倒是有信心,有了美国的补给和增援部队,没有问题。可照日本飞机这个架势,我们还得吃大亏啊!看来得不惜一切代价击败日本人!

史迪威想来想去,想要在天上击败日本人,除了陈纳德之外,恐怕没有再合适的了,看来还得靠他啊!现在,史迪威不低头也不行了!这回史迪威也长记性了,亲自飞赴重庆,跟蒋介石面谈。这回史迪威的条件相当现实啊!首先一个:飞虎队编入第十航空队,番号为23大队,但是听调不听宣,还担任驻华航空特遣队,陈纳德晋升准将,负责23大队一切事宜,另调海恩斯上校为参谋长。而且鉴于23大队当前实力不足,我们将于7月4日,调集100架飞机和相关飞行员,补充23大队。但与此相对的,飞虎队要在7月4日之前,编入美国陆军第十航空队,受我管辖。另外,飞虎队成员于7月4日,准时赴印度整训,战斗任务由新调来的飞行员接任!

蒋介石一听,这条件还能不好?当时就同意了!不过蒋介石也怕陈纳德误会,所以让宋美龄打电话跟陈纳德解释。陈纳德一听,也挺高兴,这就全解决了!小伙子们去印度整训一阵,还能回来,而且大家的身份都是美国陆军,这回不尴尬了!而且我们的战斗力还能扩大。史迪威虽然讨厌,但他开出这么好的条件,也颇为难得啊!我们现在仅剩了51架飞机,其中只有29架能飞,但也都是满身是伤,剩下的都在修理厂,如果再这么下去,我们飞虎队就完了!这下史迪威也算是雪中送炭了!所以只要他不瞎指挥,我还是愿意接受他的命令的!

这就叫货换货,两头乐,双方皆大欢喜啊!陈纳德呢,也就跟飞虎队的小伙子们说了这个情况,小伙子们一听,也行了,就是对于去印度整训,有点抵触,他们心说:我们要是去印度，还得见我们顶头上司，也就是那个比塞尔将军，现在看他，就跟欺软怕硬的流氓没什么两样！看见他就想吐！

可陈纳德呢，明白这里的事，他就说了："大家也别太担心，咱们现在的顶头上司实际上是史迪威，有史迪威在，比塞尔也不敢怎么样。而且大家如果恢复了美国的军籍，好处很多啊！首先，咱们的飞机修理，就不用愁零件、汽油、弹药了！再有，咱们也属于正牌的军人了，我也知道，各位出来的时候，多被同事看扁，这回咱们风风光光地杀回去，让他们刮目相看！"

陈纳德劝了半天，大家总算是同意了。所以陈纳德等啊等啊等，等来等去，总算到了7月4日，陈纳德再往天上看，一架飞机、一个飞行员也没来啊！陈纳德还纳闷儿呢：怎么回事？史迪威不是说得挺清楚吗？到时候有人来替换我们，我们去印度整训，怎么飞行员和飞机还没影呢？陈纳德正琢磨呢，就听手下干将罗伯特·斯科特气急败坏地跑过来了："将军！来了！飞机来了！"

陈纳德一看："飞机来了挺好啊！斯科特先生，您怎么表情不对啊？咱们的飞机在哪儿？"

"不是咱们的飞机，是日本的飞机！前线有报告，日本飞机来了！"

"什么？怎么回事？"

"日本飞机来了，看样子规模不小，目标是衡阳！"

陈纳德冷笑一声啊："哼哼！小鬼子们还真行啊！趁咱们临走的时候偷袭，伙计们，立刻起飞，给他们点颜色看看！"

咱们说，日本人怎么来得那么巧呢？咱们说，他们还真有情报！小日本的情报系统不白给啊！美国人这边一要收编飞虎队，日本那边立刻就得着信了，话说日本在中国大陆的海军、陆军航空队，这些日子没少吃飞虎队的亏！今天一算，嗯！飞虎队得上印度整训，美国派的增援估计刚刚到，趁这时候，我们能捡个便宜，好好地炸一炸支那部队！所以他们就派了12架轰炸机，前来轰炸衡阳。结果没承想，飞虎队没走，这还有好吗？飞虎队一顿胖揍，击落5架日军轰炸机，剩下的逃之夭夭。

等出击的飞机回来了，陈纳德再等，可等到晚上，陈纳德仍然没有等来增援的飞机，这是怎么回事呢？等到了第二天，7月5号，飞虎队的第一骁将鲍勃·尼尔来了："将军！飞机来了！"

"啊？日本飞机？"

"不不不！是美国的增援。"

"哎哟！太好了！"

陈纳德是心花怒放啊！增援虽然晚了一天，但总算来了！可陈纳德再看看，鲍勃·尼尔也气色不正，比昨天斯科特的表情好看不到哪儿。陈纳德心中奇怪啊！

"鲍勃！你怎么不高兴啊？"

"将军，您去看看就知道了！"

等陈纳德到了机场一看，鼻子差点没气歪了！本来说得很清楚，来增援的得有100

架飞机以及飞行员，陈纳德也布置好了，昆明盛不下，周边还有几个机场，都能用！可现在一看，清清楚楚一共6架飞机，其中一架还是运输机。这跟100架也相差太远了吧！陈纳德鼻子气得火冒三丈啊！只见这时候，飞机都停稳了，飞行员们都下来了，陈纳德从服装上一看，飞行员有12个，还有20个地勤，5个参谋。这时候，其中一个飞行员过来了，对着陈纳德一敬礼："将军！我叫海恩斯，官衔是上校！从今天起，我就是您的参谋长！"

陈纳德一看，面前这个海恩斯，身高足能有1米8挂零，体重没200斤也差不多，身体横宽，如果再晃晃胳膊，那就真跟大猩猩相似啊！再看脸上，大圆眼睛鹰钩鼻，阔嘴嘟噜腮，脑门上还带着几道皱纹，看岁数，四十五往上，比陈纳德小不了太多！

陈纳德看了看海恩斯，心中不快啊！不过他还抱着一丝的希望："海恩斯上校，你们这是第一批？后面的什么时候来？"

"没有，增援的就只有我们！"

"啊？史迪威不是说有100架飞机吗？"

"将军，是这么这么回事。"

海恩斯说出一番道理，只气得陈纳德七窍生烟！

第七十六回　飞虎队打破再重组　参谋长探戈出奇计

史迪威答应，要用100架飞机来接替飞虎队，结果陈纳德等来等去，才等来5架战斗机和十几个飞行员，陈纳德当时气得七窍生烟啊！当场一个电话支到了史迪威的办公室，不过陈纳德也不敢发火，怎么说人家也是中国战区的参谋长，得罪不起啊！所以陈纳德说道："史迪威将军，我是陈纳德，增援已经到了，不过似乎数目有点对不上。"

咱们说，这么大娄子，史迪威能不知道吗？所以史迪威也说："陈纳德将军，情况我已经知道了。非常对不起，现在战况激烈，暂时没兵可调，仅能有这些增援。我希望你们可以克服困难，坚持一阵，我以中国战区参谋长的身份保证，接下来我会优先提供给你们支援！"

陈纳德一听，哼！这话说得可真冠冕堂皇啊！可到底问题出在哪儿呢？现在看来，史迪威是诚心想帮我们，估计问题就出在比塞尔将军那儿了！

有人问了，这话对吗？一点不错啊！比塞尔将军现在是恨透了陈纳德和史迪威了！史迪威这一手，我什么好都没捞着！你要是完全把飞虎队给我也行，打了胜仗我还能分一杯羹。这回可好，飞虎队虽然挂我第十航空队的名字，却跟我没多大关系啊！这怎么行？所以比塞尔将军就消极怠工啊！可您说，偌大个亚洲，美国的空军只有第十航空队，他们要是摔了耙子，还真没有能补充飞虎队的！

陈纳德虽然不知道怎么回事，但也猜了个八九不离十。不过陈纳德想到这儿，倒是眉头一皱，计上心来啊！陈纳德首先要稳定军心啊！所以赶紧给飞虎队的成员开了个会，跟大家把情况一说，然后陈纳德就说了："我本来也希望让大家休整一下，可大家也看到了，盟军那边比较困难，咱们的支援一时半会儿接不上。现在就希望大家看在我的分儿上，能够在中国继续坚守一阵！"

咱们说，陈纳德如今在飞虎队威信极高啊！他一说话，马上就有人表示："我留下！"

"我也留下！"

稀里哗啦一报名，好！没人走了！全要留下！不过陈纳德一看，咱们飞机只剩了50多架，留那么多人也没用啊！所以陈纳德思虑再三，选了又选，拔了又拔，连主力带替补，留了60人。剩下的，全要去印度整训。这下，留下的高兴，要走的垂头丧气啊！陈纳德说了："伙计们，走也没关系，咱们这也是为了兄弟们的前途着想啊！咱们要是能做出一定的牺牲，加入美国军籍，至少来说，咱们的装备可以更充裕，大家也会更有保障，到时候咱们又有钱，又有名，风风光光地回去多好！而且，咱们一但加入了美国军籍，咱们之前的故事就有记载，也有人听了！不然，总有人觉得咱们是在吹牛！所以各位，这期间再难受，就权当忍个牙疼吧！我也一定跟比塞尔将军打好招呼，过不了几个月，大家还可以回来！"

大家伙一听，老大不乐意啊！但也没办法，陈纳德说的句句是金玉良言啊！自己堆在这儿，没飞机也是瞎掰！没办法，大家就分批随着驼峰航线的运输机去了印度，接受整训。陈纳德呢，把人打发走了是一方面，另一方面，陈纳德马上就给比塞尔将军打了个电话。比塞尔将军正生气呢！这回他等于没便宜占啊！没想到陈纳德电话里就说了："比塞尔将军，我有个提议，现在我们第23航空队在您的麾下，由于种种原因，飞机和飞行员都缺，希望您能为我们想想办法！"

比塞尔将军一听，心里不满的那个劲还没过去呢："我能有什么办法？现在不光是你们，我们这边也是捉襟见肘，所以想给你们补充飞机，免谈！"

陈纳德一乐："嘿嘿，比塞尔将军，别这么说嘛！我也明白您的意思。但您想想，现在全世界都在进行反法西斯战争，我这边打日本打得越狠，您那边不是压力就减轻了吗？而且我别的不要，您只要把您手下的第16中队借我用用就行，您的16中队驻地在印度阿萨姆峡谷，那儿马上就到雨季了，那里起飞降落都不方便。您不如先借我用用，队伍还是您的，他们打出来的战绩，也全是您的！如果有战损，我之后还给您补！而且他们在我这里，还能摸摸日军的套路，回到您那儿您也受益，您说是吗？"

比塞尔将军一听，这条件还不错啊！至少来说，有得赚，没得赔！咱们说比塞尔将军，那是个典型的美国佬，利益压倒一切，所以就说了："好！陈纳德将军，那就这么商量定了，我的16中队暂且借你一用，等三个月过后，也就是印度雨季结束，16中队必须归队！"

"好！没问题！"

陈纳德放下电话就乐："嘿嘿！就怕到时候他们就不听你的了！"

过不了几天，16中队到了昆明报到，陈纳德一看，真是喜出望外啊！这个16中队，一共18架飞机，

飞虎队解散公告

一水儿的P40E，这是P40的最新改进型，换装了新发动机，重机枪也增加到6挺，速度又快，火力又强！比陈纳德这边的P40C强出不少！而且都是全新的，别说伤痕了，连点灰尘都没有！这回可解决大问题了！咱们书中代言啊！16中队一来，也完全享受到了陈纳德飞虎队式的待遇，这下把16中队可美坏了！比塞尔将军是个学校教员出身，极为古板，强调的是纪律高过一切，给长官敬礼的时候，手低了两厘米都得挨罚！陈纳德这呢，根本不讲这个，只要你能拿出战果来，你就是把手放在肚脐眼上敬礼，也没关系！而且一旦轮休，想干什么就干什么，只要不惹出娄子就行！您说16中队的队员们能不满意吗？所以等到归队的时候，全都不走了！比塞尔将军来催，陈纳德就装傻，最后在史迪威的掩护下，16中队就彻底加入了陈纳德的麾下！

咱们闲言少叙，书归正文，16中队一来，陈纳德在战斗机青黄不接的时候，总算得到了补充，没过多久，好消息又传来了，在史迪威的努力下，第11轰炸机中队的11架B25中型轰炸机来到了陈纳德的麾下，陈纳德这可美坏了！哎呀！我做梦都想要B25啊！这飞机太好了！要是不好，之前杜利特就不会用它轰炸东京了！这可解决大问题了！我们之前就缺轰炸机，这回有了B25，绝对够他小鬼子喝一壶的！不过可惜由于驼峰航线的运输量有限，损失又大，物资完全不够用！所以陈纳德的轰炸机部队，一时半会儿也派不上用场，有任务的时候，也就只能按照老办法，派P40去执行任务。咱们说这个P40，原本设计的时候，是美国最普通的战斗机之一，到了中国，好！空战、轰炸、侦察，样样通！最后飞行员们都开玩笑："有潜望镜没有！再给我一个潜望镜，我就能把P40当潜水艇了！"

在接下来的日子里，陈纳德又碰上了一件尴尬的事，负责补充第23大队，也就是原飞虎队的飞行员和飞机源源不断地抵达。不过可惜的是，有不少原来的老飞行员，因为不堪忍受比塞尔将军的修理。他们再一看，我的钱也在中国挣了不少，老子懒得跟你废话！所以不少人都愤而退出，所以能回来的，也就是一小部分战斗骨干，加上不少的新兵蛋子！数量虽多，但战斗力并不高。

中国人围观初次见到的B25轰炸机

陈纳德一看，这怎么行啊？反正我现在的物资也不够，先练兵吧！所以陈纳德赶紧把手下的几员干将：鲍勃·尼尔、罗伯特·斯科特、德克斯·希尔等，分派下去，让他们带着新兵训练。

就这么边训练边攒物资，攒来攒去，到了1942年10月，陈纳德一看，差不多了！我的宝贝轰炸机部队该出动一次了！陈纳德手里端着咖啡，戴着老花镜在地图上比画了半天，最后拿铅笔在地图上圈了一个圈，哪儿啊？香港！

有人问了，为什么是香港呢？咱们书中代言，因为香港自1840年英国侵占之后，就成了西方在中国的货物集散地，码头和基础设施相当好啊！所以日本占领之后，作用没变，无论是从东南亚搜刮完，往回运的，还是想办法投往太平洋前线的，甚至往中国华南用兵的物资，全在香港集散，所以给这里来一下，无论炸了哪批物资，都够小鬼子喝一壶的！

不过说着容易，陈纳德再一计算日本人在香港周边的实力，当时就冒冷汗了！为什么啊？日本人除了防空火力之外，在香港的空中力量，是陆军航空队第33战队第三中队。另外，广州白云机场还有第33战队的其余两个中队，因为广州离香港近啊！所以哪有困难，两个地方互为犄角，相互支援。陈纳德再算算，第33战队总计有战斗机36架，我们这回物资紧张，能出动的除了11架B25之外，剩下的也就只能出动10架左右的P40护航，这么一算，还不够日本人打的呢！而且，我们平常虽然能以少胜多，还有另外的原因，其一，主场作战，有防空火力掩护，日本人稍不注意就得倒霉！还有，我们平常作战，任务单一，就算是轰炸，扔两颗炸弹就完事，然后就是拽住日本任何在天上的飞机，不管三七二十一，就是一顿胖揍！这回不一样了，主要任务就是掩护轰炸机，而且深入敌阵，客场作战，那是绝对不利啊！这可怎么办？

陈纳德一个人暂时也想不出主意来，所以就把其余的参谋人员叫进了办公室，要说陈纳德现在的参谋班子，其实没什么变化，盟军派来的大部分是瞎参谋烂干事，没事就指手画脚，不出好主意，所以陈纳德呢，大部分用的还是以前的干将：梅里安·库珀、罗伯特·斯科特、鲍勃·尼尔、德克斯·希尔等，现在呢，又加了一个轰炸机指挥官海恩斯，因为这一仗他要挑大梁啊！大家看了看陈纳德的地图，算计了半天，现在咱们的轰炸机就11架，说多不多，没法进行持续轰炸，说少也不少，攥起拳头来一下，也能给日本人造成不少损失。炸小的地方太浪费，能值得一炸，且影响比较大的目标也的确只有香港了。

可接下来，大家全没主意了，人家日本人在广州、香港的飞机，那是秃子头上的虱子，明摆着的，也不能忽略啊！而且日本人的谍报系统极为厉害，即使咱们不泄密，等咱们起飞的时候，也都被发现了。怎么才能想办法让日本人变成瞎子呢？这回不光陈纳德了，手下的干将们也是一筹莫展啊！

憋了半天，参谋长梅里安·库珀说话了："陈纳德将军，我倒是有个主意！"

"哦？你说说看！"

紧接着，库珀摆了个探戈的动作："将军，我先请您跳支舞再说！"

陈纳德一看，嘿哟！我这老朋友还挺幽默！咱们书中代言，陈纳德的参谋长梅里安·库珀可不仅仅是个空军健将，更重要，也是更让他出名的，是导演这个工作。在第二次世界大战之前，他就拍摄了著名的影片——《金刚》。而在早年间，库珀的经历更加传奇，他曾经是泛美航空公司的飞行员，还开辟过泰国和伊朗的航线。1920年，苏联和波兰发生战争，库珀本来就受不了航空公司那种平平淡淡的生活，非要找点刺激，所以就当了雇佣军，给波兰政府服务。当年，空军还是个新型的军种，所以波兰政府挺重视，就让库珀几次驾机轰炸苏联红军，给红军也造成了不小的损失。陈纳德呢，早年就跟库珀有交情，而且再加上库珀参加过早期的空中作战行动，有些经验，所以两个人无话不谈啊！等到陈纳德组建飞虎队的时候，第一个就想到的是库珀，要让他来当参谋长！

可是，库珀呢，在飞虎队组建的初期，却迟迟未到！为什么啊？因为当时库珀在欧洲，想来中国，那就只有从苏联入境了。可苏联人早就记上仇了！库珀的申请一到大使馆，有不少被轰炸过的苏联老兵就组织起来了：好！你库珀不是代表波兰政府轰炸过我们吗？现在终于有求于我们了！哼哼！过境没问题，我们先揍你一顿再说！

这帮老兵是摩拳擦掌，要给库珀一顿臭揍！库珀呢？也听到风声了！最后一琢磨：我也别找不痛快，先躲躲吧！所以库珀就没去苏联，后来直到珍珠港事件，美国参战，库珀才随着美军的脚步到了印度，然后才到了陈纳德手下。陈纳德呢，对这个老朋友信任有加啊！因为他不只是个军人，还是个导演，思维十分活跃，往往就能出点妙计！

所以这回库珀一说跳探戈，陈纳德知道，这小子准又有主意了！陈纳德跳探戈也不外行啊！所以两个人一拉手，就开始跳。旁边海恩斯、斯科特他们都看傻了！陈纳德将军这干什么呢？

再说陈纳德，跟着库珀三步一摇头，五步一招手，两个人一错身的工夫，陈纳德灵光一闪：哦！原来如此啊！

第七十七回　陈纳德错肩袭香港　志愿队再遇新敌手

陈纳德的第23大队逐步成型了，现在战斗机、轰炸机全有了！就是物资还不多，所以陈纳德攒来攒去，攒到了1942年10月份，陈纳德约莫着够一次出击的了，所以决定动用轰炸机，轰炸香港。可是日本人在广州和香港，一共有36架战斗机，自己这点轰炸机外加上护航的战斗，还不够人家打的呢！所以陈纳德和参谋班子一筹莫展啊！

这时候，参谋长梅里安·库珀摆了个探戈的动作："将军，我先请您跳支舞再说！"

陈纳德跳探戈也不外行啊！所以两个人一拉手，就开始跳。旁边海恩斯、斯科特他们都看傻了！陈纳德将军这干什么呢？

再说陈纳德，跟着库珀三步一摇头，五步一招手，两个人一错身的工夫，陈纳德灵光一闪：嗯？错肩？

这时候，库珀也停了："陈纳德将军，这就是我的想法，您看看能不能让日本人按照咱们跳探戈的节奏，一起配合一下，来一个错肩，您看怎么样啊？"

陈纳德一想：哎！这主意倒不错！我们飞虎队时期，之所以百战百胜，就是完全按照我们的节奏在打，这回其实也一样！干脆就这么办吧！陈纳德当即宣布："好！这次确认轰炸香港，行动代号就叫错肩！"

具体怎么错肩呢？陈纳德马上对外半公开地发布信息："我们将于本月的某一天轰炸广州，全歼日本在广州的陆军航空队第33战队！"

咱们说，日本人这边，他们的情报系统不白给啊！而且他们就喜欢这种半公开的信息！为什么啊？半公开，遮遮掩掩，十之八九就是真的！所以日军指挥部这边就琢磨了：哼哼！陈纳德！老家伙！想收拾我们一个战队，胃口不小啊！这回你可打错算盘了！我们这就加派岗哨，你只要去广州，必然经过桂林机场加油，我们虽然没实力马上拿下桂林，但完全可以在周边布置监控哨，你一旦行动，我们马上做出反应，让你们一架飞机也回不去！

379

日本人说到做到啊！马上把桂林附近布置上了监控哨，而陈纳德呢，在1942年10月23日，派出11架B25，外加上12架P40，真的就按照日军的路线，先奔桂林。在桂林加油之后，10架B25和7架P40再度起飞，赶奔广州而去。有人问了，剩下的呢？这告诉您，剩下的出了故障，没法走了，所以就这些飞机，赶奔广州而去！

日本人一看，嘿嘿。陈纳德果然行动了，你等着！今天就让你知道我们大日本帝国的厉害！想到这儿，日本人把第33战队集中在了广州，所有的飞机全都爬高戒备，随时准备给陈纳德的驻华特遣队点颜色看看！

可是飞机在广州上空盘旋了近一个钟头，连驻华特遣队的影子都没看见，所有的日本人正纳闷儿呢，电话响了，机场负责人一接："莫西莫西！我是香港机场，中国飞机在这儿呢！我们都被炸惨了！快来支援！"

啊？驻广州的陆军航空队第33战队的所有人都傻了：陈纳德怎么跑到香港去了？咱们书中代言啊！前文咱说了，陈纳德的目标就是香港，之所以放出风来，说去炸广州，说白了，就是声东击西。有人问了，日本人就那么好骗吗？当然不！陈纳德为此也做了不少的功夫，首先就是放风，放的是半公开的，半遮半掩，小鬼子呢，就认为是真的了，而且陈纳德为了把戏做足，飞机从桂林起飞之后，也是往广州方向走，所以小鬼子就完全确定了！您别看广州和香港距离不远，可在航线飞行的角度上，还是有所差别的，日本人的谍报人员挺专业，测得也挺准，所以就如实报告。日本人的飞机就全去了广州。

而陈纳德的驻华特遣队呢，往广州飞着飞着，突然往南一转，直奔澳门，然后从澳门奔香港，就和从香港增援广州的日本飞机错肩而过！您别看就这么一个小动作，飞行员的功夫要相当过硬啊！当时可没有现在的导航设备，飞行员导航全凭眼睛、地图、指南针，差一点都不行！这回突然改变线路，基本功更要过硬，不然就不定跑哪儿去了！

而日本人轴啊！他们只知道按照航线走，不按套路出牌，他们就不适应了！等到陈纳德的轰炸机到了香港一看，哎哟！飞机场上孤零零的没有飞机，机会好得不能再好了！咱们再说轰炸机这边，指挥官就是海恩斯，他现在看着香港的机场，气得七窍生烟啊！有人问了，海恩斯生什么气呢？原来，飞虎队被收编这个事，日本人早就都知道了。当时，日本方面也担心士气受影响，所以有名的"东京玫瑰"，也就是负责广播的户栗郁子，专门做了一期节目，调侃驻华特遣队，户栗女士呢，就按照军部给的命令调侃："这美国驻华特遣队有什么了不起的？你看看，领队的陈纳德，是个农民；再看他手下那几块料，梅里安·库珀是导演；斯科特是开运输机的吹牛大王；鲍勃·尼尔是数学家，你说他们能有什么本事？特别是有个叫海恩斯的老头，那是他们的轰炸机队长，这个老头可有意思，开运输机的出身，现在胖得跟个大猩猩似的，而且是老朽不堪啊！坐到飞机上就掉渣！"

偏偏这期节目让驻华特遣队的各位都收着了，陈纳德、库珀他们呢，无所谓了，人家调侃我们也不止一次了，到时候战场上见真章就行了！所以他们"哈哈"一笑，就过去了。海恩斯呢？心里极为难受啊！他本来就是个德裔美国人，骨子里就轴到要死，怎么能咽下这口气呢？所以他这些日子休息的时候，没干别的，找人印了一大堆传单，传单上写着什么呢？

"这些炸弹是由那个老得掉渣的大猩猩海恩斯给你们送来的，请收下！"

海恩斯还怕日本人看不懂，干脆中、英、日三种语言一起用，今天就带着呢，他一看，现在轰炸的机会太好了！所以海恩斯就在无线电里喊："各小组注意，各小组注意，按照事先安排，编队！轰炸！"

海恩斯上校的B25机队，这是香港"错肩"行动前一个月的合影

10架轰炸机当时编成三组，对着码头、舰船和机场，连炸弹带传单，就炸开了！这顿炸弹炸得那叫一个舒服啊！日本人是猝不及防啊！当即损失惨重啊！咱们书中代言啊！最近日本人还真在香港搞大动作呢！他们凑了一大批物资，要运往太平洋前线，这不！汽油刚刚放进储存罐里，弹药刚刚卸在码头上。这回可好，海恩斯一顿炸弹，全给点了！码头上是火光冲天啊！日军这批物资一点没糟践，全没了！码头也严重损毁，半个月都没法使用。

海恩斯高兴啊！再看看其余两组，进展也挺顺利，负责轰炸舰艇的一组，一口气炸沉3艘小军舰，剩下的全都带伤。负责轰炸机场的一组也不错，指挥塔、机库都给炸得破烂不堪啊！

海恩斯高兴，天上还有几个高兴的呢！谁啊？德克斯·希尔、罗伯特·斯科特他们7个，也就是负责掩护的P40编队。平常这任务都得他们执行，今天他们可算解放了！斯科特还特别带了一个照相机，在天上兜圈子，轰炸机扔两颗炸弹，他就拍张照片，相当惬意啊！可是拍了几张过后，斯科特突然发现，机场跑道上似乎有东西在往上爬！那是什么？斯科特反应挺快，坏了！那是敌机啊！不过斯科特还琢磨呢：哎？不是说敌机都到广州去了吗？怎么还有呢？

咱们书中代言，有也不奇怪，因为日军一个飞行中队，满编制是12架战斗机，但还有6架补充的，再加上今天来的本来是11架B25，每架都有任务，没来的那架偏偏就是负责轰炸飞机跑道的，这回飞机跑道没人轰炸，日本人就把补充飞机拉出来强行起飞了！

就这样，斯科特也没把这6架飞机放在眼里，他一看，哦！你们想强行起飞，门儿都没有！就凭你们那爬高速度，等你们爬到轰炸机的高度，都不用我们动手，轰炸机的机枪就把你们打零碎了！万一有漏网的，我们再动手，想到这儿，他也没在意，一边继续看着敌机爬升，一边自己爬升，随时准备来个上打下，不废蜡。

可还没爬两圈，斯科特被吓得是目瞪口呆啊！为什么？敌机在以非常不可思议的速度，极快地爬升，仅仅4分钟，就爬到了5000米，也就是轰炸机的高度，轰炸机虽然也拿

第七十七回 陈纳德错肩袭香港 志愿队再遇新敌手

381

机枪扫，但敌人的速度太快了，转眼之间，扑到近前就开火了！

"嗒嗒嗒！"

轰炸机队长海恩斯一看："不好！大家快散开！"

10架B25赶紧四散奔逃啊！结果阿拉斯中尉的座机非常不幸，被4架敌机围攻，没到一分钟的工夫，飞机就冒了烟了！阿拉斯中尉身负重伤，两个发动机也全被打坏了，飞机一下就栽下去了，这下B25正栽倒在香港以北的水田里，还好是水田，不是硬地，所以迫降还算成功，飞行员阿拉斯中尉和领航员死亡。您别看这是日本人的占领区，在日本人来之前，咱们的游击队先到了，把剩下的人救走，所以损失并不算大！

再说斯科特，他一看，哎哟！这回算我错翻了眼皮了，这家伙还真厉害啊！看样子这家伙和零式挺像，爬升能力比零式不弱，盘旋能力更在零式之上，这应该就是零式的改进型了！但现在的情况，不容斯科特多想啊！仗着他们的高度还比人家高，斯科特赶紧用无线电喊："兄弟们！往下冲！干掉新零式！"

"呜——嗒嗒嗒！"

斯科特是一马当先啊！一个俯冲下来，对着那个"新零式"就开火了！咱们书中代言啊！日本的这种飞机跟零式没关系，零式战机是海军的骄傲，这种呢，是陆军最新型的战斗机，外号叫"一式隼"。这飞机您一听就知道了，按照日军的编号，这飞机定型比零式晚一年，也就是1940年定型，要说爬升盘旋，那都是一式隼的拿手好戏啊！有人问了，1940年定型，怎么1942年年末才参战啊？其实不是，因为日军把大批量的一式隼，全投入到了扩张的最前线，也就是东南亚。英美联军吃了不少的亏啊！而相对来讲，空军力量已经所剩无几的中国，倒算是相对安定的地方了，所以日本人直到最近，才把一式隼投入到中国战场。

再说斯科特这下俯冲，日本飞行员太熟悉了，这在飞虎队时期，就是招牌动作，所以仗着一式隼灵活，他们拼命一掰操纵杆，P40就扑空了！

斯科特扑空，其余的P40呢？也一样，算上斯科特，6架P40纷纷扑空。日本飞行员一看，好！你们都扑空了，看我们的！我们今天这飞机好，就要以其人之道，还治其人之身，所以他们开始爬高。

咱们说，今天到了香港的P40，一共7架，刚才斯科特等6架纷纷扑空，还有一架，这架的飞行员也是飞虎队时期就著名的王牌——德克斯·希尔！这家伙经验丰富啊！斯科特一个扑空，他一看，不对！今天的情况出乎意料啊！斯科特都扑空了，

1942年10月，被日军第33航空队第3中队击落的阿拉斯中尉的B25轰炸机

382

估计我下去，也差不多，就算揍下一架，也没什么帮助，不如我再看看。好！这一看，人家开始爬升了，而且速度极快啊！没几分钟，希尔已经爬到了8000米高空，在这个高度，就是最皮实的P40也相当难操控了。可没想到，敌机到了这个高度，还没停，接着爬高，眼看就冲到9000米了！希尔一看，完！今天算全完！我们没了高度优势，就根本打不赢啊！事到如今，只能走了！接着轰炸机的火力掩护，我们应该还能回去，要不然我们今天就得全军覆没啊！这买卖不合算！

所以德克斯·希尔在无线电里喊："伙计们！撤！"

斯科特这边一看，也知道不妙了，咱们的飞机哪儿能爬那么高啊？而且高度就是空战的先机，敌人占有了先机，这还是敌人的主场，我们怎么打啊？走吧！

所以大家纷纷撤退，跑到了B25机群的旁边。敌人的一式隼还不服呢！还要追，可再追就不容易了，现在已经基本离开了香港岛，谁都没有了火力支援，但相对来讲，B25的优势就体现出来了，您别看B25是中型轰炸机，可浑身上下有18挺重机枪，比刺猬还刺猬！刚才就是让敌机在混乱之中占了点便宜，现在又编好队了，再加上P40左右掩护，一式隼就没戏了！所以一式隼左扑棱右扑棱，驻华特遣队也没事！最后没办法了，也只能返航。

等海恩斯、斯科特一行回到昆明，大家都郁闷了！好！这才多长时间啊！敌人又出来一款好飞机！看样子，比我们的P40要好出多少倍！今天要不是打敌人一个措手不及，估计我们就全军覆没了！这可如何是好？

第七十八回　史迪威允诺援助　陈纳德二次错肩

陈纳德提出的错肩行动大获成功，摧毁了日本人在香港囤积的大批物资，但相对地损失也不小。出击的10架B25和7架P40，回来都是弹痕累累啊！而他们的对手，仅仅是强行起飞的6架一式隼，也就是他们口中的新零式。这还是打人一个措手不及呢，人家要是有所准备，我们是一个也回不来啊！这可怎么办？包括陈纳德在内，所有的人都头疼上了。

最后海恩斯憋了半天，说话了："陈纳德将军，我似乎见过这种飞机。"

陈纳德一听，有门儿啊！

"哦！你在哪儿见过？"

"我之前飞驼峰航线的时候，跟这种飞机打过照面，这飞机特别猛啊！我们那次还好是飞出去没多远，有战斗机护航，就这样，我们的运输机部队也损失两架，听说护卫的战斗机损失更惨！我刚开始以为是零式，后来才知道，这种飞机是陆军的，应该跟咱们在香港碰上的一样，我听说咱们叫他'奥斯卡'。据听说，咱们美国航空队也不是没打下这种飞机，日本陆军航空队的王牌加藤建夫，就是坐这种飞机被打死的。我觉得，印度那边应该有点主意。"

陈纳德一听，行，人家有办法，那就听听人家的呗！您看看，陈纳德向来是就事论事，你有办法就听你的，从来不为了保全所谓的"面子"，而拒绝接受现实。

还别说，陈纳德给史迪威一打电话，史迪威说了："陈纳德将军，我们这儿还真有一架完整的'奥斯卡'，如果你们想试试呢，那就叫人过来开吧！"

有人问了，美军手里怎么还有完整的日军飞机呢？日本人不是宁死不降吗？咱们书中代言啊！原来，之前缅甸一带，英美中联军跟日军交战了数月，中间的空中交战也不少，日本方面呢？最猖狂的就是加藤建夫的64战队，他们就驾驶着一式隼战斗机，盟军称之为"奥斯卡"。这种飞机，盘旋、爬升，在当时都是一等一的好！而且还有自封油箱，相当先进。只不过一式隼的装甲薄，而且火力差，仅有两挺轻机枪，所以优势挺明显，劣势也挺明显。也就因此，加藤战队在缅甸鏖战良久，损失也不小，加藤建夫本人也在战斗中死亡。而不知在哪次战斗中，他所部的安田义人曹长的飞机也被击中，安田义人一看不好，赶紧跳伞吧！他跳伞成功，落到了安全地带，后来还回到了原部队。安田义人本来以为，那么高的天上，飞机摔下去，就算不爆炸，也散架了！可没想到，他的座驾"一式隼"栽到了丛林里，没爆炸，几个月后才发现。史迪威呢，也没声张，秘密命令飞行员试飞，所以最近，这飞机怎么样，盟军飞行员心里也有数了，今天陈纳德一说，史迪威也挺大方，说借就借。

可是说归说啊！高级军官之间，上嘴唇一碰下嘴唇，就算决定了，中间操作还有很多的环节，所以将近一个月，飞机还没到陈纳德手里。等来等去，陈纳德也急了！就这么等下去怎么行啊？没准儿哪天日本人就能找上门来了！而且我们的物资又攒了不少，与其坐以待毙，不如主动出击！我们按照上次的经验，再去摸摸敌人这种奥斯卡的底！

所以陈纳德把手下的干将们又召集起来了："伙计们！虽然说史迪威答应了，能让咱们测试一下敌人的奥斯卡，但时间不等人啊！咱们当初在飞虎队的时候就是，做什么都要靠自己，今天咱们还要靠自己！所以我决定，咱们要出其不意，攻其不备，空袭广州！一次性把敌人的奥斯卡全炸了！这样，估计敌人一半时也就没有还手之力了！"

此话一出，也不知是谁，吓得"噗！"，当场就放了一个屁啊！参谋长库珀随后就说了："陈纳德将军，咱们怎么能勉强行事呢？在没摸清奥斯卡的性能前，咱们强行出动，这不是羊入虎口吗？"

轰炸机队长海恩斯也说了："对啊！陈纳德将军，咱们可不能勉强行事啊！广州可是敌人33战队的所在地，咱们一个月前仅对付6架强行起飞的奥斯卡，就那么被动，咱们要是往人主力的怀里扎，不是找打吗？"

陈纳德一乐："海恩斯队长，我且问你，你们除了阿拉斯中尉的座机之外，还有没有损失？"

"有！咱们的飞机上多少都有弹孔，敌人是非常厉害啊！"

"那我且问你，在你们重新编好队之后，还有没有受伤？"

"没有，那时候咱们已经有P40掩护了。"

"那P40和你们一起返航的时候，敌人追击，你们有没有受伤？P40有没有受伤？"

海恩斯跟斯科特互相看看："那倒没有！我们和P40都没有受伤。"

"你们看，只要你们不多停留，组成阵型，奥斯卡也奈何不了你们，那你们怕什么？"

海恩斯一听，可也是！可他还心有疑虑："可是陈纳德将军，那次敌人少，咱们这次面对的很有可能是两个中队啊！24架奥斯卡，咱们能出击的战斗机加上轰炸机，也就是这个数，一对一地缠斗，恐怕咱们就不是他们的对手了！"

陈纳德一乐："嘿嘿！咱们也不是傻子，当然不能让敌人这么轻易地打了！你们放心，你们要如此如此的行事，速战速决，炸完就走，不要多待，保管不会有事！就算敌人再强行起飞个一两架奥斯卡，也无济于事。而且我留给你们一个作业，如果敌人有奥斯卡上来,你们仗着数量优势,务必多跟它纠缠纠缠,摸摸这种飞机的性能!"

"明白!"

"明白!"

陈纳德点点头,一摆手:"好!我宣布!第二次错肩行动,开始!"

于是,没过两天,陈纳德又在半公开的场合宣布:"我们非常惭愧,上个月由于飞行员导航失误,所以没有轰炸广州,而是去了香港,所以没能全歼日本的33战队。所以这次我们要再次出击广州,务必全歼33战队!"

等日本人的谍报系统打听出陈纳德的讲话来,鼻子差点没气歪了!我呸!这么一说,你们是因为失误,所以打我们一个措手不及?八嘎!鬼才信呢!陈纳德,狡猾狡猾地,你就算这么说,我们敢肯定,你还是用之前的航线轰炸香港。哼哼!支那兵法讲,兵不厌诈,声东击西,这回我们一定好好地给你点颜色看看!

这回呢,日本人长记性了,谍报组分两批,一批埋伏在桂林机场附近,另一批埋伏在澳门,侦察驻华特遣队的动向。咱们说,这回日本人可是憋足了气啊!

其实这也难怪,本来日本人集中了一批物资,想要投放在太平洋前线,一举扭转颓势,好!这下全化成灰了!再想挑拨挑拨盟军的关系吧!还别说,驻华特遣队的手段挺准,除了军事设施之外,别的地方没炸!好不容易查到了,太平山的英国战俘营在这次空袭中有伤亡,日本人想让他们写文章大骂美国和中国。可英国战俘一听,当时拿出来几块弹片:"想让我们写文章抗议,没门!你们看看,我们的伤亡是谁干的!是陈纳德干的吗?"

日本人再一看,鼻子彻底给气歪了,弹片上全有日本字!原来,日本人的防空炮开火的时候急了,还没等炮管摇起来,就开火了!

有不少就打在了战俘营里,所以英国战俘还挺理直气壮:"你们打的我,还想让我们批评美国人,没门!"

日本人的计划又落空了,最后就把账全记在陈纳德头上了,这全都是陈纳德搞的鬼!等我们有机会,一定要把他脑袋拧下来当球踢!所以日本人是憋足了劲,还特意把25战队调到了广州,这也是一水儿的一式隼。除此之外,日本人大本营还特意设计了战术:

首先,只要桂林来消息,说敌机起飞,广州、香港两地的33战队立刻升空,巡逻备战。如果陈纳德直接来广州,我两个中队的一式隼,绝对够他喝一壶的!

澳门方面呢,随时警戒,因为澳门并不在去广州的航线上,如果看见了陈纳德的飞机,那么就是信号啊!陈纳德的目标是香

日军占领的香港启德机场

港，而不是广州，他在欺骗我们！这样我们就改变战术，广州的33战队主力立刻降落。等陈纳德的飞机到了香港，我们12架一式隼也够缠住你们的！

等香港那边把你们缠住了，广州的25战队就即刻增援香港。33战队的其余两个中队呢，等加完了油，立刻截住陈纳德所部的退路，这叫两头堵，我让你陈纳德一架也回不去！

日本人把战术也制定好了，觉得是万无一失，还挺美呢！陈纳德的驻华特遣队又行动了！11月23日，12架P40护送12架B25又来了！从昆明飞桂林，从桂林加完油，一行浩浩荡荡，又扑奔广州而来！这消息日本人当然侦察到了，所以赶紧把飞机数量、飞行高度、航向等消息往上汇报！广州方面一听："好！继续监视！立即下令，升空备战！"

"哈伊！"

消息传下，紧接着就是一通忙碌。再说澳门方面，日本人早就准备好了！他们抄着不少望远镜，一个个直着脖子往天上看。看来看去，哎！还真有支那飞机啊！看样子应该有B25，立刻报告总部！

广州这边一听，好！果不其然哪！陈纳德这老家伙又用同样的方式来收拾我们，嘿嘿！今天你可打错算盘了！所以他们当即下令："广州的33战队的一、二中队立刻降落，等待香港三中队的消息。如果有了消息，25战队立刻支援！"

"哈伊！"

香港方面立刻又忙活上了！12架一式隼就跟一群饿狼一样，就在香港的上空等着陈纳德的飞机出现。可等来等去，陈纳德的飞机始终没来，这帮飞行员全纳闷儿了：哎？陈纳德的飞机跑哪儿去了？

正琢磨着，无线电响了："现在广州天河机场受到猛烈袭击！你们快去增援！"

这帮飞行员一听，气坏了！陈纳德这个老狐狸，怎么又改地方了？

其实这也不是改主意，陈纳德早就计划好了！上次因为在澳门转向，估计日本人这回早监控了，干脆我就多点安排，在他们眼前晃晃吧！所以陈纳德仍然让海恩斯按照上次的路线走，只不过过了澳门，再飞20公里，立刻向北转向，直扑广州！这样，正好跟香港方面的12架一式隼，又一个错肩。

再说广州这边，这下猝不及防啊！日本人轴，谁能想到陈纳德选了这么个曲里拐弯的路线呢？这下可好，33战队主力刚刚降落加油，25战队正在机场备战，所有飞机都是没遮没挡，全都晾在了跑道上。海恩斯队长一看，嘿！日本人比我们陈纳德将军想的还听话，我们还等什么呢？所以，12架B25当即编好队形，"呜——吱！吱！轰轰！"

就投开弹了！这回日本人可惨了！尤其之前陈纳德还特别嘱咐海恩斯："你们这回偷袭，一定要心无旁骛，咱们的目标只有白云机场的33战队主力，你们在白云机场一蹚一过，炸弹就要扔干净，然后立刻就走，不要多停留！"

也就因此，B25的炸弹跟下雨一样！

"吱！吱吱吱！轰轰轰！"

一架B25能载3000磅的炸弹，12架就是36000磅，折合起来，就是16吨炸弹，所以广

第七十八回　史迪威允诺援助　陈纳德二次错肩

387

州的白云机场当时就被化为一片火海啊！B25这回干净利落，打完就走，等香港方面的33战队第三中队赶来，B25和护航的P40早就没影了！

这回日本人可惨了！聪明反被聪明误，损失太大了！33战队，除了香港的第三中队没事之外，一、二中队的飞机被炸毁过半啊！都没法修了。飞行员呢？7人被炸死，4人重伤。25战队更惨啊！因为33战队在加油，人员没在飞机里。25战队当时在备战待命，飞行员大部分在飞机里，这下惨了！所有飞机几乎全毁，管原英男中队长以下19人被炸死，30余人负伤，几乎被全歼啊！

这仗大获全胜，陈纳德欣喜异常啊！马上给战士们开了一个庆功宴！除了值班的之外，都来参加！大家正乐着呢，麾下骁将斯科特蹦着就进来了："陈纳德将军，好消息！特大的好消息！"

第七十九回　飞虎大队试飞奥斯卡　中国空军浴火再重生

第二次错肩行动大获全胜，不只重创了日本陆军航空队第33战队，而且几乎全歼了同在广州的25战队，大出了一口恶气。驻华特遣队的所有人都兴奋异常啊！陈纳德马上就给将士们开了庆功宴，除了值班的，都来参加！正庆着功呢，值班的队长罗伯特·斯科特蹦着就过来了："陈纳德将军！好消息！特大的好消息！"

陈纳德一看，斯科特是眉飞色舞，脚底下奔儿奔儿直蹦，知道这消息不是一般的好啊！所以就问："斯科特上校，到底是什么好消息啊？"

"奥斯卡！奥斯卡到了！"

奥斯卡就是一式隼，陈纳德一听，吓了一跳，敌机到了怎么还是好消息啊？所以脸色当即一变："兄弟们！快去迎战！"

斯科特一看，紧摆手："不不不！不是敌袭！史迪威将军那儿的奥斯卡到了！"

"哦！太好了！咱们快去看看！"

可等大家到了机场跑道一看，跑道上空空如也！所有人都傻了，陈纳德转头就问："斯科特，飞机在哪儿呢？"

斯科特也晕了："不可能啊！我刚刚看见它停在跑道上的！哎！哪儿去了？"

斯科特左找右找没找到，一抬头："哎！那儿呢！"

大家抬头一看，好！那架奥斯卡正在天上飞呢！谁干的？大家左右一看，明白了！德克斯·希尔不见了！肯定是他啊！大家还真的想对了，原来，德克斯·希尔参加庆功宴的半截，出来上厕所，抬头一看，哟！一架飞机要降落，这飞机怎么眼熟啊？哎！这不就是我们在香港碰上的奥斯卡吗？德克斯·希尔这时候，酒喝得还不是太多，脑袋清楚，他一看：哦！估计这就是史迪威说的那架了！想到这儿，德克斯·希尔再一看，正好飞行员下来了，行了！我去试试吧！

想到这儿，德克斯·希尔拎着酒瓶子就冲上了飞机，下面地勤一看："哎！长官！

我们还没加油和检修呢！"

德克斯·希尔一听，把酒瓶子"啪！"往下一扔："去你的吧！我先试试手，兜两圈就下来！"

下面的地勤吓得当时就一哆嗦，德克斯·希尔驾着飞机冲上蓝天！所以大家出来一看，飞机不见了！再说德克斯·希尔这边，驾着飞机先爬高，然后做了几个特技动作，这时候，警报就响了！燃油不多了！那就降落吧！德克斯·希尔的技术相当不错，驾着飞机稳稳落地。

等落了地了，德克斯·希尔从飞机上下来，所有人都围上来了："德克斯，你感觉这飞机怎么样？"

"不错，各方面性能都不错，尤其是爬升性能，几乎是P40的两倍，盘旋性能没来得及太多地测试，但应该更好，就是开起来有点头晕！"

"那这飞机的弱点呢？"

"弱点嘛！应该就是火力弱了，这架奥斯卡就两挺轻机枪，以咱们P40的装甲，打起来没有问题。可剩下的，奥斯卡的盘旋性能好，爬升得又快又高，所以咱们无论是盘旋格斗，还是想要一击脱离，都不现实。"

此话一出，大家全泄了气了！因为，飞虎队重组为23大队之后，原来的班底打碎了，现在最出彩的三个老人儿，也是陈纳德手下最得力的三个干将，分别是：鲍勃·尼尔、德克斯·希尔、罗伯特·斯科特。可现在，连德克斯·希尔都感觉没希望，谁还能有主意呢？

大家是面面相觑啊！这时候，有人说话了："陈纳德将军，我能试试吗？"

陈纳德一看，谁啊？三大干将的另一位，罗伯特·斯科特！陈纳德对他颇有好感啊！一方面是因为斯科特来之前的军衔最高，另一方面，斯科特也是最得自己真传的一个！虽然跟其余两位比，猛劲稍差，但更灵活，你永远不知道他的下一招会使什么！所以陈纳德点点头："好！那你就试试！"

再看斯科特，他没着急上飞机，先围着飞机遛，一圈、两圈、三圈，然后在飞机的机身上比比画画半天，最后跳进机场，绑上安全带，点点头："可以起飞了！"

地勤帮他发动螺旋桨，"咔咔，呜——"

飞机腾空而起！再看斯科特，驾着飞机就开始在天上撒欢了！首先就是极速爬高，只见飞机像疯了一样，"嗖嗖"地爬高！底下的人都看傻了！这家伙可真够快的！怪不得德克斯·希

斯科特与战机合影

尔评价那么高呢，看来真就是如此啊！

接下来，斯科特又是一个俯冲，大家伙一看，嗯！看来俯冲的效果没有P40好，但人家比我们高度高，我们也没法俯冲啊！

最后是低空盘旋，只见斯科特驾着飞机左盘右旋，真如同旋风一样！大家一看，全傻了！这家伙比零式还厉害！我们那次亏得没跟它格斗，不然就惨了！大家看到这儿，是一筹莫展啊！怎么对付奥斯卡呢？

这时候，斯科特缓缓降落，飞机刚刚停稳，斯科特解开安全带，"奔儿"，蹦下飞机，又围着飞机绕了三圈，比画了半天，俩手一拍："哈哈！"

这下把大家吓了一跳，大家一看，嘿！斯科特犯神经病了吧？敌机这么厉害，我们哭还哭不过来呢，怎么他还乐上了？再看斯科特，手舞足蹈啊："哈哈！原来如此！原来如此！奥斯卡就这德行啊！到时候我不用开枪就能把它揍下来！"

大伙一听，"哗！"，全乐了："哈哈！斯科特，你够能吹牛的啊！你不开枪就能把它打下来？"

"是啊！看来日本人叫你吹牛大王，是有道理的。"

斯科特呢，一点也没生气，他把德克斯·希尔和鲍勃·尼尔叫到身边，对这飞机指指点点，几个人小声地说了几句，就听鲍勃·尼尔乐了："哈哈！斯科特，你说得倒是挺有意思的，不过没法证明啊！"

"谁说的？你看这些窟窿不就能证明吗？"

"这也只是你说啊，有本事你就演示一下给我们看啊！"

"行！试就试！"

几个人嘻嘻哈哈半天，大家一头雾水啊！事情就这么过去了，后面仍然还有人试飞一式隼，可都不知道斯科特他们所说的是什么情况。

接下来的日子里，驻华特遣队又没法主动出击了，为什么啊？驼峰航线运来的物资又不够了，所以轰炸机部队只能归于沉寂，进行休整，而战斗机部队呢，又成了救火队，哪有日军的飞机，就去哪儿支援。

就在驻华特遣队消停之后，日军又开始行动了，兵锋直指湖北西部的长江水道！日军为什么瞄准了这里呢？原来，日军在中国作战多年，战线拉得太长啊！之前日军一个劲地想要逼迫蒋介石政府投降，拼命向西打，攻陷了宜昌，威胁三峡，可是后劲不足啊！现在，宜昌到武汉之间的一段

在缅甸战场俘虏的一架日军一式隼战斗机，是不是斯科特他们试飞的就不知道了

第七十九回　飞虎大队试飞奥斯卡　中国空军浴火再重生

391

长江水路，尤其是洞庭湖，仍然被国军的第六战区控制。这回日军可难受了，前线部队和主力之间，等于被钉了颗钉子，宜昌前线需要的物资，后面运不过去。后面需要的缴获武器和物资，从宜昌也运不出来，这怎么行？所以日军下定决心，要打通这段交通线。日军大本营随即着令，由11军司令官横山勇，集结部队，准备进攻湖北西部，尤其是洞庭湖水域。

古云，兵马未动，粮草先行，现代战争往往是陆军未动，空军先行，所以日军在集结之前，陆军航空队先动了。驻广州的25、33战队，从南边空袭华南重镇衡阳；驻湖北荆门的44战队，从北边空袭长沙，以牵制国军作战。可蒋介石也不傻啊，能让日本人那么放肆吗？所以马上下令，两支空军部队分别出击，要给日军点颜色看看！有人问了，怎么是两支空军部队啊？原来，这回除了陈纳德的驻华特遣队之外，中国空军也出动了！

原来，自1941年3·14成都空战之后，中国空军元气大伤，之后几乎就没出过战，一直在休整，其实不休整也不行，没飞机也没物资。到了1942年，飞机倒是有了，四大队大队长"望天狐"郑少愚因飞机失事牺牲。可飞机到了，物资匮乏，这时候中国对外全凭驼峰航线啊！蒋介石又优先供给飞虎队，所以中国空军还是出动不了！现在不一样了，四大队大队长，航校三期的拼命三郎李向阳亲自带队，浩浩荡荡地出击！有人问了，现在的四大队大队长李向阳是三期，也就是郑少愚的同学，怎么郑少愚从8·14开战就崭露头角，李向阳却没怎么露过面呢？原来，笕桥航校一直有个规矩，就是最优秀的学员，一般分两批，一批留校任教，作为种子；一批前线作战，李向阳呢，就一直在航校担任教官，属于留作种子的角色。后来，随着战事的进行，尤其是璧山空战之后，空军精锐死的死，伤的伤，所剩无几，李向阳呢，才得到了调令，奔赴前线！

结果李向阳一出场，就震惊了整个空军啊！璧山空战之后，空军上下奉毛邦初的命令，保存实力，敌人一来，我们就撤退。但李向阳呢？他是性如烈火啊！他一看，敌人来了，我们怎么能撤呢？我们要反击！就是死，也不能窝窝囊囊地死！当时还有4个飞行员，也不肯撤，最后五个人一找，战斗机都撤了，只剩下教练机了。李向阳一看，就是他吧！于是，5个人登上教练机，升空作战！您说教练机，那玩意儿能成吗？性能也不行，子弹也不多，所以两三个回合过后，其余四架飞机尽数被击落，李向阳呢，子弹打干净了还不服呢！驾着飞机继续骚扰！当时还有个在日本轰炸机上的记者，在日军轰炸机上，拍下了李向阳那架教练机。其中一个镜头显示，李向阳的战机竟然和日军的轰炸机96陆攻，平行飞了近10秒钟，您说猛到什么样！结果这一战，日军的轰炸机群，由于李向阳他们的骚扰，没有完成预订的轰炸计划。而李向阳的教练机呢，被打得浑身是眼，安然返航，李向阳本人毫发无伤！等日本飞行员回去一报告，日本指挥官一听："八嘎！慌什么！一个李向阳就把你吓成这个样子了？"

但虽说嘴上硬，心里也不得不佩服：不得了不得了！支那空军，能够空手入白刃的，前期是周庭芳，后期还有李向阳啊！

李向阳因为这一战，也是名扬中华啊！由此得了个绰号——"拼命三郎"，毛邦初还特意给他颁发了勋章。郑少愚失事后，也是毛邦初力荐李向阳，担任四大队的大队长。今天，大家总算要扬眉吐气了！而且，要跟日本的空中克星——陈纳德的驻华特遣队配合，这是多大的光荣啊！李向阳也激动得不得了啊！所以李向阳也跟陈纳德反复研究，最终决定，北边的44战队，交给李向阳的四大队。华南的25、33战队，交给驻华特遣队。但这是暂时的，打一阵还要轮换。如今的四大队，可不是当初用伊15、伊16的时候了，全都改成了P40、P43，战斗力加强了不少啊！他们的第一个任务就是，轰炸敌44战队驻地，湖北荆门机场！

这下日本人真没想到啊！中国空军的飞机涂装跟驻华特遣队的不一样，两个翅膀上都是青天白日徽呢！等四大队的13架战机到了荆门机场附近，日本人都看傻了："这是哪儿的飞机啊？"

"青天白日徽，应该是支那政府军的。"

"胡说八道！支那空军早就被咱们消灭了！怎么可能又冒出来了？"

"可你看啊！他们的，青天白日徽的干活，跟陈纳德的，不一样。对了，他们冒出来是要干吗的？坏了！他们是不是来轰炸的啊！"

话刚脱口，炸弹已经扔到了脑瓜顶上！

"吱——吱——轰！轰！"

日本人猝不及防啊！机库、营房都被炸坏了！跑道上的战斗机也被炸毁三架。不过美中不足，中国空军并没有新型的轰炸机，不然的话，今天的战果就更大了！

相对于四大队进行的轰炸任务，驻华特遣队打的是一场硬仗！他们今天的对手是25战队的两个中队，一水儿的一式隼啊！别的飞行员都有些紧张，今天可是头次用P40，大规模和奥斯卡硬碰硬啊！不知道我们能不能取胜啊？相对于其他飞行员，特遣队的斯科特队长是胸有成竹啊！日本人的奥斯卡来多少都没关系，我今天就让他们一并了账！

第八十回　斯科特玩死一式隼　日战机奇袭梁山县

日军兵锋瞄准了湖北西部，希望打通长江水道，而蒋介石呢，也准备好了接招，这一战史称"鄂西会战"。陆军还在集结中，双方在空中就先开始过招了。

要说日军方面，这回空中的主力，那就是驻守广州的25、33战队，陈纳德的驻华特遣队主要得对付他们。要说这两个战队，前不久刚刚遭受了驻华特遣队一通轰炸，损失不小，但日本的工业水平高啊！炸毁个几十架飞机，很快能补上，所以现在，他们又是一水儿的一式隼。这让驻华特遣队的飞行员们十分紧张啊：今天可是头次用P40，大规模和奥斯卡硬碰硬啊！不知道我们能不能取胜啊？相对于其他飞行员，特遣队的斯科特队长是胸有成竹啊！日本人的奥斯卡来多少都没关系，我今天就让他们一并了账！

咱们且说，1943年1月31日，衡阳前线报告，日军飞机又来空袭！陈纳德一听，不敢怠慢，马上让手下的三员虎将德克斯·希尔、鲍勃·尼尔、罗伯特·斯科特带队，20架P40立即增援衡阳上空。

今天日本人出击的，是25战队一、二中队的20架一式隼，由代永兵卫大尉指挥，今天他们轰炸还是其次，主要就是奔着驻华特遣队来的！上次轰炸，他们损失最大，今天好不容易恢复了元气。代永兵卫大尉来之前还琢磨呢：哼！上次这些美国佬竟然敢偷袭，有种就光明正大地打一场啊！既然你们不出来，就别怪我们逼你们出来了！我谅你们那些笨笨的P40，也不是我们一式隼的对手！

所以日本人扔了几颗炸弹，然后爬到6000米高空，就埋伏在云层中，等着驻华特遣队。代永大尉还算呢：一般美国战机的巡航高度，都在4000米左右，我们比你们高！你们不是擅长俯冲攻击吗？我叫你们俯冲！

等来等去，驻华特遣队真的到了！这一到不要紧，双方都吓了一跳！怎么回事？原来，驻华特遣队一是怕偷袭，二是准备占据高度，好施展自己的招牌攻击方式——俯冲攻击，所以来的时候，特意把自己的飞行高度也提到了6000米，这下好！双方正碰上！

这可怎么办啊？这时候就听德克斯·希尔在无线电里说："伙计们！就跟他们斗一斗看！边斗边往上爬，奥斯卡虽然爬得高，但高空性能并不特好！"

话音一落，大家还是半信半疑啊！但这时候，日本人可不客气，冲上来，"嗒嗒嗒！"，就扫开了！看来，不信也不行了，日本人已经开火，再不信就该见耶稣去了！所以驻华特遣队的P40也分头出击，跟日本人的一式隼斗在一处！边斗边往上爬！

嘿！还别说，这招还真有点作用！越往高空，氧气越稀薄，双方的速度也就越慢！而且操纵杆也越来越难控制，所以双方今天简直都成了慢动作格斗了！不过即使这样，也不能改变总体态势，日本人的一式隼，设计得相当好啊！就算是这样，也要比P40快上一些，交手的每个回合，都能占点便宜。P40呢，虽然挨打，但仗着装甲厚，挨两下不打紧，所以双方一时间斗得难解难分！

咱们再说德克斯·希尔，他虽然试飞过一式隼，但并没有实际进行过格斗演习，最多就是做做特技动作，这和打起来的感觉不一样啊！打着打着，他后悔了！嘿哟！我试飞的时候，在现在这个高度，头晕得挺厉害，可是日本小子几乎没什么影响，看来他们的训练非常厉害啊！早知道我们就该带P43来，那飞机有涡轮增压器，高空性能好，要是有两架P43，现在的局势可就是屠杀！

可后悔药没地方买去啊！带P43来，只能是下次了，这次的战斗怎么办呢？德克斯·希尔打着打着，无线电响了，是斯科特的声音："德克斯，你的招不那么灵啊！看看我这个怎么样！我不开枪就弄死他！"

话音刚落，斯科特一个俯冲就下去了！德克斯·希尔一看就傻了，你俯冲谁呢？下面没敌机啊！斯科特俯冲下去了，跟他对位的是辰巳藤吉曹长，辰巳藤吉一看，你俯冲下去了，这是干什么？下面没有飞机啊！嗯，看来你是想跑，哪儿那么容易！所以辰巳藤吉也一踩油门，追下去了！咱们说，一式隼，由于飞机的结构不结实，所以俯冲速度不如P40，辰巳藤吉为了追上斯科特，已经把油门踩到底了！对着斯科特就开火！

"嗒嗒嗒！"

斯科特呢，因为P40有背后的防御钢板，就算打上也不要紧，所以还一个劲地接着冲，两架飞机如同流星一般，高度从8000米，迅速下降到了4000米。虽说别人都不知道斯科特搞什么鬼，日军带队的队长代永兵卫大尉看出来了，坏了！他这不是要……

这时候，代永大尉也顾不得美国战机了，马上就跟无线电里喊："雅买带（不）！"

这句话喊出来，也晚了！就见斯科特他们俩已经冲到了极限速度，紧接着斯科特用尽平生力气，往怀里一拽操纵杆，P40一仰头，"唰！"，飞机的头一翘，几乎是平着往下滑了几米，最后在几乎静止的状态下，拉平了！

再看辰巳藤吉曹长，他一看，都傻了！这是什么战术啊！真不明白。算了，按照我们的规矩，不知道敌人在干什么，那就跟着他干吧！想到这儿，辰巳藤吉就学着斯科特，也下死了力气，往怀里一拽操纵杆，"唰！咔嚓！"，一式隼当时就断作了两截！

有人问了，这是怎么回事？原来，"二战"时期，日军战斗机的一大特点就是强调机动性，所以打起来是快马轻刀，来无影去无踪。但这样，也就牺牲了防御力，尤其

飞虎队晚年合影，左为德克斯·希尔，右为罗伯特·斯科特，他们俩都在这一战玩死了一式隼

是结构，极其脆弱。而且尤其是一式隼，从设计的时候，就定位叫作"轻火力战斗机"，脆弱的结构，在日军中后期的战斗机里，堪数第一。斯科特在试飞的时候呢，也注意到了，他几个特技动作下来，飞机的铆钉就变形了，而且变形了不说，把飞机的蒙皮都给割破了！飞机上也就因此出现了不少窟窿。所以斯科特也就断定，就这飞机的强度，如果引诱它强行俯冲，再一拉起来，这飞机非折了不可！也就因此，斯科特才跟大家说，他可以不开枪就干掉一式隼。大家伙都以为他吹牛，没想到，人家真行了！

这下，日军的机群一阵大乱啊！驻华特遣队的其余两个王牌，德克斯·希尔、鲍勃·尼尔一看，嘿！有意思！我们也试试！想到这儿，他们俩又打了两三个回合，不约而同地往下俯冲啊！

咱们说，日本人太一根筋了！刚才已经有前车之鉴了，你就吸取教训呗！不！他们一看，又有两架美国飞机往下俯冲，还不放！对位的两架一式隼跟着就追下去了！德克斯·希尔和鲍勃·尼尔，这俩也坏着呢！一看冲得差不多了，"唰！唰！"，分别把飞机拉平了。再看两架一式隼，"唰！咔嚓！唰！咔嚓！"

纷纷折为两段啊！有人问了，飞行员还活着呢吗？您说飞机都折了，人还能活着吗？都命丧黄泉啊！带队的代永兵卫大尉一看，这仗没法打了！人家不开枪都能弄死我们，大家都没士气了！走吧！于是日军纷纷撤退，回去的时候，日军飞行员被气得精神恍惚啊！结果降落的时候，一个不注意，两架飞机发生了事故，一毁一伤啊！

这仗之后，大家都明白了！奥斯卡原来就这德行啊！之前可吓得我们不轻。从此之后，中美空军作战的时候，都带有P43枪骑兵作为高空掩护，只要碰上一式隼，上空交给P43。下面嘛，你打我就跑，你追我就俯冲，你俯冲我就拉！包你折成两半！所以之后，一式隼再也没能风光起来，又得了一个外号，叫作"上蹿下跳白忙活"！

接下来的日子里，仗又好打一些了，陈纳德的驻华特遣队，也奉命扩编为14航空队，这回可好！陈纳德直接向陆军航空队的高层，也就是阿诺德将军他们负责，不用再跟死不对眼的比塞尔将军较劲了！

之后，鄂西会战正式开始，双方的陆军开始交手了，所以双方飞机的任务大多是支援地面作战，战况虽然激烈，但至少对于中美飞行员们来说，一式隼的魔咒被破了，大家都没有心理压力，所以打起仗来是特别的安心！

中美飞行员们安心了，日本人可就难受了！现在对于日本人来讲，坏消息是一个接着一个，太平洋战场上，战略要地——瓜达尔卡那尔岛被美军攻陷，整个所罗门群岛岌岌可危；海军总司令山本五十六，在视察途中，遭遇美军P38战机拦截，被直接击毙。就算是在中国本土的鄂西会战，战况也是十分的不利。跟这些比起来，一式隼不灵了，这消息简直可以忽略！

现在，最让日本人担心的，还不是这些，日本人得到情报，美军已经研制成功了一款超大型轰炸机，代号叫作"超级空中堡垒"，这种飞机只能从陆上机场起飞，个头极大，载弹量极大，航程也极长，大概在5000公里往上，实际目的就是要轰炸日本本土。日本人一看，这种飞机太可怕了，航程5000公里，折合成来回，也就是2500公里，我们务必要把这种飞机限制在日本的2500公里以外！不能让他们炸到本土！

日本人算来算去，太平洋战场，虽然艰难，但离着尚远，这种飞机从那儿过不来。可是支那方面就太危险了！虽然说，我们已经占领了支那大部分地区，但就这飞机的航程而言，即使从重庆、成都这些后方城市起飞，也足以轰炸我们的本土啊！看来我们还得另外抽调兵力，对支那的机场进行轰炸啊！

不过日本人再算计算计，据情报显示，支那东部现在还有不少半废弃状态的小机场，这都是当年毛邦初为了牵制我们而修的，我们还没能占领，但这些可以不管了。这种"超级空中堡垒"，个头小不了，航空母舰上都没法起飞，所以一般的小机场应该也没戏。看来我们就得集中轰炸几个大城市的机场，主要有重庆、成都、兰州、昆明，擒贼擒王，我们先炸重庆吧！

可目标确定着容易，执行起来可就难了！重庆方面，最大的机场是梁山机场，位于梁山县，主要驻扎的是中国空军的四大队，四大队是中国空军的王牌，如今换装了P40、P43和P66，简直是如虎添翼啊！而且现在，鄂西会战非常激烈，为了支援前线，梁山机场的飞机天天起降不断，弦绷得非常紧啊！日军几次试探性进攻，都没占到便宜，这可怎么办呢？

此时，时间已经到了1943年6月，鄂西会战已经接近尾声，日军要准备开始撤退了，这时候，陆军航空队的高层有主意了！反正我们的会战已告失败，部队即将撤退。我们撤退，支那空军肯定要全力轰炸我们啊！而且这时候，支那飞机来来回回也多，会战即将结束，警惕性也没那么高了，我们不如趁这个机会，派出飞机，轰炸梁山机场，肯定打支那空军一个措手不及啊！嘿嘿！这样挺好，鄂西会战失败，我们还能炸了他梁山机场，这就是支那古话讲的"失之东隅，收之桑榆"啊！

日本人想得挺美。就在6月6日，日军从鄂西战场全面撤退，果不其然，蒋介石命令陈纳德和毛邦初，让空军全面出击，迟滞敌人的撤退速度，让我军尽量扩大战果！正所谓兵随将令草随风啊，命令一下，中国空军和美国14航空队全线出击，分批分路，轰炸敌人的交通要道和溃散的军队，这一下，天上也乱了，从各个机场起飞的飞机都要分别执行不同的任务，各个机场又开始乱作一团。

日本人一看，机会来了！即刻派出33战队的12架一式隼，掩护8架99式轻型轰炸机，直扑梁山机场。但俗话说，要想人不知，除非己莫为啊！日军以为自己的行动神不知鬼不觉，还真被人发现了！谁啊？陈纳德提议建立的人肉雷达站！他们是相当地负责啊！

第八十回 斯科特玩死一式隼 日战机奇袭梁山县

397

别人休息，他们不休息，天天轮班监视天空的动向，即使是自己的飞机，也要报告。今天，他们看着看着，发现了！哎！有不少飞机奔着梁山机场的方向去了！雷达站站长不敢怠慢，马上报告了梁山机场。今天正好是梁山机场的负责人杨鸿霄接的电话，那边就说了："喂喂！杨长官吗？我们是前线雷达站，现在发现不明飞机，正在向梁山机场逼近！"

杨鸿霄一听，心中不高兴啊："什么不明飞机啊？那肯定是咱们自己人。别危言耸听啊！要是胡说八道，谎报军情，小心你的脑袋瓜！"

第八十一回　周志开梁山成名
　　　　　　日陆军挥师常德

　　日本大本营得到了情报，美国正在研究一种巨型轰炸机，绰号叫"超级堡垒"，航程能达到5000公里以上。日本人一算，航程5000公里，来回的作战距离也就是2500公里，现在太平洋战线虽然被动，但美军离我们还远，而且这飞机个头大，航空母舰上起不来，所以太平洋一边，我们还是安全的。可是中国大陆就太危险了，尤其是重庆、成都、昆明、兰州这四个大城市，他们的机场大，应该能承载这些飞机，所以我们要集中轰炸这些机场。日军首先选定的就是重庆的梁山机场。恰好这时，日军在鄂西会战陷入了绝境，军部高层一是为了挽回颜面，二是为了之后的考虑，要趁中国空军全线出击的乱劲，偷袭梁山机场！

　　可咱们俗话说，要想人不知，除非己莫为，日军这个行动，还真让国民政府的人肉雷达站发现了，站长马上往回报告："喂喂！杨长官吗？我们是前线雷达站，现在发现不明飞机，正在向梁山机场逼近！"

　　这个杨长官是谁呢？乃是梁山机场的负责人，叫作杨鸿霄。这个杨鸿霄，也是空军高层，可他跟邢铲非类似啊！大草包一个，所以干了那么长时间的空军，还是地勤出身。他今天挺懈怠，战斗马上就结束了，终于可以歇会儿了。这时候电话一响，杨鸿霄接起来一听，那个泄气啊："知道了，知道了！那肯定是咱们自己的飞机！别没事就一惊一乍的，小心我追究你谎报军情之罪！"

　　"啪！"

　　他把电话就撂下了。日本人的机群就这么渐渐接近了。这时候呢，梁山机场的第四大队刚刚执行完任务，飞机正在加油，飞行员们在休息。现在的四大队，经过恢复和擢用新人，现在最厉害四个，号称后四金刚，为首的就是大队长"拼命三郎"李向阳，剩下的还有"驱逐之王"高又新、"万夫莫敌"徐吉骧，还有"摘星手"周志开。剩下的，能打能拼的精锐也不少，什么"长空烈焰"臧锡兰、"震八方"王光复等，也算是兵强马壮啊！

399

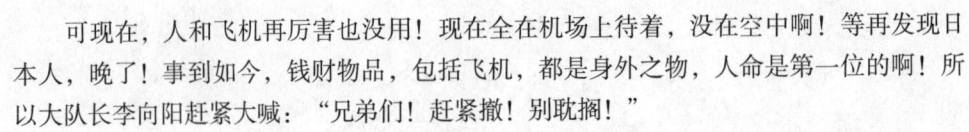

可现在，人和飞机再厉害也没用！现在全在机场上待着，没在空中啊！等再发现日本人，晚了！事到如今，钱财物品，包括飞机，都是身外之物，人命是第一位的啊！所以大队长李向阳赶紧大喊："兄弟们！赶紧撤！别耽搁！"

大家遵照命令，都躲起来了。可也有例外，谁啊？中队长，"摘星手"周志开！咱们在之前说过，周志开的出道之战，就是周家口，也就是高志航壮烈成仁的那一战，此情此景，何其相似啊！想当初，也是偷袭，高大队长身遭不测。今天就是来不及，我也得起飞！就当是吸引敌人火力了！当年我没能保护高志航大队长，今天我不能也让李向阳大队长重蹈覆辙！

想到这儿，周志开没跑，降落伞包就在自己的飞机上挂着呢，周志开伸手要摘，这时候机械师还没跑，他一看："中队长，现在来不及了！而且你的飞机还有故障，不能飞啊！"

周志开一听，啊？这可怎么办？他往旁边一瞅，旁边还有一架P40没人管，现在来不及了，周志开连降落伞都不要了，飞奔到那一架飞机近前，拿手一扳机舱的沿："走！"

一个翻身，上了飞机，周志开来不及坐下，左手关舱门，右手开仪表，开完了，双手不停，左手开发动机开关，右手找安全带，动作是一气呵成啊！到这时候，周志开才坐稳！接下来，周志开紧踩油门，双手握住操纵杆："走你！"

飞机发动了！顺着日本人轰炸的方向就跑！这时候，日本飞机就到了脑袋顶上了！日本轰炸机群一看，哟西！今天支那飞机没有反应，太好了！现在这是我们的天下了！哎！那还有一架发动的！不能让它起来！

当即，日本人战机分成两队，一队3架，追炸周志开，另外5架开始轰炸机场。周志开这回可减轻了别人的压力了！咱们书中代言，日本人由于兵力捉襟见肘，这次来轰炸的飞机99式轻轰，仅比之前的96陆攻强一点，单架飞机只能带800公斤炸弹，周志开这一分担，再加上梁山机场的跑道宽绰，所以5架轰炸机一通乱炸！效果并不是特别理想，虽然说，除了周志开的座机之外，20来架P40和P43全部损毁，但至少人员没什么伤亡。

再说周志开，他这回是强行起飞啊！后面连机枪带炸弹，耳边都能听见"啪啪"的声音，这就是炸弹溅起的碎片啊！周志开也知道，这时候千万不能停，停了必死无疑，只能硬冲了！他仗着P40的装甲厚，外加上自己的靠背上有防弹钢板，忽视后面，一个劲地往前冲啊！还真不错，周志开把P40拉起来了！紧接着，前面就是片雨云，周志开扎进去，就没了动静。这下把日本人的轰炸机吓了一跳，尤其是带队长机飞行员倒霉七郎，他一看，哎？怎么回事？怎么支那飞机进去就没影了？难道有诈？算了！我们也别追了，接着炸机场去吧！就算有诈，我们上面还有战斗机呢，怕他何来？

所以倒霉七郎一掰飞机，走了，带着其余两架飞机接着轰炸去了。这时候，地面的防空火力也开始还击了，今天还真不错，谁都松懈了，唯独机场的防空火力点没松懈，刚一开始，他们也被炸蒙了，不过等到反应过来，马上对空射击，最大限度地保护了飞行员的撤退，日本人炸来炸去一看，得！中国人已经反应过来了，现在战绩不错了，几乎全歼了支那王牌第四大队，我们无一损失。见好就收吧！于是日本人一编队，走了。

日本人今天特别高兴啊！自飞虎队出现之后，就没有过这种大胜，这回回去一说，我们全歼支那第四大队，那真是人前显圣，鳌里夺尊啊！这帮日本飞行员就慢慢往回飞，战斗机快，而且跟轰炸机不在一个机场，人家先走了，就剩下8架轰炸机，变成两队，前五后三，慢慢往回飞。

再说后队长机倒霉七郎，他正美着呢，边飞边看旁边的云彩，哎！多漂亮啊！我们家乡的云彩应该也那么漂亮，可惜啊！我们哥七个，前六个哥哥全阵亡了，他们就没法再看到这么美丽的云彩了。看着看着，倒霉七郎发现不对了，怎么云彩之中钻出一架飞机啊？那是？坏了！P40！赶紧跑吧！

可是那架P40反应更快，一个翻滚就接近了倒霉七郎的座机，"嗒嗒嗒嗒！"，一串子弹下去，倒霉七郎是当场阵亡，飞机"呜——轰！"坠毁了！

有人问了，这架P40是哪儿冒出来的？原来，这就是周志开的座机，之前周志开钻进云彩，回头一看，机场上狼藉一片啊！可再一看，飞机损伤不少，但地上没什么血迹，那就说明人员损失应该不大，而且这时候，防空火力也开始还击了。周志开这就放心了，再看看，脑瓜顶上还有14架一式隼。周志开一琢磨：虽说现在一式隼不可怕了，但人家数量摆在那儿啊！我还是等等吧！

等来等去，敌人撤了，周志开也没动声色，利用云彩的掩护，悄悄跟着。跟来跟去一看，敌人的战斗机走了，嘿嘿！这回看我的吧！所以周志开冲出云层，暴起发难，倒霉七郎着实也倒霉点，当场就被击落。

再说周志开，他是得势不饶人啊！好你们这些鬼子，炸了我们那么多飞机，今天我得让你们一并了账！周志开想到这儿，一拉飞机，对准第二架，"嗒嗒嗒嗒！"，又开火了！咱们说，这种99轻轰，载弹量不高，防御火力也弱，浑身上下，一共就3挺防卫机枪，而且还是防护不同的位置。这要是数量多，也行，数量少了顶什么用啊？而P40呢，火力凶猛啊！6挺重机枪，打起来就跟火笼子似的，当场就把第二架飞机给罩在里面了！您说那还能有好的吗？没过两秒钟，第二架99轻轰也冒烟了，"呜——"，坠下去了。不过这架飞机的飞行员技术挺高，勉强迫降成功。可周志开不知道啊！他反手又咬住了第三架，一顿痛打，将其击落，总算是出了一口恶气！再想找剩下的5架，人家早跑没影了！周志开一看，没法再打了，被迫返航。有人问了，梁山机场已经毁了，周志开去哪儿降落啊？其实这还难吗？单是重庆，就不仅仅是一个机场。等周志开从飞机上下来，一摸后背，他才知道害怕，好家伙！我都没注意，我竟然没带降落伞就上天了！这要是有个万一，今天我就完了！不过这一战下来，周志开一战成名，又得了一个外号，叫作"梁山英雄"。

这一战，四大队损失非常大啊！飞机除了周志开的之外，尽数损毁，不过还好，现在国民政府已经跟美国政府签订了《美国租借法案》，美国大批量地提供飞机，所以这个损失很快就补上了。但就这样，毛邦初也

周志开

第八十一回　周志开梁山成名　日陆军挥师常德

是暴怒啊！当即撤了杨鸿霄的职，将其送交军法处。而对于有功的周志开呢，毛邦初也不吝惜奖赏，当即给他颁发了青天白日勋章，并且官升一级，成了少校。

接下来的日子里，好消息又传来了，陈纳德的14航空队开始扩军。另外，陈纳德说服了蒋介石，准备成立中美混合联队，由美国提供飞机，中美各派一部分飞行员组成，其中，中方司令是张廷孟，副司令就是人道远征日本的徐焕升。蒋介石也对这个联队是十分看重啊！所以中美混合联队中，也先后集中了不少精锐，比如四大队大队长李向阳、徐吉骧、王光复等，再有就是抗战末期的三大队大队长杨孤帆、五大队大队长郑松亭、后来台湾的空军司令郭汝霖等，整体水平是相当高啊！这支中美混合联队呢，也由陈纳德指挥，但隶属中国空军的战斗序列。

中美混合联队成立，对日本人来说，简直是噩梦啊！刚成立没多久，1943年9月9日，中美混合联队的战斗机部队在广东上空，击落了日军第三飞行师团第一飞行团少将团长中薗盛孝的座机，中薗盛孝当场死亡。轰炸机部队的表现也不赖，连续轰炸了广州、台湾，日本人是闻风丧胆啊！

到了现在，日军的战况是越来越不利了，战线太长，资源短缺，士气不佳，人员损失也十分严重。这时候，蒋介石决定要在云南地区动手，由中国驻印军和云南部署的远征军两面夹击，重新打通滇缅公路！只要一打通这里，美国的援华物资又能源源不断地运来了，这比走驼峰航线合适多了！可日本人一看，这哪儿行啊！现在我们已经快接不上气了，你们再得到大批大批的美国武器和物资，我们就更难受了！说什么也不能让你们成功！所以日本军部当即下令，让大陆派遣军，也就是驻中国的部队，全力攻击重庆的门户——常德，说什么也要拖住中国打通滇缅公路的行动！

所以日军集中10万余人，以及4个航空战队，于1943年11月1日，拼了命地向常德进攻，战事十分惨烈啊！日军刚开始进展比较顺利，20余天的工夫，就从洞庭湖一线，打到了常德城下。可守常德的是什么人啊？国军响当当的主力74军的57师，师长余程万，乃是虎将中的虎将，余程万带着麾下57师和74军的一部分炮兵，共8000余人，死守常德城。面对十倍以上的敌人，死守了16天！日军甚至连细菌战都用上了，可仍然死伤极惨啊！最终，12月3日，师长余程万率残部200余人突围，常德沦陷。不过日军占领常德之后，57师残部的抵抗仍然没停，日军还没来得及将城中抵抗力量清理干净，12月9日，国军欧震部又收复了常德城，当国军进入常德城之后，断壁残垣中还走出了300余名57师的战士，他们自始至终，抵抗不休。

这场战斗甚至震惊了世界，当时蒋介石正带着周至柔等人参加开罗会议，罗斯福还特意过问了常德会战。当然了，常德会战，空军方面也做了不小的努力，中国空军、14航空队、中美混合联队反复出击，空中掩护、轰炸、侦察、运送弹药等，能干的全干了！甚至直接击毙了日军第三师团第六联队联队长中烟护一大佐，给进攻常德的日军部队不小的杀伤。好不容易战况缓和了，也不能闲着，还得进行侦察。12月14日上午，正好轮到"梁山英雄"周志开的班，他驾着P40N前往石首、华容一带侦察敌情，照平常的架势，三个来钟头就应该能回来了，可今天，大家一直等到了天黑，周志开也没回来，大队长李向阳急得满头是汗啊！周志开到底上哪儿去了？真是急煞我也！

第八十二回　周志开陨落华容　王汉勋勇闯常德

周志开驾驶着P40去执行侦察任务，按常规来说，三个多小时就该回来了，可是今天，直到了天黑，周志开还是不见踪影，大队长李向阳就急了：周志开上哪儿去了？难道说有什么不测？不应该啊！他的座驾P40N，这是P40的最新改进型，性能先进。而且周志开经验丰富，要是碰上几架一式隼，也能脱身。会不会是飞机出故障，迫降到别处了？对！一定是这样！等他找到了机会，就会跟我们联系！

可等到了天黑，周志开仍然是杳无音信，李向阳急得满头冒汗啊！同为四金刚的另一位，驱逐之王高又新说了："大队长，您别担心！周志开是梁山英雄，他能有一百零八条命！没问题的！"

"嗯！理论上没错，但我还是担心啊！又新，你明天天一亮，带着飞机去找！另外，吉骧！"

徐吉骧一听，哦！叫我呢！赶紧过来："大队长！"

"吉骧，你明天一早立刻给石首、华容周边的各个机场打电话，叫他们协助调查周志开的事！"

"明白！"

等到第二天，徐吉骧联络了无数个电话，高又新又带着飞机在石首、华容上空找了半天，始终没有消息啊！李向阳这回更担心了：难道说周志开真有什么不测？李向阳还不死心，马上通令全军："联络陆军，在可疑地点拉网搜索，我活要见人，死要见尸！"

查来查去，三天过去，陆军报告，在华容附近的树林里，发现了一架坠毁的P40，里面有一具遗体，面目不可辨。李向阳一听，怎么回事？赶紧带人去调查，这一调查可好！飞机发动机中弹，机内遗体的头颅没了一半，身上还有重机枪的弹孔，这都是致命伤啊！从军服、随身物品辨认，此人正是"梁山英雄"周志开！

有人问了，周志开怎么会阵亡在这里呢？头颅的上半截怎么不见了呢？原来，日军为了再度压倒中国空军，再次从本土调来了两种新型战机，一种擅长高空格斗的二式钟馗，一种格斗专用机，三式飞燕，这两种战斗机都是最新型的，比P40要先进不少啊！这两种飞机，日军本来准备用在太平洋和美军决一死战的，可现在常德会战不顺，日军火烧眉毛，先顾眼前，就把二式钟馗和三式飞燕调来了一部分，打算在中国战场重新压制中美空军。

这两种战斗机，都不是一般的角色，二式钟馗属于高空战斗机，高空战斗能力相当不错，也是日军在"二战"后期打B29的主力。三式飞燕呢，属于日军为数不多的重装甲格斗战机之一，从速度、俯冲等方面，都能完全压制P40。何况在当时，周志开正在驾驶飞机低空侦察，既没速度，也没高度，而且注意力分散，碰上这两种飞机还能好得了？据军史专家分析，周志开应该是在侦察的时候，遭到二式钟馗的偷袭，由于完全没有防备，所以周志开当场阵亡，飞机坠毁在树林中。有关于周志开的头颅之谜，至今也没能解开，这也成了空军史上的谜案之一，有人说，也许周志开觉得没能一直战斗到抗战胜利，愧对家乡父老，所以头颅的上半部不知所终。所以后人有诗叹之曰：

梁山上空卷烟尘，
英雄搏命弃置身。
将军百战归其所，
惜哉未捷愧对人。

周志开阵亡，大家心情都很低落。可战争还是要打的啊！在后面几次的战斗中，中美空军都跟二式钟馗、三式飞燕碰了一碰，虽然日军的新式飞机不错，但终究调来的只是少数，双拳难敌四手，好虎架不住狼多，所以这点飞机

周志开墓碑

也没能撼动中美空军掌握的制空权。不过陈纳德和毛邦初都挺头疼，这才多长时间啊！日军又出来了新飞机，如果放任下去，我们将遭受更大的损失啊！所以陈纳德赶紧报告了美国方面，也就是阿诺德将军。到了现在，阿诺德将军十分看重中国战场啊！现在我们的超级空中堡垒B29已经成规模了，这飞机就是为了轰炸日本本土而预备的，可现在，太平洋战场离着尚远，我们不久之后就得用B29从中国起飞，轰炸日本。想要部署B29，就得先把中国的天空扫荡干净。所以阿诺德将军特别布置了两种最最强悍的战机，远赴中国。

这两种最最强悍的战机是什么呢？一种叫作P47雷电共和，这种飞机，长得就五大三粗的，但相当皮实，火力强、装甲厚，光重机枪就八挺，还能外挂炸弹和火箭弹，打起来威风八面，但讲起盘旋格斗，那就稍微差点了。

另一种叫作P51野马，此乃是"二战"时期最负盛名的飞机，成本低，但却是螺旋桨飞机的巅峰！一般来说，当时的飞机，防御力和机动性是成反比的，日军近乎变态地追求机动性，所以飞机到了"二战"后期大多变成了"打火机"，一打就着。而美军呢，则是在找机动性和防御力的平衡，而这个最佳平衡点，就是P51野马。火力是6挺重机枪，防御能力也不错，速度能超过每小时700公里，而飞机带上副油箱，最大作战半径超过3000公里，高空格斗能力强悍，低空格斗也不错，这飞机一出马，日军常用的一式隼、二式钟馗、二式屠龙、三式飞燕，全成了挨揍的货！不过，来中国这批野马，不是全新的，是从太平洋战场和欧洲战场淘汰下来的旧货。不过瘦死的骆驼比马大，这批飞机再差，它的基本性能还不错，而且修理修理，还能当新的用。您看见没，就算陈纳德的14航空队在美军辖下，说到底，还是后娘养的。

等到了1944年4月，日军更头疼的事来了！B29进驻中国！B29是美军"二战"最王牌的超重型轰炸机。本来飞行员一听：哦！B29，估计比我们常用的B25大点。可再一看，出乎意料啊！B29无论长宽，都比B25大出一倍！再看看载弹量，B25的载弹量是3000磅，也就是1.36吨左右。再看B29，单架飞机的载弹量达到了20000磅，折合9吨多！而且航程也长，作战半径达到2500公里以上，比B25强太多了！

等B29进驻中国，日军可算倒了血霉了！因为B29航程长，从重庆起飞，一直能炸到日本的九州岛和本州岛东部，在这范围内，几乎是指哪儿打哪儿！再加上B29自身火力强悍，12挺重机枪，能够封住任何的角度，几架飞机一凑，几乎是密不透风啊！再加上P51野马的护航，日军可被炸惨了！南到泰国曼谷，北到鞍山、东边能炸到日本的八幡、佐世保，外加上中国境内的塘沽、郑州等，凡是日军的军事目标、交通线等，全都是火焰冲天啊！不过比较可惜的是，此时，中国的物资，还是走驼峰航线，外加上B29本身的弹药、油料消耗也大，所以最短10来天，B29才能从中国出击一次。

就这样，日军也受不了啊！不过到了现在，日军还不死心，还要和美国硬磕一场，不过那就要集中占领区所有的物资。可想运物资，就得有交通线，现在，日军处处不利，尤其在海上，已经彻底丧失了制海权和制空权，日军的力量也被切割成了本土、华北、华南、东南亚、印度支那几片。日军大本营最后一看，只能拼尽全力，把中国的交通线打通！打通了大陆交通线，我们才能集中物资，并且把华北、华南、东南亚的力量集中起来，跟美军一战！到了现在，日本已经丧心病狂了，强行顶着B29和B25的轰炸，在中国境内全线进攻。这次战役，史称"豫湘桂战役"，日军方面则称之为"大陆交通线作战"。这回，日军华北、华南方面军同时动手，北线日军在冈村宁次的指挥下，直扑千年古城——洛阳。南线日军，则在横山

B29在成都机场

第八十二回　周志开陨落华容　王汉勋闯常德

勇的指挥下，直扑衡阳。

　　蒋介石是猝不及防啊！现在，美军已经完全介入了中国战场，以蒋介石为首的国民政府高层一看：剩下的就随着打吧！反正美军也快进攻日本本土了，我们坐等胜利就行了。哪儿承想日本这只秋后的蚂蚱突然要蹦上三蹦，来个最后的疯狂！蒋介石是措手不及啊！

　　而且现在，蒋介石的绝对主力，全都部署在云南的远征军里，要和孙立人的驻印军配合，重新打通滇缅公路。现在再想调过来，哪儿来得及啊？何况指挥缅北战事的史迪威也不干，蒋介石也就因此和史迪威最终撕破了脸皮，第三次要求罗斯福撤走史迪威。最终，1944年10月，在缅北战事胜利在望的时候，罗斯福终于调走了史迪威。可这时候，豫湘桂战役也已经进入了尾声。最终，蒋介石最精锐的部队，在豫湘桂战役失利的时候，重新打通了滇缅公路，这可比驼峰航线的效率高多了！源源不断的美国物资又进入了中国。蒋介石这也算是失之东隅，收之桑榆吧！

　　再说正面战场，虽说中美混合联队以两架B25轰炸机为代价，炸断了郑州以北的黄河铁路桥，尽全力阻止了日军的进度，但由于这里的两大主力蒋鼎文和汤恩伯互相内斗，所以北线日军的进展相对较顺利，用了一个多月的时间，占领了许昌和洛阳，新编二十九师师长吕公良将军等人战死。

　　而在南线呢，日军终于占领了让自己几次铩羽而归的长沙，日军满以为战事会继续顺利下去，没想到却在衡阳碰了个大钉子！国军第十军在方先觉军长的率领下，死守衡阳。本来，蒋介石下令，让第十军坚守10到15天，可战斗从1944年6月22日开始，一直打到了8月初，40余天，第十军死战不退，日军始终不能前进一步！刚开始，衡阳也有机场，中美空军可以从衡阳起飞，直接向周边作战和运送物资，第十军也就是凭借这个优势，以不到1万5千人的力量，对抗日军10万攻城部队。可战斗打到后来，日本人实在是多啊！而且装备也比第十军有优势，所以打到后来，尤其到了8月份，日军已经攻入了衡阳城，方先觉军长率部与敌人展开了巷战，可是子弹、粮食等物资，已经消耗殆尽，就算方先觉的第十军再英勇，没有弹药也是白搭啊！而且，现在第十军已经消耗了大半，战斗力堪忧啊！最后，8月7日，方先觉的第十军已经整整守了47天，消耗殆尽，方先觉军长给重庆发电：敌人今晨由北门突入以后，再已无兵可资堵击。职等誓以一死报党国，勉尽军人天职，决不负钧座平生作育之至意。此电恐为最后一电。来生再见！

　　蒋介石一看，壮哉！赶紧派飞机给第十军投给养！可到了现在，怎么投啊？原来，衡阳有机场，没问题。之后，衡阳机场已经被炮火覆盖了，不过衡阳城还在国军手中，所以扔到城里就行。可现在呢，第十军已经被压缩到衡阳城的几个角落了，想要空投得准，必须超低空飞。可现在外围有十万日军，天上还有日军的飞机，想要那么空投，不是送死吗？谁敢去？

　　所有的精锐中美飞行员都摇头啊！这任务九死一生啊！谁愿意去？最后陈纳德和毛邦初都急了，把飞行尖子全叫过来了，当场宣布："现在，蒋委员长亲自下令，咱们必须给衡阳守军空投物资！我也知道，这次的任务是九死一生，但我希望大家能够不丢我们空军的脸！我现在宣布，有谁敢去，官升两级，赏1万美元！"

当年一万美元可不少了！可大家还是面面相觑啊！为什么？都是空军，工资都高，衡阳眼见得不保，要是为了一个即将丢失的城市，再把命搭上，不值啊！所以大家面面相觑，谁也没说话。憋了能有十分钟，终于有人说话了："总指挥！我去！"

"哗！"，大家一下就乱了！这是谁那么大胆子？大家转头一看，谁啊？航校二期资深飞行员，"插翅飞熊"王汉勋！咱们说，现在王汉勋是航校的教官，也是资深飞行员，最厉害的是，他现在战斗机、轰炸机两手都硬！今天他一看，没人敢执行啊！看来我得带个头！所以他挺身出列。

大家一看，王汉勋站出来了，有几个一商议："哎，兄弟，咱们教官都出来了，咱还怕什么？"

"对啊！算我一个！"

"啪啪啪！"，又站出来三个，这三位分别是：六期闵俊杰、九期许葆光、十一期陈嘉斗，都是王汉勋的学生。毛邦初一看："好！太好了！来人！发钱！"

王汉勋一看："总指挥，不必那么客气！咱们空军谁缺钱啊？为了衡阳的一万多弟兄，我们就算牺牲，算个什么？走！"

于是，四个人分乘两架B25，载了不少物资和一部分炸弹，还有几位负责投放物资的勇士，从芷江机场起飞了！可偏巧今天天气极差，王汉勋和许葆光乘坐一架飞机，飞着飞着，眼看着前面一片雷云，已经躲不开了。王汉勋一看，坏了！我要倒霉！

第八十三回　陆航之花西安凋零　抗战胜利芷江洽降

衡阳城被日军团团围住，守城的第十军军长方先觉弹尽粮绝，但仍然决定与城共存亡，蒋介石壮其气节，决定让空军最后一次空投物资。可第十军已经被压缩到了衡阳城的角落，想要空投得准，必须超低空空投，上要面临日军的飞机，下面还要面临十万日本兵，谁敢去啊？毛邦初问了半天，最后，二期资深学员，也是后来的教官，"插翅飞熊"王汉勋站出来了："总指挥！我去！"

王汉勋一站出来，他的三个学生也站出来了。这三位分别是：六期闵俊杰、九期许葆光、十一期陈嘉斗。于是，四个人分乘两架B25，载着大批的物资和弹药，还有一部分炸弹，再加上几位负责投放物资的勇士，出发了！

可偏巧今天天气极差，根本看不清什么东西。王汉勋和许葆光乘坐一架飞机，飞着飞着，眼看着前面一片雷云。许葆光一看："教官！咱们躲躲吧！"

"躲不开了！咱们现在只能拉高！"

还别说，王汉勋不愧是资深飞行员，经验丰富，他慢慢将飞机抬高："起！起！起来！"

"呜——"

飞机贴着雷云就擦过去了！王汉勋抹了抹脑袋上的汗：嘿哟！真不容易！要是钻进去，那可就悬了！刚一放松，就听许葆光说了："教官！危险！"

王汉勋再一看，坏了！前面有座山！其实要是正常航线来讲，碰不上这座山，可偏巧，今天驾驶的B25，可能因为雷电的影响，指南针出现了误差，偏离了航线。而且这座山，要是平常来讲，离挺远就看见了，今天天气差，眼前一片模糊啊！到了现在，再躲也来不及了，"轰！"，飞机撞在了山上，王汉勋和许葆光，还有其余的勇士当场牺牲！您看见没！战争就是那么残酷！尤其是空军，在高空作战，万里有个一，就是再大的英雄，也没法幸免。

再说王汉勋，这些年，好不容易走出了女朋友郑苹如牺牲的心理阴影，在好朋友兼学员，也是郑苹如哥哥郑海澄的鼓励下，娶妻姚氏。眼看就快熬到抗战胜利了，1944年1月，好朋友兼学员郑海澄因为飞机失事而殉职。今天，也就是8月7日，王汉勋也因飞机失事，带着对郑苹如的心痛，以及对现任妻子姚氏的遗憾而去，时年32岁，战绩6架。

　　王汉勋不幸失事牺牲，而另一架B25，也就是闵俊杰和陈嘉斗的飞机，比较准确地飞到了衡阳上空。他们一看，嘿！衡阳城已经基本飘起了日军的旗帜，他们是气满胸膛啊！俩人一商议，从衡阳城的外围到指定地点，还有一小段距离，你看下面，反正都是日军，干脆炸一炸他们，就当是给第十军解围了！所以想到这儿，两个人操纵B25，降到低空，"吱吱——轰轰！"

　　就炸开了！再说日军这边，早有准备啊！人家下面有机枪准备着不说，上面还有准备，两架飞机直扑下来，就开火了！

　　"砰砰砰！"

　　闵俊杰和陈嘉斗一听，这声音不对，是机炮啊！赶紧抬头往上空观瞧！一看，这飞机不是一式隼吗？怎么这火力不对头啊？刚想到这儿，只见自己的B25发动机中弹着火！飞机当即失去了控制，"轰！"，坠毁在地，空投任务失败，闵俊杰和陈嘉斗当场牺牲，死之前还在想：怎么一式隼变得那么厉害了呢？

　　咱们书中代言啊！这不是一式隼，而是日军最新型的战机——四式疾风！原来，日军知道P51野马进入了中国，心中非常害怕啊！因为最近日军在太平洋战场颇为不利，原先海军威风凛凛的零式战机，以及陆军的一式隼、二式钟馗、二式屠龙、三式飞燕，几乎都成了挨揍的货，这个结果，基本上就是拜P51野马和F6F地狱猫所赐。所以日本陆军拿出了最后一招，也就是最新式的四式疾风。这飞机可厉害啊！虽然形状有些像一式隼，但威力完全不是一个概念。四式疾风，速度可以达到每小时630公里，虽然比野马慢一些，但加速快，爬升快！火力也更强劲！野马的配备也就是6挺重机枪，而四式疾风则是两挺重机枪和两门机炮！咱们前文说了，机炮和重机枪，口径虽然相差只有不到8毫米，可威力完全不是一个概念啊！本来这飞机日本人是要作为本土决战的利器，可最后

抗战后期的王汉勋（左二），背景为P40

第八十三回　陆航之花西安凋零　抗战胜利芷江洽降

409

军部一看，光看数据不行，得先试试手！干脆就在支那动动手吧！在那里，我们的制空权还没完全消失。所以，军部当即下令，让号称"陆航之花"和"陆军至宝"，战绩达到20架的岩桥让三少佐，率领22战队的37架四式疾风到了中国，试验飞机的性能。今天一出手，效果相当不错啊！

这回岩桥让三可美了！等回到基地当即给军部发电报：四式疾风威力强劲，对付支那和美军主力轰炸机B25仅一轮齐射，就坠毁了！

再说衡阳保卫战这边，第十军苦苦坚守了47天，已经赢得了日军的尊重。最后，日军司令官横山勇提出：第十军只要投降，我们绝不为难！方先觉呢，为了兄弟们的性命，在8月7日夜间，和日军进行了谈判。最终结果，第十军投降，衡阳失陷，但日军并没有过多地为难第十军的战士们。后来方先觉被营救回重庆，依然被人们所欢迎。

再说空军这边，日本人一看岩桥让三的汇报，美坏了！紧接着下令：继续试验！以确认四式疾风的真正实力！所以接下来的日子里，岩桥让三带着他的四式疾风连续出击，效果的确不错，几次空战，即使在P51野马在场的情况下，岩桥让三的四式疾风，也没有太落于下风！日本军部一看，可算抓到救命稻草了！那是大肆宣传啊！日军正在作战的各部也听说了，所以一旦有中美空军的空袭，马上就打电话，让岩桥让三支援！

这下岩桥让三可坐蜡上了！这也支援，那也支援，无论飞机还是人员，疲劳不堪啊！再说陈纳德，经过几次的交手，他从飞行员那边也了解了不少信息：嗯！看来日军这种新式飞机还真挺厉害！不过我也听说了，这种新式飞机经常在6000米以下作战，看来你们的飞机还是高空性能比较差啊！下次再碰上，咱们可以垂直滚转到高空比试比试！

咱们书中代言，陈纳德这个招还真管用！后期美国人用P51野马收拾四式疾风，基本上都是这个路子，四式疾风在高度6000米以下，跟野马有一拼，但一旦在6000米以上，性能骤降。虽然说，从设计角度讲，这个时候四式疾风也不是完全不敌，但是由于日本现在已经进入了战争末期，许多有经验的技师全都去了前线，结果造成量产四式疾风的时候，不少零件都不合格！您说那还能是P51野马的对手吗？所以后人给四式疾风也起了个外号，叫作"小姐的身子丫鬟的命"！

不过虽然说，陈纳德已经想出了对付四式疾风的招数，但他也没机会实践了，到了9月底，22战队已经回国。不过在回国之前，战队司令岩桥让三已经毙命在中国了！

这是怎么回事呢？原来，9月20日，岩桥让三他们奉命从汉口起飞，截击去日本轰炸的B29，没想到这个情报有问题，B29没来！岩桥让三只能返航，等回到汉口机场，基地司令又说了："西安方向发现P51的踪迹，岩桥君，你速带几架飞机前去轰炸西安机场！"

岩桥让三一听，气就不打一处来！好嘛！你们情报错误，我们白飞一场，还得不顾疲劳地再去西安轰炸，这叫什么事！不过在日军内部，官大一级压死人啊！没办法，岩桥让三只能挑选了包括自己在内的四个技术最好的飞行员，四架疾风，带着炸弹，前去轰炸西安机场。这时候，四式疾风的老毛病"小姐身子丫鬟命"又犯了！两架飞机由于故障返航，等到了西安上空，岩桥让三一看，包括自己在内，只剩下两架疾风了！

现在也没别的辙了！那就炸吧！所以两架疾风式连扔炸弹带开火，就打开了！

"吱吱——轰！嗒嗒嗒！"

还别说，这一下还真打了中美空军一个冷不防！机场上的一架P47当场被炸毁。不过西安机场也有防空机枪啊！咱们也开了火了！

"嗒嗒嗒！嗒嗒嗒！"

要说，以疾风式的力量，打完就能走，没想到关键时刻，疾风式又掉了链子！岩桥让三的飞机失控了！这回可让中国的高射机枪打过瘾了！

"嗒嗒嗒！嗒嗒嗒！吱——轰！"

岩桥让三的飞机又挨了好几枪，当场坠毁，陆航之花、空军至宝，就这么凋谢在西安城之下！剩下一个飞行员的飞机也被击中，不过他运气好点，飞出了中国防空火力的范围才迫降，得以安全返回基地。回了基地还说呢："我们击毁支那飞机数架，岩桥让三少佐发动自杀性攻击战死！"

到这时候他还找面子呢！

岩桥让三阵亡，而回国的四式疾风呢，也由于"小姐身子丫鬟命"的本质，没能拯救日本的溃败。

到了1945年1月，在中国打得最起劲的B29超级空中堡垒，突然全体撤离了中国！有人问了，这是怎么回事呢？滇缅公路不是打通了吗？物资应该没有太多的限制了，为什么要走呢？原来这时候，美国海军经过马里亚纳海战和莱特湾海战，成功占领了马里亚纳群岛，控制了太平洋的制海权。现在，最重要的就是马里亚纳群岛中的关岛，这地方离东京2500多公里，B29可以直接攻击日本的指挥中枢。而从中国起飞呢，B29只能集中攻击九州岛和本州岛西部，离着日本的指挥中枢尚远。所以B29从中国一撤，日本最后的丧钟就敲响了！

B29撤到了马里亚纳群岛之后，对日本本土的轰炸更猛了，日军的空中力量捉襟见肘，即使把之前调回本土的战队全算上，也不够了！中国的天空，现在是彻底由中美空军主宰了，尤其是中国空军装备了P51野马和P47雷电共和之后，日军就更不是对手了，中美空军现在不仅仅满足于轰炸日军的机场、后勤线等目标，甚至最远飞到过上海主动求战。日军现在只剩了干挨打的份儿！

3月17日，中美空军在浙江沿海，击落了日本海军大将山县正乡的座机，山县正乡本人毙命。

4月份，日军发起湘西会战，想要一举攻下中国最前沿的大型机场——芷江机场，结果遭到中国军队的迎头痛击，中美空军就地在芷江机场给了这些日军狠狠一击。

5月31日，驱逐之王高又新率领16架P51野马，在南京上空痛宰30架日本的三式飞燕。

8月6日和9日，又是日军最头疼的B29在日本的广岛、长崎投下了原子弹，给了日本最后的一击。8月15日，日军被迫无条件投降。8月21日，中美混合团第五大队的6架P51野马，押送日军谈判代表乘坐的百式运输机，赴芷江受降，至此，抗战全面胜利。

走下飞机的日军洽降代表

抗战胜利之后，中国空军除了拥有美国提供的P51野马、P47雷电共和、B25等优秀的战机，又接收了日军的三式飞燕、四式疾风等高质量的战机，人员也全是美国训练的，所以无论从飞机和人员，数量、质量都是相当之高啊！但由于政治腐败，这支空军不可避免地出现了分裂。

抗战之后，周至柔利用在抗战期间和英美等国拉近关系，外加上自己八面玲珑的为人，强行上位，再次挤掉了毛邦初，担任中国空军总司令。毛邦初呢，被逼无奈，只能安心跑到空军驻美办事处，一边以购置飞机为名，中饱私囊，一边准备东山再起。没想到，周至柔不给他这个机会了！早在抗战期间，周至柔就开始搜集毛邦初的材料，等到了1951年，材料搜集得差不多了，周至柔直接就把毛邦初的行为，告到了蒋介石那里。毛邦初气急败坏啊！为了逃避制裁，卷款跑到了墨西哥。最终，毛邦初于1987年病死于洛杉矶。

领导层剩下的人，遭遇也各不相同啊！石邦藩、张廷孟、王叔铭等人，随着蒋介石去了台湾，最终得以善终。而张有谷等人，因为对于国民党政权的失望，而投入新中国的怀抱，成为了新中国空军的奠基人。

飞行员中，以毛瀛初、柳哲生、董明德、李向阳、徐焕升为代表的大部分航校学员，出于对信仰的忠诚，毅然追随蒋介石去了台湾。但也有不少对国民党政权失望者，参加了新中国的空军。其中最出名的几个：二期学员周庭芳，因为在抗战中触犯国民党高层，被捕入狱，后来参加了共产党空军，镇守南大门广州，据说台湾的同学和师弟听说"空手入白刃"周庭芳在此，多少年不敢直视广州。八期刘善本主动起义，后来也成为了新中国空军的奠基人。更小的师弟十二期邢海帆、十四期王延周，在参加了解放军之后，更是参加了开国大典，并且在抗美援朝中，也打出了新中国的威风。他们俩甚至成为了既击落日军飞机，又有击落美军飞机的独特人物。此外，拥有不少退役飞行员，并且在驼峰航线上非常活跃的中国、中央航空公司，也在两位总经理，也就是原中国空军驻美国代表团团长刘敬宜和原广东空军参谋长陈卓林的带领下，于1949年11月9日起义。

至此，民国空军的同袍之义，最终化为海峡两岸的无限守望，多年之后，同袍再相聚，仍然可以谈笑论英雄。民国空军的英雄故事，天之骄子们航空报国的梦想，仍然在人们口中流传。一部《民国空军演义》，到此结束。

参考书目

《浴血长空——中国空军抗日战史》，陈应明、廖新华编著，航空工业出版社，2006年第一版

《国殇——国民党正面战场空军抗战纪实》，王晓华、徐霞梅著，团结出版社，2011年第一版

《中国的天空——中国空中抗日实录》，周斌、邹新奇编著，北京凤凰天下文化发展有限公司，2009年

《国破山河在——从日本史料揭秘中国抗战》，萨苏著，山东画报出版社，2007年第一版

《尊严不是无代价的——从日本史料揭秘中国抗战》，萨苏著，山东画报出版社，2009年2月第一版

《退后一步是家园——从日本史料揭秘中国抗战》，萨苏著，山东画报出版社，2012年6月第一版

《旧中国空军秘档》，文闻编，中国文史出版社，2006年1月第一版

《我在中国那些年——陈纳德回忆录》，陈纳德著，李平译，中国工人出版社，2013年第一版

《陈纳德与飞虎队》，陈香梅著，学林出版社，1988年5月出版

《中国军事航空》，马毓福著，航空工业出版社，1994年出版

《中国之翼特辑——刘粹刚传》，许希麟、刘文孝著，中国之翼出版社，1993年10月初版

《民国空军的航迹》，高晓星、时平编著，海潮出版社，1992年12月第一版

《飞机的诞生与发展》，齐贤德、程昭武著，国防工业出版社，2006年6月第一版

《航空档案》杂志，航空工业档案馆

主要人物索引

（依姓名首字字母排列，标"*"为对日作战殉国者）

B

*巴清正——第十四回
波雷宁（苏）——第三十九回
鲍勃·尼尔（美）——第六十七回

C

陈信源——第四回
陈庆云——第十三回
陈其光——第十五回
陈卓林——第十五回
陈纳德（美）——第十六回
*陈锡纯——第二十五回
*陈怀民——第四十五回
陈瑞钿——第四十五回
*岑泽鎏——第四十九回

D

丁纪徐——第一回
董明德——第二十五回
*邓从凯——第六十回
德克斯·希尔（美）——第七十六回

G

葛白冰——第二回
*高志航——第八回
龚业悌——第三十一回
高又新——第六十一回

H

黄秉衡——第一回
黄光锐——第一回
黄毓沛——第一回
黄国聪——第一回
*黄毓铨——第一回
黄光汉——第二十二回
胡庄如——第二十六回
*黄莺——第四十二回
黄泮扬——第三十四回
*黄新瑞——第四十五回
海恩斯（美）——第七十五回

J

蒋孝棠——第三回
蒋坚忍——第六回

蒋其炎——第二十七回
*杰克·纽柯克（美）——第六十九回
*金雯——第七十一回

K

*库里申科（苏）——第五十七回

L

*罗伯特·肖特（美）——第一回
龙荣萱——第三回
龙文光——第五回
梁又铭——第十回
*雷天眷——第十八回
*刘粹刚——第十八回
梁鸿云——第十八回
*李桂丹——第十九回
柳哲生——第二十回
*乐以琴——第二十三回
*梁添成——第二十三回
*李有干——第二十六回
赖名汤——第二十九回
刘志汉——第三十回
*吕基淳——第三十回
雷炎均——第三十二回
罗英德——第三十回
*李鹏翔——第三十七回
陆光球——第三十九回
*林佐——第四十二回
*梁志航——第四十二回
*刘福洪——第五十三回
李向阳——第六十一回
*林恒——第六十四回
吕天龙——第六十四回
*罗伯特·桑德尔（美）——第六十九回

罗伯特·斯科特（美）——第六十九回

M

毛邦初——第五回
毛瀛初——第二十回
梅里安·库珀（美）——第七十六回

P

普罗科菲耶夫（苏）——第三十回

Q

秦宗藩——第二回
*全正熹——第十九回

R

*任云阁——第十九回
日加列夫（苏）——第三十回

S

石邦藩——第一回
沈延世——第三回
宋美龄——第十五回
孙桐岗——第十七回
*沈崇诲——第二十五回
司徒福——第三十一回

T

田曦——第五回
*谭文——第二十回
*佟彦博——第四十七回

*汤卜生——第四十七回

W

*王天祥——第二回
*吴汝鎏——第四回
王叔铭（王勋）——第五回
*王文骅——第二十回
*王汉勋——第二十四回
王常立——第二十六回
王广英——第三十一回
*王怡——第三十七回
王光复——第八十一回

X

邢铲非——第八回
徐培根——第十一回
徐焕升——第四十六回
徐吉骧——第四十九回

Y

余彬伟——第四回
晏玉琮——第五回
杨贺霄——第五回
袁葆康——第十八回
*游云章——第十九回
*阎海文——第二十六回
于平亨——第五十四回
*杨梦青——第六十二回
杨鸿霄——第八十回

Z

张惠长——第一回
朱达先——第一回
*赵甫明——第二回
张有谷——第五回
张廷孟——第五回
周至柔——第八回
祝鸿信——第十八回
周庭芳——第十九回
*郑少愚——第二十二回
张光明——第二十二回
*周志开——第三十一回
*郑海澄——第五十回
*周灵虚——第六十三回
*曾培孚——第七十二回

民国空军人才济济，再前可云冯如、杨仙逸等，再后更有无数的英雄。单单南京航空烈士公墓，就有烈士姓名3500又余，此外，抗战幸存的民国空军成员也为数不少。本书虽三十五万余言，仅能覆盖百余位英豪，谨以这些勇士的故事，向民国空军致敬！

——肖璞韬

后记
——当高富帅遭遇国难

如今，网络上出现了不少的新词，高富帅就是其一。所谓高富帅者，多指身高一米八，有钱且长得帅的人。这些人多出身于精英阶层，即便年轻，大部分时间也都在应酬，其次是休闲娱乐，泡妞更为家常便饭。但中国也有句古话，叫作富不过三代，所以这批人的出现，既让年轻人羡慕不已，又让不少年长之人感叹世风日下。

如果高富帅遭遇了国难，将会发生怎样的情形？恐怕其说不一，但至少一点是肯定的，他们避免战争的概率相当高，出国是首选，找个世外桃源，凭借家庭的财富，也可以稳稳度过后半生。哪怕是国土沦陷，生活在敌人的铁蹄之下，凭借家庭的实力，他们仍然要比广大的矮穷挫要舒服很多。

如果有这种想法，我们也许太一厢情愿了，每个朝代都不乏仁人志士，也更不乏勇于自强的高富帅。宋朝末年，高富帅文天祥散尽家财，组织义师进京勤王，为国殉难，一首正气歌千古流芳；明末张煌言，随南明朝廷抵抗清军，明知不可为而为之，牺牲后名列"西湖三杰"，受万人景仰。他们都是古人高富帅中的代表，但人们感叹更多的，却是许多高富帅在亡国后的软弱、避世、投降等，即是所谓的"崖山之后无中国，明亡之后无华夏"。这就使很多学者认为，清朝已经磨尽了中国的抵抗之心，国人尽成奴隶之态。

可是，清朝灭亡仅仅二十几年后，日本大举侵华，国难再次当头，一批批的高富帅投笔从戎，而他们之中的代表，就是中国空军。因为在笕桥航校初招生时期，为了提高中国空军的素质，招收的都是高中学历以上者，尤其是大学生。而民国时期，大学非一般人可以读得起，所以进入民国空军的，绝大部分都是高富帅。

也许有人说，高富帅勇赴国难只是基于一时义愤和血勇。但中国空军却用他们的行动，整整抵抗了八年。要知道，空军作战极为残酷，在空军内部曾经流传一句话，"当空军，如果你在作战中活过六个月，就算高寿"，这句话一点不假，抗战初期最勇猛的四大天王，高志航、刘粹刚、乐以琴、李桂丹，从1937年八一四开始，不过才活跃了6个月零一点，便全部殉国。抗战八年，单说空军第四大队的历任大队长，先后有4人阵亡（高志航、王天祥、李桂丹、郑少愚），2人重伤（王常立、董明德）。

可即便如此，身为高富帅的中国空军无人退缩。高富帅沈崇诲，在飞机故障的情况下,义无反顾,直撞敌舰,最终同归于尽!高富帅阎海文在飞机损毁后,面对日军的包围,举枪自尽,并且喊出了"中国无被俘之空军!"的豪言。即便到了抗战最艰苦的1939年,中国空军的驱逐总队队长,蒋经国的表兄弟,超级高富帅毛瀛初,仍然升空作战。1940年的璧山空战,面对日军最新锐的零式战机,升空作战的28架中国战机几乎全军覆没,高富帅的飞行员们九死十伤,却无一后退……

这一批批的高富帅,面对破碎的山河,义无反顾地一次又一次升空作战,前仆后继,用他们的血肉之躯,拼死抵挡无论是数量还是性能都优于自己的日军飞机。而且由于民国时期,中国没有自己的飞机制造业,从外国买来的飞机至为宝贵,非常多的高富帅飞行员们为了保存飞机,不惜牺牲自己,最终很多人血洒长空。

我很好奇,强敌临空之际,民国空军的高富帅将士们,心中是怎样想的呢?直到我重读鲁迅先生的"自题小像"时,终于有所感悟:

灵台无计逃神矢,风雨如磐暗故园。
寄意寒星荃不察,我以我血荐轩辕!

虽然,鲁迅先生并不懂空军,甚至曾经对民国空军恶语相向,但在他们之间,面对风雨飘摇的时代、高富帅的背景(鲁迅先生可能身高不高,但民国空军的飞行员们大多也不高,所以这点也算拉平了)和一片为国的赤诚之心,却是人同此心,这时出现的是一种共同的心声。因为他们明白,我们是高富帅,但我们更是中国人!但如果没了中国,我们就是毫无尊严的奴隶,而没有尊严,谈何高富帅?所以面临国难,我以我血荐轩辕!

不同的时代,相似的情况,古代、近代的高富帅们都做出了同样的选择,况今日乎!

当然,我写这本书,并不是宣扬战争,我更希望我能用评书的语言,让大家读出战争的残酷和国人的不屈。但最重要的是,民国空军的得失,已成今日之鉴。而在事实上,新中国空军也在一定程度上继承了民国空军的衣钵(一部分民国空军的高层及飞行员,参加了新中国政权),我们是否可以避免民国空军的覆辙,不让空军将士们饮恨长空呢?还看今朝!为了体现评书的特色,增加书稿的易读性,书稿保留了评书的语言。

在最后,我还要感谢顾问们的指点,让我可以顺利完成这部大部头的作品。在写作之中,我也尽力将评书和历史贴合得更紧密,但由于能力所限,本书仍然会有和历史有差别的地方。每想到此,心中不禁惶恐。所以我仅仅希望以这部书发挥一个抛砖引玉的作用,让民国空军的历史更广为人知。

肖璞韬

2014年9月于京城无涯斋